LEGEST
雷捷斯特
大格局 更能干
省油省力 耐劳耐用
SH210-6
U0949571
SUMITOMO
SH210
SUMITOMO
住 友 工 程 机 械
(certain photos may differ to sales specifications)
住友建机(唐山)有限公司
地址：河北省唐山市开平区现代装备制造工业区园区道33号
电话：0315-3391000
http://www.sumitomokenki.com.cn
住重中骏(厦门)建机有限公司
地址：福建省厦门市高崎南五路210号中骏大厦第二座7F
电话：0592-5207968 传真：0592-5207916 邮编：361006
http://www.sscm-cn.com

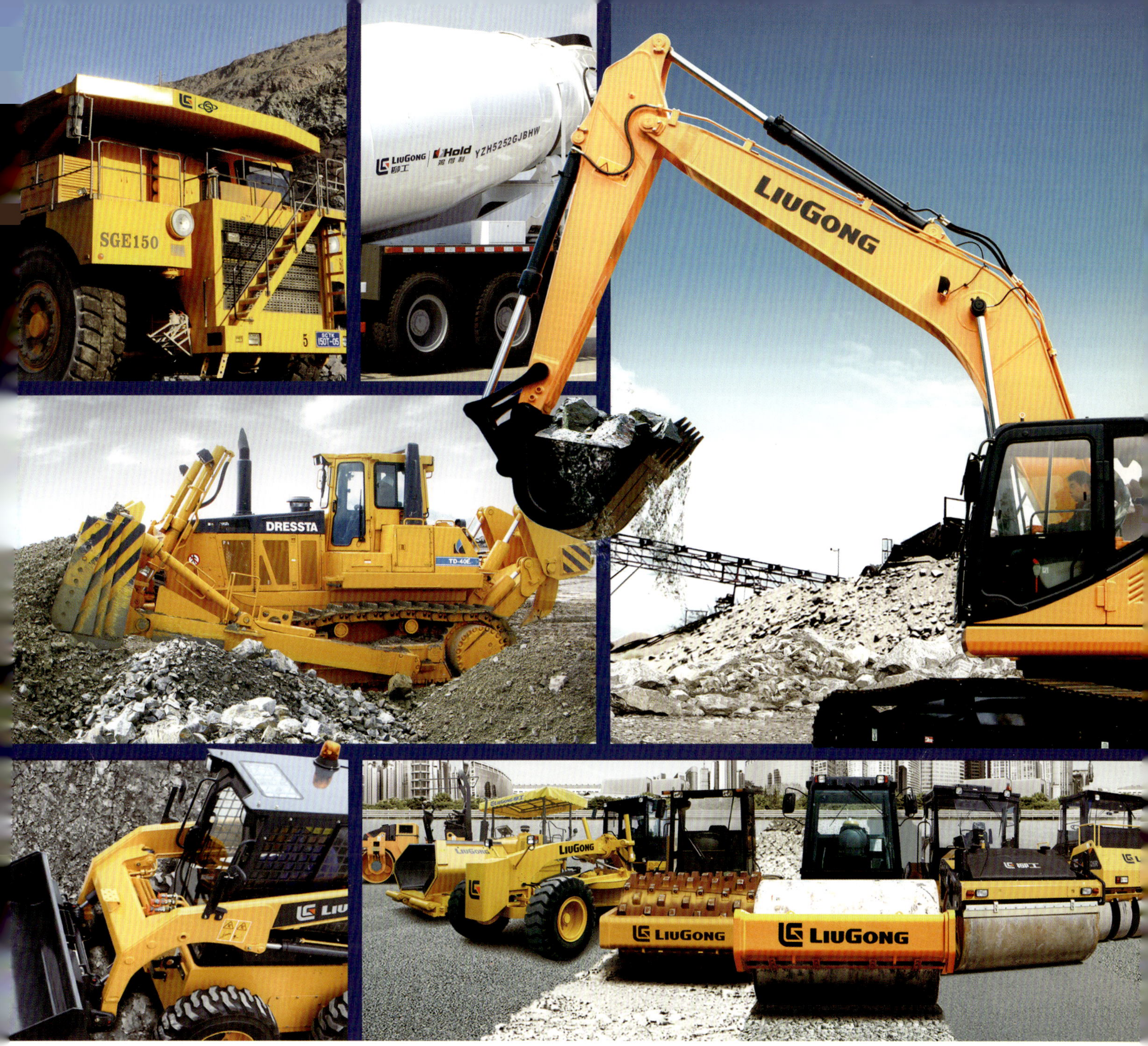

LIUGONG
柳工

中国机械工业年鉴系列

中国工程机械工业年鉴

2015

中国机械工业年鉴编辑委员会
中国工程机械工业协会
编

《中国工程机械工业年鉴》2015刊设置综述篇、行业篇、15年足迹、企业篇、市场篇、调研篇、统计资料、标准索引、政策法规、大事记以及“一带一路”专题，集中反映了2014年工程机械行业的发展情况，详细记载了挖掘机械、铲土运输机械、工程起重机、工业车辆、路面与压实机械、混凝土机械、凿岩机械与气动工具、桩工机械、掘进机械、工程机械配套件等分行业的发展情况，全面分析了工程机械的市场状况，系统地记录了工程机械行业各项经济技术指标、进出口统计数据，突出报道了工程机械行业企业的创新情况，15年来的发展及市场变化情况，以及在“一带一路”建设中的成就等。

《中国工程机械工业年鉴》主要发行对象为政府决策机构、机械工业相关企业决策者和从事市场分析、企业规划的中高层管理人员以及国内外投资机构、贸易公司、银行、证券、咨询服务部门和科研单位的工程项目管理人员等。

图书在版编目（CIP）数据

中国工程机械工业年鉴．2015/中国机械工业年鉴编辑委员会，中国工程机械工业协会编写．—北京：机械工业出版社，2015.9

（中国机械工业年鉴系列）

ISBN 978-7-111-51404-6

I. ①中… II. ①中… ②中… III. ①工程机械—机械工业—中国—2015—年鉴 IV. ①F426.4-54

中国版本图书馆CIP数据核字（2015）第198029号

机械工业出版社（北京市百万庄大街22号　邮政编码100037）

责任编辑：张珂玲

北京宝昌彩色印刷有限公司印制

2015年9月第1版第1次印制

210mm×285mm·22.75印张·57插页·623千字

定价：380.00元

凡购买此书，如有缺页、倒页、脱页，由本社发行部调换

购书热线电话（010）88379821、88379829

中国机械工业年鉴系列

作为『工业发展报告』

记录企业成长的每一阶段

中国机械工业年鉴

编辑委员会

中国工程机械工业年鉴

『鉴』证行业发展
挖掘企业亮点

中国工程机械工业年鉴
执行编辑委员会

中国工程机械工业年鉴

『鉴』证行业发展

挖掘企业亮点

中国工程机械工业年鉴
特约顾问单位特约顾问

（按姓氏笔画排列）

特约顾问单位	特约顾问
山东临工工程机械有限公司	王志中
陕西航天动力高科技股份有限公司	王宏卫
浙江海宏液压科技股份有限公司	钱云冰
维特根（中国）机械有限公司	韦肇图
厦门厦工机械股份有限公司	白飞平
贵州詹阳动力重工有限公司	吕　黔
浙江高宇液压机电有限公司	池建伟
浙江长盛轴承技术有限公司	孙志华
四川成都成工工程机械股份有限公司	李一东
英轩重工有限公司	李世勇
恒天九五重工有限公司	李新桥
洛阳至圣科技有限公司	杨文鹏
陕西建设机械股份有限公司	杨宏军
住重中骏（厦门）建机有限公司	杨泽湧
中国国机重工集团有限公司	吴培国
山河智能装备集团	何清华
无锡市三立轴承有限公司	沈立言
烟台艾迪精密机械股份有限公司	宋　飞
上海隧道工程股份有限公司机械制造分公司	张闵庆
安徽叉车集团有限责任公司	张德进
厦门思尔特机器人系统有限公司	陈成芳
江苏八达重工机械股份有限公司	陈利明
川崎精密机械商贸（上海）有限公司	陈爱明
上海金泰工程机械有限公司	林　坚

中国工程机械工业年鉴

『鉴』证行业发展 挖掘企业亮点

中国工程机械工业年鉴特约顾问单位特约顾问

（按姓氏笔画排列）

特约顾问单位	特约顾问
青岛新型建设机械有限公司	林礼津
中交天和机械设备制造有限公司	周　骏
杭州爱知工程车辆有限公司	於晓宇
杭叉集团股份有限公司	赵礼敏
江麓机电集团有限公司	柳秀导
马鞍山统力回转支承有限公司	侯　宁
山东公路机械厂	侯炳才
河谷（佛山）汽车润滑系统制造有限公司	姚燕业
方圆集团有限公司	高　秀
珠海仕高玛机械设备有限公司	黄志辉
江苏骏马压路机械有限公司	黄金涛
宁波如意股份有限公司	储吉旺
广西柳工机械股份有限公司	曾光安
中联重科股份有限公司	詹纯新
廊坊德基机械科技股份有限公司	蔡群力
北京华德液压工业集团有限责任公司	廖显胜

中国工程机械工业年鉴

『鉴』证行业发展
挖掘企业亮点

中国工程机械工业年鉴
特约顾问单位特约编辑

（按姓氏笔画排列）

特约顾问单位	特约编辑
上海金泰工程机械有限公司	丁　伟
厦门思尔特机器人系统有限公司	丁江妮
无锡市三立轴承有限公司	王　勇
中联重科股份有限公司	王旭虹
杭叉集团股份有限公司	方向荣
安徽叉车集团有限责任公司	毛献伟
陕西建设机械股份有限公司	冯　超
珠海仕高玛机械设备有限公司	吉同胜
山东公路机械厂	吕　波
维特根（中国）机械有限公司	朱咏梅
山河智能装备集团	任奇志
洛阳至圣科技有限公司	刘艳霞
英轩重工有限公司	衣晓明
北京华德液压工业集团有限责任公司	孙　军
江苏八达重工机械股份有限公司	孙　娜
山东临工工程机械有限公司	李连刚
贵州詹阳动力重工有限公司	李国芬
烟台艾迪精密机械股份有限公司	李娇云
陕西航天动力高科技股份有限公司	邹　峰
方圆集团有限公司	汪新军
廊坊德基机械科技股份有限公司	张　拯
中交天和机械设备制造有限公司	张天举
住重中骏（厦门）建机有限公司	陈　宁
河谷（佛山）汽车润滑系统制造有限公司	招文辉
浙江长盛轴承技术有限公司	郁建忠

中国工程机械工业年鉴

『鉴』证行业发展
挖掘企业亮点

中国工程机械工业年鉴特约顾问单位特约编辑

（按姓氏笔画排列）

特约顾问单位	特约编辑
浙江高宇液压机电有限公司	项玲媛
四川成都成工工程机械股份有限公司	胡　健
恒天九五重工有限公司	莫湘雄
马鞍山统力回转支承有限公司	候舒皓
厦门厦工机械股份有限公司	高万居
川崎精密机械商贸（上海）有限公司	黄　溪
江麓机电集团有限公司	黄帅丹
上海隧道工程股份有限公司机械制造分公司	黄迎燕
杭州爱知工程车辆有限公司	梁永红
青岛新型建设机械有限公司	韩亭海
浙江海宏液压科技股份有限公司	谢长德
宁波如意股份有限公司	潘志光
江苏骏马压路机械有限公司	薄桂兰
中国国机重工集团有限公司	魏　峰
广西柳工机械股份有限公司	Stacie Adams

中国工程机械工业年鉴

『鉴』证行业发展
挖掘企业亮点

中国工程机械工业年鉴编辑出版工作人员

总　编　辑　郭　锐

主　　　编　李卫玲

副　主　编　刘世博　曹　军

执行主编　张珂玲

编　　　辑　王亚水　袁士华　董智利　马焕英

发行服务　王海臣　秦日升　路泽贤

图文设计　张慕原　刘超琼

地　　　址　北京市西城区百万庄大街22号（邮编100037）

编　辑　部　电话（010）88379826　传真（010）68998970

发　行　部　电话（010）68326643　传真（010）88379821

E-mail:cmiy@mepfair.com

http://www.cmiy.com　www.mepfair.com

前　言

2014 年，在我国经济增长逐渐进入中高速阶段，国际政治经济形势更加复杂的情况下，中央坚持稳中求进工作总基调，保持定力，主动作为，强力推改革，大力调结构，着力惠民生，保持了经济平稳运行，经济增长质量明显改善。我国工程机械行业，在国内外市场需求不旺的影响下，坚定信心，努力转变发展方式，坚持创新驱动，努力优化结构，提高产品技术质量水平，推进国际化，行业在调整中孕育着新的发展机遇。

当前，受“三期叠加”效应等多重因素影响，工程机械行业还处于暂时性“阵痛期”，仍面临较大考验。2014 年，主要产品销量惯性下滑，企业资金短缺，融资困难，工程机械健康发展面临巨大考验。

2014 年，工程机械行业完成营业收入 5 175 亿元，比上年下降 8.62%。其中，重点联系企业在营业收入下降 9.85%，产成品库存下降 15.2%，应收账款仅增长 0.75%。九种主要工程机械产品销售量同比下降 4.11%，其中，仅工业车辆增长 9.39%，随车起重机增长 18.2%。

2014 年，我国工程机械进出口贸易额为 240.77 亿美元，比上年下降 0.78%。其中，进口金额 42.85 亿美元，比上年下降 9.50%；出口金额 197.92 亿美元，比 2013 年增长 1.33%。

尽管工程机械行业发展面临种种考验，但国家经济发展总体向好，我们要继续坚定发展信心，继续加大力度转型升级，坚定国际化发展战略，推动工程机械产品出口的大进大出转向优进优出，努力打造工程机械强国。

2015 年，工程机械行业将面临新的机遇与挑战，国家“一带一路”、京津冀协同发展、长江经济带三大战略，以及新型城镇化建设、城市地下综合管廊建设、中国制造 2025 等都将给工程机械行业带来发展机遇。工程机械行业企业应积极面对“新常态”，抓住新机遇，实现能力的跨越和发展方式的转变。2015 年，我国工程机械行业将更加注重质量效益的提升，更加注重技术研发和产品更新换代，更加注重科学管理与可持续发展，更加注重先进制造技术的推广应用，更加注重人才培育和队伍建设，更加注重营造公平竞争环境。

2015 年，《中国工程机械工业年鉴》与工程机械行业一起走过了 15 年，忠实地记载了行业、企业的发展历程和重大事件，为行业的宣传服务发挥了独特的作用。2015 年推出的“一带一路”专题，旨在推动企业实现走出去的梦想。新常态下，她将继续引导企业更快、更好地发展。我们愿通过《中国工程机械工业年鉴》与广大企业、用户和关心我国工程机械行业的读者，共同见证中国工程机械行业各企业勇于开拓进取的成长历程。

中国工程机械工业协会会长： 

2015 年 8 月

索

引

『鉴』证行业发展

挖掘企业亮点

广告索引

索

引

『鉴』证行业发展

挖掘企业亮点

专题索引

目录

『鉴』证行业发展
挖掘企业亮点

综述篇

行业篇

15 年足迹

企业篇

市场篇

目录

『鉴』证行业发展
挖掘企业亮点

调研篇

统计资料

标准索引

政策法规

大事记

目

录

『鉴』证行业发展

挖掘企业亮点

Overview

Trades

The 15-year Development

Enterprises

Market

Research

目录

『鉴』证行业发展

挖掘企业亮点

Statistical Data

Index of Standards

Policy and Legislation

Chronicle of Events

R&D of china's strategic
new industries

中国战略性新兴产业研究与发展——工程机械

主编：茅仲文
组编：中国工程机械工业协会
定价：158 元

内容简介

本书对工程机械行业的发展思路、发展目标、发展战略和相关政策进行了全面、系统的分析研究，对产业发展和目前的瓶颈问题提出了具有指导意义的建议。全书共分 13 章，第 1 ~ 3 章主要对工程机械的定义、类别划分、产品特点、发展回顾与现状进行了阐述；第 4 ~ 5 章对我国工程机械进出口贸易，以及利用外资情况进行了深入分析；第 6 ~ 11 章研究分析了国际工程机械的发展情况及趋势，提出我国工程机械行业的发展战略和发展目标，并介绍一些目前我国进行和推进的基础性研究工作；第 12 章阐明了我国工程机械行业为战略性新兴产业提高推进国际化战略的发展思路；第 13 章提出了我国工程机械行业战略性新兴产业发展应采取的措施及政策建议。

本书将普及性、科学性有机地统一起来，既具有一定的思想、理论深度，又具有浅显易懂、实用的特点，既适合各级政府和行业决策机构制定政策法规、学术研究机构规划研究方向参考，也适合企业决策者，技术、管理及市场人员，以及投资、证券行业及咨询机构的人员在规划、投资、研究、项目实施中使用。

茅仲文

教授级高级工程师，1992 年起享受国务院政府特殊津贴。历任机械工业第一设计研究院主任设计师、总师办主任、副总工程师，1993—2010 年任中国工程机械工业协会副秘书长。2006 年以后受聘于中央单位政府采购评审注册专家，国家开发银行装备制造业投资顾问、中国液气密工业协会专家委员会委员、四川省投资促进特聘顾问等社会兼职。

几十年来，为工程机械等行业承担了大量的工厂建设与企业创新技术改造设计。1998 年参与组建全国工程机械大行业规划管理办公室，先后完成了“八五”到“十二五”五个五年计划的规划编制，撰写了 100 多篇专题报告和论文，协助政府提出产业政策建议。为企业争取了 40 多个国家财政支持的技术改造与开发项目。

中国工程

LIUGONG
柳工

SANY

xin

DOOSAN

DG
德基机械
D&G MACHINERY

方圆集团
FANGYUAN GROUP

海宏液压
HAIHONGHYDRAULIC

HERG
河谷

JINGONG晋工

KOMATSU

KAIYUAN

ADVANCE

HCHC
长源液压

AICHI
杭州爱知

AEROSPACE POWER

SUNWARD

JOVE
恒天九五

HANGCHA

HELI合力

SICOMA

西林
XILIN

SSCM

WIRTGEN
GROUP

维 特 根 中 国

英轩重工
ENSIGN HEAVY INDUSTRIES

CRCC
中国铁建

成工
CHENGGONG

LISHIDE
力士德

SIERT
思尔特

HUBA
虎霸集团
HUBA GROUP

SDLG
山东临工

JUNMA
骏马机械

机械优秀企业Logo集锦

CATERPILLAR®
卡特彼勒

华德液压

路 星 牌

腾旋科技

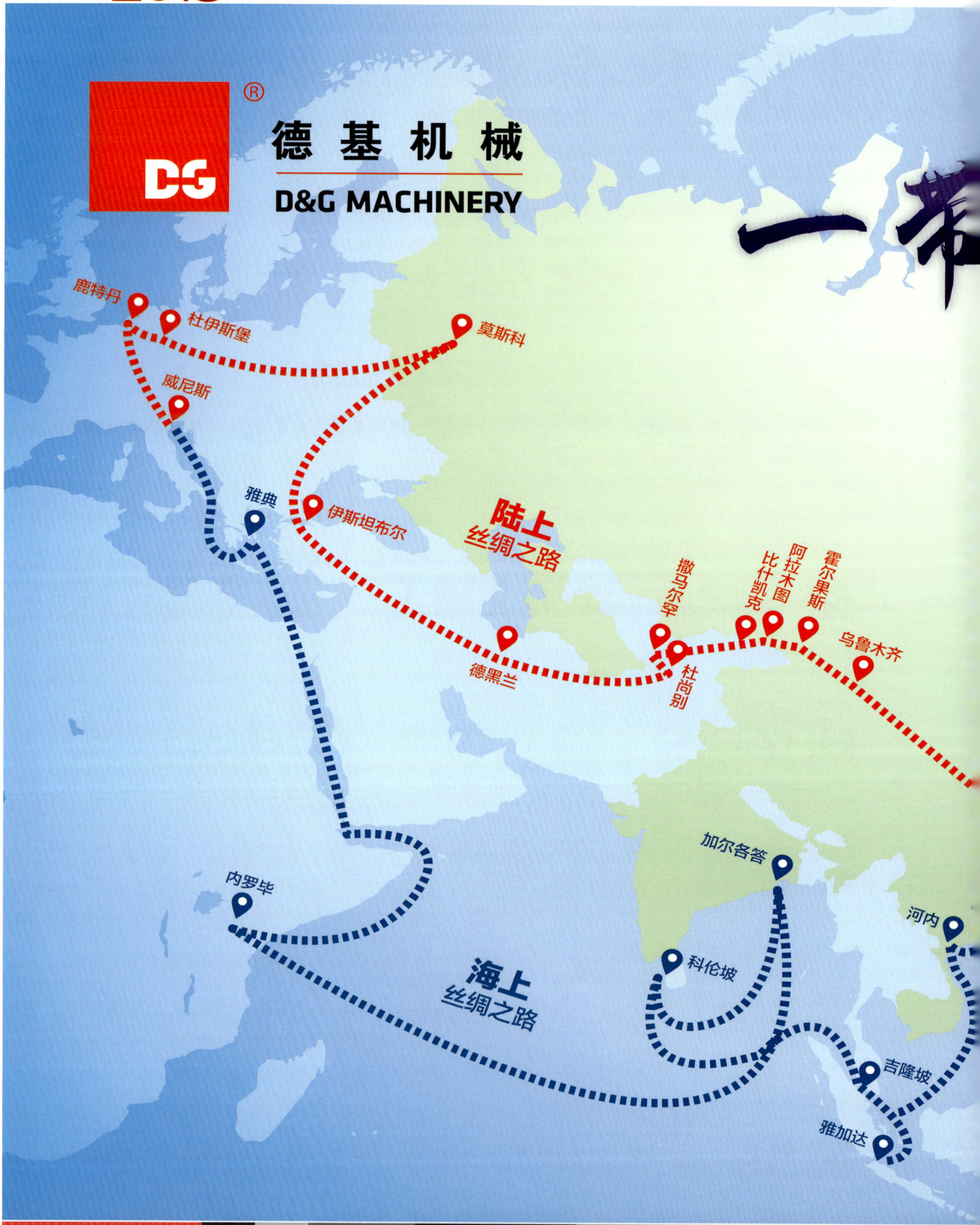
德基机械
D&G MACHINERY
鹿特丹
杜伊斯堡
莫斯科
威尼斯
雅典
伊斯坦布尔
陆上
丝绸之路
撒马尔罕
比什凯克
阿拉木图
霍尔果斯
德黑兰
杜尚别
乌鲁木齐
加尔各答
内罗毕
河内
科伦坡
海上
丝绸之路
吉隆坡
雅加达

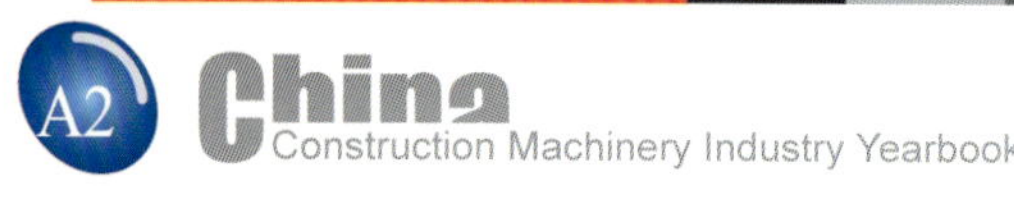

一路 我们已经出发
德基机械
产品已覆盖的范围
DG3300
俄罗斯
DG1300
印度
DG1300
哈萨克斯坦
西安
广州
泉州
福州
高端环保沥青混合料
搅拌及再生设备供应商
www.dgmachinery.com
400-883-1881
800-810-1881
产品免费咨询热线

www.dgmachinery.com
400-883-1881
800-810-1881
产 品 免 费 咨 询 热 线

HITACHI

Reliable solutions

ABOUT US

日立建机株式会社代表执行董事
执行董事社长兼董事
辻本　雄一

日立建机是一家世界领先的建筑设备生产商，总部位于日本东京。通过遍布全球的经销网络向全世界提供日立建机的产品。

VISION 日立建机企业理念

富饶的大地，繁荣的都市，美好的未来
日立建机贡献于创造舒适的生活空间

- 我们不断推动"机械"的进化，让建设舒适生活空间的"人"与"作业"更加舒适，更加先进，更加高效。
- 我们带给客户全新的价值体验，并持续开发与提供独创的技术•商品•服务。
- 我们在稳定维持利润的同时，寻求环境和谐、贡献社会、文化活动等与社会的广泛共生关系，致力成为"有良心的企业市民"。

ENVIRONMENT 日立建机与环境

日立建机对地球环境的责任

作为与地球环境共生的工程机械厂商，日立建机将持续推动各种环保活动。

日立集团"环境愿景2025"的目标是，到2025年为止，通过日立集团产品的年总计抑制1亿t的CO_2排放量，其中，日立建机集团的目标为抑制产品运转过程中所产生的CO_2排放量350万t。

绿色罗盘

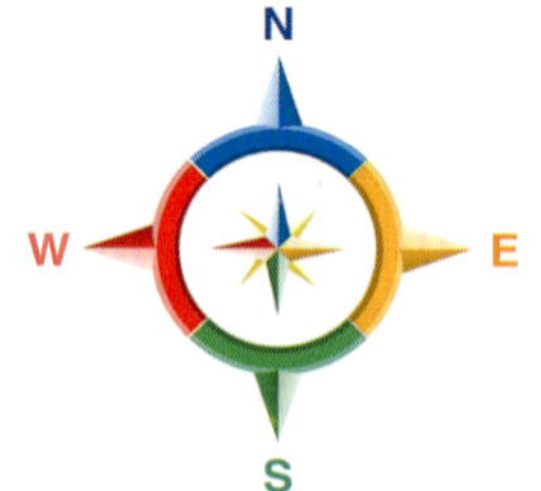

Eco-mind & Global Environmental Management
环保意识和环境经营的全球化

Next-generation Products & Services
提供下一代产品和服务

Super Eco-factories & Offices
高环保水准的工厂和办公室

Worldwide Environmental Partnerships
与利益相关者的环境配合工作

日立建机（上海）有限公司 企业社会责任活动

日立建机（上海）有限公司简介

Company Profile

1998年1月8日，日立建机（上海）有限公司在上海外高桥保税区成立，由日立建机株式会社、日立（中国）有限公司、三菱商事株式会社、香港永立建机有限公司共同出资800万美元组建。主要销售日立品牌的建筑机械产品，并且负责所售机器的相关服务和配件供应。
日立建机（上海）有限公司自成立以来，不断强化自身内部管理，为了让顾客得到最大程度的满意而不懈努力！

日立建机（中国）有限公司简介

Company Profile

优质产品的坚强后盾是位于合肥的日立建机（中国）有限公司。作为日立建机（上海）的产品生产基地，基于日立原创设计，结合中国多种施工环境，设计制造了系列齐全的液压挖掘机及特种工作装置。其产品和部件不仅满足了中国客户需求，还远销国外，享誉全球。

HITACHI
Reliable solutions
HITACHI
Our Products
日立建机 我们的产品

创新引领价值

力头强力多功能钻机 ◆ 凿岩机械

◆ 多功能旋挖钻机

◆ 起重机械

扫一扫添加山河智能官方微信

更多详情请访问公司网站

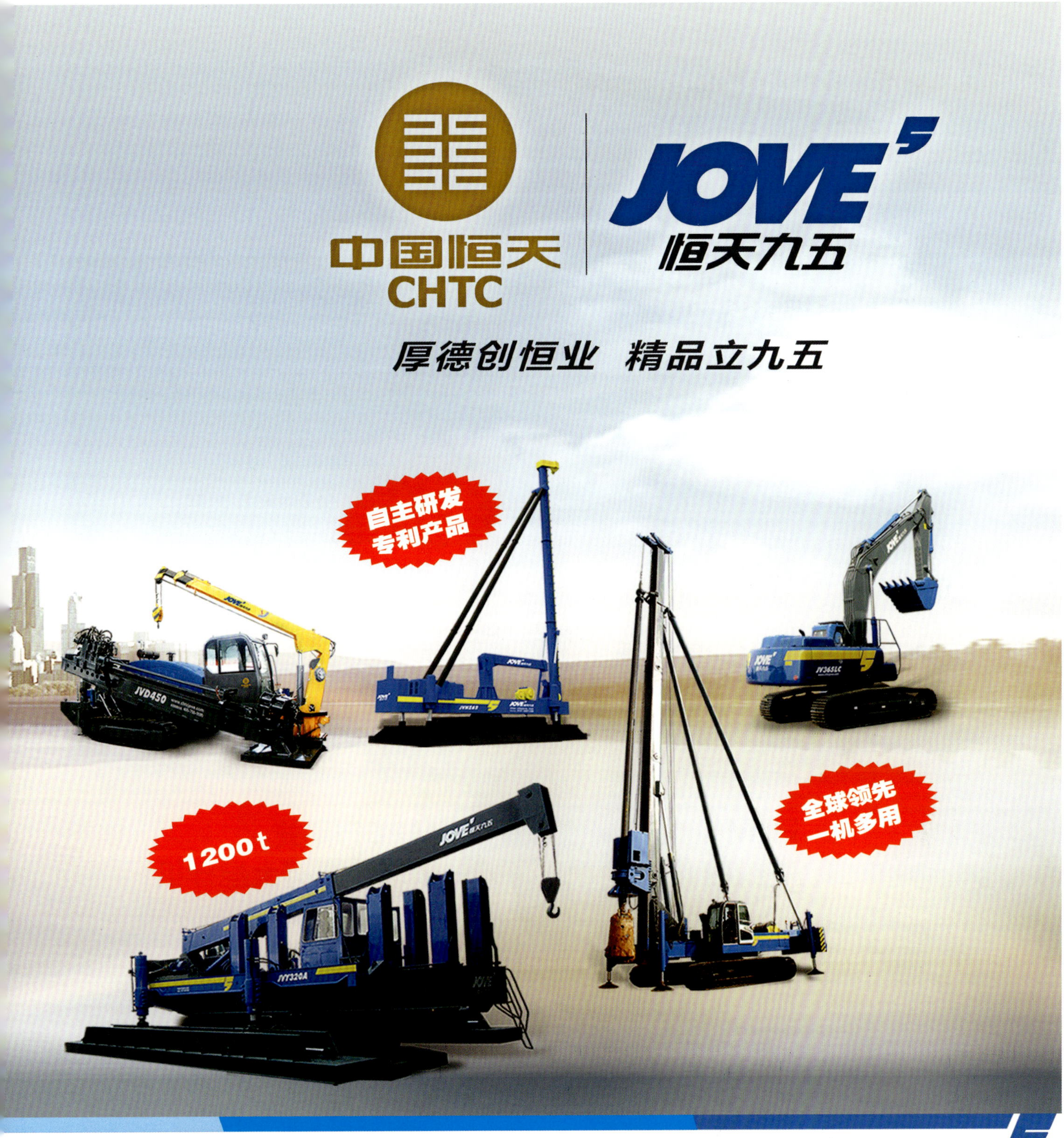

中国恒天
CHTC
JOVE
恒天九五
厚德创恒业 精品立九五
自主研发
专利产品
1200 t
全球领先
一机多用
JVD450
JVY320A

洛阳至圣科技有限公司

洛阳至圣科技有限公司地处洛阳市国家高新技术开发区，主要从事建筑机械和各种工业配料系统的研究和制造，是洛阳同行业早期取得国家制造计量许可证和国际质量管理体系认证证书的厂家。

公司拥有一支多年从事混凝土搅拌设备研发的专家队伍，在搅拌站的整体设计、搅拌主机、精确称量、粉料仓除尘等方面拥有专利 30 多项，在混凝土搅拌站建设和设计方面取得很大成就。开发了广泛适用于煤矿、矿山的定量汽车装机系统，填补了国内空白。改进产品结构形式，以创新作为企业发展的新动力，年实现销售收入 1 亿多元。在发展中以技术创新为根本，2011 年环保的“智慧仓”系统研发成功，彻底解决了困扰行业多年的粉尘污染难题。公司获得了多种荣誉，获中国建筑业协会混凝土分会绿色环保混凝土设备称号（全国仅 2 家），工程机械行业协会 AAA 级企业，洛阳市安全管理先进企业，诚信企业称号。

“天道酬勤”，公司员工不断开拓进取，发扬“团结拼搏，追求卓越，敬业创新，诚信天下”的企业精神，一如既往地以精湛的技术，高质量的设备和一流的服务回报每一位客户。

洛阳至圣愿与您共同携手，共创明天的辉煌！

HZS120C 型搅拌站

HZS180C 型搅拌站

个性化定制 绿色混凝土搅拌站专家

HZS90A 型搅拌站

HZS120A 型搅拌站

HZS180A 型搅拌站

双 HZS120B 型半封装搅拌站

HZS180B 型搅拌站

双 HZS180B 型半封装搅拌站

双 HZS180B 型半封装搅拌站

C 型搅拌站

双 HZS120C 型搅拌站

双 HZS120C 型搅拌站

双 HZS180C 型搅拌站

双 HZS240C 型搅拌站

双 HZS180C 型全封装搅拌站

双 HZS180C 型半封装搅拌站

双 HZS180C 型全封装搅拌站

HZS180B 全封装搅拌站

洛阳至圣科技有限公司

地址：河南省洛阳国家高新技术开发区　邮编：471000　服务热线：400-058-2995

电话：0379-64288966　销售热线：13303792995 13939910121　http://www.lyzskj.com

TIANHE MECHANICAL EQUIPMENT MANUFACTURING CO., LTD

中国交建
CHINA COMMUNICATIONS CONSTRUCTION

Φ 14930mm 泥水气压平衡复合式隧道掘进机
施工项目：南京市纬三路过江通道工程

Φ14 930mm　泥水气压平衡复合式隧道掘进机简介

该产品为中交天和机械设备制造有限公司为南京市纬三路过江通道工程研发的超大型泥水气压平衡复合式隧道掘进机，总计制造2台，分别为“天和一号”和“天和号”。

刀盘开挖直径为15m，隧道掘进机外径为14.93m，总长约133m，适用于黏土、砂卵石、泥岩、砂岩等复合地质条件，驱动部总功率达3 750kW，设计额定总推力为278 400kN，设计额定转矩为36 585kN.m，刀盘共配置各类刀具717把，满足了复合地层的施工要求。在实际掘进过程中，创造了日最大掘进13环（26m）的纪录。

该产品经中国机械工业联合会组织的专家鉴定，鉴定委员会认为：整机技术性能指标达到国际先进水平。其中备用可推出式滚刀技术、刀盘伸缩机构技术、氦氧饱和带压换刀技术达到国际领先水平。并陆续获得了2013年度江苏省重大装备及关键部件的认定，2014年度科技部门国家重点新产品、2014年度中国机械工业科学技术奖一等奖、2014年度江苏省科学技术奖一等奖等荣誉。

“天和一号”和“天和号”分别在2015年7月2日和6月22日顺利完成掘进，2015年7月9日，该产品通过国家工信部门中国科技成果鉴定，项目成果集成对我国基础建设、国防工程将提供有力的技术支撑，对促进我国隧道盾构机械产业的发展起到积极作用。

地址（Address）：江苏省常熟市高新技术产业园义虞路75号　　邮编：215557

中交天和机械设备制造有限公司

TIANHE MECHANICAL EQUIPMENT MANUFACTURING CO., LTD

中交天和机械设备制造有限公司隶属于中国交通建设股份有限公司，2010年4月在江苏省常熟经济开发区高新技术产业园注册成立，厂区占地面积31万m^2（465亩），注册资金6亿元，项目总投资16.86亿元。

公司主要产品为隧道掘进机（盾构机），并从事盾构产品的整修、改造、翻新等服务。中交天和机械设备制造有限公司是国内超大型盾构制造商。

公司拥有各类车间8万余m^2，最大起重能力为250t。其中，总装车间可同时组装4台直径17m的盾构机。结构车间和机加工车间配备：加工直径18m，加工承台600t的单柱数控立式铣车床、200R数控落地镗铣床、8M数控龙门铣、卷板宽度达4.6m的120mm数控万能卷板机等先进加工设备百余台。

目前，公司已具备年产盾构机40台（最大直径达17m）、大型钢结构5万t的生产能力。

截至2015年5月，中交天和总计制造、维修盾构98台（套），直径规格从3.64m至16.1m，形式覆盖泥水、土压、复合式等，广泛应用于上海、天津、南京、宁波、北京、沈阳、昆明、杭州、苏州、合肥、南昌、福州、珠海及佛山等地，适用于软土、砂卵石、岩石等复杂地层，满足大深度、高水压、富地下水等掘进条件。用途涵盖市政管网改造、地铁隧道、城际轨道隧道、公路隧道、核电站取水口等多种建设领域。

2012年，中交天和设计制造的φ14 930mm“天和号”超大泥水气压复合盾构机投入南京纬三路过江隧道使用，其施工水压高达0.74MPa，岩石强度达120MPa，难度系数高。经过三年的磨练，现两台超大型盾构机均已圆满完成使命，实现平安出洞。“天和号”盾构机集成世界上各成熟技术，具有世界领先水平，先后获得“国家重点新产品”“江苏省认定”、“中国机械工业科学技术奖一等奖”和“工业和信息化部门中国科技成果鉴定”等殊荣。

目前，公司拥有发明专利14项，实用新型专利13项，2012年被江苏省认定为高新技术企业。2013年，公司又被认定为江苏省盾构机关键技术工程技术研究中心，先后获得亚洲制造业协会颁布的“中国制造业十大创新企业”“全断面隧道掘进企业一级生产资质”等荣誉、资质数10项，成为我国隧道掘进重大技术装备行业的标杆企业之一。

公司区位优势明显：交通便利、信息发达、配套齐全、政策扶持。公司崇尚“拼搏、创新、诚信、和谐”的企业精神，公司将充分发挥各方优势，通过加强自主研发、独立设计，力争成为中国领先的，拥有自主知识产权和技术全面的“隧道产品生产与服务商”。

2014年度江苏省科学技术奖

证 书

为表彰江苏省科学技术奖获奖单位，特颁发此证书。

项目名称：NSQYPHFH 1493 型泥水气压平衡复合式隧道掘进机

奖励等级：一 等

获奖单位：中交天和机械设备制造有限公司

证书号：2014-1-20-D1

资 质 证 书

中交天和机械设备制造有限公司：

在中国全断面隧道掘进机企业生产资质评审中获壹级生产资质。

有效期限：2013年12月2日至2017年12月1日

证书编号：2013-008

批准单位：中国工程机械工业协会

二〇一四年十二月

中国机械工业科学技术奖

一 等 奖

NSQYPHFH1493型泥水气压平衡复合式隧道掘进机

中交天和机械设备制造有限公司

中国机械工业联合会 中国机械工程学会

二〇一四年度

中国国内超大型盾构机专业制造商

中国盾构机生产制造一级资质企业

中国交建进入轨道交通市场的尖兵利器

http://www.cccth.com 电话(Tel)0512-52035288 传真(Fax)：0512-52035299

浙江高宇液压机电有限公司系专业从事各类液压元件的研发、生产和销售的股份制高新技术企业，经过十年的发展，现已形成年产25万台(套)液压元件的生产能力，业务规模位居国内同行前列。

公司主要产品有：多路换向阀、变速操纵阀、流量放大阀、转向控制阀、制动阀等液压零部件，共30种系列、200 余个品种规格。产品配套应用于工程、起重、运输、挖掘等机械及汽车等领域，公司是国内少数具有完整液压系统元件研发生产能力的企业，也是装载机行业液压零部件的核心供应商；其中，主导产品装载机用多路换向阀产品市场占有率连续四年在行业中名列前茅。公司还被列入国家工信部门牵头的工程机械高端液压元件及液压系统产业化协同工作平台成员单位。

公司技术力量雄厚，拥有省级企业技术中心、高新技术企业研究开发中心。技术研发人员包括教授级高级职称及液压专业人才近50人。公司通过不断加大研发投入，自主研发形成了一系列居于国内领先的核心技术和产品，获得了近20个国家的专利。近年来，公司先后有10多项产品荣获省级新产品鉴定、科技进步或成果奖。另外，公司还主持或参与了6项行业标准的制修订工作。

公司凭借专业的营销团队和技术支持，在为客户提供优质产品和优质的售前、售中、售后服务的同时，还为客户提供系统解决方案，获得了良好的市场口碑和品牌影响力。公司与临工股份、徐工集团、山东山工、福田雷沃、厦工股份、龙工股份等国内知名工程机械主机客户建立了长期稳定的合作关系，并连续多年被客户评为优秀供应商。

公司位于美丽的东南滨海城市浙江临海，热忱欢迎国内外客户前来考察洽谈。

高宇液压欢迎您！

公司简介

中国国机重工集团有限公司（国机重工）成立于2011年1月，是世界500强企业中国机械工业集团有限公司（国机集团）的全资子公司，是由国机集团旗下工程机械业务资源重组整合改制而成立的大型装备制造企业集团。

国机重工现有28家控股和参股企业，其中1家上市公司、4家海外公司，拥有天津、常州、洛阳、西南（泸州）四大产业基地。与工程机械行业世界知名企业韩国现代、日本小松、美国特雷克斯等组建合资企业，合作机构遍布全球100多个国家和地区。

电话：+86 10 5738 7999　传真：+86 10 5738 7977
邮编：100176　http://www.sinomach-hi.com
地址：北京经济技术开发区天华北街11号院1号楼

挖掘机 »»

国机重工挖掘机设备系列——采用先进的制造技术，主要部件均采用世界知名品牌。产品具有大功率、低油耗、高耐久性等显著特点。

电话：+86 10 5738 7999　传真：+86 10 5738 7977
邮编：100176　http://www.sinomach-hi.com
地址：北京经济技术开发区天华北街11号院1号楼

平地机

国机重工 天津基地—我国平地机的诞生地。正在实施的平地机技改项目完成后，具有 3 000 台平地机、5 000 台驱动桥，以及 3 200 台其他系列产品的综合生产能力。

服务热线：400-812-0056　400-816-0063
电话：022-58396212　传真：022-58396096
E-mail: mkt@sinodstg.com
http://www.dstg.com.cn
地址：天津新技术产业园区华苑产业区海泰南北大街5号

装载机

国机重工 常州基地—我国木材装载机的诞生地。具有装载机、挖掘机、压路机、平地机等系列产品年产 20 000 台的生产能力。

服务热线：400-860-0710
邮编：213136
电话：0519-86751888 传真：0519-86750025
E-mail: xusuolin@changlin.com.cn
http://www.changlin.com.cn
地址：江苏省常州市新北区黄河西路898号

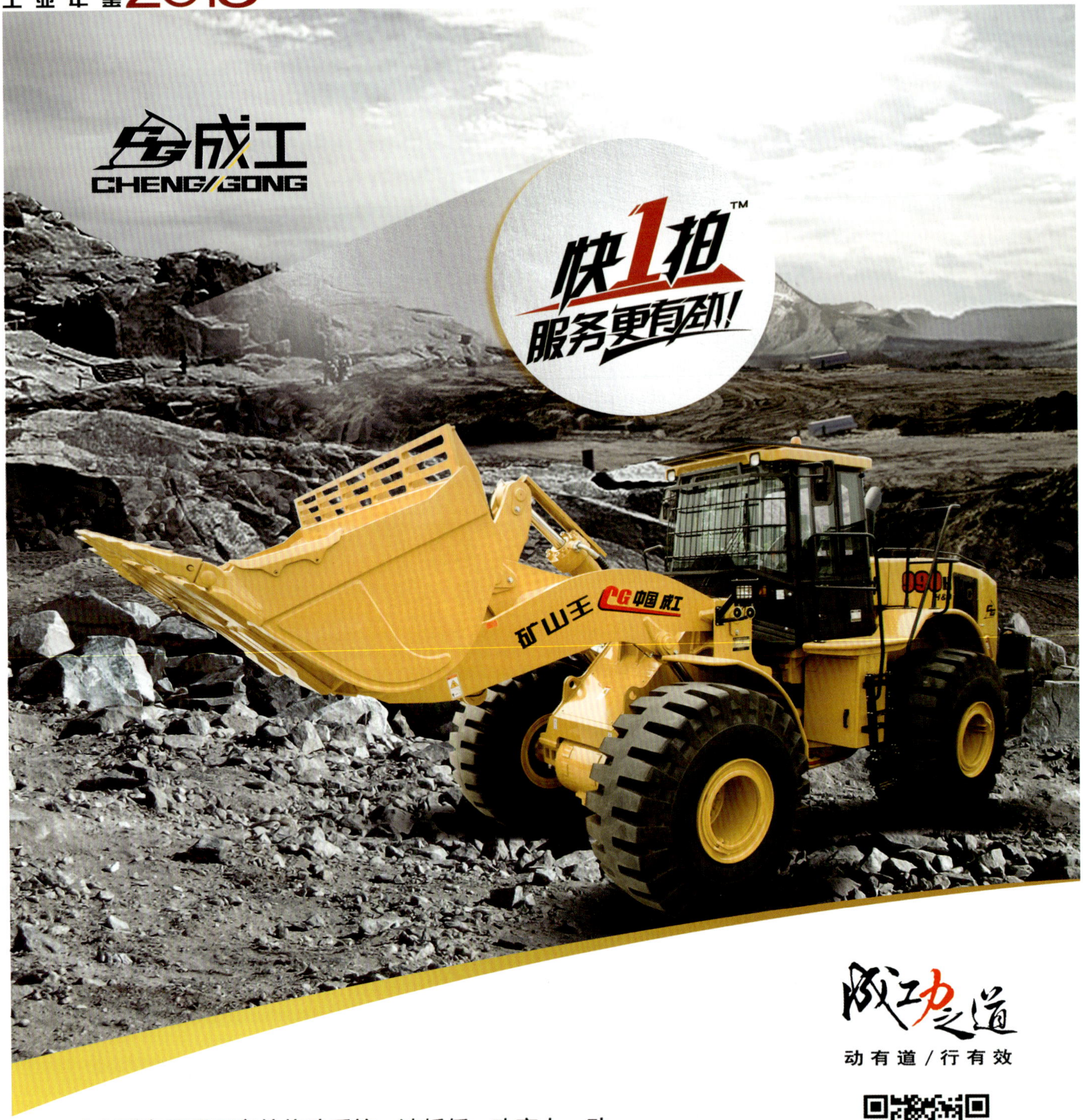
成工
CHENGGONG
快1拍™
服务更有劲!
矿山王
中国成工

在工程机械的世界里，
「混合动力」，
也已开始崭露头角。
小松混合动力挖掘机
上海·黄浦江畔建设工地
KOMATSU HB205 Hybrid
KOMATSU
Hybrid
HB 205
混合动力
KOMATSU
株式会社小松制作所（即小松集团）是世界工程机械及矿山机械行业的领军企业之一，也是世界500强之一，成立于1921年，迄今已有90余年的历史。小松（中国）投资有限公司成立于2001年2月，是株式会社小松制作所的中国地区总部。小松集团在全球范围内拥有集团子公司146家，员工4万余人。小松产品以品类齐全、质量可靠、服务超群享誉全球，主要产品有挖掘机、推土机、装载机、自卸货车等工程、矿山机械，各种大型压力机、切割机等产业机械，叉车等物流机械，TBM、盾构机等地下工程机械，以及柴油发电设备等。
KOMATSU | 小 松
小松(中国)投资有限公司
地址：上海市浦东新区金科路2889弄6号
长泰广场办公楼E座2F/3F 邮编:201203
电话：021-68414567
传真：021-68410250 68410251
http://www.komatsu.com.cn

德国品质
中国制造

WIRTGEN GROUP
贴近客户
Close to our customers

新工厂
2015年
开业

维特根铣刨机

W 100 H | W 130 H | W 1900 | W 2000

福格勒摊铺机

Super 1800-2 HD | Super 1800-2 L | Super 1900-3 L | Super 2100-3 L

悍马压路机

HD 128 | HD 138 | HD O128V | 318, 320

Wirtgen | VÖGELE | HAMM | KLEEMANN

筑养路及采矿技术

维特根集团 — 筑路机械制造领域全球领导者，扎根中国 30 余载，高品质保障，始终不变的承诺。技术领先，值得信赖，施工现场成功保障。

www.wirtgen-china.com.cn

WIRTGEN GROUP 维 特 根 中 国

Email: info@wirtgen-china.com.cn
电话：(+86) 0316 2250 100

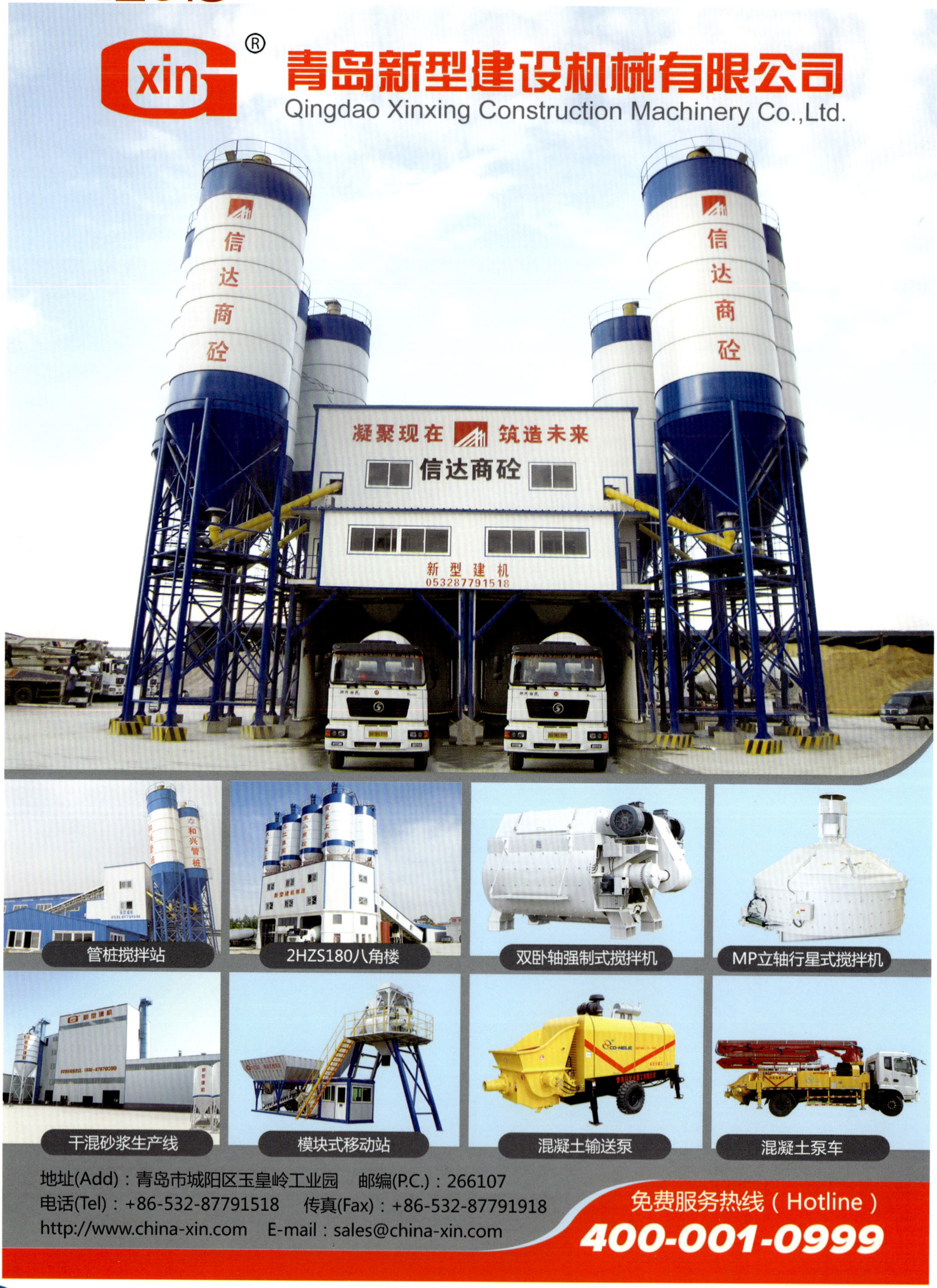
xinG®
青岛新型建设机械有限公司
Qingdao Xinxing Construction Machinery Co.,Ltd.
信达商砼
凝聚现在 筑造未来
信达商砼
新型建机
053287791518
管桩搅拌站
2HZS180八角楼
双卧轴强制式搅拌机
MP立轴行星式搅拌机
干混砂浆生产线
模块式移动站
混凝土输送泵
混凝土泵车
地址(Add)：青岛市城阳区玉皇岭工业园 邮编(P.C.)：266107
电话(Tel)：+86-532-87791518 传真(Fax)：+86-532-87791918
http://www.china-xin.com E-mail：sales@china-xin.com
免费服务热线（Hotline）
400-001-0999

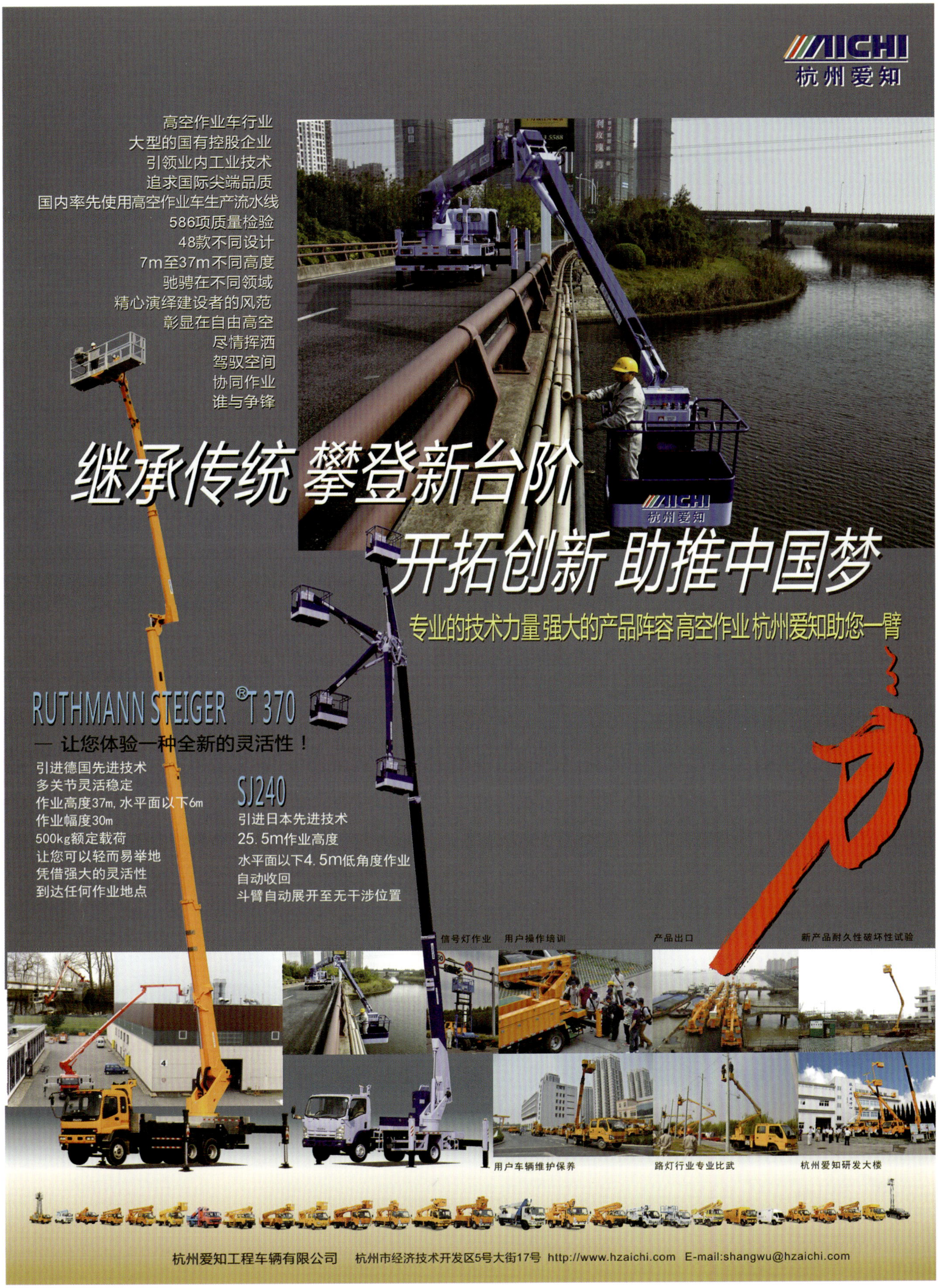

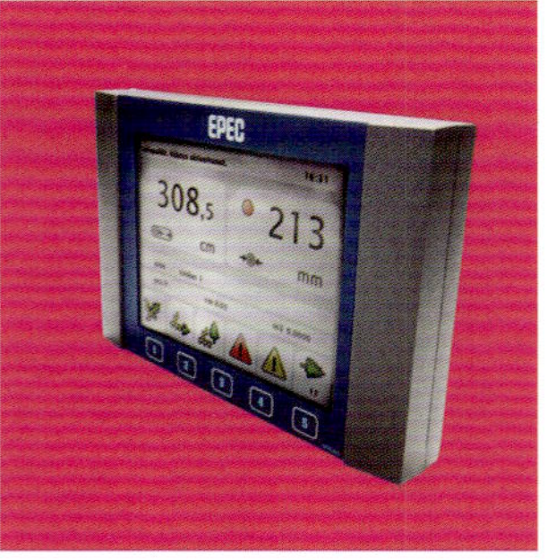

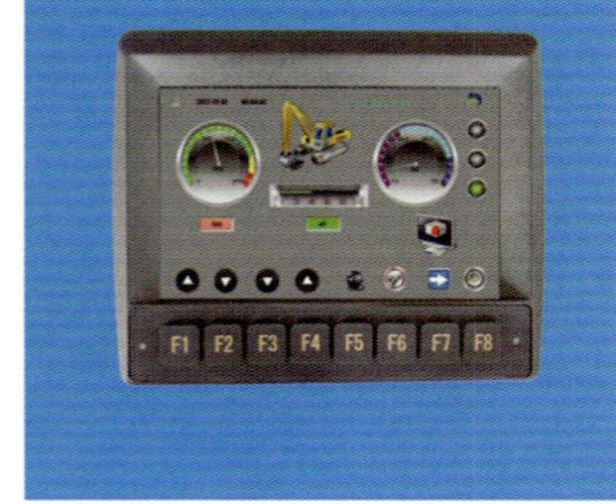
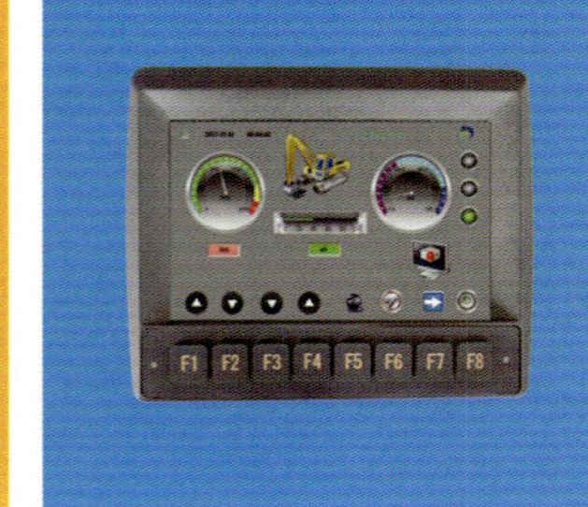

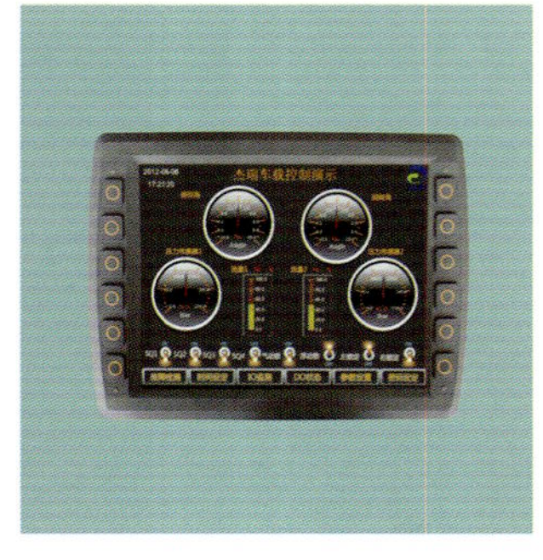

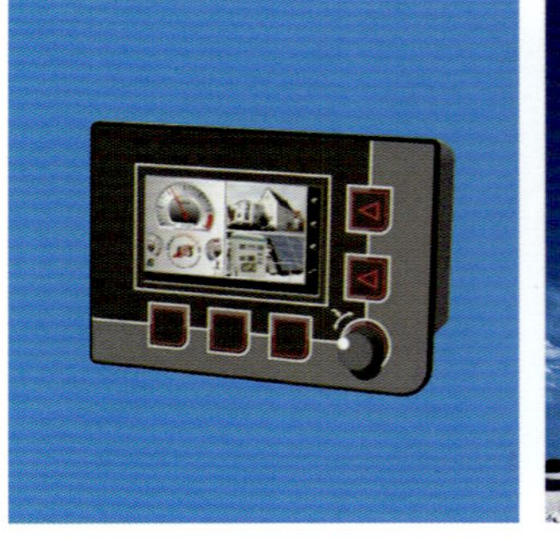

工程机械控制系统解决方案

CONSTRUCTION MACHINERY CONTROL SYSTEM

JARI

CSIC 中船重工第七一六研究所

地址：江苏省连云港市圣湖路18号　邮编：222061
电话：0518-85981598　传真：0518-85981909
手机：18936690716　http://www.jari.cn

bauma China 2016

ufi
Approved
Event

A38

综合索引

『鉴』证行业发展
挖掘企业亮点

中国机械工业年鉴系列

《中国机械工业年鉴》

《中国电器工业年鉴》

《中国工程机械工业年鉴》

《中国机床工具工业年鉴》

《中国通用机械工业年鉴》

《中国机械通用零部件工业年鉴》

《中国模具工业年鉴》

《中国液压气动密封工业年鉴》

《中国重型机械工业年鉴》

《中国农业机械工业年鉴》

《中国石油石化设备工业年鉴》

《中国塑料机械工业年鉴》

《中国齿轮工业年鉴》

《中国磨料磨具工业年鉴》

《中国机电产品市场年鉴》

《中国热处理行业年鉴》

编辑说明

一、《中国机械工业年鉴》是由中国机械工业联合会主管、机械工业信息研究院主办、机械工业出版社出版的大型资料性、工具性年刊，创刊于 1984 年。

二、根据行业需要，1998 年中国机械工业年鉴编辑委员会开始出版分行业年鉴，逐渐形成了中国机械工业年鉴系列。该系列现已出版了《中国电器工业年鉴》《中国工程机械工业年鉴》《中国机床工具工业年鉴》《中国通用机械工业年鉴》《中国机械通用零部件工业年鉴》《中国模具工业年鉴》《中国液压气动密封工业年鉴》《中国重型机械工业年鉴》《中国农业机械工业年鉴》《中国石油石化设备工业年鉴》《中国塑料机械工业年鉴》《中国齿轮工业年鉴》《中国磨料磨具工业年鉴》《中国机电产品市场年鉴》和《中国热处理行业年鉴》。

三、《中国工程机械工业年鉴》于 2000 年创刊，2002 年起开始与中国工程机械工业协会正式合作，2015 年为第 15 期。该年鉴记载了工程机械行业的运行情况、产品状况、产销情况，对市场情况、行业发展趋势进行了系统分析，全面系统地提供了工程机械行业的主要经济技术指标。

四、《中国工程机械工业年鉴》2015 年刊由综述篇、行业篇、15 年足迹、企业篇、市场篇、调研篇、统计资料、标准索引、政策法规、大事记以及“一带一路”专题构成，2015 年刊新增“一带一路”、15 周年专栏。

五、统计资料中的数据由中国工程机械工业协会提供，数据截至 2014 年 12 月 31 日。

六、在年鉴编纂过程中得到了中国工程机械工业协会及各分会，行业企业和多年从事工程机械研究的专家、学者的大力支持和帮助，在此表示衷心的感谢。

八、由于水平有限，难免出现错误及疏漏，敬请批评指正。

中国机械工业年鉴编辑部

2015 年 9 月

综述篇

论述工程机械行业发展成就，分析总结2014年工程机械行业发展现状，介绍工程机械行业最新成果

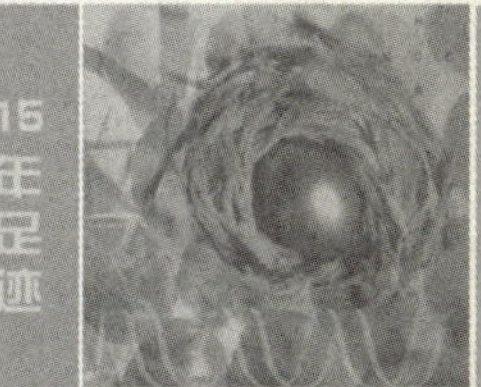

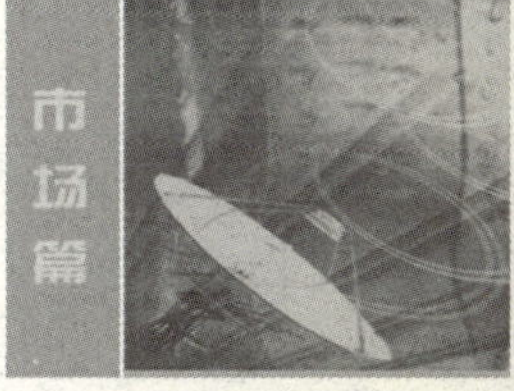

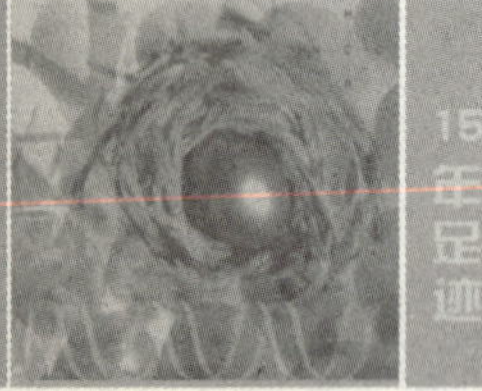

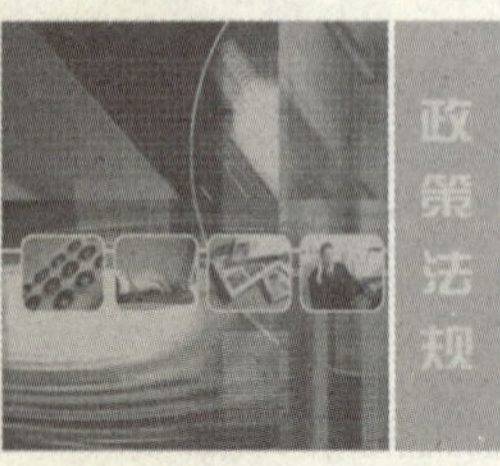

中国工程机械工业年鉴2015

综述篇

2014年工程机械行业发展综述

2014年，在我国经济增长逐渐放缓和国际政治经济形势更加复杂的情况下，中央坚持稳中求进的工作总基调，保持定力，主动作为，不搞“强刺激”，强力推改革，大力调结构，着力惠民生，保持了经济平稳运行，经济增长质量明显改善。我国工程机械行业在国内外市场需求不旺的影响下，坚定信心，努力转变发展方式，坚持创新驱动，努力优化结构，提高产品技术质量水平，推进国际化，使工程机械行业在低谷中显露出平稳运行态势。

当前，尽管受“三期叠加”效应等多重因素影响，工程机械行业还处于暂时性“阵痛期”，仍面临较大考验，但国家经济发展总体向好，调整中孕育着新的发展机遇。工程机械行业企业认清形势，坚定信心，将压力当作自身提质增效、转型升级的重要动力，行业的发展出现新的契机。

一、2014年工程机械行业发展取得显著成绩

2014年5月，习近平总书记在视察中铁装备时指出，中国是装备制造业大国，但同发达国家比还有差距，实现中国梦，装备制造业这个基础必须打牢。装备制造业的核心是技术创新，一个国家综合实力的核心还是技术创新。装备制造业是一个国家制造业的脊梁，目前我国装备制造业还有许多短板，要加大投入、加强研发、加快发展，努力占领世界制高点、掌控技术话语权，使我国成为现代装备制造业大国。推动中国制造向中国创造转变，中国速度向中国质量转变，中国产品向中国品牌转变。

按照习近平总书记的指示精神，2014年工程机械行业企业坚持创新发展，攻坚克难，积极应对市场需求下滑和资金紧张的考验，努力加快转型升级，强化内部管理和风险防控，改善运行质量，各项工作取得了明显成效。

1. 工程机械行业国际地位进一步巩固

第一，工程机械行业呈稳定发展态势，出口额保持高位。

经中国工程机械工业协会统计，2014年全行业完成营业收入5 175亿元，比上年下降8.62%。九种主要工程机械产品销售量同比下降4.11%，其中工业车辆增长9.39%，随车起重机增长18.2%。重点联系企业在营业收入下降9.85%的同时，产成品库存下降15.2%，应收账款仅增长0.75%。进出口情况保持稳定，在进口增幅逐月下降、全年进口下降9.50%的同时，出口依然保持高位低速增长，全年出口197.92亿美元，同比增长1.33%。在全球工程机械市场低迷的环境下，我国工程机械行业能够实现稳定发展，实属不易。

（1）2014年主要产品销售呈弱势盘整态势，上升动力不足。

2014年，工程机械行业产销量继续呈现出持续低迷的态势。主要主机产品销售逐月回落。年初在各方面对市场抱有乐观预期的情况下，前两个月表现较好，主要产品销售量累计同比增长41.1%，3月份仅增长0.23%，呈现后劲不足的态势，但一季度销量仍实现8.51%的增长。此后，4—9月的当月同比均为下降，导致各月累计增幅连续下降，至9月底累计同比下降0.49%，2014年首次出现累计同比下降。全年合计销量下降4.11%。九大主机以外工程机械产品，呈现出分化情况，混凝土机械、建筑起重机下降幅度较大，凿岩机械与气动工具、筑路机械、掘进机械、桩工机械、高空作业机械、混凝土制品运行情况好于九大工程机械产品。2014年工程机械行业各季度主要产品销售量及同比增长情况见表1。

表 1　2014 年工程机械行业各季度主要产品销售量及同比增长情况

序号	产品名称	一季度销售量（台）	一季度同比增长（%）	二季度销售量（台）	二季度同比增长（%）	三季度销售量（台）	三季度同比增长（%）	四季度销售量（台）	四季度同比增长（%）	全年销售量（台）	全年同比增长（%）
1	装载机	43 453	4.7	49 134	-16.2	31 871	-17.0	26 156	-39.2	150 614	-17.0
2	推土机	2 761	6.6	2 051	-29.2	1 557	-29.3	1 343	-26.4	7 712	-18.9
3	平地机	837	-6.5	1 125	-8.6	837	-8.7	863	-11.4	3 662	-8.8
4	汽车起重机	4 188	-8.0	4 438	-7.8	2 654	-33.1	2 816	-38.2	14 096	-21.2
5	随车起重机	2 583	12.8	3 404	20.3	2 582	60.1	2 473	-5.4	11 042	18.2
6	工业车辆	87 222	13.9	98 602	11.1	91 547	9.2	82 251	3.4	359 622	9.4
7	压路机	3 460	9.6	4 777	-12.1	3 226	-18.9	2 807	-11.0	14 270	-9.3
8	摊铺机	327	-26.8	706	-9.6	435	-8.2	269	-26.1	1 737	-15.9
9	挖掘机	34 018	3.6	27 186	-24.8	13 669	-29.6	15 634	-35.0	90 507	-19.5
总计		178 849	8.5	191 423	-5.0	148 378	-4.1	134 612	-15.9	653 262	-4.1

（2）进口小幅度下降，出口高位低速增长。

2014 年，我国工程机械进出口贸易额为 240.77 亿美元，比上年下降 0.78%。其中进口金额 42.85 亿美元，比上年下降 9.50%；出口金额 197.92 亿美元，比上年增长 1.33%。

一是进口持续下降，降幅有所扩大。与 2013 年度相比，2014 年上半年进口情况有明显好转，各月累计降幅扭转了大幅度下降的局面，但进口增幅由增转降，且降幅小幅扩大。1—2 月的进口增幅达到 25.3%，随后四个月出现当月同比下降态势，导致各月累计增幅逐步下探，3 月累计增长 9.8%，4 月累计增长 4.02%，5 月累计增长 0.38%，从6月开始累计出现下降，累计降幅从6月的0.24%扩大到 12 月的 9.50%。其原因：国内市场 1—2 月出现回暖征兆，市场需求增加，同期国内销售也呈增长态势。在随后的几个月，市场旺销的预期未得到充分确认，导致进口额增幅逐步下滑。

2014 年，工程机械零部件进口 18.37 亿美元，同比下降 3.92%，占进口总额的 42.9%。进口整机 24.48 亿美元，同比下降 13.3%，占进口总额的 57.1%。其中：履带挖掘机进口 10 784 台，进口额 8.06 亿美元，同比分别下降 19.1% 和 18.0%，进口额减少 1.77 亿美元；非公路用货运自卸车进口 107 台，6 448 万美元，同比分别下降 54.3% 和 55.6%，进口额减少 8 059 万美元；隧道掘进机进口 13 台，进口额 5 113 万美元，同比分别下降 56.7% 和 39.4%，进口额减少 3 322 万美元。上述三类整机进口下降的主要因素。其他下降较多的产品有：内燃叉车、手动搬运车、塔式起重机等。2011—2014 年我国工程机械各月进口额见图 1。

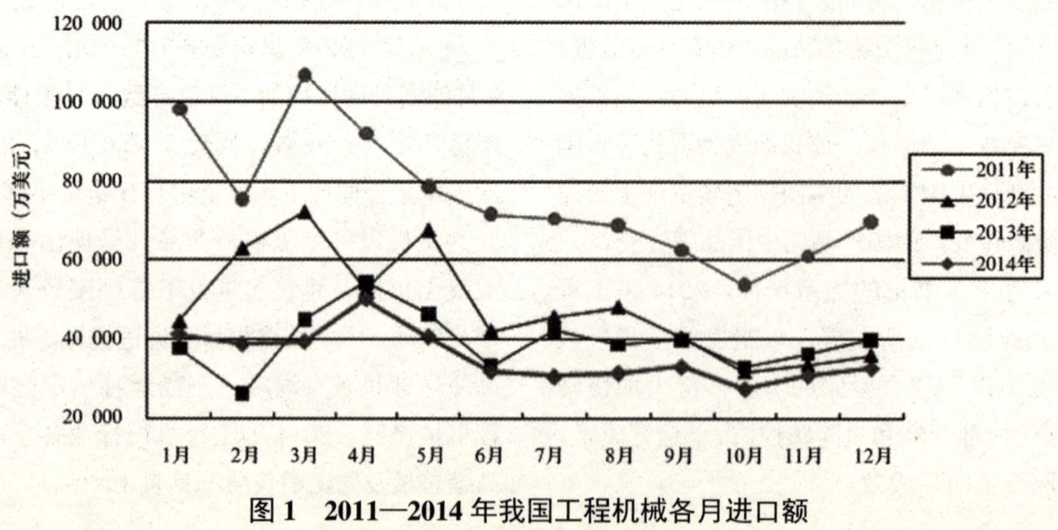

图 1　2011—2014 年我国工程机械各月进口额

二是出口继续呈低速增长态势，传统整机产品出口下降明显。2014 年延续了 2013 年以来出口额微增长态势。从月度出口情况看，除 1 月、2 月份受节假日影响，同比增幅有所波动，其余各月均呈窄幅波动，一季度增长 3.83%，上半年增长 0.87%，1—3 季度增长 0.99%，全年增长 1.33%。在前几年出口高速增长之后，从 2013 年开始进入一个新的平台期。目前出口继续大幅度增长难度较大。今后我国工程机械产品进一步增长需要政策支持和企业进一步加大力度扩大出口，企业将由简单的产品出口转型升级为品牌与服务的走出去。

2014 年工程机械零部件出口 69.35 亿美元，占出口总额的 35%，同比增长 15.1%。出口整机 128.6 亿美元，同比下降 4.81%，占出口总额的 65%。出口额减少较多的有：履带挖掘机（减少 1.75 亿美元，下降 14%）、凿岩机及隧道掘进机（减少 1.71 亿美元，下降 40.40%）、装载机（减少 1.52 亿美元，下降 8.65%）、其他汽车起重机（减少 7 668 万美元，下降 11.40%）、履带起重机（减少 4 780 万美元，下降 15.20%）。出口增幅较大的整机产品有：叉车、电梯及扶梯、风动工具、塔式起重机等。2011—2014 年我国工程机械各月出口额见图 2。

（3）工程机械行业重点联系企业集团经济指标完成情况。2014 年工程机械行业部分重点企业经济指标同比增长情况见表 2。

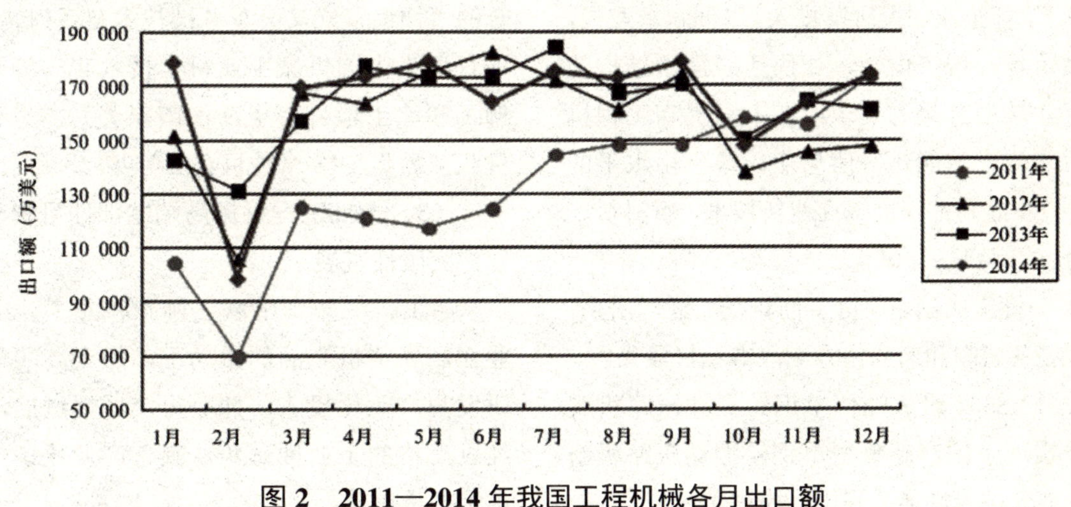

图 2　2011—2014 年我国工程机械各月出口额

表 2　2014 年工程机械行业部分重点企业经济指标同比增长情况

序号	指标名称	同比增长（%）	序号	指标名称	同比增长（%）
1	营业收入	−9.85	9	资产合计	0.06
2	营业成本	−7.04	10	流动资产平均余额	3.47
3	营业税金及附加	−17.9	11	其中：应收账款	0.75
4	销售费用	−11.0	12	存货	−0.11
5	管理费用	4.28	13	其中：产成品	−15.2
6	财务费用	25.9	14	应交增值税	−23.8
7	其中：利息支出	1.02	15	从业人数（人）	−8.55
8	利润总额	−39.7	16	工资总额	−7.37

营业收入比上年同期下降幅度开始扩大，主要企业间发展不平衡，混凝土机械和土方机械比重较大的企业下降明显。各项费用大幅度增长，利润持续大幅度下降，应收账款增幅减小，库存

开始下降。

第二，我国工程机械企业国际地位进一步提高。

据有关媒体排名，在2014全球工程机械制造商50强排行榜中，中国工程机械企业有11家企业上榜，是入榜企业数最多的国家。

徐工、中联、三一、柳工、山推、龙工、厦工等一批企业通过国外经营本地化，建立国外研发、运营和渠道体系，成功并购国际知名企业，在重要市场站稳脚跟，实现了从国内骨干企业到国际知名企业的跨越，极大地提升了企业国际竞争力和品牌影响力。

2. 自主创新能力不断得到增强

2014年，工程机械行业在市场调整、增速下降的背景下，各企业加大研发投入，以创新求发展，以质量赢市场。苦练内功，加快适应需求结构的变化和行业转型升级的要求，在不断提高工程机械产品数字化、智能化、信息化、绿色化水平的同时，进一步提高工程机械行业新技术、新材料、新工艺的应用水平。

（1）一批集成创新、自主创新产品涌现出来，重大技术装备研制和产业化方面取得积极成果。

徐工的XS333最大吨位单钢轮振动压路机实现销售，实现了国产超重型单钢轮振动压路机新的突破，部分技术性能达到国际先进水平。

中联重科的全球最大平头式塔机T3000-160V实现销售，可有效解决火电建设大型吊装难题，并可应用于大型场馆、大型桥梁、大型冶金设备和超高层建筑施工中。

三一集团超高压混凝土泵实现了将超高强混凝土C100泵送至620m高度的新纪录，标志着混凝土泵送技术达到世界领先水平。

山推国内最大的661.5kW（900马力）推土机成功实现销售，开创了国内超大功率推土机与国际知名企业同台竞技的范例。

中铁装备集团和上海隧道股份的世界最大矩形断面盾构机和世界最大矩形顶管掘进机分别成功应用，成为我国大型矩形盾构机在城市主干道下穿隧道建设的范例。

（2）一批先进技术与产品获得科学技术奖。

2014年中国机械工业科学技术奖的评审，有30多家工程机械行业单位报送了47项评审项目，涉及多类工程机械产品及制造关键技术，申报项目呈现出创新点多、技术含量高、社会效益和经济效益显著等特点。

经评审，广西柳工机械股份有限公司的“面向工程机械机种特征的减振降噪共性关键技术与应用”、徐工集团建设机械分公司的“大型工程建设成套吊装设备关键技术与应用”、中交天和机械设备制造有限公司等3家单位联合的“NSQYPHFH1493型泥水气压平衡复合式隧道掘进机”和总装备部军械技术研究所等5家单位联合的“伸缩臂式叉装车关键技术及系列装备”4个项目评为中国机械工业科学技术奖一等奖（其中柳工和徐工项目有望冲击国家奖），另有9个项目获二等奖、13个项目获三等奖。

（3）一批工程机械高端零部件研制与产业化取得突破性进展。

徐工、三一、中联、柳工、龙工、山推等企业在高端整机产品的带动下，加大高端零部件的研发与产业化投入，并取得实质性进展，有些已经过严格的工业性试验，具备产业化条件，并实现了批量销售。

江苏恒立、华德液压、太重榆液、山东常林、赛克斯、长源液压、艾迪液压、安徽博一等专业配套件企业在高端配套件研制、测试和工业性试验方面也取得了进展。

3. 产业结构调整和发展方式转变取得新进展

（1）产品升级换代步伐加快，高端装备保持良好发展势头。

工程机械企业面对市场需求减缓，竞争加剧的环境，更加着力提高产品技术与质量水平，加速产品的升级换代，推广高效、节能、环保、安全、智能化、易操控的新型产品，进一步满足用户的个性化和差异化需求。安徽合力、杭叉集团、山推、山东临工、福田雷沃、山河智能、龙工、厦工、山东方圆、北方股份、陕西同力、山重建机、福建晋工、成都工程、詹阳动力、京城重工、八达重工等企业均推出了传统机型的升级换代产品，排放水平降低，环境适应性、可靠性和耐久性明显提高。

借助基础技术研究成果，徐工、中联、三一、柳工等企业一些新型高端产品迅速赢得市场认可，高端产品市场比重有所增加，有些已经获得欧美市场的相关认证，具备了进军欧美高端市场的条件。

（2）进一步提高用户服务水平，工程机械后市场获得健康发展。

2014 年，工程机械行业企业改变了仅注重新机销售的做法，联合代理商进一步整合完善服务体系，加大服务投入，不断深耕服务领域，树立良好的品牌形象，逐步形成设备维修、配件供应、设备租赁、二手机流通和再制造等服务体系。不断制订和完善后市场发展战略，推动了后市场的五大业务模块向市场化发展，改善了企业盈利模式，提升了企业盈利能力。

福田雷沃、玉柴重工、国机重工等企业通过注重经营管理的创新，发展电子商务，建立信息中心和交流系统，贯彻诚信经营宗旨，制定合理的价格，提供真诚的服务，制定合理的人才发展规划，工程机械行业后市场综合服务体系得到完善。

（3）推进行业重组化解过剩产能。

针对目前工程机械行业部分产品出现相对产能过剩的倾向，行业利用当前市场调整的有利时机加快重组步伐，利用优势企业在技术、研发、制造、服务等方面的优势，对一些薄弱的品牌与企业开展联合重组。这样有利于化解过剩产能，为行业走上健康发展轨道创造较好条件。

（4）企业在应对市场风险和发展方式转变方面取得了积极进展。

企业发展在脱离外延式增长的环境下，通过改善内部管理，制订并执行严格的费用管控标准，建立费用管控体系，加强内部资源整合，从研发、制造、商务、营销、财务管理等方面创新和完善增效节支的措施，企业资金管理和成本费用管控普遍得到加强。另一方面，通过加强客户信用管理、提高营销成交条件、加快货款回笼，完善相关环节的考核，不断强化营销措施、商务条件，存货管控的协调与管理水平的提升，企业普遍提高了风险防控的意识与手段，前两年的不理智营销行为得到一定抑制，经营风险得到有效控制和化解。通过加强采购控制、优化产销计划、强化均衡生产，产成品库存有所下降。同时，供应商、代理商和制造商的合作关系得到明显改善。

4. 绿色发展取得积极成果，企业社会责任意识进一步加强

2014 年是道路工程机械国Ⅳ标准和非道路工程机械国Ⅲ标准实施前的关键阶段，广大企业在积极消化原标准底盘和发动机库存的同时，加快推进新标准产品的上市，研制、试验和推广新一代使用清洁能源的工程机械产品，一批主要企业利用其研发优势，创新开发了包括轻量化道路机械在内的节能减排产品和绿色施工技术应用产品，成为引领工程机械行业发展节能环保工程机械产品的先锋。

（1）工程机械行业再制造取得了积极进展。

2014年组建了中国工程机械再制造产业联盟，开始规划工程机械再制造产业发展路线图，有 30 多家企业参加，他们根据自身特点和市场存量规模，开展了再制造研究和产业化试验，为进一步推进再制造产业化进程奠定了基础。

2014 年 5 月，由天工院、厦工、柳工等共同完成的“十二五”国家科技支撑计划——“工程机械零部件再制造关键技术与装备”通过课题验收。

（2）工程机械企业的社会责任建设走上制度化轨道。

2014 年云南鲁甸地震后，很多工程机械企业第一时间组织抢险救援队伍参与震后救援工作，发挥了重要作用。随着防灾减灾工作的逐步深入，工程机械企业应急抢险救援逐步走上制度化、体系化、规范化的轨道，应对灾害的能力进一步增强。

在绿色发展、希望工程，以及老少边贫地区

的援助方面，工程机械企业也做出了积极贡献。

5. 工程机械行业“两化”深度融合积极向前推进

经过多年的努力，全行业的“两化”融合不断取得进展，正在向纵深推进，很多企业实现了产品研发、资源管理、生产制造及售后服务的信息化。中联重科、徐工集团、三一重工、天远科技、中铁重工、厦工股份、南方路机、惊天智能 8 家企业被工信部评为两化融合典型企业。

徐工集团把智能制造作为核心竞争力之一，通过管理信息化与设备自动化的深度融合，利用各类先进手段，构建设计制造一体化、管理智能化、数据信息化、控制自动化的智能制造体系，使产品生产周期缩短 60%，焊接质量差的反馈率下降了 90% 以上，喷涂漆膜厚度合格率达到 100%，一线操作手数量大幅度减少，生产环境得到有效改善。

三一集团加大“两化”深度融合投入，基本实现了基础智能化、研发数字化、供应链敏捷化、人力资源管理精细化、业务财务管理一体化、客户关系管理自动化、经营业绩可视化七方面的功能，在当前行业增速减缓的情况下，信息化的发展和两化深度融合为企业带来了不竭的发展动力。

同时也应该看到，工程机械行业还有很多企业的信息化还处于较低水平，甚至少数企业仅处于起步阶段，需要全行业继续努力，提高信息化水平，推进“两化”融合的进一步发展。

6. 国际化步伐不断向前推进

第一，国外事业取得新成果。

徐工巴西基地竣工投产，形成了 7 000 台各类工程机械的年生产能力。同时成立了研发中心，以更好地开发出适应巴西工况的产品，为徐工巴西提供强大科研支持和技术支撑。徐工 2014 年海外整机产品批量出口也取得了较好成绩。

三一集团在国际化经营方面不断取得进展，巴西分公司已实现盈利。在中亚市场和非洲也取得突破性进展。2014 年继续加大国外投资力度，完善国外研发、制造和销售体系。

中联重科收购拥有全球干混砂浆设备领域第一品牌的德国 M-TEC 公司和全球著名升降机企业荷兰 RAXTAR，推动中联重科在该设备制造领域占据全球领先地位。

柳工深耕包括印度尼西亚在内的东南亚市场，取得新的业绩。柳工印度公司经过不断地提升本地化程度和管理水平，2014 年实现扭亏。波兰柳工锐斯塔 2014 年获波兰最佳外国直接投资奖，其技术移植转化以及生产经营取得新的进展。

借助国外体系建设不断取得进展，临工、龙工、山推、安徽合力、杭叉等企业国外销售也取得了较好成绩。

第二，企业主攻欧美高端市场，大型整机产品出口取得突破。

徐工越野轮胎起重机等成功实现北美地区批量销售。

中联重科全系轮胎起重机通过北美、俄罗斯联邦认证。混凝土泵车成功销往西欧。

三一挖掘机在美国、拉美和亚太地区主要工程机械市场获得了认可，享有一定的品牌知名度。

第三，工程机械企业借助国际展览，积极拓展国际市场。

协会先后组织中国工程机械展团，参加了美国工程机械展览会 Conexpo、俄罗斯 CTT 和印度 bC 国际工程机械展等国外热点市场展览会，使参展企业在品牌营销、产品推广等方面取得了良好的效果。2014 年 11 月开幕的 Bauma China2014(上海宝马展) 是行业 2014 年的重要展会，企业参展，踊跃参加，展会取得预期效果。

二、工程机械行业面临的形势和任务

1. 适应国民经济新常态，促进工程机械行业平稳发展

国民经济稳定发展是工程机械持续健康发展的基础，“十八大”以来，中央坚持“稳增长”的发展策略，国民经济已经呈现出“新常态”的发展特征，经济发展速度从高速增长转为中高速增长，各种不协调、不可持续、不健康的增长因

素逐步弱化，宏观经济发展势头良好，工业生产实现了平稳增长，固定资产投资增速以中速增长在相当长的时期内成为常态，企业应积极适应新常态的发展环境。

（1）从要素驱动转向效率驱动、创新驱动。

近十几年，工程机械行业的高速发展一方面充分满足了国民经济发展的需求，另一方面也成就了我国工程机械的大国地位。目前行业发展的外部环境已经发生根本变化，要素驱动逐渐弱化，未来工程机械行业的发展将主要以质量、效益提高和结构优化、产业升级为主要特征。

（2）努力解决积累问题，促进行业可持续发展。

近几年工程机械行业出现了发展中的低潮，前期行业高速发展所积累的问题显现，短期内不能及时消化，表现在企业内部管理、外部营销和增长方式粗放等诸方面。克服发展中的问题，化解“阵痛”，实现由高速发展到平稳发展，需要一个过程，也需要付出艰苦的努力。

今后几十年，我国国民经济发展空间巨大，我国仍然是全球最大的工程机械市场，通过工程机械产品质量性能的不断提升，可以获得国际市场更大的份额。

2. 探索工程机械强国战略的措施和发展路线

我国工程机械行业经过60年的发展，特别是近十几年的快速发展，行业形成了较大规模，成为我国装备制造业中具有较高水平的优势产业。我国已成为全球最大的工程机械制造国与最大的工程机械市场，工程机械产品的技术与质量水平迅速提升，重大产品研制取得了巨大成绩，在国际上具有较强的竞争优势。我国要实现由制造大国向制造强国的历史性转变，工程机械必须要先行。

尽管如此，工程机械行业还在很多方面存在不足，在研发、制造、产品的可靠性与耐久性等方面与国际领先水平还有较大差距，今后10至20年，工程机械行业艰巨的任务是要在研发、制造方面有新的突破，在质量技术水平上有跨越式提升。在国家有关部门的指导和支持下，中国工程机械工业协会制定了工程机械强国发展战略，规划了发展路线，推动工程机械行业实现了规模化平稳发展、质量效益整体提升、产品结构全面优化，工程机械行业呈现出持续发展的巨大潜力。希望工程机械行业企业不辱使命，科学地制定发展规划，集中力量逐步突破制约发展的因素，加快实施工程机械行业的强国战略，推动工程机械行业向中高端水平迈进。

3. 承担节能减排的责任义务，严格遵守相关技术法规

为了促进人类社会和经济的可持续发展，世界上许多国家对环境保护和公共安全提出了越来越严格的要求，各项技术法规朝着更高标准发展。工程机械承担着减少环境污染、保障施工与使用安全的重要职责，有无良好的环保性能和安全性能已成为参与国际市场竞争的指标和许多国家的“市场准入证”。

当前我国工程机械企业对环保和安全法规越来越重视，也相继推出新型环保产品，希望全行业所有企业加快进程，严格遵守国家的有关技术法规，在推出符合新环保法规工程机械的同时，逐步停止高污染、高排放、低效率工程机械的生产与销售。对于以往的超标超限产品（主要是道路工程机械），要加大力度加快产品调整进程，停止生产和销售不符合国家技术法规的超标超限产品，全面承担社会职责，向社会提供环境污染小、施工与使用安全的工程机械。

三、2015年工程机械行业发展形势预测

1. 我国宏观经济形势稳定向好，中央稳增长政策将逐步到位

2015年3月5日，李克强总理在第十二届全国人民代表大会第三次会议上的政府工作报告中指出：要加快实施走出去战略。鼓励企业参与境外基础设施建设和产能合作，推动铁路、电力、通信、工程机械以及汽车、飞机、电子等中国装备走向世界。

在基本建设投资方面。2015年中央预算内投资增加到4 776亿元；铁路投资保持在8 000亿元以上，新投产里程8 000km以上；重大水利工程

在加快已开工的 57 个项目之外，2015 年再开工 27 个项目，在建重大水利工程投资规模超过 8 000 亿元。棚户区改造、铁路、水利等投资多箭齐发，重点向中西部地区倾斜，使巨大的内需得到更多释放。“一带一路”、京津冀协同发展、长江经济带这三大国家战略规划的逐步推进，对 2015 年乃至今后几年工程机械行业保持稳定发展势头提供了有利条件。

2014 年以来，我国不断加大基础设施投资，城镇固定资产投资规模始终保持两位数的增幅。特别是交通、能源、水利、新型城镇化和棚户区改造等，大部分项目将在今后两年得到实施。

尽管国家有关稳增长的发展策略、措施效果尚未在工程机械行业充分显现，但随着改革的深化和相关政策逐步落实到位，中央的各项稳增长措施将逐步在工程机械行业见效。

公路建设方面。2013 年全国公路建设固定资产投资额占交通运输（公路、铁路、民航）投资额的 62%，完成投资 12 500 亿元，2014 年 1—8 月完成投资比上年同期增长 20.2%。

铁路方面。2014 年年初以来，中央三次调整了铁路投资计划，铁路投资增加到 8 000 亿元，由于前期准备工作启动较晚，上半年仅完成 2 352 亿元，同比增长 8.93%，比 2013 年全年增幅（5.20%）高出 3.73 个百分点。随着项目前期准备工作的逐步推进，今后一个时期，铁路投资落实的效果将逐步显现，尤其是新开工项目将对工程机械产品产生旺盛的需求。

水利方面。在继续抓好中小型水利设施建设的同时，集中力量有序推进一批全局性、战略性节水供水重大水利工程建设项目。水利部优先安排国务院确定的 172 个节水供水重大水利项目，在目前在建 57 个项目的基础上，2015 年新开工建设 27 个重大水利工程。同时对尚未立项的 88 项工程加快前期论证和立项审批，力争在“十三五”期间全部开工建设。

新型城镇化和棚户区改造方面。2014 年，国家对棚户区改造的支持力度进一步加强。当前，国务院办公厅颁发了《关于进一步加强棚户区改造工作的通知》，要求进一步加大棚户区改造工作力度，力争超额完成 2014 年目标任务，并提前谋划 2015—2017 年棚户区改造工作。从 2013 年到 2017 年“再改造 1 000 万户以上各类棚户区”的建设任务，同时提出在以人为核心的新型城镇化推进过程中，“要改造约 1 亿人居住的城镇棚户区和城中村”，新一轮棚户区改造的序幕拉开。

2011—2013 年年底，全国棚户区改造累计开工 1 084 万户，基本建成 668 万户。2014 年我国改造各类棚户区 470 万户以上，改造任务比 2013 年增长近 47%；基本建成 480 万套，同比增加约 1.2 倍。

2014 年 1—8 月份，房地产投资完成 5.90 万亿元，同比增长 13.2%，虽为近两年最低增幅，但仍有两位数的增长。

在城市轨道交通方面。2014 年，北京、上海、广州、天津、重庆、南京、武汉、长春、深圳、大连、成都及沈阳 12 座城市先后建成并运营了 50 多条城市轨道交通线，运营里程接近 1 500km。

2014 年，已有 40 座城市向国家申请轨道交通建设项目，28 座城市获得审批，规划线路 96 条，总投资超过 1 万亿元，预计总里程 3 000km。

能源建设方面。加快建设现代核电产业体系，打造核电强国。到 2015 年，运行核电装机容量达到 4 000 万 kW，在建规模 1 800 万 kW。风力发电和太阳能发电到 2015 年分别实现装机容量 10 000 万 kW 和 2 100 万 kW。

可以预计 2015 年下半年，随着各部门不断加大政策落实的力度，投资项目前期准备和审批速度的加快，建设资金的逐渐落实到位，投资会出现稳中有升的积极变化。国务院关于铁路建设土地综合开发的意见将极大推动铁路建设投融资改革进程，拓宽铁路融资渠道，大力引入民间资本，改善铁路建设资金状况，将给工程机械行业带来更好的发展机遇。

2. 世界经济形势存在诸多有利条件，同时也存在一些制约因素

当前美国经济加速扩张，就业增长强劲，住

房市场稳步复苏，企业固定资产投资和消费开支有望加速增长，2014年第二季度美国GDP增长4.6%，开创十个季度的新高，一些经济指标已经恢复至国际金融危机前的水平。2014年经济增长率为1.7%，2015年升至3%。

欧元区尽管经济复苏缓慢，一些主要经济体出现负增长，但复苏的势头仍很明显。第二季度，欧元区推出量化宽松政策，将有效缓解通缩的不利影响，引导银行对实体经济放贷，以支持经济增长。2014年9月综合PMI连续14个月位于荣枯线上方。2015年经济增长将达到1.5%。

全球主要发达经济体相继实施量化宽松政策，使得新兴市场资本外流的压力得以缓解，为加快结构改革赢得时间。同时，欧美利率整体走低使新兴市场货币政策走向宽松成为可能，对新兴经济体经济增长提供动力。

巴西经济2014年以来表现不如前两年，出现“滞胀”态势，第二季度GDP同比下降0.9%，第三季度通胀水平有所下降。2014年下半年开始，巴西政府通过两次向银行注入资金、发行免税债券以增加市场资金，加大基础设施投资，缓解基础设施不足对巴西经济发展的瓶颈效应，努力刺激经济增长。

尽管面临内部结构调整、外部国际制裁，俄罗斯政府积极应对挑战，经济发展始终比较稳定，在朝着有利于我国企业在俄业务发展的方向发展。

印度正在摆脱过去两个财年经济全面下滑、特别是工业领域严重下降的局面，新的经济政策推行获到一定效果，印度政府预测的2014年财年(2014年4月起)印度经济增长率在5.4%～5.9%之间。印度新政府首要目标是恢复商业信心，重启新一轮投资，化解财政和结构性问题，简化行政程序和税收体系，促进经济增长。

缅甸积极加快金融开放，向外国银行颁发执照，开发通信市场，积极参与21世纪海上丝绸之路建设。当前包括中国企业在内的外商投资迅速增加，其经济增长在东南亚诸国中表现亮眼，正在吸引全世界的目光。

非洲工业化步伐加快。为提高工业化水平和创造就业机会，非洲国家在改善投资环境、提高融资能力、完善基础设施、推进非洲经济一体化，以及吸引人才和大力推进人才培训等方面做出了很多努力。突尼斯、尼日利亚、南非等国推出多项措施，促进制造业成长和发展。几个主要国家国内生产总值增长率超过5%。

尽管如此，地缘政治及突发事件风险上升。巴以冲突、伊拉克地区恐怖组织威胁、非洲埃博拉疫情等不稳定因素影响世界经济和贸易，对我国贸易出口形成较大压力。

3.2015年工程机械行业发展预测

2015年是“十二五”规划收官之年，与五年前相比，工程机械行业发展格局、发展环境、行业的竞争力与影响力都发生了较大变化。这五年中，工程机械行业由高速发展到稳定发展，实现了能力的跨越与发展方式的转变。

2015年是我国深化改革之年，各项改革举措将进一步落实，我国工程机械行业将继续加快调整产业结构和产品结构，提高应对国内外市场变化的能力，切实转变发展方式，提高质量效益水平，实现工程机械行业的稳定发展。

根据近几年工程机械行业的发展情况，结合我国宏观经济的基本情况，2015年工程机械行业将承接前两年的低速增长态势，全行业营业收入将比2014年增长7%左右，全年出口形势将略好于2014年。

四、2015年主要工作任务

2015年我国改革发展的任务仍然繁重，工程机械行业将面临新的机遇与挑战，要更加注重质量效益的提升，更加注重技术研发和产品更新换代，更加注重科学管理与可持续发展，更加注重先进制造技术的推广应用，更加注重人才培育和队伍建设，更加注重营造公平竞争环境，坚持行业自律，努力推动工程机械行业持续健康发展。

1. 贯彻“强科技、保生态、重质量、促发展”的工作方针

2014 年，中央坚持“保持定力，主动作为”的宏观管理基调，贯彻“稳增长、调结构、促改革、防风险、惠民生”的工作方针，宏观经济形势取得了明显改善，经济发展保持稳定，经济增长的质量明显提高，为工程机械行业转型升级、逐步走上可持续发展的轨道创造了良好条件。

工程机械行业的发展，也得到了国家有关部委的支持与认可，当前在工程机械行业实施的科技支撑计划、工程机械重大装备产业化专项、工程机械强国战略以及工业强基工程等，必将在工程机械行业长期健康发展，全面实现工程机械产业强国战略的过程中发挥巨大作用。

2015 年，我国宏观经济形势将继续坚持稳中求进的工作总基调，保持定力，主动作为，继续创新宏观调控思路和方式，运用更多的改革创新的办法，聚焦激活力、补短板、强实体。工程机械行业尽管仍要面对相对困难的发展环境，但要保持定力，坚定信心，主动作为，继续加快转型升级，加快调整产业结构和产品结构，主动适应国内外市场的新变化，坚定可持续发展道路，努力满足用户的新要求，打造行业发展的新生态。

2015 年要积极贯彻“强科技、保生态、重质量、促发展”的工作方针，在质量效益提升方面做好扎实的基础工作，在工程机械产业强国的道路上迈出坚实的步伐。

2. 积极进取，稳扎稳打，做好结构调整

坚定信心并不是要盲目发展，针对当前国内外的市场形势，工程机械行业产业结构和产品结构调整任务艰巨。各类企业要结合实际情况确定自己的发展方向，大型综合型企业要主动承担责任，在主导产品上要占领制高点，形成优势；中小型企业和专业化企业要坚持自己的发展特点，走“专、特、精、优”的发展道路，在某些领域形成优势；对于特点不突出尚未形成优势的企业，要加快转变，走适合自己的发展道路。要鼓励一部分企业根据自己的情况，向优势企业靠拢，通过兼并重组逐步退出不具有竞争优势的产业；也鼓励在某些领域具备竞争优势的企业为工程机械强国梦做出贡献。

3. 加强对二手设备的管理

随着我国工程机械市场保有量的增加，存量市场所占比重快速增加，二手工程机械市场流通不规范、评估与定价体系缺失，交易税费等相关法规不健全以及服务体系建设不完善等方面的问题日益凸显。针对目前二手设备市场的现状，为了引领行业健康发展、规范市场交易秩序，建立健全二手设备流通规范，中国工程机械工业协会将加大二手设备管理与规范工作力度。首先，在基础工作方面，要建立工程机械机身识别码的备案与发布工作，当前这项工作正在有序进行。其次，进一步建立规范二手工程机械市场交易评估与定价机制。在相关政策上，逐步与国家有关部门形成联动，推动强化安全管理措施和淘汰报废制度的出台，以现行相关政策为基础，将二手工程机械的管理纳入国家相关法律法规和管理制度的框架内。

4. 组织行业力量开展工程机械行业“十三五”规划的编制工作

“十三五”时期是工程机械行业实施强国战略的重要阶段，做好“十三五”行业发展规划的编制对于工程机械产业的强国之路具有重要意义。工程机械行业“十三五”发展规划的编制工作已由工信部装备司委托工程机械协会组织开展。

为做好工程机械行业“十三五”发展规划的编制，应着重以下几个方面：一要做好“十二五”规划的评估，“十二五”规划是在国家强刺激政策实施过程中制定的，随着行业近几年发展速度减缓，某些指标可能难以实现，而某些指标可能超过预期。因此，科学地把握“十二五”时期工程机械行业的发展路径，做好“十二五”规划的评估，对“十三五”规划的编制意义重大。二要立足当前，着眼长远，科学制订发展目标。我国

已经是工程机械制造大国，在国际上具有举足轻重的地位，但在很多方面还很薄弱，要打造工程机械产业强国目标不能靠行业规模的扩张，而要提升能力与水平。三要突出重点，要找准工程机械行业存在问题的症结所在，提出切实可行的办法和措施，真正解决影响行业发展的瓶颈和突出问题。四要具有前瞻性，借鉴国际工程机械先进国家的发展经验，研究工程机械相关领域的发展趋势，提出科学、合理的行业及产品发展方向与目标，使行业发展规划成为引领行业科学发展的重要航标。

〔撰稿人：中国工程机械工业协会吕莹〕

2014 年中国工程机械行业主要设备保有量

截至 2014 年年底，中国工程机械主要产品保有量为 650 万～ 704 万台。其中：液压挖掘机 148.4 万～ 160.8 万台，73.5kW（100 马力）以上推土机 7.4 万～ 8.0 万台，装载机 174.6 万～ 189.2 万台，平地机 3.7 万～ 3.9 万台，摊铺机 1.9 万～ 2.0 万台，压路机 11.8 万～ 12.8 万台，轮式起重机 22.2 万～ 24.1 万台，塔式起重机 41.9 万～ 45.4 万台，叉车 192.5 万～ 208.5 万台，混凝土搅拌输送车 29.2 万～ 31.6 万台，混凝土泵车 5.9 万～ 6.3 万台，混凝土泵 6.3 万～ 6.8 万台，混凝土搅拌站 4.7 万～ 5.2 万台。2005—2014 年国内工程机械主要产品销量见表 1，2005—2014 年工程机械主要产品进出口量统计见表 2，2005—2014 年国内市场工程机械主要产品实际需求量见表 3，2005—2014 年国内产品销售额与固定资产投资额比例关系见表 4，2005—2014 年我国工程机械进出口贸易额见表 5。

表 1　2005—2014 年国内工程机械主要产品销量

年份	挖掘机		装载机		平地机		73.5kW(100 马力) 以上推土机	
	销量（台）	同比增长 (%)	销量（台）	同比增长 (%)	销量（台）	同比增长 (%)	销量（台）	同比增长 (%)
2005	33 862	0.7	107 354	17.5	1 754	-1.9	5 096	-9.2
2006	49 625	46.6	129 834	20.9	2 245	28.0	5 925	16.3
2007	71 241	43.5	161 628	24.5	3 893	73.4	7 207	21.6
2008	82 975	16.5	162 335	0.4	4 320	11.0	8 722	21.8
2009	101 559	22.4	149 355	-8.0	3 608	-16.5	8 599	-1.4
2010	179 296	76.5	228 219	52.8	4 531	25.6	13 911	61.8
2011	193 891	8.1	258 901	13.4	5 259	16.1	13 115	-5.7
2012	130 624	-32.6	181 522	-29.9	4 347	-17.3	10 169	-22.5
2013	126 296	-3.3	188 405	3.8	4 017	-7.6	9 561	-6.0
2014	103 227	-18.2	156 272	-17.0	3 662	-8.8	7 742	-19.0

（续）

年份	压路机		摊铺机		轮式起重机		塔式起重机		叉车	
	销量（台）	同比增长（%）	销量（台）	同比增长（%）	销量（台）	同比增长（%）	销量（台）	同比增长（%）	销量（台）	同比增长（%）
2005	8 113	-24.2	906	-33.5	11 012	-5.4	12 693	53.8	75 733	47.3
2006	8 740	7.7	1 136	25.4	14 465	31.4	19 422	53.0	97 520	28.8
2007	9 437	8.0	1 347	18.6	20 862	44.2	31 020	59.7	152 415	56.3
2008	10 885	15.3	1 436	6.6	21 419	2.7	27 918	-10.0	168 119	10.3
2009	19 852	82.4	1 678	16.9	28 494	33.0	29 300	5.0	138 908	-17.4
2010	26 281	32.4	3 019	79.9	35 143	23.3	43 400	48.1	232 389	67.3
2011	22 217	-15.5	3 386	12.1	35 455	0.9	53 000	22.1	313 847	35.1
2012	13 782	-38.0	2 179	-35.6	23 073	-34.9	49 804	-0.6	291 333	-7.2
2013	15 726	14.1	2 066	-5.2	17 889	-22.5	63 684	27.9	328 764	12.8
2014	14 270	-9.3	1 737	-15.9	14 096	-21.2	50 657	-20.5	359 622	9.4

年份	混凝土泵		混凝土搅拌站		混凝土搅拌车		泵车	
	销量（台）	同比增长（%）	销量（台）	同比增长（%）	销量（台）	同比增长（%）	销量（台）	同比增长（%）
2005	2 090	-7.6	723	-45.2	4 060	-36.3	955	-7.0
2006	3 490	67.0	1 975	173.2	5 091	25.4	1 919	100.9
2007	4 238	21.4	3 000	51.9	9 856	93.4	4 271	122.6
2008	4 492	6.0	3 180	6.0	12 352	25.3	4 527	6.0
2009	5 186	15.4	4 949	55.6	23 539	90.6	5 880	29.9
2010	6 959	34.2	5 977	20.8	35 386	50.3	7 964	35.4
2011	10 762	54.6	6 897	15.4	46 370	31.0	12 030	51.1
2012	11 246	4.5	7 075	2.6	44 646	-3.7	10 866	-9.7
2013	6 992	-37.8	7740	9.4	45 799	2.6	7 966	-26.7
2014	5 040	-27.9	5 170	-33.2	44 329	-3.2	5 700	-28.4

表2　2005—2014年工程机械主要产品进出口量统计　（单位：台）

年份	分类	挖掘机	装载机	筑路机及平地机	73.5kW（100马力）以上推土机	压路机	摊铺机	叉车	轮式起重机	塔式起重机	混凝土泵	混凝土搅拌车	混凝土泵车
2005	进口量	18 017	396	118	433	537	115	10 970	301	61	6 070	143	
	出口量	3 839	4 130	4 903	1 085	1 457	84	16 407	457	708	692	262	
2006	进口量	28 397	469	277	445	696	182	10 722	209	40	3 080	80	
	出口量	8 004	9 357	4 388	1 573	2 667	162	26 492	1 484	1 748	1149	603	
2007	进口量	33 789	502	45	640	481	150	11 781	521	43	793	32	
	出口量	8 709	23 307	5 078	2 995	5 231	273	48 547	4 645	3 007	1 893	2 677	
2008	进口量	34 387	591	32	855	453	190	10 482	41	54	340	1	
	出口量	8 653	27 303	6 015	4 492	7 031	584	60 086	6 088	4 265	2 149	3 263	
2009	进口量	23 613	736	34	467	393	242	5 601	89	31	290	0	
	出口量	3 527	15 388	2 509	2 281	5 577	824	27 397	2 540	1 586	2 677	1 667	

（续）

年份	分类	挖掘机	装载机	筑路机及平地机	73.5kW (100 马力) 以上推土机	压路机	摊铺机	叉车	轮式起重机	塔式起重机	混凝土泵	混凝土搅拌车	混凝土泵车
2010	进口量	41 766	682	83	446	603	514	9 620	58	59	451	0	
	出口量	5 166	24 996	3 125	3 081	9 800	464	46 851	2 505	1 980	2 983	1 884	
2011	进口量	31 784	640	50	340	797	573	10 631	49	66	372	1	
	出口量	8 474	38 489	5 424	4 150	12 816	804	83 705	3 604	2 295	2 621	2 980	
2012	进口量	14 005	507	31	183	379	213	8 087	31	35	223	7	
	出口量	14 939	44 942	4 655	4 544	3 560	894	97 042	5 409	2 375	2 716	4 724	
2013	进口量	13 494	366	6	191	478	261	8 392	11	38	4 249	2	1
	出口量	13 312	45 497	4 561	4 565	5 400	680	111 559	5 894	2 967	2 049	5 771	452
2014	进口量	11 051	526	23	159	391	370	8 801	1	15	1 117	1	2
	出口量	11 474	40 640	4 119	3 910	4 979	803	131 727	5 239	3 928	2 551	5 673	567

表 3 2005—2014 年国内市场工程机械主要产品实际需求量（单位：台）

年份	挖掘机	73.5kW (100 马力) 以上推土机	装载机	摊铺机	叉车	压路机	轮式起重机	塔式起重机	混凝土搅拌车	混凝土拖泵	混凝土泵车
2005	48 040	4 444	103 620	937	70 296	7 193	10 856	12 046	3 941	7 468	
2006	70 018	4 797	120 946	1 156	81 750	6 769	13 190	10 317	4 568	5 421	
2007	96 321	4 852	138 823	1 124	115 649	7 082	16 738	28 056	7 211	3 138	
2008	108 709	5 085	135 623	1 042	118 515	4 307	15 372	23 707	9 090	2 683	
2009	121 645	6 785	134 703	1 096	117 112	14 668	26 043	27 745	21 872	2 799	
2010	215 896	11 276	203 905	3 069	195 158	17 084	32 696	41 479	33 502	4 427	
2011	217 201	9 305	221 052	3 155	240 773	10 198	31 900	50 771	43 391	8 513	
2012	129 690	5 808	137 087	1 498	202 378	10 601	17 695	47 464	39 929	8 753	
2013	126 478	5 187	143 274	1 647	225 597	10 804	12 006	60 755	41 082	5 459	7 515
2014	102 804	3 991	116 158	1 304	236 696	9 682	8 858	46 744	38 657	3 606	5 135
合 计	1 236 802	61 530	1 455 191	16 028	1 603 924	98 388	185 354	349 084	243 243	52 267	

表 4 2005—2014 年国内产品销售额与固定资产投资额比例关系

年份	销售收入（不含进出口）（亿元）	同比增长（%）	国内实际使用工程机械金额（亿元）	同比增长（%）	全社会固定资产投资额（亿元）	工程机械使用金额占全社会固定资产投资额比例（%）
2005	1 262	9.1	1 291	−6.9	88 604	1.46
2006	1 620	28.4	1 557	20.6	109 998	1.42
2007	2 223	37.2	1 976	26.9	137 324	1.44
2008	2 773	24.7	2 299	16.3	172 828	1.33
2009	3 157	13.8	3 070	33.5	224 599	1.41
2010	4 367	38.2	4 355	41.9	278 122	1.57
2011	5 465	21.8	5 176	18.6	311 485	1.66
2012	5 626	3.0	4 903	−5.3	374 694	1.31
2013	5 663	0.7	4 836	−1.4	447 074	1.08
2014	5175	−8.6	4247	−12.2	512 761	0.82

表 5　2005—2014 年我国工程机械进出口贸易额

年份	进　口		出　口		贸易差（进口 / 出口）
	金额（亿美元）	同比增长（%）	金额（亿美元）	同比增长（%）	
2005	30.64	-15.9	29.40	58.8	1.04/1
2006	39.31	28.3	50.12	70.5	0.78/1
2007	49.41	25.7	86.97	73.5	0.57/1
2008	60.16	21.8	134.22	54.3	0.45/1
2009	51.48	-14.4	77.05	-42.6	0.66/1
2010	83.99	63.2	103.41	34.2	0.81/1
2011	90.45	7.7	159.09	53.8	0.57/1
2012	58.84	-34.9	191.62	20.1	0.31/1
2013	47.34	-19.5	195.31	1.93	0.24/1
2014	42.85	-9.5	197.91	1.33	0.22/1

统计方法说明：

（1）统计的年份。经走访有关施工部门，他们认为政府有关部门规定的工程机械使用期为 10 年，基本符合目前我国大部分工程机械的实际使用状况。虽有些进口的先进设备，特别是大型设备使用年限超过 10 年，有的甚至使用了 20 多年，设备状况仍属正常，但考虑到大部分设备的使用状况，在统计中仍以 10 年为准。

（2）国内实际需求量的统计方法：境内企业当年销售量 + 同类产品当年进口量 - 同类产品当年出口量 = 当年国内市场实际需求量。

（3）将 2005—2014 年的当年国内实际需求量相加后，再增加 20% 即为全国保有量。因为在统计中有以下三个因素：统计数据的不完整；未进入国家海关统计范围的进口量，如赠送、走私、以零件的名义进口整机等；使用年限有超过 10 年等。所以拟增加 20% 的量值，但也有的专家认为增加的量值应以 30% 为宜，所以给出了一个幅度。

（4）主要设备保有量自 2005 年以后，取消了电梯与扶梯，主要原因是与世界各国统计的范围相一致，更具有可比性。取消了铲运机，因自 2000 年以来其销售量逐年减少，至 2014 年仅几十台，与工程机械总量相比可忽略，故未计入。

（5）混凝土泵车在国家海关 2013 年才有单列税号，而混凝土搅拌站至今没有单列税号，只能以国内销量进行估算。平地机与筑路机国家海关统计在同一税则号中，故无法准确统计平地机的实际进出口量，其保有量为估算值。塔式起重机 2014 年还有数万台小型、简易的产品未统计在内。

（6）国家海关统计的 2014 年压路机出口量为 25 535 台，而全国年销量仅 14 270 台，不可能出现出口量比销售量大的格局。根据路面及压实机械分会统计 2014 年压路机出口量为 2 979 台，另外还有未列入统计名录的企业出口量为 2 000 台左右，因此压路机 2014 年的出口量估算为 4 979 台。

（7）以上表格中混凝土泵数中含拖泵及车载泵。

（8）中国工程机械工业协会统计部及有关分会做了大量的统计工作，在此一并致谢。

（9）以上数据因种种原因统计不全，仅供参考，有不妥之处望请指正。

〔撰稿人：中国工程机械工业协会韩学松〕

2014年工程机械产品质量检验情况

一、综述

从20世纪80年代到21世纪初，国内外工程机械产品技术已从成熟期走到了现代化时期。伴随着新的技术革命，工程机械产品的综合技术水平跃上了一个新的台阶。电子技术、微电脑、传感器、电液伺服与控制系统集成化改造了传统的工程机械产品，计算机辅助设计、辅助制造及辅助管理装备了工程机械制造业，IT网络技术也装备了工程机械的销售与信息传递系统，从而让人们看到了一个全新的工程机械行业。新的工程机械产品在工作效率、作业质量、环境保护、操作性能及自动化程度诸方面都是以往所不可比拟的，并且在向着进一步的智能化和机器人化方向迈进。

我国装备制造业尤其是工程机械产业，是国家着力打造的战略性产业之一，也是各行业产业升级、技术进步的重要保障。工程机械作为技术竞争力较强的产业，占据重要地位。根据相关部门统计，在基建、房地产和制造业投资的推动下，到2015年，我国工程机械市场需求达8 370亿元，出口金额上升至260亿美元，成为全球最大的工程机械市场。近10年来，在国家政策的支持、市场需求的拉动下，我国工程机械行业以连续10年年均增长超过20%的速度迅猛发展，行业无论是技术创新能力、产品开发能力、制造能力，还是产业链掌控能力方面都实现了跨越式的提升。从2009年起，我国工程机械产销量均跃居世界第一，行业规模进入世界前列。行业的产品满足着90%左右的中国工程机械市场需求。行业质量效益稳步提升，主要产品平均无故障间隔时间（MTBF）由150～200 h提升到400～500 h。

工程机械行业具有典型的资金密集和技术密集特点。我国工程机械行业虽然发展很快，已经具备了相当的实力，但尚不属于工程机械强国。表现为：

1. 整体技术水平与国际企业差距缩小

欧美国家，特别是美国、日本和德国等制造业发达的国家，在工程机械的精细化、标准化和自动化等方面高出我国许多。

在外观设计、操纵舒适性、零部件匹配、加工制造精细性、产品可靠性、机器寿命等方面，我国工程机械产品与国外先进产品之间还存在一定差距。如在可靠性和使用寿命方面，据不完全统计，我国同类产品的使用寿命和平均无故障间隔时间（MTBF）均约为国外产品的1/2。可靠性：国外产品平均MTBF=1 000 h；中国产品MTBF值500 h。使用寿命：国外产品平均使用寿命12 000～20 000 h（液压挖掘机）；中国产品6 000～8 000 h（液压挖掘机）。产品可靠性一直是工程机械行业健康发展和走向国际化的瓶颈。从近五年挖掘机行业型式试验（单样本）的可靠性统计数据来看，我国自主品牌挖掘机（中型挖掘机）产品的平均故障间隔时间约为500 h，而外资品牌的挖掘机平均故障间隔时间约为1 000 h。工程起重机作业可靠性的平均无故障间隔时间约为400 h，而国外产品的平均无故障间隔时间约为800 h。卡特、小松等外资品牌装载机寿命为15 000～20 000 h；中型挖掘机的寿命为12 000～13 000 h；推土机产品寿命略长，约为20 000 h以上。叉车的寿命约为10 000 h。我国工程机械产品预期寿命的设计正处在起步阶段。

随着制造技术和高新技术开发的进步，电子

控制、智能化在工程机械领域的应用逐渐深入、成熟，工程机械在自动化、人性化方面取得更大的进步。卡特彼勒等国际企业的“新一代”产品在这些方面均有较高的成就。我国工程机械制造企业在这些方面加大研发投入，成就斐然，但是产品更新换代的速度仍需加快，尤其在制造业与高新技术融合方面、信息技术与传统制造业融合方面要取得大突破。

现阶段，我国工程机械一些关键的重大技术仍然受制于人，一些大型化工程机械设备，如大吨位履带式起重机、大型挖掘机等产品与国际先进水平差距还比较大，具有自主知识产权的产品相对比较少，适合实际工况的新产品需要进一步加大研发投入。目前国家通过进一步降低关税和减增值税提高关键设备的进口等措施，从政策上加大企业消化吸收再创新的动力和能力。国内工程机械行业龙头企业也已开始注重自主创新，并把越来越多的精力投入到技术研发上。

总体而言，国内工程机械行业的整体技术水平虽然与国际知名企业尚有差距，但差距已经在逐步缩小。

2.“弱部件”格局正在逐步改善

工程机械强国的一个判断标准是具备完整的制造体系。多年来，国内工程机械行业重主机、轻配套，重成果、轻基础，造成行业发展不平衡，主机的质量和数量提高很快，配套件进步很慢，尤其是关键零部件。我国工程机械发动机、液压元件大量依靠进口，近 70% 的利润被吞噬；有研究表明，我国工程机械整机故障 60% ～ 70% 缘于零部件及发动机，其次是液压元件和变速器等传动部件。国外企业在基础配套件价格、供货期、规格等方面采取了一些限制性政策。我国工程机械要想在国内外市场取得快速进步，必须加大发展基础配套件的力度，深入调整“强整机、弱部件”的产业格局。

国家装备制造业调整和振兴规划出台，此规划从产业政策方面把基础零部件放到了比较高的位置，配套件的发展得到了一个很好的机遇。经过此次规划的制定，我国工程机械产业长期发展中受困于关键零部件落后的局面正在逐步改善。

二、典型工程机械产品可靠性状况分析

产品的可靠性是影响产品质量的重要指标之一。国家工程机械质量监督检验中心在多年的试验检验数据的基础上，开展了典型工程机械产品故障统计和分析工作，现选取挖掘机、装载机、叉车、观光车、推土机、压路机、工程起重机等典型产品，针对其可靠性或工业性试验中发生的故障，按照平均故障间隔时间、故障类别、故障模式、故障所属系统等进行统计与分析。

1. 液压挖掘机产品的可靠性

从近几年挖掘机行业型式试验（单样本）的可靠性统计数据来看，我国挖掘机产品的平均故障间隔时间约为 600 h。

通过对 2014 年 109 台挖掘机新产品型式试验中发生的 45 次故障情况统计，结果表明：试验中未发生致命故障和严重故障，一般故障占总故障次数比例为 37.8%（2011—2013 年为 59.7%，2008—2010 年为 43.2%），轻微故障占总故障次数比例为 62.2%（2011—2013 年为 40.3%，2008—2010 年为 56.8%）。

按故障模式统计：2012 年，损伤性故障 38.3%、泄漏性故障 17.1%、断裂性故障 14.9%、松脱性故障 19.1%。2013 年，损伤性故障 13.1%、泄漏性故障 39.1%、断裂性故障 10.1%、松脱性故障 31.9%。2014 年，泄漏性故障 37.8%、松脱性故障 20.0%、损伤性故障 20.0%、断裂性故障 15.6%。

按故障所属系统统计：2012 年，液压系统 38.3%、发动机 29.8%、工作装置 14.9%、电气系统 10.6%。2013 年：液压系统 37.7%、发动机 24.6%、电气系统 11.6%、工作装置 4.3%。2014 年，液压系统 37.8%、电气系统 22.2%、发动机 15.6%、行驶系统 4.4%、工作装置 6.7%。

近年来，液压系统发生故障的比例居高不下。液压系统中出故障较多的是阀、马达、油管、管接头和密封件，据统计，2012 年这些部件分别占液压系统总故障次数的5.6%、16.7%、16.7%、22.1%，2013年分别占液压系统总故障次数的7.7%、3.8%、50.0%、38.5%，2014年分别占液压系统总故障次数的5.9%、5.9%、5.9%、47.0%、35.3%。

2013年以来，虽然国内挖掘机从过去追求更多的市场和规模，甚至是无序竞争，到如今朝满足国内用户的多样需求，研发更经济适用、更高性价比的产品方向上努力，但是不可否认的是，我国市场上国外知名品牌的挖掘机在技术水平和品质的一致性、可靠性、耐久性方面仍然处于行业前沿。国内挖掘机产品质量主要存在以下几个方面的问题：

（1）核心零部件配套体系依然不健全。虽然国内企业已经能设计和制造400吨级的液压挖掘机，但是柴油发动机、液压泵与液压马达、主控制阀等高端核心配件技术，也包括基础零配件和配套钢材，都需要采用国外企业的产品。不可否认，我国挖掘机配套件行业正在不断调整，尤其是近几年取得了很大的发展，在电控系统、液压缸、结构件、回转支承，以及销轴、四轮一带等其他零部件的国产化配套上都取得了较大的进步。国内有实力的挖掘机主机企业正通过国际化的合作、兼并、重组，量身打造针对自身企业应用特点的自主国际化配套体系。部分国产品牌挖掘机厂家也在与发动机制造商联合开发适用于中国燃油质量和排放标准的电喷发动机。

（2）从挖掘机行业质量总体情况来看，中、小吨位挖掘机产品，自主品牌的可靠性有较大提高，但大吨位（35t以上）挖掘机外资品牌可靠性仍占优势。根据挖掘机可靠性试验数据可看出，挖掘机的质量问题主要出现在结构件、电控系统、发动机、液压系统，以及销轴、四轮一带等其他零部件上。结构件主要由于设计、制造、加工工艺原因，以及未按要求使用造成动臂、斗杆承受侧向载荷或垂向冲击载荷，造成早期疲劳断裂、撕裂、开焊等。电控系统主要由于匹配性差、元件不稳定等原因造成失效。国内大多采用进口发动机，发动机出现故障大多和保养、使用、油料有关。其他故障一般多和制造、装配有关。液压系统的质量问题主要由于内部元器件磨损后产生泄漏，同时伴随着出现过热，表现为整机无动作或者动作缓慢、无力，各个液压缸工作无力等故障。液压传动故障的出现具有突发性、隐蔽性，而且涉及的元器件比较多，给故障诊断和排除带来一定的困难。

（3）现行国家强制性标准GB 25684.1和GB 25684.5于2012年1月1日起实施，随着企业法律意识的增强，主要挖掘机企业的产品都能满足两个标准中强制性条款要求。而对于是否符合推荐性条款要求，主机企业认识水平不一。部分实力较强的主机企业将国家标准中相关推荐性要求也纳入企业标准要求，作为提升产品质量和组织生产的依据。而仍有部分企业未认识到标准的重要性，甚至未制定企业标准。

（4）司机手册在我国作为产品的使用、维修、服务文件，一直沿用产品使用说明书的惯例，即使现在工程机械很多产品仍在采用。司机／操作手册首先在挖掘机上开始采用，司机手册普遍存在内容缺失的现象，未能充分考虑我国强制性标准和相关推荐性标准对司机手册内容的规定，造成在机器的使用、保养、维修、救援以及司机培训等方面的安全隐患，较大程度地增加了伤害的风险。

2. 轮胎装载机产品的可靠性

装载机的可靠性水平是影响产品质量的重要因素，也是企业制造技术工艺水平、质量保证能力、基础元件（液压件、电气元件等）质量水平的综合体现。从近五年装载机行业型式试验（单样本）的可靠性统计数据来看，平均故障间隔时间基本保持在400 h左右。近几年装载机行业总体可靠性水平和使用寿命虽有一定的提高，但与卡特、小松、沃尔沃等国外品牌同类产品相比，国产装载机可靠性水平还存在较大的差距，主要体现为使用寿命短、早期故障率高、配套件质量不稳定等。通过对2014年部分装载机可靠性试验数据统计分析，反映出装载机行业整体可靠性水平现状及制约行业产品可靠性的关键因素，以帮助提高国产装载机可靠性水平的提升。

通过对 2014 年 26 台装载机新产品型式试验中发生的 97 次故障情况统计，结果表明：试验中未发生致命故障和严重故障，一般故障占总故障次数比例为 50.5%（2011—2013 年 58.5%，2008—2010 年 75%），轻微故障占总故障次数的比例为 49.5%（2008—2010 年 25%）。

按故障模式统计：2012 年，泄漏性故障占比为 56.4%、损伤性故障占比为 7.9%、失调性故障占比为 16.4%、松脱性故障占比为 12.1%。2013 年，泄漏性故障占比为 40.25%、损伤性故障占比为 7.55%、失调性故障占比为 16.98%、松脱性故障占比为 20.75%。2014 年，泄漏性故障占比为 29.9%、失调性故障占比为 26.8%、松脱性故障占比为 14.4%、断裂性故障占比为 10.3%、损伤性故障占比为 7.9%。

按故障所属系统统计：2012 年，液压系统故障占比为 27.1%、发动机故障占比为 14.3%、传动系统故障占比为 12.1%、电气系统故障占比为 11.4%。2013 年，液压系统故障占比为 24.7%、电气系统故障占比为 13.4%、发动机故障占比为 11.3%、传动系统故障占比为 7.6%。2014 年，液压系统故障占比为 28.3%、电气系统故障占比为 18.3%、发动机故障占比为 8.2%、传动系统故障占比为 8.2%。

从统计结果看，装载机的故障模式主要集中在泄漏性、松脱性、失调性故障，其中来自发动机系统和传动系统的故障次数比前几年明显降低，来自液压系统、电气系统的故障仍占有较大比重，分析得出装载机早期故障产生的主要原因是：

国产装载机的制造、装配工艺水平、质量保证能力、产品一致性等方面仍存在问题，尤其装载机上的液压元件、电器元件主要来自配套企业，而国产液压元件、电器元件生产企业的规模普遍较小，产品的制造工艺水平、质量保证能力更显不足。

基础原材料质量有待提高，比如液压系统密封件、油管等大量使用的橡胶产品存在受环境影响大，耐腐蚀、耐老化、耐疲劳性差等问题，电子系统使用的电子元件也同样存在可靠性差、寿命短的问题，这些是装载机液压系统、电气系统早期故障率高的主要原因。

装载机使用的液压油、润滑油的清洁度问题长期以来没有受到行业的高度重视，国内油液清洁度标准比国外低 2 级左右，再加上保养更换不及时、使用环境恶劣等因素，使得油液中杂质浓度过高，造成传动系统、液压系统中配合部件出现异常磨损、产生卡滞现象等，这也是国产装载机使用寿命短的一个重要原因。

国内装载机的工作环境比较恶劣，正确的操作、定期维护保养对提高装载机作业可靠性有着重要意义，很多大的故障，都源于平时错误的操作习惯及对装载机的维护、保养不及时。国外装载机在国内主要面向高端市场，这类用户管理规范，操作人员素质相对较高，国产装载机主要面对的是中低端市场，这类用户管理水平参差不齐，操作人员多数素质较低，技术不熟练，企业本应对这类客户加强培训指导，可事实却是国外装载机企业在售后服务中对装载机操作、维护、保养的培训占有相当的比重，而国内装载机企业的售后服务主要精力用在产品维修和解决质量纠纷上，认为使用与维护保养是用户的事情，而疏于对用户的培训和指导，使得国产装载机使用维护不当，造成早期故障频发，甚至使用寿命大幅缩短。

3. 叉车产品的可靠性

根据近年来叉车型式试验（单样本）的可靠性统计数据来看，国内内燃叉车的平均故障间隔时间约为 340 h，国外品牌的内燃叉车的平均故障间隔时间约为 1 200 h。

通过对 2014 年 40 台叉车（内燃、蓄电池）型式试验中所发生的 70 次故障情况统计，结果表明：一般故障占总故障次数的比例为 31.4%（2012—2013 年为 37.5%，2008—2009 年为 58.6%，2006—2007 年为 65.0%），轻微故障占总故障次数的比例为68.6%（2012—2013年为62.5%，2008—2009年为41.4%，2006—2007年为35.0%）。与前几年相比，一般故障发生次数所占比例明显下降，整机质量呈上升趋势。

按故障模式统计，排在首位的还是泄漏性故障，占故障总数的一半以上。其中，2012年为64.3%，2013年为51.3%，2014年为45.7%。按故障发生原因统计，配套件和装配原因依然排在前两位。

按故障所属系统统计，排在前两位的是液压系统和电气系统，分别占总故障次数的比例：2012年，液压系统54.1%、电气系统21.4%。2013年，液压系统53.3%、电气系统18.4%。2014年，液压系统55.7%、电气系统17.1%。

另外，液压系统中出故障较多的是密封件、管路及接头，分别占液压系统总故障次数的比例：2012年，管路及接头为60.4%、密封件为35.8%，2013年，管路及接头为58.5%、密封件为29.3%，2014年，管路及接头为51.3%、密封件为35.9%。

当前，主机配套件还存在质量不稳定、可靠性差、工艺制造和检测手段薄弱、技术研发能力不强等问题。配套件质量和可靠性差，往往是造成主机整体质量及可靠性水平不过关的主要原因。根据多年的可靠性试验数据可看出，我国叉车产品与国际品牌叉车可靠性的差距还表现在早期故障率高、小毛病多、渗漏问题严重等方面。

综合分析认为，近两年，蓄电池叉车的可靠性指标平稳，内燃叉车产品的可靠性指标持续稳定提高。

4. 推土机产品的可靠性

国内品牌的推土机平均无故障时间约为500 h，国外推土机的平均无故障时间约为800 h。

通过对2014年6台推土机新产品型式试验中发生的13次故障情况统计，结果表明：试验中未发生致命故障和严重故障，一般故障占总故障次数的比例为76.9%（2011—2013年85.3%），轻微故障占总故障次数的比例为23.1%（2011—2013年为14.7%）。

按故障模式统计排在前四位的是：2012年，泄漏性故障占比为38.5%、断裂性故障占比为23.1%、损伤性故障占比为15.4%、堵塞性故障占比为7.7%。2013年，泄漏性故障占比为33.3%、松脱性故障占比为23.8%、断裂性故障占比为19.0%、失调性故障占比为9.5%。2014年，泄漏性故障占比为30.8%、损伤性故障占比为30.8%、松脱性故障占比为15.4%、断裂性故障占比为15.4%。

按故障所属系统统计排在前四位的是：2012年，液压系统占比为53.8%、行走系统占比为23.1%、动力系统占比为15.4%、制动系统占比为7.7%。2013年，液压系统占比为38.1%，操纵系统占比为23.8%，行走系统和工作装置均为9.5%，动力系统、制动系统和电气系统占比均为4.8%。2014年，液压系统占比为38.5%，工作装置占比为23.1%，行走系统占比为15.4%，电气系统和操纵系统均为占比为7.7%。

按故障原因统计：2012年，设计占比为7.7%、工艺占比为7.7%、使用占比为7.7%、制造占比为15.4%、零部件质量缺陷占比为53.8%、其他占比为7.7%。2013年，设计占比为9.5%、使用占比为9.5%、制造占比为19.0%、零部件质量缺陷占比为62.0%。2014年，设计占比为15.4%、制造占比为30.8%、零部件质量缺陷占比为46.1%、其他占比为7.7%。

通过对近几年推土机试验故障情况的统计，可以看出：液压系统故障占比较大，说明液压件制造质量还有较大的提升空间；零部件质量缺陷占比较大，说明外协件质量控制措施有待改进。

多年来，推土机在国内市场占据绝对的价格优势，市场占有率一枝独秀，但是，缺乏来自外企的压力，使自身的技术提升也相对缓慢。推土机行业存在的主要问题有以下几个方面：

（1）噪声控制还有较大空间。国内推土机普遍存在噪声偏大的问题，特别是司机位置处噪声，主要原因是受发动机噪声水平的制约以及减振降噪技术研究投入不足，司机室的减振与密封仍有较大的提升空间，未全面导入发动机热管理系统降低冷却风扇的转速。

（2）人机工程设计欠缺。推土机人机工程设计方面还存在重视程度不够、设计理念陈旧的问题，司机室的减振、操纵机构的布置、座椅的舒适性等都还有较大的差距。

（3）可靠性水平仍需提高。推土机的可靠性水平还有较大的提升空间，主要原因是受配套件水平、配套件质量以及生产过程中的工艺等质量的制约。

（4）自主研发能力不足。推土机包含了机械、液压、电子、声学、热力学、土壤力学等多个学科，我国企业更注重机、电、液压人才的引进与培养，而基础性的振动与噪声、热传导、土壤切削理论的研究人员则相对匮乏，基础性研究不足；核心制造体系问题，纵观国际知名企业，都有强大的核心制造体系，核心零部件如发动机、传动系统、液压控制元件等都实现了自主研发和生产，并在整个过程中不断改进生产工艺和方法，形成了各自独到的核心制造体系，而国内企业还缺乏核心制造体系；缺乏零部件试验设施，国内推土机通过引进、消化国外技术，研制的机型取得了一定的成果，但不可否认的是，各主机制造企业缺乏对核心零部件的试验研究和相互匹配性能的基础试验设施，缺乏基础理论和基础数据的支持，就无从谈自主研发。

（5）精益生产与管理有待提高。国内推土机企业引进了先进的制造设备，制定了相应的法规和体系文件，“5S”在宣传栏以及标语中随处可见，但在管理中不能摒弃旧的思想观念，新的管理模式不能深入人心并落实到位，在配套件的供应上不能做到及时到位等，虽然在提高产品质量和产品一致性方面均作了很多工作，但在外协件质量控制和质量管理体系运行方面缺乏一支训练有素的队伍和一个良好的企业文化，致使推土机可靠性和耐久性不能更上一层楼。

（6）外观质量有待提升。推土机结构复杂、体积庞大、工况恶劣，成为阻碍其外观质量提高的因素之一。总体来说，目前推土机外观质量主要有以下不足：

1）外观生硬。由于推土机零件主要是厚板结构件，加上修磨较少，棱角突出，一些零件尺寸与图样要求存在差距，装配起来有较大缝隙或凸出。

2）色调单一。国内生产的推土机颜色绝大多数是“工程黄”，各厂家、各机型的推土机个性不明显。

3）底材粗糙。铸、锻、焊接结构件一般在涂底漆前只进行了抛丸（或抛砂）处理，焊缝一般不处理，所以表面粗糙，漆膜表面不光滑。

5. 压路机产品的可靠性

根据近年来压路机型式试验（单样本）的可靠性统计数据来看，国内压路机的平均故障间隔时间约为 350 h。

通过对 2014 年所进行的 13 台压路机新产品型式试验中发生的 13 次故障情况统计，结果表明：轻微故障 11 次，一般故障 7 次，轻微故障占总故障的 61.1%，一般故障占总故障的 38.9%。

目前我国压路机存在的故障主要有以下几个方面：

（1）电气故障。电气故障是振动压路机的常见故障，绝大多数都是轻微故障，例如顶灯导线接触不良、熔断器损坏等。2012 年做过的可靠性试验中，振动压路机出现故障 3 次，轻微故障 2 次，一般故障 1 次，电气故障在振动压路机的故障次数比重中占 27.3%，在轻微故障次数比重中占 40.0%，在一般故障次数比重中占 16.7%。2013 年做过的可靠性试验中，振动压路机故障出现故障 2 次，轻微故障 1 次，一般故障 1 次。电气故障在振动压路机的故障次数比重中占 25.0%，在轻微故障次数比重中占 20.0%，在一般故障次数比重中占 33.3%。2014 年的压路机可靠性试验结果统计中，压路机出现 3 次电气故障，轻微故障 2 次，一般故障 1 次。电气故障在压路机的故障次数比重中占 16.7%，在轻微故障次数比重中占 18.2%，在一般故障次数比重中占 14.3%。

（2）密封性故障。密封性质量是困扰国产工程机械产品质量多年的难题，泄漏问题也是压路机的常见故障。2012 年做过的可靠性试验中，振动压路机出现故障 3 次，均为一般故障。密封性故障在振动压路机的故障次数比重中占 27.3%，在一般故障次数比重中占 50.0%。2013 年做过的可靠性试验中，振动压路机出现故障 3 次，轻微故障 2 次，一般故障 1 次。密封性故障在振动压路机的故障次数比重中占 37.5%，在轻微故障次数比重中占 40.0%，在一般故障次数比重中占 33.3%；2014 年的压路机可靠性试验结果统计中，出现 5 次密封性故障，轻微故障 4 次，一般故障 1 次。密封性故障在压路机的故障次数比重中占 27.8%，在轻微故障次数比重中占 36.4%，在一般故障次数比重中占 14.3%。

（3）连接件松动。连接件松动故障多为连接零部件的螺栓螺母松脱、油门拉线松动。2012 年做过的可靠性试验中，振动压路机出现故障 3 次，轻微故障 2 次，一般故障 1 次。连接件松动故障在振动压路机的故障次数比重中占 27.3%，在轻微故障次数比重中占 40.0%，在一般故障次数比重中占 16.7%。2013 年做过的可靠性试验中，振动压路机出现 3 次，轻微故障 2 次，一般故障 1 次。连接件松动故障在振动压路机的故障次数比重中占 37.5%，在轻微故障次数比重中占 40.0%，在一般故障次数比重中占 33.3%。2014 年的压路机可靠性试验结果统计中，出现 9 次连接件松动故障，轻微故障 5 次，一般故障 4 次。连接件松动故障在振动压路机的故障次数比重中占 50.0%，在轻微故障次数比重中占 45.4%，在一般故障次数比重中占 57.1%。

（4）结构件损坏。结构件损坏故障多为由于压路机自身的振动原因导致结构件损坏，例如减震器减振效果不佳等。2014 年的压路机可靠性试验结果统计中，出现 1 次结构件损坏故障，轻微故障 0 次，一般故障 1 次。结构件损坏故障在压路机的故障次数比重中占 5.6%，在轻微故障次数比重中占 0%，在一般故障次数比重中占 14.3%。

通过分析近几年压路机可靠性试验数据，能够发现连接件松动在故障中占比较大，不仅轻微故障多，一般故障也较多，因此建议制造商在产品的装配环节应注意控制装配质量，同时提醒操作人员在定期维修保养中认真检查每个部件的情况，避免潜在风险发生。

压路机产品存在的主要质量问题可以分为两大类：一类是涉及产品的性能和可靠性方面的，一类是涉及有关安全环保方面的。产品的性能和可靠性方面的问题主要是由于企业设计、制造、装配工艺水平的落后导致的产品各项性能参数达不到设计要求，国内压路机企业在制造方面不能保证质量的一致性是一个很大的问题。另一类安全环保方面的问题主要是人身安全的保护、驾驶舒适性、制动系统和噪声等方面的问题。

就压路机行业整体而言，国内压路机单纯从产品的配置、参数的选择上和国外著名的压实机械生产厂家的产品相比毫不逊色，但可靠性、噪声、驾驶室密封性和操纵舒适性等方面与国外著名厂家的产品相比仍然存在较大的差距。

主机生产以产品总体设计、结构件制造、产品配套件选购和组装为主要内容，主机厂家只加工生产一些特殊的关键件和进行整机的组装调试，大部分零部件往往采取委托专业厂制造或直接采购。而国内配套件行业普遍存在自主知识产权关键技术较少，往往只能在原有产品水平基础上进行有限改进，存在的产品技术落后、技术更新能力不强、产品结构不合理、产品质量不稳定、产品可靠性差、工艺制造和检测手段薄弱、技术研发能力不强、管理水平低等问题，这给主机企业带来较大的困扰。

配套件质量及可靠性差，往往是造成主机整体质量及可靠性水平不过关的主要原因。柴油机、变速器、液压泵、马达、阀等元件普遍存在三漏问题。由于密封件、组合件等的加速老化、失效造成渗漏的故障占液压系统故障的 50% 左右。液压泵、液压马达及轴承寿命短的问题也较为突出。弹簧类的刚度不稳定，换挡压力调整弹簧、换挡定位调整弹簧不同程度地存在变软问题。主机三包期间故障反馈率统计表明，配套件造成的故障次数远远高于自制件所占故障次数。

6. 观光车产品的可靠性

根据 2013—2014 年 138 台观光车（含内燃和蓄电池）型式试验（单样本）的可靠性统计数据来看，我国观光车产品的平均故障间隔时间约为 125 h。

通过对 138 台观光车（内燃、蓄电池）型式试验中所发生的 131 次故障情况统计，结果表明：未发生致命故障和严重故障，一般故障 63 次，占总故障次数的比例为 45.6%，轻微故障 68 次，占总故障次数的比例为 54.4%。

按故障模式统计，配套件和装配原因排在前两位，配套件故障占比为 48.6%，装配占比为 26.8%。

按故障所属系统统计，排在前两位的是车体和电气系统，分别占总故障次数的比例：车体为 49.3%、电气系统为 37.7%。

从统计的数据上看，致命故障、严重故障未有发生，但一般故障、轻微故障发生次数仍较多。从故障模式统计结果看，配套件和装配作业导致的故障比较多，从故障所属系统统计结果看，车体、电器原因故障比较多。总体看来，当前，观光车产品整体质量稳定发展略有提高，存在的主要问题依然是外形美观性较差、结构形式单调、可靠性性能较差及整车设计缺少人性化等。

通过近几年质量数据及行业调查分析，总体上来说，观光车行业的技术水平还是相对落后的，多数企业没有独立的研发系统，产品开发以模仿为主。由于市场规模较小，所以专用的配套件制造企业几乎没有。行业配套依托于微型乘用汽车的配套体系，如发动机、传动系统、转向系统、制动系统等。内燃观光车全部采用汽油机，蓄电池车辆的动力源以铅酸蓄电池为主，少数企业采用锂电池，也有部分企业尝试利用太阳能给车辆提供一部分能源。车架基本采用管材焊接，也有少数企业个别产品采用冲压件铆焊成型，个别外资企业高端产品使用铝合金车架实现了车架的轻量化和整机的低能耗，使车架的使用寿命大大提升。观光车的外覆盖件主要以玻璃钢材质为主，也有部分企业采用滚塑和金属冲压成型工艺。观光车一般采用后桥驱动，前桥转向，弹簧减震和独立悬挂。观光车的使用环境、应用领域和工况强度与汽车不同，相比微型汽车，观光车的使用路面较好，车速低，但承载能力高，所以不对汽车部件修改和调整就采用到观光车上是不合适的，由此产生一系列的问题。另外一个突出问题就是各零部件的可靠性水平不同，由于车架多采用管材焊接的模式，强度低、可靠性水平差，在车辆使用中车架的使用寿命是最低的，对于车辆类产品是非常奇特的，由于固定件的强度不足也给其他部件的可靠性带来很大的影响。最后一个问题就是超载问题，由于观光车的载客人数比一般的微型汽车要多，对桥的承载能力的要求也更高，虽然车速较低、使用路况更好，动载系数低，但不经过大量的理论验证和测试数据支持就直接定型选型是不可取的，对车辆的安全使用带来一定的隐患。国家工程机械质检中心多年来一直开展观光车产品的型式试验，从可靠性试验数据和售后服务的跟踪信息来看，质量问题多发于电气元件和车架使用变形而导致的一系列问题。这也与观光车的技术特性相吻合，其他机械系统多采用汽车配套体系，技术成熟可靠性高。

随着 GB/T 21268—2014《非公路用旅游观光车通用技术条件》标准的修订，将观光车的座位数限制在 6 ～ 23 座，同时明确了产品的使用范围，强调了观光车外观的非封闭性，为保证使用安全，将产品的最高车速由 50km/h 降低为 30km/h。标准中还提出了安全带和前照灯的技术要求，增加了车架防锈处理、观光车车牌等方面的要求。新标准的贯彻实施将对提升观光车的质量及安全性具有积极的推动作用。

7. 工程起重机产品的可靠性

起重机械的可靠性是指起重机械的综合质量特性，也是指表征起重机械作业能力的各项参数保持在预定范围内的可能性。根据多年的产品的可靠性试验数据，工程起重机作业可靠性的平均故障间隔时间约为 400h，而国外产品的平均故障间隔时间约为 800h。

通过对 2014 年不同机种、不同吨位起重机新产品的作业可靠性故障统计分析，我国工程起重机产品作业可靠性指标比往年有所提高，大吨位起重机的故障率相比中小吨位要低。分析原因是大吨位起重机的关键零部件多采用国际化采购，多为进口件，可靠性较高，而中小吨位的起重机零部件的国产化程度高，可靠性相对低。样机在试验中出现一般故障和轻微故障占总故障次数的比例高，严重故障较少，没有发生致命故障，其中液压系统、电气系统故障率较高。起重机的液压系统比其他工程机械复杂，液压元器件较多，且包括调压、调速、换向、锁紧、平衡、制动、多缸卸荷等多个回路，是造成故障率高的一个主要原因。故障主要表现在：液压元件内部部件磨损或者损坏，造成密封件失效；未按工艺要求装配液压元件；液压元器件本身质量有瑕疵等。电气系统故障的发生主要由于电器元件质量、老化、接触不良、工作失灵等。建议：在产品设计、制造、工艺上进行深入细致的研究和完善，提升产品的综合品质；加快配套件生产设备的更新、技术改造，提升产品的制造能力；加强产品的检测和试验，对产品质量和可靠性控制体系进一步完善，并建立试验数据库，形成良好的反馈机制。

我国工程起重机经过多年的技术积累，产品技术逐渐成熟，在产品设计和整机研制方面基本完成了国产化，能够准确设计计算、分析和仿真，已形成了良好的产业规模，并取得了较大的成就，但在整体技术水平、整机稳定性、故障反馈率方面与欧洲、美国、日本等国家和地区相比还有一定差距。主要体现在以下几个方面：①产品设计的精细程度参差不齐。与国外产品相比在外观、产品的可靠性、安装的方便性、细节设计方面存在一定差距。②工艺技术和装配技术水平良莠不齐。国产起重机的材料加工精度、外观涂装、主要覆盖件的平整度和关键结构件的焊缝和装配技术水平与国外产品相比有一定的差距。③产品质量稳定性较差。国产零部件的质量稳定性与国外产品相比较差，影响产品寿命，如液压系统的渗漏、异响；电器元件老化、接触不良、失灵；机构类漏油、异响、操作不便、不可靠；桥箱类漏油、断齿、操作不灵等。例如：国外发动机平均使用寿命为 8 000h，而我国仅有 3 000h；液压缸国外平均使用寿命为 100 万～ 200 万次，而我国只有 60 万～ 80 万次。当前，我国超大型起重机关键配套件均依赖进口，如大功率发动机、臂架板材或管材、液压元件等，这就使企业成本、生产能力等受到限制，且具有自主知识产权的产品比重小，缺乏国际竞争力。而关键配套件的国产化是一个缓慢的过程，短期内无法快速实现并有实质性的突破。所以，企业在核心零部件的技术创新研发方面还有大量的技术研究工作要做，在精益化设计和制造上需要深入细致的研究和完善，加快生产设备的更新、加快技术、工艺改造，增强控制手段，提高责任意识，充分利用质保体系的作用来提高产品质量，提升产品的综合品质，才能在国际大舞台上站稳脚步。

以上国内工程机械产品的可靠性与国外先进水平存在差距，应尽快缩短与国外同类产品的差距，提升整机可靠性水平，特别要关注关键基础零部件质量水平的提升。

三、提升产品技术质量水平的有效途径

建立工程机械产品评价体系是提升产品技术质量水平的有效途径。随着我国经济全面进入市场化，竞争、自主知识产权成为时代的主旋律，企业应建立自己的产品评价体系，由此认知自己产品的技术质量状态，研究竞争伙伴的产品发展水平，规划产品更新换代的步伐和创新技术，保持长久的竞争优势。

1. 评价体系的技术要素

以土方机械为例，土方机械有 12 大机种，从作业方式上可分为：循环式、持续式、间歇式作业机械。循环式作业机械包括推土机、装载机、挖掘装载机、液压/机械挖掘机、压路机、平地机；持续式作业机械包括自卸车、铲运机、挖沟机、回填压实机；仅吊管机属间歇式作业机械。从作

业内容上可分为推土、装载、挖掘、平地、铲运、压实、吊装和运输。各种机器的结构、原理、技术核心差异较大，除吊管机外，其共同点就是作业对象均为土石等材料。因此，土方机械仅靠一个产品标准进行评价难度很大，应建立一个标准系列，形成一个具有共性要素、又有差异要素的评价体系，将是解决这一问题最有效、最简约的途径。下面以挖掘机为例探讨土方机械评价体系的建立。

（1）性能评价。以挖掘机为例，探讨产品的性能评价。

1）挖掘机的操控性能的评价。挖掘机的操控性能体现在行走和作业两个环节，核心在作业过程。

无论是轮胎式还是履带式液压挖掘机，其行走功能均处于辅助地位，主要用于短距离转场和场内移动。对其操控性能的要求与其他轮胎式和履带式土方机械没有质的差异，“轻便、灵活、准确”构成了行走操控性能评价的主要要素，即操作轻便、动作灵活、到位准确。现有的转向、制动、操作杆件的操作力与位移、手臂振动等相关标准基本上可以对其进行评价，更精细的评价应制定元件、总成或系统的响应与执行到位的标准。

作业过程的快、慢、缓、急实现起来应轻松自如，操作起来随心所欲，复合动作协调性好，平整作业精度高，构成了作业操控性能评价的核心。体现的是主阀流量分配技术、动力系统的响应技术、液压系统的平衡技术。对“系统响应、复合动作协调性、平整作业精度”三个项目的评价目前既无国际标准，也无国外标准，国内尚处于研究初期。企业应制定这三个项目的试验方法和评价方法，才能实现对其系统评价。

2）挖掘机的节能和效率的评价，即能效，量纲为每千克燃油挖掘土方的重量。体现的是发动机与液压系统的匹配技术、液压技术、液压系统的控制技术/发动机的控制技术、能量回收技术、工作装置优化技术、上车质量与质心控制技术、传动系统效率。

当前，除我国有土方机械个别机种（如挖掘机、推土机等）的能耗标准外，还有就是日本。土方机械国际标委会TC127就挖掘机、推土机、装载机等机种的能耗标准起草工作开展5年有余，还尚未进入表决阶段，而能效最早是在欧洲挖掘机大赛上提出的。我国挖掘机能耗的标准来源也是日本标准，而现行的日本标准是对上一版标准的修订。修订的原则可概括为可操作性强，重复性好，便于比对。其致命缺陷是失去了挖掘作业的真实性，即空载模拟能耗的高低不能代表作业的真实情况，而挖掘机并不是用来空载模拟的。原标准用挖沟90°回转卸料的致命缺陷是土壤参数的不易重复性，甚至是不可重复性，导致试验结果无法再现。欧洲挖掘机大赛采用挖掘扰动堆积土，180°回转装车的方法，其缺点是挖掘机丧失部分挖掘能力。纵观国内标准现状，一个科学的挖掘机能耗试验方法还需研究，但操作性强，重复性好，便于比对，能比较真实地反应挖掘效果的标准，是行业和用户可以接受的，而评价方法用能效指标会更好。

3）挖掘机的动力性能和发动机功率的利用率的评价，即把发动机功率最大限度地转换为液体的压能。体现的是发动机与泵的匹配技术，液压系统和发动机的控制技术，以及两者的联动技术，发动机的响应速度，发动机的振动与噪声。发动机本身具有完善的评价体系，可以直接采用。其功率的输出取决于工作负荷，往往通过有级控制发动机油门或供油量实现。对于电喷发动机也可控制功率实现无级模式，即发动机控制系统与液压控制系统实现数据传输，进而达到发动机功率与工作负荷自适应，实现功率无级控制模式。关注发动机的振动与噪声，建立减振器、消声器的选择标准和评价标准，发动机噪声与整机辐射噪声、司机位置噪声的关联标准。

4）挖掘机的稳定性和全身振动特性的评价，即挖掘或起升作业的过程中稳定性水平和挖掘过程中司机座椅位置的减振性能，体现的是挖掘机的质心分布、减振技术、操控技术、复合动作协调性。

挖掘机作业过程中的全身振动、司机座椅的减振要求，以及整机的稳定性要求在国际标准和相关指南中均已明确规定，可以作为评价标准。但作业过程中挖掘机整机的振动、在履带式挖掘机行驶时车尾翘起、车架的振动等国内外均没有相关标准。应制定这方面的试验方法和评价方法标准，建立司机室减振器选择标准和评价标准，进而对挖掘机和操控元件、电气元件、司机室的减振效果做出系统评价。

5）对挖掘机的安全技术、标准技术的评价。而安全技术的焦点集中在振动、噪声、超载报警，标准技术的核心除设计标准、制造标准、接口标准、服务标准外，试验标准更加奇缺，尤其是方法标准，如复合动作协调性、平整作业性能、结构件和司机室仿真试验的试验方法与评价方法等。现有的国际/国家安全标准足以对挖掘机的安全性能进行评价，而设计标准、制造标准、服务标准、特定方法标准只有企业自己制定，而这些标准对外是不公开的。

（2）品质评价。一致性、可靠性与耐久性的品质追求是实现土方机械技术性能的保障。实现一致性是提高可靠性的前提，提高可靠性才能体现耐久性的价值。

1）一致性保障。通过精准的制造装备，正确、完整、齐全、统一的技术文件，正确、运行有效的质量保证体系，一支训练有素的团队，一个良好的企业文化等方面的改善，可显著提高一致性水平。

制造装备是实现产品一致性的基本保障，所谓“精准”就是能满足制造要求，且最大限度地减少人为因素的影响。数字化、智能化制造的定位就是为了解决这一问题。

技术文件的“正确、完整、齐全、统一”是实现产品一致性的重要保障。多年的调查研究表明，做到这一点很难，尤其是“正确”性。追其原因，与我国土方机械发展的历程有关。无论是产品理论、设计理论、试验理论均有不同程度的缺陷，甚至是空白。在土方机械快速发展的现在，企业的重点在于扩大生产，行业研究院所失去了原有的作用，工科院校更趋于理科院校的教研模式，专业研究与人才的培养迷失了方向，所以出现一些问题也在情理之中。建全产品理论、转化设计理论、践行试验理论，变革研发体系、充实试验体系、完善标准体系应是提高“正确”性的最佳途径。让大部分技术人员参与科研活动，而不再仅仅是“CAD”朋友，才会具有真正意义上的自主知识产权。

质量体系运行有效是实现产品一致性的制度保障。过程控制是核心，这一点企业做到了，有些企业做得非常好，但对9000体系的理解有点片面化。9000体系就像一棵树，至于这棵树长多高，长多粗，开什么花，结什么果，完全取决于制定质量体系人员的素质。质量体系仅仅是搭了一个框架，给了一个纲领，需要我们赋予其肌肉、血液和灵魂。

一支训练有素的团队是实现产品一致性的充分保障。人需要经过训练，并且应达到所需水平，具备规定素质，才能胜任相应工作。人是企业的核心，企业创新的核心是人才管理的创新，应做到人尽其才。

良好的企业文化对实现产品一致性具有积极的推进作用。信息、建议、意见的反馈，整理、分析、决策与应用，将不断改善工作中的缺陷，实现持续改进。良好的企业文化还可增加团队的凝聚力，思想的交流、文化的交汇，将会产生新的思维，甚至是创意。快乐工作、享乐工作的氛围会降低出错的概率。

2）可靠性提高。挖掘机的可靠性是通过提高零部件的可靠性来实现的，而不是通过多系统保障提高可靠性的。由于挖掘机工作环境复杂和载荷不确定，失效分析与试验验证的科学结合是提高可靠性的重要手段和有效途径。

我国现行的行业标准对整机可靠性的评价基于单一样本，这种方法并不科学，也不能反映批量生产的真实情况，企业应建立15个以上多样本的试验方法标准，对每一样本的MPBF进行统计分析，根据分布规律，在保证不低于95%置信度水平的基础上计算批量样本的MPBF。对于结构件、司机室、电气系统、液压系统等宜根据载荷谱在台架试验获取。

3）耐久性延长。耐久性是设计与验证的产物，它是建立在有限寿命设计的理论基础之上，需要引用大量的载荷寿命系数、结构参数寿命系数、材料寿命系数等等，而这些系数的奇缺，只能靠试验验证的方法来实现。耐久性的延长不仅可以节省资源、还可以创造更大的价值，是可持续发展的组成部分。

耐久性的评估应以单样本为基础，对批量产品进行统计，确定其分布规律，进而完成批量样本的寿命估计，估计精度应不低于90%。

2．研究、创新与自主知识产权

产品的发展应建立在研究、创新的基础上，仿造、学习、借鉴仅仅是一个过程，而不能直接转化为产品，否则会涉及知识产权纠纷。研究成果转化为标准，为的是便于企业的发展和人才的培养，申请专利则是通过法律手段对企业研究成果予以保护。而研究方向的确定非常关键，哪些可以利用现有的商业技术，哪些需要自己上手段专项研究，哪些需要联合社会资源共同研究，应根据企业的技术定位来确定。研究方向应是产品未来两代或三代急需的先进技术，而内容确定应紧紧围绕产品评价体系的核心，同时应与国家的产业导向相适应。如我国工程机械未来的发展方向是数字化、智能化的设计、制造、服务，以及数字化、智能化的产品。

3. 产品标准的动态化管理

产品标准/评价体系是动态的，应随着国际、国家、行业标准的修订而修订，随着企业研究、创新成果的出现而完善。尤其是基础技术如材料、工艺、燃料、油料等的进步，当基础技术发生革命性的改变时，土方机械也会随之发生变革。因此，产品标准/评价体系应实现动态化管理。

4. 产品更新换代的步伐和创新技术的规划

企业应根据产品的评价体系来确定产品更新换代的步伐，形成一定的技术储备，有计划地推出新产品。每一代产品的技术创新应进行规划，而不是像现在一样采取跟随战术。改变这一现状的前提仍是需要建立一个完善的产品评价体系。

总之，土方机械产品种类很多，每种产品的评价体系应建立在产品的核心技术之上。如装载机、推土机的桥箱技术，功率流控制技术，动态匹配技术；装载机的转向技术，推土机的模块化技术；压路机的振动启、停平稳技术等。产品评价体系从顶层设计了产品之间差异性评价内容和方法，规划了产品的发展趋势，完善了产品开发体系，为缩小与高品质产品的差距架通了桥梁。任何一个强大的企业每时每刻都在研究、评价竞争伙伴的产品，他们都有自己的评价体系，这是我国企业所欠缺的。虽然产品评价体系不能主宰一个企业的成功与失败，但它给了企业发展的方向与希望。

四、工程机械试验检验情况

产品试验检验是产品从设计、研发、生产到投入市场的基本而重要的手段，无论是进入国内市场还是国际市场，产品都需要大量地试验检验验证。几十年来，以国家工程机械质量监督检验中心为代表的第三方检测机构，为我国工程机械产品技术质量的提高、行业的发展进步发挥了重要的作用。

试验检验作为政府监管的重要技术手段，在政府推行特种设备、“3C”认证等质量、安全监督管理的过程中，发挥着非常重要的作用。试验检验的类型多种多样，当前国家工程机械质量监督检验中心开展的检验类型有型式试验、强制性项目检验、特种设备制造许可试验、“3C”认证检验、产品质量抽查、质量鉴定、仲裁检验与司法鉴定、CE/e-mark/gost认证检验、零部件试验、科技成果国家级鉴定检测、国内外产品的比对分析试验、标准验证试验、军民用产品的招标试验、委托性试验等。其中特种设备制造许可检验和鉴定评审、“CE”认证、CQC标志认证是工程机械行业比较特殊的检验工作，除了对产品的质量控制以外，对制造资质、环境、质量体系等也提出了具体要求。

1．特种设备制造许可检验和鉴定评审

从2003年起我国特种设备已实施行政许可制度10余年，有效地规范了行业企业的生产经营活动，产品安全质量水平不断提升，年事故率不断下降。随着法律法规的健全与完善，特别是新的《中华人民共和国特种设备安全法》的修订，使特种设备的安全监管更加规范，标志着我国对特种设备安全监管在法治化的轨道上迈出了新步伐。随着许可制度的不断深入，近几年来获证企业的数量保持在一定规模，新申请企业数量逐步减少，新产品的开发推进步伐也趋于平稳。

2013—2014年，国家工程机械质量监督检验中心在质检总局特种设备安全监察局（简称“特设局”）核准的范围内共完成特种设备境内外检验442台，特种设备制造条件鉴定评审246家企业，其中包括3 200t、3 600t履带起重机等超大型特种设备。覆盖了国内20多个省、市，以及日本、美国、德国等国家。

为了更好地促进特种设备行政许可制度的实施，使国家对“厂”车的特种设备行政许可管理更科学、更规范，并更具有可操作性，作为技术支撑机构，国家工程机械质量监督检验中心积极配合特设局进行了《场（厂）内专用机动车辆安全监察规定》《场（厂）内专用机动车辆型式试验规则》《场（厂）内专用机动车辆制造许可规则》《起重机械型式试验规则》和《场（厂）内专用机动车辆作业人员考核大纲》等法律法规及相关文件的制修订工作。

2．“CE”认证

近年来，随着我国经济与国际接轨速度的加快，工程机械产品的质量不断提高，与国外先进国家的差距不断缩小，我国工程机械产品不再满足出口到第三世界，工程机械出口到欧盟市场的份额在迅速增大，“CE”认证业务的需求越来越多。为了帮助行业主机厂产品进入欧盟走向世界，2009年，国家工程机械质量监督检验中心与欧洲认证组织有限公司（ECO）及其中国分支洛阳意中技术咨询有限公司（以下简称ECO意中公司）合作，开展“CE”认证合作业务，质检中心也正式成为欧盟官方认可的“CE”认证签约实验室，为中国企业获得“CE”认证提供法规咨询、产品检测和产品认证的一条龙服务，使我国工程机械和车辆产品能够更加便捷地通过“CE”认证并快速进入欧盟市场，进一步推动中国工程机械产品出口事业的发展。至2014年年底，经过几年的“CE”认证业务开展，国家工程机械质量监督检验中心与相关认证公司合作，完成了26家企业、287个型号的CE认证检验，已发证书178张。

3．“CQC标志”认证

为了加强对土方机械产品的监管力度，促进与国际认证制度接轨。2011年初，中国工程机械工业协会、中国质量认证中心和国家工程机械质量监督检验中心3家机构联合共同推动在土方机械行业开展“CQC”标志认证。

土方机械产品的“CQC”标志认证是自愿性认证，按照国际惯例，其认证模式采用了型式试验+初始工厂审查+获证后一致性监督的模式。认证范围涉及挖掘机、推土机、平地机、压路机、吊管机、回填压实机、铲运机、水平定向钻机、自卸车、装载机、挖掘装载机、特殊土方机械等12大类土方机械产品。土方机械产品认证以加CQC识别标志的方式表明产品符合相关的质量、安全、性能等认证要求，CQC标志认证重点关注安全、性能等直接反映产品质量和影响人身和财产安全的指标，旨在维护广大客户利益，促进提高产品质量，增强国内企业的国际竞争力。

土方机械标志认证工作自2011年8月首次发证以来，全面、稳步、健康地开展起来。至2014年，申请企业40余家，82个申请单元，近200个产品型号，已发证书42张，涉及推土机、挖掘机、装载机、压路机、非公路自卸车及平地机等产品。标志认证工作在外资企业中几乎达到了100%。

CQC 标志认证作为符合国际通行惯例的第三方合格评定制度，在转变政府职能，行政许可项目调整时期，为规范土方机械行业发展开辟了新思路和新模式，帮助企业遵纪守规、自我学习、自我提高、自我约束，引导企业自觉增强质量意识和能力。最终实现一次检验、全球互认的宏伟目标。

土方机械 CQC 标志认证的开展为企业搭建了综合服务平台，为企业提供集成化、多元化的服务创造了便利条件，为推动第三方合格评定制度健康发展打下坚实基础，也为产品进出口实现双边和多边的国际互认创造了有利条件。

五、结束语

当前，中国版的“工业 4.0”规划《中国制造2025》战略布局已经开始，我国工程机械企业只有积极进取，不断创新，找准自身立足点，紧紧跟踪和掌握工程机械发展的最新技术动态，以标准为依托、以市场需求为导向，重视自主知识产权的保护，不断提高企业在产品设计、制造、质量上的水平。在发动机技术、结构件、控制系统、液压系统、再制造等方面不断地提高研发水平，使我国的工程机械产品以更舒适安全的操作环境、更低的油耗及环保性、更高的生产率及可靠性、更极端的环境适应性以及更简单经济的维护保养立足于世界舞台。

〔撰稿人：国家工程机械质量监督检验中心罗慧英、邸鹏远、许炜、王青松、赵亮、史文辉、范晓兰、李洪波、陈传扬〕

2014 年中国工程机械行业十大新闻

2014 年 12 月 31 日，由中国工程机械工业协会主办，今日工程机械杂志社承办，工程机械杂志社、工程机械与维修杂志社、建设机械技术与管理杂志社、建筑机械化杂志社、中国工程机械工业协会官网、慧聪工程机械网、中国工程机械品牌网、第一工程机械网及机电商报社联合承办的“2014 中国工程机械十大新闻”评审活动在京举行。该活动至今已成功举办 19 届（1996—2014 年），成为业内人士梳理和总结过去一年产业和市场发展脉络的重要渠道，是中国工程机械行业最为重要的年度事件之一。经过各位行业领导和专家的现场评议，“2014 中国工程机械十大新闻”正式出炉。

1. 习近平视察中铁装备，鼓励装备制造企业技术创新

2014年5月10日，中共中央总书记、国家主席、中央军委主席习近平在河南考察，深入中铁工程装备集团有限公司指导工作。他指出，国家大力推进的新型工业化、信息化、城镇化、农业现代化建设，需要装备制造业支撑，掘进机正逢其时。

在视察中，习近平指出，中国是装备制造业大国，但同发达国家相比还有差距，实现中国梦，装备制造业这个基础必须打牢。装备制造业的核心是技术创新，一个国家综合实力的核心还是技术创新，不掌握科技创新最灵魂、最根本的东西，就掌握不了国家科技事业发展的命运。他还提出“推动中国制造向中国创造转变、中国速度向中国质量转变和中国产品向中国品牌转变”的重要指示。

习近平视察中铁装备，极大地鼓舞了工程机械行业人的士气，同时也体现出国家对于包括工程机械行业在内的机械行业的高度重视。当

前，工程机械行业实施的科技支撑计划、工程机械重大装备产业化专项、工程机械强国战略以及工业强基工程等必将对工程机械行业长期健康发展、全面实现工程机械产业强国战略起到巨大的推动作用。

2. 砥砺前行，中国工程机械行业在市场低谷中平稳发展

2014 年，在国内外市场需求不旺的情况下，中国工程机械行业努力转变发展方式，坚持创新驱动，努力优化结构，提高产品技术质量水平，在市场低谷中显露出平稳运行态势。据国家海关总署统计，2014 年，我国工程机械进出口贸易额为 240.77 亿美元，同比下降 0.78%。其中进口金额 42.85 亿美元，同比下降 9.5%；出口金额 197.92 亿美元，同比增长 1.33%。国内市场在整体形势并不乐观的情况下，行业发展仍不乏亮点，工业车辆、高空作业平台、随车起重机等产品逆势实现较大幅度增长。此外，于 11 月在上海举行的 Bauma China 2014 上，展商数量、观众人数均创新高。

3. 投资政策相继出台，利好工程机械行业发展

2014 年 11 月 8 日，国家主席习近平在互联互通伙伴关系对话会上宣布，中国将出资 400 亿美元成立丝路基金，支持“一带一路”项目建设。“一带一路”战略构想的首要任务为“全方位基础设施与互联互通建设”，将以交通基础设施为突破，实现亚洲互联互通的早期收获，优先部署中国同邻国的铁路、公路项目。

2014 年，国家出台了一系列稳增长政策，为工程机械行业带来利好。2014 年城市轨道交通投资达到 2 200 亿元，比 2013 年增加 400 亿元；铁路固定资产投资计划再度调整，2014 年铁路投资总额增至 8 000 亿元以上；国家发改委批复了 82 项重要基建项目，总投资额超过 1.5 万亿元等。

4. 直面新常态，中国工程机械工业协会提出“强科技、保生态、重质量、促发展”工作方针

2014 年 11 月，在中国工程机械工业协会四届四次会员代表大会上，祁俊会长在题为《扎实推进转型升级　努力打造工程机械产业强国》报告中面向全行业提出了“强科技、保生态、重质量、促发展”的工作方针，以应对行业发展面临的“新常态”。在其后举行的“第十三届中国工程机械发展高层论坛”上，与会代表就此进行了探讨和交流，并形成共识：受“三期叠加”等因素影响，工程机械行业还处于暂时性“阵痛期”，仍面临较大考验。但国家经济发展总体向好，调整中孕育着新的发展机遇。工程机械企业应当认清形势，坚定信心，将压力当作自身提质增效、转型升级的重要动力。

5. 自主创新深化加速，实力新品层出不穷

2014 年，在市场调整、增速下降的背景下，各企业加大研发投入，以创新求发展，以质量赢市场。一批自主创新产品涌现出来，重大技术装备研制和产业化方面取得积极成果。2014 年 12 月 27 日，由中国铁建重工集团有限公司生产的中国首台大直径（开挖直径 7.93m）全断面硬岩隧道掘进机（敞开式 TBM）“贯龙号”在湖南长沙成功下线。2014 年 1 月，中联重科股份有限公司“超大型塔式起重机关键技术及应用”项目、三一重工股份有限公司“大吨位系列履带式起重机关键技术与应用”荣获国家科技进步奖二等奖。9 月，在 2014 中国机械工业科学技术奖评选上，广西柳工机械股份有限公司“面向工程机械机种特征的减振降噪共性关键技术与应用”等 4 个项目荣获一等奖，9 个项目荣获二等奖，13 个项目荣获三等奖。

6. 关注行业健康发展，诚信体系建设成果初现

经商务部和国务院国有资产监督管理委员会授权，2014 年 1 月，中国工程机械工业协会启动第二批工程机械行业“信用等级评价”工作。经过审定、公示和报批，2014 年全行业共有 6 家企业获得 AAA 级信用等级，3 家企业获得 AA 级信用等级。

中国工程机械市场进入理性调整阶段，企业的经营风险也随之加大。在企业层面，企业

诚信体系建设问题成为市场规范化发展的重要问题；用户层面，客户逾期、债权车辆丢失以及寻找车、拖车难等问题愈发显现，成为代理商及主机企业生存、盈利的关键问题。对此，2014年4月，中国工程机械工业协会代理商工作委员会提议成立中国工程机械代理商债权诚信互助平台（“啄木鸟平台”），并于2014年9月正式上线。

7. 积极应对排放标准升级，环保成为产品升级重点方向

2014年5月16日，环境保护部以及国家质量监督检验检疫总局联合发布《非道路移动机械用柴油机排气污染物排放限值及测量方法(中国第三、四阶段)》国家标准（GB 20891—2014）。该标准规定了第三阶段非道路移动机械用柴油机排气污染物排放限值和测量方法，并提出了第四阶段的预告性要求，2014年10月1日正式实施。此外，2015年1月1日，柴油车的国Ⅳ标准也将全面实施。面对日益严苛的排放挑战，中国工程机械企业积极应对。一年来，企业在消化吸收原标准底盘、发动机库存的同时，加快推进新标准设备的上市，研制、试验及推广准备和使用清洁能源的新一代工程机械产品。

8. 助推行业转型升级，社团标准及人才培养工作成果显著

为助力行业转型升级，适应未来行业发展的新格局，中国工程机械工业协会在社会团体标准制订和人才培养方面展开积极实践。2014年7月，协会组织有关会员企业、标委会、检测机构和研究院所召开首届“全国工程机械行业标准化工作会议”，正式启动工程机械行业社会团体标准工作。2014年，协会共组织起草、发布了《低速电动乘用车通用技术条件》等5个协会标准。

为响应国务院《关于加快发展现代职业教育的决定》，机械工业职业技能鉴定工程机械行业分中心在2014年1—10月，办理完成27个鉴定机构、3个职业、15个工种、3个等级7 323本职业资格证书，同比增长166.4%。此外，协会与行业多家重点骨干企业共同主办的各种类型的行业技能竞赛，在总结以往竞赛经验的基础上，增添了安全操作、专业技能和后市场服务培训等新内容，为行业人才培养提供了更加充分的保障。

9. 用法律保护自己，中国工程机械企业国外维权取得进展

2014年7月15日，美国哥伦比亚特区联邦上诉法院就三一集团有限公司在美关联公司罗尔斯因俄勒冈州风电项目被禁止诉美国外资委员会（CFIUS）和美国总统奥巴马案，推翻地方分区法院批准美国政府相关动议的判决，并做出判决：三一集团有限公司在美关联公司罗尔斯（Ralls）在该项目中具有受宪法程序正义保护的财产权；奥巴马下达的禁止该项目的总统令违反程序正义，侵犯了Ralls的财产权；CFIUS就该项目所下达的命令，不因奥巴马总统令而自动规避法院的审查。

随着走出去步伐加快以及进一步融入国外市场，中国工程机械企业不可避免地遭遇权益被损害所导致的法律纠纷问题。近年来，中国企业积极应对国外维权问题，以法律手段维护了企业在国际市场的合法权益。

10. 融合互联网思维，工程机械企业试水电商业务

2014年，“互联网思维”一词全方面改变着人们的生活和工作方式。电商年交易额逾12万亿元，增长速度超过30%，这一巨大的商业模式对工程机械行业原有的营销及销售模式形成了巨大挑战。工程机械商贸网、中国路面机械网、第一工程机械网、慧聪工程机械网等行业网站围绕“双11”开展的系列营销活动，为参与企业带来了切实的营销成果及经济效益。与此同时，各主机厂、配套件企业、代理商也利用自身已有条件开展不同形式和程度的电商活动。

〔撰稿人：中国工程机械工业协会吕莹〕

2015年度中国机械工业科学技术奖工程机械行业初审推荐项目

2015年7月29日，根据中国机械工业科学技术奖励工作办公室的统一安排，中国机械工业科学技术奖工程机械专业组在北京举行了一年一度的工程机械行业中国机械工业科学技术奖评审活动。来自工程机械行业协会、企业和专业院校、研究院所的15位行业专家集中到中国工程机械工业协会，通过网络会评方式参加了项目的初审工作。

2015年，在《中国制造2025》规划的指引下，工程机械行业企业加快适应需求结构的变化和行业转型升级的要求，不断提高创新能力，提质增效，打造可持续发展的核心竞争力。以创新求发展，靠质量赢市场。行业产品数字化、智能化、信息化、绿色化水平不断提高，新技术、新材料、新工艺的应用范围进一步扩大。大批集成创新、自主创新产品涌现出来。

2015年度行业有30多家单位通过网络申报系统独立或联合报送了48项评审项目，涉及起重机械、掘进机械、环卫机械、土方机械、路面机械、混凝土机械、高空作业机械、工业车辆及配套件等多类产品及制造关键技术，申报项目呈现出创新点多、技术含量高、社会效益和经济效益显著等特点。

经评委们严谨细致的评审，初审共推荐获奖项目22项，其中：一等奖项目3个，二等奖项目5个，三等奖项目14个。获奖项目占比约为45%。

2015年度中国机械工业科学技术奖工程机械行业初审推荐项目见表1。

表1　2015年度中国机械工业科学技术奖工程机械行业初审推荐获奖项目

序号	项目编号	项目名称	申报单位	推荐等级
1	1510003	液压挖掘机智能化、多能源等关键技术研究与应用	三一重机有限公司、南京工业大学、天津工程机械研究院	一等
2	1510030	大型智能化非开挖定向钻机关键技术及产业化	徐州徐工基础工程机械有限公司	一等
3	1510042	高层建筑救援消防车关键技术及应用	中联重科股份有限公司、长沙中联消防机械有限公司	一等
4	1510029	北美市场液压挖掘机适应性研究及其产业化	徐州徐工挖掘机械有限公司	二等
5	1510045	水平预压式垃圾压缩转运站成套设备	中联重科股份有限公司	二等
6	1510024	GR215D重载平地机研发及产业化	徐州徐工筑路机械有限公司	二等
7	1510013	LSJ60链刀式地下连续墙设备研制及应用	中国铁建重工集团有限公司	二等
8	1510031	极寒型汽车起重机关键技术研究与产业化	徐州重型机械有限公司	二等
9	1510014	ZTS6250泥水平衡盾构设备研制及应用	中国铁建重工集团有限公司、中南大学	三等
10	1510044	ZLJ5164TSLE4型无尘作业干式扫路车	中联重科股份有限公司	三等
11	1510009	钢筋螺纹自动化加工生产线的研制	中国建筑科学研究院建筑机械化研究分院、廊坊凯博建设机械科技有限公司	三等
12	1510037	XZJ5312JQJC4重载超宽平台桁架式桥梁检测车	徐州徐工随车起重机有限公司	三等

（续）

序号	项目编号	项目名称	申报单位	推荐等级
13	1510041	混凝土机械多维布料臂架设备及其关键技术	中联重科股份有限公司	三等
14	1510038	面向全生命周期的流动式起重机物联网平台及嵌入式系统开发	徐州重型机械有限公司	三等
15	1510033	XS263、XS303、XS333 超大吨位全液压振动压路机平台研发及产业化	徐工集团工程机械股份有限公司道路机械分公司	三等
16	1510040	环境友好型挖掘机关键共性技术研究及应用	广西柳工机械股份有限公司	三等
17	1510005	全液压斗轮挖掘机	大连重工通用设备有限责任公司、大连理工大学、大连交通大学、辽宁工程技术大学	三等
18	1510027	小吨位 XF 系列内燃平衡重式叉车	杭叉集团股份有限公司	三等
19	1510026	新型门座起重机关键技术的研发与应用	杭州江河机电装备工程有限公司、水利部杭州机械设计研究所	三等
20	1510032	新一代 D 系列旋挖钻机	徐州徐工基础工程机械有限公司	三等
21	1510043	纯电动扫路车及关键技术研究	中联重科股份有限公司	三等
22	1510034	MQH37A 侧面起重机	徐州徐工随车起重机有限公司	三等

〔撰稿人：中国工程机械工业协会尹晓荔〕

中国工程机械工业年鉴2015

行业篇

以生产发展情况、市场及销售情况、产品进出口情况、科技成果及新产品等为重点，阐述工程机械各分行业2014年的发展状况

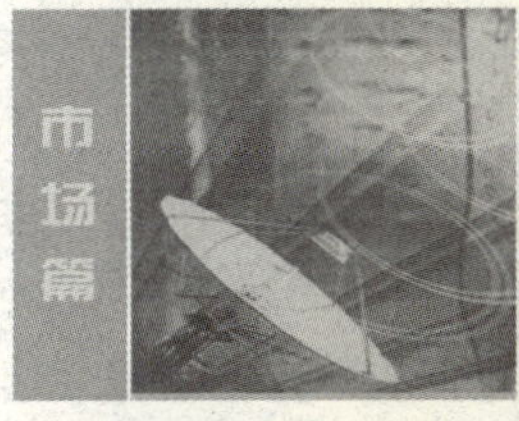

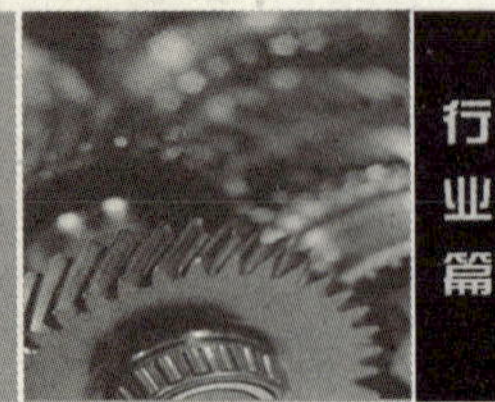
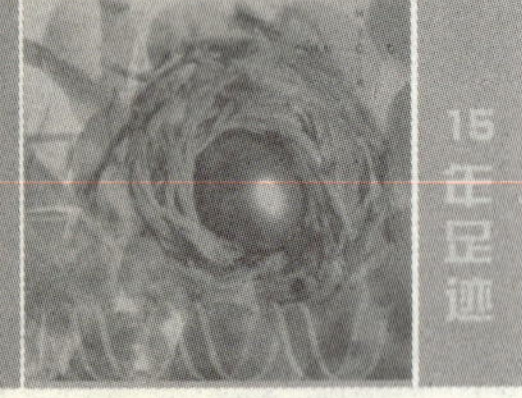

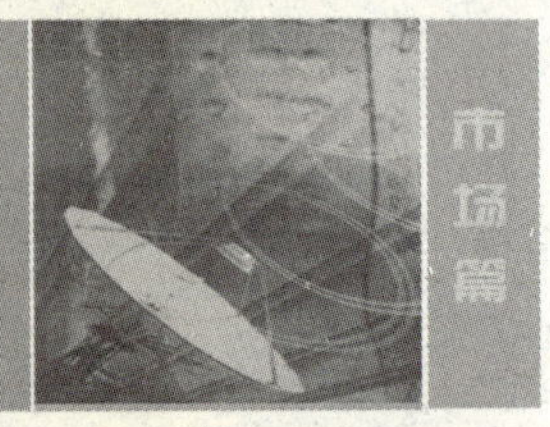
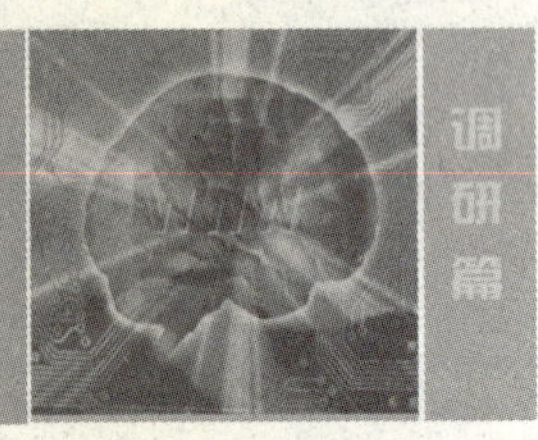
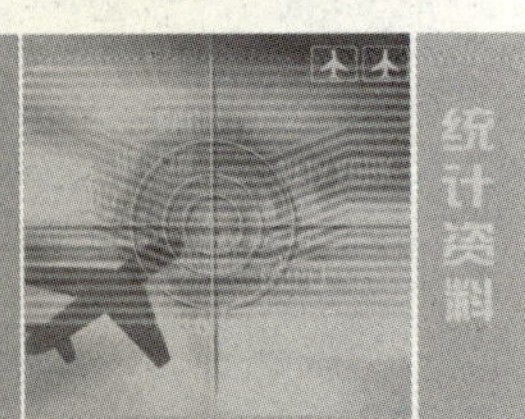

行业篇

挖掘机械
铲土运输机械
工程起重机
工业车辆
路面与压实机械
混凝土机械
凿岩机械与气动工具
桩工机械
掘进机械
工程机械配套件

挖掘机械

生产发展情况

中国工程机械工业协会挖掘机械分会调研数据表明，截至2014年，在中国投资规划生产挖掘机械的企业有60多家，规模生产的企业约40家；规划产能约60多万台，代理商约200多家；纳入分会统计的28家主机生产企业，共计销售约500种不同型号和规格的挖掘机械产品，单台整机重量为1～359t。我国挖掘机械市场2014年整体统计概要见表1。我国主要挖掘机械制造企业见表2。

表1　我国挖掘机械市场2014年整体统计概要

项目名称	统计内容
主机制造商数量	28家
其中：国外主机制造商数量	14家
最大制造商	三一重机有限公司
2014年挖掘机械制造商市场销量前10位（含出口）	三一重机有限公司、卡特彼勒（中国）投资有限公司、小松（中国）投资有限公司、成都神钢建设机械有限公司、日立建机（中国）有限公司、斗山工程机械（中国）有限公司、沃尔沃建筑设备投资（中国）有限公司、广西柳工机械股份有限公司、山东临工工程机械有限公司和山河智能装备股份有限公司
其中：国内销售前3位（不含出口）	三一重机有限公司、卡特彼勒（中国）投资有限公司和小松（中国）投资有限公司
其中：出口销量前3位的企业	三一重机有限公司、广西柳工机械股份有限公司和卡特彼勒（中国）投资有限公司
2014年总销量	90 507台
2014年同比增速	-19.5%
截至目前行业规模生产企业	约40家
截至目前行业规划设计产能（调查统计值）	60多万台

注：数据来源于中国工程机械工业协会挖掘机械分会。

表2　中国主要挖掘机械制造企业

品牌分类	主要挖掘机械制造企业名称
日系品牌	小松山推机械有限公司、小松（常州）工程机械有限公司、小松（山东）工程机械有限公司、成都神钢建设机械有限公司、杭州神钢建设机械有限公司、日立建机（中国）有限公司、久保田建机（无锡）有限公司、住友建机（唐山）有限公司、石川岛中骏（厦门）建机有限公司等
韩系品牌	斗山工程机械（中国）有限公司、现代（江苏）工程有限公司、现代京城工程机械有限公司等
欧美品牌	卡特彼勒（徐州）有限公司、沃尔沃建筑设备投资（中国）有限公司、利勃海尔机械（大连）有限公司、阿特拉斯工程机械有限公司、杰西博工程机械（上海）有限公司、凯斯工程机械（上海）有限公司等
中资品牌	三一重机有限公司、徐州徐工挖掘机械有限公司、广西柳工机械股份公司、山东临工工程机械有限公司、山河智能装备股份有限公司、广西玉柴重工有限公司、山重建机有限公司、青岛雷沃挖掘机有限公司、厦门厦工机械股份有限公司、力士德工程机械股份有限公司、龙工（上海）挖掘机制造有限公司、中联重科股份有限公司渭南分公司、中国国机重工集团有限公司、贵州詹阳动力重工有限公司、山东卡特重工有限公司、广西开元机器制造有限责任公司、上海彭浦机器厂有限公司等

市场与销售

1. 总体情况

根据中国工程机械工业协会挖掘机械分会 2014 年行业统计数据分析，2014 年，纳入统计的 28 家主机制造企业全年累计销售各类型液压挖掘机产品 90 507 台（含出口），较上年同期下降 19.5%（由于 1、2 月份受春节因素影响较大，并且为了和国家统计局固定资产投资等指标统计保持一致，1、2 月销量合并计算）。其中，第一季度共销售 34 018 台，较上年同期上升 3.6%；第二季度共销售 27 186 台，较上年同期下降 24.8%；第三季度共销售 13 669 台，较上年同期下降 29.6%；第四季度共销售 15 634 台，较上年同期下降 35.0%。2012—2014 年我国挖掘机械市场销量及增长率见图 1。2010—2014 年我国挖掘机械市场销量走势见图 2。2010—2014 年我国挖掘机市场销量增速走势见图 3。

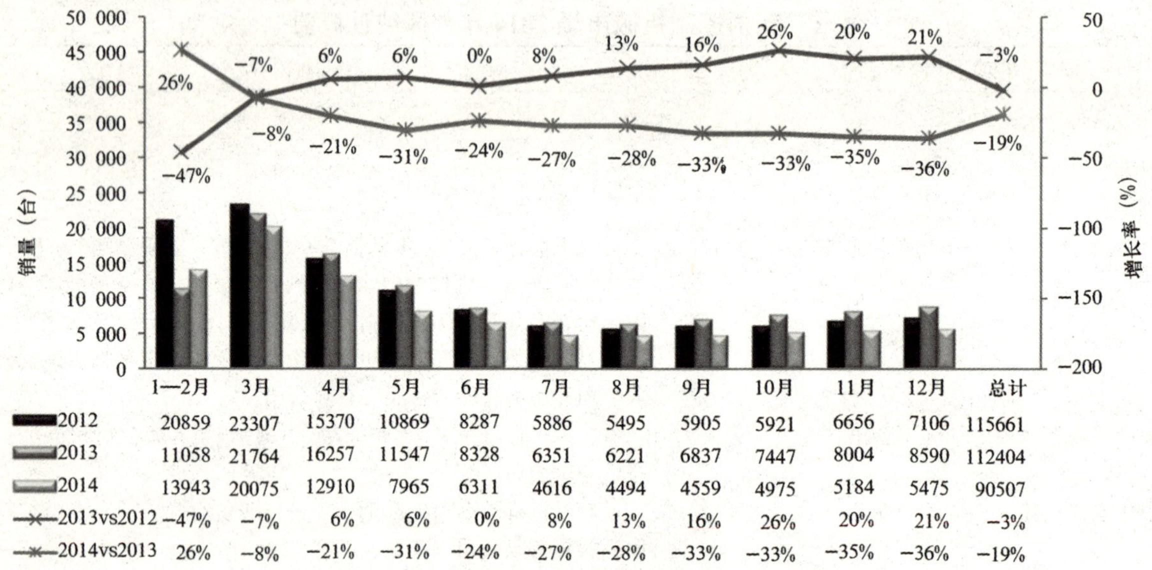

	1—2月	3月	4月	5月	6月	7月	8月	9月	10月	11月	12月	总计
2012	20859	23307	15370	10869	8287	5886	5495	5905	5921	6656	7106	115661
2013	11058	21764	16257	11547	8328	6351	6221	6837	7447	8004	8590	112404
2014	13943	20075	12910	7965	6311	4616	4494	4559	4975	5184	5475	90507
2013vs2012	−47%	−7%	6%	6%	0%	8%	13%	16%	26%	20%	21%	−3%
2014vs2013	26%	−8%	−21%	−31%	−24%	−27%	−28%	−33%	−33%	−35%	−36%	−19%

图 1　2012—2014 年我国挖掘机械市场销量及增长率

注：数据来源于中国工程机械工业协会挖掘机械分会。

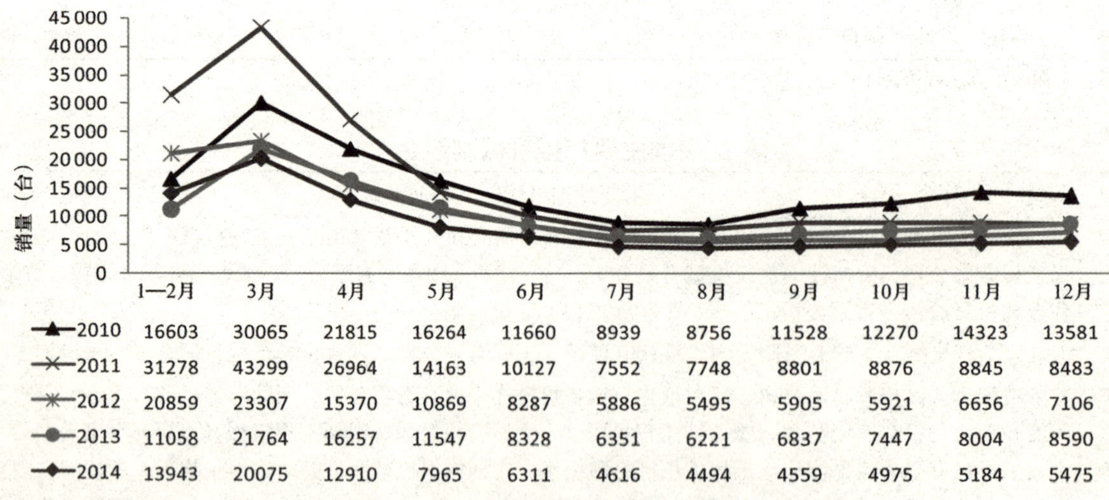

	1—2月	3月	4月	5月	6月	7月	8月	9月	10月	11月	12月
2010	16603	30065	21815	16264	11660	8939	8756	11528	12270	14323	13581
2011	31278	43299	26964	14163	10127	7552	7748	8801	8876	8845	8483
2012	20859	23307	15370	10869	8287	5886	5495	5905	5921	6656	7106
2013	11058	21764	16257	11547	8328	6351	6221	6837	7447	8004	8590
2014	13943	20075	12910	7965	6311	4616	4494	4559	4975	5184	5475

图 2　2010—2014 年我国挖掘机械市场销量走势

注：数据来源于中国工程机械工业协会挖掘机械分会。

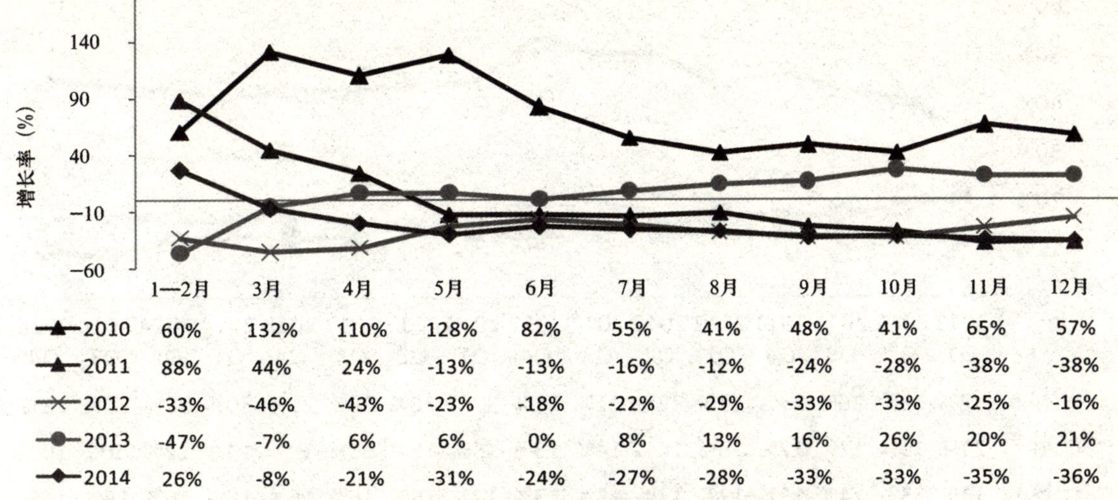

图 3　2010—2014 年我国挖掘机械市场销量增速走势

注：数据来源于中国工程机械工业协会挖掘机械分会。

从各机型销量的同比变化情况来看，各个吨位都有不同程度的下滑，其中 25t 机型的销量同比下降幅度最大，达到 31.5%；小于 6t 机型的销量同比下降较小，占比变化明显，占比提高 3.4 个百分点。2014 年我国挖掘机械分机型销量（含出口）见表 3。

表 3　2014 年我国挖掘机械分机型销量（含出口）

机型	2014 年		2013 年		同比增长（%）	占比提高（个百分点）
	销量（台）	占比（%）	销量（台）	占比（%）		
＜6 t	16 572	18.3	16 765	14.9	-1.2	3.4
6～10 t	23 533	26.0	29 592	26.3	−20.5	-0.3
10～15 t	10 805	11.9	13 137	11.7	−17.8	0.3
20 t	6 399	7.1	8 181	7.3	−21.8	-0.2
21 t	9 941	11.0	13 866	12.3	−28.3	-1.4
22 t	6 221	6.9	8 020	7.1	−22.4	-0.3
25 t	5 306	5.9	7 747	6.9	−31.5	-1.0
30 t	2 804	3.1	3 712	3.3	−24.5	-0.2
35 t	5 663	6.3	7 292	6.5	−22.3	-0.2
40 t	3 263	3.6	4 092	3.6	−20.3	0.0
总　计	90 507	100.0	112 404	100.0	−19.5	

注：数据来源于中国工程机械工业协会挖掘机械分会。

2. 市场格局

观察近年来挖掘机械市场份额变化情况可以发现，欧美品牌的市场份额一路小幅稳步增长，与其形成对比的是，韩系份额一路下挫；国产与日系品牌，在 2013 年之后趋于稳定，2014 年第四季度分别占据了 45% 和 28% 的市场。2011—2014 年我国挖掘机械市场中按品牌分类占比情况见图 4。2011—2014 年我国挖掘机械市场中按品牌分类销售及占比情况见表 4。

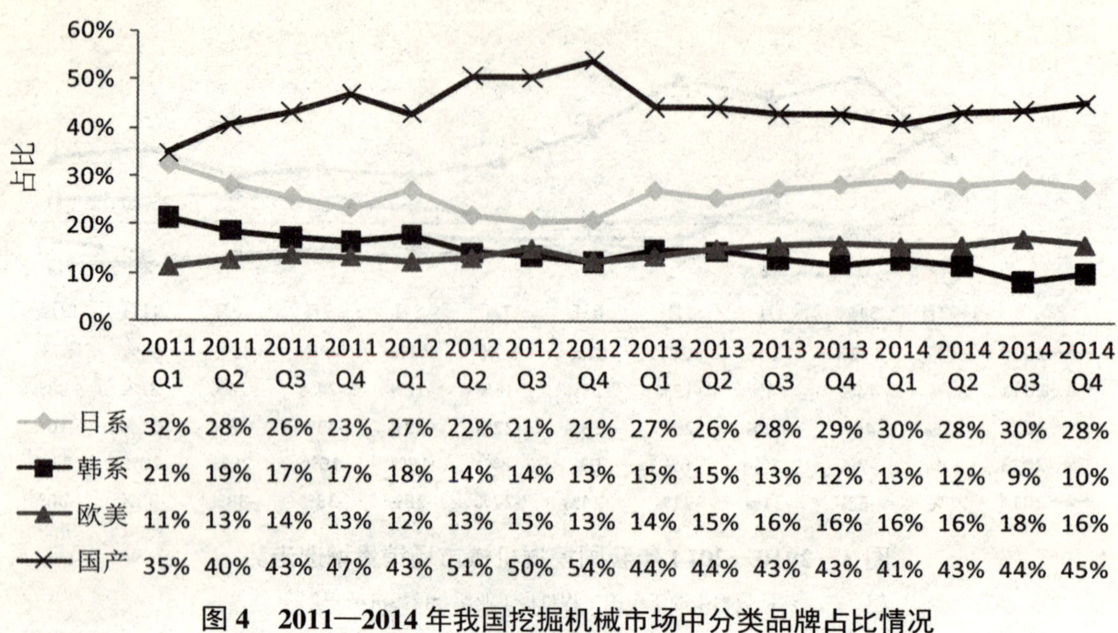

图 4 2011—2014 年我国挖掘机械市场中分类品牌占比情况

注：数据来源于中国工程机械工业协会挖掘机械分会。

日系品牌 2014 年实现销量 26 239 台，较上年同期上升 1.9%，其中久保田在小型挖掘机领域占据优势，同比增长 1.4%；韩系品牌 2014 年实现销量 10 648 台，较上年同期下滑 2.3%，下降幅度明显；欧美品牌 2014 年实现销量 14 778 台，同比上升 1.2%，其中卡特彼勒实现销量 9 826 台，较上年增长 3.0%；国产品牌 2014 年实现销量 38 842 台，同比下降 0.9%，绝大多数企业有 10% ～ 30% 不等的下滑，其中销量最大的国产品牌三一重机销售 13 640 台，较上年同期下滑 13.0%。

表 4 2014 年我国挖掘机械市场格局

品 牌	企 业	2014 年销量（台）	同比增长（%）	市场份额（%）	市场份额提高（个百分点）
日系	小松中国	7 820	-16.4	29.0	1.9
	神钢	7 271	-9.8		
	日立	7 037	-16.7		
	久保田	2 506	1.4		
	住友建机	1 290	-25.3		
	洋马	315	-12.7		
韩系	斗山	6 905	-16.2	11.8	-2.3
	现代江苏	1 901	-47.1		
	现代京城	1 842	-53.2		
欧美	卡特彼勒	9 826	3.0	16.3	1.2
	沃尔沃	4 368	-36.0		
	利勃海尔	266	-34.2		
	约翰迪尔	191	229.3		
	阿特拉斯	127	-27.4		

（续）

品　牌	企　业	2014 年销量（台）	同比增长（%）	市场份额（%）	市场份额提高（个百分点）
中资	三一	13 640	-13.0	42.9	-0.9
	柳工	4 153	-15.2		
	山东临工	3 484	-14.1		
	山河智能	2 925	-13.4		
	玉柴	2 786	-33.0		
	山重建机	2 767	-39.1		
	福田雷沃	2 613	-25.1		
	厦工机械	1 893	-21.2		
	力士德	1 843	-19.5		
	中联重科	839	-32.9		
	卡特重工	677	5.8		
	广西开元	600	-25.7		
	詹阳动力	293	-53.0		
	彭浦机器厂	176	-35.1		
	徐挖	114			
	熔盛机械	39			

注：表中熔盛机械销量为 2014 年 1—2 月合计数，徐挖销量为 2014 年 1—3 月合计数。

3. 国内市场

根据中国工程机械工业协会挖掘机械分会 2014 年行业统计数据分析，纳入统计的 28 家主机制造企业 2014 年在国内市场（不包含出口及港澳地区）累计共销售各类型液压挖掘机产品 84 428 台，较上年同期下降 19.5%。2014 年我国挖掘机械市场格局（国内市场）见表 5。

表 5　2014 年中国挖掘机械市场格局（国内市场）

品牌	企业	2014 年销量（台）	同比增长（%）	市场份额（%）	市场份额提升（个百分点）
日系	小松中国	7 819	-16.4	30.7	2.2
	神钢	7 176	-7.8		
	日立	6 831	-18.3		
	久保田	2 506	1.4		
	住友建机	1 286	-18.2		
	洋马	315	-12.7		
韩系	斗山	6 905	-16.0	12.6	-2.4
	现代江苏	1 901	-47.1		
	现代京城	1 842	-53.2		
欧美	卡特彼勒	8 963	-0.3	16.2	0.8
	沃尔沃	4 368	-36.0		
	约翰迪尔	130	584.2		
	阿特拉斯	124	13.8		
	利勃海尔	82	-50.3		

（续）

品牌	企业	2014 年销量（台）	同比增长（%）	市场份额（%）	市场份额提升（个百分点）
国产	三一	11 917	-11.9	40.5	-0.6
	山东临工	3 208	-13.9		
	柳工	3 097	-1.2		
	山重建机	2 665	-38.8		
	福田雷沃	2 613	-25.1		
	玉柴	2 569	-35.0		
	山河智能	2 490	-21.7		
	厦工机械	1 790	-18.3		
	力士德	1 630	-15.4		
	卡特重工	677	5.9		
	广西开元	600	-25.7		
	中联重科	384	-59.6		
	詹阳动力	216	-22.3		
	彭浦机器厂	171	-27.5		
	徐挖	114			
	熔盛机械	39			

注：1. 表中熔盛机械销量为 2014 年 1—2 月合计数，徐挖销量为 2014 年 1—3 月合计数。

2. 数据来源于中国工程机械工业协会挖掘机械分会。

小型挖掘机占比逐渐上升，2014 年市场份额上升至 58%；中型挖掘机占比逐渐下降，2014 年为 29%；大型挖掘机占比略有下降，仅为 13%。2011—2014 年大、中、小型挖掘机国内市场占比情况见图 5。2014 年挖掘机械各省、区（直辖市）销售情况见表 6。

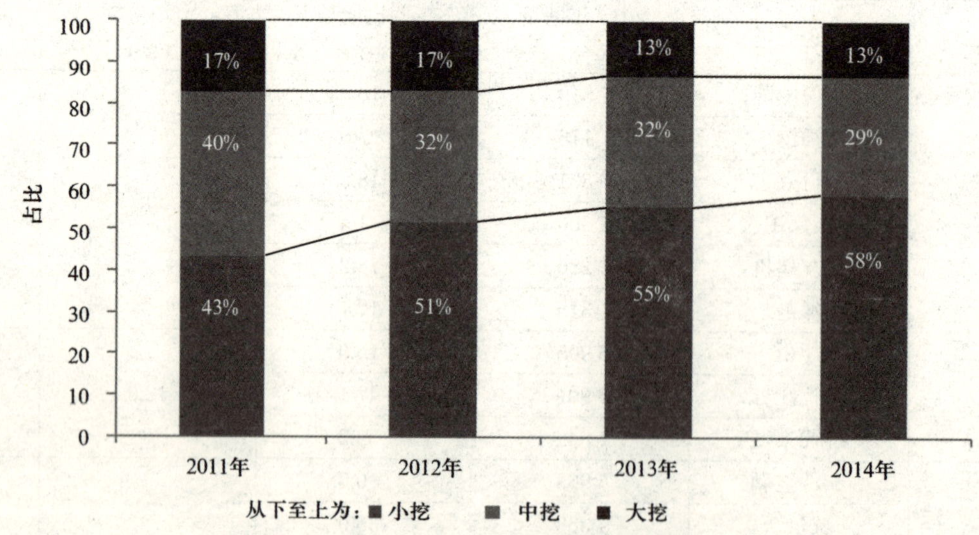

图 5　2011—2014 年大、中、小型挖掘机国内市场占比情况

注：数据来源于中国工程机械工业协会挖掘机械分会。

表6　2014年挖掘机械各省（自治区、直辖市）销售情况

地区	省市	销量（台）	同比增长（%）	市场占有率（%）
东部	山东	6 195	-16.6	33.0
	江苏	5 882	-15.5	
	浙江	3 349	-12.5	
	河北	2 780	-17.4	
	广东	2 229	-14.4	
	北京	1 811	-26.2	
	福建	1 853	-17.3	
	辽宁	1 539	-30.2	
	上海	1 049	-17.1	
	海南	697	-18.0	
	天津	486	-20.5	
	合计	27 870	-17.6	
中部	安徽	4 489	-25.7	28.2
	湖北	4 209	-25.0	
	河南	4 518	-14.1	
	湖南	3 670	-25.0	
	山西	2 125	-43.7	
	江西	2 082	-24.3	
	吉林	1 426	-7.4	
	黑龙江	1 252	-11.5	
	合计	23 771	-24.0	
西部	四川	6 773	-13.5	38.8
	贵州	4 227	-23.8	
	云南	4 168	-6.0	
	广西	3 019	-25.7	
	重庆	3 335	-6.9	
	新疆	2 802	-23.4	
	陕西	2 674	-9.9	
	甘肃	2 209	-24.9	
	内蒙古	1 283	-35.9	
	宁夏	820	-30.3	
	青海	816	-17.3	
	西藏	661	14.6	
	合　计	32 787	-17.5	

注：数据来源于中国工程机械工业协会挖掘机械分会。

国内市场销售的各机型挖掘机械中，各个吨位机型均有不同程度的下降，下降幅度最大的机型是 25t，同比下降 32.2%。2014 年我国挖掘机械国内市场分机型销售情况见表 7。

表 7　2014 年我国挖掘机械国内市场分机型销售情况

机型	2014 年		2013 年		同比增长（%）	占比提高（个百分点）
	销量（台）	占比（%）	销量（台）	占比（%）		
＜6 t	15 881	18.8	16 272	15.5	-2.4	3.3
6 ～ 10 t	23 015	27.3	29 198	27.8	-21.2	-0.6
10 ～ 15 t	10 304	12.2	12 576	12.0	-18.1	0.2
20 t	5 509	6.5	7 009	6.7	-21.4	-0.2
21 t	8 601	10.2	11 954	11.4	-28.0	-1.2
22 t	5 086	6.0	6 746	6.4	-24.6	-0.4
25 t	5 053	6.0	7 451	7.1	-32.2	-1.1
30 t	2 731	3.2	3 418	3.3	-20.1	0.0
35 t	5 191	6.1	6 258	6.0	-17.1	0.2
40 t	3 057	3.6	3 985	3.8	-23.3	-0.2
总　计	84 428		104 867		-19.5	

注：数据来源于中国工程机械工业协会挖掘机械分会。

产品对外贸易情况

根据中国工程机械工业协会挖掘机械分会 2014 年行业统计数据分析，纳入统计的主机制造企业 2014 年累计共出口各类型液压挖掘机产品 5 934 台，较上年同期下降 20.7%。其中，一季度共销售 1 575 台，较上年同期下降 27.9%；二季度共销售 1 536 台，较上年同期下降 27.0%；三季度共销售 1 283 台，较上年同期下降 19.0%；四季度共销售 1540 台，较上年同期下降 4.0%。2010—2014 年我国挖掘机械出口量走势见图 6。

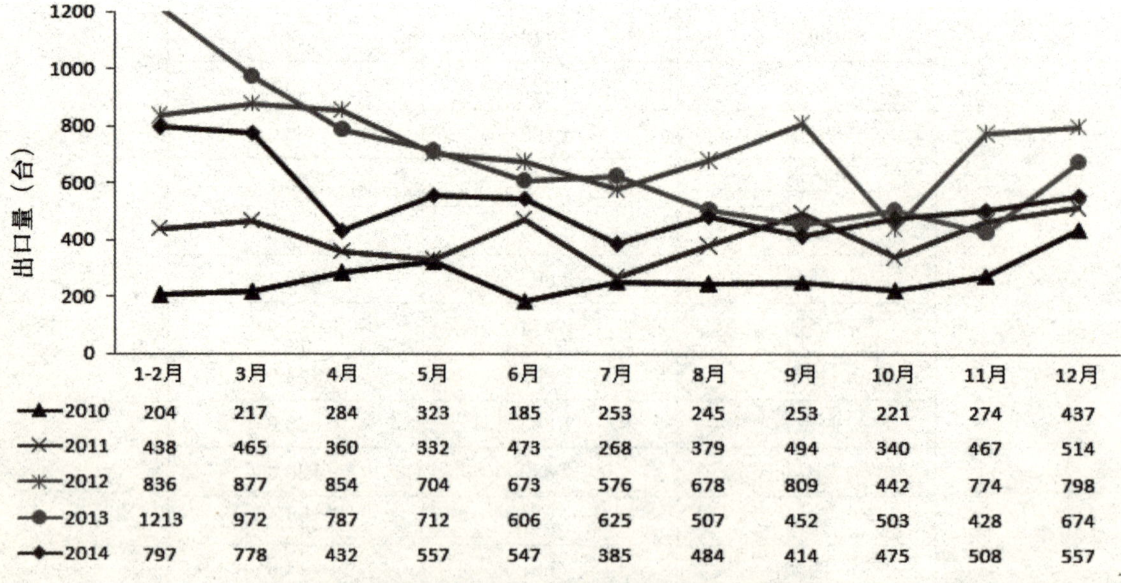

图 6　2010—2014 年我国挖掘机械出口量走势

注：数据来源于中国工程机械工业协会挖掘机械分会。

各机型出口情况中，10t 以下、40t 以上机型的产品增长最快，40t 以上机型同比增长 88.0%。2014 年我国挖掘机械分机型出口情况见表 8。

表 8　2014 年我国挖掘机械分机型出口情况

机型	2014 年		2013 年		同比增长（%）	占比提高（个百分点）
	销量（台）	占比（%）	销量（台）	占比（%）		
＜6 t	651	11.0	482	6.4	35.1	4.5
6～10 t	510	8.6	390	5.2	30.8	3.4
10～15 t	480	8.1	556	7.4	-13.7	0.7
20 t	853	14.4	1 168	15.6	-27.0	-1.2
21 t	1 340	22.6	1 912	25.6	-29.9	-3.0
22 t	1 135	19.1	1 273	17.0	-10.8	2.1
25 t	250	4.2	291	3.9	-14.1	0.3
30 t	57	1.0	281	3.8	-79.7	-2.8
35 t	470	7.9	1 026	13.7	-54.2	-5.8
40 t	188	3.2	100	1.3	88.0	1.8
总　计	5 934		7 479		-20.7	

注：数据来源于中国工程机械工业协会挖掘机械分会。

销量排名前列产品

（1）三一 SY75C。是继 SY75C-8 之后推出的新一代 SY75C-9 系列挖掘机。该机连续四年同吨位挖掘机销量冠军，市场占有率达到 30%；欧Ⅱ标准环保发动机，采用全新控制器实时精确控制燃油喷射，燃油燃烧充分，在效率相当的情况下较上一代产品油耗更低；采用独创的 DOMCS 动态寻优智能匹配控制系统和全新液压系统，最大限度地利用发动机的输出功率，动作更迅速，工作更持久；增强 X 型下车架和标配加强型工作装置，整机性能更稳定，结构件寿命延长 10%。

（2）玉柴 YC60-8。是玉柴重工挖掘机产品中销量最大的型号之一，也是我国用户非常熟悉的玉柴 YC60-7 挖掘机的升级版。YC60-8 是玉柴重工 6t 小型挖掘机，是玉柴系列产品中较为成熟的一款机型。这款小型挖掘机的总重量为 5.8t，可配置康明斯、洋马或玉柴自制的 45kW 发动机，斗容 $0.22m^3$。

（3）神钢 SK75-8。新的 ACERAGEOSPEC 系列运用了 KOBELCO 最先进的技术，配备了最新设计的动力系统，将低油耗、高产能的特征体现得淋漓尽致。采用大型挖掘机驾驶室，拥有坚固的车体、值得信赖的部件，维护更加容易。

（4）小松 PC360-7。为小松 36t 级大型挖掘机，该机型配置大容量、高耐磨铲斗，其强化的动臂、斗杆和转台设计实现了工作中的强力挖掘和快速行走。其耐久性和可靠性保证机器长期稳定施工，坚固的机器设计，保证了强力挖掘和快速行走发动机油路过滤保护，充分适应中国市场，动臂、斗杆和铲斗强度进一步提高，可满足用户长时间高强度的施工要求。新一代 PC360-8MO 融合了 PC360-7 十年矿山作业的成功经验，搭载了小松新一代发动机，采用了更先进的液压技术，拥有超强作业性能和高燃油效率，兼备优秀的作业能力和出色的经济性。

（5）日立 ZX120。发动机采用燃烧效率优良的中冷器，有助于使功率和燃油效率实现最佳匹配，结合 HIOS Ⅱ液压系统，对发动机转速实现最佳控制，从而降低油耗。在不同工况下可以快速切换工作模式，挖掘模式下可以进行强力挖掘、平整和精整作业；附件模式下可以结合破碎锤进行油量调整。驾驶室配备了 CRES（中央支柱加强结构）驾驶室，可有效提高驾驶室整体的强度和刚性，保障操作人员的安全。

未来发展趋势

中国经济将经历大概 3～4 年的调整期过程。2017 年以后，中国经济将进入新一轮的增长周期。调整期的时候，我们要面对这个现实，在三四年的时间里，真正把改革推行下去，结构得以调整，形成一个新的经济增长方式，这个过程要承受经济增长适度放慢的代价。

2015 年，是“一带一路”（即“丝绸之路经济带”和“21 世纪海上丝绸之路”）建设延展铺开、做深做实的重要一年，将依托沿线基础设施的互通互联，对沿线贸易和生产要素进行优化配置，从而促进区域一体化发展。“一带一路”的推进，是工程机械行业很好的发展机遇。其中，东南亚、非洲、中东、南美是热点地区。

在 2015 年 5 月份挖掘机械分会组织召开的“2015 中国挖掘机械行业高层座谈会”上，与会的主机制造企业领导普遍认为，在行业低速增长的情况下，目标市场占有率已经不足为重，企业树立信心、调整心态、缩减规模、适应市场才是应对之根本。

根据挖掘机械分会预测模型，综合当前经济状况和市场调研情况，预测 2015 年全年共计销售挖掘机械产品 6.2 万台（含出口），与上年同期相比下降 30%。2010—2014 年我国挖掘机械市场销量及 2015 年、2016 年预测见图 7。

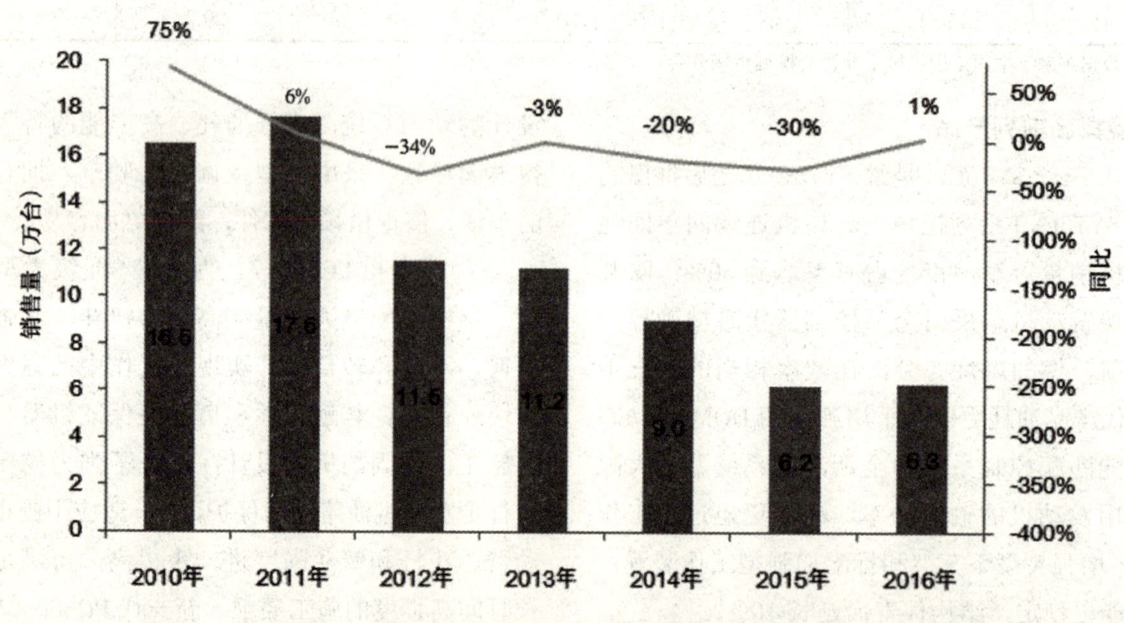

图 7　2010—2014 年我国挖掘机械市场销量及 2015 年、2016 年预测

注：数据来源于中国工程机械工业协会挖掘机械分会。

对于企业来讲，转型升级是产品的转型升级、技术的转型升级，以及管理、后市场等全方位的转型升级。正如一些企业正在进行的经营由规模效益型转向质量效益型、生产技术由传统型转向创新型。企业都在寻找一条适合自身企业的正确的转型升级之路，以促进行业健康发展为目标，理性营销，降低市场风险，推动全行业的可持续发展。

〔供稿单位：中国工程机械工业协会挖掘机械分会〕

〔本文编辑：袁士华〕

铲土运输机械

市场销售情况

1. 装载机

据中国工程机械工业协会铲土运输机械分会统计数据显示，2014 年 1—12 月，我国主要装载机生产企业累计销售装载机 150 614 台，与 2013 年同期销量 181 505 台相比，同比下降 17.02%，降幅进一步扩大。其中，国内市场销量为 126 461 台，同比下降 16.88%，出口销量为 24 153 台，同比下降 17.71%。3t 装载机累计销售 38 394 台，与 2013 年同期销量 46 715 台相比，同比下降 17.81%；5t 装载机累计销售 92 087 台，与 2013 年同期销量 111 246 台相比，同比下降 17.22%；6t 装载机累计销售 2 425 台，与 2013 年同期销量 1 802 台相比，同比增长 34.57%。2013—2014 年我国装载机销售情况见图 1，2013—2014 年我国装载机出口情况见图 2。

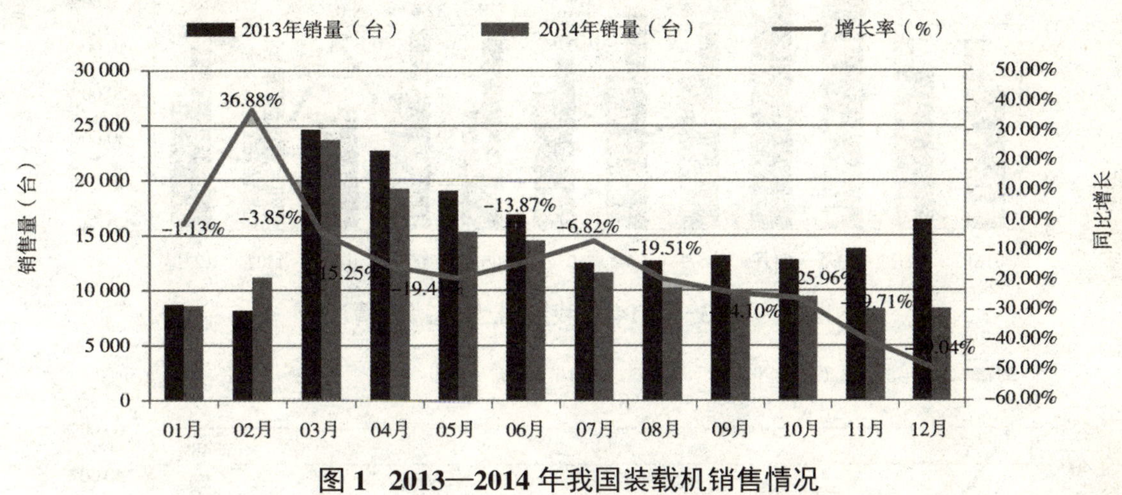

图 1 2013—2014 年我国装载机销售情况

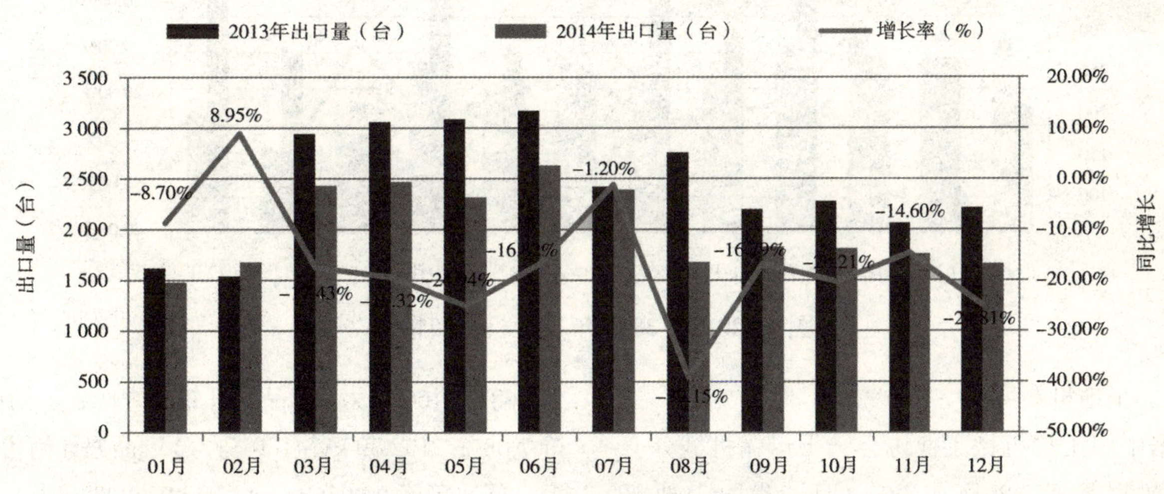

图 2 2013—2014 年我国装载机出口情况

2. 推土机

据中国工程机械工业协会铲土运输机械分会统计数据显示，2014 年 1—12 月，我国主要推土机生产企业累计销售推土机 7 712 台，与 2013 年同期销量 9 511 台相比，同比下降 18.93%，其中，国内销量为 5 110 台，同比下降 18.06%，出口销量为 2 602 台，与 2013 年同期销量 3 275 台相比，同比下降 20.55%。117.68kW(160 马力)、

121.36kW (165马力)产品累计销售4 840台，同比下降18.15%，市场占有率为62.75%；132.39 kW (180马力)、161.81kW (220马力)产品累计销售1 453台，同比下降10.75%，市场占有率为18.84%；169.16kW(230马力)产品累计销售311台，同比下降28.01%，市场占有率为4.03%，比2013年减少0.51个百分点；235.36 kW (320马力)及以上产品累计销售665台，同比下降11.21%，市场占有率为8.62%，比2013年增加0.75个百分点。推土机主要生产企业中，山推仍然稳居第一，其他企业与山推相比仍有较大的差距。2013—2014年我国推土机销售情况见图3，2013—2014年我国推土机出口情况见图4。

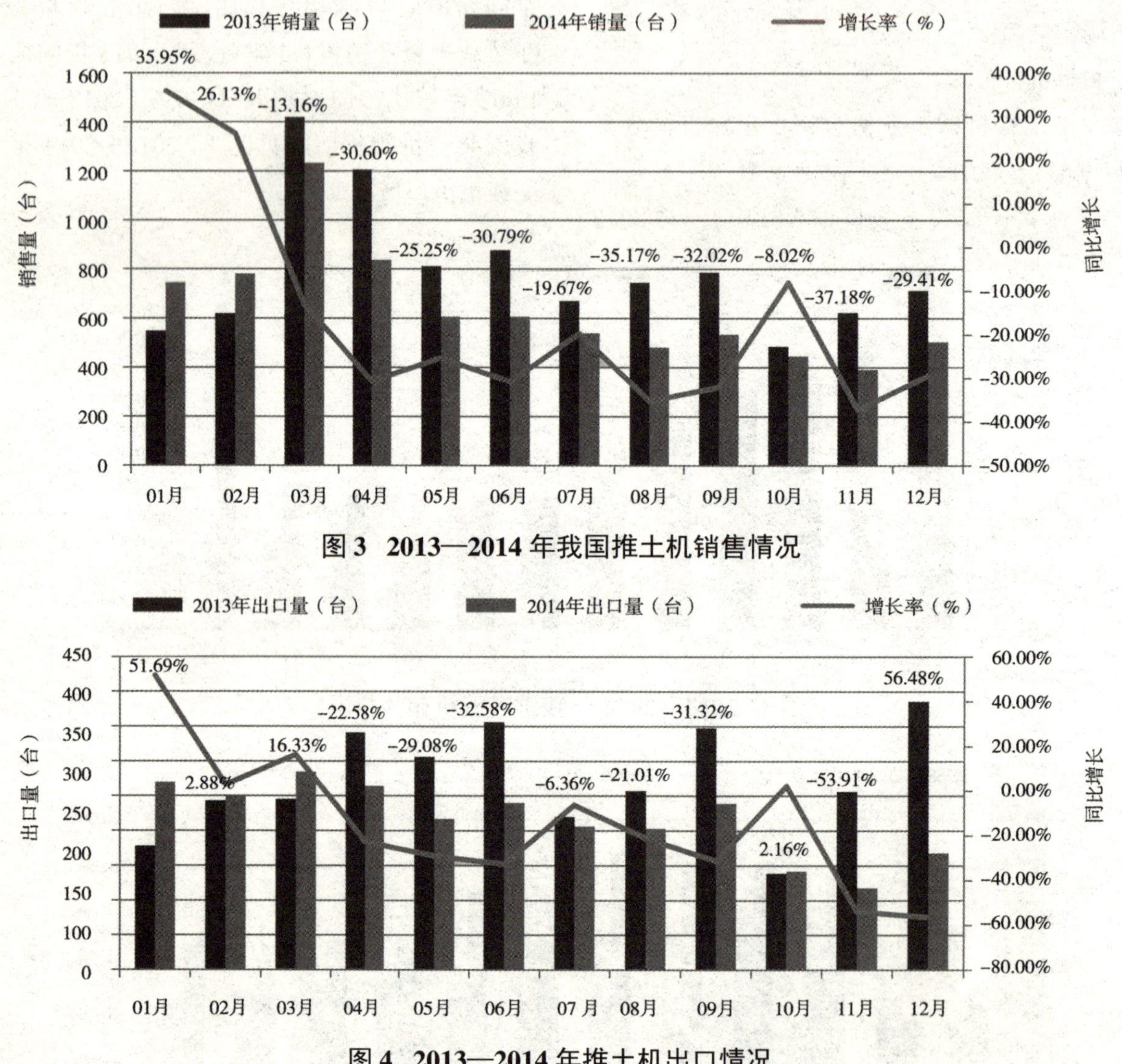

图3 2013—2014年我国推土机销售情况

图4 2013—2014年推土机出口情况

3．平地机

据中国工程机械工业协会铲土运输机械分会统计数据显示，2014年1—12月，我国主要平地机生产企业累计销售平地机3 662台，与2013年同期销量4 017台相比，同比下降8.84%。其中，国内销量为1 775台，比2013年同期销量减少1台，累计出口平地机1 887台，同比下降15.80%。在适用范围广、作业效率高的主力机型中，117.68kW(160马力)产品累计销售893台，同比下降7.65%；132.39 kW (180马力)产品累计销售969台，同比下降23.07%；147.10 kW (200马力)产品累计销售369台，同比增长1.10%；154.45kW(210马力)产品销售479台，同比下降19.77%。平地机主要生产企业中，徐工道路仍然稳居第一，市场占有率达32.96 %。卡特彼勒表现突出，同比增长281.94%。沃尔沃销量增长明显，累计销售平地机41台，同比增长95.24%。2013—2014年我国平地机销售情况见图5，2013—2014年我国平地机出口情况见图6。

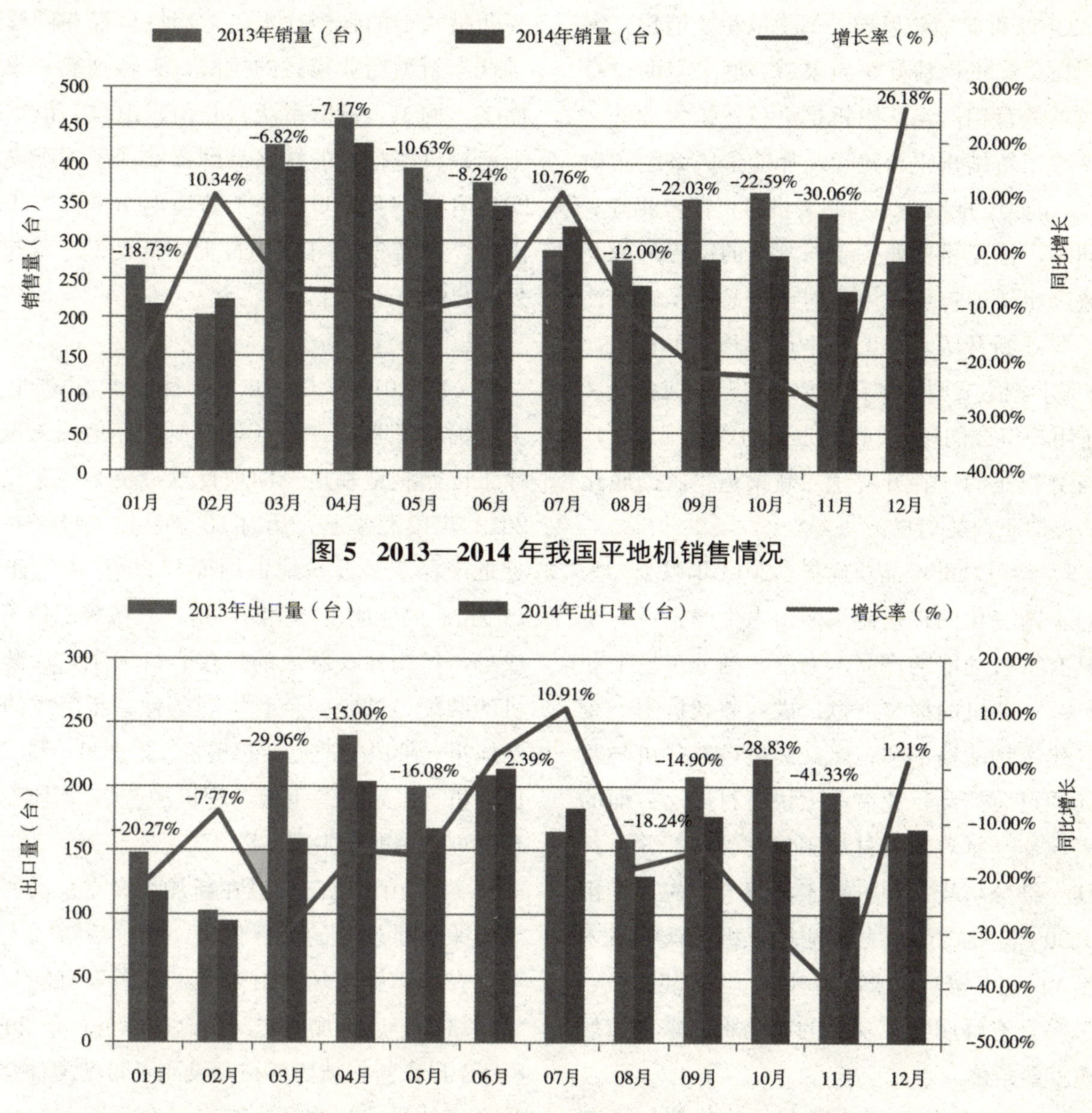

图5 2013—2014年我国平地机销售情况

图6 2013—2014年我国平地机出口情况

国内外营销情况

1. 国内营销情况

整体市场低迷并不代表全部产品都表现低迷。2014年，在市场需求减少的情况下，高端产品需求不减反增，因此，研发具有较强市场竞争力的高端产品和推广针对细分市场设计的多功能性、特殊工况产品是大势所趋。2014年铲土运输机械行业企业积极应对市场变化，一方面从低价吸引用户的恶性竞争向主动引导用户改变使用习惯转变，提高用户对创新产品的接受程度，提高铲土运输机械产品的技术水平。另一方面积极开展关键技术攻关以及创新性产品等技术研究，增强企业的核心竞争力。

（1）营销从客户开始。2014年行业企业纷纷开启以客户体验为核心的营销模式，从“跑客户”转变为把客户“请进来”，成功提升了自身的品牌形象。卡特彼勒（青州）有限公司为了增加客户对“山工机械”品牌的了解和认识，开启了山工机械品牌“2014推土机体验之旅”系列活动。2014年是斗山进入中国20周年，借此契机，开展

“寻找老客户”活动，吸引了6万客户参与，强化了斗山的中国品牌形象。

（2）以租促销破僵局。德工以租赁销售为突破口，为装载机销售开辟新渠道。德工借助自身不断成熟的营销网络，积极推进租赁销售业务，逐步完善租赁销售平台建设，加速形成系统布局和运作的能力，推出全系列装载机租赁销售业务。与此同时，德工租赁业务还与常规的销售形成互补，通过租赁销售促进用户对新产品的了解，使产品结构不断升级。德工此举使用户放下包袱，轻装上阵，把主要财力和精力放在自己的业务上，节省了用户资金的投入，将固定化的资金流动化，也为自身积压的库存开辟了“新渠道”，彻底化解销售停滞不前的僵局。

（3）特色功能产品获优势。2014年以来，为了应对不断变化的市场需求，国内生产企业纷纷研制具有特色功能的产品，力争在细分市场上获得优势。叉装机的横空出世，成为装载机生产企业差异化市场战略的典范。叉装机是装载机与叉车之间的过渡产品，凭借在大块石材搬运方面的卓越表现，一举攻入石材加工这一领域，并最终独占这一细分市场。国机重工洛阳公司先后推出了YD230S履带式大马力湿地推土机，森林伐木推土机YD230F等。未来，类似电动垃圾装载机、叉装机等具有鲜明特色功能的产品将在未来市场中扮演重要角色。

（4）举办各种赛事，提升品牌价值。沃尔沃连续多年举办“掘战达人”和帆船赛，持续投入公益和体育赛事。临工连续两年举办公益项目“中国好司机”活动赞助“亚冠”，企业的品牌价值进一步提升。2014年一线操作手再次得到全行业的共同关注，“徐工杯”吊装大赛、柳工承办“直通极限——第二届全国土方机械操作技能大赛”“厦工杯”全国操作工技能大赛等。各类赛事为更多的技术能手提供了展示平台，为行业持续培养、储备了专业的操作技能人才，对规范行业操作标准、促进行业良性变革具有重要意义。

（5）电商方兴未艾，企业争相试水。2014年电子商务正以蓬勃的发展势头，给传统经济带来商业模式上的强烈冲击，工程机械行业同样迎来了这一新型商业模式的挑战，卡特彼勒、小松、徐工、柳工、福田雷沃、斗山、山推、山工等铲土运输机械行业的知名品牌皆实现了网上交易。2014年11月20日，徐工跨境电商平台上正式推出了“徐工25周年庆电商促销活动”，引起国内外客户的广泛关注。

2. 国外营销情况

（1）2014年6月6日，徐工集团首个国外全资生产基地——徐工巴西制造基地竣工投产，徐工巴西制造基地一期项目总投资2亿美元，于2012年12月奠基，历时18个月竣工投产并完成首批产品下线。基地占地面积80万m^2，建设了14万m^2的4座主要生产厂房，具备零部件下料、成形，结构件及总成的焊接、机加工、涂装，整机的装配、试验的全套生产条件。新落成的制造基地第一阶段生产包括起重机、挖掘机、装载机、压路机、平地机等主营工程机械产品，具有7 000台工程机械的年生产能力。

（2）山东临工通过在新加坡设立东南亚配件仓库来提供快速的配件供应，加强后市场支持力度。在东南亚市场，山东临工除了现有的配件经销网络和印度班加罗尔配件仓库以外，于2014年8月1日在新加坡西部裕廊设立了新的配件仓库，该仓库的设立将缩短为东南亚客户服务的响应时间，为客户提供更为优质的服务。山东临工在东南亚地区主要销售轮式装载机和平地机系列产品。

（3）推土机国外市场遭遇“倾销调查”，出口压力加大。2014年7月，欧亚经济委员会启动了对中国183.87kW（250马力）以下的履带式推土机反倾销调查。

（4）山推推土机首次实现对美国出口。2014年，山推数台全液压推土机订单落定美国，标志着山推推土机产品正式进驻美国高端市场。该款全液压推土机的行走传动全部采用静液压方式，不仅能耗比原来下降15%，而且操控起来更加灵活方便。

（5）2014 年，河北钢铁集团宣工销售公司成功获得中国香港订单，标志着宣工品牌正式登陆中国香港市场。宣工在提升自身产品竞争力的同时，通过积极有效的销售策略，开拓了新的区域市场，可见“内外兼修”才是企业的生存之道。

科技成果及新产品

1. 2014 年年初，三一 SYL956H 及 SYL958H 轮式装载机在三一重机临港产业园举行下线仪式。该装载机定位为中高端产品，产品设计以整机性能超越标杆为目标。在 2014 年上海宝马展上展出了 SYL956H 装载机。

2. 2014 年 3 月，卡特彼勒（青州）有限公司（原山东山工机械有限公司）正式生产了第一款卡特彼勒设备——卡特 950GC 轮式装载机，该款机型专为中国以及其他地区具有相似购买需求的客户而设计。

3. 2014 年 11 月，沃尔沃集团宣布，沃尔沃建筑设备公司将停止在欧洲及美洲的挖掘装载机和平地机产品的开发和生产，将此两类产品的生产转移至其在中国的合资企业山东临工。山东临工品牌的挖掘装载机和平地机将更好地满足规模庞大且不断增长的经济型细分市场的客户需求。

4. 柳工发布 H 系列最大吨位装载机 CLG8128H。在 2014 年上海宝马展期间，柳工发布了完全自主知识产权、专为全球矿山和能源用户打造的新一代 H 系列装载机 CLG8128H。这款依托公司研发团队设计、制造，试验耗时超过 5 万 h 的 12t H 系列装载机，为柳工产品向大型化、高端化转型奠定了坚实的基础。

5. 徐工巴西制造首批自制 FINAME 装载机下线。2014 年 10 月 31 日，徐工巴西首批自制的 2 台 ZL30BR FINAME 产品在 G40 装配分厂成功下线。ZL30BR 装载机是针对巴西市场进行本土化设计后的样机，整机结构件从下料、成形、焊接、机加工到涂装均在巴西工厂自主生产完成，主要传动件、液压件等也均实现了当地化配套。

6. 龙工 LNG 装载机投放市场。龙工第一台 LNG 装载机于 2014 年 1 月份正式投放市场。2013 年 5 月，龙工第一台 LNG 装载机（ZL50C-LNG）正式下线，经不断试验改进，LNG 装载机技术已趋成熟，现已形成 LG855B-LNG、ZL50C-LNG、ZL862-LNG 三大系列 LNG 装载机。

7. 厦工试制成功首台再制造装载机 XG955。2014 年 12 月，厦工首台再制造装载机 XG955 试制成功。XG955 是由 2003 年的“奋进者”旧机进行升级再制造的，其各系统性能在原“奋进者”的基础上分别进行Ⅱ型、Ⅲ型、H 型的升级，该机 70% 以上沿用旧件。

8. 全球最大功率新型电传动推土机首发。国机重工集团有限公司自主研发“智造”的全球最大功率新型电传动推土机 D320E 在上海宝马展首发。该产品具有传动效率高、燃油经济性好的特点。

9. 山推 SD32F 森林伐木型推土机试制成功并成功销往国外市场用于橡胶园的开发。森林伐木型推土机在林业经济区有很大的需求。推土机必须具有较高的功率和通过性能，对伐木速度、土地翻新、林木返种要求较高。

行业发展存在的问题

2014 年，铲土运输机械行业与工程机械行业整体状况类似，以装载机、推土机、平地机为代表的铲土运输机械产品销量持续回落，行业面临严峻的考验。面对市场的持续低迷，行业企业承受的压力正不断积聚发酵，具体表现为：

1．市场需求不足，利润大幅下降，企稳预期一再推迟，行业信心不足。前几年，铲土运输机械行业追求以“大规模”为核心的“粗放式”发展模式，行业企业习惯性地“顺从市场”需求，认为只要形成规模，就能抢夺到市场份额，获得丰厚的利润并不断发展壮大。当遇到市场低迷的时候，产品同质化严重，产能大量过剩，规模增长弊端显现，行业企业对市场需求的变化极度不适应。

2．最终用户经营状况迟迟得不到改善，代理商回款困难，应收账款居高，企业经营成本明显增加，资金压力加大。目前，行业部分企业通过化解过剩产能、兼并重组、降低成本等措施减负。

3．铲土运输机械行业缺乏良性发展的动力，具体表现为环境建设不足和基础研究不扎实。2014

年，少数企业为了抢夺低端用户，不惜以降低产品质量、低价促销等不良手段扰乱市场的正常秩序。

4．忽视基础性技术开发和创新性产品的研发，导致铲土运输机械产品水平提升缓慢。

5．我国铲土运输机械行业（标准）产品在质量、外观、可靠性、排放标准等方面，水平仍然较低。发达国家普遍采用严苛的法规、标准对产品进行监管，促使生产企业不断通过技术进步来满足严苛法规的要求，而国内在这些方面的监管和制约力明显不足，没有规范的市场准入门槛和产品退出机制。规范的市场准入门槛和产品退出机制，是促使铲土运输机械行业实现良性发展的主要动力。

〔供稿单位：中国工程机械工业协会铲土运输机械分会〕

工程起重机

我国工程起重机（主要指流动式起重机，包括汽车起重机、全地面起重机、履带起重机、随车起重机、越野轮胎起重机和轮胎起重机）行业受国内和国际宏观政策和经济环境的影响，从 2001 年至 2014 年的近 15 年间，经历了从多年持续高速增长到断崖式下滑的动荡发展过程。工程起重机行业 2001—2011 年的产品年销量一直呈现着爆发式的高增长局面，期间 2001 年、2002 年的产品年销量不足 1 万台，2003—2006 年的产品年销量突破 1 万台，2007 年、2008 年突破 2 万台，2009 年突破 3 万台，2010 年和 2011 年突破 4 万台，达到历史销量最高峰，行业销售纪录年年刷新。随着国家经济投资政策的改变以及过剩的产能累积释放等诸多不利因素的影响，整个行业到 2012 年终结了高速增长并且下滑明显，2012 年年销量只接近 2009 年的市场销量水平，直至 2014 年，我国工程起重机行业仍处于低位运行阶段，市场需求增长乏力，企业仍面临量缩利减的困难局面。

2014 年是我国经济换档期、结构调整期和风险释放期，在“新常态”以及全球经济面临很多不确定性因素的情况下，工程起重机企业正在努力从市场适应性和经济可行性出发，寻求提质增效的全行业创新之路。2001—2014 年工程起重机行业产品销量走势见图 1。

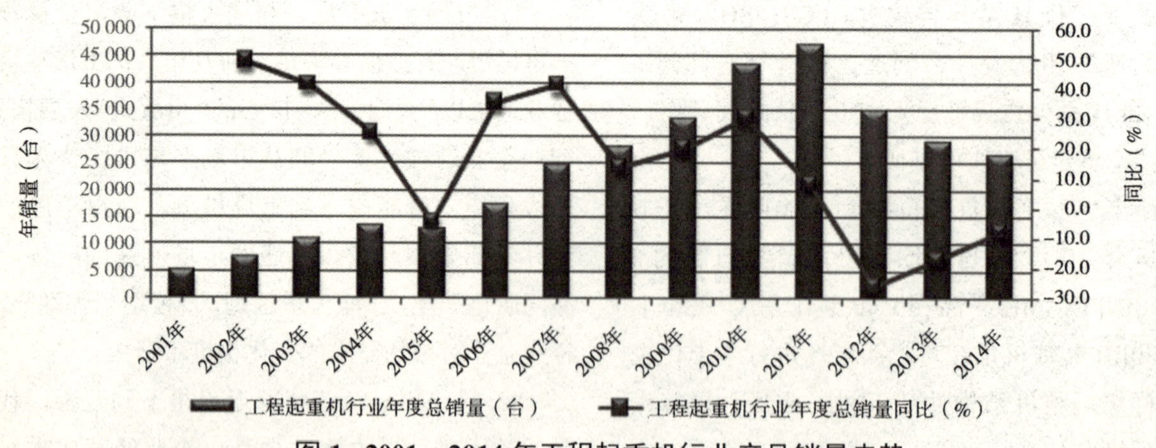

图 1　2001—2014 年工程起重机行业产品销量走势

2014 年，随着工程起重机行业市场销量的下降，整个行业的效益水平也有所下滑，2014 年工程起重机行业营业收入 258.5 亿元，同比下降 19.5%；利润总额 14.1 亿元，同比下降 35.2%；工业增加值为 30.4 亿元，同比下降 51.0%。从全年的数据来看，整个行业的经济效益并没有向预期的乐观方向发展，利润总额的下降幅度在加大，行业中企业应在财务风险控制上加大执行力度，保证回收账款和现金流的顺畅。2014 年工程起重机行业主要经济指标见表 1。2014 年工程起重机行业主要经济指标走势见图 2。

表 1 2014 年工程起重机行业主要经济指标

年份 / 同比增长	营业收入（万元）	工业增加值（万元）	利润总额（万元）	产品销量（台）
2014 年	2 584 591	303 913	141 082	26 560
2013 年	3 212 461	620 082	217 581	28 822
同比增长（%）	−19.5	−51.0	−35.2	−7.8

注：表 1 产品销量中包含履带抓料机，不包含强夯机。

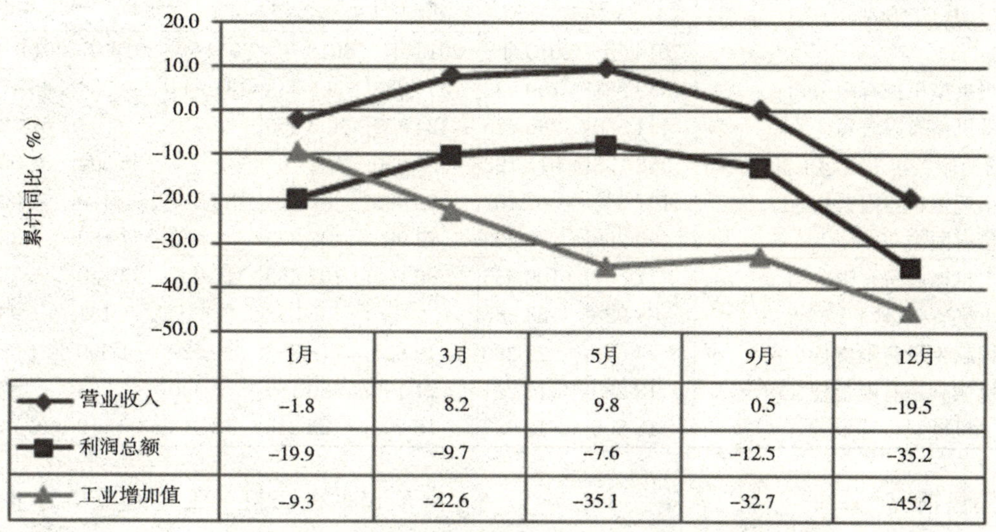

图 2 2014 年工程起重机行业主要经济指标走势

主要生产企业概况

2014 年汽车起重机生产企业有 14 家，全地面起重机生产企业有 3 家，履带起重机生产企业有 12 家，随车起重机生产企业有 17 家。2014 年销售额在 10 亿元以上的企业有 4 家。

龙头企业徐工集团徐州重型机械有限公司（以下简称徐重）2014 年营业收入达 134 亿元，同比下降 21.2%，占全行业营业总收入的 51.9%，与上年所占比率基本持平；利润总额为 4.5 亿元，同比下降 54.5%，占全行业利润总额的 31.9%，与上年占比 45.4% 相比有所下降。

三一汽车起重机械有限公司（以下简称三一汽车）逆势而上，几大经济指标都呈上升趋势，其中：营业收入达到 40.5 亿元，同比增长 4.7%；利润总额达到 6.7 亿元，同比增长 4.7%，占全行业利润总额的 47.5%。

中联重科股份有限公司工程起重机分公司（以下简称中联工起）的营业收入为 38.8 亿元，同比下降 36.6%；利润总额为 3.1 亿元，同比下降 58.7%，占全行业利润总额的 22.0%，比上年的 34.5% 占比下降了 12.5 个百分点。

安徽柳工起重机有限公司（以下简称安徽柳工）营业收入 2.9 亿元，同比下降 12.1%；利润总额为负值，与 2012 年降幅基本持平。

四川长江工程起重机有限公司（以下简称四川长起）营业收入 2.5 亿元，同比增长 13.6%，利润总额由负变正，同比增长高达 120.1%。

浙江三一装备有限公司（以下简称浙江三一）尽管营业收入同比下降 17.4%，但利润总额同比增长了 98.5%。

辽宁抚挖重工机械股份有限公司（以下简称抚挖）营业收入和利润总额比上年均有下降，营业收入下降 23.1%。

徐州徐工随车起重机有限公司（以下简称徐随）是国内第一大随车起重机生产企业，2014 年的营业收入和利润总额相比上年均有所增长，并且营业收入超过 10 亿元，同比增长 23.2%。该公司是唯一一家营业收入进入起重机行业前 10 名的随车起重机生产企业，营业收入行业排名由上年的第六位上升至第四位。

哈尔滨工程机械制造有限责任公司（以下简称哈工机械）和江苏八达重工机械股份有限公司（以下简称江苏八达）两家生产轮胎起重机的企业营业收入跃入行业前 10 名。2013—2014 年营业收入前 10 位的企业主要经济指标见表 2。

表 2　2013—2014 年营业收入前 10 位的企业主要经济指标

序号	生产企业	营业收入（万元）		工业总产值（万元）		工业增加值（万元）		利润总额（万元）	
		2014 年	2013 年	2014 年	2013 年	2014 年	2013 年	2014 年	2013 年
1	徐工集团徐州重型机械有限公司	1 339 288	1 700 032	1 247 238	1 361 333	181 944	253 854	45 471	98 794
2	三一汽车起重机械有限公司	404 580	386 625	424 809	405 956			67 201	64 218
3	中联重科股份有限公司工程起重机分公司	388 138	611 793	382 050	592 706		126 084	31 051	75 158
4	徐州徐工随车起重机有限公司	107 340	87 102	102 093	82 674	85 087	65 410	5 064	5 537
5	浙江三一装备有限公司	99 265	120 223	73 982	137 363	4 338	47 189	10 358	5 217
6	辽宁抚挖重工机械股份有限公司	77 631	100 965	80 103	102 453	16 021	22 540	6 753	7 068
7	安徽柳工起重机有限公司	28 928	33 366		36 832		4 131	−6 965	−7 037
8	四川长江工程起重机有限责任公司	24 635	22 260	19 817	18 388	−529	−1 555	1 086	−5 408
9	哈尔滨工程机械制造有限责任公司	18 269	17 251	21 190	20 185	3 450	3 533	879	677
10	江苏八达重工机械股份有限公司	15 805	18 987	18 492	22 215	18 413	22 112	1 712	2 196

产品市场销售情况

2014 年流动式起重机产品累计销售 26 560 台，同比下降 7.8%，比上年的降幅 17.1% 有所收窄。其中：汽车起重机 2014 年销售 13 963 台，同比下降 21.2%，与上年的降幅 22.2% 基本持平；全地面起重机销售 133 台，同比下降 19.9%，与上年降幅 39.0% 相比提升了近 20 个百分点；履带起重机 2014 年销售 1 202 台（不包括强夯机），同比下降 14.3%，与上年 3.0% 的降幅相比，同比降幅扩大; 随车起重机异军突起，2014 年销售 11 042 台，同比增长 18.3%，由上年的下降 7.8% 变为增长，比上年增加了 26 个百分点；轮胎起重机销售 220 台，销量较少的格局几年未变。

汽车起重机在整个工程起重机行业中一直占据着最高的市场份额，但从 2010 年起至 2014 年的五年间，产品的市场份额表现为逐年下降的趋势，市场占比由 2010 年的 80.5% 发展到 2014 年仅为 52.6%。究其原因，一方面是由于汽车起重机行业市场不景气，以及过剩的产品存量在一定程度上影响了新产品的市场放量，另一方面是随车起重机五年来一直保持着稳定的增长态势，2014 年的总销量已经突破万台，达到历史销量的顶峰，市场销量占全行业总销量的比例高达 41.6%，替代汽车起重机小吨位产品的趋势愈发明显。2014 年工程起重机各类产品销售情况见表 3。

表 3　2014 年工程起重机各类产品销售情况

产品名称	销售量（台）		同比增长（%）	各类产品占比（%）		
	2014 年	2013 年		2014 年	2013 年	2012 年
汽车起重机	13 963	17 723	−21.2	52.6	61.50	65.50
全地面起重机	133	166	−19.9	0.5	0.58	0.78
履带起重机	1 202	1 403	−14.3	4.5	4.90	4.20
随车起重机	11 042	9 337	18.3	41.6	32.40	29.10
轮胎起重机	220	193	14.0	0.8	0.62	0.42
合　计	26 560	28 822	−7.8	100.00	100.00	100.00

注：表中产品销售量包含出口量，同时也包含履带式抓料机，不包含强夯机。

1. 汽车起重机

2014 年汽车起重机总销量为 13 963 台，同比下降 21.2%，相比 2014 年前三个季度的降幅 8.3%、8.0%、15.4%，下降加剧。汽车起重机全年的累计同比和当月同比一直是下降，2015 年 8—11 月连续四个月的当月同比降幅都高达 40% 以上。其中国Ⅳ排放产品的市场处在逐渐放开阶段，另外几年以来的市场透支导致用户购买力降低，针对施工建设的产品刚性需求没有明显增加。整个汽车起重机行业没有受第四季度“年底销售刺激”的拉动，下滑态势仍在持续。2001—2014 年汽车起重机销量走势见图 3。2014 年汽车起重机销量走势见图 4。

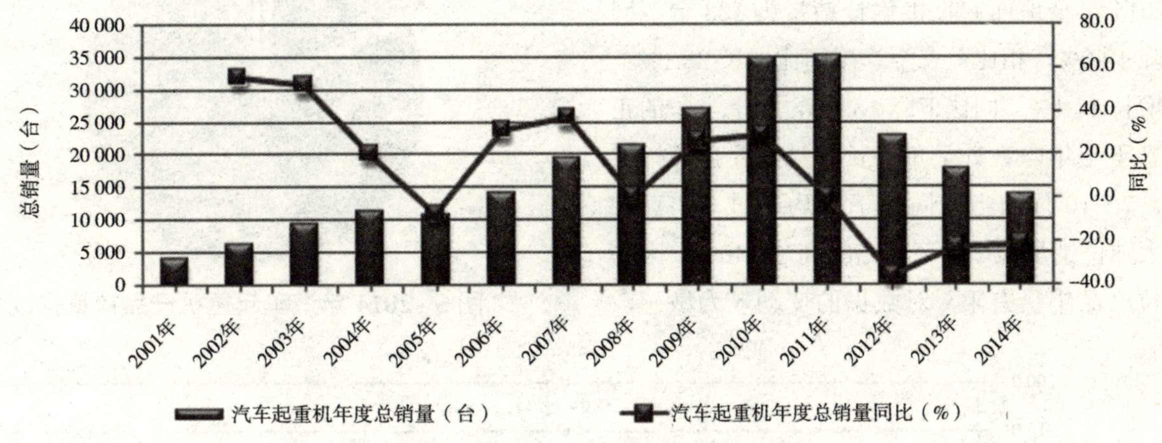

图 3　2001—2014 年汽车起重机销量走势

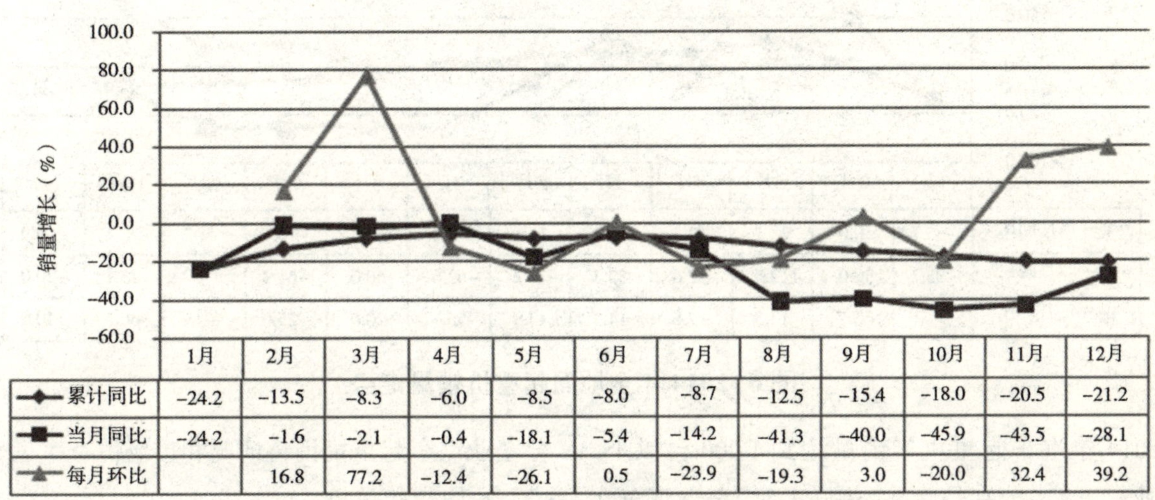

	1月	2月	3月	4月	5月	6月	7月	8月	9月	10月	11月	12月
累计同比	−24.2	−13.5	−8.3	−6.0	−8.5	−8.0	−8.7	−12.5	−15.4	−18.0	−20.5	−21.2
当月同比	−24.2	−1.6	−2.1	−0.4	−18.1	−5.4	−14.2	−41.3	−40.0	−45.9	−43.5	−28.1
每月环比		16.8	77.2	−12.4	−26.1	0.5	−23.9	−19.3	3.0	−20.0	32.4	39.2

图 4　2014 年汽车起重机销量走势

从 2014 年销售数据来看，汽车起重机市场仍以小吨位产品为主，50t 以下产品占整个汽车起重机行业 81.7% 的市场销售份额，相比前三个季度的 87.6%、85.7%、83.3%，市场占比逐渐缩小。20 ～ 25t 产品累计销售所占比例为 58.4%，相比前三个季度的 62.7%、61.9%、59.8% 销售占比，呈下降趋势；其中 25t 的累计销量最高，销售占比为 45.1%，依然占据着汽车起重机行业接近一半的市场份额，但相比前三个季度 45.8%、47.0%、46.1% 的销售占比，略有下降。最小吨位 8t 销量超过 1 000 台，销售占比 8.4%，但相比 2013 年的 1 999 台销量下降幅度高达 58.6%，同期下滑较为严重。中吨位以 50t 的销售最为火爆，销量超过千台，所占比例达到 7.8%，同前三季度的占比相比几乎没有变化。大吨位产品市场销售占比为 1.2%，同前三季度同期市场销售占比基本持平。汽车起重机多年来的产品市场销售格局没有发生大的变化，但中吨位产品销售占比相比 2013 年同期的 11.4% 表现为上升趋势，并且细分产品销量也有所增加，例如 55t 产品 2013 年度总销量为 84 台，2014 年增长为 280 台，增幅高达 2 倍以上。尽管整个行业形势不景气，但企业正努力通过细分产品领域寻求新的市场需求面和利润增长点。2014 年汽车起重机产品销量构成见图 5。

2014 年全地面起重机累计销量为 133 台，同比下降 19.9%，相比前三个季度同比增长 28.1%、同比增长 11.1%、同比下降 13.1%，由上半年的正增长到下半年一直处于负增长态势，并且降幅在加大。7—10 月的当月同比下降均超过 60%。12 月的大吨位销量猛增，环比增幅高达 140%。因为大吨位产品销量有限，对数据的变动较为敏感，所以同比及环比指标波动较大。全地面起重机共有 9 种机型实现了销售。2014 年全地面起重机销量走势见图 6。

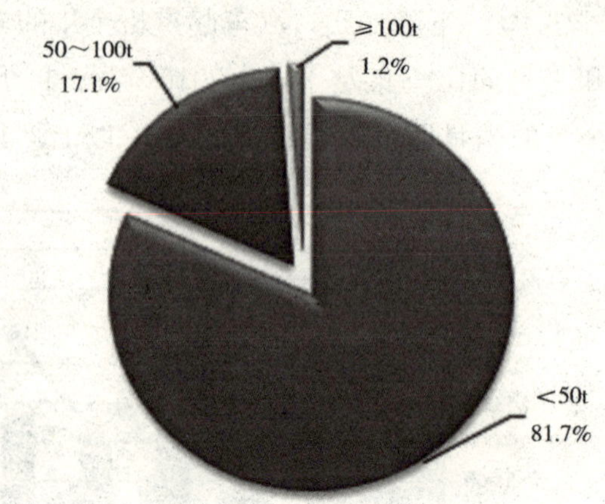

图 5 2014 年汽车起重机产品销量构成

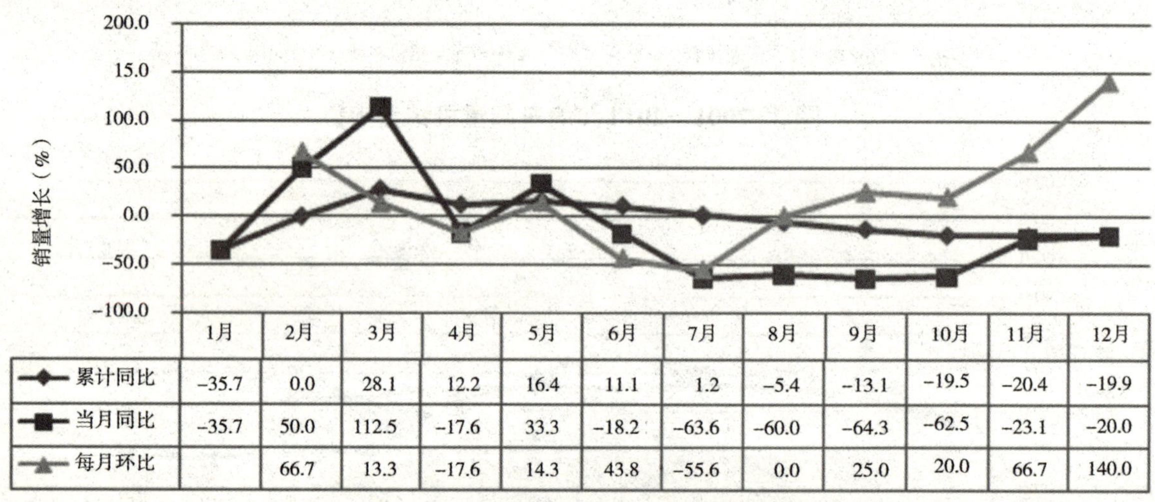

	1月	2月	3月	4月	5月	6月	7月	8月	9月	10月	11月	12月
累计同比	−35.7	0.0	28.1	12.2	16.4	11.1	1.2	−5.4	−13.1	−19.5	−20.4	−19.9
当月同比	−35.7	50.0	112.5	−17.6	33.3	−18.2	−63.6	−60.0	−64.3	−62.5	−23.1	−20.0
每月环比		66.7	13.3	−17.6	14.3	43.8	−55.6	0.0	25.0	20.0	66.7	140.0

图 6 2014 年全地面起重机销量走势

2014 年汽车起重机年销量达到 1 000 台以上的企业有三家，分别是徐重、中联工起、三一汽车。这三家企业的销售量达 1.2 万多台，占全行业汽车起重机销售量的 89.3%，销售台数占全行业的比例分别为 51.2%、22.0%、16.1%，其中中联工起全年销量同比下降幅度偏大，为 33.5%；行业排名第一的徐重市场占有率一直保持着 50% 左右的市场份额；三一汽车市场占有率位列行业第三，表现为上升趋势。2014 年全行业各企业全年销量基本处于下降状态，产品销售量缩水严重，市场需求持续疲软，没有明显的回暖迹象。2014 年部分企业汽车起重机销售情况和市场占有率见表 4。

2. 履带起重机

2014 年履带起重机累计销量 1 202 台，同比下降 14.3%，相比前三个季度的同比下降 1.4%、同比增长 4.2%、同比增长 1.0%，降幅非常明显。前三个季度月销量都在 100 台左右，同期销量波动不大，但第四季度的三个月的当月销量下滑严重，下降均高达 40% 以上，导致全年的同期下降超过 10%，形势不容乐观。2001—2014 年履带起重机销量走势见图 7。2014 年履带起重机销量走势见图 8。

表 4　2014 年部分企业汽车起重机销售情况和市场占有率

企业名称	销量（台）		同比增长（%）	市场占有率（%）		
	2014 年	2013 年		2014 年	2013 年	2012 年
徐工集团徐州重型机械有限公司	7 214	8 695	-17.0	51.2	48.6	54.00
中联重科股份有限公司工程起重机分公司	3 105	4 669	-33.5	22.0	26.1	26.00
三一汽车起重机械有限公司	2 264	2 423	-6.6	16.1	13.5	11.40
安徽柳工起重机有限公司	465	695	-33.1	3.3	3.9	2.80
四川长江工程起重机有限责任公司	348	391	-11.0	2.5	2.2	0.85
泰安东岳重工有限公司	240	455	-47.3	1.7	2.5	1.60
其他企业	460	561	-18.0	3.2	3.2	3.35
合　计	14 096	17 889	-21.2	100.0	100.0	100.00

注：表中汽车起重机数据包括全地面起重机。

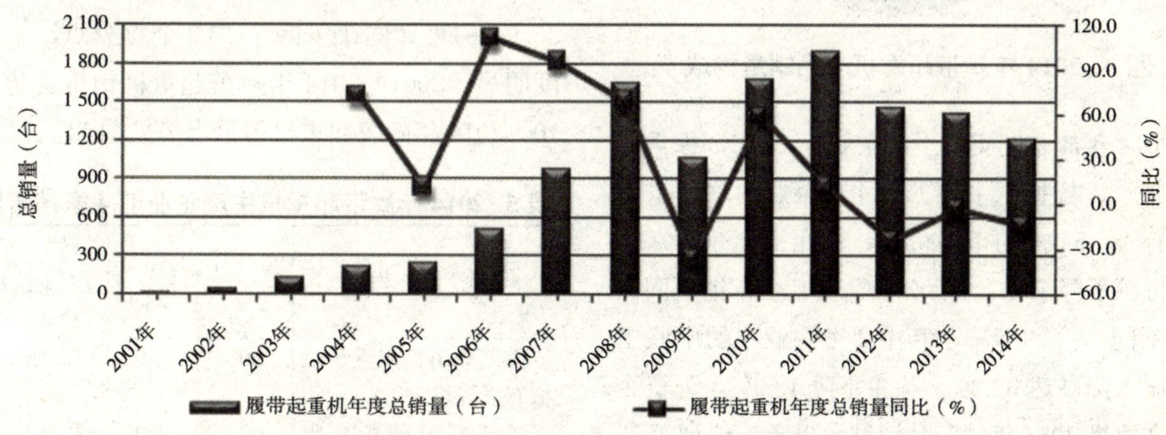

图 7　2001—2014 年履带起重机销量走势

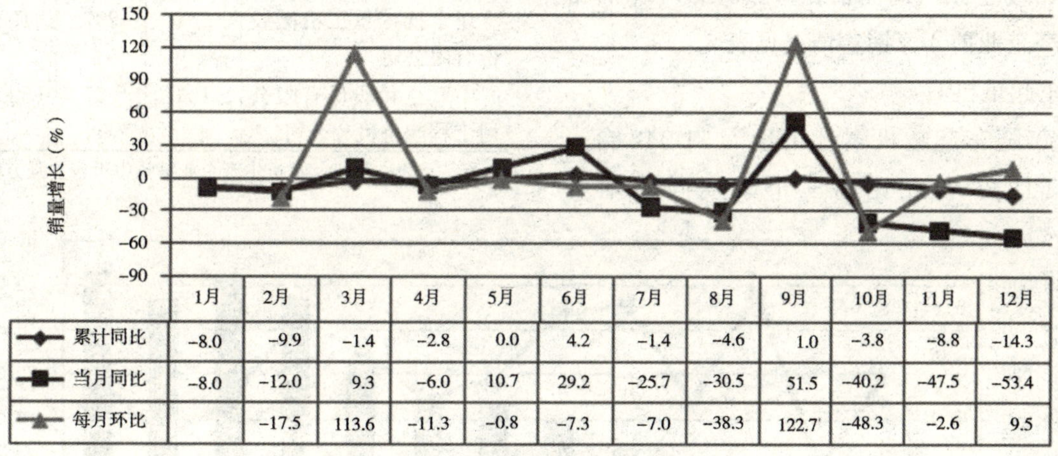

	1月	2月	3月	4月	5月	6月	7月	8月	9月	10月	11月	12月
累计同比	-8.0	-9.9	-1.4	-2.8	0.0	4.2	-1.4	-4.6	1.0	-3.8	-8.8	-14.3
当月同比	-8.0	-12.0	9.3	-6.0	10.7	29.2	-25.7	-30.5	51.5	-40.2	-47.5	-53.4
每月环比		-17.5	113.6	-11.3	-0.8	-7.3	-7.0	-38.3	122.7	-48.3	-2.6	9.5

图 8　2014 年履带起重机销量走势

从 2014 年产品销售来看，100t 及以下产品保持着最高销量，占据整个市场 77.4% 的份额，相比前三个季度的占比 74.2%、75.1%、77.2%，没有太大变化。50t 产品销量最大，所占比例高达 25.9%，相比前三个季度的占比 22.0%、26.1%、25.3%，有微小变化，但相比上年同期的 392 台销量有所下滑；另外 55t 产品销量超过 200 台，相比上年同期的 198 台销量，市场需求有所上升。大吨位的产品销量占比为 3.2%，市场对大吨位产品的需求略有波动。履带起重机的延伸产品——强夯机的销量 2014 年达到了 128 台，相比上年的 218 台有大幅下降，市场需求有所下滑。2014 年履带起重机产品销量构成见图 9。

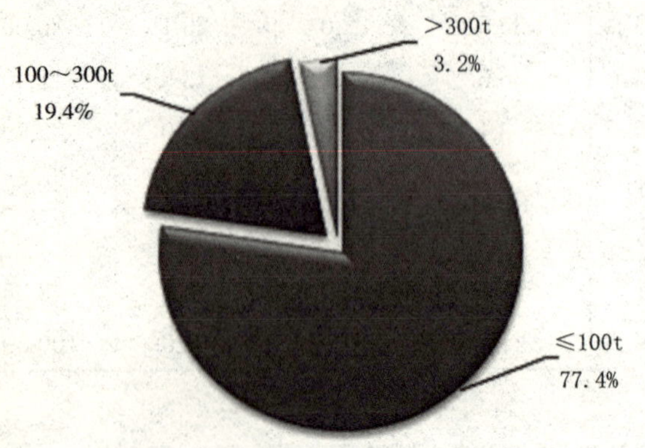

图 9　2014 年履带起重机产品销量构成

2014 年履带起重机生产企业有 12 家，徐重、浙江三一、抚挖、中联工起 4 家企业的总销量占据全行业 85.0% 的市场份额，相比上年 86.3% 的市场份额下降了 1.3 个百分点。全行业年销量同比都有不同程度的下降，其中 4 家企业中的中联工起同比下降高达 32.2%，徐重下降 13.9%。外资企业日立建机 2014 年的产品销量为 65 台，位列第 5。全行业的市场不景气局面仍在持续。2014 年履带起重机生产企业前 4 家销售情况见表 5。

3. 随车起重机

2014 年随车起重机累计销量为 11 042 台，同比增长 18.3%，相比前三个季度同比增长 13.2%、17.1%、26.2%，有所波动。2014 年累计销量一直保持着 15% 以上的增长速度，并且在 7—10 月连续四个月累计同比增长超过 20%，并且增长态势明显，在整个工程起重机行业中异军突起。

2014 年，市场对随车起重机上车需求多于整机一倍之多，其中整机全年销售 3 616 台，相比上年同期 3 124 台同比增长 15.7%，相比前三个季度 18.0%、17.4%、10.5% 的累计增长率略有变化。随车起重机上车全年销量为 7 426 台，相比上年同期的 6 213 台同比增长 19.5%，比第一、第二季度的 10.2%、17.0% 略有上升，但相比第三季度的 35.4% 的累计同比下降了 15.9 个百分点，下降幅度明显。2001—2014 年随车起重机销量走势见图 10。2014 年随车起重机销量走势见图 11。

表 5　2014 年履带起重机生产企业前 4 家销售情况

企业名称	2014 年（台）	2013 年（台）	同比增长（%）	市场占有率（%）
徐工集团徐州重型机械有限公司	309	359	-13.9	25.7
浙江三一装备有限公司	292	328	-11.0	24.3
辽宁抚挖重工机械股份有限公司	267	297	-10.1	22.2
中联重科股份有限公司工程起重机分公司	154	227	-32.2	12.8

注：表中履带起重机生产企业销量中不包含强夯机。

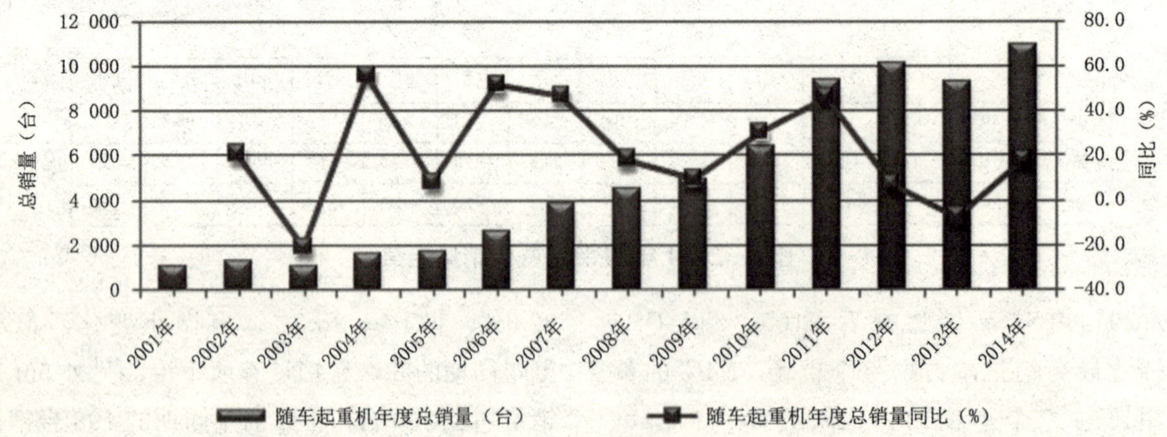

图 10　2001—2014 年随车起重机销量走势

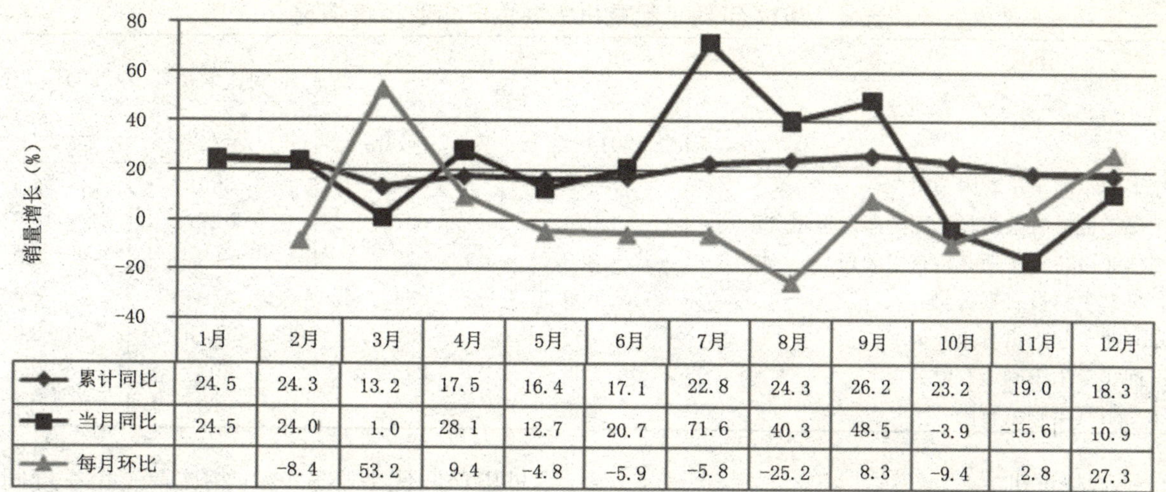

	1月	2月	3月	4月	5月	6月	7月	8月	9月	10月	11月	12月
累计同比	24.5	24.3	13.2	17.5	16.4	17.1	22.8	24.3	26.2	23.2	19.0	18.3
当月同比	24.5	24.0	1.0	28.1	12.7	20.7	71.6	40.3	48.5	-3.9	-15.6	10.9
每月环比		-8.4	53.2	9.4	-4.8	-5.9	-5.8	-25.2	8.3	-9.4	2.8	27.3

图 11 2014 年随车起重机销量走势

2014 年，随车起重机上车小吨位和中吨位的销量较大，市场占有率为 40% 左右，大吨位占比突破了 20%。其中 5t、6.3t、12t 产品市场销量相当，都突破了 1 000 台，所占份额均超过了 15%。尤其是 6.3t 和 12t 产品比上年同期 791 台、815 台的销量有明显的增长，增长幅度超过 40%。吨位大于 10t 的大吨位产品比上年的累计销量 1 084 台增加了 420 台，呈现了上升的趋势。2014 年随车起重机上车产品销量构成见图 12。

2014 年，随车起重机整机表现为中吨位产品销量最大，市场份额为 42.8%，比前三个季度的 41.6%、43.8%、44.1% 有微幅波动。其中 6.3t 销量最多，占行业比例为 17.5%，和前三个季度 17.7%、18.3%、18.0% 的占比相当。吨位大于 10t 的大吨产品累计销量 1142 台，市场占有率为 31.6%，比上年的 762 台增长近 50%，上升态势明显，其中 12t 销量最高，市场占有率为 20%。2014 年随车起重机整机产品销量构成见图 13。

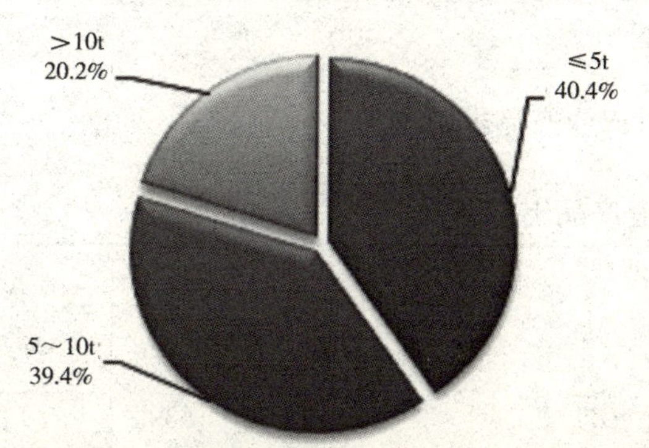

图 12 2014 年随车起重机上车产品销量构成

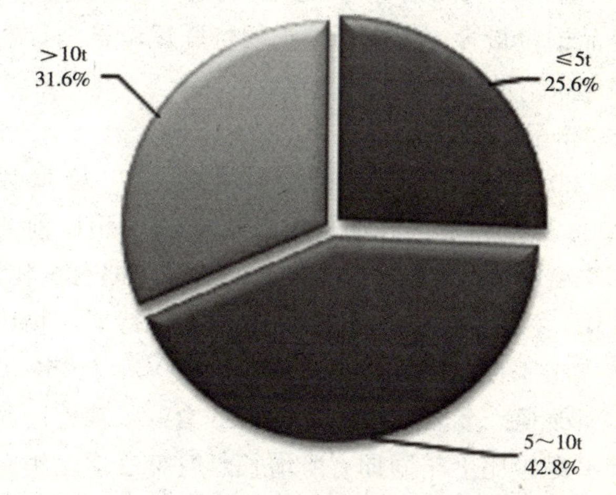

图 13 2014 年随车起重机整机产品销量构成

随车起重机因其具有便利、高效、低成本和多用途等特点，应用的施工领域灵活而且广泛，因此，多年来一直保持着高速增长态势，在整个工程起重机行业中独树一帜。其中徐随多年来一直占据着行业的半壁江山，石家庄煤矿机械有限责任公司（简称石煤机）紧随其后，两家企业的产品年销量占全行业 73.1% 的市场份额。三一帕尔菲格特种车辆装备有限公司发展迅猛，跃居行业第三，年销量向 1 000 台迈进。由于前三位企业的产品年销量同比增幅很大，尽管有部分生产企业出现不同程度的下降，但并没有影响全行业的年销量增长态势。2014 年随车起重机主要生产企业销售情况见表 6。

表 6　2014 年随车起重机主要生产企业销售情况

生产企业	销量（台）		同比增长（%）	市场占有率（%）
	2014 年	2013 年		
徐州徐工随车起重机有限公司	5 995	4 854	23.5	54.3
石家庄煤矿机械有限责任公司随车起重机分公司	2 074	1 637	26.7	18.8
三一帕尔菲格特种车辆装备有限公司	886	576	53.8	8.0
湖南大汉起重科技有限公司	699	884	-20.9	6.3
泰安古河随车起重机有限公司	350	451	-22.4	3.2
长春市神骏专用车制造有限公司	256	243	5.3	2.3
牡丹江专用汽车制造有限公司	235	259	-9.3	2.1

4. 轮胎起重机

2014 年轮胎起重机产品累计销量 220 台，相比上年 193 台的销量略有上升，其中起重量 10t 的产品销量最多。因市场需求的特殊性，整个行业多年来销量没有太大的变化。

产品出口情况

2014 年工程起重机行业累计出口总量为 4 028 台，与上年同期相比增长 2.4%，相比前三个季度的同比增长 5.0%、1.3%、2.8%，略有变化。其中：汽车起重机总出口与上年基本持平，相比前三个季度的同比下降 5.80%、2.90%、0.05%，有所改观；全地面起重机出口 33 台，大吨位产品销量尽管比上年同期有所增长，但第三季度销量甚少，第四季度有所改观，出口了 10 台；履带起重机出口同比下降 5.4%，相比前三个季度同比下降 14.9%、同比下降 9.8%、同比增长 7.5%，有些波动；随车起重机企业出口形势较好，同比增长 18.2%，而上年随车起重机出口一直延续负增长。全行业总出口金额为 57.1 亿元，同比微幅增长。出口产品仍以汽车起重机为主，所占比例高达 68.8%。2014 年全行业的出口表现为小幅增长，汽车起重机和履带起重机的出口没有大的突破，随车起重机的出口表现为乐观趋势，但是受国际形势的不确定因素等影响，企业在国外的投资仍需谨慎。2001—2014 年工程起重机行业产品出口走势见图 14。2014 年工程起重机行业产品出口情况见表 7。2014 年工程起重机行业产品出口量构成见图 15。

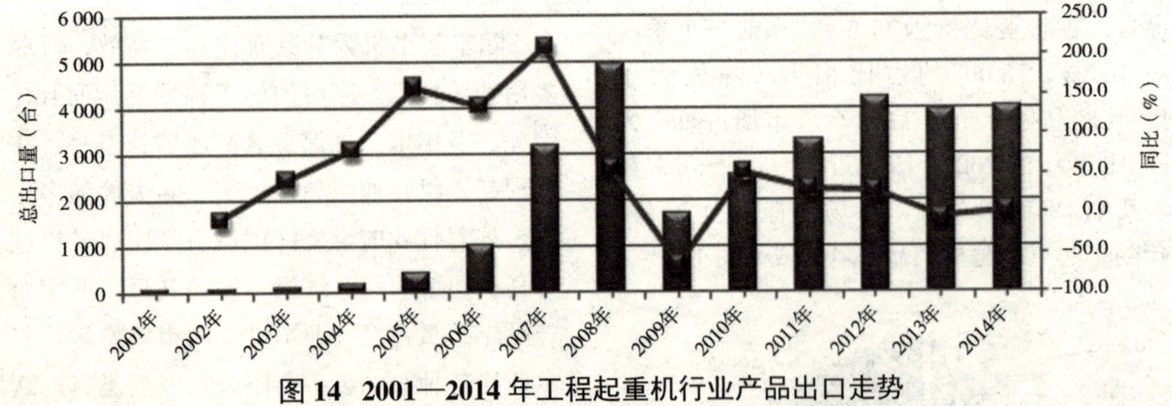

图 14　2001—2014 年工程起重机行业产品出口走势

表 7　2014 年工程起重机行业产品出口情况

产品名称	出口量（台） 2014 年	出口量（台） 2013 年	同比增长（%）	产品名称	出口量（台） 2014 年	出口量（台） 2013 年	同比增长（%）
汽车起重机	2 770	2 779	-0.32	随车起重机	755	639	18.15
全地面起重机	33	20	65.00	总出口量（台）	4 028	3 935	2.36
履带起重机	470	497	-5.43	总出口金额（万元）	571 471	567 990	0.61

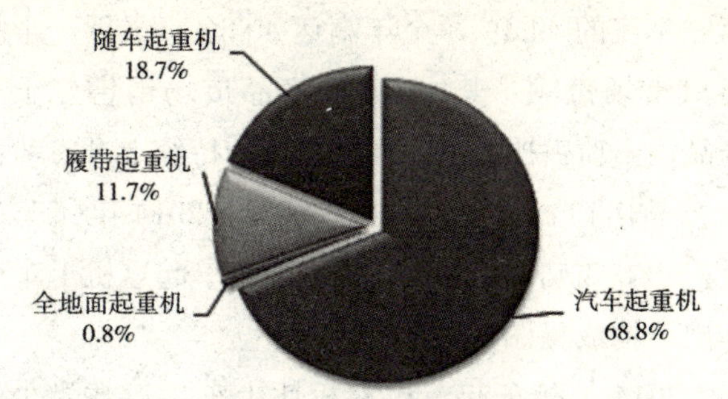

图 15 2014 年工程起重机行业产品出口量构成

1. 汽车起重机

汽车起重机出口仍以小吨位为主，其占比为59.1%，但相比前三个季度 68.7%、63.0%、60.4%的市场占比，表现为持续下滑。其中 ,25t 产品出口量最大，为 958 台，所占比例达到 34.6%；其次是 50t 产品，所占比例为 17.9%；55t 产品出口比上年同期的 33 台增长了近 4 倍；100t 的出口量比上年的 40 台下降较多。大于 100t 产品的出口没有大的突破，与上年同期持平。另外，全地面起重机出口的是 180t、200t、220t 三种机型，与上年的出口机型相同。2001—2014 年汽车起重机出口走势见图 16。2014 年汽车起重机出口构成见图 17。

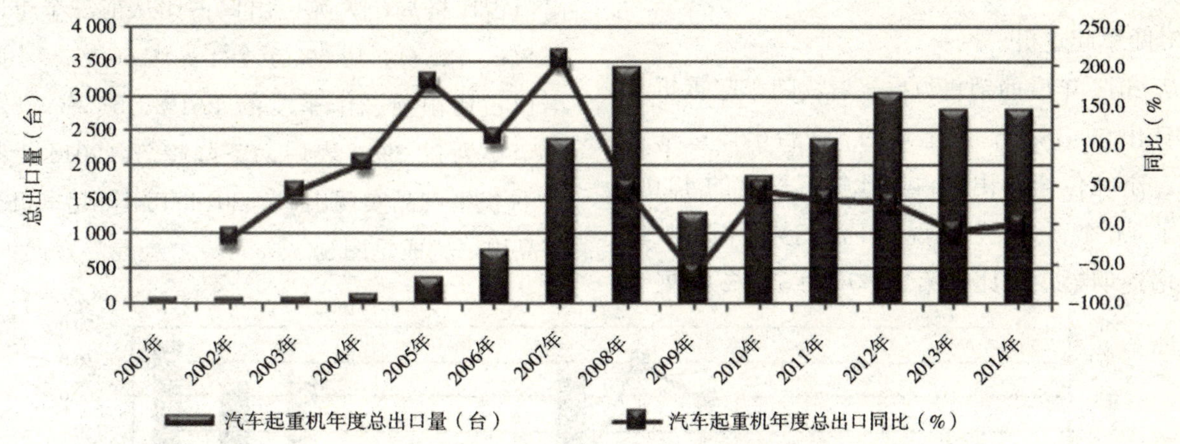

图 16 2001—2014 年汽车起重机出口走势

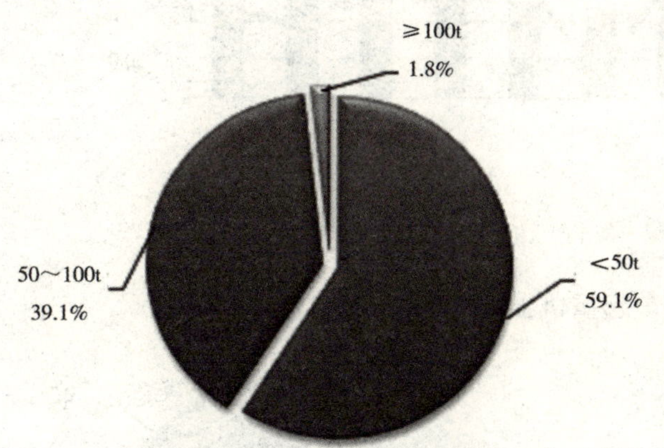

图 17 2014 年汽车起重机产品出口构成

2. 履带起重机

履带起重机出口主要集中在小吨位产品上，其所占比例为 83.0%，相比前三个季度 76.7%、83.7%、84.2% 的占比，略有波动。其中以 50t、55t 居多，超过 100 台，所占比例分别为 28.3%、24.7%。大吨位产品出口占比继续缩小，从前三个季度的 4.9%、2.5%、1.9% 到全年的 1.7%。2006—2014 年履带起重机出口走势见图 18。2014 年履带起重机产品出口构成见图 19。

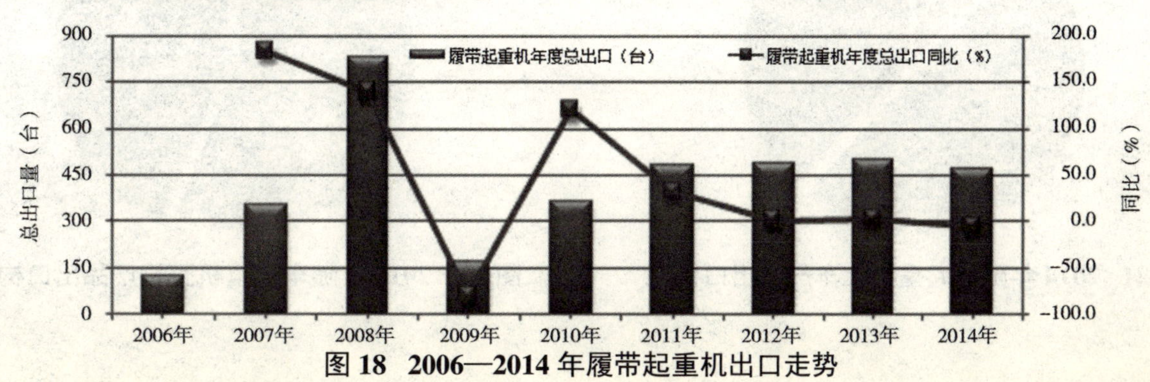

图 18 2006—2014 年履带起重机出口走势

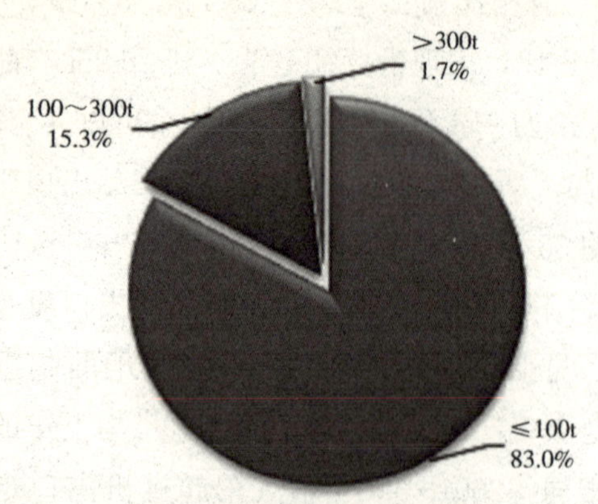

图 19 2014 年履带起重机产品出口构成

3. 随车起重机

从 2014 年度的销售数据来看，随车起重机上车累计出口 518 台，和上年的 513 台出口量基本持平。小吨位全年出口占比比第三季度的 43.0% 降低了 4.6 个百分点，表现为下滑趋势；但中吨位产品增速明显，占比从第二季度的 39.8% 发展到第三季度的 44.4%，全年高达 49.6%，占近一半的出口市场份额。其中：6.3t 产品市场销售好于 5t 产品，出口占比为 26.4%，表现为持续上升态势；5t 产品出口占比为 18.5%。2001—2014 年随车起重机出口走势见图 20。2014 年随车起重机上车产品出口构成见图 21。

2014 年随车起重机整机比上车出口数量少，为 237 台，同比增长 88.1%。由于大吨位产品在第四季度出口有所突破，主要是 16t 和 25t 出口量均突破了 60 台，从而改变了整个产品机型的出口占比格局，大吨位出口占比从前三个季度的 15.8%、14.7%、12.6% 至全年高达 56.1%。小吨位出口占比由前三个季度的 42.1%、53.3%、52.6% 到全年为 28.3%，表现为下降趋势。2014 年共有 10 种机型产品实现出口。2014 年随车起重机整机产品出口构成见图 22。

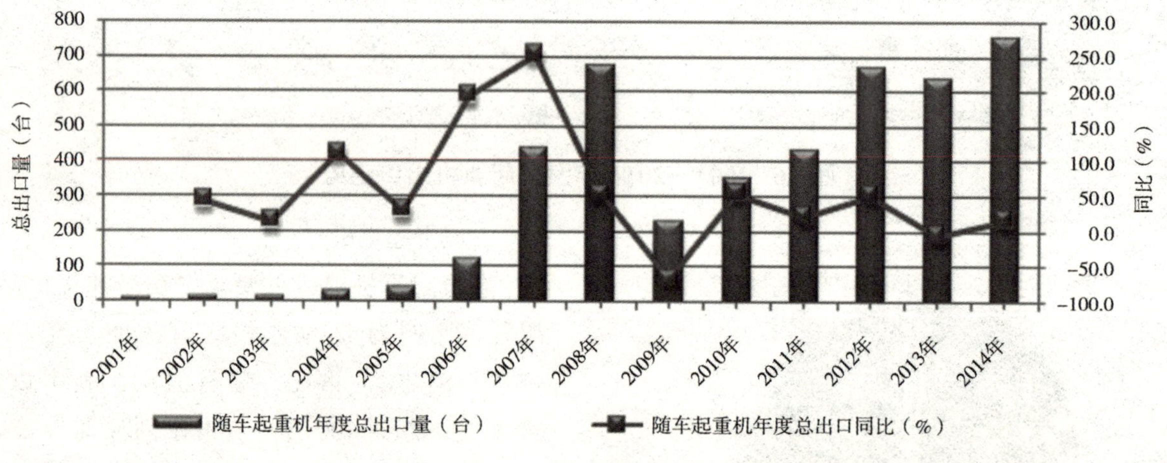

图 20 2001—2014 年随车起重机出口走势

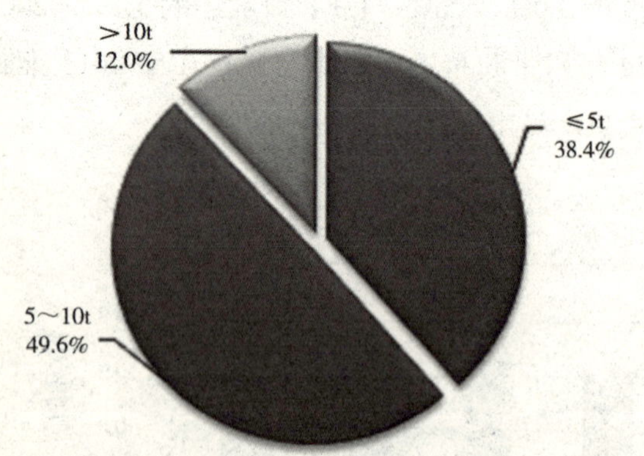

图 21 2014 年随车起重机上车产品出口构成

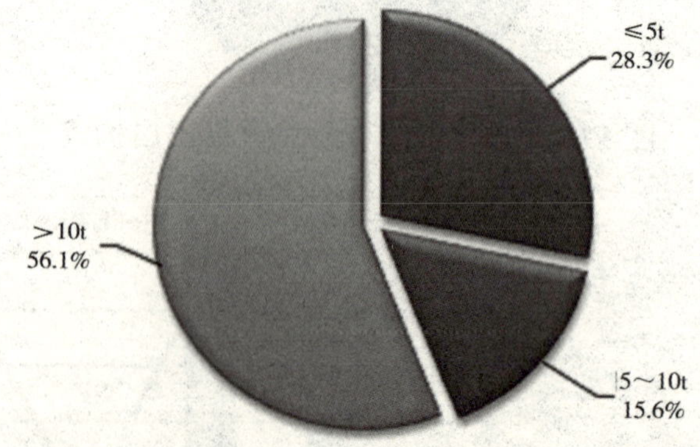

图 22 2014 年随车起重机整机产品出口构成

2014 年，工程起重机行业面临着市场持续乏力的困难局面，企业通过产品结构调整和转型升级寻求新的利润增长点，尤其在产品创新上有很大突破，更加注重具有个性化的、有特色和实用性的产品研发和生产，更加注重产品质量的提升和更新换代。2014 年，行业涌现了一批智能、环保的人性化和绿色产品，并且在应用和施工领域取得的成效显著。2014 年工程起重机行业部分生产企业新产品开发情况见表 8。2014 年工程起重机行业部分生产企业主要产品应用情况见表 9。2014 年度中国机械工业科学技术奖工程起重机行业初审推荐获奖项目见表 10。2014 年中国工程机械年度产品 TOP50 获奖工程起重机产品见表 11。2014 年度工程起重机行业其他获奖项目见表 12。

表 8　2014 年工程起重机行业部分生产企业新产品开发情况

企业名称	新产品名称	产品特点
徐工集团徐州重型机械有限公司	XCT55 汽车起重机	行业首台 50t 六节臂、作业性能最高、最节能的汽车起重机，具有原创的智能臂架技术。采用天然气发动机、液压混合动力起重机能量回收及新型节能液压系统，排放达到了欧Ⅴ标准。可以实现起重变幅补偿控制、吊臂自动跟踪等功能
	XCA450 全地面起重机	最新研发的“G”一代产品，采用大吨位起重机单发动机动力技术；高效转场理念设计的超起、平衡重、支腿自拆装系统，可以使转场作业时间减少 20%。原创设计的起重机智能臂架技术，可以实现变幅自动补偿、卷扬自动收放、作业工况完全自动规划等多种智能化功能
	XGCT25 伸缩臂履带起重机	是徐工集团首个伸缩臂与履带底盘的结合产品
	XGC260 履带起重机	属于“新一代”XGC 系列的代表机型，流线型驾驶室设计，集先进的智能控制系统和全新的自拆卸技术于一体。采用盾构臂、风电臂、固定副臂三合一技术
	XCWT30 轮履式起重机	全球首创的轮履两用概念起重机，产品通过自挂接履带装置可实现伸缩臂履带起重机和轮式起重机的迅速切换。采用智能臂架技术；操纵室与驾驶室合一，无操纵室全遥控
	XCD300 牵引式起重机	全球首创的新概念牵引式轮式起重机，融入徐工多项最新科研成果以及全新起重机移动转场理念，原创设计五轴半挂式底盘，具有高速牵引车转场、无线遥控自驱动转场、双动力驱动转场三种转场模式
中联重科股份有限公司工程起重机分公司	“威风”V 系列汽车起重机	升级到国Ⅳ排放标准，有八款汽车起重机新品集中上市
	ZMC85 汽车起重机	全球首创 4 桥全轮转向越野型汽车起重机，U 形主臂，有全球定位系统，可远程对设备进行监控和故障诊断
	QY110V 汽车起重机	国内首款 5 桥 7 节臂 110 吨级汽车起重机，吊臂变幅由传统的动力下放改为自重下放。采用国Ⅳ排放标准，具备全球定位系统
	QAY800 全地面起重机	是同级别起重能力最强的全地面起重机，采用精细自控散热系统，可降低发动机能耗 4% 以上，发动机满足国Ⅳ低排放标准。采用风机吊装专业化工况配置
	ZLC 系列随车起重机	全新 ZLC 系列随车起重机的五款直臂式随车起重机产品，全面覆盖 5 ～ 12t 国内最主流的产品线
三一汽车起重机械有限公司	STC2200 汽车起重机	采用智能电控技术及可自拆装的主卷扬，首创 0° ~40° 卷扬自动变幅。底盘结构采用国Ⅳ发动机，自带吊装专家系统，提供吊装方案的制订指导服务
	SAC6000 全地面起重机	填补了国产全地面起重机 500 ～ 800t 的断档，配置 7 节椭圆形主臂，针对 2.0MW 风电市场设计专用风机工况，为风电施工专门配置低温起动技术。针对风电场地复杂路况，创新采用后桥液力辅助驱动，极大提高了起重机带全主臂行驶的爬坡能力

（续）

企业名称	新产品名称	产品特点
四川长江工程起重机有限责任公司	TTC025G1-Ⅱ和TTC070G1-Ⅱ汽车起重机	两款新品满足国Ⅳ低排放标准
	TTCR025K 汽车起重机	八边形起重臂截面，5节主臂，是全回转的右置汽车起重机
泰安东岳重工有限公司	GT 系列汽车起重机	利用国际先进设计理念、方法，研发了 GT8C4C、GT12C4H、GT12C3C、GT12C4C 四个新产品
浙江三一装备有限公司	SCC1350E 履带起重机	130吨级母型机，具有全球化的运输标准，高效的自装卸技术。符合CE、北美、澳大利亚、俄罗斯和中国台湾地区的认证，以及欧美非公路用第三阶段排放标准
福田雷萨重型机械公司	FTC 系列汽车起重机及FQH 系列履带强夯机	采用了全新的设计理念，在油耗、效率、安全等诸多核心指标上，力求达到欧洲标准，并通过了德国莱茵权威检测机构认证。将起重机用户最关心的起重设备的连续工作能力、工作效率和使用成本等进行排列，逐一进行了针对性的优化
徐州徐工随车起重机有限公司	SQS500A 随车起重机	国内最大吨位的直臂随车起重机，国内首台圆弧臂产品，满足了轻量化的要求。底盘采用优化升级的大跨距方箱支腿
泰安古河随车起重机有限公司	UR-W295C 迷你履带起重机	是能在狭窄空间起重作业的伸缩臂履带产品。既可以通过操纵台操纵，也可以使用无线遥控操纵；既可以使用自身的汽油发动机运行，又可以外接电源运行，具有极强的灵活性和适应性

表9 2014年工程起重机行业部分生产企业主要产品应用情况

企业名称	产品名称	工作情况
徐工集团徐州重型机械有限公司	XCA5000 全地面起重机	完成西南边陲风场首台风机吊装任务。此次首吊成功标志着徐工XCA5000成为全球首台实现施工应用的2 000吨级全地面起重机，对中国轮式起重机发展具有里程碑式的意义
	QAY650 全地面起重机	在宁夏平原神华宁煤400万t/a煤炭间接液化项目的施工现场完成罐体吊装任务销售至内蒙古乌兰察布市，刷新了内蒙古地区国产最大吨位起重机的纪录，该产品将助力该地区风电事业的发展
	XGC88000 和 XGC16000 履带起重机	全球最大能级的履带起重机（4 000吨级）与1 250吨级履带起重机首次联袂施工，在银川市宁东镇宁煤化工生产基地完成罐体吊装任务
徐工集团徐州重型机械有限公司	XGC88000 和 XGC16000 履带起重机	在泉州市泉港石化工业区工地现场，4 000吨级履带起重机将环氧乙烷乙二醇装置再生塔顺利吊装就位，创造了4 000吨级起重机最远跨距——90m吊装半径起吊大型设备新纪录
		1 250吨级履带式起重机交付印度尼西亚的客户，创国内出口最大吨位纪录，该产品将投入到海洋工程中。徐工成为首个实现千吨级履带起重机出口的国内企业
	QUY55 履带起重机	15台QUY55履带式起重机交付中东埃及石油总公司，该订单是近年来该区域最大的一次出口订单。QUY55履带式起重机是国内首次应用先导比例技术的产品，该产品将投入到埃及最大的化工厂建设项目中
	QUY650 履带起重机	完成了乌拉圭风电项目第一期工程，极大地提高了XCMG品牌在当地乃至整个南美的知名度
中联重科股份有限公司工程起重机分公司	QY25V 汽车起重机	随中国第30次南极科学考察队出征南极，在中山站熊猫码头进行物资卸运工作，助力中国南极科考
	QUY800 履带起重机	在伊朗国家重点项目——TAKISTAN风电站顺利首吊，成功完成一期风电工程首台3.5MW风机的吊装，此产品将我国出口履带起重机产品并成功应用的纪录提升至800吨级，参建了中国能源建设集团江苏省电力建设第三工程公司承接的国华射阳51MW低风速风电场风机、塔筒及箱式变电站吊装工程

企业名称	产品名称	工作情况
中联重科股份有限公司工程起重机分公司	QUY500W 履带起重机	该产品交付湖南省邵阳市的国电新宁风雨殿风电项目工地施工，是中联重科在湖南区域销售的最大吨位履带起重机
	ZCC3200NP 履带起重机	完成在田湾核电二期工程 3 号机组总重近 500t 的安全壳钢衬里穹顶整体吊装任务，这是世界最重的核电穹顶吊装，也是国产 3000 吨级履带起重机在核电领域的首次成功应用
	RT35 越野轮胎起重机	是中联重科出口到巴基斯坦的第一台越野轮胎起重机，同时也是巴基斯坦官方购买的第一台中国越野轮胎起重机
三一汽车起重机械有限公司	STC250、STC750 汽车起重机	参加沙特阿拉伯世界最大的国际机场项目建设
四川长江工程起重机有限责任公司	TOPLIFT25 汽车起重机	6 台 25t 汽车起重机产品发往东南亚，这也是长起公司近几年来首次批量产品进入东南亚市场
浙江三一装备有限公司	SCC7500 履带起重机	在南非 KUSILE 发电厂施工现场正式投入使用，并成功实现首次吊装作业。该产品曾经刷新了国产起重机出口非洲最大吨位的纪录
	SCC4000E 履带起重机	400t 履带起重机助力非洲第一大清真寺 —— 阿尔及利亚嘉玛清真寺，完成了 20 根八角柱吊装任务，为非洲最大清真寺建设做出了重大贡献
徐州徐工随车起重机有限公司	SQS400A 随车起重机	大吨位圆弧臂随车起重机 SQS400A 实现首台销售，标志着徐工随车已成熟地掌握了大吨位圆弧臂随车起重机的核心技术，随车起重机产品多元化得到深入发展
	“全能型”随车起重机	徐工随车“全能型”随车起重机顺利交付西安用户，标志着公司在抓辅具应用方面又迈出坚实的一步。“全能型”随车起重机在 0843K 的基础上加装了 ZJ210 碎钢抓具，配备电磁吸盘系统、金斯霍夫旋转头等，使广泛用于吊装起重的折臂随车起重机摇身一变成为集吊装、工业废弃物回收、钢材快速转运为一体的“全能型”随车起重机，大大扩展了随车起重机的应用范围
石家庄煤矿机械有限责任公司随车起重机分公司	QYS—2 Ⅱ 型随车起重机	该产品从天津港装船出口韩国，实现了从技术引进到逆向出口的重大突破
利勃海尔集团	LTM 1500-8.1 全地面起重机	利勃海尔埃欣根公司向用户交付了一台 LTM 1500-8.1 移动式起重机，也使利勃海尔交付的移动式起重机突破 3 万台。2006 年该公司就庆祝了交付期第 20 000 台起重机
	LTM11200-9.1 全地面起重机	第 50 台 1 200t 全地面起重机交付日本 Yamagata 公司，用于风电的吊装工程。该款九桥起重机仍是市场上最强大的伸缩臂起重机，其配置的百米伸缩臂是全球最长的伸缩臂之一
	LR 11000 履带起重机	一台全新的 LR 11000 履带式起重机在罗马尼亚首都布加勒斯特附近的普洛耶什蒂炼油厂首次作业圆满成功
	LTM1300-6.2 全地面起重机	Bauma China 2014 展会现场，利勃海尔与河北兴业恒通国际贸易有限公司以及南京金陵石化建筑安装工程有限公司进行了销售签约仪式。这将是在中国市场售出的第一台该型号的起重机
特雷克斯（中国）投资有限公司	CC2400-1 履带起重机	该 400 吨级履带式起重机交付中国长江三峡集团公司，用于三峡集团在向家坝水电站工地的工程建设施工
	CC8800-1 履带起重机	该产品交付给中石油天然气第七建设公司，对中国石油大港石化公司产品质量升级工程的 220 万 t/a 汽柴油加氢精制装置反应器 (R-101) 进行了成功吊装，这是该台 CC8800 － 1 进入中国的首吊，也是特雷克斯起重机在中国销售的第三台 1 600 吨级履带式起重机

（续）

企业名称	产品名称	工作情况
特雷克斯（中国）投资有限公司	CC8800－1TWIN履带起重机	一台3 200t履带起重机在陕西化建工程有限责任公司的采购项目中标，该产品将应用到中国的化建领域，这是特雷克斯即将进口到中国的第4台3 200吨级履带起重机，其他3台均用于中国的核电建设项目领域。截至目前，特雷克斯在全球已经销售了5台该型号起重机

表10　2014年度中国机械工业科学技术奖工程起重机行业初审推荐获奖项目

序号	项目编号	项目名称	申报单位	推荐等级
1	1410017	大型工程建设成套吊装设备关键技术与应用	徐工集团工程机械股份有限公司建设机械分公司	一等
2	1410015	XCL800轮式桁架臂起重机	徐工集团徐州重型机械有限公司	二等
3	1410016	QAY1200全地面起重机	徐工集团徐州重型机械有限公司	二等
4	1410003	SAC3500全地面起重机关键技术研究及应用	三一汽车起重机械有限公司	三等
5	1410044	大吨位轮式起重机椭圆形吊臂关键制造技术研究与应用	中联重科股份有限公司	三等
6	1410037	SQS450K随车起重机	徐州徐工随车起重机有限公司	三等

表11　2014年中国工程机械年度产品TOP50获奖工程起重机产品

获奖企业	获奖产品
“中国工程机械年度产品TOP50”金手指奖	
徐工集团工程机械股份有限公司建设机械分公司	XGC88000型履带起重机
“中国工程机械年度产品TOP50”市场表现金奖	
徐工集团徐州重型机械有限公司	QAY650型全地面起重机
“中国工程机械年度产品TOP50”应用贡献金奖	
中联重科股份有限公司工程起重机分公司	QAY800V743型全地面起重机
“中国工程机械年度产品TOP50”获奖产品	
中联重科股份有限公司工程起重机分公司	ZLJ5502JQZ80V型汽车起重机
安徽柳工起重机有限公司	TC250A型汽车起重机

表12　2014年度工程起重机行业其他获奖项目

序号	项目名称	获奖单位	获得奖项
1	大吨位系列履带式起重机关键技术与应用	三一重工股份有限公司	国家科学技术进步奖二等奖
2	大型工程建设成套吊装设备关键技术与应用	徐工集团工程机械股份有限公司建设机械分公司	2014年度中国机械工业科学技术奖一等奖
3	全地面起重机XCA8000、履带起重机XGC88000、越野轮胎起重机RT150、汽车起重机XCT220	徐工集团徐州重型机械有限公司	中国工业新纪录

〔撰稿人：中国工程机械工业协会工程起重机分会宋金云〕

工业车辆

2014年，中国工业车辆在国内经济增速放缓的大环境下，虽然前三季度依然维持了2013年以来的良好增长，但进入第四季度后，出现销量明显下行的趋势，再一次印证了工业车辆行业的调整往往滞后于整个经济环境半年到一年时间。虽然国内市场和出口再次刷新历史纪录，但增速明显放缓。全年总销售量接近36万台，已连续六年保持全球第一大销售市场的地位。

生产发展情况

根据分会月统计报告，2014年工业车辆产品分类及主要生产企业见表1。

表1 2014年工业车辆产品分类及主要生产企业

产品分类	企业名称
内燃叉车	安徽叉车集团有限责任公司、杭叉集团股份有限公司、大连叉车有限责任公司、龙工（上海）叉车有限公司、台励福机器设备（青岛）有限公司、广西柳工机械股份有限公司、安徽江淮银联重型工程机械有限公司、凯傲宝骊（江苏）有限公司、厦门厦工机械股份有限公司、江苏靖江叉车有限公司、上海上力叉车有限公司、一拖（洛阳）搬运机械有限公司、宁波如意股份有限公司、浙江诺力机械股份有限公司、杭州友高精密机械有限公司、浙江美科斯叉车有限公司、浙江吉鑫祥叉车制造有限公司、安徽合叉叉车有限公司、浙江中力机械有限公司、山东山推机械有限公司、芜湖瑞创叉车有限公司、山东雷鸣重工股份有限公司、三一集团（三一港口机械有限公司）、山东光明机器制造有限公司、林德（中国）叉车有限公司、上海海斯特叉车制造有限公司、斗山工程机械（中国）有限公司、北京现代京城工程机械有限公司、丰田产业车辆（上海）有限公司、小松（中国）投资有限公司、TCM（安徽）机械有限公司、青岛克拉克物流机械有限公司、卡哥特科（上海）贸易有限公司、三菱重工叉车（大连）有限公司
电动叉车（包括电动平衡重乘驾式叉车、电动乘驾式仓储叉车、电动步行式仓储叉车）	安徽叉车集团有限责任公司、杭叉集团股份有限公司、大连叉车有限责任公司、台励福机器设备（青岛）有限公司、凯傲宝骊（江苏）有限公司、厦门厦工机械股份有限公司、江苏靖江叉车有限公司、上海上力叉车有限公司、一拖（洛阳）搬运机械有限公司、广西柳工机械股份有限公司、无锡汇丰机器有限公司、龙工（上海）叉车有限公司、无锡大隆电工机械厂、安徽江淮银联重型工程机械有限公司、宁波如意股份有限公司、浙江诺力机械股份有限公司、浙江中力机械有限公司、杭州友高精密机械有限公司、浙江美科斯叉车有限公司、安徽合叉叉车有限公司、浙江吉鑫祥叉车制造有限公司、山东山推机械有限公司、芜湖瑞创叉车有限公司、山东雷鸣重工股份有限公司、比亚迪股份有限公司、林德（中国）叉车有限公司、永恒力叉车（上海）有限公司、丰田产业车辆（上海）有限公司、上海力至优叉车制造有限公司、北京现代京城工程机械有限公司、斗山工程机械（中国）有限公司、上海海斯特叉车制造有限公司、伟轮叉车（东莞）有限公司、TCM（安徽）机械有限公司、青岛克拉克物流机械有限公司、三菱重工叉车（大连）有限公司、科朗叉车商贸（上海）有限公司
轻小型搬运车辆（包括手动叉车）	杭叉集团股份有限公司、浙江诺力机械股份有限公司、宁波如意股份有限公司、无锡汇丰机器有限公司、无锡大隆电工机械厂、湖北金茂机械科技有限公司、湖北宏力液压科技有限公司

根据世界工业车辆统计协会规定，工业车辆分为机动工业车辆和非机动工业车辆，机动工业车辆又分为五大类，即第Ⅰ类电动平衡重乘驾式叉车、第Ⅱ类电动乘驾式仓储叉车、第Ⅲ类电动步行式仓储叉车、第Ⅳ类内燃平衡重式叉车（实心轮胎）、第Ⅴ类内燃平衡重式叉车（充气轮胎）。

2013—2014年机动工业车辆主要产品产销存情况见表2。

2014年工业车辆主要生产企业经济指标见表3。2012—2014年工业车辆行业部分重点企业主要经济指标见表4。

表 2　2013—2014 年机动工业车辆主要产品产销存情况　（单位：台）

产品名称	产量		销量		库存量	
	2013 年	2014 年	2013 年	2014 年	2013 年	2014 年
电动平衡重乘驾式叉车	32 612	42 638	33 339	42 002	628	731
电动乘驾式仓储叉车	9 598	5 859	9 713	6 177	197	64
电动步行式仓储叉车	45 696	61 267	45 890	62 040	775	1 164
内燃平衡重式叉车	243 708	252 342	239 822	249 403	7 768	8 326

表 3　2014 年工业车辆主要生产企业经济指标　（单位：万元）

企业名称	工业总产值（当年价）	工业增加值	产品销售收入（主营业务收入）	利润总额
安徽叉车集团有限责任公司	778 879.0	208 518.0	1 346 800.0	81 092.0
杭叉集团股份有限公司	880 031.0	100 705.0	890 566.1	57 673.0
龙工（上海）叉车有限公司	133 052.0	12 681.0	116 000.0	6 420.0
大连叉车有限责任公司	37 708.0	9 920.0	32 422.0	-483.0
浙江诺力机械股份有限公司	99 307.0	27 938.0	99 496.0	7 277.0
浙江美科斯叉车有限公司	60 738.0	10 942.0	58 075.0	5 254.0
宁波如意股份有限公司	84 176.0	9 288.0	79 522.0	6 733.0
江苏靖江叉车有限公司	19 627.0	2 932.0	19 757.3	615.0

表 4　2012—2014 年工业车辆行业部分重点企业主要经济指标

企业名称	年份	工业总产值（当年价）（万元）	工业增加值（万元）	产品销售收入（万元）	利润总额（万元）	从业人员平均人数（人）	工资总额（万元）	资产总计（万元）
安徽叉车集团有限责任公司	2012	646 060.0	141 919.0	606 604.0	44 814.0	7 622	38 728.0	529 724.0
	2013	766 958.0	173 508.0	1 285 703.0	67 918.0	8 081	43 162.0	577 872.0
	2014	778 879.0	208 518.0	1 346 800.0	81 092.0	8 159	51 390.0	644 758.0
杭叉集团股份有限公司	2012	753 265.6	67 963.4	748 947.7	31 880.6	2 195	17 776.1	284 029.9
	2013	796 320.0	89 168.0	846 428.5	43 397.0	2 407	14 073.0	321 964.0
	2014	880 031.0	100 705.0	890 566.1	57 673.0	2 433	16 571.0	326 167.0
大连叉车有限责任公司	2012	44 821.0	8 077.0	42 312.0	131.0	868	3 289.0	44 800.0
	2013	44 810.0	10 466.0	35 086.0	-217.0	731	3 096.0	45 958.0
	2014	37 708.0	9 920.0	32 422.0	-483.0	741	2 546.0	49 700.0
浙江诺力机械股份有限公司	2012	123 151.0	33 098.0	122 578.0	8 552.0	1 661	6 828.0	74 356.0
	2013	104 534.0	15 775.0	116 568.0	8 462.0	1 267	6 570.0	82 679.0
	2014	99 307.0	27 938.0	99 496.0	7 277.0	1 095	6 546.0	80 671.0
宁波如意股份有限公司	2012	74 031.0	7 852.0	71 377.0	3 620.0	964	6 969.0	40 280.0
	2013	74 136.0	8 817.0	70 412.0	4 630.0	988	6 936.0	38 845.0
	2014	84 176.0	9 288.0	79 522.0	6 733.0	1 006	7 636.0	43 390.0

市场销售

2014年前三季度，工业车辆市场销售维持了2013年的增长态势，但第四季度开始出现下滑，全年继续保持正增长，且销量再创历史新高。据工业车辆分会统计数据显示，参加分会统计的机动工业车辆制造企业共销售359 622台，与2013年同期的328 764台相比，增长了9.39%；非机动工业车辆销售量为1 197 188台，与上年同期的1 247 040台相比，下降了4.00%。

2014年机动工业车辆各月销售情况见表5。

表5　2014年机动工业车辆各月销售情况　　（单位：台）

月份	Ⅰ类 电动平衡重乘驾式叉车	Ⅱ类 电动乘驾式仓储叉车	Ⅲ类 电动步行式仓储叉车	Ⅳ类＋Ⅴ类 内燃平衡重式叉车（实心、充气轮胎）	Ⅰ～Ⅲ类电动叉车	Ⅰ＋Ⅳ＋Ⅴ类平衡重式叉车	Ⅰ～Ⅴ类工业车辆合计
1	2 540	461	3 782	15 951	6 783	18 491	22 734
2	1 943	407	4 685	17 709	7 035	19 652	24 744
3	3 620	543	5 144	30 437	9 307	34 057	39 744
4	3 491	460	4 596	27 283	8 547	30 774	35 830
5	3 249	485	4 869	23 593	8 603	26 842	32 196
6	3 504	555	5 098	21 419	9 157	24 923	30 576
7	3 557	550	5 847	20 462	9 954	24 019	30 416
8	3 925	547	5 992	20 290	10 464	24 215	30 754
9	4 177	531	5 925	19 744	10 633	23 921	30 377
10	3 755	458	5 139	18 421	9 352	22 176	27 773
11	4 100	512	5 166	18 139	9 778	22 239	27 917
12	4 141	668	5 797	15 955	10 606	20 096	26 561
合计	42 002	6 177	62 040	249 403	110 219	291 405	359 622

1. 内燃叉车销售情况

2014年共销售内燃平衡重乘驾式叉车249 403台，与上年同期的239 822台相比，上升了4.00%。销售的内燃平衡重乘驾式叉车中柴油叉车234 733台，其余为汽油叉车（含双燃料）。

2013—2014年内燃叉车各月销售量及增长率走势见图1。

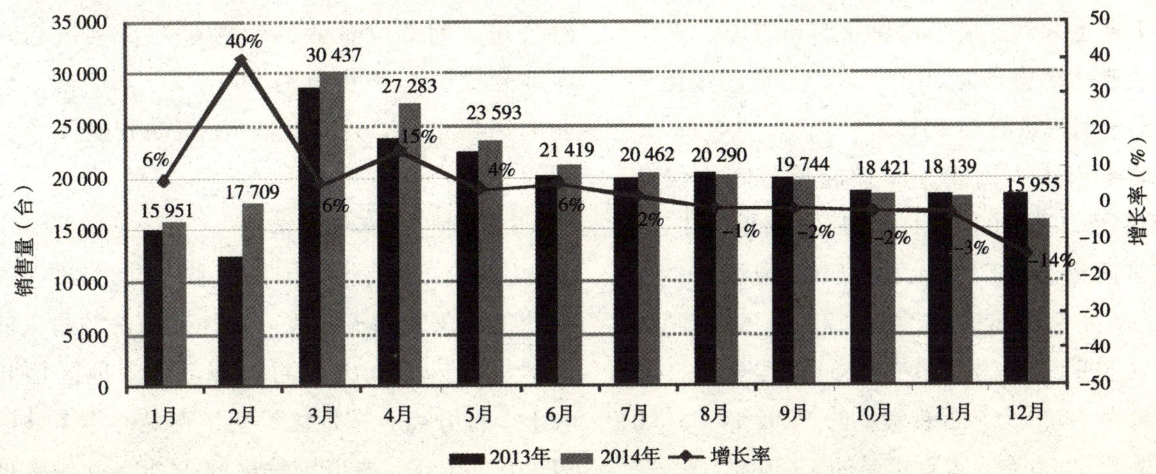

图1　2013—2014年内燃叉车各月销售量及增长率走势

销售量排在前10位的企业是：安徽叉车集团有限责任公司、杭叉集团股份有限公司、龙工（上海）叉车有限公司、台励福机器设备（青岛）有限公司、三菱重工叉车（大连）有限公司、广西柳工机械股份有限公司、安徽江淮银联重型工程机械有限公司、浙江鑫祥叉车制造有限公司、浙江美科斯叉车有限公司和凯傲宝骊(江苏)叉车有限公司，共销售202 602台，占内燃平衡重乘驾式叉车销售量的81.23%。销售量排在前5位的企业共销售168 859台（含贴牌），占内燃平衡重乘驾式叉车销售量的67.71%。

2. 电动叉车销售情况

2014年，电动叉车（包括电动平衡重乘驾式叉车和各类电动仓储叉车）销售量为110 219台，与上年同期的88 942台相比，上升了23.92%。2013—2014年电动叉车各月销售量及增长率走势见图2。

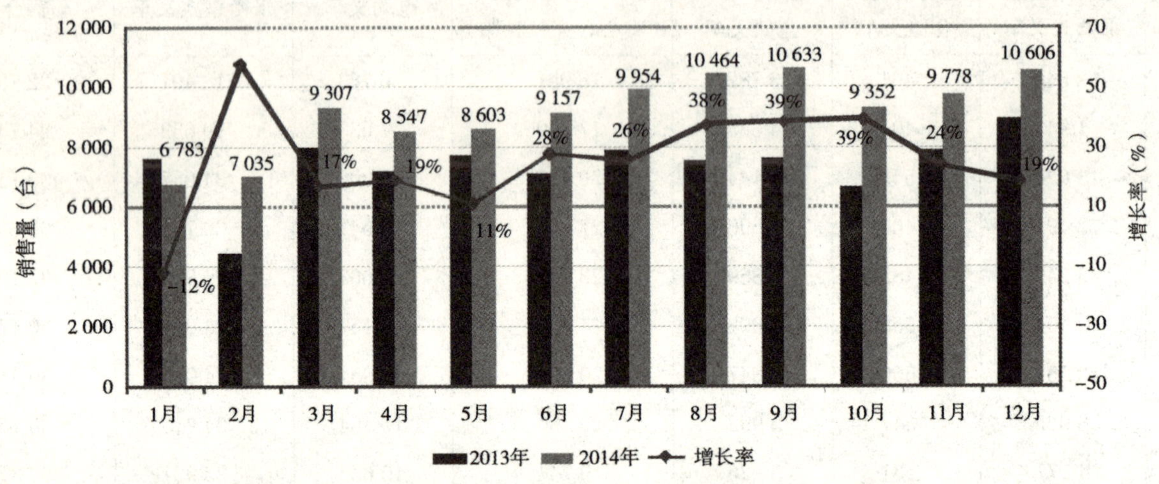

图2 2013—2014年电动叉车各月销售量及增长率走势

（1）电动平衡重乘驾式叉车。2014年，全国共销售电动平衡重乘驾式叉车42 002台，与上年同期的33 339台相比，上升了25.98%。

销售量排在前6位的企业是：杭叉集团股份有限公司、安徽叉车集团有限责任公司、林德（中国）叉车有限公司、丰田产业车辆（上海）有限公司、比亚迪股份有限公司和台励福机器设备（青岛）有限公司。前6位企业的销售量为27 947台，占电动平衡重乘驾式叉车销售量的66.54%；其中前3位企业的销售量为20 151台，占电动平衡重乘驾式叉车销售量的47.97%。

电动平衡重乘驾式叉车按起重量吨位级分的销售情况如下：0.0～1.199吨级销量为1 709台，占总销量的4.07%；1.2～1.999吨级销量为14 396台，占总销量的34.28%；2.0～2.499吨级销量为10 309台，占总销量的24.54%；2.5～2.999吨级销量为7 528台，占总销量的17.92%；＞3.0吨级销量为8 060台，占总销量的19.19%。

（2）电动仓储叉车（包括电动乘驾式仓储叉车、电动步行式仓储叉车等）。2014年全国共销售电动仓储叉车68 217台，与上年同期的55 603台相比，上升了22.69%。

销售量排在前6位企业是：浙江中力机械有限公司、浙江诺力机械股份有限公司、安徽叉车集团有限责任公司、宁波如意股份有限公司、杭叉集团股份有限公司、林德（中国）叉车有限公司。前6位企业的销售量为58 455台，占电动仓储叉车销售量的85.69%；其中前3位企业的销售量为36 367台，占电动仓储叉车销售量的53.31%。

3. 各地区叉车销售情况

从2014年销售到国内各省、市的268 152台机动工业车辆的流向看，以往市场份额最大的华东地区上升了0.16个百分点，西南地区增长了0.61个百分点。按地区销售情况是：华东地区销售119 060台，占市场份额的44.40%；华南地区销售 39 266 台，占市场份额的 14.64%；华中地区销售 27 501 台，占市场份额的 10.26%；华北地区销售 33 494 台，占市场份额的 12.49%；西北地区销售 15 985 台，占市场份额的 5.96%；西南地区销售 17 947 台，占市场份额的 6.69%；东北地区销售 14 899 台，占市场份额的 5.56%。

2014 年各省（市、区）叉车销售量及占市场份额情况见表 6。

表 6　2014 年各省（市、区）叉车销售量及占市场份额情况

序号	省（市、区）	销售量（台）	2014 年占市场份额（%）	2013 年占市场份额（%）	同比上升（百分点）	序号	省（市、区）	销售量（台）	2014 年占市场份额（%）	2013 年占市场份额（%）	同比上升（百分点）
1	广东	32 587	12.15	12.16	-0.01	17	湖南	5 067	1.89	1.99	-0.10
2	江苏	31 408	11.71	11.80	-0.09	18	新疆	4 835	1.80	1.96	-0.16
3	山东	28 573	10.66	10.84	-0.18	19	江西	4 809	1.79	1.75	0.04
4	浙江	23 561	8.79	8.41	0.38	20	重庆	4 460	1.66	1.53	0.13
5	上海	16 870	6.29	5.72	0.57	21	吉林	4 053	1.51	1.50	0.01
6	河北	12 777	4.76	5.15	-0.39	22	云南	3 701	1.38	1.45	-0.07
7	河南	10 040	3.74	3.93	-0.19	23	黑龙江	3 528	1.32	1.43	-0.11
8	福建	9 694	3.62	3.85	-0.23	24	山西	3 517	1.31	1.35	-0.04
9	安徽	8 954	3.34	3.19	0.15	25	内蒙古	3 069	1.14	1.13	0.01
10	湖北	7 585	2.83	3.01	-0.18	26	甘肃	2 815	1.05	0.96	0.09
11	北京	7 492	2.79	2.82	-0.03	27	贵州	2 411	0.90	0.85	0.05
12	辽宁	7 318	2.73	2.71	0.02	28	宁夏	1 978	0.74	0.60	0.14
13	天津	6 639	2.48	2.38	0.10	29	海南	1 490	0.56	0.46	0.10
14	四川	6 613	2.47	2.31	0.16	30	青海	1 209	0.45	0.34	0.11
15	广西	5 189	1.94	2.23	-0.29	31	西藏	762	0.28	0.11	0.17
16	陕西	5 148	1.92	2.08	-0.16						

4．轻小型搬运车辆市场情况

2014 年，分会会员单位上报的非机动工业车辆销售量为 1 197 188 台，与上年同期的 1 247 040 台相比，下降了 4.00%。近年来，在机动工业车辆增长的情况下，非机动工业车辆继续下跌。从统计数据看，下跌主要是非机动工业车辆的出口量下降造成的，国内市场略有增长。

5．固定平台搬运车销售情况

2014 年，固定平台搬运车销售量为 69 台，与上年同期的 304 台相比，下降了 77.30%。

6．牵引车销售情况

2014 年，牵引车销售量为 1 245 台（其中电动牵引车 403 台、内燃牵引车 842 台），与上年同期的 1 199 台相比，上升了 3.84%。

销售量排在前 5 位的企业是：江苏靖江叉车有限公司、林德（中国）叉车有限公司、大连叉车有限责任公司、丰田产业车辆（上海）有限公司、芜湖瑞创叉车有限公司。前 5 位企业的销售量为 911 台，占牵引车销售量的 73.17%；其中前 3 位企业的销售量为 813 台，占牵引车销售量的 65.30%。

进出口情况

2014 年，出口叉车及装有升降或搬运装置的工业车辆共 1 708 984 台，与 2013 年的出口量 1 792 298 台相比，下降了 4.65%；出口金额 1 944 225 997 美元，与 2013 年的出口金额 1 683 613 101 美元相比，上升了 15.48%。这些工业车辆出口到 183 个国家和地区。

2007—2014 年我国工业车辆出口情况见表 7。

表 7 2007—2014 年我国工业车辆出口情况

年份	出口量		出口额	
	数量（台）	同比增长（%）	金额（美元）	同比增长（%）
2007	1 710 729	36.60	789 904 667	71.73
2008	1 666 411	-2.59	1 032 741 549	30.74
2009	942 242	-43.46	466 315 333	-54.85
2010	1 580 085	67.69	756 331 867	62.19
2011	1 870 262	18.36	1 321 538 437	74.73
2012	1 783 947	-4.62	1 569 407 754	18.76
2013	1 792 298	0.47	1 683 613 101	7.28
2014	1 708 984	-4.65	1 944 225 997	15.48

表 8 2007—2014 年机动工业车辆出口数量、金额情况

年份	出口量		出口额	
	数量（台）	同比增长（%）	金额（美元）	同比增长（%）
2007	48 871	83.81	529 515 401	82.13
2008	60 333	23.45	722 682 384	36.48
2009	27 558	-54.32	309 421 396	-57.18
2010	47 143	71.07	517 832 892	67.36
2011	84 249	78.71	1 014 556 246	95.92
2012	97 786	16.07	1 251 750 489	23.38
2013	112 703	15.25	1 369 437 533	9.40
2014	133 208	18.19	1 624 387 978	18.62

1．2014 年机动工业车辆出口情况

2014 年，机动工业车辆出口量为 133 208 台，与 2013 年的 112 703 台相比，上升了 18.19%；其中电动叉车（含巷道堆垛机）出口 65 599 台，与 2013 年的出口量 51 288 台相比，上升了 27.90%；内燃叉车（含集装箱叉车）出口 67 609 台，与 2013 年的出口量 61 415 台相比，上升了 10.09%。

2007—2014 年机动工业车辆出口数量、金额情况见表 8。2007—2014 年机动工业车辆出口数量走势图见图 3。

（1）机动工业车辆出口各洲数量比例情况。机动工业车辆出口 133 208 台中，亚洲占 31.43%、美洲占 28.97%、欧洲占 25.69%、非洲占 7.77%、大洋洲占 6.14%；电动叉车（含巷道堆垛机）出口 65 599 台中，美洲占 37.68%、欧洲占 27.89%、亚洲占 25.90%、大洋洲占 5.88%、非洲占 2.65%；内燃叉车（含集装箱叉车）出口 67 609 台中，亚洲占 36.79%、欧洲占 23.55%、美洲占 20.50%、非洲占 12.74%、大洋洲占 6.42%。机动工业车辆出口各洲数量比例情况见表 9。

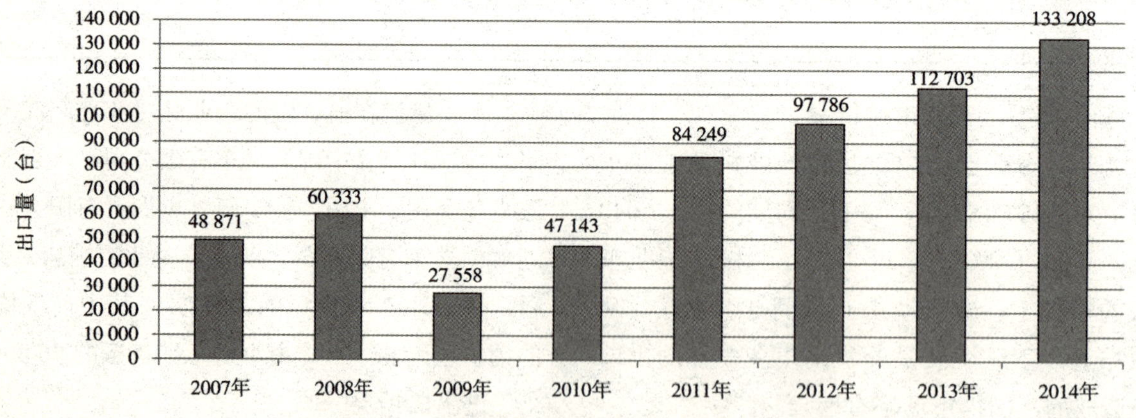

图 3 2007—2014 年机动工业车辆出口数量走势

表 9 机动工业车辆出口各洲数量比例情况

洲名称	机动工业车辆		电动叉车		内燃叉车	
	台数（台）	占比（%）	台数（台）	占比（%）	台数（台）	占比（%）
亚洲	41 863	31.43	16 991	25.90	24 872	36.79
非洲	10 352	7.77	1 740	2.65	8 612	12.74
欧洲	34 216	25.69	18 293	27.89	15 923	23.55
拉丁美洲	13 889	10.43	3 569	5.44	10 320	15.26
北美洲	24 694	18.54	21 148	32.24	3 546	5.24
大洋洲	8 194	6.14	3 858	5.88	4 336	6.42
合　计	133 208	100.00	65 599	100.00	67 609	100.00

（2）机动工业车辆出口各洲同期增长比例情况。机动工业车辆出口 133 208 台中，大洋洲同比增长 40.33%、亚洲同比增长 31.30%、欧洲同比增长 17.92%、美洲同比增长 8.29%、非洲同比增长 0.15%；出口电动叉车（含巷道堆垛机）65 599 台中各洲的同比增长情况分别是，大洋洲同比增长 68.55%、亚洲同比增长 39.67%、欧洲同比上升 28.07%、非洲同比增长 21.09%、美洲同比增长 17.07%；出口内燃叉车（含集装箱叉车）67 609 台中，各洲的同比增长情况分别是，亚洲同比增长 26.13%、大洋洲同比增长 22.14%、欧洲同比增长 8.08%、非洲同比降低 3.23%、美洲同比降低 4.47%。机动工业车辆出口各洲同比增长情况见表 10。

从出口数量上看，2014 年各类叉车出口去向前 5 位国家和地区见表 11。

表 10　机动工业车辆出口各洲同比增长情况

洲名称	机动工业车辆			电动叉车			内燃叉车		
	2014 年	2013 年	增长（%）	2014 年	2013 年	增长（%）	2014 年	2013 年	增长（%）
亚 洲	41 863	31 884	31.30	16 991	12 165	39.67	24 872	19 719	26.13
非 洲	10 352	10 336	0.15	1 740	1 437	21.09	8 612	8 899	-3.23
欧 洲	34 216	29 016	17.92	18 293	14 284	28.07	15 923	14 732	8.08
美 洲	38 583	35 628	8.29	24 717	21 113	17.07	13 866	14 515	-4.47
大洋洲	8 194	5 839	40.33	3 858	2 289	68.55	4 336	3 550	22.14
合 计	133 208	112 703	18.19	65 599	51 288	27.90	67 609	61 415	10.09

表 11　2014 年各类叉车出口去向前 5 位国家和地区

名次	电动叉车		内燃叉车		其他未列名叉车	
	国家（地区）	数量（台）	国家（地区）	数量（台）	国家（地区）	数量（台）
1	美国	20 499	土耳其	4 585	美国	448 403
2	德国	5 133	俄罗斯	4 071	德国	117 967
3	澳大利亚	3 437	荷兰	3 469	俄罗斯	88 369
4	比利时	2 933	巴西	3 430	土耳其	72 039
5	韩国	2 255	澳大利亚	3 273	印度	43 552

在机动工业车辆的出口中，电动叉车 67 609 台，占出口量的 50.75%；内燃叉车 65 599 台，占出口量的 49.25%。2013—2014 年机动工业车辆出口构成比例变化情况见表 12。

表 12　2013—2014 年机动工业车辆出口构成比例变化情况

年份	机动工业车辆合计（台）	电动叉车		内燃叉车	
		出口量（台）	占比（%）	出口量（台）	占比（%）
2014	133 208	67 609	50.75	65 599	49.25
2013	112 703	51 288	45.51	61 415	54.49

2. 2014 年非机动工业车辆（轻小型搬运车辆）出口情况

2014 年出口非机动工业车辆（轻小型搬运车辆）1 575 776 台，与上年同期的 1 679 595 台相比，下降了 6.18%。

（1）2014 年非机动工业车辆（轻小型搬运车辆）出口各洲情况。2014 年非机动工业车辆（轻小型搬运车辆）出口各洲情况见表 13。

表 13　2014 年非机动工业车辆（轻小型搬运车辆）出口各洲情况

洲名称	出口量（台）	占比（%）
亚洲	395 962	25.13
非洲	50 852	3.23
欧洲	484 927	30.77
拉丁美洲	131 809	8.36
北美洲	478 894	30.39
大洋洲	33 332	2.12
合 计	1 575 776	100.00

从表13看出，欧美占非机动工业车辆（轻小型搬运车辆）出口总量的69.52%，其中欧洲占30.77%，美洲占38.75%；亚洲只占25.13%。

（2）2014年非机动工业车辆（轻小型搬运车辆）出口欧洲排列前10位国家的出口量和占比情况。2014年非机动工业车辆（轻小型搬运车辆）出口欧洲排列前10位国家的出口量和占比情况见表14。

表14 2014年非机动工业车辆出口欧洲排列前10位国家的出口量和占比情况

	国家（地区）	出口量（台）	占比（%）
	总计	484 927	100.00
1	德国	117 967	24.33
2	俄罗斯	88 369	18.22
3	荷兰	38 181	7.87
4	英国	32 553	6.71
5	比利时	22 394	4.62
6	瑞典	22 198	4.58
7	法国	21 407	4.41
8	波兰	20 930	4.32
9	芬兰	16 155	3.33
10	意大利	12 615	2.60

（3）2014年非机动工业车辆（轻小型搬运车辆）出口美洲排列前10位国家的出口量和占比情况。2014年非机动工业车辆（轻小型搬运车辆）出口美洲排列前10位国家的出口量和占比情况见表15。

表15 2014年非机动工业车辆出口美洲排列前10位国家的出口量和占比情况

	国家（地区）	出口量（台）	占比（%）
	总计	610 703	100.00
1	美国	448 403	73.42
2	巴西	38 295	6.27
3	加拿大	30 491	4.99
4	墨西哥	30 443	4.98
5	智利	14 747	2.41
6	阿根廷	13 401	2.19
7	秘鲁	7 563	1.24
8	哥伦比亚	6 769	1.11
9	巴拿马	4 235	0.69
10	厄瓜多尔	3 323	0.54

3. 2013年中国工业车辆进口情况

2014年，进口叉车及装有升降或搬运装置的工业车辆共12 572台，与2013年的进口量12 063台相比，上升了4.22%；进口金额为291 695 891美元，与2013年的进口金额301 439 716美元相比，下降了3.23%。其中电动叉车（含巷道堆垛机）8 597台，与2013年的进口量7 770台相比，上升了10.64%；内燃叉车（含集装箱叉车）872台（其中集装箱叉车4台），与2013年的进口量1 117台相比，下降了21.93%；未列名叉车3 103台，与2013年的进口量4 332台相比，下降了28.37%。2007—2014年工业车辆进口情况见表16。

表16 2007—2014年工业车辆进口情况

年份	进口量		进口额	
	数量（台）	同比增长（%）	金额（美元）	同比增长（%）
2007	16 549	10.78	347 486 220	21.57
2008	13 807	-16.57	343 233 710	-1.22
2009	9 652	-30.09	293 627 560	-14.45
2010	14 644	51.72	389 169 560	32.54
2011	15 632	6.75	368 447 853	-5.32
2012	12 970	-17.03	321 267 736	-12.81
2013	12 063	-6.99	301 439 716	-6.17
2014	12 572	4.22	291 695 891	-3.23

2014年，进口的工业车辆来自28个国家和地区。进口的机动工业车辆9 469台中，欧洲占51.27%、美洲占15.74%、亚洲占32.88%、大洋洲占0.11%。其中进口电动叉车（含巷道堆垛机）8 597台中，欧洲占54.18%、美洲占14.77%、亚洲占30.99%、大洋洲占0.06%；进口内燃叉车（含集装箱叉车）872台中，欧洲占22.59%、美洲占25.23%、亚洲占51.49%、大洋洲占0.69%。

科研成果及新产品

2014年工业车辆行业部分企业科技成果见表17。2014年工业车辆行业部分企业新产品情况见表18。

表 17　2014 年工业车辆行业部分企业科技成果

序号	获奖企业	项目名称	证书类别	获奖等级	批准机关
1	安徽叉车集团有限责任公司	6～7t 交流蓄电池平衡重式叉车	安徽省新产品		安徽省经信委
		G 系列 1.5t 后驱三支点蓄电池平衡重式叉车	安徽省新产品		安徽省经信委
		G 系列 2～2.5t 交流蓄电池平衡重式叉车	安徽省新产品		安徽省经信委
		H 系列 2～3.5t 内燃平衡重式叉车	安徽省新产品		安徽省经信委
		H2000 系列 2～3.5t 天然气叉车	安徽省新产品		安徽省经信委
		G 系列 1～1.8t 交流蓄电池平衡重式叉车	安徽省新产品		安徽省经信委
		G 系列 3t 高性能蓄电池平衡重式叉车	安徽省新产品		安徽省经信委
2	杭叉集团股份有限公司	大吨位 XF 系列叉车	中国机械工业科学技术奖	三等奖	中国机械工业联合会
		GB/T 30031—2013 工业车辆电磁兼容性 GB/T 26949.3—2013 工业车辆 稳定性验证 第 3 部分：前移式和插腿式叉车	2014 年度杭州市标准创新贡献企业和杭州市研制与采用先进技术标准奖励	三等奖	浙江省杭州市
		小吨位 XF 系列内燃平衡重式叉车	杭州市科技进步奖	三等奖	浙江省杭州市
3	宁波如意股份有限公司	托盘搬运车关键技术研发及产业化项目	浙江省科学技术奖	三等奖	浙江省
		高位拣选设备关键技术研发及产业化项目	宁波市科学技术奖	一等奖	宁波市
		高位拣选设备关键技术的研究与开发项目	浙江机械工业科技进步奖	二等奖	浙江省
		CDDK 托盘堆垛车	宁波市发明创新大赛	特等奖	宁波市

表 18　2014 年工业车辆行业部分企业新产品情况

企业名称	新产品名称
安徽叉车集团有限责任公司	G 系列 5～7t 内燃叉车 G 系列 2～2.5t 交流蓄电池叉车 轻型 16t 重装叉车 HL956 叉装车 2～3t 防爆托盘搬运车 小超人系列仓储车 K 系列 1～1.5t 内燃车 低温起动叉车
杭叉集团股份有限公司	CPD10-35Ex-C1 气体粉尘混合防爆蓄电池叉车 新型高效进集装箱作业叉车 2～3.5t 内燃防爆叉车 绿色环保的 X 系列 6～8.5t 大吨位电动叉车开发 叉车冷却系统散热优化分析及油箱油液数值模拟研究 28～32t 重型系列叉车 石材行业专用 A 系列叉车 冷链物流用耐腐蚀节能电动叉车研发及产业化 智能工业车辆机器人及物流优化控制系统的研制与产业化 大举力高效节能型电动叉车

（续）

企业名称	新产品名称
大连叉车有限责任公司	FD180DCK5 型集装箱叉车
	FD260DCK7 型集装箱叉车
龙工（上海）叉车有限公司	LG10DL 越野叉车
	FD25II 短轴车
台励福机器设备（青岛）有限公司	7L 升级版叉车
吉鑫祥叉车制造有限公司	国内最大的 48t 叉车
厦门厦工机械股份有限公司	XG510B ～ XG530B-A5 交流蓄电池叉车

2014 年行业涌现的新现象和需要重点关注的问题

从以上国内外形势以及统计数据我们可以看出，在我国经济增速放缓的大环境下，工业车辆行业虽然总量和出口均有接近 10% 的增长，但从中我们也看到一些新形势下行业发展的趋势和遇到的问题。

首先是国内市场，整体增长 10.30%，增长速度相比往年有所放缓，从各月销售情况看，整体走势呈现出前高后低；从车型来看，电动叉车增长速度加快，同比增长达到 28.36%，在机动工业车辆总销量中占比达到 27%，相比上年的 23% 有明显提升；而内燃叉车增长速度放缓，同比增长只有 4.84%。出口方面，从海关 2014 年出口数据看，出口数量出现下降，但出口金额却增长 15.48%，一方面是近年来非机动工业车辆出口量一直下降，另一方面机动工业车辆出口中内资企业出口量增长只有 1%，而境内外资企业出口增长达 28%。进口方面，2014 年进口数量增长 4.22%，但进口金额继续下降 3.23%。

在市场占有率方面，销量前两位企业的占比为 44%，与 2013 年相比，下降 3 个百分点。前 5 家企业占比为 59%，与 2013 年相比，也下降 3 个百分点。再看一下内外资企业的市场情况：总销量中内资企业占比为 82%，外资为 18%，内资相比 2013 年提升 2 个百分点。国内市场中内资占比为 86%，外资占比 14%，与 2013 年同期相比基本持平。

工业车辆行业今后发展将进入总体销量增长放缓、环保型叉车尤其是电动叉车占比逐步增大的发展形势。由于国内市场经济增长放缓和内资企业出口竞争力优势有待加强等因素影响，2015 年预计工业车辆行业将进入小的调整期，市场竞争会进一步加剧。

〔撰稿人：中国工程机械工业协会工业车辆分会张洁〕

〔本文编辑：袁士华〕

路面与压实机械

2014 年，世界经济形势仍未明显好转。我国政府坚持稳中求进的工作总基调，不搞“强刺激”，国内经济增长放缓。受国内外经济形势的影响，我国工程机械行业整体市场持续低迷，下行压力加大，进入深度调整期。在这样的大环境下，我国公路交通基础设施建设投资减少，导致我国路面与压实机械市场需求回落，压路机、沥青摊铺机和路面铣刨机等主要产品销量同比不同程度下降，但下滑程度不严重。

在问题和困难增多、压力增大、市场竞争更加激烈的形势下，我国路面与压实机械行业生产企业继续坚持“调结构、转方式”，调整发展思路；以创新为动力，开发更新换代新产品；优化产品结构，不断提高产品技术和质量水平；努力改善经营管理和售后服务，大力推进国际化，取得了明显的效果，使我国路面与压实机械行业在低谷中保持平稳运行。

压 路 机

生产发展情况

我国压实机械分为压路机、回填压实机（又称垃圾压实机）和夯实机械 3 大类。压实机械以压路机为主，压路机分为静碾压路机、轮胎压路机、振动压路机和冲击压路机 4 类。目前，我国压路机生产企业有国有企业、民营企业和外资企业几十个，其中主要生产企业有 20 多个。压路机和回填压实机产品分类及 2014 年主要生产企业见表 1。

表 1　压路机和回填压实机产品分类及 2014 年主要生产企业

<table>
<tr><th colspan="3">产品分类</th><th>企业名称</th></tr>
<tr><td rowspan="5">压路机</td><td colspan="2">静碾压路机</td><td>徐工集团道路机械事业部、国机重工（洛阳）建筑机械有限公司、洛阳路通重工机械有限公司、常州常林俱进道路机械有限公司、柳工无锡路面机械有限公司、山推道路机械有限公司、龙工（上海）路面机械制造公司、江苏骏马压路机械有限公司</td></tr>
<tr><td colspan="2">轮胎压路机</td><td>徐工集团道路机械事业部、国机重工（洛阳）建筑机械有限公司、洛阳路通重工机械有限公司、厦工（三明）重型机器有限公司、常州常林俱进道路机械有限公司、柳工无锡路面机械有限公司、湖南三一路面机械有限公司、山推道路机械有限公司、山东公路机械厂、湖南江麓重工科技有限公司、龙工（上海）路面机械制造公司、江苏骏马压路机械有限公司、青岛科泰重工机械有限公司、维特根（中国）机械有限公司、戴纳派克（中国）压实摊铺设备有限公司、卡特彼勒（中国）投资有限公司、宝马格（中国）压实机械有限公司</td></tr>
<tr><td rowspan="3">振动压路机</td><td>机械式单钢轮</td><td>徐工集团道路机械事业部、国机重工（洛阳）建筑机械有限公司、洛阳路通重工机械有限公司、厦工（三明）重型机器有限公司、常州常林俱进道路机械有限公司、柳工无锡路面机械有限公司、山推道路机械有限公司、山东公路机械厂、鼎盛重工机械有限公司、龙工（上海）路面机械制造公司、江苏骏马压路机械有限公司、山东临工工程机械有限公司、青岛科泰重工机械有限公司、卡特彼勒（青州）有限公司</td></tr>
<tr><td>液压式单钢轮</td><td>徐工集团道路机械事业部、国机重工（洛阳）建筑机械有限公司、洛阳路通重工机械有限公司、厦工（三明）重型机器有限公司、常州常林俱进道路机械有限公司、柳工无锡路面机械有限公司、湖南三一路面机械有限公司、中联重科路面机械分公司、山推道路机械有限公司、山东公路机械厂、湖南江麓重工科技有限公司、龙工（上海）路面机械制造公司、江苏骏马压路机械有限公司、青岛科泰重工机械有限公司、沃尔沃建筑设备投资（中国）有限公司、维特根（中国）机械有限公司、戴纳派克（中国）压实摊铺设备有限公司、卡特彼勒（中国）投资有限公司、宝马格（中国）压实机械有限公司</td></tr>
<tr><td>双钢轮</td><td>徐工集团道路机械事业部、国机重工（洛阳）建筑有限公司、洛阳路通重工机械有限公司、厦工（三明）重型机器有限公司、常州常林俱进道路机械有限公司、柳工无锡路面机械有限公司、湖南三一路面机械有限公司、中联重科路面机械分公司、山推道路机械有限公司、山东公路机械厂、龙工（上海）路面机械制造公司、江苏骏马压路机械有限公司、青岛科泰重工机械有限公司、沃尔沃建筑设备投资（中国）有限公司、维特根（中国）机械有限公司、戴纳派克（中国）压实摊铺设备有限公司、卡特彼勒（中国）投资有限公司、宝马格（中国）压实机械有限公司</td></tr>
</table>

（续）

产品分类			企业名称
压路机	振动压路机	5t 以下	徐工集团道路机械事业部、国机重工（洛阳）建筑机械有限公司、洛阳路通重工机械有限公司、厦工（三明）重型机器有限公司、常州常林俱进道路机械有限公司、柳工无锡路面机械有限公司、山推道路机械有限公司、龙工（上海）路面机械制造公司、江苏骏马压路机械有限公司、青岛科泰重工机械有限公司、沃尔沃建筑设备投资（中国）有限公司、维特根（中国）机械有限公司、戴纳派克（中国）压实摊铺设备有限公司、卡特彼勒（中国）投资有限公司、宝马格（中国）压实机械有限公司
		拖式	厦工（三明）重型机器有限公司
	冲击压路机		厦工（三明）重型机器有限公司
回填压实机（垃圾压实机）	静碾式		徐工集团道路机械事业部、国机重工（洛阳）建筑机械有限公司、厦工（三明）重型机器有限公司、柳工无锡路面机械有限公司、中联重科路面机械分公司、山推道路机械有限公司、青岛科泰重工机械有限公司
	振动式		

总体销售情况

1. 我国压路机行业总体销售情况

2014 年，由于国内外经济不景气，压路机市场需求下降。据中国工程机械工业协会路面与压实机械分会统计，我国压路机行业全年销售压路机 14 270 台，同比下降 9.26%。其中国内销售 11 291 台，同比下降 8.43%；出口 2 979 台，同比下降 12.25%。2013—2014 年我国压路机行业总体销售情况见图 1。

2. 我国压路机行业月度销售情况

2014 年，我国压路机市场开局形势比较好，1 月压路机销量同比增长约 8%，2 月销量同比大幅增长近 20%，3 月销量增长势头减弱。4 月进入压路机销量旺季，销量虽然比 3 月略有增长，但销量同比出现约 12% 的较大幅度下滑，成为全年市场销量下滑的拐点。直到 12 月，压路机每月销量同比一直处于下降状态，形成了我国压路机行业全年销量同比下降的局面。2013—2014 年我国压路机行业月度销量走势见图 2。

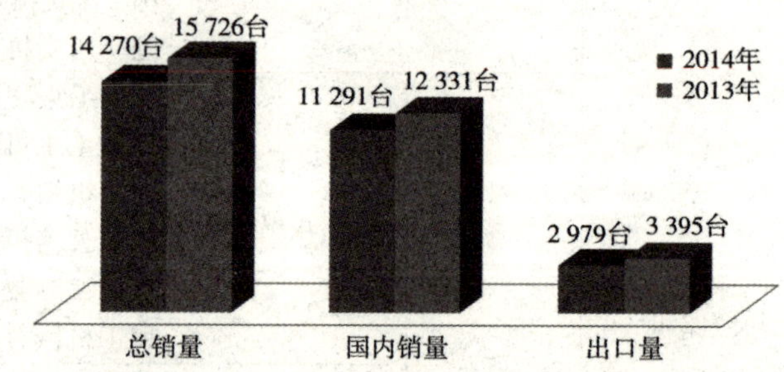

图 1 2013—2014 年我国压路机行业总体销售情况

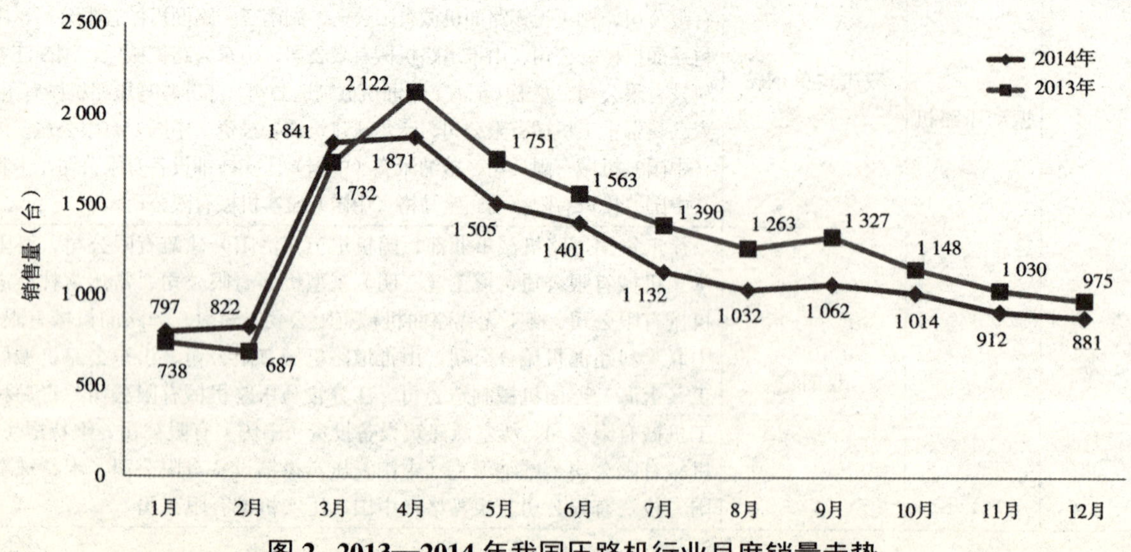

图 2 2013—2014 年我国压路机行业月度销量走势

3. 我国压路机行业产品销量构成

2014 年，我国压路机行业销售的产品中，振动压路机销量约占压路机总销量的 84%。机械式单钢轮振动压路机约占压路机总销量的 38.62%，仍然是我国压路机市场的主导产品；销量居第二位的是液压式单钢轮振动压路机，约占压路机总销量的 17.78%；5t 以下振动压路机销量居第三位，约占压路机总销量的 15.73%。2014 年我国压路机行业产品销量构成见图 3。

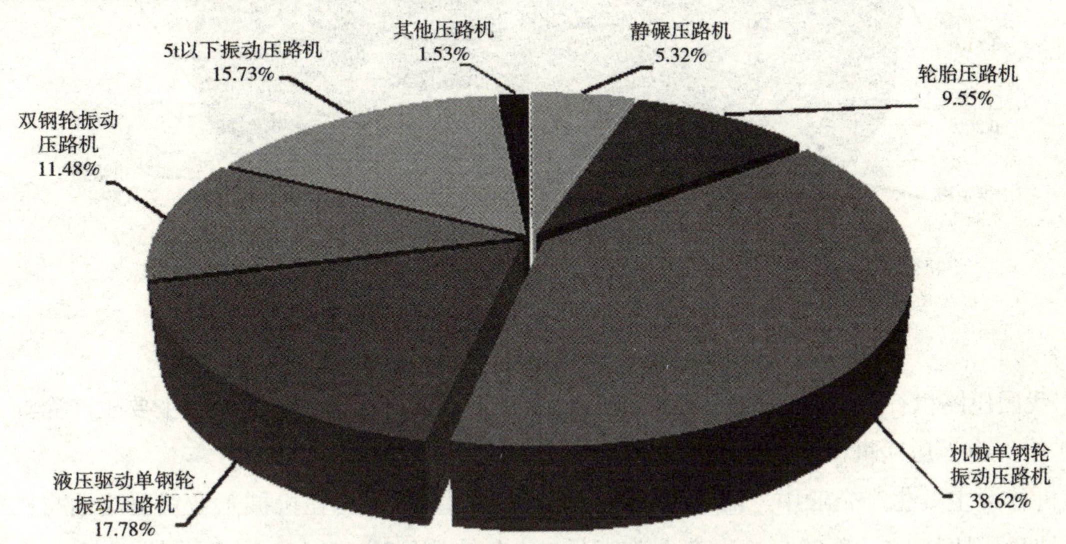

图 3 2014 年我国压路机行业产品销量构成

注：图中其他压路机包括垃圾压实机。

2014 年，我国压路机行业销售的产品中，轮胎压路机、5t 以下振动压路机和回填压实机销量同比增长，其余压路机销量同比都不同程度下降。与上年相比，2014 年我国压路机行业销售的各类产品所占比例也有变化：机械式单钢轮振动压路机和液压式单钢轮振动压路机所占比例略有下降，其余压路机所占比例略有增长。2013—2014 年我国压路机行业产品销量构成见表 2。

表 2 2013—2014 年我国压路机行业产品销量构成

产　品	2014 年		2013 年		同比增长（%）	占比提高（百分点）
	销量（台）	占比（%）	销量（台）	占比（%）		
静碾压路机	759	5.32	805	5.12	-5.71	0.20
轮胎压路机	1 363	9.55	1 335	8.49	2.10	1.06
机械式单钢轮振动压路机	5 511	38.62	6 370	40.51	-13.49	-1.89
液压式单钢轮振动压路机	2 537	17.78	3 075	19.55	-17.50	-1.77
双钢轮振动压路机	1 638	11.48	1 720	10.94	-4.77	0.54
5t 以下振动压路机	2 244	15.73	2 221	14.12	1.04	1.61
回填压实机	68	0.48	43	0.27	58.14	0.21
其他压路机	150	1.05	157	1.00	-4.46	0.05

4. 我国压路机行业主要生产企业销售情况

（1）我国压路机行业主要生产企业市场占有率

2014 年，我国压路机行业中销售压路机 800 台以上的生产企业有：徐工集团道路机械事业部、厦工（三明）重型机器有限公司、柳工无锡路面机械有限公司、洛阳路通重工机械有限公司、山推道路机械有限公司、国机重工（洛阳）建筑机械有限公司、江苏骏马压路机械有限公司。2014 年我国压路机行业主要生产企业市场占有率见图 4。

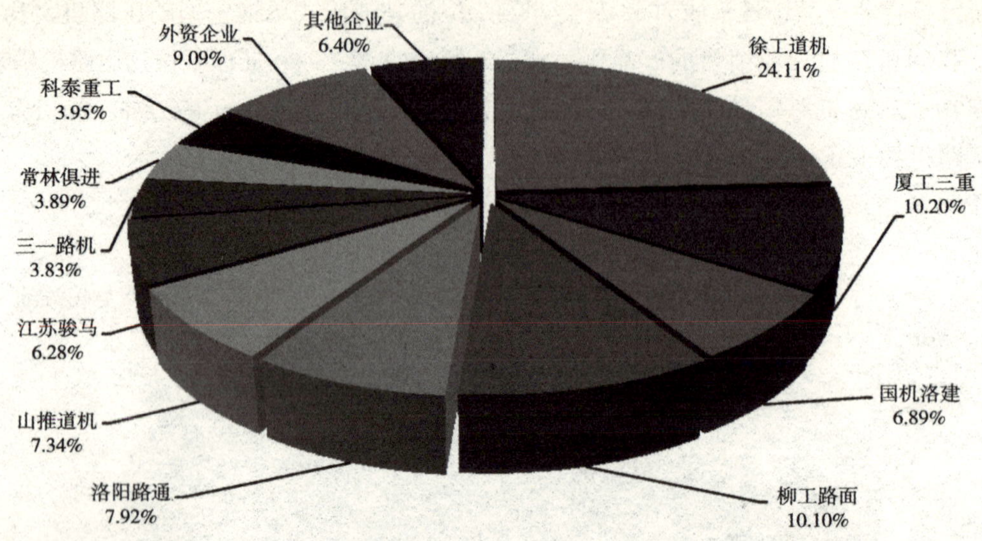

图 4　2014 年我国压路机行业主要生产企业市场占有率

（2）我国压路机行业主要生产企业销售情况

2014 年，由于压路机市场低迷，需求下降，我国压路机行业主要生产企业中，约 32% 的生产企业产品销量同比增长，约 68% 的生产企业产品销量同比下降。2013—2014 年我国压路机行业主要生产企业销售情况见表 3。

（3）我国压路机行业主要生产企业产品按品种销售情况

据中国工程机械工业协会路面与压实机械分会统计，2013—2014 年我国压路机行业主要生产企业产品按品种销售情况见表 4。

表 3　2013—2014 年我国压路机行业主要生产企业销售情况

序号	企业名称	2014 年		2013 年		同比增长（%）
		销量（台）	市场占有率（%）	销量（台）	市场占有率（%）	
1	徐工集团道路机械事业部	3 441	24.11	4 228	26.89	-18.61
2	国机重工（洛阳）建筑机械有限公司	983	6.89	1 024	6.51	-4.00
3	洛阳路通重工机械有限公司	1 130	7.92	1 492	9.49	-24.26
4	厦工（三明）重型机器有限公司	1 455	10.20	1 626	10.34	-10.52
5	常州常林俱进道路机械有限公司	555	3.89	678	4.31	-18.14
6	柳工无锡路面机械有限公司	1 441	10.10	1395	8.87	3.30
7	湖南三一路面机械有限公司	547	3.83	678	4.31	-19.32
8	中联重科路面机械分公司	62	0.43	108	0.69	-42.59
9	山推道路机械有限公司	1 048	7.34	1 132	7.20	-7.42
10	山东公路机械厂	30	0.21	74	0.47	-59.46
11	湖南江麓重工科技有限公司	17	0.12	24	0.15	-29.17
12	鼎盛重工机械有限公司	7	0.05	8	0.05	-12.50
13	龙工（上海）路面机械制造公司	426	2.99	662	4.21	-35.65
14	沃尔沃建筑设备投资（中国）有限公司	64	0.45	139	0.88	-53.96
15	维特根（中国）机械有限公司	456	3.20	354	2.25	28.81
16	戴纳派克（中国）压实摊铺设备有限公司	278	1.95	321	2.04	-13.40

（续）

序号	企业名称	2014年		2013年		同比增长（%）
		销量（台）	市场占有率（%）	销量（台）	市场占有率（%）	
17	卡特彼勒（中国）投资有限公司	97	0.68	21	0.13	361.90
18	宝马格（中国）压实机械有限公司	276	1.93	198	1.26	39.39
19	江苏骏马压路机械有限公司	896	6.28	741	4.71	20.92
20	山东临工工程机械有限公司	371	2.60	254	1.62	46.06
21	青岛科泰重工机械有限公司	564	3.95	340	2.16	65.88
22	卡特彼勒（青州）有限公司	126	0.88	229	1.46	-44.98

表4 2013—2014年我国压路机行业主要生产企业产品按品种销售情况

序号	企业名称	静碾压路机			轮胎压路机			其他压路机		
		2014年（台）	2013年（台）	同比增长（%）	2014年（台）	2013年（台）	同比增长（%）	2014年（台）	2013年（台）	同比增长（%）
1	徐工集团道路机械事业部	198	210	-5.71	560	589	-4.92			
2	国机重工（洛阳）建筑机械有限公司	16	33	-51.52	72	67	7.46			
3	洛阳路通重工机械有限公司	12	6	100.00	116	156	-25.64			
4	厦工（三明）重型机器有限公司				47	65	-27.69	150	157	-4.46
5	常州常林俱进道路机械有限公司	70	78	-10.26	45	25	80.00			
6	柳工无锡路面机械有限公司	128	118	8.47	80	73	9.59			
7	湖南三一路面机械有限公司				173	194	-10.82			
8	山推道路机械有限公司	135	80	68.75	1	20	-95.00			
9	山东公路机械厂				11	26	-57.69			
10	湖南江麓重工科技有限公司				6	3	100.00			
11	龙工（上海）路面机械制造公司	18	14	28.57	2	32	-93.75			
12	维特根（中国）机械有限公司				5	5	0			
13	戴纳派克（中国）压实摊铺设备有限公司				35	10	250.00			
14	卡特彼勒路面机械有限公司				4	0				
15	宝马格（中国）压实机械有限公司				6	3	100.00			
16	江苏骏马压路机械有限公司	182	264	-31.06	2	2	0			
17	山东临工工程机械有限公司	0	2							
18	青岛科泰重工机械有限公司				160	65	146.15			

序号	企业名称	机械式单钢轮振动压路机			液压式单钢轮振动压路机			双钢轮振动压路机		
		2014年（台）	2013年（台）	同比增长（%）	2014年（台）	2013年（台）	同比增长（%）	2014年（台）	2013年（台）	同比增长（%）
1	徐工集团道路机械事业部	1 464	1 923	-23.87	437	632	-30.85	302	342	-11.70
2	国机重工（洛阳）建筑机械有限公司	354	375	-5.60	53	20	165.00	61	82	-25.61

（续）

序号	企业名称	机械式单钢轮振动压路机			液压式单钢轮振动压路机			双钢轮振动压路机		
		2014 年（台）	2013 年（台）	同比增长（%）	2014 年（台）	2013 年（台）	同比增长（%）	2014 年（台）	2013 年（台）	同比增长（%）
3	洛阳路通重工机械有限公司	242	335	-27.76	460	515	-10.68	172	235	-26.81
4	厦工（三明）重型机器有限公司	473	464	1.94	490	617	-20.58	84	76	10.53
5	常州常林俱进道路机械有限公司	376	486	-22.63	59	68	-13.24	2	7	-71.43
6	柳工无锡路面机械有限公司	894	857	4.32	165	224	-26.34	20	42	-52.38
7	湖南三一路面机械有限公司				180	285	-36.84	194	199	-2.51
8	中联重科路面机械分公司				35	52	-32.69	24	56	-57.14
9	山推道路机械有限公司	778	854	-8.90	71	158	-55.06	6	8	-25.00
10	山东公路机械厂	4	17	-76.47	6	4	50.00	9	27	-66.67
11	湖南江麓重工科技有限公司				11	18	-38.89			
12	鼎盛重工机械有限公司	7	8	-12.50						
13	龙工（上海）路面机械制造公司	324	478	-32.22	25	21	19.05	4	15	-73.33
14	沃尔沃建筑设备投资（中国）有限公司				6	9	-33.33	38	101	-62.38
15	维特根（中国）机械有限公司				71	38	86.84	223	209	6.70
16	戴纳派克（中国）压实摊铺设备有限公司				27	66	-59.09	149	163	-8.59
17	卡特彼勒路面机械有限公司				47	6	683.33	42	7	500.00
18	宝马格（中国）压实机械有限公司				45	64	-29.69	131	59	122.03
19	江苏骏马压路机械有限公司	93	92	1.09	94	114	-17.54	100	2	4 900.00
20	山东临工工程机械有限公司	371	252	47.22						
21	青岛科泰重工机械有限公司	41	0		225	163	38.04	77	90	-14.44
22	卡特彼勒（青州）有限公司	126	229	-44.98						

序号	企业名称	5t 以下压路机			回填压实机		
		2014 年（台）	2013 年（台）	同比增长（%）	2014 年（台）	2013 年（台）	同比增长（%）
1	徐工集团道路机械事业部	479	532	-9.96	1	0	
2	国机重工（洛阳）建筑机械有限公司	411	440	-6.59	16	7	128.57
3	洛阳路通重工机械有限公司	128	245	-47.76			
4	厦工（三明）重型机器有限公司	217	229	-5.24	30	18	66.67
5	常州常林俱进道路机械有限公司	3	14	-78.57			
6	柳工无锡路面机械有限公司	152	79	92.41	2	2	0
7	中联重科路面机械分公司				2		
8	山推道路机械有限公司	7	0		13	9	44.44
9	湖南江麓重工科技有限公司				0	3	
10	龙工（上海）路面机械制造公司	53	102	-48.04			
11	沃尔沃建筑设备投资（中国）有限公司	20	29	-31.03			
12	维特根（中国）机械有限公司	155	102	51.96			

（续）

序号	企业名称	5t 以下压路机			回填压实机		
		2014 年（台）	2013 年（台）	同比增长（%）	2014 年（台）	2013 年（台）	同比增长（%）
13	戴纳派克（中国）压实摊铺设备有限公司	67	82	-18.29			
14	卡特彼勒路面机械有限公司	4	8	-50.00			
15	宝马格（中国）压实机械有限公司	93	72	29.17			
16	江苏骏马压路机械有限公司	425	267	59.18			
17	青岛科泰重工机械有限公司	30	18	66.67	4	4	0

国内销售情况

1.我国压路机国内销售情况

据中国工程机械工业协会路面与压实机械分会统计，2014 年，我国压路机行业国内销售压路机 11 291 台，占总销量的 79.12%，内销依存度同比增长 0.71 个百分点。2013—2014 年我国压路机行业国内销售情况见表 5。

表 5　2013—2014 年我国压路机行业国内销售情况

2014 年		2013 年		销量同比增长（%）
销量（台）	占比（%）	销量（台）	占比（%）	
11 291	79.12	12 331	78.41	-8.43

2.我国压路机在部分区域销售情况

2014 年，我国压路机在我国部分区域的销量排序与上年相比，华南区由上年第四位上升为第三位，北区由上年第三位降为第四位，其他区域排序没有变化。2014 年我国压路机在部分区域销量和出口量比例见图 5。

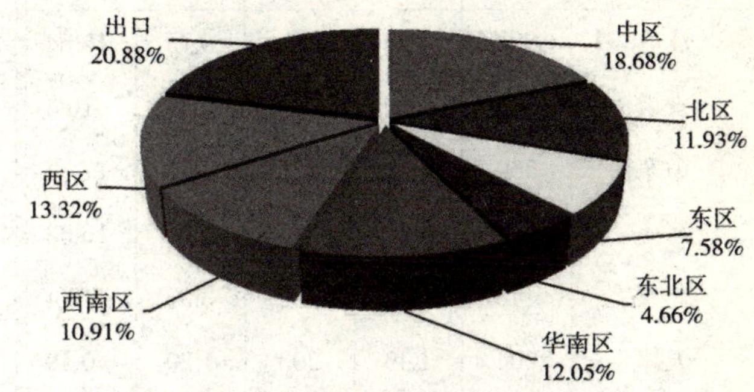

图 5　2014 年我国压路机在部分区域销量和出口量比例

2014 年，我国压路机行业在我国部分区域的销售中，除西南区压路机销量同比增长约 7% 外，其他区域销量同比都有所下降，降幅为 4%～18%。2013—2014 年国产压路机在我国部分区域销售情况见表 6。

表 6　2013—2014 年国产压路机在我国部分区域销售情况

区　　域	2014 年		2013 年		同比增长（%）
	销量（台）	市场占有率（%）	销量（台）	市场占有率（%）	
中区（江苏、安徽、山东、河南）	2 666	18.68	3 019	19.20	-11.69
北区（北京、天津、河北、山西、内蒙古）	1 702	11.93	1 914	12.71	-11.08
东区（浙江、江西、福建、上海）	1 081	7.58	1 271	8.08	-14.95
东北区（黑龙江、吉林、辽宁）	665	4.66	814	5.18	-18.30
华南区（广西、广东、湖北、湖南、海南）	1 719	12.05	1 881	11.96	-8.61
西南区（四川、重庆、云南、贵州）	1 557	10.91	1 450	9.22	7.38
西区（西藏、新疆、甘肃、青海、宁夏、陕西）	1 901	13.32	1 982	12.60	-4.09

3. 我国压路机在部分省、自治区、直辖市销售情况

2014 年，我国压路机行业在我国部分省、自治区、直辖市的销售中，9 个省、直辖市销量比上年增长，增幅为 0.5% ～ 26%。22 个省、自治区、直辖市的销量同比不同程度下降，降幅为 0.4% ～ 31%。江苏省销售压路机 897 台，销量仍居 31 个省、自治区、直辖市之首。云南省压路机销量同比增长最多，增长 26.22%。2013—2014 年我国压路机在部分省、自治区、直辖市的销售情况见表 7。

表 7 2013—2014 年我国压路机在部分省、自治区、直辖市的销售情况

省、自治区、直辖市	2014 年		2013 年		同比增长（%）	省、自治区、直辖市	2014 年		2013 年		同比增长（%）
	销量（台）	市场占有率（%）	销量（台）	市场占有率（%）			销量（台）	市场占有率（%）	销量（台）	市场占有率（%）	
江苏	897	6.29	1062	6.75	-15.54	广西	321	2.25	351	2.23	-8.55
安徽	584	4.09	529	3.36	-10.4	广东	406	2.85	464	2.95	-12.5
山东	560	3.92	681	4.33	-17.77	湖北	441	3.09	549	3.49	-19.67
河南	625	4.38	747	4.75	-16.33	湖南	421	2.95	388	2.47	8.51
北京	445	3.12	562	3.57	-15.4	海南	130	0.91	129	0.82	0.78
天津	204	1.43	203	1.29	0.49	四川	426	2.99	464	2.95	-8.19
河北	443	3.10	425	2.70	4.24	重庆	218	1.53	230	1.46	-5.22
山西	359	2.52	446	2.84	-19.51	云南	467	3.27	370	2.35	26.22
内蒙古	251	1.76	278	1.77	-9.71	贵州	446	3.13	386	2.45	15.54
浙江	329	2.31	366	2.33	-10.11	西藏	100	0.70	75	0.48	33.33
江西	283	1.98	284	1.81	-0.35	新疆	397	2.78	505	3.21	-21.39
福建	296	2.07	431	2.74	-31.32	甘肃	420	2.94	480	3.05	-12.5
上海	173	1.21	190	1.21	-8.95	青海	259	1.81	233	1.48	11.16
黑龙江	224	1.57	291	1.85	-23.02	宁夏	185	1.30	213	1.35	-13.15
吉林	168	1.18	202	1.28	-16.83	陕西	540	3.78	476	3.03	13.45
辽宁	273	1.91	321	2.04	-14.95						

进出口情况

1. 我国压实机械进出口情况

据国家海关总署统计，2014 年，我国机重 18t 及以上压路机和其他机动压路机的进口量和进口金额同比都大幅下降，出口量和出口金额同比都有所增长。2013—2014 年我国压实机械进出口情况见表 8。

2. 我国压实机械出口主要国家（地区）和出口量值

据国家海关总署统计，2014 年我国压实机械出口主要国家（地区）和出口量值见表 9。

表 8　2013—2014 年我国压实机械进出口情况

名　称	进口						出口					
	数量（台）			金额（万美元）			数量（台）			金额（万美元）		
	2014 年	2013 年	同比增长 (%)	2014 年	2013 年	同比增长 (%)	2014 年	2013 年	同比增长 (%)	2014 年	2013 年	同比增长 (%)
机重 18t 及以上压路机	26	46	-43.48	244.76	477.13	-48.70	1 100	1 004	9.56	7 671.95	6 751.65	13.63
其他机动压路机	359	432	-16.90	779.97	1 065.02	-26.76	14 767	12 232	20.72	32 029.80	3 0241.50	5.91
未列名捣固机及压路机	6	7	-14.29	0.60	11.11	-94.60	9 668	19 683	-50.88	1 406.43	2 694.76	-47.81
压实机械合计	391	485	-19.38	1 310.38	1 553.26	-15.64	25 535	32 919	-22.43	41 108.18	396 879.10	-89.64

表 9　2014 年我国压实机械出口主要国家（地区）和出口量值

机重 18t 及以上压路机						其他机动压路机					
国家（地区）	数量（台）	金额（万美元）	国家（地区）	数量（台）	金额（万美元）	国家（地区）	数量（台）	金额（万美元）	国家（地区）	数量（台）	金额（万美元）
阿尔及利亚	142	831.12	比利时	30	264.39	德国	3 445	852.76	南非	282	749.71
俄罗斯	76	387.11	埃塞俄比亚	26	184.05	美国	1 685	2 330.58	阿尔及利亚	243	1 042.71
澳大利亚	51	458.15	多哥	25	163.99	法国	1 315	1 097.61	斯里兰卡	212	932.20
哈萨克斯坦	45	247.48	缅甸	24	98.51	日本	783	770.61	阿拉伯联合酋长国	206	517.86
尼日利亚	38	255.79	柬埔寨	23	107.76	印度尼西亚	551	2 142.35	哈萨克斯坦	195	677.59
乌干达	37	277.61	老挝	23	220.59	俄罗斯	406	1 418.67	哥伦比亚	184	436.61
肯尼亚	36	531.94	吉布提	23	126.99	越南	364	1 055.11	埃塞俄比亚	183	619.90
赞比亚	34	228.38	印度尼西亚	22	198.55	菲律宾	340	1 259.39	加拿大	178	114.39
蒙古	33	181.22	斯里兰卡	22	133.88	奥地利	328	34.97	巴西	178	845.49
安哥拉	30	191.57	南非	21	188.41	沙特阿拉伯	327	1 535.99	墨西哥	156	674.40

未列名捣固机及压路机											
国家（地区）	数量（台）	金额（万美元）	国家（地区）	数量（台）	金额（万美元）	国家（地区）	数量（台）	金额（万美元）	国家（地区）	数量（台）	金额（万美元）
日本	4 108	253.36	澳大利亚	229	12.50	伊拉克	143	7.64	尼日利亚	61	13.61
俄罗斯	658	30.49	土耳其	226	11.80	荷兰	126	10.52	菲律宾	61	16.05
南非	327	25.67	阿拉伯联合酋长国	218	8.52	德国	110	4.46	越南	61	29.87
中国台湾	325	9.14	沙特阿拉伯	198	4.49	巴西	89	10.60	秘鲁	59	11.90
智利	317	3.77	新西兰	155	5.30	立陶宛	82	6.30	美国	54	4.36
摩洛哥	269	4.62	厄瓜多尔	150	1.67	加拿大	68	6.87	白俄罗斯	50	2.13
莫桑比克	263	38.36	肯尼亚	147	19.96	西班牙	64	3.80	墨西哥	46	36.48

3. 我国压路机行业产品出口情况

据中国工程机械工业协会路面与压实机械分会统计，2014 年，我国压路机行业出口压路机 2 979 台，同比下降约 12%，对外依存度同比下降 0.71 个百分点。2013—2014 年我国压路机行业产品出口情况见表 10。

表 10 2013—2014 年我国压路机行业产品出口情况

2014 年		2013 年		同比增长（%）
数量（台）	占比（%）	数量（台）	占比（%）	
2 979	20.88	3 395	21.59	-12.25

4. 我国压路机行业产品出口量构成

2014 年，我国压路机行业出口的产品中，液压式单钢轮振动压路机和机械式单钢轮振动压路机占压路机总出口量的 85% 以上，仍然是我国压路机的主要出口产品。与上年相比，除静碾压路机出口量大幅增长外，其余压路机产品出口量都不同程度下降。2013—2014 年我国压路机行业产品出口量构成见表 11。

表 11 2013—2014 年我国压路机行业产品出口量构成

产 品	2014 年		2013 年		同比增长（%）
	数量（台）	占比（%）	数量（台）	占比（%）	
静碾压路机	60	2.01	37	1.09	62.16
轮胎压路机	250	8.39	285	8.39	-12.28
机械驱动单钢轮振动压路机	1 117	37.50	1 155	34.02	-3.29
液压驱动单钢轮振动压路机	1 140	48.27	1 323	38.97	-13.83
双钢轮振动压路机	90	3.02	187	5.51	-51.87
5t 以下振动压路机	260	8.73	341	10.04	-23.75
垃圾压实机	8	0.27	12	0.35	-33.33
其他压路机	54	1.81	55	1.62	-1.82

5. 我国压路机行业主要生产企业产品出口情况

2014 年，由于世界经济形势不景气，我国压路机行业大多数生产企业产品出口量不同程度下降。据中国工程机械工业协会路面与压实机械分会统计，2013—2014 年我国压路机行业主要生产企业产品出口情况见表 12。

表 12 2013—2014 年我国压路机行业主要生产企业产品出口情况

序号	企业名称	2014 年		2013 年		同比增长（%）
		出口量（台）	占比（%）	出口量（台）	占比（%）	
1	徐工集团道路机械事业部	567	19.03	752	22.15	-24.60
2	国机重工（洛阳）建筑机械有限公司	168	5.64	152	4.48	10.53
3	洛阳路通重工机械有限公司	253	8.49	291	8.57	-13.06
4	厦工（三明）重型机器有限公司	479	16.08	693	20.14	-30.88
5	常州常林俱进道路机械有限公司	70	2.35	92	2.71	-23.91
6	柳工无锡路面机械有限公司	519	17.42	556	16.38	-6.65
7	湖南三一路面机械有限公司	58	1.95	122	3.59	-52.46
8	山推道路机械有限公司	231	7.75	288	8.48	-19.79
9	鼎盛重工机械有限公司	0	0.00	7	0.21	
10	龙工（上海）路面机械制造公司	162	5.44	239	7.04	-32.22
11	维特根（中国）机械有限公司	59	1.98	10	0.29	490.00
12	卡特彼勒路面机械有限公司	46	1.54	0	0.00	
13	江苏骏马压路机械有限公司	51	1.71	0	0.00	
14	山东临工工程机械有限公司	132	4.43	38	1.12	247.37
15	青岛科泰重工机械有限公司	145	4.87	105	3.09	38.10
16	卡特彼勒（青州）有限公司	39	1.31	50	1.47	-22.00

新产品与科技成果

1. 2014 年 1 月 10 日， 徐工集团道路机械事业部在徐州发布 XSJ3 系列机械式单钢轮振动压路机、XS3 系列全液压式单钢轮振动压路机、XD3 系列智能型双钢轮振动压路机和 XP3 系列轮胎压路机新产品。

2. 2014 年 1 月 10 日，国机重工（洛阳）建筑机械有限公司在武汉发布 SS321 型第四代单钢轮振动压路机、LDD312H-3 型智能型全液压式振动压路机、LSS203 型小型单钢轮振动压路机和 LSS203 型液压手扶振动压路机新产品。

3. 2014 年 2 月 17 日，山推工程机械股份有限公司开展 2014 山推系列产品全面升级活动，升级的产品包括 SR13D-3 型和 SR14D-3 型高频振动（67Hz）双钢轮压路机。

4. 2014 年 3 月 8 日，徐工集团道路机械事业部 XS333 型 33t 超重型全液压式单钢轮振动压路机新产品实现销售。

沥青混凝土摊铺机

生产发展情况

我国沥青混凝土摊铺机产品分为履带式沥青混凝土摊铺机和轮胎式沥青混凝土摊铺机两大类。履带式和轮胎式沥青混凝土摊铺机按行走传动方式又分为液压式和机械式。目前我国沥青混凝土摊铺机行业主要生产企业有 10 多家。2014 年我国沥青混凝土摊铺机行业主要生产企业分类销售产品情况见表 13。

表 13　2014 年我国沥青混凝土摊铺机行业主要生产企业分类销售产品情况

序号	主要生产企业名称	机械式							液压式									
		≤ 4.5 m		4.5 ～ 6 m（含）		6 ～ 8 m（含）		> 8.5 m	≤ 4.5m		4.5 ～ 6 m（含）		6 ～ 8 m（含）		8 ～ 9.5 m（含）		9.5 ～ 12m（含）	> 12m
		轮胎式	履带式	轮胎式	履带式	轮胎式	履带式	履带式	轮胎式	履带式	轮胎式	履带式	轮胎式	履带式	轮胎式	履带式	履带式	履带式
1	徐工集团道路机械事业部								●	●	●	●	●	●		●	●	●
2	江苏华通动力重工有限公司	●	●	●	●	●	●				●	●		●		●		●
3	鼎盛重工机械有限公司										●		●	●		●		
4	湖南三一路面机械有限公司													●		●	●	●
5	中联重科路面机械分公司													●		●	●	●
6	中交西安筑路机械有限公司	●	●	●					●	●	●	●		●		●		
7	成都市新筑路桥机械股份有限公司													●		●	●	●
8	柳工无锡路面机械有限公司								●		●					●	●	
9	沃尔沃建筑设备投资（中国）有限公司															●	●	
10	维特根（中国）机械有限公司								●	●	●	●	●	●		●	●	●
11	戴纳派克（中国）压实摊铺设备有限公司									●						●	●	
12	住重中骏（厦门）建机有限公司										●	●				●		
13	卡特彼勒路面机械有限公司								●							●		
14	陕西建设机械股份有限公司															●	●	
15	北京天顺长城有限公司															●	●	●
16	宝马格（中国）压实机械有限公司								●	●				●		●	●	

注：打●的产品为生产企业 2014 年销售的产品。

总体销售情况

2014 年，我国沥青混凝土摊铺机行业总体销售情况

2014 年，我国公路建设投资减少，主要用于沥青路面施工的沥青混凝土摊铺机市场回落较大。据中国工程机械工业协会路面与压实机械分会统计， 我国沥青混凝土摊铺机行业全年销售沥青混凝土摊铺机 1 737 台，同比下降 15.92%。其中国内销售 1 681 台，同比下降 13.26%；出口 56 台，同比下降 56.25%。2013—2014 我国沥青混凝土摊铺机行业总体销售情况见图 6。

2. 我国沥青混凝土摊铺机行业月度销售情况

2014 年，我国沥青混凝土摊铺机市场开局不利，1 月销量同比下降约 26%。2 月销量比 1 月略有增长，3 月销量虽然比 2 月有较大幅度增长，但同比下降很大，超过 30%。4 月销量为全年最高点，但销量同比仍处于下降状态。5 月销量开始下滑，直至年底，每月销量基本上都持续下降。全年只有 7 月销量同比略有增长，其余月份销量同比都为下降，因而形成我国沥青混凝土摊铺机行业全年销量同比下降较大的局面。2013—2014 年我国沥青混凝土摊铺机行业月度销量走势见图 7。

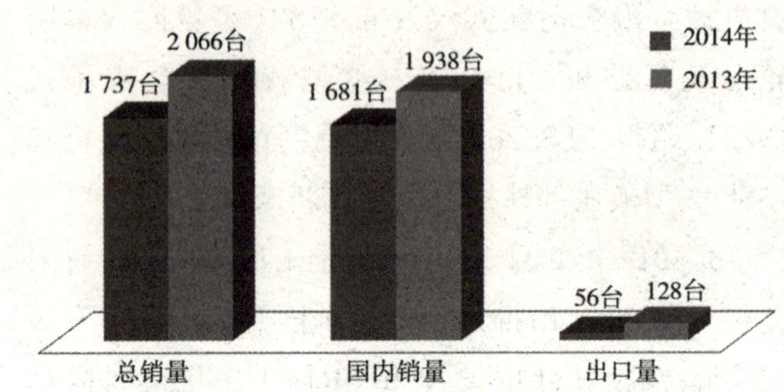

图 6 2013—2014 年我国沥青混凝土摊铺机行业总体销售情况

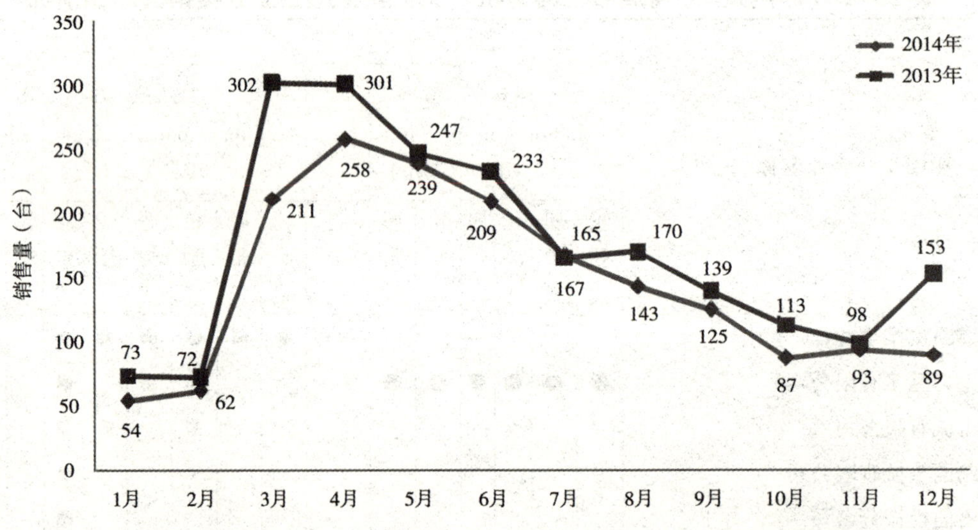

图 7 2013—2014 年我国沥青混凝土摊铺机行业月度销量走势

3. 我国沥青混凝土摊铺机行业产品销量构成

2014 年，我国沥青混凝土摊铺机行业销售的产品中，8 ～ 9.5m（含）沥青混凝土摊铺机销量最大，仍然是我国沥青混凝土摊铺机市场的主导产品。销量居第二位的是 9.5 ～ 12m（含）沥青混凝土摊铺机。其他沥青混凝土摊铺机产品销量都比较少，只占沥青混凝土摊铺机总销量的 4% ～ 9%。2014 年我国沥青混凝土摊铺机行业产品销量构成见图 8。

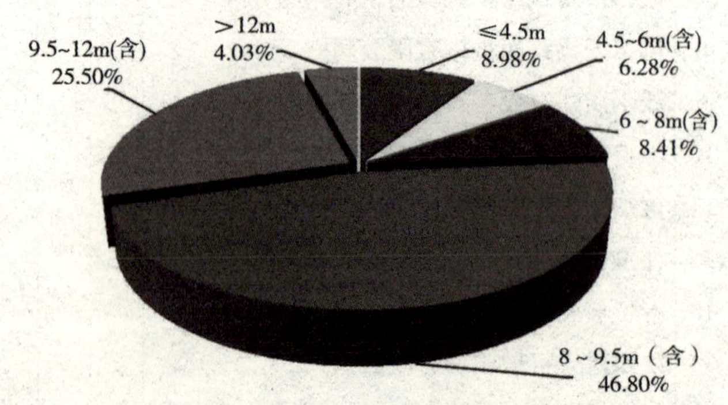

图 8 2014 年我国沥青混凝土摊铺机行业产品销量构成

2014年，我国沥青混凝土摊铺机行业销售的产品与上年相比：轮胎式和液压式沥青混凝土摊铺机销量占比略有增长，履带式和机械式沥青混凝土摊铺机销量占比稍有下降。沥青混凝土摊铺机各类产品中，4.5～6m、6～8m和9.5～12m（含）沥青混凝土摊铺机销量同比增长，其中6～8m（含）沥青混凝土摊铺机增长最多，增长10.61%。其余沥青混凝土摊铺机销量同比下降，其中＞12m沥青混凝土摊铺机产品销量下降最大，下降48.15%，说明2014年我国高等级沥青道路面层施工工程减少。2013—2014年我国沥青混凝土摊铺机行业产品销量构成见表14。

表14 2013—2014年我国沥青混凝土摊铺机行业产品销量构成

产品		2014年		2013年		同比增长(%)
		销量（台）	占比（%）	销量（台）	占比（%）	
按摊铺宽度	≤4.5 m	156	8.98	174	8.42	-10.34
	4.5～6 m（含）	109	6.28	100	4.84	9.00
	6～8 m（含）	146	8.41	132	6.39	10.61
	8～9.5 m（含）	813	46.80	1 101	53.29	-26.16
	9.5～12 m（含）	443	25.50	424	20.52	4.48
	＞12 m	70	4.03	135	6.53	-48.15
按驱动方式	轮胎式	213	12.26	208	10.07	2.40
	履带式	1 524	87.74	1 858	89.93	-17.98
按行走方式	机械式	89	5.12	129	6.24	-31.01
	液压式	1 648	94.88	1 937	93.76	-14.92

4. 我国沥青混凝土摊铺机行业主要生产企业销售情况

（1）我国沥青混凝土摊铺机行业主要生产企业市场占有率

2014年，我国沥青混凝土摊铺机行业销售沥青混凝土摊铺机100台以上的生产企业有：徐工集团道路机械事业部、湖南三一路面机械有限公司、维特根(中国)机械有限公司、江苏华通动力重工有限公司、中联重科路面机械分公司。2014年我国沥青混凝土摊铺机行业主要生产企业市场占有率见图9。

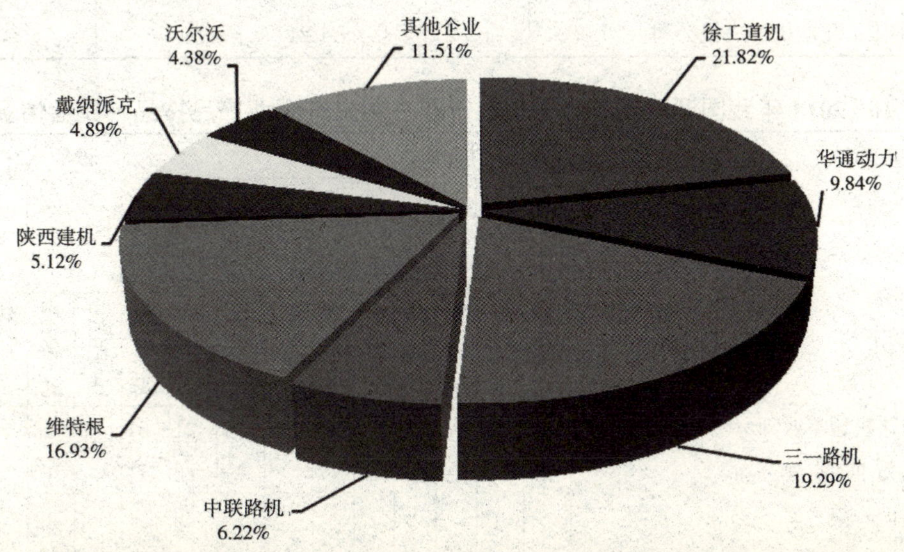

图9 2014年我国沥青混凝土摊铺机行业主要生产企业市场占有率

（2）我国沥青混凝土摊铺机行业主要生产企业销售情况

2014年，由于沥青混凝土摊铺机市场低迷，我国沥青混凝土摊铺机行业只有约1/3的生产企业销量同比增长，增长幅度为1%～50%。大多数生产企业销量同比下降，下降幅度为1%～47%。2013—2014年我国沥青混凝土摊铺机行业主要生产企业销售情况见表15。

（3）我国沥青混凝土摊铺机行业主要生产企业产品按品种销售情况

据中国工程机械工业协会路面与压实机械分会统计，2014年我国沥青混凝土摊铺机行业主要生产企业产品按品种销售情况见表16。

表15 2013—2014年我国沥青混凝土摊铺机行业主要生产企业销售情况

序号	企业名称	2014年		2013年		
		销量（台）	市场占有率（%）	销量（台）	市场占有率（%）	同比增长（%）
1	徐工集团道路机械事业部	379	21.82	486	23.52	-22.02
2	江苏华通动力重工有限公司	171	9.84	195	9.44	-12.31
3	鼎盛重工机械有限公司	30	1.73	55	2.66	-45.45
4	湖南三一路面机械有限公司	335	19.29	478	23.14	-29.92
5	中联重科路面机械分公司	108	6.22	202	9.78	-46.53
6	中交西安筑路机械有限公司	43	2.48	36	1.74	19.44
7	成都市新筑路桥机械股份有限公司	26	1.50	47	2.27	-44.68
8	柳工无锡路面机械有限公司	18	1.04	12	0.58	50.00
9	沃尔沃建筑设备投资（中国）有限公司	76	4.38	75	3.63	1.33
10	维特根（中国）机械有限公司	294	16.93	232	11.23	26.72
11	戴纳派克（中国）压实摊铺设备有限公司	85	4.89	85	4.11	0.00
12	住重中骏（厦门）建机有限公司	4	0.23	3	0.15	33.33
13	卡特彼勒（中国）投资有限公司	2	0.12	2	0.10	0.00
14	陕西建设机械有限公司	89	5.12	90	4.36	-1.11
15	北京天顺长城有限公司	56	3.22	65	3.15	-13.85
16	天津山河装备开发有限公司	0	0.00	3	0.15	
17	宝马格（中国）压实机械有限公司	21	1.21			

表16 2014年我国沥青混凝土摊铺机行业主要生产企业产品按品种销售情况 （单位：台）

序号	企业名称	机械式						液压式									
		≤4.5m		4.5～6m（含）		6～8m（含）		≤4.5m		4.5～6m（含）		6～8m（含）		8～9.5m（含）		9.5～12m（含）	>12m
		轮胎式	履带式	轮胎式	履带式	轮胎式	履带式	轮胎式	履带式	轮胎式	履带式	轮胎式	履带式	轮胎式	履带式	履带式	履带式
1	徐工集团道路机械事业部							55	1	21	31	5	33		161	63	9
2	江苏华通动力重工有限公司	48	4	9	8	3	7			2	1		10		76		3
3	鼎盛重工机械有限公司									8		1	11		10		
4	湖南三一路面机械有限公司												35		194	97	9

序号	企业名称	机械式						液压式									
		≤4.5 m		4.5～6 m（含）		6～8 m（含）		≤4.5 m		4.5～6 m（含）		6～8 m（含）		8～9.5 m（含）		9.5～12m（含）	>12m
		轮胎式	履带式	轮胎式	履带式	轮胎式	履带式	轮胎式	履带式	轮胎式	履带式	轮胎式	履带式	轮胎式	履带式	履带式	履带式
5	中联重科路面机械分公司												1		79	23	5
6	中交西安筑路机械有限公司	1	1	8				5	4	10	1		1		12		
7	成都市新筑路桥机械股份有限公司												10		8	6	2
8	柳工无锡路面机械有限公司							2		1					14	1	
9	沃尔沃建筑设备投资（中国）有限公司														70	6	
10	维特根（中国）机械有限公司							21	9	2	4	7	21		142	51	37
11	戴纳派克（中国）压实摊铺设备有限公司								1						8	76	
12	住重中骏（厦门）建机有限公司									1	1				2	0	
13	卡特彼勒路面机械有限公司							1							1	0	
14	陕西建设机械股份有限公司														18	71	
15	北京天顺长城有限公司														15	35	5
16	宝马格（中国）压实机械有限公司							1	2				1		3	14	

国内销售情况

1. 我国沥青混凝土摊铺机行业国内销售情况

据中国工程机械工业协会路面与压实机械分会统计，2014 年，我国沥青混凝土摊铺机行业国内销售沥青混凝土摊铺机 1 681 台，占总销量的 96.78%，内销依存度同比增长 2.98 个百分点。2013—2014 年我国沥青混凝土摊铺机行业国内销售情况见表 17。

表 17 2013—2014 我国沥青混凝土摊铺机行业国内销售情况

2014 年		2013 年		同比增长（%）
数量（台）	占比（%）	数量（台）	占比（%）	
1 681	96.78	1 938	93.80	-13.26

2. 我国沥青混凝土摊铺机行业部分区域销售情况

2014 年我国沥青混凝土摊铺机行业在我国部分区域的销量和出口量比例见图 10。

2014 年，我国沥青混凝土摊铺机行业在我国部分区域的销售，只有中区销量同比增长约 17%，其他区域销量同比都不同程度下降，降幅为 15% ～ 39%。2013—2014 年我国沥青混凝土摊铺机行业在我国部分区域的销售情况见表 18。

3. 我国沥青混凝土摊铺机行业在部分省、自治区、直辖市销售情况

2014 年，我国沥青混凝土摊铺机行业在部分省、自治区和直辖市的销售中，约 42% 的省、自治区和直辖市销量同比增长，增幅为 1% ～ 72%。约 55% 的省、自治区和直辖市销量同比下降，降幅为 4% ～ 56%。2013—2014 年我国沥青混凝土摊铺机在我国部分省、自治区、直辖市的销售情况见表 19。

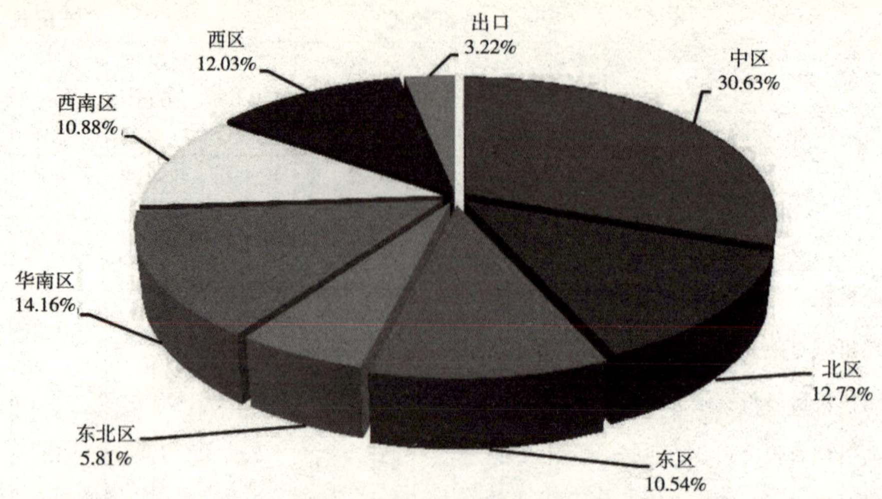

图 10　2014 年我国沥青混凝土摊铺机在我国部分区域的销量和出口量比例

表 18　2013—2014 年我国沥青混凝土摊铺机行业在我国部分区域的销售情况

区　　域	2014 年		2013 年		同比增长(%)
	销量(台)	市场占有率(%)	销量(台)	市场占有率(%)	
中区（江苏、安徽、山东、河南）	532	30.63	454	21.97	17.18
北区（北京、天津、河北、山西、内蒙古）	221	12.72	287	13.89	-23.00
东区（浙江、江西、福建、上海）	183	10.54	216	10.45	-15.28
东北区（黑龙江、吉林、辽宁）	101	5.81	166	8.03	-39.16
华南区（广西、广东、湖北、湖南、海南）	246	14.16	296	14.33	-16.89
西南区(四川、重庆、云南、贵州)	189	10.88	263	12.73	-28.14
西区(西藏、新疆、甘肃、青海、宁夏、陕西)	209	12.03	256	12.39	-18.36

表 19　2013—2014 年我国沥青混凝土摊铺机行业在我国部分省、自治区、直辖市的销售情况

省、自治区、直辖市	2014 年		2013 年		同比增长(%)	省、自治区、直辖市	2014 年		2013 年		同比增长(%)
	销量(台)	市场占有率(%)	销量(台)	市场占有率(%)			销量(台)	市场占有率(%)	销量(台)	市场占有率(%)	
江苏	216	12.44	161	7.79	34.16	广西	36	2.07	51	2.47	-29.41
安徽	88	5.07	73	3.53	20.55	广东	65	3.74	98	4.74	-33.67
山东	132	7.60	125	6.05	5.60	湖北	68	3.91	64	3.10	6.25
河南	96	5.53	95	4.60	1.05	湖南	72	4.15	63	3.05	14.29
北京	56	3.22	98	4.74	-42.86	海南	5	0.29	20	0.97	-75.00
天津	31	1.78	18	0.87	72.22	四川	56	3.22	107	5.18	-47.66
河北	60	3.45	59	2.86	1.69	重庆	29	1.67	42	2.03	-30.95
山西	42	2.42	68	3.29	-28.24	云南	51	2.94	53	2.57	-3.77
内蒙古	32	1.84	44	2.13	-27.27	贵州	53	3.05	61	2.95	-13.11
浙江	71	4.09	74	3.58	4.05	西藏	0	0.00	10	0.48	
江西	46	2.65	45	2.18	2.22	新疆	54	3.11	89	4.31	-39.33
福建	42	2.42	58	2.81	27.59	甘肃	50	2.88	50	2.42	0.00
上海	24	1.38	39	1.89	-38.46	青海	20	1.15	21	1.02	-4.76
黑龙江	24	1.38	55	2.66	-56.36	宁夏	22	1.27	30	1.45	-26.67
吉林	39	2.25	44	2.13	11.36	陕西	63	3.63	56	2.71	12.50
辽宁	38	2.19	67	3.24	-43.28						

进出口情况

1. 我国沥青混凝土摊铺机进出口情况

据国家海关总署统计，2014 年我国沥青混凝土摊铺机进口量和进口金额同比都有较大增长，出口量同比也有较大幅度增长，但出口金额有所下降。2013—2014 年我国沥青混凝土摊铺机进出口情况见表 20。

表 20 2013—2014 年我国沥青混凝土摊铺机进出口情况

名 称	进 口						出 口					
	数量（台）			金额（万美元）			数量（台）			金额（万美元）		
	2014 年	2013 年	同比增长（%）	2014 年	2013 年	同比增长（%）	2014 年	2013 年	同比增长（%）	2014 年	2013 年	同比增长（%）
沥青混凝土摊铺机	294	239	23.01	4 785.59	3 598.05	33.01	381	313	21.73	3 125.37	3 499.12	-10.68

2. 我国沥青混凝土摊铺机出口主要国家（地区）和出口量值

据国家海关总署统计，2014 年我国沥青混凝土摊铺机出口主要国家（地区）和出口量值见表 21。

表 21 2014 年我国沥青混凝土摊铺机出口主要国家（地区）和出口量值

国家（地区）	数量（台）	金额（万美元）	国家（地区）	数量（台）	金额（万美元）
德国	262	4 169.90	瑞士	3	30.13
意大利	18	384.47	美国	1	38.52
日本	10	162.57			

3. 我国沥青混凝土摊铺机行业产品出口情况

2014 年，由于世界经济不景气，我国沥青混凝土摊铺机行业产品出口量同比大幅下降。据中国工程机械工业协会路面与压实机械分会统计，2014 年，我国沥青混凝土摊铺机行业出口沥青混凝土摊铺机 56 台，同比下降约 56%，对外依存度同比下降 2.98 个百分点。2013—2014 年我国沥青混凝土摊铺机行业产品出口情况见表 22。

表 22 2013—2014 年我国沥青混凝土摊铺机行业产品出口情况

2014 年		2013 年		同比增长（%）
数量（台）	占比（%）	数量（台）	占比（%）	
56	3.22	128	6.2	-56.25

4. 我国沥青混凝土摊铺机行业产品出口量构成

2014 年，我国沥青混凝土摊铺机行业产品出口量构成与上年相比有较大变化，主要变化是出口量最大的产品由上年的≤ 4.5 m 沥青混凝土摊铺机转变为 8 ～ 9.5 m（含）沥青混凝土摊铺机。2013—2014 年我国沥青混凝土摊铺机行业产品出口量构成见表 23。

5. 我国沥青混凝土摊铺机行业主要生产企业产品出口情况

据中国工程机械工业协会路面与压实机械分会统计，2013—2014 年我国沥青混凝土摊铺机行业主要生产企业产品出口情况见表 24。

表 23 2013—2014 年我国沥青混凝土摊铺机行业产品出口量构成

	2014 年		2013 年		同比增长（%）	占比提高（百分点）
	销量（台）	占比（%）	销量（台）	占比（%）		
≤ 4.5 m	9	16.07	48	37.50	-81.25	-21.43
4.5 ～ 6 m（含）	12	21.43	32	25.00	-62.50	-3.57

（续）

	2014 年		2013 年		同比增长 (%)	占比提高 (百分点)
	销量 (台)	占比 (%)	销量 (台)	占比 (%)		
6～8 m（含）	6	10.71	22	17.19	-72.73	-6.48
8～9.5 m（含）	20	35.71	22	17.19	-9.09	18.52
9.5～12 m（含）	7	12.50	2	1.56	250.00	10.94
＞12 m	2	3.57	2	1.56	0	2.01

表 24　2013—2014 年我国沥青混凝土摊铺机行业主要生产企业产品出口情况

序号	企业名称	2014 年		2013 年		同比增长 (%)
		出口量 (台)	占比 (%)	出口量 (台)	占比 (%)	
1	徐工集团道路机械事业部	16	28.57	66	51.56	-75.76
2	江苏华通动力重工有限公司	12	21.43	36	28.13	-66.67
3	鼎盛重工机械有限公司	0	0.00	8	6.25	
4	湖南三一路面机械有限公司	9	16.07	5	3.91	80.00
5	中联重科路面机械分公司	2	3.57	0	0.00	
6	中交西安筑路机械有限公司	2	3.57	4	3.13	-50.00
7	成都市新筑路桥机械股份有限公司	1	1.79	0	0.00	
8	柳工无锡路面机械有限公司	1	1.79	1	0.78	0.00
9	维特根（中国）机械有限公司	10	17.86	8	6.25	25.00
10	戴纳派克（中国）压实摊铺设备有限公司	2	3.57	0	0.00	
11	北京天顺长城有限公司	1	1.79	0	0.00	

新产品与科技成果

1. 2014 年 1 月 3 日，柳工无锡路面机械有限公司首台沥青混凝土摊铺机下线。

2. 2014 年 1 月 10 日，徐工集团道路机械事业部在徐州发布 3 系列沥青混凝土摊铺机新产品。

3. 2014 年 2 月 17 日，山推工程机械股份有限公司开展 2014 山推系列产品全面升级活动，升级的产品包括 SRP95M 多功能摊铺机。

4. 2014 年 4 月 29 日，中交西安筑路机械有限公司在北京发布 LTUY900B 履带式沥青混凝土新产品。

路面铣刨机

生产发展情况

我国路面铣刨机分为轮胎式路面铣刨机和履带式路面铣刨机两大类产品。目前我国路面铣刨机行业主要生产企业有 10 多家，生产 40 多种规格、型号的轮胎式和履带式自行式路面铣刨机。2014 年我国路面铣刨机行业主要生产企业分类销售产品情况见表 25。

表 25 2014 年我国路面铣刨机行业主要生产企业分类销售产品情况

序号	企业名称	铣刨宽度（B）（mm）								
		轮胎式				履带式				
		B＜500	500≤B＜1 000	1 000≤B＜1 100	1 200≤B＜1 500	1 000≤B＜1 100	1 100≤B＜1 500	1 500≤B＜2 000	2 000≤B≤2 100	B＞2 100
1	徐工集团道路机械事业部	●	●	●	●		●		●	
2	江苏华通动力重工有限公司		●	●	●		●		●	
3	湖南三一路面机械有限公司			●					●	
4	中联重科路面机械分公司								●	
5	柳工无锡路面机械有限公司			●						
6	卡特彼勒路面机械有限公司			●					●	
7	戴纳派克（中国）压实摊铺设备有限公司								●	
8	宝马格（中国）压实机械有限公司								●	
9	维特根（中国）机械有限公司		●	●	●				●	●

说明：打●的产品为生产企业 2014 年销售的产品。

总体销售情况

1. 我国路面铣刨机行业总体销售情况

2014 年，受国内外经济形势的影响，我国路面铣刨机市场比较低迷，下行压力增大。据中国工程机械工业协会路面与压实机械分会统计，我国路面铣刨机行业全年销售路面铣刨机 481 台，比上年增长 99.59%。其中，国内销售 470 台，同比增长 109.82%；出口 11 台，同比下降 35.29%。因为该统计数据中，新增加了维特根（中国）机械有限公司和宝马格（中国）压实机械有限公司，而且维特根（中国）机械有限公司的销量比较大，对路面铣刨机市场分析有很大影响。所以包含新增加的两家公司的数据（称为统计数据）不能反映 2014 年我国路面铣刨机市场相对于上年的变化情况。在不包括新增加的这两家公司（称为比较数据）的情况下，我国路面铣刨机行业全年销售路面铣刨机 198 台，比上年下降 17.84%。国内销售 187 台，同比下降 16.52%；出口 11 台，同比下降 35.29%；比较客观地反映了 2014 年与 2013 年我国路面铣刨市场的变化情况。2013—2014 我国路面铣刨机行业总体销售情况见图 11。

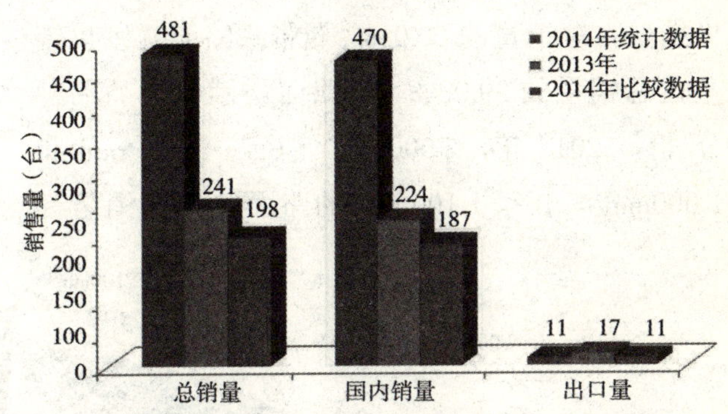

图 11 2013—2014 年我国路面铣刨机行业总体销售情况

2. 我国路面铣刨机行业月度销售情况

2013—2014 年我国路面铣刨机行业月度销量走势见图 12。2014 年 1 月、2 月我国路面铣刨机市场形势比较好，销量同比分别增长 37.5% 和 27.27%。但 3 月销量同比开始下降，月销量同比一路走低，进入同比下降状态，直到 7 月才出现一次反弹，月销量同比增长 17.64%。8 月月销量同比又重返下降状态，并一直持续到 11 月。全年只有 4 个月销量同比增长，8 个月销量同比下降，形成了 2014 年我国路面铣刨机行业在低谷中运行的局面。

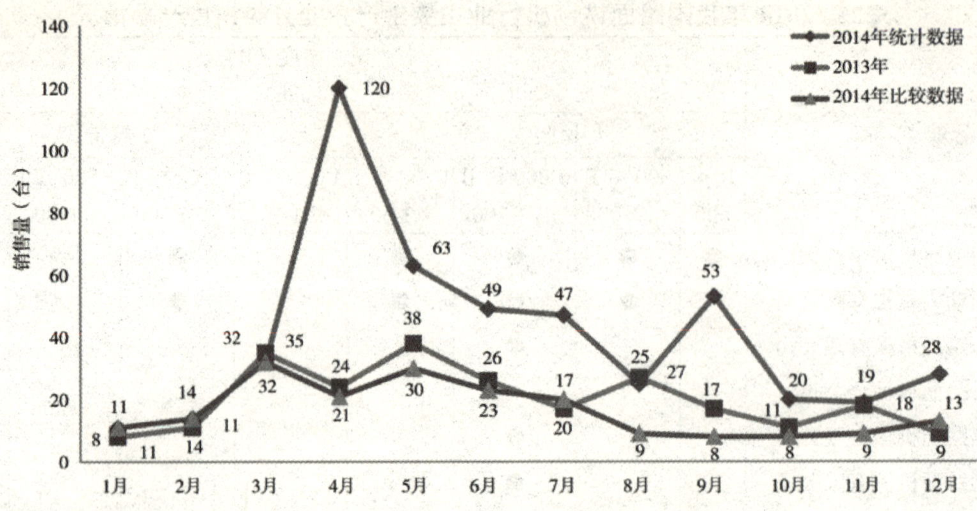

图 12　2013—2014 年我国路面铣刨机行业月度销量走势

3. 我国路面铣刨机行业产品销量构成

根据中国工程机械工业协会路面与压实机械分会的统计数据：2014 年，我国轮式路面铣刨机销量占总销量的 60.08%，履带式路面铣刨机销量占总销量的 39.92%。从路面铣刨机产品品种分析，2014 年，2 000mm ≤ B ≤ 2 100 mm 和 1 000mm ≤ B ＜ 1 100 mm 的路面铣刨机销量都很大，仍然是我国路面铣刨机市场的两种主导产品；500mm ≤ B ＜ 1 000 mm 和 1 200mm ≤ B ＜ 1 500 mm 的路面铣刨机销量分别居第三和第四。500 mm 以下、1 100mm ≤ B ＜ 1 200 mm 和 2 100 mm 以上的大型路面铣刨机销量都很少。2014 年我国路面铣刨机行业产品销量构成见图 13。

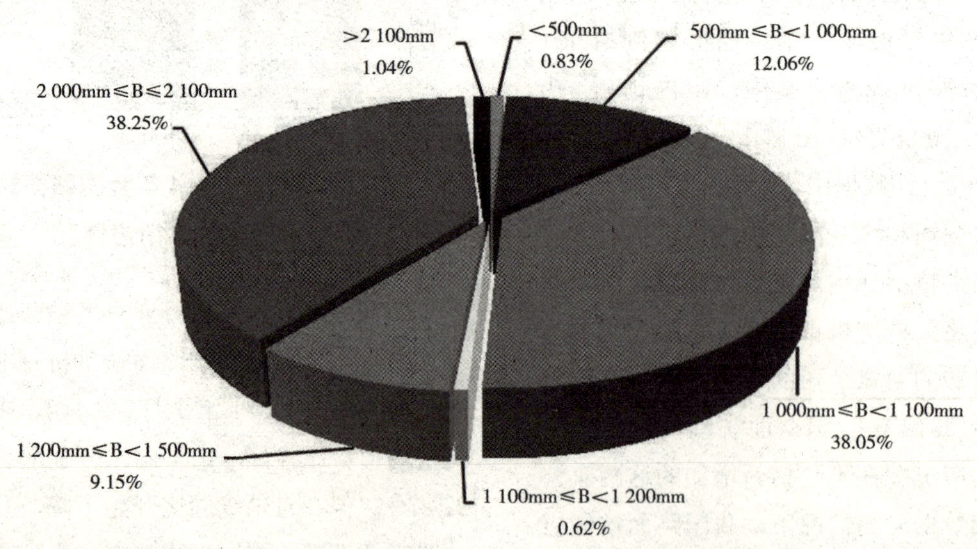

图 13　2014 年我国路面铣刨机行业产品销量构成

4. 我国路面铣刨机行业主要生产企业销售情况

（1）我国路面铣刨机行业主要生产企业市场占有率

根据中国工程机械工业协会路面与压实机械分会的统计数据：2014 年，维特根（中国）机械有限公司在我国路面铣刨机市场占有的份额很大，接近 60%。2014 年我国路面铣刨机行业主要生产企业市场占有率见图 14。

（2）我国路面铣刨机行业主要生产企业销售情况。中国工程机械工业协会路面与压实机械分会的统计数据显示：2014 年，我国路面铣刨机行业绝大多数主要生产企业销量同比下降。2013—2014 年我国路面铣刨机行业主要生产企业销售情况见表 26。

（3）我国路面铣刨机行业主要生产企业产品按品种销售情况。根据中国工程机械工业协会路面与压实机械分会的统计数据，2014 年我国路面铣刨机行业主要生产企业产品按品种销售情况见表 27。

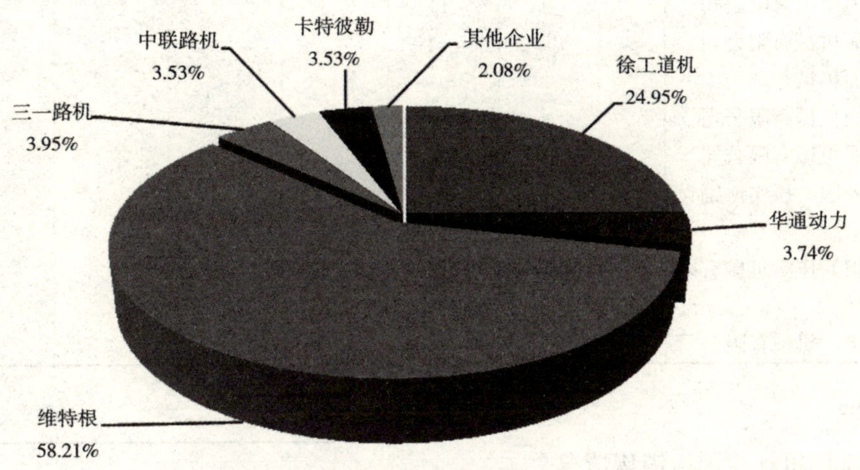

图 14　2014 年我国路面铣刨机行业主要生产企业市场占有率

表 26　2013—2014 年我国路面铣刨机行业主要生产企业销售情况

序号	企业名称	2014 年		2013 年		同比增长(%)
		销量（台）	市场占有率(%)	销量（台）	市场占有率(%)	
1	徐工集团道路机械事业部	120	24.95	125	51.87	-4.00
2	江苏华通动力重工有限公司	18	3.74	39	16.18	-53.85
3	湖南三一路面机械有限公司	19	3.95	28	11.62	-32.14
4	中联重科路面机械分公司	17	3.53	20	8.30	-0.15
5	柳工无锡路面机械有限公司	5	1.04	5	2.07	0
6	陕西建设机械股份有限公司			7	2.90	
7	鼎盛重工机械有限公司			2	0.83	
8	天津山河装备开发有限公司			3	1.24	
9	卡特彼勒路面机械有限公司	17	3.53	6	2.49	183.33
10	戴纳派克（中国）压实摊铺设备有限公司	2	0.42	6	2.49	-66.67
11	宝马格（中国）压实机械有限公司	3	0.62			
12	维特根（中国）机械有限公司	280	58.21			

表 27 2014 年我国路面铣刨机行业主要生产企产品按品种销售情况

序号	企业名称	铣刨宽度（B）（mm）								
		轮胎式				履带式				
		B＜500	500≤B＜1 000	1 000≤B＜1 100	1 200≤B＜1 500	1 000≤B＜1 100	1 100≤B＜1 500	1 500≤B＜2 000	2 000≤B≤2 100	B＞2 100
1	徐工集团道路机械事业部	4	10	82	15		1		8	
2	江苏华通动力重工有限公司		1	11	3		2		1	
3	湖南三一路面机械有限公司			4					15	
4	中联重科路面机械分公司								17	
5	柳工无锡路面机械有限公司			5						
6	卡特彼勒路面机械有限公司			1					16	
7	戴纳派克（中国）压实摊铺设备有限公司								2	
8	宝马格（中国）压实机械有限公司								3	
9	维特根（中国）机械有限公司		47	80	26				122	5

国内销售情况

1. 我国路面铣刨机行业国内销售情况

2013—2014 年我国路面铣刨机行业国内销售情况见表 28。

2. 我国路面铣刨机行业部分区域销售情况

根据中国工程机械工业协会路面与压实机械分会统计数据，2014 年我国路面铣刨机行业在我国部分区域的销售情况见表 29。

表 28 2013—2014 年我国路面铣刨机行业国内销售情况

项目	2014 年		2013 年
	统计数据	比较数据	
销量（台）	470	187	224
占比 (%)	97.71	94.44	92.95
同比增长（%）	109.82	-16.52	
对内依存度增长（百分点）	4.76	1.49	

表 29 2014 年我国路面铣刨机行业在我国部分区域的销售情况

区域	销量（台）	市场占有率 (%)
中区（江苏、安徽、山东、河南）	158	32.85
北区（北京、天津、河北、山西、内蒙古）	73	15.18
东区（浙江、江西、福建、上海）	81	16.84
东北区（黑龙江、吉林、辽宁）	23	4.78
华南区（广西、广东、湖北、湖南、海南）	58	12.06
西南区（四川、重庆、云南、贵州）	36	7.48
西区（西藏、新疆、甘肃、青海、宁夏、陕西）	41	8.52

3. 我国路面铣刨机行业在我国部分省、自治区、直辖市销售情况

根据中国工程机械工业协会路面与压实机械分会的统计数据，2014 年我国路面铣刨机行业在我国部分省、自治区、直辖市销售情况见表 30。

出口情况

1. 我国路面铣刨机行业产品出口情况

2014 年，我国路面铣刨机行业产品出口量与上年相比大幅下降。据中国工程机械工业协会路面与压实机械分会统计，2013—2014 年我国路面铣刨机行业产品出口量见表 31。

2. 我国路面铣刨机行业产品出口量构成

2014 年，我国路面铣刨机行业产品出口量构成见表 32。

表 30　2014 年我国路面铣刨机行业在我国部分省、自治区、直辖市的销售情况

省、自治区、直辖市	销量（台）	市场占有率(%)	省、自治区、直辖市	销量（台）	市场占有率(%)	省、自治区、直辖市	销量（台）	市场占有率(%)
江苏	68	14.14	福建	11	2.29	重庆	10	2.08
安徽	17	3.53	上海	14	2.91	云南	12	2.49
山东	37	7.69	黑龙江	6	1.25	贵州	5	1.04
河南	36	7.48	吉林	2	0.42	西藏	0	0
北京	29	6.03	辽宁	15	3.12	新疆	14	2.91
天津	6	1.25	广西	5	1.04	甘肃	15	3.12
河北	28	5.82	广东	24	5.00	青海	3	0.62
山西	9	1.87	湖北	10	2.08	宁夏	1	0.21
内蒙古	1	0.21	湖南	17	3.53	陕西	8	1.66
浙江	46	9.56	海南	2	0.42			
江西	10	2.08	四川	9	1.87			

表 31 2013—2014 年我国路面铣刨机行业产品出口量

项目	2014 年		2013 年
	统计数据	比较数据	
出口量（台）	11		17
占比 (%)	2.29	5.56	7.05
同比增长（%）	-35.29		
对外依存度增长(百分点)	-4.76	-1.49	

表 32　2014 年我国路面铣刨机行业产品出口量构成

产品（B 为铣刨宽度）	出口量（台）	占比（%）
500mm ≤ B ＜ 1 000 mm	2	18.18
1 000mm ≤ B ＜ 1 100 mm	9	81.82

3. 我国路面铣刨机行业主要生产企业产品出口情况

2014 年路面我国铣刨机行业主要生产企业产品出口情况见表 33。

表 33　2014 年我国路面铣刨机行业主要生产企业产品出口情况

企 业 名 称	出口量（台）	占比（%）
徐工集团道路机械事业部	10	90.91
江苏华通动力重工有限公司	1	9.09

新产品与科技成果

（1）2014 年 1 月 3 日，柳工无锡路面机械有限公司首台路面铣刨机下线。

（2）2014 年 1 月 10 日， 徐工集团道路机械事业部在徐州发布 K 系列路面铣刨机新产品。

（3）2014 年，江苏华通动力重工有限公司开发生产 HM1000 型四轮驱动路面铣刨机新产品。

（4）2014 年 4 月 29 日，中交西安筑路机械有限公司在北京发布 RM2000 型路面铣刨机新产品。

其他路面机械

新产品与科技成果

（1） 2014 年 1 月 10 日， 徐工集团道路机械事业部在徐州发布 XLY100T 型沥青路面养护车、XTF120 型同步碎石封层车和 XF100 型稀浆封层车新产品。

（2）2014 年 4 月 29 日，中交西安筑路机械有限公司在北京发布 JC4000 型沥青搅拌设备、5161TYH 型多功能综合养护车、MS12 型稀浆封层车和 5311TFC 型沥青碎石同步封层车新产品。

（3）2014 年，河南陆德筑机股份有限公司在北京召开 PMT460 型沥青搅拌设备和火浪神三代粉煤燃烧器新产品鉴定及发布会。

〔撰稿人：中国工程机械工业协会路面与压实机械分会吴竟吾〕

混凝土机械

2014 年，我国混凝土机械行业度过了不平凡的一年，产销量持续下滑，行业在宏观经济的大背景下进入了“新常态”的发展阶段。当前，我国混凝土生产厂家及混凝土机械企业处于前所未有的深度融合阶段，整个行业面临着格局重组、转型、提升、排序波动的局面。

一、混凝土产业现状及发展

1．2014 年商品混凝土产销情况

2014 年，全国商品混凝土产量为 15.54 亿 m^3，同比增长 11.39%，增速较 2013 年下降 11.1 个百分点。

分区域看，占全国商品混凝土产量比例最大的华东地区（占全国比例 41.6%）2014 年产量同比增长 7.82%，增速较 2013 年下降近 10 个百分点；华北地区 2014 年产量增速最低，为 1.17%，1—11 月累计产量曾出现同比下降的情况；东北、中南、西北地区产量增速下降幅度均超过 10 个百分点，其中西北地区降幅达到 23.3%；西南地区产量增速下降幅度最小，为 6 个百分点，同时西南地区也是 2014 年产量增速最高的地区。

相比 2013 年，商品混凝土产量增速放缓。分省市来看，除了青海、内蒙古两个地区 2014 年产量增速上升以外，其余省市区产量均呈现增速下降走势，其中降幅最大的为贵州，2014 年商品混凝土产量增速为 59.88%，较 2013 年下降 47.85 个百分点，但同时也是 2014 年产量增速最高的省份。

2．2014 年主要混凝土机械产品的销量

2014 年，是国家工信部规定国Ⅲ标准排放柴油车公告存在的最后期限。混凝土机械主机厂商纷纷处理国Ⅲ标准排放柴油车库存，加上国Ⅳ标准排放柴油车的上市销售，2014 年是混凝土机械国Ⅲ、国Ⅳ标准排放柴油车并存的一年。混凝土机械的市场需求趋向于合理和理性，原先大量的售出设备已成为目前急待消化的二手设备在市场流转，成为今后一两年的主流市场之一。2014 年混凝土机械行业整体销量下滑 25% ～ 40%（部分中小企业除外），2011—2014 年混凝土机械主要产品销量见表 1。

表 1　2011—2014 年混凝土机械主要产品销量　　（单位：台）

产品名称	2011 年	2012 年	2013 年	2014 年	同比增长（%）	主要厂家
搅拌站	6 897	7 099	7 740	5 170	-33.2	中联重科、三一重工、方圆集团、南方路机、青岛新型、山东建友、徐工集团
搅拌车	46 370	44 646	45 799	79 948（上牌数）、44 329	-3.2	三一重工、中联重科、华菱星马、福田雷萨、中集凌宇、方圆集团和唐山亚特等
泵 车	12 030	10 866	7 966	5700	-28.4	中联重科、三一重工
拖 泵	10 762	11 246	6 992	2 940（车载泵）、2 100（拖泵）	-27.9	三一重工、中联重科、方圆集团、柳工鸿重利、福田雷萨

从表 1 中可以看出，当前除国内新上项目需求的混凝土机械，如搅拌运输车基本保持在 2011—2013 年的水平外，混凝土拖泵、车载泵和混凝土泵车出现大幅度下滑，2014 年约下降 30%，特别是一些小微企业，倒闭企业也不在少数。大中企业，如徐工集团、三一重工、中联重科、方圆集团、南方路机、山东建友、青岛新型等企业，除三一重工、中联重科的泵车外，搅拌站、搅拌车等基本处于正常的状态。由此也可看出骨干企业仍占据行业的主导地位。

由于混凝土机械的理性和新常态发展，行业主要企业继续将重点开发国外市场。由于国外混

凝土机械的生产厂家很少，中国的混凝土机械有极大的竞争能力，所以国际市场，特别是南美、东南亚、中东等市场，中国的混凝土机械已占主导地位，徐工集团、三一重工、中联重科的出口量已达 10% ～ 20%，整体呈向上的趋势发展。

3. 混凝土机械的保有量

中国工程机械工业协会混凝土机械分会近 10 年来的统计数据显示，当前，我国混凝土机械的保有量主要包括：搅拌站（楼）、混凝土泵、泵车、搅拌运输车，总量达 453 672 台。我国主要混凝土机械的保有量见表 2。

其他未列入表 2 统计的产品预计占 10% ～ 15%。我国国情规定搅拌站（楼）的折旧寿命为 10 ～ 12 年，泵车为 8 年。但实际使用中，我国大工程、大方量、连续作业的项目很多，很多设备如拖泵和泵车工作 5 ～ 6 年就需要更新换代。所以，除新增和正常折旧后的需求，混凝土机械在近 5 年仍有较大需求量。

此外，尽管混凝土机械保有量较大，但实际施工率并不高，很多搅拌站产量不到设计产量的 50%。

表 2　我国主要混凝土机械的保有量

产品类型	保有量（台）
搅拌站	48 006
混凝土泵	62 763
泵车	63 105
搅拌运输车	279 798

4. 行业存在的压力与危机

工程机械特别是混凝土机械的发展，主要受惠于国家投资和政策拉动，也是国家制造技术发展的风向标。由于低成本扩张，我国混凝土机械行业仅用 20 多年就完成了国外上百年的发展历程。同时，与混凝土机械行业发展息息相关的水泥、钢铁等产业都属于高资源消耗、高能耗、高污染的产业，可持续发展受到制约。2014 年混凝土机械行业潜伏的主要压力与危机表现为：

（1）国家整体经济不平衡，行业总的产能过剩，市场竞争形势严峻。很多企业积压了大量新产品以及二手设备，尤其是二手设备的流转还存在很多技术和规则问题。

（2）虽然我国混凝土机械产品性能、质量已达到世界先进或领先水平，但关键基础零部件几乎全部受制于人，国外的定价权、法律规范等话语权随时都可制约中国混凝土机械的发展。

（3）2014 年 4 月 16 日，住建部新发布的行业标准 JGJ/T 328—2014《预拌混凝土绿色生产及管理技术规程》，既对搅拌站的生产商有要求，又对混凝土生产企业提出要求。标准的执行也是企业升级换代的一种形式，对混凝土机械行业是一次严格的检验。

（4）创新机制与创新能力不强，产品更新换代中主要配套厂商与中小企业参与不够。

（5）节能减排方面，高标号水泥因成本问题推广难度较大。搅拌车超载问题的根本解决尚需较长的过渡时间。

（6）互联网思维的营销模式发展缓慢，传统营销方式占据混凝土机械市场，某些个体经营者反而走在了前面。

二、混凝土机械行业竞争格局

1. 市场对混凝土机械产品提出了更高要求

在市场竞争方面，混凝土制造企业、建筑单位以及租赁行业占据了混凝土机械市场约 80% 以上的采购份额。随着海螺、山水、冀东、亚泰、华新、华润等大型水泥企业纷纷进入混凝土市场，这些公司强大的组织运作能力和成本优势将带来新的竞争格局；另一方面，地方性企业产业集中度越来越高，如上海建工集团，旗下企业混凝土生产总量占到了上海地区混凝土总量30% 的市场份额，这将进一步提升购买者的议价能力，对混凝土机械产品的规模、品质和服务也将提出更高的要求。

2. 行业集中度高，竞争激烈

在混凝土机械行业中，三一重工和中联重科在混凝土机械领域的市场占有率达到 45.0%，其中混凝土泵车的市场份额更是达到了 80%。在中联重科和三一重工的竞争中，福田雷萨、徐工集团和柳工的加入，使得竞争愈演愈烈。

泵车是混凝土机械领域毛利率最高的产品之一，迫于高额的应收账款和现金流的压力，2014年中联重科和三一重工都把工作重心放在催收账款和压缩营销信用优惠政策，因此导致市场份额都有不同程度的下降。福田雷萨和徐工集团依然凭借其强大的资金优势，特别是徐工集团，融合施维英技术后，不断推出新款泵车和实施灵活优惠的营销政策，在市场规模萎缩的形势下，市场份额有不同上升。泵车领域各主机厂家不断下调价格，同时控制供应链和管理成本，为客户提供最优性价比的产品。

3. 拓展产品和领域，增强综合竞争力

2014 年，中国混凝土机械行业持续低迷，所有设备的开机率持续走低。实际施工的统计数据显示，泵车月平均泵送方量由 2013 年的 3 850m^3 下滑到 2014 年的 3 380m^3，多数搅拌站的产量不到设计产量的 40%。整个混凝土机械行业渐入寒冬期。各大主机厂商纷纷调整策略，寻找新的利润增长点。三一重工发力住宅产业化，收购中山快而居，高调出席北京的住博会，成立全国最大的住宅产业化联盟；中联重科收购全球干混砂浆设备品牌 —— 位于德国 Neuenburg 的 M-tec 公司，一举将干混砂浆业务拓展至全球领域。中联重科进军农业机械和环境产业；三一重工进军手机行业；此外，中小企业纷纷寻找大企业还未曾涉足的产品领域，针对用户需求，生产个性很强的产品或其他行业的产品，如石油机械行业的抽油机、工业空调等产品。

4. 利勃海尔布局混凝土机械 加剧行业竞争

当全球最强的混凝土机械制造商被中国收入囊中后，中国成为全球最强的混凝土机械制造国，面对利勃海尔的加盟，这种优势格局面临着危机。

利勃海尔自 2005 年开始独资生产混凝土设备以来，先后与徐工集团、中国重汽、国内水泥企业等合作，共同进军高端混凝土机械领域，在混凝土搅拌设备方面有骄人的业绩。

2014 年，利勃海尔开始在混凝土机械行业整体布局，其产品线进一步拓展，混凝土机械综合竞争能力得到进一步的提高，这必然会进一步加剧行业竞争，使我国混凝土机械行业呈现出新的竞争格局。

三、2014 年混凝土机械新产品及技术

2014 年，在产品开发和技术创新方面，混凝土机械低端产品正在失去它的市场份额，创新高端产品的增长态势不够明显，而中端性价比较高的产品依旧是市场主流。

1.2014 年传统产品改进与新技术改造

（1）混凝土搅拌车。中联重科推出了 CIFA ENERGYA 系列混合动力绿色搅拌车；三一重工推出了 LNG 天然气搅拌车；徐工集团、星马(华菱)、福田(欧曼)、陕汽集团、中集凌宇、唐山亚特也积极投入到清洁能源搅拌车的行业中。在技术方面，徐工集团混凝土搅拌车采用施维英性能优秀的小螺距搅拌筒，有效地改善了混凝土搅拌车的溢料问题。

（2）泵车。三一重工的全新 C9 系列泵车融合德国大象技术开发，充分体现了双方的技术优势和市场优势，更能适应市场的需求；中联重科研发制造了三桥 56m 碳纤维臂架泵车和 60m 横折臂 +ATC 泵车。在技术方面，中联重科提出并实现变姿态臂架回转主动减振技术；徐工推出以新一代 K 系列泵车为代表的产品；雷萨泵车搭载换装欧曼 GTL 超能版底盘，实现上装、底盘一体化和国产化，减少对国外底盘依赖的同时，降低了成本，给客户更多的实惠。

2014 年 6 月，三一重工超高压拖泵成功将 C100 超高性能混凝土泵送至中国第一高楼上海中心 620m 高度，创造单泵垂直泵送新的世界纪录。

（3）混凝土搅拌站。山推建友机械公司研制开发了大型免基础、模块化混凝土搅拌设备 HZS100D 搅拌站；南方路机研发制造了湿拌砂浆和混凝土两用搅拌站设备，该设备尚属首创。

2. 机制砂及干混砂浆

（1）机制砂及砂浆新产品。新兴机制砂设备和砂浆设备在 2014 年得到较快发展，并成为年内混凝土机械行业的新亮点。徐工首套ZSX150T机制砂石成套设备调试完毕；中联重科通过并购全面进驻砂浆行业，中联重科推出“金砂”系列，MR220干混砂浆混合机，全球首条150t/h楼式干法制砂系统在湖南吉首正式投产运营；三一重工A8砂浆大师移动砂浆成套设备在2014年也成为市场推介的重点；圆友重工在bauma China 2014展示全新推出的XJWD全集装箱式系列干混砂浆生产线。

（2）预拌砂浆的现状及问题。据统计，至2014年止，我国10万t规模以上的预拌砂浆生产企业超过600家，设计能力约2亿t。在如此多的生产企业中，真正完全符合高品质、低能耗、高产出的环保达标企业寥寥无几。我国预拌砂浆整体工艺与装备水平不高，主要体现在以下5个方面：

1）生产环境差，环保意识薄弱。部分砂浆生产企业装备水平不高，导致生产作业环境粉尘大，生产线的除尘设计能力不足，日常管理不到位，粉尘跑冒漏较普遍、较严重。

2）资源综合利用率低。大部分砂浆生产企业利用工业废弃物的比例小，掺加量低，难以达到国家资源综合利用的减免税政策。

3）设计产能与实际产能差别大。大部分投资商、装备企业对工艺设计重视不够，建成后的生产线运转不顺畅，导致生产线的生产效率不高，产能不能很好地发挥。

4）配料计量系统误差大。SB/T 10647—2011《干混砂浆质量管理规程》行业标准对所有原材料计量误差提出明确要求，但实际上计量超差的现象比较普遍。

5）物流环节离析问题较为严重。存在盲目追求大容量筒仓、导料管设计不科学、散装装料时不能有效地根据料位控制物料下落、运输车卸料压力过大等诸多问题。“低起点”所带来的质量隐患还将在一段时间内困扰国内散装干混砂浆市场。

四、混凝土机械行业要走出危机，必须转型和提升

当前经济形势下，面对竞争激烈、人才缺短、节能减排要求不断提高、创新机制需提升、核心技术缺乏的状况，转型和提升是混凝土机械行业走出危机、摆脱压力的必由之路。

1. 风险管控成为首要任务

2012年下半年开始的不够理性的营销方式以及融资租赁门槛较低、二手装备管理不到位等现象，导致市场秩序有些混乱。这种经营风险及不良竞争延续至2014年，导致行业内大多企业，尤其是大型企业，库存较大，应收账款居高不下，企业资金紧迫，给经营运行带来很大的不确定性。因此，在销售方面，企业应首先考虑风险，之后才是销量问题。

2. 去库存调整产业结构

中国混凝土机械行业市场由增量市场逐步转化到存量市场，尽管有全球最大的市场容量，但不能期望再回归到非常规的高增长情况，必须通过外部环境的改善、结构性的调整，使行业转型升级，释放空间稀释过剩的产能。

3. 互联网思维重塑传统行业

营销模式的转变也是2014年混凝土机械行业的一大亮点。互联网思维、电子商务新型营销模式高效率、低成本、频互动的优势给行业带来活力。

2014年中联重科混凝土机械电子商务平台正式搭建，徐工电商平台、三一新媒体营销、微信商城等相继运行。2014年11月11日，中国工程机械商贸网，创建了O2O模式的铁臂商城，它是帮助工程机械企业实现整机产品销售及相关服务的第三方电子商务平台。这是一种新型营销方式，也是一场具有划时代意义的营销革命。

4. 智能化装备推进行业快速发展

行业企业以中联重科、三一重工、徐工集团、潍柴为代表揭起国外并购潮，产品技术与市场品牌得以全面升级，智能制造方面，开始规模使用机器人进行焊接、涂装、装配等工作。但智能化技术与智能制造依旧被美国、日本、西欧、俄罗斯等国际大型企业集团所垄断。随着中低端产品加工制造产业重心向东南亚等发展中国家的转移，发达国家再工业化战略引发高端制造企业快速发展，使我国混凝土机械行业面临挑战。因此，提升产品智能化技术与生产过程的智能化水平将成为应对挑战的重要武器。

5. 后市场以服务换销售

行业转型的关键期，对混凝土机械以及整个工程机械行业而言已基本进入后市场时代，也就是将核心市场从产品转移到服务上。国外成熟的市场，从销售额来看，服务占 33%，国内市场仅占 12%。因此，我国后市场有很大的上升空间。

6. 再制造提升资源再利用

卡特彼勒是全球最大的工程机械再制造商之一，其总产值中 20% 以上属于再制造产品，各类机型的零部件平均回收利用率达到 60% ～ 70%。而我国工程机械再制造从维修、大修、翻新而来，目前仍处于起步阶段。混凝土机械作为工程机械的主导产品之一，引进新型的再制造技术，减少企业在生产过程中的成本投入，有效提高资源的利用率，势在必行。

混凝土机械产品设备，在使用过程中，因为易损件的失效造成设备无法正常使用，因此对此进行翻新或分解等工艺手段，保存可利用的构件，对损失并不严重的其他部件进行处理，使其能够成为再制造过程中的材料，减少企业对原材料采购资本的投入，贯彻国家推广的“绿色经济”的发展理念，促进企业的可持续发展。

〔撰稿人：中国工程机械工业协会混凝土机械分会李祥兰、魏觉〕

〔本文编辑：袁士华〕

凿岩机械与气动工具

生产发展情况

2014 年，工程机械行业处于深度调整期，企业生产经营日益困难，虽然国家面对复杂多变的国际形势和国内经济运行出现的新情况新问题，实施了积极的财政政策和稳健的货币政策，不断加强宏观调控，调整固定资产投资结构，但对全行业企业生产经营状况的推动效果不明显。在经济发展新常态下，企业积极面对各种风险挑战，坚定信心，坚持稳中求进，着力稳发展、调结构、促改革。

一年来，凿岩机械与气动工具行业同工程机械行业一样，由于国内外市场需求下滑，给企业生产经营工作带来极大的困难，企业之间的竞争日趋激烈。从凿岩机械与气动工具行业看，在国家政策的支持和市场的推动下，行业发展总体趋于稳定，并已形成了具有一定规模和技术水平，国内先进和国际领先的产品体系，以及享有一定知名度的品牌，产品体系基本符合市场所需。由于行业产品结构的特点，行业以中小型民营和家族式私营企业为主，随着较多资金快速进入凿岩机械与气动工具行业，新加入行业的企业，进一步增强了行业企业之间的竞争，产品质量在竞争中得到不断提升，在产品外观造型和表面质量、技术配置和产品可靠性方面缩短了与国际先进水平的差距。尤其是气动工具产品，节能高效，外观精美，价格适宜，产品品种众多，并且被市场誉为“迷你型”产品居多，备受市场客户的青睐。凿岩机械与气动工具行业一直围绕中国工程机械行业发展战略要求，加速企业产品升级，鼓励发展符合国家工业产业方向的产品。特别是对液压凿岩机和遥控智能全液压凿岩钻车的产品技术研发及市场培育，不仅是行业产品技术升级与市场所需，还在经济发展新常态下，积极推进信息化和工业化的深度融合，抢占市场先机，在国内国际竞争中力争抢占优势地位；进一步加强中国工程机械行业信用等级评价工作，加快行业企业信用体系建设，逐步创造健康、有序的良好竞争氛围，树立中国工程机械良好的行业形象；行业企业共同致力于自主产品品牌的培育，强化品牌建设意识，提高产品质量的稳定性，有多家企业荣获省级名牌产品和中国机械工业用户满意产品称号，行业企业的自主品牌产品在国内外市场的竞争优势得到发挥和展示。加强行业标准建设，科学规范行业企业有效执行行业标准，促进、推动团体标准体系建设，为实现“强国战略”提供技术支撑。

以习近平同志为总书记的党中央提出，为了使我国与世界经济联系更加紧密、合作更加深入、发展空间更加广阔，主动应对全球形势深刻变化、统筹国内、国际两个大局，作出了建设“一带一路”的重大战略决策。“一带一路”战略、京津冀协同发展、长江经济带等国家重大战略规划等重大项目的启动，预示着铁路公路交通建设必先行，必将在“十三五”期间掀起新一轮的投资热潮。

交通产业业内数据显示，2014 年完成 2.5 万亿元投资中，铁路固定资产投资保持较快增长，全年完成国务院下达的 8 088 亿元建设任务，新线路投产 8 427km；城市轨道交通建设投资达 2 200 亿元。同时，公路建设保持良好势头，预计新增公路里程 9.38 万 km，其中高速公路 7 450km。2015 年及“十三五”期间，中国铁路投资额将维持在高位。预计“十三五”期间中国铁路每年的投资将维持在 8 000 亿元以上。同时，全国公路、机场、城市轨道，以新型城镇化发展城市群建设、农村基础设施等的投资，在“十三五”期间也将继续扩大；船舶、汽车制造产业仍将处于高位运行，大飞机制造产业凸显雏形，这些项目进一步扩大了对凿岩机械与气动工具的需求，可以有效弥补矿产资源产业因国际国内周期性下滑，行业产品受到的影响。

凿岩机械与气动工具行业服务的产业面比较广泛，产值在中国工程机械行业中占比少、产品体型小，企业进入行业的技术门槛低，生产规模小，转型快，每年都有注册进入、退出行业的企业，企业之间的生产实力与质量良莠不齐，竞争十分激烈，特别是气动工具行业企业发展很快，行业统计数据未能全面覆盖。凿岩机械与气动工具行业整体发展与国家宏观经济政策及固定资产投资结构息息相关，特别是铁路、公路、水电、矿山大型施工项目和城市基础设施建设投入力度，以及船舶、车辆、飞机、家居等产业发展状况，是行业发展状态的晴雨表。目前，从凿岩机械系列产品看，我国企业因缺少自主知识产权，国际竞争力较弱；从气动工具系列产品看，我国企业产品性价比比较高，国际竞争力略有价格优势，我国凿岩机械与气动工具行业总体生产产能大于市场需求，处于饱和期，行业发展基本稳定。行业产品迫切需要参与国际市场竞争，拓展行业发展空间。

在中国经济未完全企稳之前，政府仍会将固定资产投资及投资结构有效调整作为微刺激经济发展的非常重要抓手。这些措施的实施都将给凿岩机械产品与气动工具两个领域产品带来机遇和挑战。行业企业要坚定信心，主动适应经济发展的新常态，砥砺前行，站稳国内市场，开拓国际市场，使行业保持生产总量在市场需求合理的发展水平，推动行业整体生产景气度向好的方向发展。

1. 产品分类及主要生产企业

我国凿岩机械与气动工具产品分类及主要生产企业见表 1。

表 1 我国凿岩机械与气动工具产品分类及主要生产企业

产品分类		主要生产企业名称
凿岩机械与气动工具质量技术监督检测		天水凿岩机械气动工具研究所、长沙矿冶研究院有限责任公司、浙江衢州市质量技术监督检测中心
凿岩机械	气腿式凿岩机	天水风动机械股份有限公司、浙江衢州煤矿机械总厂股份有限公司、沈阳风动工具厂有限公司、湘潭风动机械有限公司、洛阳风动工具有限公司、浙江红五环掘进机械股份有限公司、宜春风动工具有限公司
	手持式凿岩机	天水风动机械股份有限公司、沈阳风动工具厂有限公司、浙江衢州煤矿机械总厂股份有限公司、浙江红五环掘进机械股份有限公司、湘潭风动机械有限公司
	内燃、电动凿岩机	洛阳风动工具有限公司、宜春风动工具有限公司
	凿岩钻架	天水风动机械股份有限公司、南京工程机械厂有限公司

（续）

产品分类		主要生产企业名称
凿岩机械	凿岩钻车	天水风动机械股份有限公司、南京工程机械厂有限公司、浙江红五环掘进机械股份有限公司、湖北首开机械有限公司
	冲击器	天水风动机械有限责任公司、洛阳风动工具有限公司、南京工程机械厂有限公司、广州市天凿精机机械有限公司
	气动绞车	烟台市石油机械有限公司、黄石市黄风机械有限公司
气动工具	回转类产品	中航工业青岛前哨精密机械有限责任公司、天水风动机械股份有限公司、上海气动工具厂、上海约纳森工具制造有限公司、镇江市丹徒风电机械厂、天津市柏益风动工具有限公司、徐州信义风动工具有限公司、徐州三刃风动工具有限公司、上海民生电器有限公司、上海上船利富船舶工具有限公司、镇江玛维克工具制造有限公司、上海山研机械科技有限公司、山东春龙风动机械有限公司、山东同力达智能机械有限公司、通化市风动工具有限责任公司
	冲击类产品	南京工程机械厂有限公司、天水风动机械股份有限公司、义乌市风动工具有限公司、上海气动工具厂、上海约纳森工具制造有限公司、徐州三刃风动工具有限公司、宜春风动工具有限公司、徐州信义风动工具有限公司、上海山研机械科技有限公司、上海上船利富船舶工具有限公司、杭州风动工具制造有限公司、山东春龙风动机械有限公司、宁波鄞州甬盾风动工具制造有限公司、天水风动机械配件有限公司

2. 2014 年凿岩机械与气动工具行业主要经济指标完成情况

根据行业协会统计，2014 年有 19 家企业提供相关数据，统计结果为：完成工业总产值(当年价)143 195 万元，比上年下降 15.50%，其中新产品产值 14 951 万元（占总产值比重 10.44 %），比上年增长 36.07 %；完成工业增加值(生产法)35 041 万元，比上年增长 3.25%；完成工业销售产值(当年价)128 035 万元，比上年下降 19.11%，其中出口交货值 4 291 万元，比上年增长 3.17 %；实现营业收入 144 621 万元、利润总额 3 748 万元，分别比上年下降 8.41%、45.39%。2014 年凿岩机械生产 58.88 万台（套），销售 54.92 万台（套），年底库存 11.97 万台（套），分别比上年下降 12.99%、下降 17.43%、增长 35.27%。2014 年气动工具生产 58.75 万台（套），销售 58.24 万台（套），年底库存 13.17 万台（套），分别比上年增长 9.71%、8.88%、47.66%。

2014 年凿岩机械与气动工具行业主要生产企业经济指标完成情况见表 2。2013—2014 年凿岩机械与气动工具行业主要产品产销存情况见表 3。2014 年凿岩机械与气动工具行业主要企业产销存情况见表 4。

产品出口情况

2012—2014 年凿岩机械与气动工具行业产品出口情况见表 5。

表 2 2014 年凿岩机械与气动工具行业主要生产企业经济指标完成情况 （单位：万元）

序号	单位名称	工业总产值（当年价）	主营业务收入	工业增加值（生产法）	利润总额
1	天水风动机械股份有限公司	41 069	21 183	13 890	2 418
2	南京工程机械厂有限公司	3 109	3 590	600	-1 238
3	沈阳风动工具厂有限公司	544	321	177	-77
4	浙江衢州煤矿机械总厂股份有限公司	14 504	14 688	1 151	-1 109
5	中航工业青岛前哨精密机械有限责任公司	10 888	15 356	3 775	854
6	洛阳风动工具有限公司	8 337	8 894	2 811	305
7	徐州三刃风动工具有限公司	246	250		-50
8	上海气动工具厂	1 445	1 315	137	-0.2

（续）

序号	单位名称	工业总产值（当年价）	主营业务收入	工业增加值（生产法）	利润总额
9	上海民生电器有限公司	2 123	2 110	706	25.0
10	烟台市石油机械有限公司	4 345	21 390	1 269	108
11	义乌市风动工具有限公司	2 179	2 083	1 092	69
12	镇江丹凤机械有限公司	305	343	41	22
13	山东同力达智能机械有限公司	40 534	40 534	5 611	1 611
14	天水风动机械配件有限公司	452	430	113	10
15	天津市柏益风动工具有限公司	203	137	108	-81
16	山东春龙风动机械有限公司	5 520	4 620	1 528	105.0
17	宁波市鄞州甬盾风动工具制造有限公司	1 327	1 312	6	25
18	通化市风动工具有限责任公司	65	65	39	1
19	湖北首开机械有限公司	6 000	6 000	2 100	750
	合　　计	143 195	144 621	35 154	3 748

表3　2013—2014年凿岩机械与气动工具行业主要产品产销存情况

产品名称	计量单位	2014年			2013年	生产量同比增长（%）
		生产量	销售量	年末库存量	生产量	
一、凿岩机械	**台**	**588 807**	**549 243**	**119 695**	**676 680**	**-12.99**
1. 凿岩机	台	118 498	115 188	19 014	132 173	-10.35
（1）气动凿岩机	台	109 768	102 875	16 913	110 676	-0.82
①手持式	台	4 243	4 127	1 705	3 958	7.20
②气腿式	台	61 738	56 768	8 804	68 902	-10.40
③向上式	台	920	791	352	880	4.55
④导轨式	台	1 150	952	465	1 005	14.43
⑤气腿	台	41 717	40 237	5 587	35 931	16.10
（2）内燃凿岩机	台	7 288	10 708	1 909	19 295	-62.23
（3）电动凿岩机	台	1 442	1 605	192	2 202	-34.51
2. 凿岩钻车、钻架	台	6 397	6 088	411	308	1 976.95
3. 气动绞车	台	306	305	7	398	-23.12
4. 冲击器	台	200	150	200	150	33.33
5. 气动马达	台	12 439	12 286	1 649	12 005	3.62
6. 其他	台	450 967	415 226	98 414	531 646	-15.18
二、气动工具	**台**	**587 569**	**582 434**	**131 696**	**535 572**	**9.71**
1. 回转类产品	台	205 021	187 257	58 809	160 045	28.10
（1）气钻	台	16 455	16 311	5 072	17 648	-6.76
（2）气砂轮	台	78 307	76 349	13 758	73 854	6.03
（3）气扳机	台	110 259	94 597	39 979	68 543	60.86
2. 冲击类产品	台	118 643	117 357	12 484	133 097	-10.86
（1）气镐	台	98 336	97 976	9 138	113 305	-13.21
（2）气铲	台	15 161	14 190	2 505	14 610	3.77
（3）捣固机	台	5 146	5 191	841	5 182	-0.69
3. 其他	台	263 905	277 820	60 403	242 430	8.86
三、配件	**t**	**745**	**577**	**424**	**694**	**7.35**

表4 2014年凿岩机械与气动工具行业主要企业产销存情况

产品名称	生产企业名称	计量单位	主要产品产量完成情况		年末库存量
			生产量	销售量	
1.凿岩机		台	118 498	115 188	19 014
（1）气动凿岩机		台	109 768	102 875	16 913
①气腿式		台	61 738	56 768	8 804
	天水风动机械股份有限公司	台	57 169	53 256	6 089
	浙江衢州煤矿机械总厂股份有限公司	台	3 150	2 195	1 741
	洛阳风动工具有限公司	台	45	54	72
	沈阳风动工具厂有限公司	台	1 080	1 066	804
	南京工程机械厂有限公司	台	294	197	98
②手持式		台	4 243	4 127	1 705
	天水风动机械股份有限公司	台	2 543	2 347	985
	浙江衢州煤矿机械总厂股份有限公司	台	1 700	1 780	720
③导轨式		台	1 150	952	465
	天水风动机械股份有限公司	台	1 150	952	465
④向上式		台	920	791	352
	天水风动机械股份有限公司	台	920	791	352
⑤气腿		台	41 717	40 237	5 587
	天水风动机械股份有限公司	台	36 689	35 163	2 564
	浙江衢州煤矿机械总厂股份有限公司	台	5 028	5 074	3 023
（2）内燃凿岩机		台	7 288	10 708	1 909
	洛阳风动工具有限公司	台	7 288	10 708	1 909
（3）电动凿岩机		台	1 442	1 605	192
	洛阳风动工具有限公司	台	1 442	1 605	192
2.凿岩钻车、钻架		台	6 397	6 088	411
	天水风动机械股份有限公司	台	260	247	109
	南京工程机械厂有限公司	台	109	111	4
	湖北首开机械有限公司	台	6 028	5 730	298
3.冲击器		台	200	150	200
	天水风动机械股份有限公司	台	200	150	180
	洛阳风动工具有限公司	台			20
4.气动绞车		台	306	305	7
	烟台市石油机械有限公司	台	306	305	7
5.气动马达		台	12 439	12 286	1 649
	天水风动机械股份有限公司	台	380	275	146
	烟台市石油机械有限公司	台	12 059	12 011	1 503
6.气镐		台	98 336	97 976	9 138
	天水风动机械股份有限公司	台	5 890	5 615	3 015
	南京工程机械厂有限公司	台	13 908	13 638	2 741

（续）

产品名称	生产企业名称	计量单位	主要产品产量完成情况		年末库存量
			生产量	销售量	
	义乌风动工具有限责任公司	台	46 063	46 075	26
	徐州三刃风动工具有限公司	台	600	420	190
	宁波鄞州甬盾风动工具制造有限公司	台	31 485	31 872	3 086
	通化市风动工具有限责任公司	台	390	356	80
7. 气铲		台	15 161	14 190	2 505
	天水风动机械股份有限公司	台	456	395	186
	上海气动工具厂	台	1 357	1 528	135
	义乌风动工具有限责任公司	台	2 323	2 340	4
	徐州三刃风动工具有限公司	台	3 300	3 168	150
	山东同力达智能机械有限公司	台	4 155	3 375	780
	中航工业青岛前哨精密机械有限责任公司	台	300	276	21
	宁波鄞州甬盾风动工具制造有限公司	台	2 700	2 618	969
	通化市风动工具有限责任公司	台	570	490	260
8. 气钻		台	16 455	16 311	5 072
	天水风动机械股份有限公司	台	4 259	3 895	2 015
	中航工业青岛前哨精密机械有限责任公司	台	12 196	12 416	3 057
9. 气扳机		台	110 259	94 597	39 979
	天水风动机械股份有限公司	台	2 762	2 245	2 894
	山东同力达智能机械有限公司	台	16 067	13 617	2 450
	上海市民生电器有限公司	台	1 130	928	381
	中航工业青岛前哨精密机械有限责任公司	台	25 874	17 101	8 800
	山东春龙风动机械有限公司	台	64 426	60 706	25 454
10. 气砂轮		台	78 307	76 349	13 758
	天水风动机械股份有限公司	台	8 812	8 632	4 691
	上海气动工具厂	台	11 352	12 872	208
	徐州三刃风动工具有限公司	台	1 200	1 158	100
	镇江丹凤机械有限公司	台	9 722	9 520	3 687
	山东同力达智能机械有限公司	台	37 902	35 302	2 600
	天津市柏益风动工具有限公司	台	3 513	3 865	1 641
	中航工业青岛前哨精密机械有限责任公司	台	5 806	5 000	831
11. 捣固机		台	5 146	5 191	841
	天水风动机械股份有限公司	台	301	249	90
	上海气动工具厂	台	862	942	144
	义乌风动工具有限责任公司	台	1 783	1 788	6
	徐州三刃风动工具有限公司	台	800	534	300
	宁波鄞州甬盾风动工具制造有限公司	台	1 400	1 678	301

（续）

产品名称	生产企业名称	计量单位	主要产品产量完成情况		年末库存量
			生产量	销售量	
12. 其他采掘设备		台	450 967	415 226	98 414
	天水风动机械股份有限公司	台	801	610	320
	洛阳风动工具有限公司	台	5	5	38
	烟台市石油机械有限公司	台	50	23	16
	浙江衢州煤矿机械总厂股份有限公司	台	450 111	414 588	98 040
13. 其他风动工具产品		台	263 905	277 820	60 403
	上海气动工具厂	台	1 059	1 072	161
	中航工业青岛前哨精密机械有限责任公司	台	17 937	16 044	42 550
	镇江丹凤机械有限公司	台	14 289	14 289	
	宁波鄞州甬盾风动工具制造有限公司	台	230 620	246 415	17 692
14. 配件		t	745	577	424
	天水风动机械股份有限公司	t	458	385	343
	浙江衢州煤矿机械总厂股份有限公司	t	86		
	洛阳风动工具有限公司	t	151	172	58
	天水风动机械配件有限公司	t	50	20	23
	通化市风动工具有限责任公司	t	1 890	1 900	280

表5　2012—2014年凿岩机械与气动工具行业产品出口情况

产品名称	2012年			2013年			2014年		
	出口量（台）	出口额（万美元）	占比（%）	出口量（台）	出口额（万美元）	占比（%）	出口量（台）	出口额（万美元）	占比（%）
凿岩机械	16 170	501.28	60.59	14 120	513.42	71.49	13 556	519.70	58.42
气动工具	53	94.67	11.44	1 003	82.03	11.43	30 766	285.30	32.07
配件及其他	446 731	231.40	27.97	58 193	122.70	17.08	6 295	84.66	9.52
合　计	462 954	827.35	100.00	73 316	718.15	100.00	50 617	889.66	100.00

我国凿岩机械与气动工具行业产品质量在竞争中得到不断提升，在产品的外观造型和表面质量、技术配置和可靠性，以及应用新技术、新工艺、新材料方面缩短了与国际先进水平的差距。凿岩机械与气动工具行业企业，要进一步提高对产品升级换代和改善产品结构必要性和重要性的认识，根据企业自身特色和生产特点，以节能减排为目标，以传统产品的升级换代和产品结构调整为着力点，加快高新技术成果的转换和市场特需产品的生产，促进产品不断升级，并向行业之外的产品领域发展，产品结构逐步多元化。

我国凿岩机械与气动工具行业国内生产企业还存在缺乏自主知识产权，研发核心技术的能力及市场竞争力不强，产品更新换代迟缓，产品同质化比较严重的现象，同质化竞争激烈，部分假冒伪劣产品生产者铤而走险，假冒伪劣产品一直出现于市场上，造成残酷的价格战，制约了全行业的发展。凿岩机械与气动工具行业企业需要不断探求市场需求，拓展针对细分市场的产品研发，提高企业抗风险能力，提升企业核心竞争力，大力开拓国内国外市场，促进企业、全行业可持续、健康稳步发展。

〔撰稿人：中国工程机械工业协会凿岩机械与气动工具分会于洪刚〕

桩工机械

生产发展情况

2014年，受国内外宏观经济形势、终端市场需求不旺、设备保有量达到一定程度等多重影响，桩工机械行业处于“负增长”的阶段。行业内各类产品的销量同比大多呈下滑态势，其中，在统计的主力机种 —— 旋挖钻机的销量中，二手机的占比有所上升，一方面说明新机销量不振，另一方面说明客户回款能力不足，导致设备回收压力加大。行业大部分企业面临销售下滑、产能严重过剩、应收高企、逾期面临难以有效收窄等较严峻的经营状况。

同时，行业内主要企业加大了新产品的开发力度，尤其是大型高端新产品陆续投放市场，行业内产品种类的丰富性及多元化特性开始显现。

随着下游市场经营状况的劣化，客户的经营状态分化明显。客户之间设备交易增多、主机企业或代理商收回无经营能力客户的设备增多，使后市场的各类交易需求扩大，以二手机为主的租赁市场容量明显放大。后市场已开始得到越来越多的关注。

2014年桩工机械行业主要产品分类及主要生产企业见表1。2014年桩工机械主要产品销售情况见表2。

表1 2014年桩工机械行业主要产品分类及主要生产企业

序号	产品类别	主要生产企业
1	旋挖钻机	北京市三一重机有限公司、上海中联重科桩工机械有限公司、北京南车时代机车车辆机械有限公司、山河智能装备股份有限公司、上海金泰工程机械有限公司、徐州徐工基础工程机械有限公司、福田雷沃国际重工股份有限公司、郑州宇通重工股份有限公司、恒天九五重工有限公司、郑州富岛机械设备有限公司、湖南奥盛特重工科技有限公司、上海锐帆德机械有限公司、山东鑫国重机科技有限公司、厦门厦工机械股份有限公司和江苏泰信机械科技有限公司
2	长螺旋钻孔机	河北新钻钻机有限公司、郑州勘察机械有限公司、山东卓力桩机有限公司、威海市海泰起重机械有限公司、浙江振中工程机械有限公司、瑞安八达工程机械有限公司、河北新河华泰桩工机械公司、河北双兴桩机有限公司、郑州富岛机械设备有限公司、郑州三力机械有限公司、辽宁建华重工有限公司和湖南有色重机有限公司
3	地下连续墙液压抓斗	上海金泰工程机械有限公司、徐州徐工基础工程机械有限公司、北京市三一重机有限公司、上海中联重科桩工机械有限公司、北京南车时代机车车辆机械有限公司、辽宁抚挖重工机械股份有限公司和上海工程机械厂有限公司
4	多轴钻孔机	上海工程机械厂有限公司、上海金泰工程机械有限公司、上海中联重科桩工机械有限公司和浙江振中工程机械有限公司
5	桩架	上海工程机械厂有限公司、北京市三一重机有限公司、浙江振中工程机械有限公司、上海振中机械制造有限公司、瑞安八达工程机械有限公司、河北新钻钻机有限公司、郑州勘察机械有限公司和山东卓力桩机有限公司
6	桩锤（柴油锤、液压冲击锤、振动锤）	上海工程机械厂有限公司、广东力源液压机械有限公司、上海振中机械制造有限公司、浙江振中工程机械有限公司、浙江永安机械有限公司、江苏东达工程机械有限公司、瑞安八达工程机械有限公司、东台市巨力机械制造有限公司和湖南有色重机有限公司
7	静压桩机	山河智能装备股份有限公司、广东力源液压机械有限公司、恒天九五重工有限公司和湖南有色重机有限公司
8	地基加固：振冲器	江阴市振冲机械制造有限公司

（续）

序号	产品类别	主要生产企业
9	工程钻机	上海金泰工程机械有限公司、郑州勘察机械有限公司、张家港市神通工业有限公司、徐州盾安重工机械制造有限公司和郑州宇通重工股份有限公司
10	全套管钻孔机（全回转全套管钻孔机、摆动式全套管钻孔机）	辽宁抚挖重工机械股份有限公司、北京南车时代机车车辆机械有限公司、上海工程机械厂有限公司、国土资源部勘探技术研究所和北京嘉友心诚工贸有限公司
11	双轮铣槽机	上海中联重科桩工机械有限公司和上海金泰工程机械有限公司
12	TRD 工法成槽机	上海工程机械厂有限公司和辽宁抚挖重工机械股份有限公司

表 2　2014 年桩工机械主要产品销售情况

（单位：台）

序号	产品名称	2013 年销量	2014 年销量	增幅（%）	备注
1	旋挖钻机	2 391	2 068	-13.51	含部分二手机
2	液压抓斗	51	50	-1.96	
3	桩架	132	80	-39.39	
4	长螺旋钻孔机	268	132	-50.75	
5	多轴钻机	158	80	-49.37	
6	桩锤	265	146	-44.91	
7	静压桩机	234	120	-48.72	
8	TRD	1	3	200.00	
9	其他	55	40	-27.27	

国内销售情况

1. 旋挖钻机

无论是销量还是销售额，旋挖钻机都占据了行业首要地位。2014 年，受下游市场趋冷影响明显，加上 2013 年销量（2013 年同比 2012 年增长 41%）反弹因素，销售量由 2013 年的 2 391 台下滑至 2 068 台，同比下降 13.51%。若考虑统计数据中包含比例较高的二手机成分，则新机销量的实际下降幅度更大。

2014 年，旋挖钻机主要企业的销量排名发生了部分变化，这主要是由于各企业针对市场占有率及风险控制的经营方针不尽相同。销量排名前 6 位的企业（徐州徐工基础工程机械有限公司、北京市三一重机有限公司、上海中联重科桩工机械有限公司、北京南车时代机车车辆机械有限公司、山河智能装备股份有限公司、上海金泰工程机械有限公司）销量之和的占比高达 90%，显示出行业集中度已达到较高水准。几年前部分新进入桩工机械行业的企业，由于受到市场趋冷及主要企业的竞争压力，已开始逐步淡出行业。

2. 地下连续墙液压抓斗

2014 年，地下连续墙液压抓斗销量 50 台，同比下降了 1.96%。这一产品销量占优的主要企业仍然是上海金泰工程机械有限公司和徐州徐工基础工程机械有限公司。

3. 桩架、长螺旋钻孔机、多轴钻机、桩锤

2014 年，这类产品的销量下降幅度尤为显著。桩架销量 80 台，同比下降 39.39%；长螺旋钻孔机销量 132 台，同比下降 50.75%；多轴钻机销量 80 台，同比下降 49.37%；桩锤销量 146 台，同比下降 44.91%。从事此类产品生产的企业以中小型为主。面对市场需求萎缩的局面，这些企业在营销投入、营销手段（尤其是信用销售方式）等方面的制约较大，下滑的程度较为明显。

4. 静压桩机

2014 年静压桩机销量 120 台，同比下降了

48.72%。销量下降的主要原因一是市场需求萎缩，二是客户转型趋势较为明显。山河智能装备股份有限公司继续保持销量首位。

国外销售情况

由于国内市场趋冷，行业主要企业加大了国际市场的开拓力度，国际市场销量占比整体已超过 15%，呈现增长态势。部分大型企业借助母公司的国外营销网络，出口量稳步提升。徐州徐工基础工程机械有限公司在某国政府采购中中标，实现了批量出口。国际市场越来越成为行业主要企业的重要销售收入来源。

科研成果与新产品

2014 年 11 月，上海中联重科桩工机械有限公司自主开发的首台双轮铣 ZC32 成功下线，并亮相上海宝马展，引起同行及国内外客户的高度关注。

由上海工程机械厂有限公司自主开发的 TRD 工法成槽机，在成功试验的基础上，已实现 2 台销售。

徐州徐工基础工程机械有限公司自主研发的国内最大吨位连续墙液压抓斗 XG600D 成功下线，并顺利通过中建三局集团有限公司质量监督检验中心的产品性能测试

2014 年 8 月 15 日，“宇通重工全套管钻机产品推介会”在重庆市召开。来自全国各地的桩基础施工专家共 120 余人齐聚一堂，共同探讨桩基础施工最新前沿技术。在全套管钻机方面，生产厂家已达到 7 家，但由于施工单价等原因，市场的整体销量仍然不大，需逐步加以培育。

2014 年 8 月，上海工程机械厂有限公司的 D220 筒式柴油打桩锤在东海大桥风力发电二期工程项目中施工。此项目中，每根海底深桩的长度为 81m，直径为 1.7m。该产品的成功推出，使海上桩基础施工又多了一把利器。

2014 年 9 月，由上海振中机械有限公司与北京建筑机械化研究院联合研制的全液压履带式大扭矩长螺旋钻机在长春投入使用。该机是为适应国内长螺旋钻机入岩施工需要而最新开发的机、电、液一体化的重型施工设备。

2014 年 10 月，由上海振中机械有限公司自主研制的 EP1300W 偏心力矩可调振动锤在江苏如东海上风电场（潮间带）100MW 示范项目工程第二阶段中投入钢管桩沉桩施工。其电动机功率 960kW，最大激振力 600t（6 000kN），最大空载振幅 18.2mm，是当前全球最大的电动振动锤。

行业关注的热点议题

由于市场销量萎缩、下游市场客户端经营状况劣化、桩工机械行业面临严峻的经营局面，市场非理性竞争态势加剧，企业经营风险日益加大，行业的健康发展受到不利影响。针对这一现状，桩工机械分会按照抓住行业重点细分市场、以点带面的指导思想，于 2014 年 5 月和 7 月，分别在北京和徐州，组织召开了两次旋挖钻机行业主要企业恳谈会。会议就改善行业发展生态环境、加强经营风险控制、避免非理性的恶性竞争、关注行业后市场、强化行业沟通协调机制以及改善行业统计工作等议题，展开了充分的讨论，形成了一定共识，为行业和谐关系的建设奠定了基础。在 2014 年 11 月举行的行业年会上，桩工机械分会就行业经营形势及应采取的举措，进行了系统的阐述。

〔撰稿人：中国工程机械工业协会桩工机械分会黄志明〕

〔本文编辑：袁士华〕

掘进机械

掘进机械是工程机械一类重要产品，主要应用于水平方向的隧道、巷道、管孔的机械化施工。根据中国工程机械工业协会标准《工程机械的定义和类组划分》的分类，掘进机械主要包括全断面隧道掘进机〔盾构机，硬岩掘进机（TBM）、

顶管机等）、水平定向钻、悬臂式巷道掘进机等产品，其主导产品是全断面隧道掘进机。

全断面隧道掘进机

全断面隧道掘进机是集机械、电子、液压、控制、信息技术于一体的复杂集成系统机械，由于其工作环境特殊，因此，对产品的稳定性、可靠性、适应性要求极高。在相当长的时间里，全断面隧道掘进机的研发制造和使用是我国制造业和施工企业的软肋，实际上，在21世纪之前，我国全断面隧道掘进机市场和技术基本被美国、日本、欧洲等的发达国家的专业公司（主要有德国海瑞克、维尔特，美国罗宾斯，日本三菱重工、日立造船、川崎重工、石川岛、小松等）垄断。

2005年以后，随着我国大规模基础设施建设的持续展开，尤其是城市地铁、引水工程、过江隧道等工程的大量开工，国内市场对全断面隧道掘进机的需求急剧增加，一方面市场的需求刺激了国内一批企业通过技术引进、合资合作全面进军全断面隧道掘进机产业；另一方面政府主管部门认识到全断面隧道掘进机产业的重要性和发展潜力，给予了足够的关注和支持，如把土压平衡盾构机及大型泥水平衡式盾构机的研发列入了科技部“863”课题计划，推动其设计、试验科研工作的开展。经过短短几年的发展，在激烈的市场竞争中，一批国内企业脱颖而出，一大批工程技术人员在大量的设计制造和施工实践中成长起来，我国企业掌握了常规的全断面隧道掘进机的设计制造和施工技术。截至2014年年底，国内企业的市场份额已经占到全部市场的80%以上，几个顶尖企业的生产条件和制造能力已经超过许多国际知名企业，已经具备了自主研发能力，掌握了自主知识产权，产品开始进入国际市场。我国全断面隧道掘进机产业规模和市场规模已位居全球首位。

经过几年的发展，全断面隧道掘进机产业进入洗牌阶段，一部分企业开始逐渐退出这个行业，也有一些新进入这个行业的企业，总体上，行业处于上升中期阶段。2014年国内全断面隧道掘进机产量及销售额较2013年增长10%左右。2014年国内全断面隧道掘进机主要生产企业销售情况见表1。

表1　2014年国内全断面隧道掘进机主要生产企业销售情况

序号	企业名称	销售量（台）	销售额（亿元）	备注
1	中铁工程装备集团有限公司	57	25.05	复合式土压、泥水式
2	中国铁建重工集团有限公司	40	15.05	土压平衡式、泥水平衡式、TBM
3	北方重工集团有限公司	8	5.15	双护盾硬岩、复合式
4	上海隧道工程股份有限公司机械制造分公司	5	2.26	土压平衡式、泥水平衡式
5	秦皇岛天业通联重工股份有限公司	6	1.78	土压平衡式、泥水平衡式
6	徐工集团凯宫重工南京有限公司	6	2.00	复合式
7	海瑞克股份公司	31	16.00	土压平衡式、泥水平衡式、顶管机、TBM
8	小松公司	7	1.00	土压平衡式
9	中交天和机械设备制造有限公司	6	15.00	土压平衡式
10	其他企业	10	5.00	
11	合计	176	88.29	

全断面隧道掘进机主要企业情况：

（1）中铁工程装备集团有限公司。中铁工程装备集团有限公司简称中铁装备。随着企业的不断发展，于2013年12月中铁装备成功收购了德国维尔特公司全断面隧道掘进机的知识产权技术。2014年更名为中铁工程装备集团有限公司，是中国中铁股份有限公司的直属子公司，注册地在郑州。公司的经营范围包括：盾构及隧道施工系列设备的研发、设计、制造、组装调试、维修改造、租赁、技术咨询服务、配件销售、钢模具设计制造等，以盾构产业化为主线，能生产 $\phi 4 \sim 12m$ 的土压盾构机、泥水盾构机、复合盾构机、单/双护盾盾构机、敞开式硬岩盾构机等，以及系列隧道专用设备和各类后配套产品。年产能达 50 台（套）以上。自 2008 年以来，已生产各类全断面隧道掘进机近 200 多台。

该公司技术实力雄厚，自主开发能力强，施工服务经验丰富，产品在国内市场占有率高，并且开始进入国外市场，是行业排头兵企业之一。

（2）中国铁建重工集团有限公司。中国铁建重工集团有限公司简称铁建重工，是中国铁建股份有限公司于 2007 年组建的工业制造专业化集团。公司总部设在长沙，在湖南、四川、河北、甘肃、北京、上海等地有多个制造基地和研究机构。其业务范围：研发制造各类全断面隧道掘进机，以及混凝土机械、桩工机械、矿山法隧道机械、特种施工装备和道岔、闸瓦、弹条扣件等轨道专用产品及钢结构件。该公司厂房设备等硬件性条件好，具有较强的科研和自主开发能力，是国家“十二五”“863”计划重点项目“大直径全断面隧道掘进设备及重大工程机械设备”的牵头单位。该公司自成立以来，已生产各类盾构机 200 余台，是行业排头兵企业之一。

（3）北方重工集团有限公司。北方重工集团有限公司简称北方重工，是由原沈重集团公司和沈矿集团公司合并重组组建的国有独资公司。公司下属的盾构机分公司是专业从事全断面隧道掘进机研发设计、生产制造、总装调试、施工服务的专业公司。2007 年，公司并购了法国 NFM 公司；2010 年，又从德国 MTS 公司引进了微型盾构技术，使公司的研发技术水平得到很大提升。公司的厂房、设备先进，配套能力较强，建有全国最大的盾构试验室。公司自成立以来，已生产各类土压式、泥水式、复合式盾构机和微型盾构机、顶管机、敞开式和护盾式硬岩掘进机等 70 余台，公司是行业排头兵企业之一。

（4）上海隧道工程股份有限公司。上海隧道工程股份有限公司简称隧道股份，创始于 1965 年，是中国软土隧道施工的开拓者。其下属的机械制造分公司，是我国最早研制生产盾构机的企业，2004 年隧道股份联合同济大学等 5 家科研院所，组建了上海盾构设计试验研究中心有限公司，同年研制出首台具有自主知识产权的 $\phi 6.34m$ 土压平衡式盾构机；“十一五”期间完成了“863”项目“11.22m 泥水平衡盾构机”。多年来，公司与法国、日本、美国及德国等多家国际知名企业进行合作和技术交流，积累了丰富的全断面隧道掘进机的研发、制造和施工经验，并生产了泥水平衡式、土压平衡式、复合铰接式、双圆盾构机，以及硬岩掘进机、矩形顶管机等各类全断面隧道掘进机共计 200 余台。此外公司还具有较强的盾构机维修改制能力和地铁管片钢模制造能力，是行业排头兵企业之一。

（5）海瑞克股份公司（Herrenknecht AG）。海瑞克股份公司简称海瑞克，是目前全球最大的隧道施工设备专业制造公司，总部设在德国，能生产直径 0.1~19m 的各类隧道掘进机械，并提供全方位服务。

自 2000 年以来，海瑞克陆续和我国多家公司开展合资合作、技术引进、技术支持，除在北京设置海瑞克公司代表处外，还分别在广州、成都、昆明、上海、武汉、无锡和香港开设了 8 家子公司，进行盾构机的组装、销售和服务。随着我国企业的发展壮大，海瑞克产品在我国市场的占有率逐年下降，但其在技术、质量和品牌上的优势依然存在，仍然具有相当强的市场竞争力，该公司是国际知名企业。

（6）中交天和机械设备制造有限公司。中交天和机械设备制造有限公司简称中交天和，是中国交通建设股份有限公司旗下的子公司。公司注册资金 5.6 亿元，是近几年增长较快的企业，公司主要从事全断面隧道掘进机的设计、研发与制造；

船用机械、起重机械、桥梁及建筑用抗震高阻尼支架的设计、研发与制造等。

（7）辽宁三三工业有限公司。辽宁三三工业有限公司简称辽宁三三，是辽阳市装备制造业龙头企业、国家和省重点扶持的科技型民营企业，其主导产品是全断面隧道掘进机和大型、超大型数控机床系列。2014 年 1 月 23 日，辽宁三三工业有限公司与卡特彼勒加拿大隧道设备有限公司正式签约，成功收购卡特彼勒加拿大设备有限资产。

（8）徐工集团凯宫重工南京有限公司。徐工集团凯宫重工南京有限公司简称徐工凯宫，成立于 2011 年 2 月，主要从事大型隧道掘进机的研发、制造、销售及服务，已形成研发、生产、关键零配件采购三位一体的本地化生产制造模式。徐工凯宫是近几年发展较快的盾构机制造厂商，公司通过核心技术自主研发，与国外知名企业进行技术合作，与国内权威高校院所开展产学研合作的方式，形成了一套自有核心技术的研发体系。

水平定向钻

水平定向钻是在不开挖地表面的条件下，铺设多种公用设施（管道、电缆等）的一种施工机械，广泛应用于供水、电力、电信、天然气、煤气、石油等管线铺设施工中，适用于沙土、黏土、卵石等地况。一般用于管径 300 ～ 1 200mm；最大直径可达 2 000mm 的工程。最大铺管长度可达 1 500m，最大管线埋深可在河床下 18m。

水平定向钻施工的特点主要是：不破坏地表，对环境干扰小，施工速度快，穿越精度高，管线方向和埋深易于调整，施工成本低，安全可靠。我国水平定向钻的研发制造起步较晚，但近十几年来发展很快。据不完全统计，国内除徐工、三一、中联等大型工程机械企业已形成批量生产能力外，水平定向钻生产企业已达 30 余家，产品规格型号齐全，已研制出最大推拉力 8 000kN 的大型水平定向钻。另外还有相当数量的租赁和施工企业。从技术发展上看，水平定向钻正向大型化和微型化，适应硬岩作业，自备锚固系统，钻杆自动堆放提取，钻杆连接自动润滑，超深度导向监控等方向发展。目前全国年销售额约为 15 亿元。国内部分主要水平定向钻生产企业情况见表 2。

表 2　国内部分主要水平定向钻生产企业情况

序号	生产企业	品牌	主要产品型号
1	徐工基础工程机械有限公司	徐工	XZ180、XZ 320、 XZ 400、 XZ 500 、XZ 680、XZ1000 、XZ1500 、XZ 3000、 XZ5000
2	中联重科股份有限公司	中联	KSD15、KSD18、KSD25、KSD25B
3	三一重机有限公司	三一	SD180、SD360、SD800、 SD2000
4	上海谷登建筑机械制造有限公司	谷登	GD180、GD280、 GD350、GD380 、GD600、GD720、GD800 、GD1100、GD1600、GD2100、GD2800、GD4000、GD5000、GD8000
5	沈阳北方交通重工集团	北方交通	ZDY3500F、ZDY3500L、ZDY3500LA、 ZDY12000LF 等
6	恒天九五重工有限公司	恒天九五	JVD-200、JVD-280、JVD-320、JVD-380、JVD-450
7	无锡市安迈工程机械有限公司	安迈	MDL-150D、MDL-160G、MDL-135D、MDL-130DX、MDL-135G、MDL-120D1
8	桂林华力重工机械有限责任公司	华力	HL512B、HL518B、HL532B、HL580A、 HL536B
9	深圳钻通工程机械股份有限公司	钻通	ZT-45D、ZT-12、ZT-10L、ZT-25A、ZT-105A、ZT-80D、ZT-60/85
10	北京中海恒通科技发展有限公司	中海恒通	HT-10C、HT-16L/20L、HT-25L、HT-58L、HT-42LB、HT-120L
11	江苏德航工程机械装备有限公司	德航重工	DH550、DH150、DH280、DH320、DH 380、DH800、DH1600B-L、DH 8000-LL

（续）

序号	生产企业	品牌	主要产品型号
12	德威土行孙工程机械有限公司	德威土行孙	DDW-6000、DDW-3000、DDW-4000、DDW-2000、DDW-1600、DDW-1200、DDW-600、DDW-320、DDW-280、DDW-230、DDW-180、DDW-150、DDW-110 等
13	美国威猛制造公司	威猛	PL8000、D7X11a、D10X15、D33X44、D200X300、D300X500 等
14	柳州固瑞机械有限公司	固瑞	GR6023、GR6030、GR6032、GR6038、GR9023、 GR9030
15	南京地龙非开挖工程技术有限公司	地龙	DL280、DL320、DL380、DL450、DDL150、DDL380、DDL550、DDL800A、DDL1800、DDL4000、DDL5015 等
16	秦皇岛市海天路矿工程机械有限公司	海天路矿	CZ-5 CZ-6 CZ-8
17	泰安市力士工程机械有限公司	力士	CTQD1000

悬臂式巷道掘进机

悬臂式巷道掘进机是用于开凿平直地下巷道的专用机械，它集切割、行走、装运、喷雾灭尘功能于一体，适于挖掘各种形状断面的巷道和隧道，具有安全高效、成巷质量好的特点，自 20 世纪 60 年代以来，得以广泛应用，原来仅用于煤矿巷道开挖和开采，现已扩展到其他掘进领域。

我国悬臂式巷道掘进机产业的发展起源于技术引进，是在原来煤矿系统的煤机企业研发的基础上发展起来的。三一重装等大型制造业企业的强势介入，大大提升了产品水平和制造能力。目前全国生产该产品的企业有 10 余家，能生产轻型、中型和重型的，包括适用于硬岩掘进的各类产品，年销售额约在 50 亿元。国内主要悬臂式巷道掘进机生产企业情况见表 3。

表 3　国内主要悬臂式巷道掘进机生产企业情况

序号	企业名称	产品型号
1	三一重型装备有限公司	EBZ100、EBZ132、EBZ160、EBZ200、 EBZ 200H、EBZ200G、EBZ230、EBZ260A、 EBZ 280、EBZ300A、EBZ318A、EBZ318H、EBZ360、EBZ418 等
2	佳木斯煤矿机械有限公司	EBZ55、EBZ100、EBZ120、EBZ132、EBZ 135、EBZ150、EBZ160、EBZ200、EBZ230、EBZ260、EBZ300、EBZEBH350
3	北方重工集团有限公司（沈阳）	EBZ120、EBZ132、EBZ160A、EBZ200、EBZ240
4	北方交通重工集团	EBZ132、EBZ300、EBZ320
5	徐工集团	EBZ75、EBZ90、EBZ135、EBZ160、EBZ200、EBZ200R、EBZ230、EBZ260、EBZ320
6	南京航天晨光集团掘进机分公司	EBZ75A、EBZ75C、EBZ120C、EBZ132A、EBZ180、EBZ220
7	石家庄煤矿机械有限责任公司	EBZ55、EBZ75、EBZ100、EBZ135、EBZ150、EBZ200、EBZ200A、EBZ160A、EBZ230A、EBZ260A、EBZ300A、EBH260A、EBH300A
8	内蒙古北方重工集团有限公司	EBZ90、EBZ132、EBZ132C、EBZ160、EBZ230、EBZ260
9	太原矿山机器集团有限公司	EBZ132PY　EBZ90
10	上海科煤机电有限公司	EBZ75、EBZ120、EBZ160、EBZ200、EBH120

〔撰稿人：中国工程机械工业协会掘进机械分会宋振华〕

工程机械配套件

生产发展情况

中国工程机械行业是国家实体经济的重要组成部分，而工程机械配套件行业作为基础性行业，是中国工程机械行业产业升级、技术进步的重要保障，配套件强则中国工程机械强。“十二五”期间，中国工程机械行业经历了从高速发展到持续低迷的调整阶段，工程机械配套件企业更是背负着沉重的生存压力。2014 年，受工程机械市场回落的大环境影响，工程机械配套件行业的形势也不容乐观。产品销量整体下降，流动资金告急，甚至部分企业由于经营方式不合理及产品结构单一有被淘汰的可能。根据 2014 年对工程机械配套件行业中主要企业的统计，2014 年完成工业总产值 1 103 034 万元；工业销售产值 1 126 308 万元；主营业务收入 1 166 271 万元；利润总额 68 174 万元。2013—2014 年工程机械配套件行业主要经济指标完成情况见表 1。

表 1　2013—2014 年工程机械配套件行业主要经济指标完成情况　（单位：万元）

经济指标	2013 年	2014 年
工业总产值（当年价）	1 981 982	1 103 034
工业销售产值（当年价）	1 939 158	1 126 308
主营业务收入	1 909 479	1 166 271
工业增加值	509 282	307 092
出口交货值	216 286	75 291
利润总额	129 761	68 174

工程机械配套件行业产品分类及主要生产企业见表 2。2013—2014 年工程机械配套件产品产销存情况见表 3。2013—2014 年工程机械配套件行业主要生产企业经济指标完成情况见表 4。

表 2　工程机械配套件行业产品分类及主要生产企业

产品分类	企业名称
液压件及液压附件	徐州徐工液压件有限公司、四川长江液压件有限责任公司、榆次液压有限公司、派克汉尼汾液压（天津）有限公司、浙江临海海宏集团有限公司、济南液压泵有限责任公司、合肥长源液压股份有限公司、中航工业贵州枫阳液压有限公司、苏州工业园区飞翔液压附件厂、伊顿流体动力（上海）有限公司、中航力源液压股份有限公司、泊姆克（天津）液压有限公司、山东锐驰机械有限公司、安徽惊天液压智控股份有限公司、浙江苏强格液压股份有限公司、博世力士乐（北京）液压有限公司、上海纳博特斯克液压有限公司、黎明液压有限公司、厦门银华机械厂、宁波市恒通液压科技有限公司、江苏江阴市液压油管有限公司、徐州瑞隆机械工业发展有限公司、福州大学液压厂、宁波广天赛克思液压有限公司、宁波江北宇洲液压设备厂、意宁液压股份有限公司、江苏恒立高压油缸股份有限公司、北京华德液压工业集团有限公司、浙江圣邦机械有限公司、卡尔森精密机械（昆山）有限公司、烟台江山工贸有限公司、江阴市长龄机械制造有限公司、江苏恒源液压有限公司、高邮市迅达工程机械有限公司、江阴市力隆液压机械有限公司、川崎精密机械商贸（上海）有限公司、济南高新华能气动液压有限公司、河北金建液压机械有限公司、安徽金达利液压有限公司、宁波赛维思机械有限公司、江苏国瑞液压机械有限公司、安徽博一流体传动股份有限公司、烟台星辉劳斯堡液压机械有限公司、烟台艾迪液压科技有限公司、宁波斯达弗液压传动有限公司、山东天一液压科技股份有限公司、张家口中航液压装备股份有限公司、徐州科源液压有限公司、上海合纵重工机械有限公司、太仓濂辉液压器材有限公司、斗山液压机械（江阴）有限公司、宁波中宁伟业液压有限公司、山东同力液压装备有限公司、安徽汉卓流体动力科技有限公司、林德液压（厦门）有限公司、威海人合机电股份有限公司

（续）

产品分类	企业名称
变速器驱动桥	杭州前进齿轮箱集团股份有限公司、中南传动机械厂、江西分宜驱动桥厂、卡拉罗（中国）传动系统有限公司、徐州美驰车桥有限公司、徐州市振兴车桥厂、泰安金城重工科技有限公司、六安金霞齿轮有限公司
液力变矩器	浙江临海机械有限公司、山推股份有限公司液力变矩器厂、成工集团液力变矩器厂、安徽合力股份有限公司蚌埠液力机械厂、大连液力机械有限公司、陕西航天动力高科技股份有限公司、中国船舶重工集团公司第七一一研究所变矩器厂、厦门亿统机械有限公司
回转支承四轮一带等零部件	徐州罗特艾德回转支承有限公司、马鞍山方圆回转支承股份公司、烟台富野机械有限公司、亚实履带（天津）有限公司、山推工程机械股份有限公司履带底盘分公司、安徽宁国顺昌机械有限公司、山东省烟台市广兴履带厂、上海瑞吉机械传动技术有限公司、北京东山机械技术有限公司、铁岭市机械橡胶密封件有限公司、黄石赛福摩擦材料有限公司、浙江银轮机械股份有限公司、爱克奇换热技术（太仓）有限公司、莱州市莱索制品有限公司、山东彩桥驾驶室有限公司、山东山推工程机械结构件有限公司、徐州徐工集团金属结构件有限公司、浙江天成自控股份有限公司、芜湖盛力科技股份有限公司、宁波禾顺新材料有限公司、上海永信仪表有限公司、贵阳永青仪电科技有限公司、中策橡胶集团有限公司、山东山工钢圈有限公司、无锡圣丰减震器有限公司、唐纳森无锡过滤器有限公司、济宁精益轴承有限公司、常州武滚轴承有限公司、济宁山推石油化工有限公司、中国石油化工股份有限公司润滑油研发（北京）中心、马鞍山统力回转支承有限公司、爱斯科（徐州）耐磨件有限公司、济宁永生工程机械制造有限公司、摩纳凯齿轮（江西）有限公司、天津日标工程机械配件有限公司、北京中工北方石油化工有限公司、广西南宁精祥仪表有限公司、中国石油化工股份有限公司润滑油研发（北京）中心、浙江凌翔科技有限公司、江苏巨超重工机械有限公司、特利马克（徐州）汽车零部件有限公司、天津彼洋科技有限公司、上海金研机械制造有限公司、福建唐力电力设备有限公司、马夸特开关（上海）有限公司、南阳市红阳锻造公司、长沙华德科技开发有限公司、青岛成通源电子有限公司、江苏泰隆减速机股份有限公司、济宁亚得旺机械有限公司、米巴精密零部件（中国）有限公司、宁波博威合金材料股份有限公司、马鞍山市力和机械有限公司、河北亚大汽车塑料制品有限公司、瑞钢钢板（中国）有限公司、广州先旗电子科技有限公司、济南科发中美高级润滑油有限公司、上海奥达科股份有限公司、山东铭德机械有限公司、道依茨发动机北京办事处、杭州浙大奔月科技有限公司、无锡圣丰减震器有限公司、深圳市欧德里控制技术有限公司、双登集团股份有限公司、浙江双飞无油轴承股份有限公司、普莱斯工业小型驾驶室（苏州）有限公司、马鞍山市安耐特回转支承有限公司、河北雄县鑫海浮动油封厂、嘉善耐特精密机械有限公司、杰梯晞精密机电（上海）有限公司、吉凯恩中国投资有限公司、徐州博涛工程机械有限公司、上海南华机电有限公司、苏州工业园区驿力机车科技有限公司、曼胡默尔管理（上海）有限公司

表3　2013—2014年工程机械配套件产品产销存情况　（单位：台、件、套）

企业名称	产量		销量		库存	
	2013年	2014年	2013年	2014年	2013年	2014年
液压元件						
榆次液压有限公司	90 122	367 154	75 760	367 586	113 089	69 999
徐州徐工液压件有限公司	322 166	2 192 600	2 514 507	2 231 902	210 559	115 572
中航工业贵州枫阳液压有限责任公司	23 967	23 035	26 424	20 670	24 821	27 186
中航力源液压股份有限公司	72 284	54 497	71 966	56 624	13 180	22 916
济南液压泵有限责任公司	302 602	242 009	293 509	218 126	51 247	51 028

（续）

企业名称	产量		销量		库存	
	2013 年	2014 年	2013 年	2014 年	2013 年	2014 年
合肥长源液压股份有限公司	881 128		860 703		272 888	
江苏恒立高压油缸股份有限公司	225 505		210 879		36 512	
意宁液压股份有限公司	51 528	43 651	48 653	43 087	5 952	8 275
浙江苏强格液压股份有限公司	35 696 600	36 873 903	42 842 614	37 479 991	0	409 549
宁波广天赛克思液压有限公司	20 433	72 175	20 127	22 449	986	49 726
浙江海宏液压科技股份有限公司		193 685		185 995		58 033
海盐管件制造有限公司	16 897 327	16 899 021	16 339 545	15 347 294	11 873 545	11 147 534
山东隆源液压科技有限公司	250 000	208 000	236 938	206 459	13 062	1 541
烟台星辉劳斯堡液压机械有限公司	130 000	130 000	120 000	120 000	1 000	1 000
长治液压有限公司	311 739		350 788		76 440	
黎明液压有限公司	1 110 610		792 825		126 456	
圣邦集团有限公司	59 166	61 533	59 091	59 863	75	1 670
北京华德液压工业集团有限责任公司	879 038	881 175	867 600	871 961	134 562	160 973
海特克液压有限公司	756 324		759 006		6 704	
天津岛津液压有限公司		151 174		151 699		9 662
液力变矩器						
浙江临海机械有限公司	12 608	20 842	12 099	21 209	—	
安徽合力股份有限公司蚌埠液力机械厂	565 968	599 757	572 400	586 019	31 631	45 146
驱动桥						
江西省分宜驱动桥有限公司	4 307		4 437		685	
泰安金城重工科技有限公司	17 185	11 756	16 035	10 703	1 159	1 159
山东云宇机械集团有限公司	539 218	579 473	537 583	541 995	9 774	10 649
杭州前进齿轮箱集团股份有限公司	28 302	20 662	29 472	20 642	5 173	5 170
其他						
黄石赛福摩擦材料有限公司	7 040 000	5 840 000	7 440 000	5 446 000	1 830 000	1 896 000
烟台富野机械集团有限公司	186 382	114 377	182 985	113 282	19 841	20 936
济宁永生工程机械制造有限公司	196 845	245 436	251 854	249 482	406 464	147 509
芜湖盛力科技股份有限公司	1 693 569	1 203 562	1 663 568	1 203 551	130 001	130 012
莱州市莱索制品有限公司		7 810 000		7 798 000		53 000
河北冀工胶管有限公司	5 100 000	5 400 000	4 980 000	5 420 000	120 000	100 000
淄博永华滤清器制造有限公司		39 400 000		39 320 000		80 000
马鞍山统力回转支承有限公司	26 620	20 502	27 837	21 152	3 203	3 164
常州市武滚轴承有限公司	10 580 000		12 220 000		1 240 000	
马鞍山经纬回转支承有限公司		22 500		20 720		1 780
天津津裕电业股份有限公司		880 387		885 394		22 354

表 4　2013—2014 年工程机械配套件行业主要生产企业经济指标完成情况　（单位：万元）

企业名称	工业总产值（当年价）		工业增加值		主营业务收入		利润总额	
	2013 年	2014 年	2013 年	2014 年	2013 年	2014 年	2013 年	2014 年
液压元件								
榆次液压有限公司	9 293	65 558	1 208	14 423	9 309	69 172	-171	1
徐州徐工液压件有限公司	68 213	57530	24 053	57 530	11 837	129 999	3 220	3 057
浙江苏强格液压股份有限公司	31 537	38 716	19 573	20 931	36 140	35 803	1 875	2 557
烟台星辉劳斯堡液压机械有限公司	5 635	6 239			4 149	4 428	170	244
意宁液压股份有限公司	33 925	28 332	11 874	10 949	37 232	31 788	9 267	4 883
中航力源液压股份有限公司	54 468	54 049	24 239	23 958	61 610	62 245	5 096	4 104
济南液压泵有限责任公司	23 752	23 169	7 300	10 048	21 158	17 082	3 901	-16
江苏恒立高压油缸股份有限公司	118 334		4 362		109 245		26 992	
海盐管件制造有限公司	2 404	2 425	931	1 040	2 388	2 300	174	151
中航工业贵州枫阳液压有限责任公司	18 389	19 349	9 195	9 317	17 801	18 390	650	836
宁波广天赛克思液压有限公司	25 677	32 010	19 392	17 542	22 766	24 578	9 395	10 676
圣邦集团有限公司	50 255	51 860	13 204	14 377	50 549	50 384	4 511	4 335
黎明液压有限公司	23 194		5 376		22 580		1 282	
山东隆源液压科技有限公司	14 749	20 192			13 914	19 230	1 107	1 002
浙江台州先顶液压有限公司	3 323		863		3 184		112	
海特克液压有限公司	287 953		86 385		272 601		10 557	
北京华德液压工业集团有限责任公司	48 622	44 454	14 561	15876	68 630	62 858	367	160
液力变矩器								
浙江临海机械有限公司	8 968	8 266	2 362	2 823	8 609	8 227	232	103
安徽合力股份有限公司蚌埠液力机械厂	40 620	42 656	14 083	16 175	41 016	41 660	6 002	6 536
驱动桥								
泰安金城重工科技有限公司	24 963	18 364	24 963	123	21 592	18 365	198	153
杭州前进齿轮箱集团股份有限公司	137 887	137 800	38 744	32 218	157 603	148 116	1 693	3 290
山东云宇机械集团	190 000	217 892			185 000	209 861	13 498	15 582
其他								
马鞍山方圆回转支承股份有限公司	38 242		15 445		36 680		-4 036	
黄石赛福摩擦材料有限公司	10 620	8 891	2 134	2 452	8 950	7 056	-156	-383
烟台富野机械集团有限公司	16 032	12 324	1 582	2 119	15 067	11 471	-589	-622
济宁永生工程机械制造有限公司	15 337	24 117		2 645	24 641	25 536	196	207
芜湖盛力制动有限责任公司	19 360	13 546	3 467	200	15 255	11 256	640	-674
河北冀工胶管有限公司	12 200	13 000	3 000	3 200	12 000	12 800	1 463	1 541
马鞍山统力回转支承有限公司	11 980	9 021	2 572	2 754	10 464	7 849	876	571

产品出口情况

近几年，我国工程机械配套件企业参加国际性展会的数量逐渐增多，这足以说明越来越多的工程机械配套件企业已认识到产品出口对于企业生存和发展的意义。浙江银轮机械股份有限公司生产的冷却器，出口量已达到该公司全部销量的一半以上，浙江天成座椅有限公司近年来也加大了出口力度，出口收入约占公司全部产值的一半，山推结构件有限公司的产品 70% 出口到日本、美国。

同时，凭借配套件产品品质和可靠性的提升以及合理的价格，不少配套件企业的产品赢得了国外知名跨国公司的青睐，并被纳入全球采购体系中，成为这些品牌企业的供应商。如浙江银轮机械股份有限公司、浙江天成座椅有限公司、江苏恒立高压油缸股份有限公司、浙江苏强格液压股份有限公司的产品都已被纳入卡特彼勒全球采购体系中，2014 年浙江天成座椅有限公司被评为卡特彼勒的金牌供应商；河北冀工胶管有限公司成功通过约翰迪尔等知名公司的供应商考核。这是一个很好的开始，相信今后还会有更多配套件企业的产品纳入全球采购体系中。2014 年工程机械配套件行业主要企业自营出口产品情况见表 6。

表 6　2014 年工程机械配套件行业主要企业自营出口产品情况

公司名称	产品名称	单位	数量	出口额（万美元）	销往地区
河北冀工胶管有限公司	工程机械专用各类低压橡胶管	万 m[①]	85	340.00	日本、美国、德国
烟台富野机械集团有限公司	履带链轨总成	条	2 063	214.96	
	支重轮总成	只	9 793	79.00	
	托链轮总成	只	384	3.55	
	其他	件	10 158	18.69	
泰安金城重工科技有限公司	驱动桥总成及配件	台	384	173.00	俄罗斯
烟台星辉劳斯堡液压机械有限公司	油缸	支	90 000	539.00	全球（主要为北美、南美、欧洲地区）
北京华德液压工业集团有限责任公司	液压件合计	件	31 018	229.15	东南亚、南美
黄石赛福摩擦材料有限公司	粉末冶金制品	万件	65	168.10	英国、美国、新加坡等
榆次液压有限公司	叶片泵	件	12 051	126.08	欧美、中东、新加坡等
	齿轮泵	件	17 655	221.74	
	液压阀	件	45 379	214.95	
马鞍山统力回转支承有限公司	回转支承	套	7 220	353.00	欧美、亚洲
马鞍山经纬回转支承有限公司	回转支承	套	11 800	300.00	北美、欧洲
意宁液压股份有限公司	液压马达	台	128	12.00	伊朗、韩国
	行走减速机	台	1 198	289.00	意大利、印度、新加坡、荷兰、澳大利亚
徐州徐工液压件有限公司	油缸	万件	2 301	4 169.60	东欧、北欧、南非
中航力源液压股份有限公司	柱塞泵	台套	9 610	407.00	加拿大、英国
	液压马达	台套	187	8.00	巴西
宁波广天赛克思液压有限公司	液压配件	台	158 355	210.92	中国香港
	液压配件	台	46 252	80.12	新加坡
	液压配件	台	33 984	129.25	美国
	液压配件	台	73 041	71.47	俄罗斯
	液压配件	台	54 997	97.71	加拿大
	液压配件	台	101 459	132.35	阿拉伯联合酋长国

（续）

公司名称	产品名称	单位	数量	出口额（万美元）	销往地区
杭州前进齿轮箱集团股份有限公司	工程变速器	台	19	3.00	
天津津裕电业股份有限公司	电线束	束	980	0.93	印度
	电线束	束	10 524	8.91	巴西
	电线束	束	5	0.03	日本
	电线束	束	382	3.67	泰国
	电线束	束	3 310	4.70	印度尼西亚
	电线束	束	104	0.32	德国
浙江苏强格液压股份有限公司	管接头	PC	368 328	23.58	阿拉伯联合酋长国
	管接头	PC	399 830	59.47	巴西
	管接头	PC	4 000	1.24	德国
	管接头	PC	309 254	37.92	厄瓜多尔
	管接头	PC	281 511	21.12	加拿大
	管接头	PC	2 755 726	510.35	美国
	管接头	PC	120 520	20.48	墨西哥
	管接头	PC	2 340 003	157.06	南非
	管接头	PC	60	1.11	瑞典
	管接头	PC	64 361	11.39	土耳其
	管接头	PC	66 981	7.10	乌拉圭
	管接头	PC	205 652	21.13	西班牙
	管接头	PC	1 000	0.47	中国香港
	管接头	PC	129 959	15.80	新加坡
	管接头	PC	732 504	123.78	意大利
	管接头	PC	170 032	34.07	印度
	管接头	PC	10 000	0.35	英国
淄博永华滤清器制造有限公司	空气滤清器	万只	98	238.00	美国、英国、俄罗斯
	机油滤清器	万只	101	266.00	美国、英国、俄罗斯
	汽油滤清器	万只	65	130.00	美国、英国、俄罗斯
	柴油滤清器	万只	118	235.00	美国、英国、俄罗斯

①此单位“万 m”是指统一为 25.4mm 直径时的数量。

新动向

2014 年一些企业通过自身的努力在困境中踽踽前行，取得了不错的成绩和进步。

1. 部分零部件突破国产化瓶颈，实现自主生产

国家及全行业达成重点发展核心关键零部件的共识，促成了一系列有利于零部件发展的利好政策，在行业协会的支持和配套件企业的努力下，涌现出了不少优秀的配套件企业，这些优秀的配套件企业都一如既往地专注于产品设计研发上的投入，向高端领域靠拢，来提升企业的竞争力。

国内最大的工程机械变速器独立供应商杭州前进齿轮箱集团股份有限公司（以下简称杭齿），致力于产品领域延伸与产品技术含量的提升。近两年，杭齿加大了产品研发投入，注重细分市场的需求，开发的 ZL60、YB31 变速器成功地应用在叉装车领域。试制了应用于地下铲运机的 DB65

变速器，取代进口。与中铁合作开发了 YH350 变速器，成功应用于铁路系统并取代了进口，承担工信部 2013 工业转型升级强基工程“大功率工程机械机电液控制自动变速器”项目，利用在电液控制与先进装备制造方面的技术优势，在大吨位自动变速器领域实现突破，填补了国内空白。

四川长江液压件有限责任公司承担的“LBF 系列流量比例分配负荷传感多路阀”项目，被列入四川省级重大技术装备创新研制专项。该产品具有国内领先的阀前控制技术，具有与负载压力无关的流量比例分配技术，具有良好的抗干扰和抗饱和、精确微动控制、优良比例特性、高效节能等功能特点，是工程机械以及航空航天行业等重大装备相关关键基础零部件替代进口的产品。

新一代国内最大吨位装载机油缸在徐州徐工液压件有限公司问世。其自主研制的新型 12t 装载机油缸也试制成功。该系列配套油缸共包含三大类、五种产品，工作性能已达国内领先水平，填补了多项国内大吨位装载机油缸的技术空白。

2. 创新经营模式，专注细分市场

专注于一个领域，在细分市场做深、做大、做强，最终成为该细分市场的领导者。宁波广天赛克思液压有限公司（简称赛克思）、芜湖盛力科技股份有限公司就是其中具有代表性的企业。

作为液压柱塞泵（马达）核心件制造商，赛克思自 1985 年始就专心致力于液压零部件与总成的研发和制造，是当前液压元件后市场柱塞泵（马达）配件最大的供应商、第一品牌，市场占有率稳居第一位。2014 年 1 月，赛克思成立“维修及再制造连锁经营事业部”，在北京设立“液压维修及再制造工程研究院”，专注于研发再制造技术。同时在全球范围展开直营店的建店工作，计划两年内在国内外建立 30 个连锁店，并对首批武汉、印度店举行了授牌。

芜湖盛力科技股份有限公司不断提升开发能力，以多品种、个性化、差异性的产品结构和创新驱动发展的经营理念，已经成为国内生产汽车、工程机械制动元件的专业骨干企业，并成为国内 60 余家汽车、工程机械集团公司的配套合作伙伴。2014 年 1 月 24 日盛力科技已在“新三板”成功挂牌上市，成为配套件行业具有成长性的上市公司。

3. 持续进行技术创新升级，取得可喜成果

2014 年，部分企业坚持以市场为导向，以技术创新为动力，加强技术创新升级，取得了可喜成果，为企业的快速崛起蓄积了充足的力量。

江苏国瑞液压机械有限公司（简称国瑞液压）非常注重人才引进、培养和技术创新。2014 年针对中国市场成功开发了 GKV100、GKV80、GKV50、GKV35 系列多路阀和 4PF 大排量铸铁齿轮泵、马达。这些产品都拥有自主知识产权，GKV 系列多路阀带有负载敏感和压力补偿功能，可实现电控、液控、手动控制。国瑞液压以电液比例多路控制阀为主导的液压阀系列产品已基本形成规模化、系列化，液压泵和液压多路阀两大系列产品可系统供货。目前，国瑞液压占地面积 12 万 m^2 的新厂区和现代化新生产线已投入生产。

山东隆源液压科技有限公司（简称隆源）集液压研发、生产、服务于一体，为更好地满足客户要求，于 2013 年从国外聘请具有 20 多年行业经验的资深人士任油缸事业部总经理。成立项目小组，全力对多级液压缸进行研发生产和创新升级；革新液压缸产品 106 项，将产品的三包服务期由 12 个月 2 000h 延长到 18 个月 3 000h。产品的顾客满意率超过 93%。至 2014 年 9 月，市场油缸故障率同比下降 50 %。

严冬中做好准备，更好地迎接下一个春天的到来。以新心态应对新常态，以新举措创造新机遇。正如国务院总理李克强所说，创新是经济社会发展的不熄引擎。中国要加快体制创新步伐和加大科技创新力度。通过改革和创新推动产品品质的提升，将成为中国工程机械配套件行业乃至整个行业的唯一出路。

（注：文章中的企业数据来源于中国工程机械工业协会工程机械配套件分会会员单位。）

〔供稿单位：中国工程机械工业协会工程机械配套件分会〕

〔本文编辑：袁士华〕

15年足迹

——《中国工程机械工业年鉴》创刊15周年

《中国工程机械工业年鉴》已经伴随着工程机械行业的高速发展走过了 15 年。15 年与工程机械行业共努力、共奋斗、共成长、共进步，共同经历工程机械创业的艰辛，共同在变革、创新、升级的阵痛中破茧成蝶变得坚强自信，共享丰硕成果和高速发展带来的快乐与欢欣。

进入新常态，我们有责任与工程机械行业一起努力，加快转型升级，提升市场竞争能力，实现工程机械行业的强国之梦。

祝工程机械年鉴出版十五周年

鑄十五周年鑒

展行業春秋圖

劉纘平賀

光阴荏苒十五年，
行業進步史无前。
回顾攀越崎岖岭，
动力源中有《年鉴》。

纪念《中国工程机械工業年鉴》
创刊十五周年！

杨红旗 敬贺
二〇一五年六月十九日于北京

贺《中国工程机械工业年鉴》
出版十五周年

见证历史
创新未来

祁俊

贺《中國工程機械工業年鑒》
出版十五周年

三五春秋勤耕耘
萬千裝備美河山
工程機械强國路
绩寫輝煌載年鑒

苏子孟

激發企業活力
引領行業未来

——賀《中国工程机械工业年鉴》创刊15周年

中国工程机械工业协会
装岩机械与气动工具分会 耿彭君

二零一五年七月三十一日

展工程机械风彩
促行业再创辉煌

中国工程机械工业协会路面与压实机械分会 吴竟吾

十五载，鉴证
工程机械高速发展
新常态，共创
可持续发展新局面

中国工程机械工业协会挖掘机械分会　李宏宝

提升服务能力
助推行业发展

中国工程机械工业协会掘进机械分会　宋振华

站在新起点、
迈向新高度

铲土运输机械分会
高秋政

汇聚年度精华
谱写行业篇章

中国工程机械工业协会用户工作委员会 侯宝佳

提升創新能力
加快轉型升級

中国工程机械工业协会混凝土机械分会　魏觉

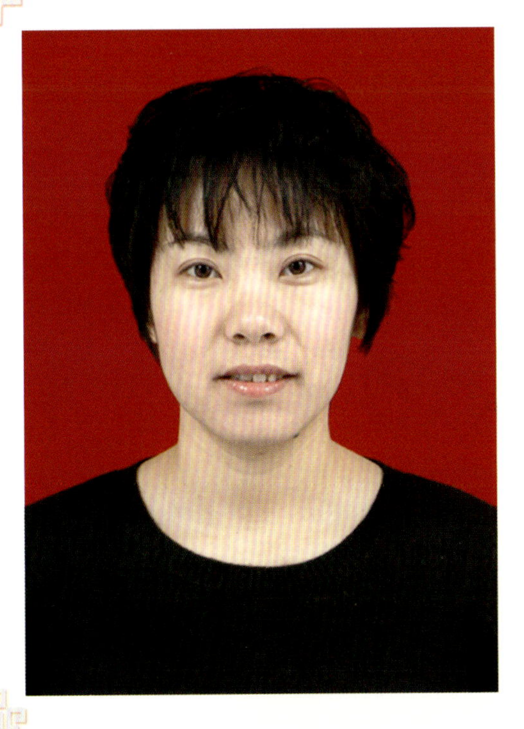

凝聚中国力量
实现伟大梦想

中国工程机械工业协会配套件分会　贾晓雯

鉴証历史
创新未来

中国工程机械工业协会
工业车辆分会
張洁

鉴证行业历史
把握发展方向

中国工程机械工业协会桩工机械分会 黄志明

十五载春秋记录行业沉浮；知往鉴今再攀历史高峰

广西柳工机械股份有限公司
董事长 曾光安

见证风雨十五载
谱写行业新篇章

中国国机重工集团有限公司
董事长 吴培国

十五载良师益友携手峥嵘岁月

新常态继往开来并肩再攀高峰

中联重科股份有限公司

庆峥嵘岁月十五载

祝光辉业绩年年高

小松（中国）投资有限公司
总经理 王子光

2015年8月14日

见证行业发展

铺筑成功之路

维特根（中国）机械有限公司董事总经理

M. Reichert

我们与建设者

共筑坚实基础

同创百年工程

上海金泰工程机械有限公司
总经理

林坚

作为中国工程机械工业发展的里程碑，以及行业展示平台，我们衷心祝愿《中国工程机械年鉴》越办越好，充分发挥桥梁、纽带及促进作用，为我国工程机械产业转型升级，以及再创辉煌作出新的贡献！

江苏八达重工机械股份有限公司
董事长 陈利明

树民族品牌
铸世界品质

廊坊德基机械科技股份有限公司
总经理 蔡群力

企业题词

专业造就品质
服务创造价值

珠海仕高玛机械设备有限公司 董事长

虚心学习、不断成长创造出新的产品、赶上、超越国际同行水平

宁波如意股份有限公司
董事长 储吉旺

贺十五年峥嵘岁月
愿行业未来蒸蒸日上

杭州爱知工程车辆有限公司
董事长

德高智强行健
共创美好人生

洛阳五圣科技
2015.8.3

技术引领潮流
新型开创未来

祝：
《中国工程机械工业年鉴》
越办越好！

青岛新型建设机械有限公司

林XX

品牌资讯
创造价值

北京华德液压工业集团有限责任公司
总经理 廖XX

降耗求生存，创新求发展
彩虹总在风雨后。

浙江海宏液压科技股份有限公司
董事长

致力于挺直
民族品牌的腰杆

马鞍山统力回转支承有限公司
董事长 侯宁

记载行业的脚印
探索前进的方向

河谷（佛山）汽车润滑系统制造有限公司
董事长兼总经理

长盛轴承，
永求卓越！

浙江长盛轴承技术有限公司
董事长

"一带一路"上有您、有我、有他，

实现工程机械行业的强国之梦，需要您、我、他……

让我们共同努力！

15年足迹

回顾2000-2014年工程机械行业的发展历程，对2000-2014年工程机械行业的销售、进出口等数据进行系统分析

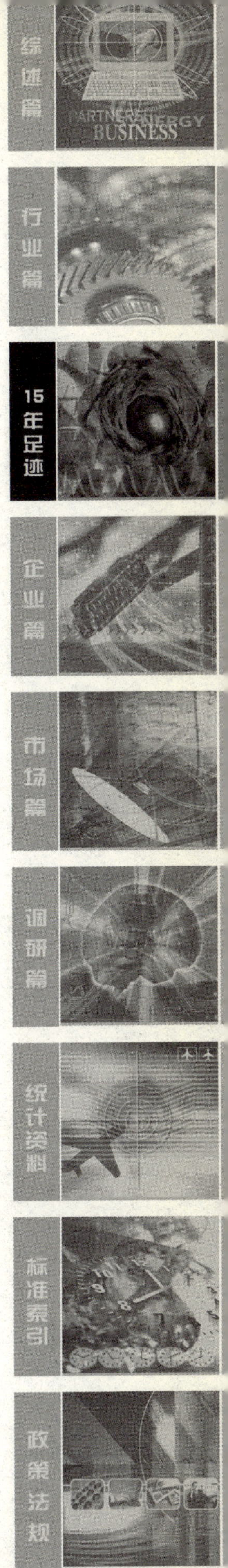

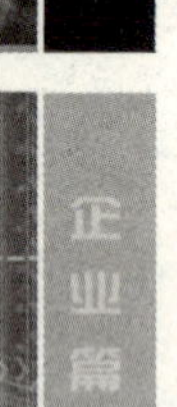

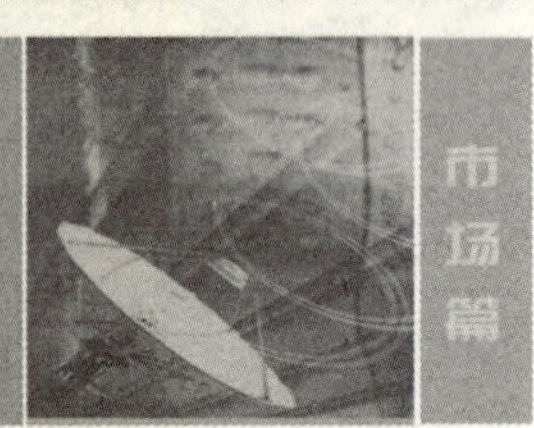

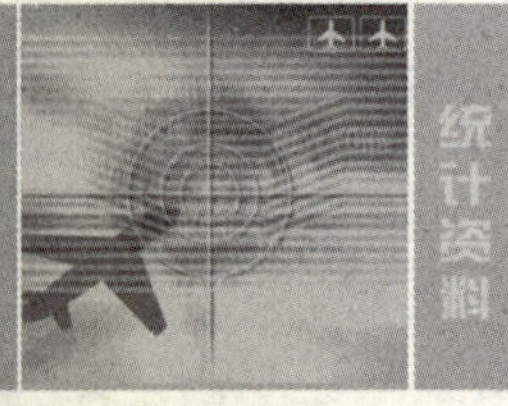

15年足迹

中国工程机械行业 15 年回顾

《中国工程机械工业年鉴》到 2015 年已经出刊 15 年。这 15 年对工程机械行业来说是极不寻常的。在此期间，我国工程机械行业得到了飞速发展，行业规模快速增长，行业门类和产品系列趋于完整，制造能力和产品水平比肩国际先进，成为全球工程机械行业的主要力量。历年出版的《中国工程机械工业年鉴》准确、全面地记载了行业改革、创新、发展的历史轨迹，成为见证行业发展历程的重要历史文献。借此机会，简要回顾这 15 年我国工程机械行业的发展历程和取得的主要成就，以示纪念。

一、概述

2000—2014 年，横跨“十五”“十一五”、“十二五”三个五年发展规划，历经我国多个经济发展阶段。这期间，中国加入了世贸组织，国民经济进行宏观调控，国家西部大开发拉开帷幕，美国爆发次贷危机进而引发国际金融危机，欧洲统一货币出台至发生欧债危机，全球经济危机进一步蔓延导致世界各国经济发展遇阻，我国出台大规模的经济刺激措施以应对全球经济危机，这些事件对我国宏观经济运行及工程机械行业的发展产生巨大影响。

在此期间，我国工程机械行业发展变化超过历史上任何一个时期，我国国内市场进一步开放，企业不断开拓进取在国际上赢取了新的广大发展空间，我国工程机械产品进出口规模快速增长，在成为全球最重要的工程机械市场的同时，我国工程机械产品在国际市场上也拓展出巨大市场空间，我国工程机械企业更是获得了国际市场的重新定位和广泛认可。

在此期间，我国一批优秀企业快速成长，营业收入连续跨过 10 亿元、100 亿元，直至 1 000 亿元规模，进入全球工程机械 50 强的企业已超过 10 家，其企业数、销售额、资产规模总量与欧、美、日并驾齐驱。中国工程机械企业群体的成长，改变了世界工程机械产业的格局。

在此期间，我国工程机械企业的技术水平和研发能力空前提高，产品经历了数次全面大规模的更新换代，其质量和性能水平达到新的高度，重大技术装备的发展为国际大型装备树立了新标杆，不仅在国内实现了对进口产品的替代，而且在国际市场上打破了原有的市场格局，成为全球工程机械产品和服务的重要供应商，树立了中国工程机械的优秀品牌。

回顾这 15 年，我国工程机械企业不断转变经营发展理念和发展方式，坚持引进技术与自主创新相结合，坚持产品结构调整与产业的不断升级，加快信息化、智能化进程，努力推动行业迈向中高端水平，为国民经济的建设和世界工程机械产业的发展做出了重要贡献。

二、行业规模快速扩张

2000 年，工程机械行业作为机械工业中的小行业，年营业收入不足 500 亿元。15 年来，伴随着工程机械行业自身能力水平的提高，产品产销量地快速增长，产品的质量水平和性能不断提升，越来越充分满足了国民经济快速发展对工程机械日益增加的需求。尤其是在 2009 年之后的三年时间，受宏观经济刺激政策的影响，工程机械的需求量呈爆发式增长，工程机械企业为满足市场需求，迅速增加投资，快速提高产能，使工程机械行业规模、发展速度和制造能力达到巅峰。到 2014 年，工程机械行业营业收入已连续三年超过 5 000 亿元，已成为机械工业乃至装备制造业的优势产业，在国民经济中发挥了越来越重要的作用。15 年来，全行业营业收入年均增长率达到 18.5%。2000—2014 年工程机械行业营业收入及增长率见图 1。

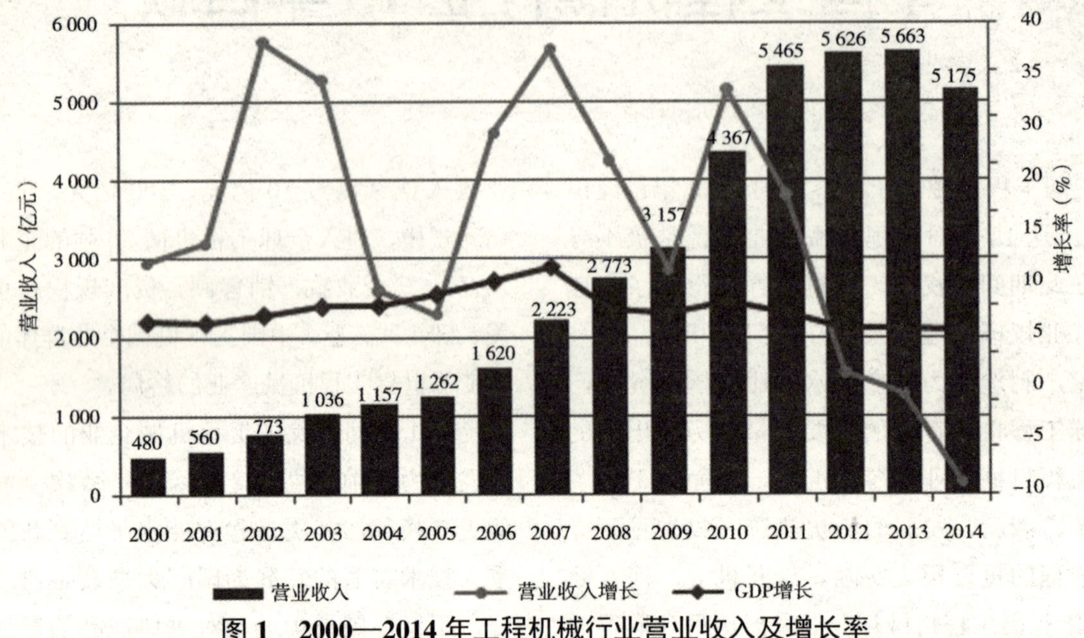

图 1　2000—2014 年工程机械行业营业收入及增长率

经过 15 年的快速发展，工程机械行业有多家企业进入中国企业 500 强行列，如徐工集团、中联重科、三一集团、柳工集团、山推股份、龙工控股、厦工股份、临工集团、山河智能、成工集团、安叉集团和杭叉集团等。2000—2014 年部分主要企业营业收入统计见表 1。

表 1　2000—2014 年部分主要企业营业收入统计　（单位：亿元）

年份	徐工	中联	三一	柳工	龙工	厦工	临工	山推	安叉	杭叉
2000	41.0	8.0	8.1	10.0	5.7	11.0	4.4	5.7	8.7	2.4
2001	53.0	9.5	9.7	13.0	8.0	14.0	5.4	6.0	10.1	3.3
2002	77.0	8.6	13.2	23.0	15.3	23.0	12.1	8.0	11.2	5.4
2003	122.0	28.0	21.0	36.0	27.0	41.0	18.1	13.3	15.0	8.5
2004	136.0	43.8	27.0	49.0	44.0	42.0	20.6	18.0	17.2	11.7
2005	131.0	39.9	44.2	56.0	38.0	43.0	23.2	19.0	20.3	13.3
2006	202.0	72.0	60.0	73.0	37.0	47.0	28.2	29.0	25.3	18.6
2007	308.0	146.0	131.0	92.0	53.0	48.0	34.3	43.0	34.2	28.2
2008	408.0	243.0	209.0	103.0	61.0	59.0	36.1	66.0	29.3	40.5
2009	505.0	337.0	306.0	110.0	70.0	55.0	38.2	70.0	36.0	32.5
2010	660.0	508.0	456.0	238.0	120.0	103.0	71.7	134.0	50.2	71.3
2011	871.0	848.0	802.0	250.0	127.0	120.0	117.0	147.0	64.2	83.7
2012	1 011.0	903.0	824.0	164.0	77.6	81.0	161.0	105.0	61.4	92.0
2013	930.0	758.0	722.0	169.0	81.6	65.0	171.0	101.0	67.0	103.0
2014	808.0	637.0	744.0	144.0	74.3	46.0	170.0	72.7	135.0	104.0

注：表中数据为非连续统计数据，企业结构不完全一致，仅供参考。

在此期间，徐工集团、中联重科、三一重工年营业收入迈上了 800 亿元的台阶，已跃升为 1 000 亿元级企业，年营业收入超过百亿元的有柳工、山推、龙工、临工、安叉、杭叉和厦工等企业。

2014 年，我国 10 家工程机械企业进入世界工程机械 50 强行列，其中位列全球工程机械前 10 位的是：徐工集团、中联重科和三一集团。

15 年来，伴随制造企业产销规模不断扩大，产品销售领域和销售地区不断增加，代理商营销服务体系从无到有、由小到大，专业的产品代理和售后维修服务企业得到快速发展。随着境外一些品牌和代理商进入中国市场，新的营销理念和代理商运行体制与机制逐渐被中国代理商接受，促进了工程机械行业代理商群体的兴旺和蓬勃发展。

一批具有雄厚基础的租赁企业进入工程机械行业，工程机械租赁企业蓬勃发展。

2000—2014 年，工程机械产品销售量快速增长，中国市场已经成为全球最大的工程机械市场。2000—2014 年主要工程机械产品销售量见表 2。

表 2　2000—2014 年主要工程机械产品销售量

产品分类	2000年	2001年	2002年	2003年	2004年	2005年	2006年	2007年	2008年	2009年	2010年	2011年	2012年	2013年	2014年
挖掘机	7 926	12 397	19 710	34 892	33 769	34 052	49 625	72 976	82 765	101 559	179 296	193 891	130 624	126 296	103 227
装载机	20 857	26 352	43 348	69 669	91 334	107 354	129 834	161 628	162 335	149 355	228 219	258 901	181 522	188 405	156 272
推土机	2 941	3 170	4 709	6 579	5 611	5 096	5 925	7 324	8 776	8 610	13 911	13 115	10 169	9 511	7 742
平地机	834	607	1 120	1 727	1 788	1 754	2 446	3 893	4 320	3 608	4 531	5 259	4 347	4 017	3 662
汽车起重机	3 368	4 049	6 426	9 706	11 654	11 012	14 465	20 862	21 512	28 627	35 152	35 455	23 073	17 889	14 096
履带起重机		5	42	123	213	237	500	977	1 648	1 052	1 677	1 981	1 617	1 602	1 330
随车起重机		1 053	1 273	1 008	1 576	1 703	2 588	3 809	4 513	4 945	6 443	9 440	10 174	9 345	11 042
轮胎起重机		51	54	96	155	170	156	267	230	111	160	125	154	193	220
叉车	16 838	18 092	23 669	43 537	51 393	75 733	97 520	152 415	168 119	138 908	232 409	313 847	291 333	328 764	359 622
压路机	5 592	6 031	8 909	12 308	10 702	8 113	8 740	9 437	10 885	19 852	26 281	22 217	13 782	15 726	14 270
摊铺机	420	450	841	1 306	1 383	906	1 136	1 347	1 436	1 678	3 019	3 386	2 179	2 066	1 737
塔式起重机	7 494	9 738	9 830	10 486	8 255	12 693	19 422	31 020	27 918	29 300	43 400	53 000	43 000	63 684	50 657
混凝土搅拌车	924	1 001	3 708	3 103	6 371	4 060	5 091	9 856	12 352	23 539	35 386	46 307	44 646	45 799	44 329
混凝土泵车	274	350	389	858	1 027	955	1 919	4 271	4 527	5 880	7 964	12 030	10 866	7 966	5 700
混凝土泵	1 842	1 773	2 426	2 966	2 268	2 090	3 490	4 238	4 492	5 186	6 959	10 762	11 246	6 992	5 040
混凝土搅拌站	331	554	533	894	1 320	723	1 975	3 000	3 180	4 949	5 977	6 897	7 075	7 740	5 170

2000 年挖掘机产销量不足 8 000 台，比上年增长 32.4%，11 年后的 2011 年，销售量近 20 万台，为 2000 年的 25 倍。而 2000 年的 8 000 台中 87% 由外资企业占据，2014 年外资占比下降到 60.9%，内资企业在市场总量扩张的背景下市场占比在稳步增长。

应对市场风险和发展方式逐步转变。15 年间，工程机械市场环境发生了翻天覆地的变化，从供应短缺，到供求基本平衡，到结构性过剩，企业发展逐步脱离外延式增长，通过改善内部管理，加强市场精细化服务，逐步转变发展方式，在市场情况发展变化过程中，着力提高企业运营效率和经济效益，企业的转型升级取得积极进展，应对风险能力显著提高。

三、行业技术水平和产品性能产生质的飞跃

中国工程机械行业发展的历程，是由引进消化到自主创新的历程。改革开放以来，企业通过不断学习借鉴，在引进技术消化吸收的基础上，坚持自主创新和产学研结合的联合攻关，取得了一批重大科研成果，实现了产品的升级换代。

在节能技术方面实现轮式装载机节能5%～12%，液压挖掘机节能5%。减量化技术方面装载机、叉车等产品取得降低整机重量5%～8%的科研成果。减振降噪的科技攻关取得重大突破，在装载机上整机噪声降到72dB，液压挖掘机整机噪声降到71dB，达到了国际先进水平。

2002年8月，具有自主知识产权的新一代全地面汽车起重机QAY25在徐工集团徐州重型机械厂面世，标志着中国全地面汽车起重机的研制向前迈出了一大步，打破了多年以来中国全地面汽车起重机依赖进口的局面。到2014年，我们已经拥有了包括全球最大的2 000吨级全地面汽车起重机在内的全系列全地面起重机自主设计、制造能力，产品的技术水平处于国际领先水平，至2013年7月进口1台全地面起重机之后，国家海关再未报告此类产品进口。

同时，在重大技术装备研制与产业化方面成绩斐然，出现一批世界领先产品：全球起重量最大的履带式起重机——徐工XGC88000型（最大起重力矩88 000kN·m），全球起重量最大的越野轮胎起重机——徐工RT150轮胎起重机（最大起重量150t），全球起重量最大的汽车起重机——徐工XCT220汽车起重机(最大起重量220t)，全球起重量最大的全路面起重机——中联重科ZACB01型全路面起重机以及徐工XCA5000型全路面起重机，全球起重力矩最大的上回转塔式起重机——中联重科D5200-240塔式起重机，全球最长混凝土臂架泵车——中联重科ZLJ5910THBS101-7RZ型混凝土臂架泵车，全球最大水工混凝土搅拌机——中联重科JS8000搅拌机，全球最高登高平台消防车——中联重科113m登高平台消防车；全球机重最大的压路机——三一SSR360型单缸轮压路机（最大机重36t），全球首创的全液压平地机——三一PQ190 II型全液压平地机，全球推拉力最大的水平定向钻——徐工XZ6600水平定向钻（最大推拉力660t），全球起重量最大的正面吊——三一SRS4545型集装箱正面吊（最大起重量100t），全球最大沥青搅拌站——三一SLB5000沥青搅拌站（每小时出料5 000kg），等等。

15年来，在国家产业政策与财政政策的支持下，已建成基本覆盖工程机械行业重点产品领域、布局合理的国家级工程（技术）研究中心和重点（工程）实验室4个，国家认定的企业技术中心17个，成为行业技术进步，进军高端的重要支撑力量。

2003—2014年，工程机械行业共获得国家科技发明奖二等奖2项，国家科技进步奖一等奖1项、二等奖8项。

2001—2014年，工程机械行业共获得中国机械工业科学技术奖259项，其中特等奖1项，一等奖20项，二等奖90项，三等奖148项。2001—2014年工程机械行业获中国机械工业科学技术奖情况见表3。

表3　2001—2014年工程机械行业获中国机械工业科学技术奖情况

年份	特等奖	一等奖	二等奖	三等奖
2001			1	6
2002		2	4	7
2003		1	5	6
2004		1	4	9
2005			4	8
2006			4	8
2007		3	8	7
2008		2	9	16
2009	1	2	8	14
2010		2	8	14
2011			9	12
2012		2	10	16
2013		1	7	12
2014		4	9	13
合　计	1	20	90	148

我国工程机械自给率从不足80%，提高到2014年的90.8%，逐步实现从制造到创造的跨越。

15年来，工程机械行业加大科研开发力度和技术改造步伐，注重基础技术的研发和运用，产品质量总体水平显著提高，产品的可靠性不断完善，与国际先进水平的差距逐渐缩小。挖掘机、平地机平均无故障时间达到700h以上。形成了徐工、中联、三一、柳工、龙工、山推、厦工、合力等一批知名品牌，在国内外市场占有率不断提升。

15年来，产品升级换代与高端装备发展成效显著。工程机械企业在多年引进技术消化吸收的基础上，面对市场需求结构的变化，面对市场需求的变化和竞争加剧的环境，更加着力提高产品技术与质量水平，加速产品的升级换代，推广高效、节能、环保、安全、智能化、易操控的新型产品，进一步满足用户的个性化和差异化需求。

借助基础技术研究成果，一批企业的一些新型高端产品也迅速赢得了市场认可，高端产品市场比重有所增加，有些已经获得欧美市场的相关认证，具备了进军欧美高端市场的条件。

15年来，工程机械行业在规模和产能扩张的同时，更加注重高端设备的投入，在数字化、智能化制造方面迈出了坚实步伐。在此期间，企业进一步增加了数控设备的投入，骨干企业的数控设备、加工中心和工业机器人等高端设备占比达到40%～50%。随着设计制造水平的逐步提高，建成了一批数字化、智能化制造示范工程：三一重工的混凝土泵车数字化智能化总装车间示范工程、徐工集团的轮式装载机数字化智能化总装车间示范工程、常林股份有限公司的轮式装载机数字化智能化总装车间示范工程等。

经过多年的努力，全行业的“两化”融合不断取得进展，正在向纵深推进，很多企业通过管理信息化与设备自动化的深度融合，利用各类先进手段，构建设计制造一体化、管理智能化、数据信息化、控制自动化的智能制造体系，使产品生产周期缩短60%，焊接质量反馈率下降了90%以上，喷涂漆膜厚度合格率达到100%，一线操作手数量大幅度减少，生产环境得到有效改善，实现了基础智能化、研发数字化、供应链敏捷化、人力资源管理精细化、业务财务管理一体化、客户关系管理自动化、经营业绩可视化，实现了从产品研发到资源管理、到生产制造及售后服务的信息化。中联重科、徐工集团、三一重工、天远科技、中铁重工、厦工股份、南方路机、惊天智能8家企业被工信部评为“两化”融合典型企业。信息化的发展和“两化”深度融合为企业带来了不竭的发展动力。

15年来，工程机械行业按照国家产业政策的要求，努力推动节能减排和循环经济与绿色发展。2007年，国家发布非道路机械排放限值标准，工程机械企业加大试验研发力度，在排放水平上实现了与国际先进水平接轨，在较短的时间内实现了大幅度跨越，按期实现了国家的排放要求和进程。此后经过两次标准升级，目前非道路工程机械产品已具备符合国Ⅲ排放标准的上市条件，道路工程机械已具备符合国Ⅳ排放标准的要求。在循环经济与绿色发展方面，通过向国际同行和国内其他领域学习、引进，开展了对退役产品进行循环再利用的再制造，徐工集团、三一重工、中联重科、柳工、厦工等企业率先建立了工程机械再制造基地。工程机械行业已有5类129种再制造配套件产品进入工信部《再制造产品目录》。其中再制造产品批量较大的是装载机、挖掘机、混凝土泵车等整机和关键零部件，关键零部件主要有发动机、变矩器、变速器、驱动桥、高压变量柱塞泵、高压柱塞马达、液压阀、臂架及工作装置等。

近几年，工程机械发展不可忽视的一个瓶颈是高端配套件的制约，一个时期以来，高端工程机械产品主要配套件均来自于国际厂商，国内高端配套件能力不足。2011年，工信部牵头成立的工程机械高端液压件和液压系统产业化协同工作平台为此提供了制度保障。在此期间，徐工、三一、中联、柳工、龙工、山推等企业在高端整机产品的带动下，加大高端零部件的研发与产业化投入，并取得实质性进展，有些已通过严格的工业性试验，具备产业化条件并实现了批量销售。江苏恒立、华德液压、太重榆液、山东常林、赛克斯、长源液压、艾迪液压、安徽博一等专业配套件企业在高端配套件研制、测试和工业性试验方面也取得了进展。

四、国际化为工程机械行业赢得了新的发展空间

2000 年以来，我国工程机械行业出口规模快速扩大，加入世贸组织进一步为我国工程机械行业扩大出口创造了条件。2005 年以前，工程机械进出口贸易以逆差为主；2005 年部分月份实现顺差，全年逆差仅 1.24 亿美元；2006 年即扭转逆差局面，全年实现顺差 10.81 亿美元，成为工程机械行业发展壮大的标志性事件。到 2014 年年底，工程机械产品进出口贸易顺差达到 155.1 亿美元，为进口额的 3.6 倍，相当于出口总额的 78.4%。2000—2014 年工程机械产品进出口情况见图 2。

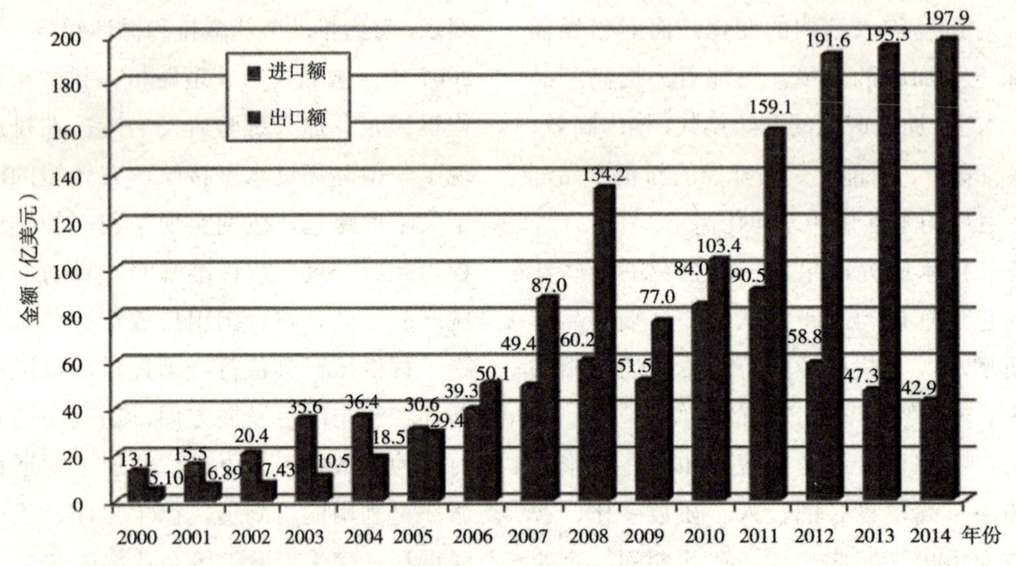

图 2　2000—2014 年工程机械产品进出口情况

15 年来，工程机械行业已经从单机和部件的初级出口，发展到走出去实现跨越式发展。在出口逐年增长、由单机出口向批量出口发展的同时，企业不断拓展国际视野，建立健全国外营销服务体系，逐步实现国外并购、国外投资建厂、建立国外研发中心、广泛吸引国外高端人才等。在此期间，一批源于中国的国际品牌为全球所熟知，国外事业的发展成为我国工程机械企业新的增长点。

以 2001 年中联重科并购英国保路捷为起点，以徐工、中联、三一对国际混凝土机械三巨头——德国施维英、意大利西法、德国普茨迈斯特的并购为标志，我国工程机械企业走出去战略得到深化和延伸。徐工集团在欧洲成立了欧洲研发中心，在德国、荷兰建立了零部件生产基地，在巴西、德国、波兰和伊朗组建了主机制造基地；中联重科在阿拉伯联合酋长国、澳大利亚、俄罗斯、印度、越南等 10 余个国家成立子公司，在德国、荷兰等国开展国际化并购与技术合作；三一重工在印度、美国、德国、巴西相继投资建设工程机械研发制造基地。

通过积极拓展国外业务建立全球营销网络，业务覆盖 170 多个国家和地区，产品已出口到 200 多个国家和地区。我国企业已成为全球工程机械市场主要供应商。

在稳步扩大产品出口的基础上，工程机械企业主攻欧美高端市场，大型整机产品出口取得突破。通过技术引进、收购欧美企业、加速国际认证步伐，工程机械产品在欧美高端市场不断取得进展。徐工越野轮胎起重机等成功实现北美地区批量销售；中联重科全系轮胎起重机通过北美、俄罗斯联邦认证，混凝土泵车成功销往西欧，三一挖掘机、柳工装载机等在欧美、拉美和亚太地区主要工程机械市场获得了认可和品牌知名度。

五、职业教育与人才培养体系得到完善

受国家劳动和社会保障部委托，经机械工业职业技能鉴定指导中心批准，中国工程机械工业协会于 2006 年成立了“机械工业职业技能鉴定工程机械行业分中心”，授权开展工程机械行业国家新职业的申报、国家职业标准的制订和鉴定教材的编制和实施、人员培训等工作。分中心通过在全国范围内建立工程机械职业技能鉴定站网络，逐步建立和完善了工程机械行业职业技能人才的培训体系，填补了工程机械行业特有工种职业鉴定的空白。截至 2015 年 6 月，工程机械行业 48 个职业技能鉴定机构已累计为 28 000 多人发放了从初级到高级技师 5 个等级、29 个工种的人力资源和社会保障部《职业资格等级证书》。工程机械行业职业技能鉴定已成为从业者提升技能的重要渠道，职业资格等级证书在社会中的作用和认可度更加显现，其实用性和权威性有了进一步提升。

此外，行业组织了“厦工杯”首届全国工程机械修理工职业技能竞赛和“合力杯”第二届全国工程机械修理工（叉车）职业技能竞赛。两届大赛共有 2 人获得“全国五一劳动奖章”，6 人获得“全国技术能手”荣誉称号，20 人获得“机械工业技能大师”荣誉称号。行业多家重点骨干企业自行举办了各种类型的行业技能竞赛，如柳工“追梦南极一直通极限全国土方机械操作技能大赛”、沃尔沃“掘战达人”绿色节油挑战赛、山东临工“中国好司机”大型公益活动以及成都神钢、林德叉车等企业竞赛活动。

六、社会责任与合规发展走上制度化、规范化轨道

“十二五”期间工程机械行业企业在建立和完善社会责任体系的基础上，积极推动环境管理体系认证审核，通过（或复评通过）了 GB/T24001—2004/ISO14001：2004 环境管理体系认证证书（ISO14001 环境管理体系认证资格）。在关注环境、关注资源能源等方面，行业企业定期发布企业履行社会责任报告。

工程机械企业在抗震救灾中彰显了社会责任感，灾害来临时都会看到工程机械的身影，在国内树立了好的口碑。在国际上我国工程机械企业亦表现出大国的风范，2011 年日本东北部沿海引发的核电站泄漏事故救援、智利矿难救援中，我国企业提供设备参与救援发挥了重要作用，在国际上赢得了尊重。

当前，中国工程机械行业正处在由工程机械制造大国向工程机械强国迈进的重要战略转型期。为促进行业和谐、健康、持续发展，营造公平、公正的竞争环境，加强行业自律，维护企业利益，在 2006 年的中国工程机械工业协会三届二次理事会上，中国工程机械工业协会倡议并组织主要工程机械企业共同制定了《中国工程机械行业自律公约》。公约主要围绕诚信经营、公平竞争、自主创新等方面提出要求，呼吁行业同仁共同构建和谐的市场环境。

21 世纪的前 15 年，我国工程机械行业发展取得了辉煌的成绩，但发展中还存在很多不足，还有很多难题有待破解，相信有前 15 年的发展基础，乃至 60 余年的发展历程总结出的历史经验，我国工程机械行业定能在下一个 15 年的发展中取得新的更大的进步，推动我国工程机械行业走向中高端，并进一步向高端发展，实现我国工程机械行业的强国梦。

〔撰稿人：中国工程机械工业协会吕莹〕

见证多姿多彩的中国工程机械 15 年（2000—2014 年）

2015 年，是《中国工程机械工业年鉴》创刊 15 周年，也是我国工程机械行业举足轻重的 15 年。15 年间，《中国工程机械工业年鉴》忠实地记载了 2000—2014 年工程机械行业、企业的发展历程和重大事件，为行业的宣传服务发挥了独特的作用。15 年间，工程机械行业发生了巨大变化，2011 年前是工程机械行业超高速迅猛发展时期，整个行业呈现出一派春意盎然、欣欣向荣的繁荣景象，我国工程机械行业也从产销小国跃升为世界第一工程机械产销大国；后几年为结构调整时期，整个行业暂时进入了寒冬腊月，市场跌宕起伏、变化多端，我国工程机械行业也进入了从产销大国迈向产销强国之前的调整变化期。15 年间，我国工程机械行业走过的轰轰烈烈、多姿多彩、非同凡响的发展之路汇总如下。

一、2000—2014 年我国工程机械行业总的发展情况

2000—2014 年我国工程机械行业主要企业销售额见表 1。2000—2014 年我国工程机械行业主要企业销售额走势见图 1。2000—2014 年我国工程机械行业主要企业销售量见表 2。2000—2014 年我国工程机械行业主要企业销售量走势见图 2。

表 1　2000—2014 年我国工程机械行业主要企业销售额

项目	2000 年	2001 年	2002 年	2003 年	2004 年	2005 年	2006 年	2007 年
销售额（亿元）	238	265	367	564	747	776	967	1 427
增长率（%）	30.3	11.3	38.5	53.7	32.4	3.9	24.6	47.6

项目	2008 年	2009 年	2010 年	2011 年	2012 年	2013 年	2014 年
销售额（亿元）	1 820	2 336	3 249	4 317	3 869	4 329	4 182
增长率（%）	27.5	28.4	39.1	32.9	-10.4	11.9	-3.4

注：该数据为行业主要企业统计数据，基本上反映了整个行业面貌。

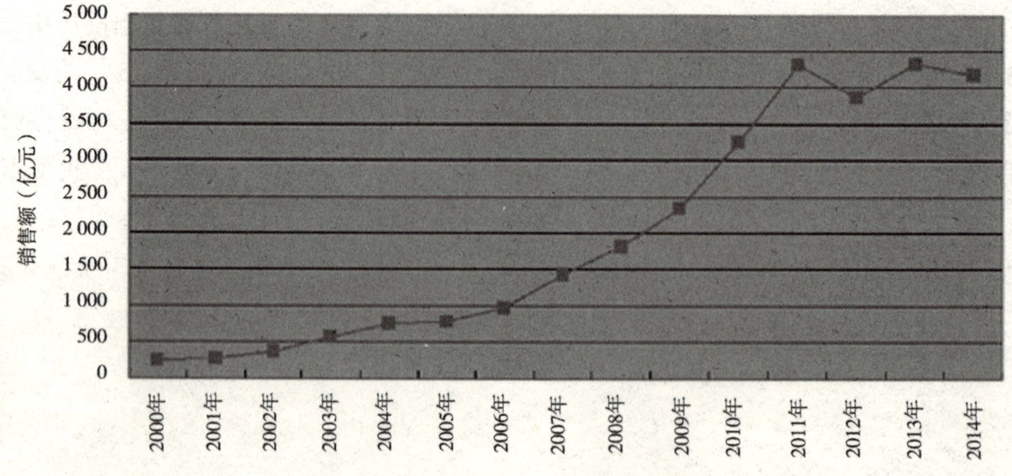

图 1　2000—2014 年我国工程机械行业主要企业销售额走势

表 2　2000—2014 年我国工程机械行业主要企业销售量

项目	2000 年	2001 年	2002 年	2003 年	2004 年	2005 年	2006 年	2007 年
销售量（台）	69 758	89 786	134 953	194 305	226 691	264 351	341 387	480 415
增长率（%）		28.7	50.3	44.0	16.7	16.6	29.1	40.7

年份	2008 年	2009 年	2010 年	2011 年	2012 年	2013 年	2014 年
销售量（台）	512 680	520 917	823 475	975 130	780 666	824 905	780 309
增长率（%）	6.7	1.6	58.1	18.4	−19.9	5.2	−5.4

注：该数据来源于行业各机种销售量统计数据，经笔者汇总而成。

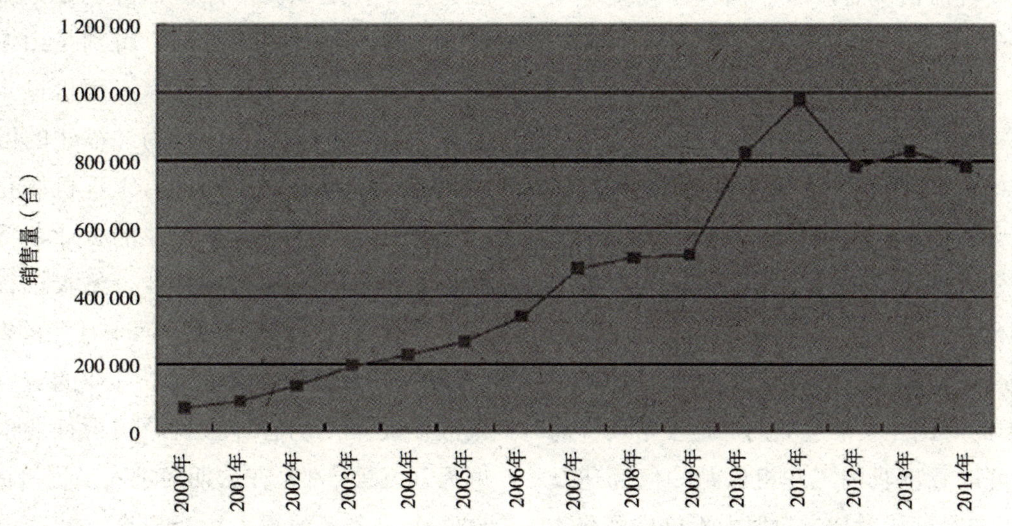

图 2　2000—2014 年我国工程机械行业主要企业销售量走势

从表 1、表 2，特别是图 1、图 2 中可以十分清楚地看出，2000—2014 年 15 年间，我国工程机械行业总的情况是，前猛后缓、跌宕起伏、多姿多彩。

1. 2000—2014 年的前 10 余年市场呈超高速迅猛发展

从表 1、表 2 及图 1、图 2 可以看出，我国工程机械行业，无论是销售额或销售量，2011 年前，发展速度都非常快，到 2011 年，双双达到了全行业的最高峰。2011 年，主要企业的销售额达到了 4317 亿元，是 10 余年前（2000 年 238 亿元）的 18 倍；2011 年，全行业的销售量达到了十分惊人的近 100 万台（为 975 130 台），是 10 余年前（2000 年 69 758 台）的近 14 倍。这 10 余年间，整个行业年销售额最高年增幅达 53.7%，平均年增幅达 30.9%；销售量最高年增幅达 58.1%，平均年增幅达 27.7%。2000—2011 年，整个行业年销售额及年销售量均呈超高速迅猛增长，这在世界工程机械发展史上是绝无仅有的。特别是 2007 年、2010 年，在基数很大的情况下，销售额及销售量均双双呈 40% 以上的超高速增长，被业内人士一次又一次喻为井喷式超高速发展。

2. 2000—2014 年的后 3 年市场呈跌宕起伏的变化势态

从 2011 年下半年开始，我国工程机械行业进入了从超高速发展到平稳发展的调整过渡期。2012 年是过渡期的转折时期，整个行业出现了多年以来的首次下降，且下降幅度较大，销售量大幅度下降了 19.9%，销售额也下降了 11.9%。销售额 2013 年增长了 11.9%，2014 年下降了 3.4%；销售量 2013 年增长了 5.2%，2014 年下降了 5.4%。整个市场呈跌宕起伏变化势态，但升降幅度都不大，呈现出比较平稳的过渡期显著特点。

从表 1、表 2 及图 1、图 2 可以看出，无论是销售额或销售量，2013 年比 2012 年都有小幅增长。

特别是到 2013 年年底，每月的增幅都比上月的增幅有所加大，在这种情况下，业内人士普遍认为，调整过渡期到 2013 年基本结束，从 2014 年开始，整个行业将进入新的平稳发展历史时期。但 2014 年，情况与预期相反，不但未升反降，甚至最主要的工程机械机种装载机、挖掘机等，其降幅相当大，因此 2014 年中国工程机械行业仍处在调整过渡期内。从目前情况看，这一调整过渡期，还要持续相当长一段时间。

3. 2000—2014 年我国已成为世界第一工程机械产销大国

2000—2014 年这 15 年间，我国工程机械发展速度惊人，从产销小国跃升为世界第一工程机械产销大国。全世界工程机械生产及市场主要集中在北美、欧洲、日本及中国，其他国家及地区的工程机械生产及市场都比这 4 大市场中的任何一个小很多，因此对比 4 大最主要的产地及市场（简称市场），可以看出我国工程机械是如何高速发展的。为统一口径便于对比，数据中不包括叉车、塔式起重机及混凝土机械 3 类机种。

在这 15 年开始的 2000 年，我国工程机械的产销量只有 44 200 多台，还不到其他 3 大市场任何一个中的 1/2 ～ 1/3，在 4 大市场中的占比还不到 10%，只有 8.7%，这在世界工程机械行业中，已微不足道。经过 6 年多的高速发展，到 2007 年，我国工程机械的产销量已达到 292 090 多台，在 4 大市场中的占比已上升至 30% 以上，已经超过了其他 3 大市场中的任何一个，上升为 4 大市场的第一位。2009 年，我国工程机械的产销量已达到 313 100 多台，在 4 大市场中的占比已上升至 58.6%，已经远远超过了其他 3 大市场中的任何一个，占据了世界工程机械半壁以上江山，已成为名副其实的世界第一工程机械产销大国！ 2010 年、2011 年，我国工程机械呈井喷式超高速迅猛增长，已占据了世界工程机械 60% 以上的市场份额，全球其他市场已望尘莫及。2012—2014 年间，我国工程机械行业虽然处于跌宕起伏的结构调整时期，但升降幅度不大，我国工程机械的产销量在这 4 大市场中仍占 50% 以上份额，仍稳坐世界第一工程机械产销大国宝座！

4. 2000—2014 年整个行业生产能力急剧增长

2000—2014 年这 15 年间，特别是 2011 年以前的 10 余年，由于我国工程机械行业的超高速迅猛发展，外资企业蜂拥而至，新建业、其他行业转产企业像雨后春笋般大量涌现出来，使行业产能大增。在这期间，许多私营企业把积累起来的资金，投入工程机械行业。特别是山东、福建，新建了上百家、甚至几百家工程机械企业。如：山东的泰安正泰、肥城众力，福建的厦门金华、泉州和运等都是这期间进入工程机械行业的。影响更大的是，其他众多行业的企业、特别是大企业也纷纷进入工程机械行业。象农机行业的福田雷沃国际重工、沃得重工，汽车行业的奇瑞重工，造船行业的熔盛机械，化工行业的英轩重工，五粮液酒业集团的普什重机，纺织行业恒天集团的恒天九五等，都是在这期间进入工程机械行业的。这些企业大多数投入巨额资金，建产能巨大的工程机械生产基地。如，熔盛机械在合肥投资几十亿元，建成了年产 3 万台的多种工程机械生产基地。许多著名外资企业，如日本住友、竹内、久保田、洋马等都是在这期间进入我国工程机械行业的。在短短的 10 几年内，我国工程机械行业增加了如此众多的制造企业，使整个行业的产能急剧增长。

对工程行业影响更大的是：原有的国内外工程机械制造企业，特别是主要企业，纷纷大规模扩大产能。像装载机行业前 5 名的柳工、厦工、龙工、临工、徐工，都从原年产能不足 1 万台，迅速扩展至 4 万～ 5 万台、甚至 6 万台以上。使我国装载机行业在这期间年产能达 60 万台以上，大大超过了年需求不足 20 万台的市场规模。挖掘机行业也是如此，年产 1 万～ 3 万台的企业比比皆是，年产 5 万台、甚至 8 万台也屡见不鲜。像三一、外企日立等都计划建年产 8 万台挖掘机生产基地等。到 2012 年，我国挖掘机行业年产能也在 60 万台以上，同样远远超过了市场需求。到 2012 年，我国工程机械的年产能超出市场需求

2～3 倍。

目前，我国工程机械行业因产能过大，使市场竞争异常残酷而激烈。因此，在结构调整期，如何解困，如何化解过大的产能，是整个行业及每个企业都要面对的首要问题。

二、2000—2014 年我国工程机械行业基本实现了国际化

2000—2014 年我国工程机械行业出口创汇金额见表 3。2000—2014 年我国工程机械行业出口创汇金额走势见图 3。

表 3　2000—2014 年我国工程机械行业出口创汇金额

项目	2000 年	2001 年	2002 年	2003 年	2004 年	2005 年	2006 年	2007 年	2008 年	2009 年	2010 年	2011 年	2012 年	2013 年	2014 年
出口金额（亿美元）	5.22	6.90	7.43	10.51	18.55	29.41	50.14	87.09	134.21	77.05	103.4	159.09	186.21	195.30	197.92
增长率（%）		32.20	7.70	41.50	76.50	58.50	70.50	73.70	54.10	-42.60	34.20	53.90	14.50	1.90	1.30

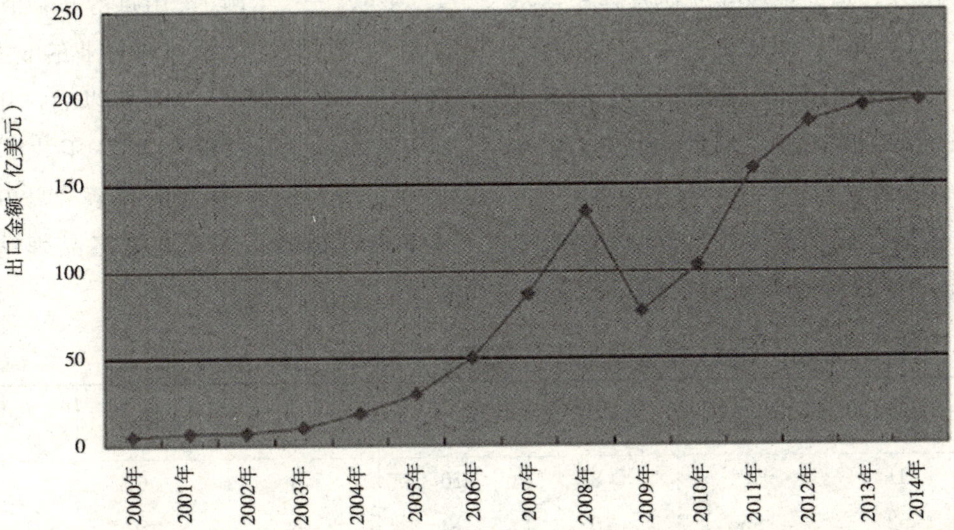

图 3　2000—2014 年我国工程机械行业出口创汇金额走势

从表 3、图 3 中可以十分清楚地看出，我国工程机械行业 2000—2014 年这 15 年间的国际市场，除 2009 年受严重世界经济危机影响呈大幅度下降外，其余 14 年一直连续呈上升发展趋势。特别是 2004—2008 及 2011 年这 6 年，我国工程机械出口增幅都在 50% 以上，15 年平均增幅高达 33% 以上，远远高于井喷式超高速增长的国内市场。

20 世纪 90 年代末到 21 世纪初，柳工、徐工、三一、山推等我国主要工程机械制造企业都逐步实施了国际化发展战略。首先在全世界建立了强大的国际营销网络系统，服务网点及配件中心，目前基本上覆盖了全球各大洲 100 多个国家和地区。例如徐工，发展了 280 多家国外经销商，建立了 10 个国外备件中心及 350 多家国外服务站等。同时，我国主要工程机械制造企业，均通过了要进入市场的各种准入认证，特别是最具代表性的欧盟的“CE”认证，获得了进入国际市场的通行证。第二，在主要国家、主要市场建立办事处、子公司、分公司等，并大量利用当地人员，逐步实施属地化管理。到目前，徐工、三一、柳工、中联、山推等我国主要工程机械制造企业，在世界各地建立的办事处、子公司、分公司等最少的也有几十个，最多的甚至超 100 个。第三，选择对自己最有利的国家、最有利的地域建立世界制造工厂，更有

利于国际营销与服务。最具代表性的是三一、徐工、柳工等。三一目前在印度、德国、美国、巴西、印度尼西亚等国，投巨资建立了庞大的国外工程机械制造企业产业群。徐工在巴西、东欧、中东、印度等建立了6家以上制造企业。柳工目前也已经在印度、波兰、巴西等国建立了3家制造企业。第四步，收购国外知名的工程机械制造企业，从而使我国工程机械进一步融入了国际工程机械市场。最典型的是三一、中联、徐工分别成功收购了世界混凝土机械前三名普茨迈斯特、西法（CIFA）、施维英等，使中国的三一、中联、徐工一夜之间成为世界最大的混凝土机械行业三巨头。第五步，在国外直接投资，或通过收购国外相关企业在国外合适的地域建立研发体系，从根本上拉近了我国工程机械制造企业与国外客户之间的距离。如：徐工在并购德国、荷兰两家核心元部件研发制造企业之后，在德国组建了徐工欧洲研发中心，在美国也建立了研发中心等。

我国工程机械行业通过以上一步一步所采取的国际化措施，使我国工程机械的国际市场在2000—2014年间一直呈上升或大幅度上升趋势，即使在2012—2014年的结构调整期，国内市场动荡下滑的情况下，国际市场仍呈上升发展走势。这期间，我国工程机械的出口创汇金额已占据了总销售额的近1/3，我国工程机械行业已初步实现了国际化。

三、2000—2014年我国工程机械行业形成了5大知名品牌

2000年以前，我国工程机械行业各企业规模都相当小，规模居前的几家主要企业，其年营业额除徐工集团稍高外，其他基本上都不到10亿元。2000—2014年的15年间，我国工程机械行业在整个行业超高速迅猛发展的推动下，徐工、中联、三一、柳工、山推等5家企业脱颖而出，逐步形成了我国工程机械行业的5大知名品牌，这5大知名品牌从2010年以后，年销售额都在100亿元以上。2000—2013年我国工程机械行业5大知名品牌销售额见表4。2000—2013年我国工程机械行业5大知名品牌销售额走势见图4。

表4　2000—2013年我国工程机械行业5大知名品牌销售额　（单位：亿元）

年份	徐工	中联	三一	柳工	山推	合计	在行业中占比（%）
2000	41	2	8	10	6	67	28.2
2001	53	5	10	13	6	87	31.7
2002	77	8	13	23	8	129	35.1
2003	122	28	21	36	13	220	38.8
2004	136	44	27	49	18	274	36.7
2005	131	40	41	56	19	287	37.0
2006	202	72	60	73	29	436	45.1
2007	308	146	131	92	43	720	50.5
2008	408	243	209	103	66	1 029	56.5
2009	505	337	306	110	70	1 328	56.8
2010	660	509	456	238	134	1 997	61.5
2011	871	848	802	250	147	2 918	67.6
2012	1012	903	824	164	105	3 008	77.7
2013	930	758	723	170	101	2 682	62.0

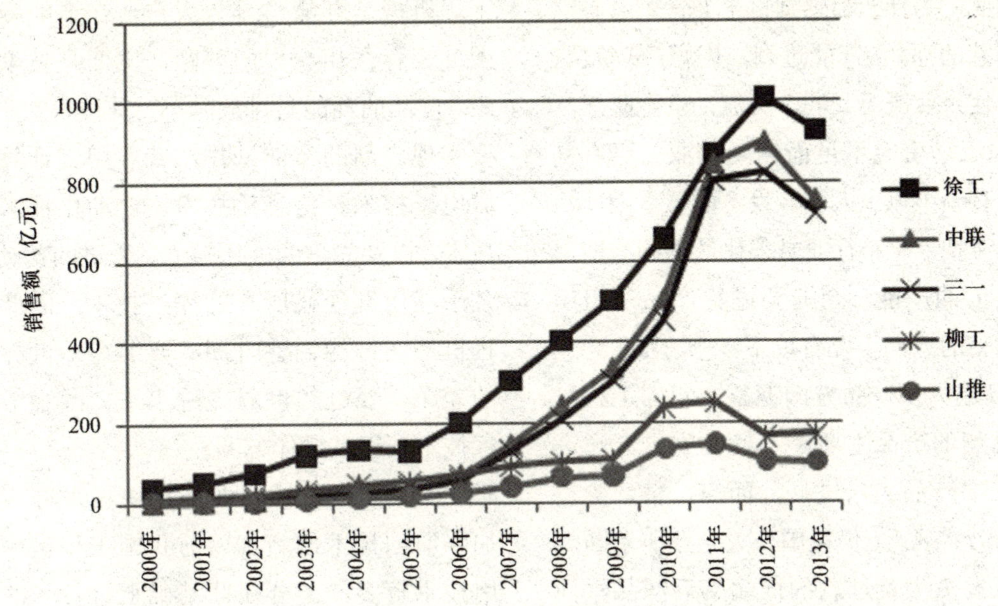

图 4　2000—2013 年我国工程机械行业 5 大知名品牌销售额走势

从表 4 及图 4 中可以看出，2000 年以前，徐工、中联、三一、柳工、山推等这 5 家企业，在行业中还并不具备明显优势，有几家还排在前 5 名之外，销售额在全行业中的占有率也不太高，不到 30%。从 2001 年开始，这 5 家企业逐步脱颖而出，到 2003 年其合计销售额在全行业中的占有率已接近 40%。从 2004 年开始，这 5 家企业首次全部进入前 5 名，成为我国工程机械行业前 5 名的品牌企业。到 2006 年，这 5 家品牌企业开始发力，逐步拉开了与其他企业的距离，合计销售额在全行业中的占有率从 40%、50%、60% 不断向上攀升，最高已突破 70% 以上。到 2014 年，这 5 家企业已连续多年位居世界工程机械 50 强中的我国工程机械企业的前 5 名。连续多年被世界品牌大会评为我国 500 家最具价值品牌。因此，徐工、中联、三一、柳工、山推 5 家企业已成为我国工程机械行业响当当的 5 大知名品牌。

徐工、中联、三一、柳工、山推 5 家企业，到目前已基本实现了国际化，国际市场销售收入已占据了整个企业总收入的 1/3 以上，且每个企业的国际经销商都在 100 多家，甚至几百家，产品、营销及服务网络已遍布全球。因此，这 5 家我国工程机械知名品牌，也已逐步成为国际知名品牌。

从表 4、图 4 中可以十分清楚地看出，这 5 家国内外知名品牌中，徐工、中联、三一 3 家企业从 2007 年开始，已远远拉开了与第 4 名以后企业之间的距离。到 2012 年，销售额最高的时候，这 3 家企业与第 4 名的柳工，已拉开了 5~8 倍的距离。徐工、中联、三一 3 家企业之间相差不大，差距在 10% ～ 30% 之间，因此徐工、中联、三一 3 家企业是目前我国工程机械行业中的排头兵企业，也被业内人士称为龙头骨干企业。特别是龙头老大徐工，是中国工程机械首个超 1 000 亿元的企业。中联、三一更是发展速度惊人，2012 年中联最高年销售收入是 2000 年的 450 多倍，三一是 2000 年的 103 倍。

四、结构调整期我国工程机械行业要解决的主要问题

化解过剩产能、进行产品技术升级、彻底解决产品可靠性等，是结构调整时期我国工程机械行业要解决的主要问题。

1. 化解过剩产能

从表 1、表 2、图 1、图 2 可以看出，我国工程机械行业进入结构调整期的 2012—2014 年，市场只是停止了增长，或有一些小幅下降，但市场总体上仍处高位运行。调整期这 3 年，市场只略低于井喷式的 2010 年及 2011 年，仍高于其他任何一年。既然如此，为什么都感到日子非常难过？这都是产能过剩惹的祸。因产能过剩，出现了低价位、零首付销售，使企业既无利润，又流动资金匮乏，甚至出现了因流动资金不足而倒闭企业。更有甚者在淡季时，有一半以上人员、设备闲置。因此，在这段调整过渡期，整个行业必须化解过剩产能。

要化解过大的产能，企业要进行产品及组织结构调整。调整的方向主要有以下 4 个方面。

（1）向高端大型产品方向调整。我国工程机械行业产能过剩的产品主要是一般的中、低端产品，特别是低端产品大量过剩，而高、精、尖、特及大型产品仍然缺乏，仍被国外大企业所垄断。因此，首先应淘汰大量过剩的低端落后产品，向稀缺的高、精、尖、特及大型产品方向调整。

（2）向国际市场方向调整。目前，我国工程机械应重点瞄准国际市场。我国工程机械的国际市场占比还很小，还有巨大的发展空间。世界足够大，足够容纳我国工程机械的产能，问题在于产品适不适应国际市场。

（3）向其他不饱和的行业调整。

（4）引入竞争淘汰机制。有相当一部分生产低端落后产品的企业，在转型无方、调整无望的情况下，会在正常的市场竞争中逐步退出市场。调整时期有相当数量的企业退出市场并不一定是坏事，它会重组社会资源，更利于有竞争力的企业发展。据业内专家保守估计，目前我国工程机械行业的主机制造企业有 3 000 多家，企业数量太多，并且许多企业既无研发能力，生产水平也十分低下，大量制造的是低端产品。这种结构加剧了行业的非正当竞争，浪费了大量宝贵的社会资源。业内许多专家认为，我国工程机械行业企业数量有几十家就足够了。

通过以上几大措施，我国工程机械行业的过剩产能就能基本上与市场平衡。

2. 加快产品技术升级

首先从节能减排入手，进行产品技术升级。能源、排放是关系到全球人类生存的问题，因此各国都把节能减排作为重大问题加以关注。我国工程机械是耗能与排放大户，在节能减排方面与国外还存在相当大的差距，主要是技术方面的差距。产品的耗能与排放越小，其技术水平就越高。要实现产品的节能减排，就要用到计算机技术、微电子技术、信息化技术、自动化技术、智能化技术，以及先进的液压技术、先进的传动技术等，几乎能用到现代所有的先进技术。因此，我国工程机械在结构调整时期，要缩短与世界先进水平的差距，要赶超世界先进水平，围绕节能减排进行技术升级是最佳方案。

我国工程机械行业要加快技术升级，重点是加强原创技术创新。以前我国工程机械吸收、引用技术较多，部分在此基础上进行了改进创新，而针对原创技术的创新微乎其微。跟在别人后面追赶，很难赶上，更不用说超越了。因此，我国工程机械在技术上要赶超世界先进水平，必须要有自己更多的原创技术。在转型调整期，要支持、鼓励、引导中国工程机械行业进行大规模的原创技术创新，使我国工程机械尽快赶上、并逐步超越世界先进技术水平！目前，我国工程机械行业经过前 10 多年的超高速发展，已经具备了雄厚的原创技术创新的物质与技术基础。可喜的是，目前我国工程机械行业原创技术创新正在逐步推进，已研发出多项原创技术，如：全程数字液压技术，这将给工程机械行业带来新一轮的技术革命！

3. 彻底解决产品可靠性问题

目前，我国工程机械与国外先进水平相比，主要的差距是在产品可靠性。实际上，我国工程机械的可靠性，比如关键、重大零部件的可靠性，与国外先进水平相比，并不存在多大差距，而是差在小故障、小毛病较多。国外先进工程机械在使用中，特别是在三包期内，除正常维护保养外，基本不要维护、维修。而国产工程机械产品，螺栓松动，漏油、漏气等小故障时有发生。这在很大程度上影响了产品的市场推广，更影响企业成为知名品牌。目前，我国已经成为世界最大的工程机械产销大国，但还不是制造强国，国际知名品牌更是凤毛麟角，原因很多，但其中可靠性令客户不太满意，是主要的原因之一。

我国工程机械可靠性问题长期得不到解决，其根本原因是对小故障不重视而造成的，设计、制造特别是在制造过程中不注重细节，使产品小故障多。要解决这一根本问题，需要向德国学习。德国旳产品为什么在全世界声誉那么高，关键是德国人做事非常认真，一丝不苟，在做的过程中，还特别注重细节。这些大量的小故障确实不是大问题，且没有高深技术，只要思想上足够重视，一丝不苟地注意所有细节，问题就不难解决。希望在结构调整时期，中国工程机械在可靠性方面能有大改观。

五、发展前景展望

我国工程机械行业是一个充满朝气的行业，尽管近 3 年来遇到了许多问题，但这是前进中需要调整的问题。

我国工程机械行业经过几十年的发展、特别是从 2000 年以来十几年的超高速发展，已经成为全球最大的工程机械制造国，已经为下一轮的大发展打下了雄厚的基础。转型调整期过后，我国工程机械保持现有国内市场，应该不存在任何问题。未来，我国工程机械行业主要增长点将在国际市场。我国实施的“一带一路”大战略，给我国工程机械行业带来了千载难逢的大发展新机遇，业内专家经过详细认真分析研究，从目前到 2020 年的“十三五”期间，我国工程机械的国际市场，将从目前的 190 亿美元，扩大近 3 倍，达 540 亿美元，平均每年的增幅高达 50% 以上，将带动我国工程机械市场新一轮大发展！

我国工程机械行业寒冬腊月的冬天就要过去，阳光明媚的春天即将到来。我国成为世界工程机械第一制造强国，将指日可待！

《中国工程机械工业年鉴》是我国工程机械行业唯一的大型工具书，也是我国工程机械行业专业信息的宝贵资料库。年鉴自 2000 年诞生以来，已走过了 15 个年头，15 年来对促进我国工程机械行业超高速发展及转型升级功不可没。年鉴每年都向政府、行业、企业提供大量翔实的、极有价值的工程机械专业信息及丰富的资料，为政府、行业、企业的正确决策提供重要的科学依据。年鉴还是业内人士不可多得的珍贵工具书，也是业内人士最好的良师益友。新常态下，愿《中国工程机械工业年鉴》忠实地记载行业、企业发展的每一步，继续推动工程机械行业更快、更好地发展，与工程机械行业一起见证行业快速成长的每一个重要时刻。

〔撰稿人：刘良臣〕

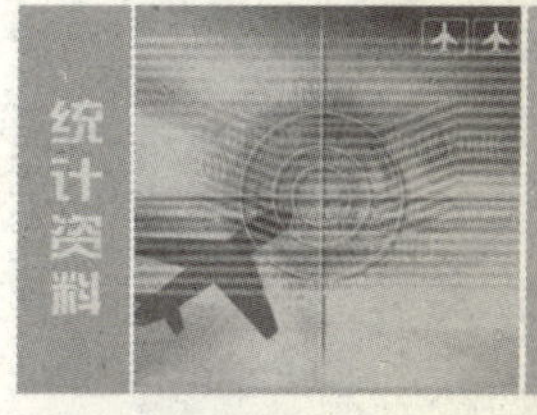

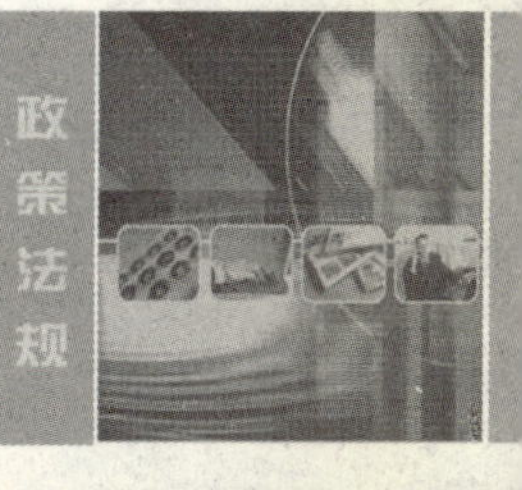

企业篇

公布2014年工程机械行业主营业务收入8000万元以上企业综合排序，介绍行业主要企业转型升级、创新的最新成果，介绍工程机械行业主要企业的联系方式

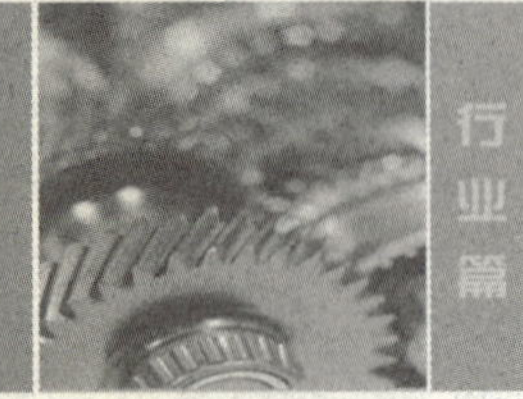

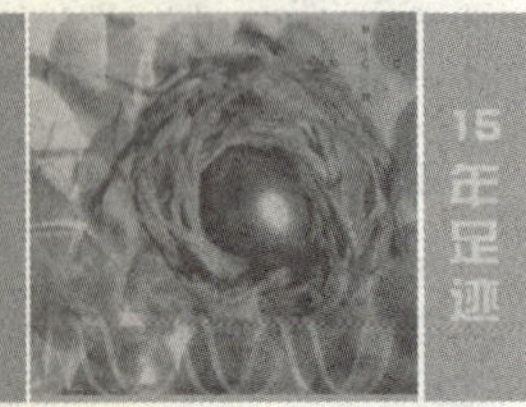

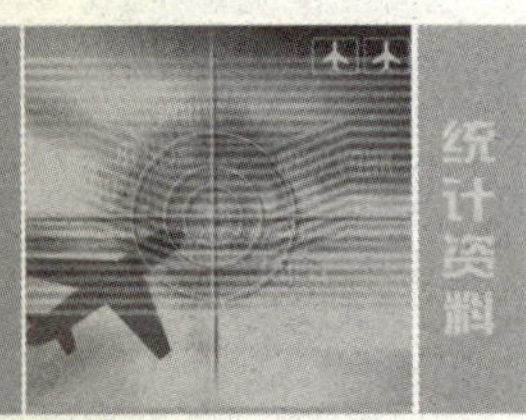

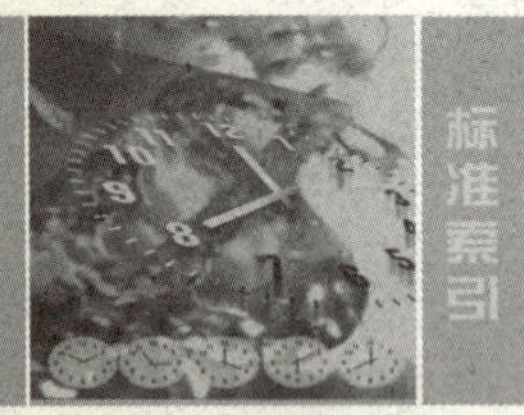

企业篇

“一带一路”专题

“一带一路”上有您、有我、有他，

“一带一路”带您实现梦想……

工程机械行业已经行动，足迹遍布世界各地。

我们期待更大奇迹，期待工程机械行业以“一带一路”为契机，加快转型升级，提升市场竞争能力，做强、做大、做成世界知名品牌，让中国工程机械以高品质的形象屹立在世界之巅。

“一带一路”工程机械在行动

2000多年前，亚欧大陆上勤劳勇敢的人民，探索出多条连接亚欧非几大文明的贸易和人文交流通路（“丝绸之路”）。千百年来，“和平合作、开放包容、互学互鉴、互利共赢”的丝绸之路精神薪火相传，推进了人类文明进步，是促进沿线各国繁荣发展的重要纽带，是东西方交流合作的象征，是世界各国共有的历史文化遗产。

2013年9月，习近平主席提出共建“一带一路”战略构想，中国与沿线国家一系列务实合作结出了早期的果实。2015年3月，《推动共建丝绸之路经济带和21世纪海上丝绸之路的愿景与行动》的发布，标志着“一带一路”步入全面推进阶段。

“一带一路”是“丝绸之路经济带”和“21世纪海上丝绸之路”的统称，其宗旨是让古丝绸之路焕发新的生机活力，以新的形式使亚、欧、非各国联系更加紧密，互利合作迈向新的历史高度；主要内容是加强与沿线国家的政策沟通、设施联通、贸易畅通、资金融通、民心相通，互联互通的首要任务是基础建设，这给持续低迷的工程机械行业带来了发展的曙光，工程机械行业的许多企业及时抓住这个历史新机遇，加大国外布局，取得了许多可喜的业绩。

工程机械行业的战果已经遍布“一带一路“版图的各个角落。业务覆盖达170多个国家和地区，产品已出口到200多个国家和地区。在陆地：经中亚、俄罗斯到达欧洲；经中亚、西亚至波斯湾、地中海；中国到东南亚、南亚、印度洋。在海上：从中国沿海港口过南海到印度洋，延伸至欧洲，从中国沿海港口过南海到南太平洋，都能看到工程机械企业的身影。

这些走出去的企业通过建立健全国外营销服务体系、并购、国外投资建厂、建立国外研发中心、广泛吸引国外高端人才、参加外国展会等方式，在全球树立自己的品牌形象，发展全球业务，培育新的增长点。

一、并购
——风起云涌

在工程机械行业企业国际化进程中，不乏成功的案例，最为引以自豪的是中国三巨头——徐工、中联、三一并购国际混凝土机械三巨头——德国施维英、意大利西法、德国普茨迈斯特。大大提升了企业的国际竞争力和品牌影响力，迅速在国际混凝土机械市场上占据优势。

在全球经济进入新常态，国内竞争环境恶化，国外竞争加剧的情况下，用较少的资本注入国际优势基因，不失为一种快速进入当地乃至国际市场的捷径。并购可使企业快速融入全球价值链体系中，摆脱陷于低端制造、利润微薄的局面，向有着更高附加值的品牌服务、设计研发领域进军。

工程机械行业的并购还有：柳工收购波兰HSW，辽宁三三收购卡特彼勒加拿大公司，南阳国宇成功并购德国塔机巨头威尔伯特集团，中联重科收购荷兰Raxtar公司35%的股权、中联重科21亿元并购奇瑞重工、中联重科并购德国M-TEC公司、荷兰Raxtar施工升降机技术公司，山东重工潍柴集团收购意大利法拉帝，潍柴动力7.38亿欧元收购德国凯傲股权……。

并购已使这些企业融入全球经济大潮中，在“一带一路”全面实施的今天，无疑这些企业已经取得了战略先机，其在“一带一路”上的表现也更加出色。

二、国外投资建厂、建公司
——正逢其时

我国“九五”以来开展的大规模基础设施建设拉动工程机械行业进入新一轮的发展。以及之后的一大批国计民生的资产投资项目，如三峡工程、西气东输、西电东送、南水北调、青藏铁路以及高铁、城镇化建设迅速拉动国内对工程机械的需求。国际工程机械企业看到我国巨大的市场容量和潜力，纷纷投巨资在中国建厂、建公司，赢得钵满盆满。

如今，我国企业也纷纷走出去，在国外建厂、建公司，抢当地市场先机，赢国际强势品牌地位，许多企业正在一步步朝着国际著名品牌努力。

2014年徐工首个海外全资生产基地——徐工巴西制造基地竣工投产。另外，徐工还在波兰和伊朗建立了主机制造基地，在德国、荷兰建立了零部件生产基地，在泰国成立了徐工机械设备工程（泰国）有限公司……。

中联重科在阿联酋、澳大利亚、俄罗斯、印度、越南等10余个国家成立了子公司，在德国、荷兰等国家开展国际化并购与技术合作。

三一在印度、美国、德国、巴西相继投资建设工程机械研发制造基地……

柳工在南非、巴西、阿联酋、荷兰、印度、波兰、新加坡、俄罗斯、美国和中国香港都开设了国外子公司。

山东临工在巴西建立了工厂和配件库。

并购抢得先机，国外建厂、建公司则预示着向国内工程机械正在向国际市场全面进军。

当前，全球经济低迷，我国工程机械行业受前几年微刺激、过热的房地产等带来的工程机械行业产能过渡膨胀、行业规模过渡扩张，以及“三期叠加”效应等影响，行业正处在艰难的转型过渡期。许多专家预测：短期内，我国工程机械市场不会有大的转机，在此时，工程机械企业把国外作为其投资热点，作为其新盈利增长点，加大力度投资建设，准确把握住了时机，既合“天时”，又赢得“地利”。

如果在人才管理上学习国外先进的管理理念和经验，并在管理上做足文章，“天时、地利、人和”三者具备，则企业的发展前景将无可限量。

三、国外建研发机构、营销网络、办事处等——战略落地

利用国外先进的技术、完善的营销网络、高素质的技术和销售团队等建立起自己的“工程机械”王国，是许多工程行业企业的梦想。要想做强做大，就必须全方位融入世界。

徐工在德国杜塞尔多夫建立徐工欧洲研究中心，与俄罗斯卡车制造商 KAMAZ 集团展开专用车领域合作。产品销售网络覆盖 173 个国家及地区，在全球建立了 280 多个徐工海外代理商为用户提供全方位营销服务，年出口突破 16 亿美元，连续 25 年保持行业出口额首位。

2015 年 5 月 30 日，徐工启动了“一带一路”海外服务行活动，将为“一带一路”沿线国家做好贴心服务，赢得用户的信任，计划三年后“一带一路”沿线国家销售收入在 2014 年的 8.6 亿美元的基础上翻番。

中联重科在 40 多个国家建有分子公司、营销、科研机构，在全球成立了七大综合服务平台区域，在 80 余个国家建立了销售和服务平台。未来三到五年，中联重科国外市场收入将提升至 30%~40%。

三一在亚太大区、印度、拉丁美洲、南非、北非、中东、俄罗斯等销售型大区和美国、德国和巴西等制造型大区全方位布局。三一通过与 SAP、IBM 等国际企业合作，布局流程信息化，着眼于构建领先于全球工程机械行业的流程信息化体系。目前，三一的国外业绩已占公司整体销售业绩近 1/3，未来有希望提升至 50% 以上。

柳工在南非、巴西、阿联酋、荷兰、印度、波兰、新加坡、俄罗斯、香港以及美国都开设了海外子公司，在全球 13 个地区有营销服务和制造研发基地，与 115 个国家的 380 多家经销商建立了合作关系。

厦工在全球拥有近 200 家优秀销售服务商，产品已出口到中东、非洲、东欧、东南亚、欧美等 50 多个国家和地区，在国外拥有 30 多家办事处、经销商。厦工将以东南亚、南亚、中东、非洲、拉美、泛俄六个地区为重点，加快厦工的国际化布局。

德基机械用专注的力量征服着世界，把沥青混合料搅拌设备做深做透，使产品远销如澳大利亚、俄罗斯、印度、东南亚、中东及非洲 20 多个国家和地区，在‘一带一路’上走出了第一步，今后，将继续向‘一带一路’沿线国家区域拓展，满足市场需求。

上海金泰早在 2010 年与国外代理商合作，开始在中亚、西亚、中东及俄罗斯等国际市场进行布局，其桩工机械已批量销往莫桑比克等国家。上海金泰不仅直接参与国际合作，还为“一带一路”的互联互通，提供铺路架桥的夯基设备，产品受到普遍好评。

“一带一路”通途上有你、有我、更有上海金泰。

四、“一带一路”——扬帆启航

“一带一路”——工程机械行业已行动，当然，这些仅仅是一个开始，随着“一带一路”的深入开展、合作的深入，在“一带一路”这个跨度最长的经济大走廊上，工程机械行业企业将迎来更多的机会和更广阔的合作领域，更大的舞台等待工程机械企业去开辟！

千年前的丝路，恢弘而壮美，沿线由此而受益。新丝路——横贯欧亚大陆、纵跨几大洋，覆盖面积更广，涵盖领域更多；互联互通，深度交融，让更多的发展中国家分享中国的发展红利，也是中国企业走出去的好时机。让我们共同抓住这个极佳的机会，共同推动中国工程机械走出低迷，向更高层次发展，实现中国工程机械行业的强国之梦。

［撰稿人：中国工程机械工业年鉴编辑部张珂玲］

德基在专注、绿色、创新

——访德基机械总经理蔡群力

专注道路 稳健筑基

德基机械——自1999年成立之初就致力于道路建设与道路养护节能环保专用设备的研发、制造和服务，致力于为国内外道路建设与道路养护企业提供量身定制的全面解决方案。

专注——并把其发挥致极致，提升品牌的行业地位；专注——传达出的专业信息让用户牢记；专注——让资源发挥出最大效益。

德基机械——就是在专注中一步步成长起来的。目前她已成为中国领先的、业内少数能提供全方位一站式中大型沥青混合料搅拌设备的制造商和服务供货商，在国内近30个省、市、自治区的高速公路、高等级公路和城市道路建设中发挥了巨大的作用，2004年开始开发国外市场，并取得了骄人的成绩。2015年5月成功在香港上市。德基机械在道路机械上稳扎稳打，走好通向成功的每一步，今后，德基还将进一步扩大产量、提升研发能力，在科研和现代化制造方面再上一台阶。

德基机械一直专注做的产品是常规厂拌沥青混合搅拌设备及厂拌沥青混合料热再生设备。2003年率先开发出4000型沥青混合料搅拌设备以及具有50%回收旧料添加量的“双滚筒”型再生设备；2004年成功开发的“飞越”全自动控制系统及远程监控和诊断系统，让德基机械多年来一直领先业界，取得多个第一。2009年率先开发出5000型沥青混合料搅拌设备和“再生环”型再生设备，2014年更取得业内重大突破，推出中国第一套“整体式”再生设备。专注道路机械，专注于为客户提供量身定制的全面解决方案，德基机械在专注中不断升华、迅速发展。

科技驱动 绿色升级

专注为德基机械铸下坚实根基，科技、绿色为德基机械插上腾飞的翅膀。

德基机械是以科技为先，以研发为重的企业。公司拥有专业的自主研发团队，此外，公司积极与中国科研

中聚力“新丝路经济”

机构合作，包括交通运输部公路科学研究所及河北清华发展研究院；三方共建了‘河北省沥青路面智能装备工程技术研究中心’。

强劲的研发团队着力于科技创新，使企业升级、产品升华。成果累累助力德基机械展翅高飞。

截至目前，德基机械拥有 39 项中国专利，其中 3 项发明专利，36 项实用新型专利，以及 22 项中国软件著作权。2004 年推出的“飞越”全自动控制系统，能够自动控制沥青混合料搅拌设备运行，收集和分析生产资料，及时对客户提出维修保养建议；2010 年开发的远程监控和诊断系统，已用到“飞越”全自动控制系统中。

德基机械一贯重视节能环保，绿色发展，是第一家研制生产各种厂拌热再生技术设备，并成功推向市场，受到客户认可的企业。德基机械从成立之初，就将废旧沥青混合料再生利用搅拌设备制造和再生技术的研究、开发以及推广应用作为公司的重要发展战略。2003 年自行研发生产的 4000 型沥青混合料搅拌设备以及具有 50% 回收旧料添加量的“双滚筒”型再生设备，引领和推动了沥青混合料搅拌设备的技术进步和科技创新，打破了我国高端设备主要依靠进口的局面；2006 年将环保设备出口至澳大利亚这个对环保要求极高的发达国家；2009 年研制出‘再生环’再生设备；2012 年推出了 5000 型绿色环保型一体机，除了生产常规的沥青混合料，该产品还独具“再生”功能——带再生环的烘干滚筒，可将总占比 10% ~ 15% 的回收料经过系列工序，最终生产出质量足以媲美新料效果的混合料，使回收料得到有效循环利用，从而节约资源、保护环境；2014 年推出了‘整体式’再生设备；此外，德基机械的沥青混合料搅拌设备能降低能源消耗和粉尘、烟雾和噪声排放水平。德基机械的绿色技术一直处于行业领先地位。

德基机械不仅研发废旧沥青混合料循环再生利用技术，而且注重研制、生产全流程的节能、减排和低炭控制；注重新工艺应用；注重为客户提供个性化的再生解决方案。

鼎力丝路 展现无限潜力

千年前的丝路，恢弘而壮美，沿线由此而受益。新丝路——横贯欧亚大陆、纵跨几大洋，覆盖面积更广，涵盖领域更多；而互联互通，深度交融，让更多的发展中国家分享中国发展红利的构思，使得应者云集，中国大地更是热潮涌动。德基机械紧紧抓住这一历史机遇，提早布局八个国家，为其提供产品和服务。

众所周知：“一带一路”这一国家战略的重点是互联互通，前期必然是基建先行，路先行，有路才能人畅其行、物畅其流。我国工程机械受国内外形势及“三期叠加“效应等多重因素影响，许多企业经营非常困难，而“一带一路“无疑为企业提供了难得的历史机遇。

抓住机遇必须有真实力。2013 年德基机械在我国的中大型型沥青混合料搅拌设备销量排名第二，市场份额达到 13.8%。产品供应遍布我国多个省市及自治区，以及 20 个国外国家，如澳大利亚、俄罗斯、印度、东南亚、中东及一些非洲国家共出售了超过 300 多台（套）设备。德基机械参与多个重要基础建设项目，包括中国的京藏高速、京港澳高速、胶州湾大桥及杭州湾大桥等。

今后，德基机械将致力扩大产能，对厂区进行升级改造，进一步提升生产效率。同时，将继续进行设备和系统改造服务，重点提高设备节能效益和为常规型设备增加再生功能等服务。此外，德基机械将专注于研发符合市场趋势、具有低耗能和环保特点的新产品，以及适用于国外特殊要求和配置的产品，满足国内外市场需求。

已布局“一带一路“的德基机械随着“一带一路”国家战略的不断深入推进，将进一步拓展沿线区域市场，逐步扩大全球市场版图。我们有理由相信，在不久的将来，德基机械一定能有更多具有中国特色的产品呈现给全球用户。

上海金泰为“一带一路”

2013年9月，习近平主席提出共建“一带一路”战略构想，2015年3月，《推动共建丝绸之路经济带和21世纪海上丝绸之路的愿景与行动》发布，标志着“一带一路”步入全面推进阶段。

“一带一路”不仅仅是高瞻远瞩的宏伟蓝图，更是脚踏实地的深耕细作，需要众多国家的众多企业共同参与。作为最早进入地下施工机械研制的国内知名企业上海金泰工程机械有限公司（简称上海金泰）也积极参与到“一带一路”建设中，发挥着其独特的作用。

国内稳健筑基

上海金泰工程机械有限公司始建于1921年，是国内最早进入工程机械行业的国内知名企业，主要至力于生产广泛应用于高速公路、铁路、桥梁、水库大坝加固、港口、城市轨道交通建设、工业基础设施、市政建设、地质勘探、地下水资源开发等工程所需的特殊地下施工机、电、液压一体化设备。

公司拥有代表国际先进水平的一流技术和一支强有力的研发队伍及装备先进的生产能力，连续六年被认定为高新技术企业。公司每年有十几种特殊工法的产品推向市场，由于产品设计符合市场需求，能够解决很多国家重点工程的技术难题，因此，公司有多种产品和项目享受国家及上海市政府的扶持、补贴及税收优惠政策。

1. 创新展现真实力——新产品不断

上海金泰从2011年开始投入SMC工法设备研制，经过近四年的探索和改进，2014年7月正式推出了两款SMC工法设备——SC35和SC50双轮铣削搅拌钻机。

为了推动“SMC工法研究和应用”更上一层楼，与

“铺路架桥 夯基铸魂”

江苏建基建设集团有限公司、东南大学岩土工程研究所达成“产学研用联动”联盟，共同推进 SMC 工法及其设备的推广与应用。

自 21 世纪初上海金泰通过借鉴国外先进技术与自主创新相结合，自主研发制造现代机、电、液压一体化的基础施工装备，陆续开发出 SG 系列地下连续墙抓斗、SX40 双轮铣槽机、SC 双轮搅拌钻机等地连墙施工设备，打破了国外品牌垄断中国市场的局面。经过十多年的发展，目前上海金泰已形成 16 大系列 60 多种型号的基础施工产品集群，仅地连墙抓斗型号就覆盖从 SG22 至 SG60A 近 10 个型号。同时，根据工况和地质条件不同，SG 系列抓斗成槽的工艺方面也呈现出多样化的特点：有水利堤坝防渗墙施工专用的薄壁斗；有适合抗滑桩施工的方形斗、异形斗；有适用于地下管线密集区施工的侧铣装置；有针对较硬地层抓槽的冲击装置以及针对卵石地层设计的导杆式抓斗等。

公司开发的 SZ80-35 全套管钻机（其对应的工法称为“贝诺特工法”）2015 年首次在软土地质条件下实现无泥浆施工，交通部（上海）交通工程质监站对“上海沿江通道越江隧道项目”（浦西岸段）深基坑地下围护工程的开挖条件进行了全面验收，23 个施工节段的桩基础均顺利通过验收，标志着上海金泰自主研发和设计制造的 SZ80-35 全套管钻机在软土地质条件下实现无泥浆钻进工艺获得了圆满成功。

当前市场上“贝诺特工法”设备有全回转钻机、履带式全套管钻机、步履式全套管钻机等。SZ80-35 全套管钻机由液压步履桩架、双动力头、液压卷扬机和电液控制

系统组成。在多功能拓展方面可配置套管长螺旋钻机、潜孔锤、多轴钻机、深层搅拌钻机，液压锤等钻具，实现灌注桩、咬合桩、CFG 桩、CFA 桩等多种工法。适用于流沙层、卵砾石层、喀斯特地层、岩石层及回填土层等各类复杂地质。

SQ45 全液压循环钻机和 SQ10 全液压潜水钻机。SQ45 全液压循环钻机和 SQ10 全液压潜水钻机相较于传统机械式工程钻机具备了无与伦比的技术优势，可实现正循环、泥浆反循环以及气举反循环等各种循环方式的桩基础施工，对传统工程钻机的施工效率和操作模式实现重大突破。

上海客户张先生称赞：“上海金泰 SQ10 全液压潜水钻机：整机性能稳定，操作轻便灵活，作业效率高”。

由于上海金泰在创新方面的出色表现，2015 年，SC35 液压搅拌钻机在“技术创新、市场表现、应用贡献”等多维度得到专家一致认同，荣获 2015 年度 TOP50 桩工机械产品奖。这是自 2006 年“TOP50”活动开展以来，上海金泰连续九届蝉联此殊荣。在“2014 中国工程机械用户品牌关注度 TOP10 排行榜”上，上海金泰以不断推出的 SX40 双轮铣、SC35/SC50 双轮搅拌产品以及 SQ 液压循环钻机等新产品的出色表现，名列该榜单桩工机械类第四名。

2. 专业彰显其价值——“联通”“一带一路”助力基建项目

截至 2014 年年底，上海金泰已有超过 500 台不同型号的 SG 产品投放市场，在国家水利建设、地下空间开发以及城市轨道交通领域发挥着主导作用。金泰 SG 系列

连续墙抓斗长期占据 60% 以上的市场份额，连续多年成为国内基础施工行业的领先品牌。

2015 年以来，SG 抓斗密集进入各地轨道交通及水利工程。已有超过 50 台上海金泰 SG 抓斗密集进入江苏常州、河南郑州、甘肃武威、新疆哈密、黑龙江漠河等地的地下交通枢纽及水利工程施工现场，助力各地基础设施建设。

国外初露锋芒

早在 2010 年上海金泰就与国外代理商进行了广泛合作，布局于中亚、西亚、中东及俄罗斯等国际市场，经过多年的耕耘，JINT 品牌已在这些市场赢得了较好的口碑，金泰的国际化道路也得以延展。目前在土耳其桩工市场，上海金泰钻机品牌认可度名列前茅。上海金泰的桩工机械还批量销往莫桑比克等国家。

“一带一路”不仅需要企业积极走出去，而且需要建设好联通“一带一路”的路、桥、港口……

上海金泰就是这样走出国门成果丰硕，扎根国内落地有声，不断开发适合不同地质条件需求的新产品，满足“一带一路”基础建设的不同需求的企业。

“一带一路”才刚刚起步，随着各项措施的落实到位，合作的机会更多、更深入，上海金泰一定能在“一带一路”这个跨度最长的经济大走廊上，发挥出更大潜能，开辟出更大舞台！

调结构、练内功，

——杭叉集团股份有限公司创新开拓国际市场

2014年，杭叉集团股份有限公司（简称杭叉集团）通过产品结构调整、“两化”融合、“机器换人”、技术改造等手段加快转型升级的步伐，继续在中国叉车行业名列前茅，其中出口连续10年行业第一。2014年全年杭叉集团完成叉车销售77 567台，其中内销实现61 096台，出口16 471台。

2014年杭叉集团连续荣获“中国制造业企业500强”“中国民营企业500强”“2014中国工业行业排头兵企业”，获得了“2014浙江经济年度榜样”“2014浙江省专利示范企业”“杭州市工业功勋企业”“杭州市机器换人示范应用企业”“2014年度系统安全生产先进企业”等称号。

2014年杭叉集团围绕转型升级开展了一系列踏实工作。

首先，通过调整产品结构，实现创新驱动发展的战略。叉车行业早已是竞争激烈的一片红海，同质化竞争、价格战成为常态，想要在这片红海中发展并取得至高点，产品创新是企业的重中之重。2014年杭叉集团通过了“国家级企业技术中心”“浙江省企业研究院”“浙江省工业车辆工程技术研究中心”和“浙江省工业设计中心”的评审和认定，通过了行业内唯一的“国家认可实验室”的复审。开发并完善了A系列仓储叉车。共有23个仓储类产品投放市场。研发了A系列2.5~3.5t高性能蓄电池叉车和5~8.5t重型电动叉车。针对特殊市场开发了A系列小8~12t叉车、R系列2~3t铁路专用短轴距叉车和A系列出租型叉车等。完成了XF系列4~5.5t内燃叉车、XF系列5~7t内燃防爆叉车、42~46t大叉车、5~7t XF系列液化天然气叉车的开发。在2013年成功完成45t集装箱正面起重机开发的基础上，2014年又进行了空箱堆高车的开发。

通过合作，成功开发了智能工业车辆（AGV）。并联合相关企业成立了产业联盟，AGV车辆的成功开发，意味着杭叉从传统型装备制造开始向智能型装备制造转型。创新产品是企业盈利的重点，2014年杭叉集团的新产品产值率达到39.17%，

其次，结合新形势，采取整机与配件并举开拓市场的策略。公司开展品牌化营销，通过市场活动在电子商务、港口重型设备、零部件出口方面取得了显著的成绩。集团与众多知名网站、物流杂志社等合作，进行市场推广，获得产品招标信息、采购信息。在努力经营叉车整机业务的同时，积极开拓零部件国际市场。分别与美国、英国等众多国际知名公司签订了供货协议并陆续开始供货。加强“杭叉”品牌配件的推广工作。在前期配件品牌化试点基础上，全面实行配件“杭叉”品牌化经营。

在生产中加大技术改造投入力度，推进“机器换人”。随着新工艺、新技术、新设备、新材料的不断涌现，企业进行技术改造的空间越来越大、速度越来越快、获得的效益也越来越

打造世界品牌

明显。企业投入巨资进行技术改造，加快生产环节“机器换人”的步伐，转向智能化制造。通过与国际领先品牌的合作，引进自动化装配检测设备，实现与企业现有信息系统的实时交互，在行业内率先发起智能化改造，颠覆传统的生产和检测模式。应用成熟的机器人技术，结合叉车门架的生产过程，与专业公司合作，在行业内首家开发出门架焊接机器人系统，突破了门架焊接的智能化技术，使 70% 以上的门架产品实现自动化焊接。引进了国际先进的加工中心、数控机床，变速器清洗线、变速器装配线、变速器测试台架，增强了关键零部件生产的数字化和智能化水平，为关键零部件打开国外市场提供了有力的质量和技术保障。

通过智能化改造，给企业的传统生产方式带来了变革，生产效率得到提高，产品质量控制能力得到提升，减轻了员工的劳动强度。实现了从传统制造向智能制造的华丽转身，在“智慧工厂”建设的道路上迈出了坚实的一步。

在企业管理方面，不断提升管理水平，注意防范经营风险。利用信息化技术，提高企业的管控能力。随着云计算、物联网、大数据、移动互联等新信息技术的广泛应用，新的企业管理方式在经营效率、质量控制、成本控制方面的作用越来越明显。2014 年，杭叉集团建立了自己的云平台，与香港大学签订了物联网技术方面的合作协议，正式迈入了物联网和云时代。公司完成了集团财务系统（EAS）的改革。规范了整个集团的财务管理制度和流程，加强了总部对各子公司的财务监管力度，降低了集团财务运行的风险。通过了 ISO 18001 职业健康安全体系认证和“国二级”安全质量标准化企业审核。在为企业员工创造安全健康工作环境的同时，公司的安全生产管理和作业环境有了本质性提高，确保公司生产经营工作长期安全稳定运行。员工是企业的财富，为给员工提供更好的生活和工作环境，公司重新装修了员工宿舍和餐厅，对车间厂房重新进行墙面粉刷，并投入巨资对车间内废气收集、过滤系统进行了改造升级，大大改善了员工的劳动保护和环境保护条件，使员工在健康的环境下，以饱满的热情投入到日常工作中。

集团努力打造创新氛围，不断增强创新的内生动力。转型升级创新是魂，公司把创新放到战略的高度。为激发广大一线员工的创新能力，每年都评选一大批产品创新奖、技术创新奖和管理创新奖并进行公布和奖励，在日常工作中开通了合理化建议渠道，对好的建议进行研究分析，在经济上进行嘉奖。2014 年，共评选出创新项目 75 项，收到合理化建议 2 323 份，奖励资金 160 多万元。在这样的创新氛围中，涌现出了大批成果，2014 年申请和获得国家专利授权 56 项，其中 1 项为国际专利。主持和参与制订国家及行业标准 7 项，承担国家及省市级技术创新项目 5 项。10~25t 系列大吨位叉车被评为 2014 年度浙江制造精品。自主研发的创新产品荣获国家级技术奖 1 项，省级技术奖 3 项，杭州市级技术奖 4 项。

“一带一路”大事记

1.2013年9月，国家主席习近平在访问哈萨克斯坦时，提出构建“丝绸之路经济带”。

2.2013年10月，习近平在出席亚太经合组织领导人非正式会议期间，提出中国愿同东盟国家加强海上合作，共同建设“21世纪海上丝绸之路”。“丝绸之路经济带”和“21世纪海上丝绸之路” 合称“一带一路”。

3．2014年10月上旬，由发改委、外交部、商务部牵头编制的“丝绸之路经济带”和“21世纪海上丝绸之路”即“一带一路”总体规划上报国务院。

4.2014年11月4日，中央财经领导小组第八次会议研究“一带一路”规划、发起建立亚洲基础设施投资银行和设立丝路基金。习近平指出，推进“一带一路”建设，要抓住关键的标志性工程，要帮助有关沿线国家开展本国和区域间交通、电力、通信等基础设施规划。要以创新思维办好亚洲基础设施投资银行和丝路基金。

5．2013年11月12日，“一带一路”写入中共十八届三中全会决定，上升为国家战略。

6．2014年11月8日，我国宣布出资400亿美元成立丝路基金，并于2014年12月29日在北京注册成立并开始运行。

7．2015年1月28日，国务院总理李克强主持召开国务院常务会议，部署加快铁路、核电、建材生产线等中国装备“走出去”。

8．2015年2月1日，国家“一带一路”建设工作会议在北京召开，对“一带一路”建设规划了顶层设计，对重大事项和重点工作进行部署。中共中央政治局常委、国务院副总理张高丽主持会议并讲话。

9．2015年2月10日，中央财经领导小组第九次会议听取发起建立亚洲基础设施投资银行、丝路基金等重大事项贯彻落实情况的汇报。

10．2015年3月5日，第十二届全国人民代表大会政府工作报告中特别指出：把“一带一路”建设与区域开发开放结合起来，加强新亚欧大陆桥、陆海口岸支点建设。铁路投资要保持在8 000亿元以上。

11.2015年3月28日，国家发展改革委、外交部、商务部联合发布了《推动共建丝绸之路经济带和21世纪海上丝绸之路的愿景与行动》，标志着“一带一路”步入全面推进阶段。

12．2015年4月“一带一路”领导小组名单出炉，国务院副总理张高丽担任小组组长，四名副组长分别为中共中央政策研究室主任王沪宁、国务院副总理汪洋、国务委员杨晶和国务委员杨洁篪。

“一带一路”路线图

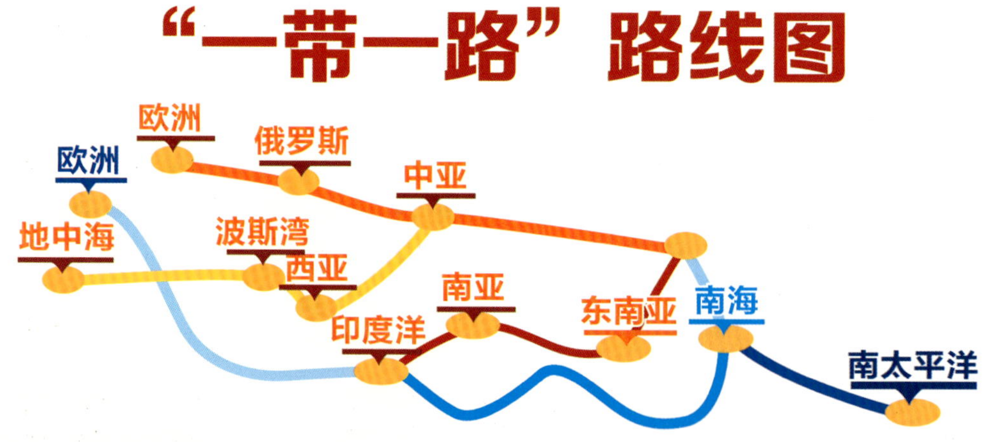

“一带”， 指的是“丝绸之路经济带”，是在陆地。有三个走向：

从中国出发，**一是**经中亚、俄罗斯到达欧洲；

二是经中亚、西亚至波斯湾、地中海；

三是中国到东南亚、南亚、印度洋。

“一路”， 指的是“21世纪海上丝绸之路”，重点方向是两条：

一是从中国沿海港口过南海到印度洋，延伸至欧洲；

二是从中国沿海港口过南海到南太平洋。

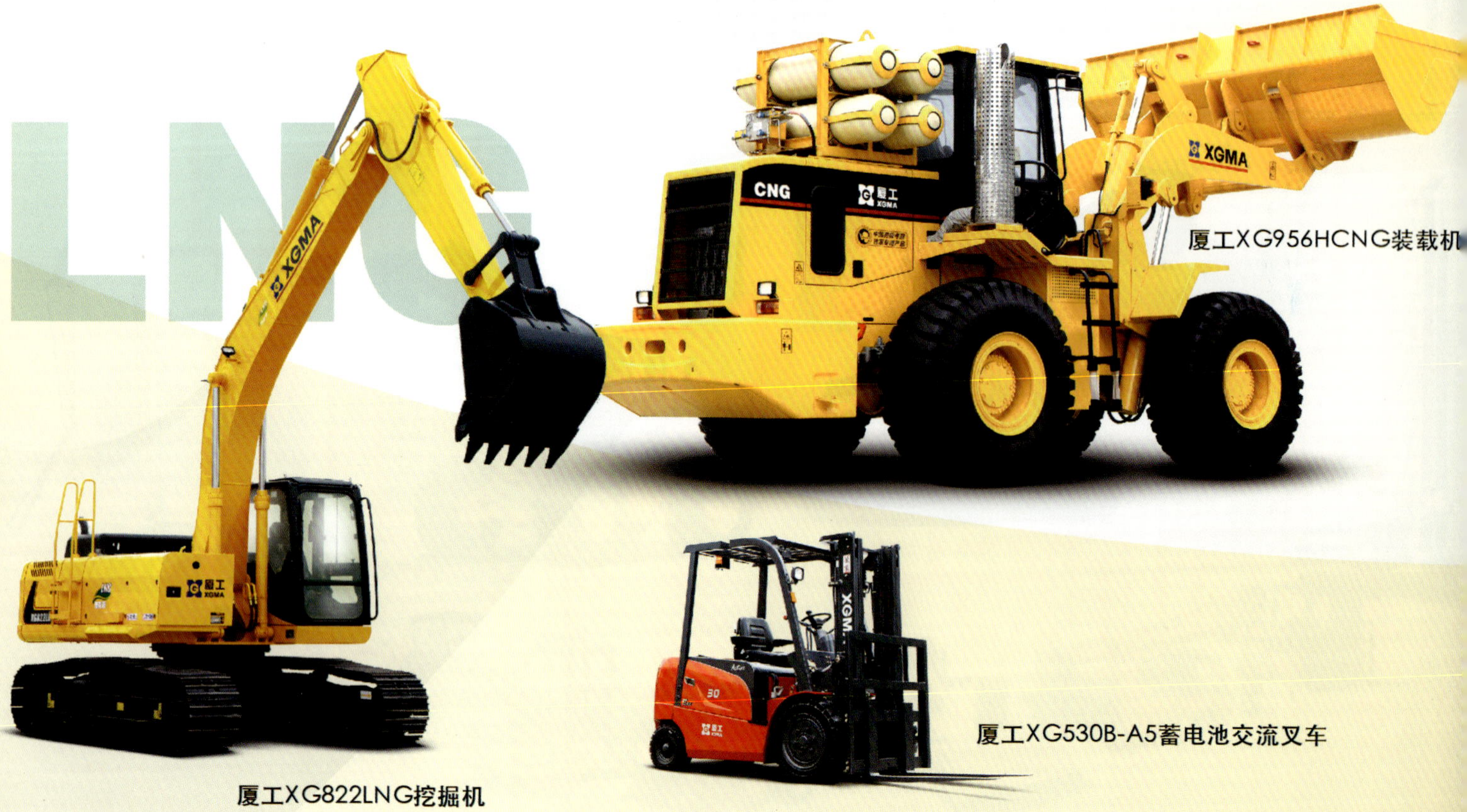

厦工XG956HCNG装载机

厦工XG530B-A5蓄电池交流叉车

厦工XG822LNG挖掘机

品牌故事

一个品牌记录着一段企业成长的历史，诠释着企业经营的理念和发展目标，承载着企业文化的内涵和价值，传递着企业一致的声音，连接着客户的欲望、信任与共鸣，展示着企业竞争的实力。

品牌因故事而生动，品牌因故事而精彩。品牌故事不但可以使品牌饱满，还能为产品增加附加值，提高溢价能力。

倡导、相信品牌的力量，让每个知名品牌背后动人的故事变为强大的发展动力，让品牌故事激发出的正能量助推更多品牌快速崛起！

斗山中国——历史回顾

企业荣誉

- 2000—2012 年挖掘机在中国挖掘机市场占有率八年名列第一。
- 2003—2014 年挖掘机十次荣获“中国挖掘机市场产品质量用户满意第一品牌”荣誉称号。
- 22 吨级中型挖掘机连续 2 年市场占有率第一。
- 5.5 吨级小型挖掘机 7 年市场占有率第一。
- 在轮式挖掘机的市场占有率、小型施工设备领域以及空气压缩机及附件领域均排名全球首位，是建设工程机械领域的世界级品牌。

发展历程

1994 斗山工程机械（中国）有限公司在烟台成立

1996 斗山工程机械（中国）有限公司正式竣工投产

1997 斗山工程机械（山东）有限公司正式成立

1998 中国烟台叉车生产工厂竣工，提出“三重保护”标准

1999 提出“四位一体”服务要求

2000 推行地区责任制

2002 发起“1-2-1”活动

2003 中国挖掘机市场占有率名列第一

2006 斗山（中国）投资有限公司在北京成立

2007 斗山工程机械（苏州）有限公司成立，斗山工程机械（山东）有限公司并购裕华机械、山猫集团，导入24h呼叫中心体系

2008 斗山工程机械（山东）有限司工厂竣工批生产

服务品牌

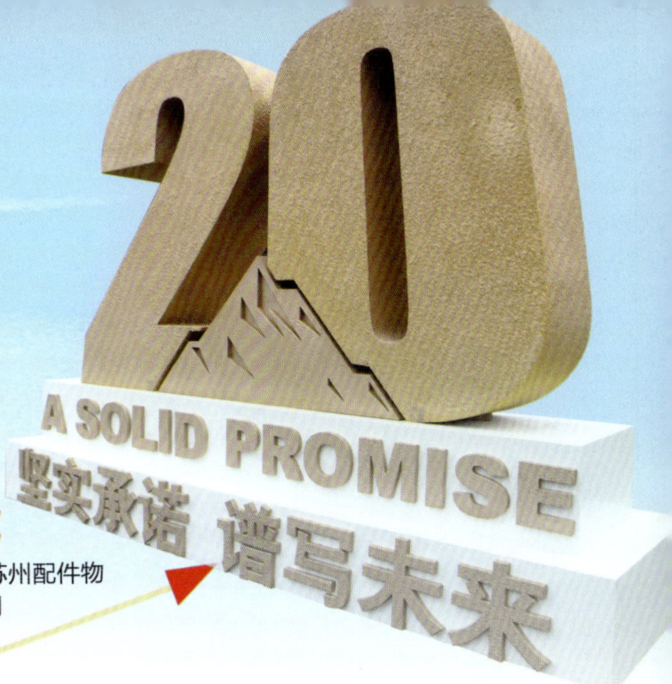

20

A SOLID PROMISE

坚实承诺 谱写未来

2009

建立服务维修网络，提出SAN150服务标准化

2011

斗山工程机械（苏州）有限公司竣工，标志着具有年产3万台挖掘机的能力

2012

斗山工程机械（山东）有限公司研发中心投入使用

2013

推出DoosanCARE服务品牌

2014

进入中国20周年，苏州配件物流中心正式投入使用

主流产品

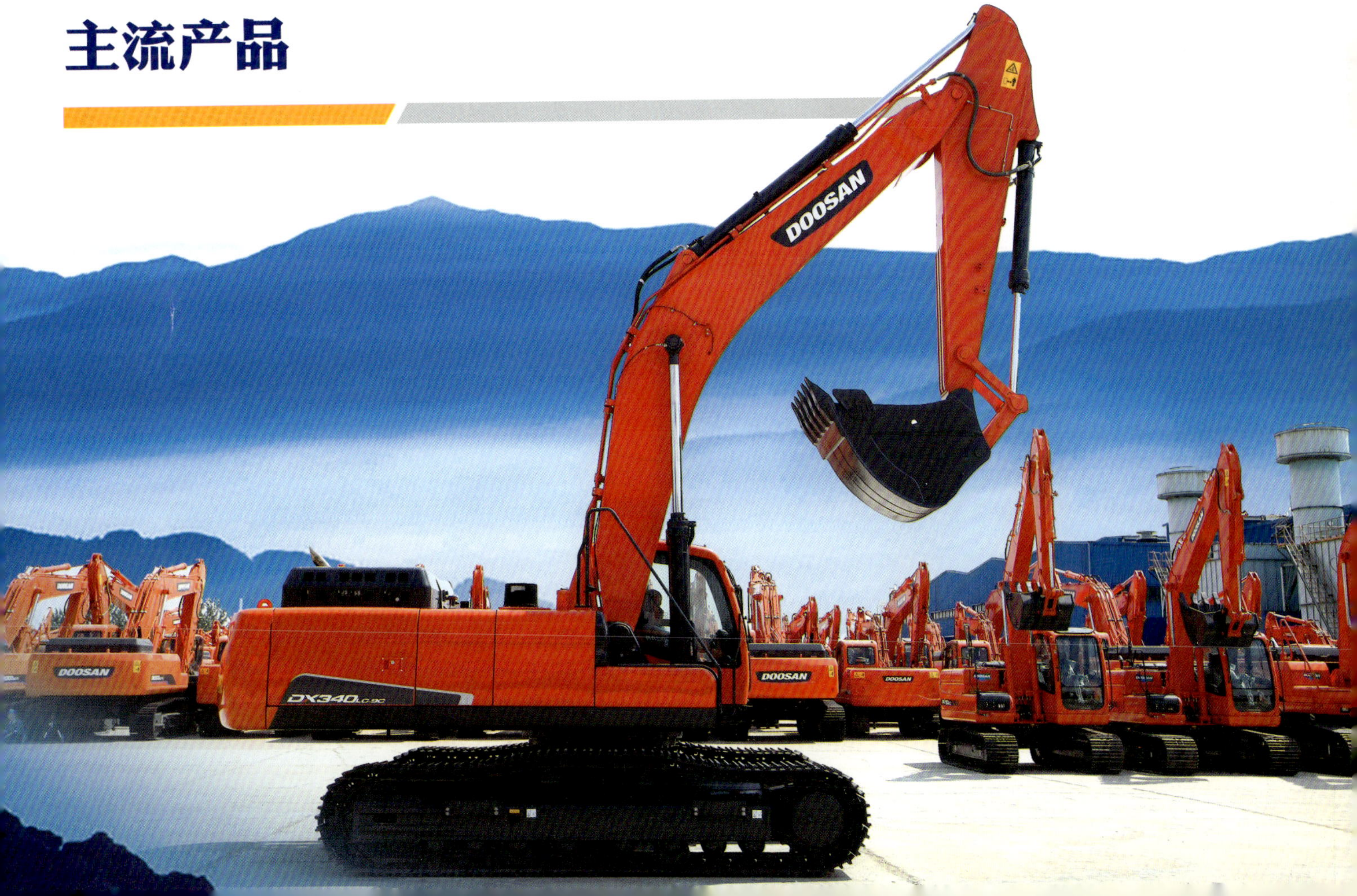

DoosanWAY

内涵：

斗山 “Way”有两个关键要素：“斗山 Credo(信条)”和 “业务系统” 。Credo 是指斗山人在日常工作中的各方面所体现出的价值观；“业务系统”包括员工发展、策略执行和财务管理。以斗山“Way”的哲学和斗山 “Way”变化模型为基础，努力培养领导力与职务专业性兼备的斗山人。

支撑：

★FC(Functional Competency: 职务能力)评估→职务培训→明确成长路径。

★研发部门的3名Master和65名FC Coach。

进程：

2013年底，对研发部门和生产部门进行FC评估，建成了职务专家培养体系。2014年把实施范围扩大到销售、采购、物流、海外、技术等部门。

措施：

2012年7月9日，与韩国中央大学和西江大学签署“全球产学合作”协议，旨在加强国外法人的竞争力，确保优秀人才在中国本土与国际企业紧密结合。

2013年6月3日斗山集团董事长 Yongmaan Park表示，废除人事考核分数制度，实施根据个人特性培养人才的新人事制度。

2013年6月20日，斗山集团（董事长 Yongmaan Park）表示，将700名临时员工转换为正式员工。

……

全球品牌战略

不断优化产品，用科技的力量推动产品的进步，让技术革新成为品牌持久和具有价值的资产。依托遍布全球的一体化研发中心，着重在绿色节能和客户需求两个方面着力。

★专注于提升核心竞争力。

★实现现有业务成果的最大化，挖掘新的增长动力。

●在技术、采购、品质等整个价值链节约材料成本和品质保证成本，进入新的市场领域并扩大高收益机型的销售，实现收益最大化。

●努力研制具有市场优势的技术和产品。

●继续扩大与客户的接触面。在中国和主要新兴市场积极培养优秀经销商，并推动经销商结构调整和正常化。

★履行斗山 Way和社会责任，成为引以自豪的全球化企业。

DoosanCARE服务品牌

DoosanCARE(售后服务品牌)——领先整个行业的标准化和规范化服务流程

内涵：DoosanCARE这一品牌体现着“可靠的关爱”“智能化关爱”和“增值的关爱”等多层次哲学含义，折射到具体服务当中，则包括15min内故障响应、24h服务热线、定期巡检、维护培训等多项细致周到的服务。DoosanCARE提供给客户智能化的关爱，通过TMS系统，对客户装备的使用地点、时长进行管理；通过呼叫中心远程管理，及时响应客户需求，实现客户、经销商和工厂的三方通话，远程诊断客户问题，提供技术支持和咨询；Online客户端的使用，更加具有人性化。通过使用创新设计的高性能机械综合检测车，斗山率先成为工程机械行业内为客户提供全方位产品预防保养维护的品牌。

支撑：50多家经销商、400多个办事处，拥有2 100名技术服务人员和1 500辆维修车。24h呼叫中心服务热线，1h内回复、2h内到达现场，24h内服务完毕；半径100km内快速响应客户需求。

活动：★2013年7月开始，斗山工程机械计划在全国范围内开展特别巡检活动，为矿山及重点客户提供点检、培训等免费增值服务，打造斗山全新升级的售后服务理念DoosanCARE，建立斗山优质服务的品牌形象。

★2014年作为“斗山服务年”，全面推广斗山“以客户为中心”的服务理念。

★2014年，斗山工程机械在DoosanCARE服务品牌统领下，推出了DoosanCARE Expert专家随行、关爱随行四季巡检、寻找最老挖掘机客户等一系列旨在提升服务品质的活动，得到广大客户的高度认可。

★2014年7月，成立斗山工程机械全球最先进的配件物流中心。

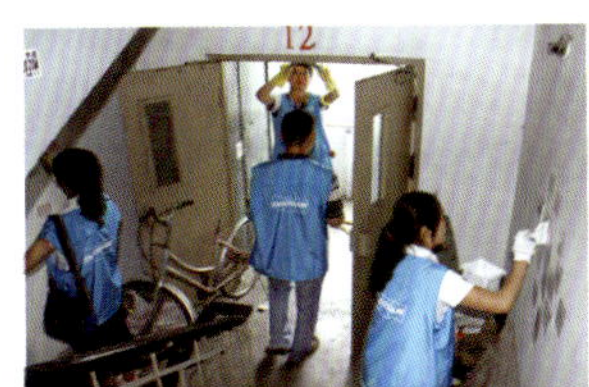

斗山研发体系及新技术

斗山的研发施行技术总部、分业务研发部门联合研发机制。

分业务研发部门包括：工程机械设备业务、机床业务、发动机业务

分业务研发部门均以高功能、高品质以及环保的产品作为目标，以包括新一代建设施工重型设备在内的尖端电子控制技术为基础，研发各种超精密，超高速机床以及应对新制定的环境规定的柴油机等。

技术研发方向：环保产品、混合动力挖掘机、电子液压挖掘机、绿色发动机系统、工程机械设备环保技术的开发和应用、机床Energy Saving技术应用的扩展、发动机Tier 4 Interim发动机的开发、客户安全的产品、智能型挖掘系统等。

新产品：DX340LC-9C、DX380LC-9C、DX420LC-9C、DX500LC-9C、DX520LC-9C五款新研发的9C系列产品，更加适合矿山、大型土石方和环境恶劣工况的作业项目。

★技术特点：

1. 工作性能提升，动力更强劲。配备有可靠的低排放高效发动机（除DX340LC-9C外均采用全新一代德国斯堪尼亚发动机），具备高燃油效率、低油耗、耐久性优越等特点。

2. 作业效率高，油耗更节约、更经济。采用斗山独有的EPOS(智能控制系统)及SPC(智能节油)技术，客户可自由选择P/S/E+SPC，覆盖六种智能模式。采用液压控制系统使动作更精确，压力提升保证强大的挖掘力,控制阀管径加大降低了能量损失。

3. 卓越的稳定性及性能。采用宽轨距设计，使履带接地面积更大，重量分配合理。更先进的行走装置提供更强劲的行走驱动力，较高的底盘离地间隙，配备业界同吨位最大斗容及强劲挖掘力的设置，确保在各种恶劣工况下表现卓越性能。

4. 以人为本的设计，安全与舒适并重。卓越的驾驶操作环境。包括：低噪声、低振动的作业空间，空调系统，多功能图形LCD仪表盘，开关集中配置，360°全方位的驾驶视野，大型的一体式右侧玻璃。内部设有便利的储物空间及豪华型多功能悬浮座椅，可前后双方向进行调整，可以根据驾驶员体重自由调节高度的功能。除DX340LC-9C外均配备有9个工作灯，确保夜间作业时的视野需求，收音机旁设置有USB接口，可外接MP3等，兼具实用性和娱乐性。

5. 大幅延长设备寿命。通过计算机三维设计和各种模拟实验，反复的配合验证和装备的可靠性测验，主要结构件采用更厚的钣金件及优化工艺结构，以及采用经过市场验证的先进部件，确保功能品质的高可靠性。

品赏品牌的魅力
回味品牌的故事
提高创新能力
提升竞争实力

2014 年工程机械行业主营业务收入 8 000 万元以上企业综合排序

序号	企业名称	营业收入		利润总额		综合指数	
		万元	排序	万元	排序	%	排序
1	徐州工程机械集团有限公司	8 081 468	1	97 124	4	161.22	50
2	三一集团有限公司	7 436 786	2	328 800	1	482.92	6
3	中联重科股份有限公司	6 370 001	3	140 162	2	358.92	14
4	临沂临工机械集团	1 701 451	4	105 021	3	255.08	28
5	广西柳工集团有限公司	1 441 760	5	35 348	11	144.53	57
6	安徽叉车集团有限责任公司	1 346 808	6	81 092	5	285.02	22
7	杭叉集团股份有限公司	1 037 927	7	57 673	10	408.78	8
8	山东重工集团有限公司	958 128	8	-20 452	100	125.79	65
9	中国龙工控股有限公司	742 721	9	59 964	8	96.80	78
10	常林工程机械集团	722 666	10	-13 350	98	91.77	81
11	小松（中国）投资有限公司	687 560	11	74 700	7	104.05	77
12	厦门厦工机械股份有限公司	455 952	12	2 242	40	119.18	69
13	江麓机电集团有限公司	414 193	13	15 099	16	178.04	44
14	中国铁建重工集团有限公司	343 966	14	59 234	9	379.45	10
15	福田雷沃国际重工股份有限公司	231 505	15	-20 551	101	-200.55	103
16	长治清华机械厂	231 167	16	10 517	18	161.40	49
17	山东云宇机械集团有限公司	209 861	17	15 582	14	171.71	46
18	成都神钢建设机械有限公司	198 329	18	9 605	19	171.52	47
19	山河智能装备股份有限公司	174 087	19	1 907	43	65.93	84
20	方圆集团有限公司	167 788	20	19 625	13	257.06	27
21	内蒙古北方重型汽车股份有限公司	161 613	21	15 560	15	310.62	20
22	郑州宇通重工有限公司	159 177	22	75 444	6	138.90	61
23	杭州前进齿轮箱集团股份有限公司	148 116	23	3 290	33	134.24	62
24	浙江省建设机械集团有限公司	139 021	24	7 190	23	148.00	56
25	四川成都成工工程机械股份有限公司	123 668	25	-13 210	97	40.01	94
26	力士德工程机械股份有限公司	113 375	26	115	82	31.21	95
27	山东大汉建设机械有限公司	107 166	27	8 853	21	189.28	43
28	广西建工集团建筑机械制造有限责任公司	99 827	28	1 514	52	123.01	67
29	浙江诺力机械股份有限公司	99 496	29	7 277	22	271.46	24
30	抚顺永茂建筑机械有限公司	90 310	30	4 311	31	201.76	38
31	天津建筑机械厂	85 999	31	29 143	12	330.91	15

（续）

序号	企业名称	营业收入		利润总额		综合指数	
		万元	排序	万元	排序	%	排序
32	宁波如意股份有限公司	79 522	32	6 733	25	195.75	41
33	辽宁抚挖重工机械股份有限公司	77 631	33	6 753	24	240.28	31
34	北京南车时代机车车辆机械有限公司	70 365	34			250.28	29
35	太重集团榆次液压工业有限公司	69 172	35	1	87	62.11	87
36	贵州詹阳动力重工有限公司	63 488	36	1 369	54	155.85	53
37	北京华德液压工业集团有限责任公司	62 858	37	160	80	107.34	74
38	中航力源液压股份有限公司	62 245	38	4 104	32	148.50	55
39	浙江美科斯叉车有限公司	58 075	39	5 254	27	197.79	39
40	利勃海尔机械（大连）有限公司	55 574	40	903	59	369.84	12
41	淄博永华滤清器制造有限公司	51 014	41	5 021	28	215.08	34
42	圣邦集团有限公司	50 384	42	4 335	30	218.38	33
43	廊坊德基机械科技股份有限公司	42 739	43	9 386	20	470.42	7
44	蚌埠液力机械有限公司	41 660	44	6 536	26	363.00	13
45	江苏腾发建筑机械有限公司	40 861	45	1 846	44	93.77	80
46	山东同力达智能机械有限公司	40 534	46	1 611	48	257.68	26
47	浙江苏强格液压股份有限公司	35 803	47	2 557	36	328.91	16
48	中交西安筑路机械有限公司	35 212	48	822	64	109.80	72
49	大连叉车有限责任公司	32 422	49	-438	90	117.78	70
50	莱州市莱索制品有限公司	32 148	50	972	58	371.72	11
51	意宁液压股份有限公司	31 788	51	4 883	29	288.43	21
52	徐州海伦哲专用车辆股份有限公司	31 117	52	181	79	203.14	37
53	陕西建设机械股份有限公司	30 994	53	−11 723	96	−149.59	102
54	申锡机械有限公司	30 314	54	1 981	42	241.36	30
55	山东明龙建筑机械有限公司	30 000	55	100	85	108.80	73
56	上海宝达工程机械有限公司	27 524	56	812	65	81.66	82
57	上海工程机械厂有限公司	27 375	57	510	69	65.88	85
58	本溪北方机械重汽有限责任公司	25 621	58	-334	89	78.64	83
59	济宁市永生工程机械制造有限公司	25 536	59	207	78	405.94	9
60	四川长江工程起重机有限责任公司	24 635	60	1 086	55	60.47	89
61	宁波广天赛克思液压有限公司	24 578	61	10 676	17	578.36	2
62	河北宣化工程机械股份有限公司	24 360	62	-9 648	95	−113.13	101
63	朝阳凌云建筑机械有限公司	23 025	63	1 821	45	195.48	42
64	山东一能重工有限公司	22 720	64	2 360	39	212.15	35
65	四川邦立重机有限责任公司	22 698	65	2 477	37	138.98	60
66	烟台市石油机械有限公司	21 390	66	108	83	149.63	54
67	天水风动机械股份有限公司	21 183	67	2 418	38	163.85	48
68	杭州爱知工程车辆有限公司	20 254	68	1 617	47	322.27	18

（续）

序号	企业名称	营业收入		利润总额		综合指数	
		万元	排序	万元	排序	%	排序
69	江苏靖江叉车有限公司	19 757	69	615	67	494.03	4
70	湖南星邦重工有限公司	19 634	70	1 981	41	279.77	23
71	山东隆源液压科技有限公司	19 230	71	1 002	56	114.02	71
72	长沙盛泓机械有限公司	18 658	72	2 773	35	−53.94	100
73	贵州枫阳液压有限责任公司	18 390	73	836	63	132.66	63
74	泰安金城重工科技有限公司	18 365	74	153	81	42.16	92
75	哈尔滨工程机械制造有限责任公司	18 269	75	879	61	121.67	68
76	济南液压泵有限责任公司	17 082	76	−16	88	159.06	51
77	浙江海宏液压科技股份有限公司	16 225	77	1 552	50	195.95	40
78	恒天九五重工有限公司	16 000	78	377	71	60.58	88
79	江苏八达重工机械股份有限公司	15 805	79	1 712	46	641.79	1
80	青岛前哨精密机械有限责任公司	15 356	80	854	62	128.48	64
81	北起多田野（北京）起重机有限公司	15 046	81	−3 057	94	−48.06	99
82	山东明威起重设备有限公司	15 000	82	300	75	177.40	45
83	浙江衢州煤矿机械总厂股份有限公司	14 688	83	−1 109	93	23.68	96
84	厦门康柏机械集团有限公司	14 016	84	786	66	204.64	36
85	重庆大江本大工程机械有限责任公司	13 316	85	1 514	53	319.00	19
86	浙江高宇液压机电有限公司	13 169	86	1 561	49	268.44	25
87	四川锦城建筑机械有限公司	12 951	87	277	76	157.64	52
88	河北冀工胶管有限公司	12 800	88	1 541	51	225.17	32
89	北汽福田汽车股份有限公司北京福田雷萨泵送机械分公司	12 635	89	−16 094	99	−333.72	104
90	哈尔滨东建机械制造有限公司	12 324	90	265	77	123.90	66
91	北京京城重工机械有限责任公司	11 673	91	3 279	34	62.24	86
92	四川强力建筑机械有限公司	11 646	92	433	70	143.77	58
93	烟台富野机械集团有限公司	11 471	93	−622	91	22.61	97
94	芜湖盛力科技股份有限公司	11 256	94	−674	92	5.54	98
95	山东雷鸣重工股份有限公司	10 745	95	305	74	486.73	5
96	沈阳学龙金属装饰装修工程有限公司	10 327	96	981	57	323.83	17
97	天津津裕电业股份有限公司	10 077	97			95.29	79
98	济南汇友建工机械有限公司	9 911	98	588	68	59.87	90
99	无锡小天鹅建筑机械有限公司	9 106	99	98	86	55.96	91
100	内蒙古一机集团大地工程机械有限公司	8 961	100			41.59	93
101	洛阳风动工具有限公司	8 894	101	305	73	104.33	76
102	山东腾飞建设机械工程有限公司	8 694	102	891	60	565.87	3
103	天津岛津液压有限公司	8 586	103	314	72	142.47	59
104	浙江临海机械有限公司	8 227	104	103	84	106.85	75

〔撰稿人：中国工程机械工业协会吕莹〕

企业专栏

詹纯新：唤起“工匠精神” 强健中国制造业

2015年的全国两会上，“如何实现从制造大国向制造强国转变”成为代表委员们热议的焦点话题。全国人大代表、中联重科董事长詹纯新结合企业发展实践指出，中国装备制造业要实现“由大到强”的转变，就必须发扬“工匠精神”。

詹纯新认为，与全球领先的装备制造企业相比，中国企业不缺技术，而是缺少一种“工匠精神”，如果不唤起“工匠精神”，中国就谈不上成为世界制造强国。

中国装备制造业的“痛点”

数据显示，中国装备制造业的产值已经超过美国，成为全球第一。但不容否认的是，中国制造行业的整体素质和科技竞争实力与发达国家相比仍有较大差距，“大而不强”的现状更是被业界所诟病。

而从细节上看，中国高精尖制造能力缺失明显，许多产品体系只是解决了有无生产能力的问题，产品功能、质量、可靠性、工艺水平等与发达国家差距明显。摆在我们面前的事实是，攻克制造业质量难题，日本用了10年时间，韩国用了20年时间，而中国近30年时间，质量仍是制造业的“痛”。

詹纯新表示，“工匠精神”的缺失是中国制造业“大而不强”的重要原因。

何谓工匠精神？在詹纯新看来，良好的工匠是对每件产品都精雕细琢、精益求精，追求完美和极致。视技术为艺术，既尊重客观规律又敢于创新，拥抱变革，在擅长的领域成为专业精神的代表。

在中国制造业，企业和工人对“工匠精神”认识有缺失，急功近利，缺乏对细节的追求和把控，追求数量、速度和效率，产品不够扎实，不够耐用。

詹纯新介绍，目前，由德国等老牌工业强国发起的“工业4.0革命”席卷全球。如果中国制造业在这场革命中不能守住现有优势，做出创新成果，就很可能失去市场地位和技术优势，对中国现代化进程造成严重影响。

国外的成功经验也表明，“工匠精神”是一个企业、一个产业和一个国家强盛的重要力量。

丰田佐吉是丰田创始人，他本人就是一个工匠、一个研究狂人。他研究发明的织布机对现在的纺织行业影响犹在。丰田佐吉的儿子丰田喜一郎是一个“发动机迷”。丰田佐吉的孙子丰田英二是个工作方式的研究狂人，他研究如何才能降低库存、降低成本。三代研究狂人造就了丰田帝国。

詹纯新认为，唤起“工匠精神”，需要加强培训、管理、激励及岗位流动机制。要促进工匠精神的传播与交流。进一步提高对职业、技能教育的重视，让制造行业甚至全社会意识到工匠精神的可贵。

“工匠精神”雕刻产业转型

詹纯新所在的中联重科也为“工匠精神”提供了发挥的平台。

中联重科是全球领先的集工程机械、环境产业、农业机械、金融服务等多位一体的装备制造企业。

从创建伊始，中联重科就严格追求产品质量，精益求精。2007年，中联重科引入美国质量大师克劳士比“零缺陷”质量管理的理念，并通过举办“创建零缺陷文化高层研讨会”和全员零缺陷质量文化培训，使得“零缺陷”质量理念在全公司得到了广泛传播，改变和提升了员工的质量观念和质量责任感。

同时，为激发全体员工参与质量改进的积极性，中联重科还颁布了《质量管理奖励方案》，设立了质量改进项目奖、质量卓越奖等，以表彰质量管理水平有明显提升的集体和在质量管理中有突出贡献的员工。

凭借着这种精益求精的工匠精神，中联重科先后开发出101m世界最长碳纤维臂架泵车、113m全球最高的登高平台消防车、5 200t・m世界最大水平臂塔机……2014年，全球最大平头塔机再次诞生于此。

卓越的质量和优异的表现，使中联重科先后在要求苛刻的欧美市场和制造强国日本市场站稳脚跟。

但中联重科并没有止步于此。

在詹纯新看来，与国外百年品牌企业相比，中联重科仍然相对年轻，企业内精锐的技术老手数量也相对不足，尤其是大批“80后”“90后”技术工人还需要加大技术钻研力度。

詹纯新表示，未来，中联重科将大力倡导和培育“工匠精神”，让“极致”的思维与行动扎根在每位员工的意识深层中。

2015年3月5日，国务院总理李克强在政府工作报告中着重指出，要“推动产业结构迈向中高端”“加快从制造大国转向制造强国”。对于中国装备制造业而言，要实现李克强总理的殷切期望，不仅中联重科，而且需要更多的企业意识到，必须以“工匠精神”武装产业，变革思想。唯有如此，才能在“工业4.0”革命中立于不败之地。

〔供稿单位：中联重科股份有限公司〕

方圆集团以强有力的思想政治工作助推企业稳健发展

在生产经营实践中，方圆集团始终坚持三个文明一起抓的方针，始终把精神文明建设、思想政治工作放在与经济发展同等重要的位置，将精神文明建设融入企业经营管理的全过程，努力促进精神文明建设与经营管理的有机统一，为集团的发展提供了强有力的精神动力、思想保证，企业保持着稳健的发展势头。方圆集团先后被授予“中国机械500强企业”“全国工业重点行业效益十佳企业”“中国工程机械50强企业”“全国建设机械行业用户满意先进企业”“山东省文明诚信百佳企业”“山东省文明单位”“山东省最佳企业公民”“烟台市思想政治工作先进单位”称号。

一、建立健全管理机制，强化班子团队建设

造就一支政治合格、素质过硬、作风优良、富有强烈责任感和事业心的干部队伍，是企业发展的关键。方圆集团把加强领导班子建设作为企业发展的核心狠抓不懈。集团总经理担任企业思想政治工作领导小组组长，党委、工会负责人任副组长，人力资源部、企业管理中心、宣传部，督促思想政治工作深入扎实开展。

一是建立激励机制，严把领导干部选拔关。制定出各种岗位领导的职能职责、管理权限、任期目标及考核考评细则，按照“公平竞争、择优录用”的原则，采取公开招聘与监督考核相结合的方式选拔任用干部，坚持把有政治责任感、有经济头脑、民主作风好、文化素质高、善于科学决策的人员选拔到企业领导班子中来。每年组织两次群众性考评，检查任职期间的工作业绩、作风表现，并将考评结果与奖金挂钩，奖优罚劣。对考评不合格的领导干部，及时予以撤换，实行动态位次管理。这样，既给领导干部带来了压力，又有强大激励政策，使领导干部带领职工真抓实干、争先创优，增强了事业心、责任感和紧迫感。

二是建立约束机制，严把领导班子廉政关。制定了《领导干部行为规则》《反腐倡廉制度》

等办法措施，规范各级领导的行为。对各单位、部门的招待费、服务车辆使用费、电话费等各种经费开支实行定额管理，干部职工一律平等、一个标准。另外，集团还实行了礼品登记制度，要求领导干部对业务中收受的礼品必须注册，不得私自留用。这样，杜绝了铺张浪费、奢侈腐化现象的滋生和蔓延，保证了领导班子的纯洁性和自律性，造就出一支团结向上、勇于进取、顽强拼搏的领导集体。

三是建立监督机制，严把民主决策关。方圆集团成立了职代会，制定了《重大问题决策监督制度》《职工民主评议制度》等规定，重大决策性问题经集团领导研究后交由党委会、职代会讨论，经“两会”讨论通过的决议，才能予以公布实施。集团设立了意见箱，建立起函询制度，定期召开职工代表大会，征询对各项决策、制度的实施意见，并及时予以修改完善，使之切合实际，保证了企业各项决策的时效性、民主性和科学性。加强各种业务的成本核算，对每个单位的各项费用支出细化定额指标，加大审计、监督、检查的力度，使每位职工始终明白各个环节的成本、费用和利润，做到心中有数，确保经济运营始终处于良性循环的轨道之上。

四是让职工参与管理，享有充分的知情权。让职工决定企业发展的方向，让职工决策企业的重大事项，让职工充分了解企业的管理事务，把思想政治工作做到每位员工的心中。十几年来，集团建立了职工代表例会制度，每周星期一晚上召开例会，组织职工代表、中层以上领导干部、大中专毕业生、管理人员一同参加，集团领导与职工代表直接对话，传达企业事务，征询职工意见，共同决策重大事项，开展“一问一答”活动，形成最直接、最有效的沟通和交流，积极引导职工与企业同舟共济、同甘共苦，以“主人翁”的姿态认知集团的内部管理和发展方向。按照“公有财产私有化、私有财产集体化管理”的方式，对公司的车辆、设备、房屋、工具等公有财产实行转卖，个人拥有，公司集中统一管理，使“责、权、利”达到高度统一，鼓励广大职工人人参与企业管理，人人从事经营活动，人人成为拥有资产和权利的主人。企业内部的一切经济往来、业务关系实行市场化、货币化的方式进行，实行现金结算，人人都是市场的主体。

二、加强思想政治工作，树立坚定的理想信念

职工队伍的政治素质、精神面貌直接决定着企业发展的前途和方向。

拥有一支富有强大凝聚力、向心力、政治素质过硬的职工队伍是企业稳定、健康发展的根本。方圆集团在充分运用传统教育方式的同时，注重细化教育内容，优化教育方式，以企业发展的事实教育职工，把空洞的大道理融化到一件件实实在在的事实中，帮助职工树立坚定的理想信念。

一是强化发展意识。每年年初，集团都明确制定年度发展总体方针。围绕这一指导思想，通过召开会议、专题讲座、举办征文比赛、组织职工讨论等多种方式，教育广大职工转变观念、转换角色，强化主人翁意识，增强工作的主动性、积极性和创造性。顺应集团推行独立法人企业自主经营的新举措，鼓励广大职工参与企业管理，鼓励他们走向市场的最前沿，直接参与市场的竞争。同时，教育广大职工变被动为主动，变“要我干”为“我要干”，立足本职，顺应形势，把准市场，把准自己，紧跟企业发展的步伐，一心一意投身方圆发展大业。

二是强化竞争意识。近几年，建设机械市场形势发生了深刻变化，行业竞争日趋激烈，给企业发展带来空前的压力和严峻的挑战。面对这一形势，方圆集团积极应对，灵活应变，紧盯市场，重视销售，严抓管理，稳中求进。集团党委、工会更是充分发挥思想政治工作的职能，号召全体职工认清形势，提高认识，树立和强化市场意识、竞争意识和开拓意识，把销售工作摆在更加突出的重要位置，要求全体职工紧盯市场，全面满足市场，齐心协力开拓市场，尤其是积极发动全体员工人人参与新产业产品的宣传，人人参与新产业产品的销售，人人主动为集团创效益、做贡献。

任何环节、任何工作、任何岗位必须与市场紧紧相连，增强竞争意识，争创一流效益。

三是强化创新意识。面对严峻的市场形势，方圆集团提出“全面深化企业改革，加大管理创新力度”的新要求，提出“八抓八讲”的具体要求：“抓市场，讲生产；抓采购，讲成本；抓生产，讲安全；抓质量，讲效益；抓创新，讲节能；抓安全，讲认识；抓服务，讲管理；抓和谐，讲团结”。针对出台的工作方针和工作要求，召开职工代表大会，要求职工保持清醒的头脑，把解放思想贯穿到每时每刻每个角落，依靠思想的大解放、观念的大转变，破除陈旧保守的方式方法，大胆创新，用新的理念、新的思路、新的措施开创企业发展的新面貌，凝聚企业发展的新优势，在困境中开拓出发展的新路子。通过层层宣传贯彻，广大职工主动把岗位工作与企业核心工作紧密结合，自觉树立起“时时创新，事事创新，人人创新”的创新意识，在创新中开拓各项工作的新局面。

四是强化创业意识。多年以来，方圆集团坚持在广大职工当中开展“发展才是硬道理”的主题教育，让职工充分理解“路远、路险，我们只走了一点点”的发展理念，铭记“创新才能发展，竞争方有活力”的竞争意识。几年来，方圆集团加大投入，拓展经营领域，实施跨行业发展。集团党委、工会积极参与做好工程建设、新项目筹建员工的思想政治工作，鼓励他们担当重任，发扬方圆人特别能吃苦、特别能战斗、特别能忍耐的工作作风，树立方圆人良好的社会形象和精神风貌，投身企业发展，创造一流业绩，受到各级领导、社会各界的一致好评。

三、强化企业文化建设，践行核心价值观

着力发挥思想政治工作的优势，加快推进企业文化建设，塑造职工过硬的思想政治素质，深入扎实践行社会主义核心价值观，依靠文化建设，凝聚人心，增强职工队伍的凝聚力、向心力和创造力。

一是充分发挥文化阵地的作用，形成合力。集团一次投资 2 000 万元，建成方圆诚信金鼎博物馆，回顾和展示方圆集团 45 年创业发展的历程，同时面向集团全体员工及社会昭示“诚信经营”、“厚德鲁商”理念，成为企业重要的教育阵地。同时，集团还设立了党员活动室、职工阅览室、职工俱乐部、职工运动场、职工电教室等文化活动阵地，设置专职的政工岗位，由宣传部全面实施企业文化建设工作。另外，集团还开办了《方圆报》《方圆月刊》、方圆电视、“方圆之声”广播、方圆集团网站、方圆集团微信微博平台等媒体，大张旗鼓地搞好企业宣传工作、思想政治工作。树立不同岗位、不同类型、不同层次、不同形象的先进典型和先进模范，为广大职工树立学习的榜样、行动的楷模，在推动企业核心工作上发挥积极而有力的推动作用；结合“安全月”活动、“质量月”活动、“技术创新月”活动、“安康杯”知识竞赛活动的开展，积极搞好宣传教育，认真贯彻落实活动精神，大造舆论，确保系列活动在方圆集团扎实、深入开展；结合企业发展的新形势、职工思想意识形态的新动向，深入开展“以人为本，科技兴企，产业报国，奉献社会”的企业精神教育和企业发展教育，结合集团提出的“深化企业改革激发活力，提升创新能力稳中求进”的总体方针，集团工会开展了以“创新、管理、市场”为主题的征文比赛，以“分配上岗与竞争上岗”为主题的辩论赛活动，员工代表积极阐发对于管理发展方针的领悟和理解程度，明确对于改革、创新、管理、市场的观点、思路及下一步的工作规划，增强企业用人机制改革创新的理念认识，夯实投身方圆新一轮发展的思想基础。结合集团制定出台的《方圆集团员工行为规范》，开展系列宣贯活动，帮助广大职工树立正确的人生观、价值观和理想信念，坚定奋发向上，为方圆发展贡献全部力量的理想信念，自觉规范自身的言与行，模范遵守集团的各项规章制度，在集团内凝聚了力量，凝聚了人心，统一了步调。

二是开展文化活动，寓教于乐。集团每年开展的各项文艺文化活动丰富多彩、有声有色，形成了良好氛围，产生了轰动效应。春节期间，组织秧歌汇演，100余名职工参与，自编自演，突出了艺术性、时代性和方圆特色；举办庆“三八”妇女节文艺晚会，以“四自”精神为主题，热情歌颂妇女职工的丰功伟绩和伟大创造；举行“五一”方圆游活动，职工一同参观集团的新建筑、新景观、新厂区、新设备，贴身感受方圆集团蓬勃发展的新气象、新风貌、新成果、新步伐，增强集团职工的凝聚力、向心力和责任感、使命感；值方圆集团建厂纪念日，组织职工回顾企业发展的历史，展望美好未来，激发全体干部职工牢记历史，珍惜今天，昂首未来；“七一”期间，举办庆祝建党纪念日文艺晚会，党员、青年同时登台，齐唱《没有共产党就没有新中国》《社会主义好》《咱们工人有力量》，歌颂伟大的祖国、伟大的党；进入10月份，组织开展群体体育活动，活动包括拔河比赛、“方圆杯”篮球比赛、跳绳比赛、滚轮胎接力赛等，历时一个月，活跃职工的文化生活，激发了职工的劳动热情和工作干劲，培育职工的团队精神，增强广大干部职工的凝聚力、向心力和创造力。广大职工通过参与活动，陶冶情操，增强斗志，激发热情，大大增强了参与生产经营活动的积极和主动性，集团掀起生产高潮。进入冬季，开展以“强化安全教育，增强安全意识，为方圆集团发展保驾护航”为主题的安全思想教育活动，举行图片展览，强化员工的安全意识，营造安全、和谐、稳定的良好发展环境，为经济发展保驾护航，推动企业持续、稳步、健康发展，共议安全话题，收到良好效果。每年举办“热爱方圆、热爱生活”职工摄影作品展览，展示方圆发展的历程，展示方圆职工美好的生活，展示方圆人对灿烂明天的执着追求。实践证明，方圆职工不但是经济效益、社会效益的创造者，更是企业文化建设的生力军。

三是强化信念教育，树立正确价值观。深化“职业道德”“家庭美德”“社会公德”的“三德”规范教育，值方圆集团成立20周年、建厂42周年之际，评比出344名“方圆集团功勋”，予以隆重表彰奖励，通过多种方式大力宣传优秀职工的先进事迹，对职工进行职业责任、职业道德、职业纪律教育；组织学习《方圆集团员工守则》《方圆集团管理制度汇编》《方圆集团职业道德规范细则》，加强对职工的职业理想、职业责任、职业礼仪和职业纪律培训。此外，深入开展家庭美德教育，积极营造家庭和睦的良好氛围，促进企业工作高效顺利开展。

四是参与创建活动，营造和谐环境。在构建和谐企业的实践中，方圆集团以创建“AAA”级劳动关系和谐企业为目标，坚持把维护广大职工的利益作为一切工作的根本出发点和落脚点，努力为广大员工营造良好的成长环境，激发和调动员工的积极性、主动性和创造性，凝聚企业的发展后劲。一是把建立健全合法有序的劳动合同关系作为构建和谐企业的关键，工会代表职工与企业进行平等协商签订集体合同，并做到按时续签。每次续签前，集团工会都要组织专人征求职工意见，对上一轮集体合同进行修改完善。近几年，集团又确定了“技能岗位工资制度”，实行合同定额协商工资，考核绩效实行季度奖、年终分红奖励。职工工资持续增长，职工的“五金”做到了及时足额交纳。二是加强民主管理，构建和谐的发展环境。坚持把职工代表大会制度和厂务公开制度作为实现民主管理的有效形式，定期组织召开职代会，遇有重大问题特别是与职工利益密切相关的问题都随时召开职代会。另外，集团确定，每周星期一晚召开职工代表例会，建立起职工代表例会制度，进行良好的沟通与交流，会后收集整理职工代表提案、意见和建议，并将整理好的提案交相关职能部门研究，限期给予答复和解决。建立了厂务公开制度，成立了厂务公开领导小组，建立了厂务公开工作责任制，公司的重要决策、重大事项以及职工关心的热点问题都向职工公开，广大职工的知情权、管理权、参与权得到充分体现。集团被授予“烟台市厂务公开民主管理工作先进单位”，并参加了烟台市厂务公开民主管理工作会议，在会议上做了题为《全方位公开，全方面参与，提升厂务公开民主管理水平》的典型发言。

三是加强安全生产管理，构建和谐的安全环境。在不断建立健全安全生产管理制度的基础上，深入开展了“安康杯”竞赛活动，多次组织举办了《安全生产法》专题讲座和安全技能培训；投入大量资金完成了影响劳动安全和营运环境的改造。开展安全生产大检查、安全生产活动月和单车零违章等活动；重新修订完善了有关安全生产管理考核制度，建立了安全奖励基金，加大了安全生产奖惩力度，事故率持续大幅下降。集团被授予“山东省‘安康杯’知识竞赛优胜单位”。通过积极响应烟台市总工会、海阳市总工会的号召，创建“劳动关系和谐企业”活动的开展做到了领导重视、认识到位、组织到位、制度完善、措施有力、记录完善、效果明显，对于推动企业的持续、健康、稳步发展产生了积极而深远的影响，集团荣获“烟台市AAA级劳动关系和谐企业”荣誉称号。

四、强化技能培训，提升职工整体素质

新时期产业工人的要求是德才兼备的“名牌”员工，企业的快速发展对职工的技术技能提出高标准、新要求。方圆集团在努力强化职工竞争意识、创新意识、创业意识、发展意识的同时，着力开展职工技术技能培训，教育职工奋发上进，适应时代要求，应对知识经济的挑战，创建学习型组织，培育知识化员工，促使职工政治素质、专业技能素质同步提升。

一是开展岗位练兵，培养行家里手。围绕“顺应市场，全面满足用户需求”的总体要求，在不同的领域内开展岗位练兵、劳动竞赛活动。在生产环节开展“互比互赛”活动，广大职工比敬业精神、比工作效率、比产值收入、比班组建设，赛优质服务、赛工作能力、赛技能技巧、赛创新成果、赛经济效益；在销售环节开展“营销能手竞赛”活动，定任务、定指标、定时间，比进度、比效率、比贡献；在后勤服务环节开展“超前服务比质量，面向市场比效益”活动；在方圆大酒店等窗口服务单位开展“微笑服务、贴心服务、周到服务”活动。在活动开展过程当中，充分利用多种媒体，层层宣传，层层发动，激励先进，鞭策后进，营造出“争、赶、比、超”的竞赛氛围，收到良好效果。集团工会团结和带领全体职工以高昂的精神状态和热情投入到集团的经济建设大潮中去，在实践中锻炼，在锻炼中快速提高。

二是强化技术培训，练就一技之长。技术技能是立身之本、立业之基。方圆集团坚持以人为本、教育先行的原则，教育职工学技术、练硬功、长技能，以实际行动创造新业绩。首先抓好岗前培训。着重加强了新职工上岗前的班前技能培训。坚持理论与实践相结合，真正做到持证上岗。面向社会招收职工，首先进行实践考核，择优录用。录用后，进行系统培训，依据培训成绩分配岗位。集团培训中心还积极开展多种岗位的专业考核和系统培训，帮助职工适应岗位要求，掌握新的技能。结合集团岗位特点，集中考核电焊工，对集团电焊工强化技术培训，分高、中、初级参加考核，考核结果与经济利益直接挂钩，大大提高了集团电焊工的整体技术水平。组织职工踊跃参加烟台市电焊工、铸造工、机械加工技术技能大赛，锻炼员工技术素质，取得优异成绩。此外，鼓励岗位自学，加快知识更新。积极出台鼓励措施，给予政策倾斜，支持广大职工参加高等教育和业余学习，及时“充电”，攀登新的阶梯，营造“尊重知识，尊重人才”的良好氛围，让一批又一批学习型的优秀员工脱颖而出，成为集团发展的中坚力量。

三是放眼世界，培养高素质人才。随着市场竞争国际化步伐的加快，方圆集团的营销领域扩展到国际市场的大舞台。为适应企业发展的要求，集团把职工素质工程列入重要日程。首先是高标准引进人才。通过网上发布信息、参加招聘会，招聘企业所需的有用之才。每年派出人员奔赴日本、韩国、俄罗斯、法国参观考察，参加国际工程机械博览会、国际工业博览会等多种世界性展览会，领略世界领先技术，学习国际知名企业的先进管理方式，提升综合技术水平，与国际市场接轨，培育高素质的专业技术人才。

四是培养文艺团队，对外展示企业形象。方圆集团心系奥运，与首都北京同呼吸，于 2008 年 4 月 1 日组建了 92 名队员参与的方圆集团秧歌队，参加了 2008 年北京奥运会开幕式前的文艺演出，得到社会各界的一致好评，广大职工既是生产管理岗位上的佼佼者，又是文艺文化阵营中的重要角色。

五、体现主人地位，激发职工奉献的热情

围绕集团确定的“当好企业的主人，人人都是经营者”的总体方针，集团工会强化职能，发挥职代会的作用，团结全体职工，身体力行做贡献，通过贡献体现自身的价值，让思想政治工作产生实实在在的效果。

一是关心职工福利，激发职工爱岗热情。把职工福利待遇始终放在关键位置优先考虑。每年投资 50 余万元，加强安全防护设施，为职工购置劳保用品，改善职工劳动条件和劳动环境，保障职工人身安全。每年投资 10 万余元，组织全体女职工查体；投资 30 万元，组织集团 35 岁以上的职工查体，保障职工身体健康。同时，对职工公寓、职工餐厅、生活小区进行改造和美化，改善职工生活环境。集团时刻把对职工的关怀送到心坎上，极大激发了职工的劳动热情和工作干劲。在集团春季组织的“百日大干”、第四季度开展的“大干第四季度，完成全年任务”活动中，广大职工热情投入生产，自觉加班加点，忘我工作，埋头苦干，用实际行动、用工作业绩回报集团的关怀。

二是搭建体现价值的平台，激发职工创造热情。集团组织全体员工投身到“以提高技术技能、提高创新能力、提高劳动效率、提高企业贡献力、提高文明服务水平”为目标的竞赛活动中去，叫响“劳动光荣、劳动万岁”的口号。集团每年召开技术创新大会，对于在产品开发、技术革新、技术改造、内部挖潜方面做出成绩的职工，按所创效益给予提成奖励，每年开发新产品均在 20 个以上，新产品产值率保持在 30% 以上，每年完成技术革新、技术改造、合理化建议项目 200 余项，创造经济效益 5 000 万元以上，集团内部技术革新高潮迭起，小改小革蔚然成风。

三是促使职工真正当家理财，成为企业的主人。集团提出“创新才能发展，竞争方有活力”的指导思想，对于“想干事”的员工，提供平台；对于“能干事”的员工，提供舞台，让他们施展才能，大显身手，创一番事业。为此，大力推行承包租赁责任制，鼓励职工承包或者租赁公司的某个分厂、某个经营实体，甚至鼓励他们走出方圆，参与社会办企业，让他们成为真正的“老板”，自主经营，自负盈亏，自行创业，体现自身的价值，实现人生的目标。通过经营管理权的放开，彻底打破“吃大碗饭”“搞平均主义”“养懒汉”的局面，激活每位员工的积极性和主动性。

四是强化义务观念，激发职工奉献社会的热情。方圆集团把企业发展的最高目标定位于“报效祖国，奉献社会”，始终坚持履行企业的义务、恪守对社会的责任，以企业的实际行动影响和教育职工始终牢记对企业、对国家、对社会应尽的责任和义务。为帮扶弱势群体，集团工会积极响应上级部门的号召，设立“海阳市慈善总会方圆集团慈善基金”，向海阳市慈善总会捐款 50 万元。同时，企业捐助给社会公益事业、公共事业的资金有增无减，得到社会各界的高度评价。通过这些看得见的实际行动，教育职工把“奉献”二字深深刻在脑海当中，力所能及地帮助他人、奉献社会、报效祖国。

〔供稿单位：方圆集团〕

维特根集团

维特根移动式筑养路设备市场领导者及采矿技术全球领先者

维特根集团（Wirtgen Group）是德国一家制造筑养路机械设备及矿山开采设备的跨国公司。集团旗下拥有五大世界知名品牌，即维特根（Wirtgen）、福格勒（V・gele）、悍马（Hamm）、克林曼（Kleemann）和边宁荷夫（Benninghoven）。基于这五大品牌，维特根集团已成为提供一站式技术领先方案的供应商，可覆盖整个路面建设周期，包括材料加工、拌和、摊铺、压实和路面修复。产品线涵盖冷铣刨机、水泥滑模摊铺机、冷再生机、热再生机、露天采矿设备、粉料撒布机，福格勒（V・gele）沥青摊铺机，悍马（HAMM）压路机，以及克林曼破碎筛分设备等多种机型。

维特根集团业务遍布全球，在其两大核心业务领域，筑养路、采矿及天然石料加工和材料再生均已建立领先的市场地位。在筑养路领域，无论是沥青还是水泥路面，从轻型自行车道到需要承受极端重载的机场跑道，维特根集团丰富的产品线和服务都可完全满足客户需要，这使得维特根集团已成为自行式筑养路设备的市场领导者。在采矿及天然石料加工和材料再生领域，无论是7×24h露天硬质岩或煤炭的开采，还是相关联的天然石料破碎筛分，维特根集团设备和技术的高可靠性和低运营成本都广受赞誉。

维特根集团的优势也来自于旗下五大品牌在工程机械领域深厚的历史传承和宝贵的经验积累，追溯品牌发展史，5大品牌合计已超过630年的历史。

此外，维特根集团始终秉承“贴近客户”的公司理念，致力于创造和维护与客户的长期合作伙伴关系。这一核心理念贯彻到实际行动中，正是体现在公司的业务策略中：拥有世界一流生产设施以及严格质控体系的五大品牌德国生产主厂，由55家子公司和超过150家专业代理商组成的国际化销售和服务网络。

为了更好地贴近当地用户，维特根集团也不断推动在新兴市场的本地化生产。在巴西，维特根集团建立起新工厂和现代化的培训中心，除了生产沥青搅拌站、悍马压路机和维特根冷铣刨机外，还成功推出其自有品牌的道路摊铺机，更好地满足拉丁美洲市场需求；在印度普纳，维特根集团设有销售和服务公司以及悍马单钢轮压路机的组装工厂。在中国，2015年现代化的新工厂在廊坊已建成并正式运营，占地面积达20万m^2，是旧工厂规模的4倍，设有维特根、福格勒、悍马三大品牌的装配生产线。不仅如此，新工厂还设有全新的培训中心，并实现了服务能力的升级。

维特根集团的全球足迹正不断扩大，其对全球资源的充分利用和整合，有效地推动着维特根集团的整体发展。

一、集团旗下品牌

表1　维特根旗下5大品牌

品牌	成立时间	总部	产品线	核心技术
维特根 Wirtgen	1961年	德国 Windhagen	冷铣刨机、冷再生及土壤稳定机、热再生机、滑模摊铺机、露天采矿机	切削技术、纵横坡控制、机器控制
福格勒 Vögele	1836年	德国 Ludwigshafen	轮式和履带式摊铺机、液压伸缩式和机械加长式熨平板、沥青摊铺用特殊设备	强夯技术、纵横坡控制、熨平板技术
悍马 Hamm	1878年	德国 Tirschenreuth	单钢轮压路机、串联式压路机、静碾压路机	振荡技术、压实控制、带GPS导航的压实控制及资料系统

（续）

品牌	成立时间	总部	产品线	核心技术
克林曼 Kleemann	1857 年	德国 Göppingen	移动颚式破碎设备、移动反击式破碎设备、移动圆锥式破碎设备、移动二级反击式破碎设备、移动式筛分设备	破碎及筛分技术、使用友好型机器的设计
边宁荷夫 Benninghoven	1909 年	德国 M ü lheim/ Wittlich	集装箱式、可运输式、移动式、固定式沥青混合料拌和站	沥青混合料拌和技术

二、维特根集团历史回顾

1961—1969 年　创业期

1961 年　莱因哈德·维特根（Reinhard Wirtgen）先生创立维特根公司；

1968 年　维特根公司（Wirtgen Gmbh）在维特哈根建立首个厂房。

1970—1979 年　成长期

1971 年　维特根生产出全球首台热铣刨机；

1979 年　维特根的研发技术取得重大突破，冷铣刨机面世。

1980—1996 年　转型期

1981 年　维特根制造出首台露天采矿机，将应用拓展至采矿领域；

1987 年　维特根将经济环保的冷再生技术引入路面养护行业；

1989 年　维特根的产品线进一步扩充到滑模摊铺机，可为混凝土道路和结构物修筑提供解决方案。

1997—2001 年　集团化

1996 年　维特根成功收购福格勒（V · gele）品牌（创立于 1836 年）；

1999 年　创立于 1878 年的悍马（Hamm）品牌加入维特根集团；

2001 年　扩建后的悍马新工厂在德国特斯诺斯投入使用。

2002—2005 年　全球化

2002—2005 年　持续拓展全球网络，在移动式筑路设备市场成为市场领导者；

2004 年　在中国河北廊坊建立组装工厂，具有里程碑意义。

2006—2010 年　新景象

2006 年　收购创立于 1857 年的克林曼（Kleemann）品牌，集团业务覆盖筑养路和采矿技术两大领域；

2009 年　克林曼全新总部主厂在德国高平根投入使用。

2011 年至今

2011 年至今　旗下各品牌的产品不断创新，更加智能、环保、高效；在全球的网络和市场也快速发展；

2014 年　成功收购边宁荷夫（Benninghoven）公司（创立于 1909 年）；

2015 年　维特根中国新工厂投入使用，面积为原有工厂 4 倍。拥有一流的生产设备，配备全新的专用培训中心，以及充足的磨损件和零配件储存……

三、维特根中国

维特根中国 —— 隶属于维特根集团，落户于河北省廊坊经济开发区，于 2004 年建厂投产。30 多年来，它始终活跃在中国这一快速增长、日益重要的市场中，并见证了其在中国大陆和香港的发展历程。维特根中国为用户提供维特根（Wirtgen）、福格勒（V · gele）、悍马（Hamm）和克林曼（Kleemann）的高品质设备，为用户提供筑养路、采矿及有用矿料加工行业的所有创新型解决方案。

维特根中国根据中国用户和本土化市场的需求生产制造设备。在廊坊工厂的专用生产线上，生产、组装多种型号的维特根铣刨机、福格勒摊铺机和悍马压实设备(沥青施工和土方工程)。每款机型都可根据国内施工应用特点，进行一系列定制选配。在这些定制机型中，包括 1m 档铣刨机 W 100 H 和 W 130 H，大型铣刨机 W 1900 和

W 2000；多功能道路摊铺机超级 1800-2 L 和超级 1800-2 HD；用于高等级公路的沥青摊铺机超级 1900-3 L、超级 2100-3 L 以及悍马 HD 128、HD 138，配备振荡功能的 HD O128 V 双钢轮压路机和 318、320 单钢轮压路机，都在国内组装生产，并广受青睐。上述国产化定制产品，与维特根、福格勒、悍马和克林曼的固有产品形成了一个广泛的产品范围，几乎可以满足中国广大客户在筑养路及采矿技术领域中所有应用需求。

维特根中国在廊坊成立了维特根（中国）机械有限公司，并在此建立了生产基地；在上海、广州、芜湖以及西安成立了主要销售和服务中心；并在北京、乌鲁木齐等地设立了办事处；在香港也有服务机构为周边客户提供服务。除此之外，客户还可以依靠遍布各省的三十多个代理商。代理商及其销售和服务人员每年都会接受定期理论培训和现场实践培训。因此，购买新设备的同时，广大客户还可获益于维特根中国提供的非常可靠的售后服务，包括原厂备件和易损件的提供、维修和保养服务及其他增值服务。

为满足不断增长的市场需求，维特根中国新工厂已于 2015 年年初投入使用。新工厂占地面积达 20 万 m^2，建筑面积达 3.2 万 m^2，是维特根中国旧工厂面积的 4 倍，设有维特根、福格勒、悍马的装配生产线。该扩建项目是维特根集团历史上最大的国外投资项目，对维特根中国乃至跨国公司维特根集团来说都是一个重要的里程碑。新的生产基地不仅扩大了产能，还极大地提升了备件和易损件的存储容量，从而保证全国范围的新设备及相关备件的及时供应。新工厂还包含一个技术先进的培训中心，为维特根中国的员工及客户提供相关培训。新的生产基地将为维特根中国的市场、客户以及员工提供新的机遇。

〔供稿单位：维特根（中国）机械有限公司〕

日立建机　实现您的梦想

中国的改革开放，使中国的基础建设方兴未艾，这为日立建机在中国的发展提供了一个施展才华的大舞台。以此为契机组建的日立建机（上海）有限公司（简称日立建机），成为其进入中国市场的新的里程碑。日立建机用橙色铁壁构筑梦想，为中国现代化建设服务！

日立建机株式会社作为日立制作所旗下的大型建筑机械制造商，创始于 1970 年，在世界著名液压挖掘机制造商中名列前茅，并享有极高的声誉。雄厚的技术实力、严密的生产管理、高度的质量保证、完善的售后服务，使日立建机保持着世界市场占有率在业界领先的骄人业绩。日立建机（上海）作为其在中国的销售、服务中心，成绩斐然，为日立建机在中国事业发展起到极为重要的作用。

1995 年，日立建机株式会社与日本三菱商事株式会社、香港暨永实业有限公司共同组建了日立建机（中国）有限公司，作为在中国的生产基地，依托日立建机制作所的设计能力和先进技术，生产的各系列液压挖掘机被广泛应用。日立建机不仅以中国的市场为中心，本地化的研发和生产也在同步进行。在合肥工厂的研发中心，有着一个 90 余人的团队，将来自日本本部的技术转换为适用于中国的技术，并负责设计和开发适用于中国市场的新产品，同时负责研究如何有效降低生产的成本，以此提高产品的综合竞争力。日立建机的研发中心围绕此三方面有效地展开。

而对于质量较为成功的控制，使得日立建机的“中国制造”实现了整机和部件的出口。2011 年，日本地震带动了日本市场需求的上升。在日立建机（中国）出口的 700 多台挖掘机中，有 250 台运往了日本，得到向来要求严格的日本市场的接纳，直接证明了日立建机（中国）的设备经得起考验。此外，日立建机（中国）的挖掘机整机，还销往澳大利亚、俄罗斯以及东南亚，产品的部件则远达欧洲等地，此前这些部件的供货地一直是日本。

充满机遇和潜力的巨大市场是吸引日立建机进入中国市场的主要原因。经济水平的提高、基础建设步伐的加快、市场需求量的增加，使得日立建机的销售额每年快速递增。一流的设备和技术为企业增强市场竞争力创造了有利的条件。凭借日立 100 多年的机械制造经验及雄厚的技术开发能力，并导入生产、销售携有日立独创电控和液压系统的低噪、高效、环保、节能、适应各种复杂工况的 0.5 ～ 800t 液压挖掘机，以其方便舒适的操作条件和兼顾环保，深得客户的喜爱。

2011 年，在占据全球挖掘机需求量一半的中国，突变的市场让所有在此锐意拼搏的制造商始料未及。在这场中外企业的集体下滑中，日立建机也在其中。不过，日立建机（上海）有限公司时任董事总经理已 8 年的平冈明彦俨如从前表示“中国市场前10年高速的增长积累了庞大的基数，高位之下，恰逢相对收缩的外环境，下滑成为必然”。2011 年以前，中国市场以青云直上之姿，走出了一条全球任何其他地区的市场都难以追踪的轨迹。中国市场行至今日，才算真正“步入正轨”。

过去，日立建机的常规型挖掘机，在中国市场的表现一直很稳健。一方面有赖于中国强劲市场的赋予，另一方面，日立建机的产品也足以与这个市场相匹配。

2012 年，在常规挖掘机之外，日立建机的矿山“巨人”——800t 自重的超大型液压挖掘机 EX8000 以及 16 台大吨位的自卸卡车 EH3500 进入中国。常态的市场步入绝非易事，对于日立建机来说，某些强项又恢复了。市场竞争越激烈，日立建机的这些优势反而愈加的明显，在全球矿用挖掘机领域，当今的日立建机市场占有率排名第一，占据着世界 40% 的份额。自 1979 年发售第一台矿用挖掘机机型以来，日立建机在这个领域已经走过了 34 年历程。今天在北美、大洋洲乃至非洲、俄罗斯、中国等新兴市场，日立建机的大型挖掘机和矿用卡车以较高速度在不断增长。

2012 年，日立建机的林业设备登陆中国，涉足刚刚开启的中国林业机械化时代，而未来，以大型液压挖掘机和矿用卡车为主的矿山设备无疑有着强大的发展后劲。

一直以来，客户永远追求的梦想是“获取更多利润、事业持续发展、实现人生价值”，因此他们希望能拥有这样一款挖掘机来实现自己的梦想，它应该具备“能稳定获得高收益、在各种工况都能长久稳定使用、速度快、效率高、驾驶安全、舒适、保养方便、成本低”的特征。

2013 年，承载这些希望的新一代“强悍而经济”的液压挖掘机已经来临。ZAXIS-5 系列机器具有高效低油耗、耐久可靠、安全舒适、保养便捷等特点。全新 HIOS Ⅲ B 液压系统实现更快速度和更大作业量，4 冲程直喷发动机实现低油耗，多功能监控器提高作业效率，强化型前端工作装置、D 型机架的上部回转平台、整体焊接的下部、坚固的驾驶室以及后方摄像头提高作业安全 -。相信它带来的综合性能，一定能为客户开拓精彩的未来，实现梦想。

日立建机（上海）有限公司作为中国的营销总部，与遍及全国的 26 个代理店及 345 个销售网点保持着紧密的联系，时刻确保人力资源和信息提供的速度，通过细致周到的技术支持，保证施工现场的设备长期可靠运行。建立了‘三位一体’以经销商为起点的全方位战略合作。以人为本、以人才培训发展为基础，日立建机确立了以培训经销商本地人才为主，以日立建机技术支持相辅的机制，为此日立建机（上海）还从营销管理和技术服务全方位导入，使用户感受到经销商快捷、便利、同时也符合日立标准的国际化服务，使用户更加信任经销商。这种企业文化在与用户、厂家、经销商互动、交流中得到发扬光大，最终建立起互相融合的先进管理模式。

站在客户的角度关注服务的提升。从 2012 年开始，优化代理商体系就成为公司的重要考虑，因为后市场服务的权重正变得前所未有地重要。尽管公司的代理商体系已经相对完善，但是日立建机还在进一步地奋发充实。无论是加强与当地院校的教育培训等合作，还是探索与代理商的新合作模式等，目的均在于全面提升代理商综合服务的能力，这其中不仅包括对应的速度，还要求服务技能的到位。

毫无疑问，这是一家怀揣着梦想的企业。“展望未来，迈向更大的成功”是日立建机奋发向前，锲而不舍的精神动力所在。拥有梦想，不仅是对社会庄重的诺言，也是对自身莫大的期许。日立建机“以技术贡献社会”，实践着人类开拓家园的愿景，铺设着自身全球化的道路。道路可以无限延伸，梦想可以无限放大——始于挖掘机的日立建机，将随同世界工程机械前行的脚步，延续着自己远大的梦想向前迈进。为建设中国更美好的家园而努力。

〔供稿单位：日立建机（上海）有限公司〕

创新驱动　科技引领

——八达重工的科技创新发展之路

创新、科技引领，八达重工走出了独特发展之路，在新能源工程机械、物流技术与装备，以及应急救援装备方面具有独特的优势

江苏八达重工机械股份有限公司（简称八达重工）是一家科技型民营股份制企业，创建于1993年，于2012年完成股份改制，并于同年10月份在天津股权交易所挂牌上市。

“没有什么拿不起，放不下的！”是八达重工的广告语，也是八达重工做人、做事、做产品的理念。

八达重工从创业初始，便着力研制油电“双动力”驱动技术及抓料机产品，是中国最早的油电混合动力技术的发明及应用单位，该项技术于1994年和2003年分别获得的实用新型专利和发明专利。目前，八达重工所开发的油电“双动力”相关技术，以及各种抓料机产品，市场如火如荼，方兴未艾。八达重工20多年来，自主研发的油电“双动力”物流装卸机械产品群见图1。

图1　八达重工20多年来，自主研发的油电“双动力”物流装卸机械产品群

八达重工也是中国最先提出研制大型抢险救援机器人的发起人单位，于2005年向国家提出可研报告，2008年发起的——中国·抢险救援机器人研发项目发起人大会在江苏新沂召开，来自国内徐工、三一重工、机械科学研究总院等知名企业，大连理工、浙大、北航等知名高校，以及有关应急救援部门、各级政府部门的专家和领导出席了大会。会上倡议并成立了由八达重工作为项目研制牵头单位，浙大、北航、大连理工、西北工大4所大学，以及机械科学研究总院和山河智能共同参与的项目研发合作体，共同申报了大型抢险救援机器人项目，获得了国家“十二五”科技支撑计划立项支持，并于2014年全面完成了40吨级、50吨级及60吨级三种不同型号的轮胎式、履带式及轮履复合式双臂手双动力大型系列化救援机器人产品。2013年公司将刚刚研制下线的首台样机开赴雅安大地震救援现场，实地参与抢险救援，发挥了不可替代的作用，受到了灾区人民和国内外媒体的一致称赞。

目前，该项目已通过国家验收，正在与公安部消防局、解放军某部等意向用户洽谈实施优化设计及产业化工作。八达重工联合项目合作各方牵头研制的系列化大型双臂救援机器人见图2，八达救援机器人在雅安地震现场抢险救援见图3。

图 2　八达联合项目合作各方牵头研制的系列化大型双臂救援机器人

图 3　八达救援机器人在雅安地震现场抢险救援

值得一提的是，八达重工曾于 2008 年，率先在国内外提出“电气化高速公路”项目研发建议，并于当年申请了国家专利保护，且持续七年不断地进行广泛、深入的调查研究，坚持不懈地向国务院、发改委、科技部、工信部等国家有关部门提出项目研发立项意见和建议。终于在上级部门的指导下，于 2015 年 6 月 9—10 日，由八达重工发起并组织召开了有关“电气化高速公路”项目技术研讨与合作交流座谈会。出席这次技术研讨与合作交流座谈会的“政、产、学、研、用、资”各方有：行业协会领导，中国交通运输协会常务副会长王德荣、中国工程机械工业协会副会长兼秘书长苏子孟、中国安全产业协会副秘书长高宏等；生产制造企业，德国西门子股份公司交通集团、国机重工集团、常林股份、陕西同力重工等；科研院所和大学单位，机械科学研究总院、中科院沈阳自动化研究所、大连交通大学等；意向用户代表，神华物资集团、华润电力以及金融投资单位上海银润控股（集团）公司等。“电气化高速公路”项目技术研讨与合作交流座谈会见图 4。

图 4　“电气化高速公路”项目技术研讨与合作交流座谈会

所谓“电气化高速公路”，就是在八达重工已有的油电“双动力”驱动专利技术基础上，经过创新设计后，将油电“双动力”驱动专利技术应用到大型货车或客车上，同时，将类似城市无轨电车或高铁一样的输供电网，架设到高速公路或专用公路上，为“双动力”大型货车或客车等提供驱动电源，使其具有油、电“双动力”交换驱动功能，从而实现公路运输电气化。“电气化高速公路”原理图见图 5。

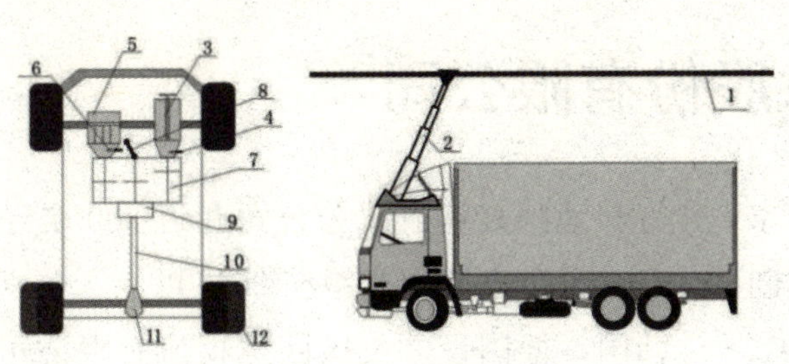

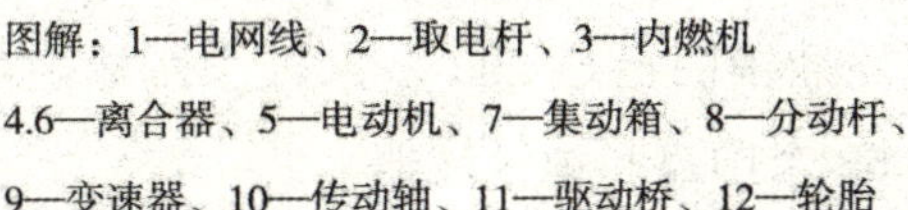
图解：1—电网线、2—取电杆、3—内燃机
4.6—离合器、5—电动机、7—集动箱、8—分动杆、
9—变速器、10—传动轴、11—驱动桥、12—轮胎

电气化高度公路示意图

表 5 “电气化高速公路”原理图

这次会议确立了八达重工在本项目中的主导地位，八达重工根据国家发改委《关于当前更好发挥交通运输支撑引领经济社会发展作用的意见》(发改基础〔2015〕969号)等相关政策，组织“政、产、学、研、用、资”合作各方积极修订及编写“电气化高速（专用）公路系统研发及示范工程应用”项目建议书，联合申报国家“十三五”重点研发项目计划，为项目下一步的推进实施，为组织成立产业化合作联盟，促进项目研发及实施搭建了坚实的合作平台，同时也将为我国尽快实现电气化高速公路和高速公路电气化，打下了稳定而坚实的基础。

下一步八达重工计划紧紧抓住国家产业转型升级，以及在节能环保方面的各项支持及优惠政策，联合意向合作及投资单位，实施“两个一千台”专利产品产业化项目（年产1 000台QLYS系列“双动力”轮胎式抓料机、1 000台WYS系列“双动力”履带式抓料机及大型“双动力”矿山挖掘机）。项目总投资约需8亿元，达产后计划实现年销售额20亿元，利税2亿～2.5亿元。目前已实现小批量销售，计划达产期为2018年。

与此同时，八达重工根据(国办发〔2014〕63号)《关于加快应急产业发展的意见》，以及近期工信部、发改委和科技部联合下发的《国家应急产业示范基地管理办法》的重点支持范围，加快推进抢险救援机器人的产业化工作。将在产品技术性能提升，以及在单臂手、多臂手和规格等方面进行深度开发，进一步扩大功能及规格范围，从而全面满足公安消防救援、武警交通及反恐救援，以及军队抢险救灾等领域的市场需求，必将在促进我国应急救援产业和事业发展方面发挥积极的示范作用。

八达重工作为中国工程机械行业中规模较小的民营企业，在强手如林的大环境中，表现出如此顽强的生命力和创新力，是企业的灵魂聚集力及核心价值体系的具体体现。八达所做的事业，不是一个企业的事业，也不是一个行业的事业，而是一个国家和民族实现伟大复兴的共同事业，可以说是全人类共同的事业。我们相信八达、祝愿八达，也支持八达坚定信念，勇往直前，为我国制造业的转型升级、节能环保、能源物流、应急救援事业的发展，以及我国的经济复苏和社会发展做出应有的贡献，起到牵引示范作用。

〔供稿单位：江苏八达重工机械份有限公司〕

宁波如意股份有限公司

宁波如意股份有限公司创建于1985年，国家级高新技术企业，全国出口免验企业、浙江省创建劳动关系和谐企业。主要生产系列叉车、电动车、堆垛车、液压搬运车、平台车、拣选车等仓储物料搬运产品。公司占地面积近12万m^2，生产厂房近10万m^2，总资产4.5亿元，现有员工1 030人。公司“西林”牌系列仓储物料搬运产品在2007年中国名牌认定过程中排名全国第一。根据中国工程机械工业协会工业车辆分会统计，自1989年起，公司“西林”牌仓储物料搬运产品产销量和质量一直稳居全国同行前茅，“西林”牌产品享誉156个国家和地区。

2001年以来，公司“西林”商标陆续被评为“中国驰名商标”“浙江省著名商标”和“浙江省知名商号”；多项“西林”牌产品被列为国家火炬计划项目，荣获省市科技进步奖，并被评为“中国名牌产品”“浙江省名牌产品”“浙江省出口名牌产品”“全国出口免验产品”。公司还获得首批“浙江省诚信守法创建先进企业”“浙江省首批绿色企业”“浙江省百强企业”和“全国机电产品出口先进企业”、全国“守合同重信用”AAA企业、“国家火炬计划高新技术企业”和“中国质量诚信企业”等称号。

1991年11月，液压搬运车通过德国TUV莱茵公司的安全检测，为国内同行中第一家获得“GS”“CE”认证；2002年11月，在同行中第一家同时通过ISO9001质量、ISO14001环境和OHSAS18001职业健康安全三项体系认证；2013年1月，在同行中第一家获得国家级“出口免验”称号。公司技术中心是省级企业技术中心，已经有30年的搬运车辆生产和设计开发经验，现拥有近百项专利。

公司拥有覆盖全国乃至全球的销售体系和售后服务网络，在上海、北京、广州等全国主要城市和地区设有直属分公司和近200个经销服务网点，国内市场占有率在28%以上。分别在美国、韩国、德国设立美国西林物流有限公司、韩国西林仓储设备有限公司，德国西林仓储有限公司、国外经销商已达200多家。“西林”商标已在全球68个国家和地区注册。

公司董事长储吉旺是“全国优秀退伍军人”，曾受到江泽民、李鹏、胡锦涛、习近平等党和国家领导人接见。1999年被评为“全国优秀乡镇企业家”，2005年获得首届“中华慈善奖”，2009年获得工业车辆“终身贡献奖”，2011年被评为“中国优秀民营企业家”，2013年被评为浙江省慈善个人奖、浙江省“十大风云浙商”。2009年如意公司被评为“中华慈善突出贡献单位奖”。储吉旺曾3次随同胡锦涛主席出访，7次随同温家宝总理出访，3次随同习近平主席出访。

“故所求无不得，所欲皆如意。”董事长储吉旺热衷于慈善事业，截至2014年12月，如意公司共向公益事业、消防、学校、医院、困难群众、汶川大地震、玉树灾区、舟曲灾区、慈善总会等单位捐助超1亿元，荣获首届“中华慈善奖”“浙江省慈善贡献奖”“宁波市慈善楷模”，并跻身胡润浙商慈善榜。他擅长写作，系浙江省作家协会会员，已出版《我与外商打交道》《谈恋爱与谈生意》《谈文化与谈生意》《商旅风云》《百僧墨韵—储吉旺诗词》和《百诗百书百画—储吉旺诗词》等12本专著超200万字。

品牌的核心就是“如意”的文化。公司通过每月一期的企业内部《如意报》，不断将如意文化传播到每一个如意人，每一个客户心里。公司“西林”品牌是如意的一面大旗：“人品、企品、产品”的三品合一构成了一个完整的如意品牌。

“产品创新、管理创新、质量创新、设备创新、销售创新”——五大科学创新是“如意”发展的根本动力源。“清洁换尘、机器换人、空间换地、电商换市、腾笼换鸟、信心换危”——六换新举措不仅推动了企业自身发展，同时也推动了整个行业的技术进步，使“如意”开发出世界领先的工业搬运车辆技术，抢占搬运车辆制高点，延展产业链，做强、做大“如意”产业平台，培育出国际竞争力。在“强力研发，专攻品质，优化成本，大力促销”的企业总方针和“诚信、创新、勤劳、互爱”的如意精神指引下，宁波如意将继续勇于探索、敢为人先，力求把“西林”这个中国自主品牌打得更响，建树百年“西林”品牌，真正成为受人尊敬的世界一流企业。

〔供稿单位：宁波如意股份有限公司〕

专业造就品质 服务创造价值

珠海仕高玛机械设备有限公司是由历史悠久、盛名欧美的意大利SICOMA公司、专注于混凝土搅拌设备研发的志豪（中国）有限公司以及大型国有企业西北工业集团共同投资组建的中外合资企业，主要从事高品质搅拌机械设备的研发、生产、营销与服务，目前公司占地总面积达60 000m^2，员工总数500多人。

公司的产品有双卧轴、行星式、涡桨式、连续式等多系列、多品种商品混凝土搅拌机，沥青搅拌机以及干粉砂浆搅拌机等。这些产品自2000年投入市场以来先后在北京奥运会工程、上海世博会工程、上海环球金融中心、溪洛度水电工程、阳江核电站工程以及高铁建设工程等多个国家重点工程项目中投入使用，并得到业内人士一致好评，市场占有率高。产品还出口到国际市场，与欧美、非洲、东南亚等20多个国家和地区建立了广泛业务联系。

仕高玛深知创新是企业的生命，公司拥有一支强大的研发队伍，每年投入大量资金研发新技术、新产品，积极与国内知名大学等行业权威专业院校进行产学研合作，全面提升搅拌技术水平。目前公司拥有60多项专利技术，技术创新已经走在世界的前列，公司连续几年获得“高新技术企业”称号以及“广东省工程技术研究中心”“珠海市重点企业中心”等荣誉。

“造一流产品，创一流品牌”是每个仕高玛人的使命。工欲善其事，必先利其器，进入珠海仕高玛的搅拌主机生产车间，激光切割中心、龙门式五面体加工中心、焊接机器人、搅拌机专用组合机床……一台台先进的设备是为保证搅拌机两轴四端的平行度、水平度、同轴度，搅拌主机壳体的自动焊接质量所专门购置。强大的机加工实力也是珠海仕高玛关键的核心竞争力，该实力能够严格控制部件的加工质量和整机的组装质量。仕高玛在精工细琢每一台精品搅拌机的同时注重品牌的建设与维护，公司成立了品牌运作部门负责品牌的运作和监控，以提高品牌的知名度和美誉度；仕高玛搅拌机、仕高玛品牌连续几年获得广东省名牌产品、广东省著名商标等荣誉。

“提供百分百满意服务”是仕高玛的服务理念，仕高玛拥有完善的售后服务体系，公司在全国60多个大中城市设立了办事处，并在北京、上海、武汉、西安、长春、济南、成都、郑州、合肥、南宁、长沙、泉州及广州等地建立了辐射全国的13个配件仓储式区域服务中心，形成了总部仓库、区域中心仓库、二级仓库的三级配件供应保障体系。300多名专业的服务工程师、近百台服务车辆随时整装待命，为用户提供配件供应、搅拌站维护等一站式服务。

创造价值，回馈社会。公司遵纪守法，依法纳税，连续几年获得珠海市“税纳百强企业”“优秀纳税企业”等荣誉；公司成立了“珠海市慈善总会·仕高玛慈善基金”，积极参与助残、助学、助医、扶贫、救灾、环保等各项慈善公益活动。

发展绿色经济，构建和谐社会。作为搅拌机行业的领军企业，仕高玛应起带头作用，把绿色发展的理念投入到产品研发和技术创新之中，公司研发的节能高效绿色环保搅拌机具有多项节能环保性能：①无端轴端密封系统无须使用润滑油，每台搅拌机每年节省 10 000 元左右的润滑油开支，杜绝润滑油对混凝土的污染；②高耐磨合金搅拌臂使用寿命可延长至普通产品的 3 ～ 5 倍，节约钢材的同时减少维护保养工作量；③特有传动系统是搅拌机的革命性创新，在传统结构上减少花键轴和花键轴套，每台搅拌机可节省 2 000 元的钢材成本，配合仕高玛最新研发的第四代搅拌机专用减速器，可大大提高轴的同心度，有效延长搅拌机使用寿命。国外某知名搅拌机企业通过对该结构进行质量评估和测试后，对仕高玛传动系统的高度认可，也将原有结构改成一体轴结构；④增压式螺旋下水系统可有效除尘压尘，减少下水时间，从而缩短搅拌时间，降低能耗；目前有 3 万多台仕高玛搅拌机服务于全国各地，按环保搅拌机的各项节能标准计算，每年可节约 6 亿元的能耗开支。2014 年，仕高玛搅拌机以“低能耗、低噪声，无油环保”等产品性能指标率先通过国家环保部的“十环”认证，是行业首家获此殊荣的企业。仕高玛愿为国家和客户节约更多的能源，为建设美丽中国贡献出自己的一分力量。

〔供稿单位：珠海仕高玛机械设备有限公司〕

创一流企业　建百年至圣

——洛阳至圣科技有限公司

洛阳至圣科技有限公司创建于 2001 年，从事智能建筑机械和工业配料系统的研究和制造，以及智能立体车库、食品包装机的研发生产。产品广泛应用于建材、耐火材料、煤炭、机械停车和食品加工等行业，主导产品有成套混凝土制造设备和干粉砂浆制造设备、煤矿矿山所用的定量装车机、附加剂生产线、立体车库和食品包装机等。是洛阳同行业最早取得国家制造计量器具许可证及国际质量管理体系认证书的厂家。

公司现有产品 10 余种，主要为各种混凝土搅拌站设备、干粉砂浆搅拌站、稳定土搅拌站、砂石分离机、除尘器，拥有国家制造计量器具许可证（HZS 系列），取得 ISO9001 管理体系认证。产品获得国家“3C”认证、输送机认证、环评认证、安评达标认证、工业产品生产许可证。

2008 年，公司根据市场需求，开发了广泛应用于煤矿、矿山的定量汽车装车机系统，填补了国内空白，样机已投入使用，效果良好。2010 年，研发出智能立体车库和食品包装机。2011 年 6 月，“智慧仓”系统的出现，根治了困扰搅拌站行业多年的粉尘污染问题。2012 年 8 月，公司向洛阳国家高新技术开发区递交了“智慧仓”系统的可行性报告，并获得了“技术创新专项资金”支持。大部分专利已实现产业化，节能指标、环保性能、定制化均优于国内同行业企业，产品已投放市场，得到了用户的认可，也产生了良好的经济效益。2013 年，获得建筑业协会“绿色混凝土设备”荣誉称号（全国仅 2 家）。

2015 年公司成功在前海股权中心挂牌，迈出了资本经营的重要一步。

公司除拥有数量众多的个人、中小型企业客户外，已与中国铁建、中国水电、各省市公路局、中交、中航、中太集团、外资融资租赁公司等集团性客户建立了广泛深入的合作，集团客户占公司销售额比重不断提升。公司在东亚、南亚、中亚、非洲区域的市场开拓也取得了较好成绩，销售额不断扩大，成为公司新的增长点。

公司拥有 60 多项专利，其中 2012 年 26 项（实用新型）、2013 年 8 项（发明专利），2014 年上报已受理的专利数量为 18 项。公司从 2011 年至 2014 年共研发项目 19 项，研发的产品均为使用高新技术改造传统产业，是市场急需的产品，产品市场前景好。近三年，公司共完成科技成果转化 22 项，年均转化 7 项以上，转化的产品都实现了产业化生产，其核心技术在国内同行业均处于领先地位，2011 年至 2014 年研发的新产品——HZS 系列搅拌机、砂石分离机、干粉浆站设备实现销售600多套，取得了良好的社会效益和经济效益。部分专利得到国内产业基金和风投公司的青睐，当前正在洽谈合作事宜。预期能取得良好的经济效益。

公司拥有遍布国内各个区域的办事处和销售服务网点上百个，并已建立 3 家营销型国外子公司、2 个国外配件中心，产品服务已横跨五大洲，覆盖 16 个国家。强大的经销队伍和销售服务网点，以及可联络国内、国外的信息系统，为公司参与市场竞争和为客户服务提供了强有力的保障，配件及时供给和服务响应能力达到行业领先水平，并实现对经销商的规范化管理，确保市场占有率稳居行业前列。公司能够提供全价值链的产品和服务，包括研发、整机、配件、服务、融资租赁、大修与再制造、经营性租赁等。公司计划设立国外制造基地，逐步实现本地化生产，提高本地市场的响应速度，并以此为支点，辐射东南亚、欧洲、南美等区域。

公司坚持自主品牌、振兴产业的坚定信念，经过近二十年的开拓创新，由一个搅拌机生产厂，已逐渐发展成为一个多产品线的现代企业，并成为中国工程机械行业多次荣获诸多殊荣的公司，形成了至圣独特的品牌优势。通过导入国内先进的管理技术，与国内一流企业合资生产关键零部件，公司打造了卓越的产品与服务品质，强化了公司在中国建筑工程机械设备制造商的领先地位，使“至圣”的系列产品与服务逐步成为中高端客户的首选。

发扬“德高、智强、行健，共创美好人生”的企业精神，秉承“以人为本，永续经营”的经营理念，坚持“团结和谐、共同发展”的人才战略，通过强化核心设备的研发能力、提高生产技术水平、完善管理体系形成成本领先的战略优势；通过清晰的产品市场定位、稳定的营销渠道、独特高效的销售管理体系构筑差异化竞争优势，最终使得公司在技术和生产规模方面实现跨越式发展，成为世界先进的建筑工程机械生产企业。

〔供稿单位：洛阳至圣科技有限公司〕

科技创新助推天和盾构实现跨越式发展

——中交天和机械设备制造有限公司

中交天和机械设备制造有限公司（以下简称：中交天和）系国资委下属世界 500 强企业中国交通建设集团有限公司（以下简称：中交集团）的成员公司，公司于 2010 年 4 月 2 日注册成立，注册资本金 5.6 亿元，公司位于江苏省常熟市虞山镇高新技术产业园内。公司的诞生，是中交集团装备制造主业延伸的结果。

公司的前身是上海真砂隆福机械有限公司和上海港机重工有限公司，2003 年开始从事掘进机制造，在自有的生产基地建成之前，主要利用中交股份下属的上海振华重工（集团）股份有限公司、上海港机重工有限公司、上海真砂隆福机械有限公司的资源进行制造，至 2007 年，通过引进、消化、吸收和再创新，已全面掌握了隧道掘进机核心技术，拥有完全的自主知识产权，先后完成驱动部、刀盘、电控系统、液压系统等关键性技术的研制，拥有 3 项发明专利和 1 项实用新型专利，运用这些技术成功地制造出不同大小、不同形式、种类的隧道掘进机。2009 年，为进一步响应工信部、科技部、财政部、国资委颁布的《重大技术装备自主创新指导目录》和财政部、发改委、工信部、国家海关总署、国税总局颁布的《国家支持发展的重大技术装备和产品目录》，将我国具有自主知识产权的隧道掘进机发展壮大起来，于 2010 年 1 月中交股份下发中交股规字〔2010〕53 号文批准成立专业的隧道掘进机制造商“中交天和机械设备制造有限公司”。具体发展历程如下：

2010 年 4 月，中交天和机械设备制造有限公司诞生。

2012 年 5 月，获亚洲制造业协会颁布的“2012 中国制造业 10 大创新企业”，成为我国隧道掘进重大技术装备行业的标杆企业。

2012 年 6 月，获得 ISO90001 质量管理体系认证。

2013 年 1 月，获得 ISO14001 环境管理体系和 GB/T 28001 职业健康安全管理体系的认证。

2012 年 7 月，公司加入了中国工程机械工业协会掘进机分会。

2012 年 8 月，公司经江苏省科技厅、江苏省财政厅、江苏省国家税务局及江苏省地方税务局联合认定为高新技术企业，并有四项产品获得江苏省高新技术产品认定。2012 年，公司获得了 4 项省高新技术产品认定，几乎覆盖了公司主导产品的 90% 以上。

2013 年 3 月，公司加入苏州市高新技术企业协会，为理事会理事单位。

2013 年 5 月，公司获得 2012 年度 [RT TOP50] 轨道交通创新力企业奖。

2013 年 10 月，公司获得了苏州市创新先锋企业认定，可享受增值税、营业税和企业所得税年度新增税收的减免，减免费用于公司研发投入、人才培养、人才引进和自主创新项目，同年又获得工信部认可，取得了盾构机制造进口零部件免税政策的支持。

2014 年 5 月，公司加入了江苏省机械行业协会，成为江苏省机械行业协会常务理事单位。

2014 年 12 月，获得中国全断面隧道掘进机企业一级生产资质。

公司专业从事各种类型盾构机系统的集成设计、研发与制造；全断面硬岩掘进机（TBM）系统集成设计、研发与制造；船用机械及部件、起重机械及部件、桥梁及建筑物用防震高阻尼支架的设计、研发与制造；销售自产产品，从事船用机械及部件、起重机械及部件、桥梁及建筑物用防震高阻尼支架的批发及进出口业务。从事隧道掘进机的安装、维修、租赁、咨询及技术等服务。占地面积 465 亩（1 亩约为 666.7m^2），厂房建筑面积 7.25 万 m^2，建有结构车间、机加工车间、装配车间等。公司配备有制造大型盾构机的一流的生产设备，江苏省最大的加工直径达 18m、加工重量达 600t 的单柱数控立式铣车床、卷板宽度达 4 600mm、厚度 120mm 的数控万能卷板机、200mm 落地镗铣床、日本进口 4m 高精度数控龙门铣床等各类盾构机专用制造设备 100 余台。总装车间起重能力达 250t，宽度达 36m, 可以同时组装最大直径达 17m 的超大型盾构机 2 台等。具备年产盾构机 40 台、大型钢结构 5 万 t 的生产能力，是国内目前大型专业盾构机制造厂商之一。

公司所生产的产品广泛应用于上海、南京、苏州、杭州、宁波、无锡、沈阳、天津、北京、昆明等地的地铁、市政管网、电力隧道、核电站、公路、南水北调工程，掘进在砂卵石、黏土、硬岩的隧道中，累计掘进里程达 200km 以上。2015 年，公司强化大区域经营，建立了立体经营网络，加强与当地骨干企业的合作，充分利用福州、广州等地的分支机构，大力拓展区域市场和业务范围，取得了良好业绩。福州、佛山、哈尔滨等区域的市场储备为公司取得跨越式发展奠定了一定的基础。公司积极拓展国外市场，与集团公司国外事业部、中港公司等相关国外机构进行接洽，努力寻求国外市场拓展机遇，2014 年，公司的国外市场合同额占全年新签合同额的 34.5%。

公司在成立之初就设有企业技术研发中心，该工程技术研发中心在 2012 年 6 月，经苏州市科学技术局认定为苏州市盾构机工程技术研究中心，2013 年 9 月，又经江苏省科学技术厅认定为江苏省盾构机关键技术工程技术研究中心，2014 年年初又被江苏省科技厅认定为江苏省重点研发机构。中心配备的检测实验设备有 20 余台（套）、检测计量工具 270 余套，所配备的设备和工具基本能够满足公司正常的隧道盾构机设备的设计、研发工作。公司计划于 2015 年建成盾构机远程监控指挥中心、三维设计平台和模拟操作系统，设立隧道施工实验室、实验基地和培训基地，扩大公司在业内的影响力。除7项自立科研项目外，公司还承担了江苏省重大科技成果转化项目、交通部西部课题项目、交通厅科研项目等。公司自成立以来就非常重视自主知识产权和自主研发，现拥有授权专利27项，其中，发明专利为14项，实用新型为13项。同时与大连理工大学、武汉理工大学、长沙理工大学等高校建立了长期合作关系。

公司自主研发的国产首台（套）ϕ14.93m泥水气压平衡复合式隧道掘进机通过了江苏省机械行业协会专家组的新产品鉴定，得到了工信部第72期国家重大技术装备攻关简报专门报道，获得2012年度轨道交通行业十大创新产品奖。2013年8月ϕ14.93m泥水气压平衡复合式隧道掘进机通过了江苏省经信委首台（套）认定，同年11月又获得了江苏省科技厅的重点新产品认定，2014年4月，公司自主研发的国产首台（套）NSQYPHFH 1493型泥水气压平衡复合式隧道掘进机经中国机械工业联合会组织的专家组鉴定认为整机技术达到了国际先进水平，其中刀盘伸缩装置、备用可推出式滚刀技术和氦氧饱和换刀技术达到了国际领先水平。同年，获得了2014年度中国机械工业科学技术奖一等奖、江苏省科学技术奖一等奖。2015年7月，该产品又获工信部组织的中国首台（套）科技成果鉴定。另外，公司自主研发的复合式土压平衡隧道掘进机于2013年9月获得了科技部火炬计划立项。

公司始终坚持以科技为本，走知识产权化、技术标准化之路，不断加大在科研开发、引进人才、技术标准创新等方面的投入。公司是中国工程机械工业协会掘进机分会标准化委员会成员单位，承担了隧道盾构机系列标准的制定工作。公司在技术中心专门成立了标准化工作组，在进行新产品研发的同时进行标准化的制定，2011年和2012年参照公司产品的技术特点和现有标准制定了3项企业标准，并通过苏州市常熟质量技术监督局的备案，公司还配有专项资金及多名专业技术人员，从事公司日常的标准化工作，为公司深层次标准化发展奠定了基础。

中交天和将一如既往地坚持自主创新，为建成一流装备制造企业而努力，愿与各界同仁携手发展，共创辉煌！

〔供稿单位：中交天和机械设备制造有限公司〕

创新是发展的源动力

浙江高宇液压机电有限公司（以下简称高宇液压）创建于2006年，是一家专业生产工程机械、工程车辆液压零部件，集研发、制造、营销于一体的股份制企业。公司主要生产配套于装载机、叉车、挖掘机、推土机等工程机械车辆的多路换向阀、变速操纵阀、流量放大阀、转向控制阀等液压零部件产品，共30多个系列，200多种产品规格，是国家高新技术企业。

几年来，高宇液压坚持走稳健发展的道路，在业内具有了一定的品牌知名度。装载机用多路换向阀产品连续几年国内市场占有率达42%，为国内装载机液压阀第一品牌单位。

根据我国装备制造业普遍存在着“中低端产能过剩、高端产品空白”的现状，以及当前经济社会进入重大转型期，尤其是2012年以来国内机械行业持续低迷的状态下，高宇液压制定了产品转型升级战略，着力寻求新的经济增长点。

一、立足市场需求，坚持走创新之路

针对国内轮式装载机液压系统工作压力偏低，压力等级大多为16MPa，已不适应国内主机工作液压系统更新换代及技术改造的要求，公司充分运用现有研发力量，并与高校合作，研发了GLV25流量比例分配阀，结合主机工作液压系统其他元件承受能力，可将液压系统等级提升至25MPa，从而使主机液压系统的控制精度得以全面提高，解决了国内工程机械系统工作控制原理及各项技术参数向国际先进水平靠近等技术核心问题，完全符合国内工程机械行业各种主机高效、节能、环保、多功能一体化的产品更新换代的需求。与 4THF5 比例先导阀组成高压多路换向阀组，可用于 5 ～ 10t 中大型装载机液压工作系统，它与主泵匹配，控制装载机的各个动作，性能达到国际同类水平，具有操作功效高、节能、高性价比等显著优点。填补了国内高压液压多路换向阀空白，实现了自主创新开发和国产化。该专利产品获得 2013 年中央投资产业振兴和技术改造专项项目资金支持。

公司立足市场需求，根据对未来市场的需求分析，制定并实施产品研发战略规划：实现由单一装载机产品配套向农业机械、物流搬运机械及市政设备、新能源汽车、电动工程机械等领域液压阀的突破。这标志着高宇液压正跨入新的领域和新的空间，开创高宇液压多领域突破、多层次跨越的新局面。

二、建立创新机制，重视人才引进和培养

创新工作的核心是人才。高宇液压从物质和精神方面关怀技术人才，扶持创新工作。公司通过建立创新决策机制、投入机制、激励机制、人才引进和培养机制等一系列政策措施，从制度上保证对人才的重视和吸引力，形成了一支结构合理、老中青相结合的技术创新团队，该团队被评为“台州市企业重点技术创新团队”。

（1）制定《科研项目立项和审批制度》，使科研项目实行制度化和科学化的管理，保证科研计划圆满完成，出成果、出人才、出效益，提高竞争力。技术研发人员实行项目负责制，设置项目奖和创新奖，激励了项目人员的创新动力。

（2）制定了《技术人员绩效考核制度》，明确了考核内容、成果评审、奖惩方案，以调动研发人员的工作积极性，加快新产品的开发速度，实现企业和技术研发人员的双赢。技术人员采用单独的薪酬制度，激励技术人员专注于技术创新。

（3）建立吸引人才、培养人才的环境，公司制定了一系列吸引人才、培养人才的优惠政策，建立具有公司特色的科技人员职业发展通道——《五级工程师制度》，打通科技人员晋升通道，平时注重科技人员的培训管理工作，加强继续教育工程，邀请专家到公司进行技术交流培训等教育活动。

三、搭建技术创新平台，开展产学研合作

企业要持续创新，创新平台才是催生成果的沃土。公司技术中心是技术研发创新的主要平台，由总经理亲自担任技术中心主任。公司领导亲力亲为的强力举措，调动了技术人员创新的积极性。中心内设产品研发、基础制造技术研究、产品性能试验研究、信息中心、新产品试制基地等机构。公司技术中心先后被认定为“浙江省企业技术中心”和“高宇液压元件省级高新技术企业研究开发中心”。

技术中心通过几年的运行，取得了多项科研成果和应用成果，获得近 20 个国家专利。近年来，公司先后有 10 多项新产品项目荣获浙江省省级新产品鉴定、科技进步奖或成果转化奖。另外，公司还主持或参与了 JB/T 11303—2013 等 6 项行业标准的制修订工作。2015 年，公司承担了浙江省创新能力建设项目，进一步为行业技术进步尽自己所能。

作为国家工信部装备司牵头的工程机械高端液压元件及液压系统产业化协同工作平台第一批成员单位，高宇液压以政、产、学、研、用相结合的开放式产业化协同工作平台为载体，通过政府引导，行业协会组织协调，实现了多学科、跨行业、跨部门的耦合。目前公司所有研发项目均有后续升级挖潜能力，研发过程采用开放式的产学研技术合作，如与平台成员单位开展铸造技术的合作攻关、与高校合作进行液压前沿技术的研究（例：浙江大学国家电液控制工程技术研究中心开展用于装载机、平地机用变速操纵系统的合作开发）、与行业用户组织产业化联盟。这种立体式的研发格调不仅有效缩短项目研发周期，而且进一步拉近了行业上、中、下游的距离，促进了产品的研发、推广和产业化进程，投资回报速

度更快。

四、注重生产工艺创新，提高生产效率

针对液压阀制造过程中的关键基础工艺技术，公司成立专门的项目组进行重点攻关，公司先设思路、出创新点，然后联合国内外顶级设备制造商共同开发适用于液压元件工艺制造的专用设备。目前在加工技术、产品清洁度、在线测量技术等方面取得了突破性的成果。

（1）研制了机器人高压定点清洗机，运用机器人三维运动和精确定位的特性，解决了长期困扰液压行业阀体零件内部油道污染物清洗和微小加工毛刺清除的难题，清洗压力达25MPa，并采用纯水清洗，满足了环保、节能、低成本、高效的柔性生产要求。

（2）针对试验油液污染度控制难题，创新性提出油液集中过滤新思路，研制出并联式油液集中过滤装置，使试验油液始终处于控制范围内，有效地保证出厂产品的清洁度。

（3）对主要产品阀体零件加工流程进行优化改造，淘汰了传统流水线模式。加工过程根据工艺特点分解成几个模块，采用数台数控机床和加工中心组成加工单元，工序集中、不同零件柔性变换，工序质量和加工效率有效提升。

五、培育以创新、质量为核心的企业文化，创行业品牌

公司积极创建以尊重创新、鼓励创新及勇于创新为主要内容的企业文化，促进创新型企业建设。积极营造“质量——企业的生命”的质量文化氛围，坚持“开拓创新、持续改进、追求卓越、顾客满意”的质量方针，建立健全质量管理体系，全面提升质量管理水平。紧紧围绕产品研发、生产、销售、服务的全过程建立控制程序，对确定的过程分解落实到相应的管理部门，分别形成质量记录，做到责任明确，为公司管理体系的运行提供了保障。高宇液压坚持为客户提供优质的产品和服务。

高宇液压作为一家工程机械液压配套件生产企业，从自身的企业特点和行业特点出发，树立独特的品牌经营形象，致力于“ ”品牌的建设推广，多次通过行业展会、行业会刊、网络等媒介加大对“ ”品牌的宣传，并通过2014年台州市名牌产品评选。2015年，公司导入卓越绩效模式，全面提升企业管理水平，并确立了企业愿景、使命和核心价值观，不断丰富公司的企业文化，树立了高宇液压企业公民的良好形象。

公司坚持走专业化生产、精益化管理的道路，专注于工程机械液压零部件行业，加大中高端液压零部件的开发，在未来的发展道路上，不断开拓创新，积极进取，为中国工程机械行业的发展贡献自己的绵薄之力，以全新的姿态迎接市场的新挑战。

〔供稿单位：浙江高宇液压机电有限公司〕

马鞍山统力回转支承有限公司

一、中流击水放声歌，请君为我侧耳听

在中国工程机械关键零部件还依赖于进口的今天，回转支承已经可以批量出口了。不知从何时起，统力回转支承的定价对于众外资品牌已然是天花板，报价不高于统力已然成为众外资品牌的“潜规则”。诚然，“中国的回转支承不如进口，是统力人的责任”。这种信念，在任何市场、任何应用，统力都已做好准备。

二、三十二年工匠心，中国创造是大美

马鞍山统力回转支承有限公司（简称统力）是国内领先的集设计、研发、制造于一体的回转支承专业化生产厂家，以“致力于挺直民族品牌的腰杆”为己任，潜心科技兴业、产业报国，矢志打造中国一流、世界知名品牌。公司现已拥有马鞍山精一工程机械有限公司、蚌埠统力回转支承有限公司两大全资子公司，具备年产6万套、最大直径 4m 的生产规模，各种结构型式 3 000 余种，并可根据客户需要进行量体裁衣式服务。

马鞍山统力回转支承有限公司是由一批从 20 世纪 80 年代初开始研究回转支承的工程师于 21 世纪初创立的以技术研发为核心竞争力的民营企业。这批工程技术人员包括 4 名回转支承标准起草人和荣获国家科技进步奖的项目负责人。公司设有专门的科研与产品开发机构 —— 回转支承研究所，自主创新成果显著，获得多项专利，研制生产了一批代表世界先进水平的产品。

其中，椭圆滚道回转支承以大幅降低客户采购成本，提升滚道承载的巨大优势，迅速被国内外知名工程机械厂商采用。征服级的表现也使得该专利获得了 2011 年中国专利优秀奖。三十余年的从业经验及精益求精的工匠精神，使得统力人在 2013 年推出了彻底解决硬齿面内啮合断齿问题的渐变硬度齿回转支承，而这一世界级的难题最终被中国人所解决。近期，统力又推出新的专利 —— 倾转支承，这是对消防车、高空作业车以及许多军工设备革命性的零部件。其智能找平的功能使得各种作业车辆在复杂路段可以迅速进入工作状态，极大地提高了社会效用。

三、产业升级为大趋，精益生产最先行

经过十年黄金期的发展，中国工程机械市场开始下行。统力于 2014 年开展“旺季积累硬实力，淡季积累软实力”活动，全速推进工艺标准化，生产科学化的企业战略。年内共完成工艺改进 56 项，因工艺及加工参数的优化使刀具使用成本下降一半。与此同时，持续改进的项目依然在继续。

统力品质部门基于帕累托图找出质量控制点，使用六西格玛工具，如鱼刺图对相关参数做全统计，并使用数理分析揭示出关键因素。由技术部门提出改进方案并由生产部门实施，经过再次收集的数据验证后推广，并最终达到质量改进的目的。除此之外，统力在消除“过量生产的浪费”“等待时间的浪费”“运输的浪费”“库存的浪费”“工序的浪费”“动作的浪费”和“产品缺陷的浪费”等方面一直在努力。以研发为核心的产业升级、以工艺改进为推动力的持续降低交易成本是中国制造也是统力完成产业升级的利器。

四、我看青山多妩媚，青山又在西洋外

统力自创立起就服务诸多外企，并获得“马鞍山回转支承出口基地”这一官方荣誉。自创立起，统力有一半的产品批量出口，配套对象包括德国宝峨、日本日立建机、爱知、SAKATO 和 TAGUCHI 等国际一流工程机械品牌。统力立足于国内市场，以服务好民族品牌为己任，而国际一流工程机械集团对统力的认可也是一种殊荣。对于统力的专利产品，众多国外客户也常常率先验证并使用，而长久的合作更是对统力质量的可靠性和一致性的认可。

统力是回转支承生产商，在国外市场，统力坚持与代理商、经销商同甘共苦、荣辱与共。统力将产品保质按期交付代理商与经销商，剩下的事情全都交托代理商负责。共享的市场信息与技术参数带来在各个区域进一步扩大市场份额的成效。

五、风物长宜放眼量，不让统力换铭牌

统力做的产品相当于工程机械的腰，统力的愿景之一是让中国的工程机械有着世界上最硬的腰杆。统力一直以引领行业发展为己任。“只要您提供外负荷，其他的事情由我们来做”—— 量体裁衣式的服务，以及“与主机等寿命”的设计理念都是品牌建设的重要组成部分。而售前、售中和售后服务的一致性是统力的重要承诺。

统力在美国、欧洲、日本以及韩国均有商标注册，自成立以来一直用自有商标出口，无一贴牌产品。面对大额的贴牌订单，统力人不为所动，坚持做自主品牌，并坚信“统力”品牌美好的未来。这一理念感染了全球各区域的代理商，纷纷与统力建立了持久的合作关系。作为新兴经济体中的制造业企业，品牌之路虽长，但必然可及。

〔供稿单位：马鞍山统力回转支承有限公司〕

河谷精品，令您的机械润滑更有保障

河谷（佛山）汽车润滑系统制造有限公司（简称“河谷公司”）,创办于1989年，属于中外合资经营企业，位于广东佛山市高新技术开发区罗格围一期工业区，主要生产销售机械集中润滑系统和上述产品的售后维修服务。

一、公司介绍

河谷公司前身是日华油机（佛山）有限公司，2004年12月，河谷公司与日本日和产业株式会社共同增资至500万美元，成立河谷（佛山）汽车润滑系统制造有限公司。

河谷公司致力于汽车润滑制造系统的制造和研发，全部科技项目数达到25项，申请专利15项。公司引进一批国外原装CNC自动加工车床及一批原装CNC加工中心，有力地保证了润滑系统核心部件的质量和品质；引进了国际先进的清洁工艺，并专门订制了一套先进的自动清洁系统，使公司润滑系统部件能做到完全的无污无损。河谷公司有科技人员55人，研发中心有35人，其中大专学历以上22人，高级职称以上2人。强大的公司实力，先进的技术装备，高素质的科技人员，使河谷公司成为国内润滑系统行业的领头和佼佼者。

公司对外的合作项目也硕果累累。2009年5月7日东风底盘公司的东风装甲运兵车底盘集中润滑系统；2010年6月20日湘电风能的XE93风力发电机组集中润滑系统；2011年12月28日徐州重型机械公司的QY100/QY260系列汽车吊集中润滑系统。河谷公司引进和吸收日本技术开发的ZJ系列高压柱塞油脂泵、SD片式分配器以及QY系列汽车吊集中润滑系统，已广泛应用于西门子风能、明阳风能、三一重工、徐工集团、三一科技履带、十堰十运重型货车等国内著名厂家的各种风能、工程机械设备上。该产品控制要求：-40℃～+80℃，震动加速度为5g,使用寿命为20年，适用压力1.5～3MPa。当前，河谷公司系列润滑系统产品已经从中端走向高端，市场遍布海内外。

二、企业管理

企业的管理包括计划管理、财务管理、人事管理、物资管理、质量管理等。在这里，“窥一斑而知全貌”，河谷公司是一个位于高新技术开发区的制造型企业，技术研发是公司持续发展的关键，它对于公司产品的创新、公司在市场中的地位、公司在未来企业竞争中的格局具有重要影响。

1. 制度管理

公司早在2009年就制定了《项目立项管理制度》《研发投入核算财务管理制度》《研究开发人员绩效考核奖励制度》。每项制度都有考核和奖惩，尤其是《研究开发人员绩效考核奖励制度》，坚持公平、公正、重绩效的原则，量化与定性指标相结合，形成了一套严格的考核办法。

（1）项目研发考核评价采用百分制办法。将项目考核分为进度考核、质量考核、成本控制考核三大块，为提高项目开发人员的积极性，体现奖优罚劣的原则，在进度考核方面设有提前奖励，在成本控制方面设有节省奖励。

（2）项目研发考核评价执行部门。技术研发中心依照以上评分标准对项目完成情况（包括阶段进度、质量、成本、产品技术水平、市场效益预测等）进行考核评价，考核评价结果经人力资源部和主管技术副总审核后，向员工公布。

（3）项目奖励基金的计提。按照该办法计提项目奖金，实际可计发项目奖金＝项目奖励标的额×项目评价总得分/100。

（4）项目研发奖金的发放。研发中心获得计提奖金后，由项目组根据参与人员承担工作的权重，提交分配结果经研发中心批准后报公司财务部。公司在完成项目开发的次年年会（员工大会）上向全体研发人员发放奖金。

2. 科技管理

公司设置专有科技管理科，管理团队通过了解政府的优惠政策，结合公司实际情况，申报合适的项目（包括公司的专利申请、高新技术产品及高新技术企业的申报、企业技术中心的申报等），以使国家鼓励企业创新的政策落地生根，促进公司进一步的研发和创新。

3. 研发的管理

研发采取依托企业领导下的主任负责制，全面负责中心日常行政管理，提出研究开发课题，制定奖励办法，选聘和邀请研发人员，决定内部组织设置，编制和执行财务预算，制定主要管理制度等。

研发中心下设技术委员会与管理小组，管理小组由产品研究组、设备研究组、市场调研组、品控组、核算组组成。产品研究组是研发中心的关键部门，它负责新产品的应用、新产品设计、新技术的攻关，整个中心的人力和物力也基本投入于此。

研究经费管理，由主任和总经理决定当年的研发费用收支预算，技术部财务独立核算，实行专款专用。主要研发经费来源于公司，按销售收入比例用于研发经费，由依托财务部监督资金的使用，技术部主任和项目负责人需要接受相关部门的费用审计。项目负责人根据研究的需要向技术研发中心申请使用。

三、产品的介绍及应用

河谷（佛山）汽车润滑系统制造有限公司集中润滑系统主要有干、稀油两大系列各种润滑方式产品，包括油脂泵系列、油脂分配器系列、油脂补给装置及附件。

公司产品广泛应用于数控机械、加工中心、塑机、电梯、生产线、机床、锻压、铸造、纺机、塑料、木工、橡胶、矿山、冶金、建筑、印刷、食品等各行业机械设备的润滑系统，以及汽车底盘、工程机械、风力发电等润滑系统。公司产品销往全国各地，并在全国各主要城市设立了办事处。产品出口到美国、德国、日本、韩国、印度、巴西和土耳其等国家。

强大的研发实力，是河谷公司发展壮大的根基。在产品领域，2012 年 2 月，河谷公司生产的容积式集中润滑系统产品被广东省科学技术厅评定为“广东省高新技术产品”；2014 年 12 月，河谷公司生产的递进式集中润滑系统产品亦被评定为“广东省高新技术产品”。在公司发展方面，2012 年 7 月，河谷公司就被广东省评定为“高新技术企业”；当前，河谷公司正着力组建“广东省工程技术研究中心”。公司发展越来越快，涉及的领域也越来越广。河谷公司已成功跨进军品产品领域，将拓展更大的发展空间。

因为专业，河谷公司做得更好！河谷公司凭着“追求卓越、创造精品”的理念，凭着规模生产、精良的工艺设备，将生产出至高、长期稳定品质的产品。相信，河谷公司的产品一定会令您的机械润滑更有保障！

〔供稿单位：河谷（佛山）汽车润滑系统制造有限公司〕

企 业 名 录

壳牌(中国)有限公司

地　址:北京市朝阳区建国门外大街1号国贸大厦2座32层

邮　编:100004

电　话:010-65296616

网　址:http://www.shell.com.cn

E-mail:china-contact@shell.com

主要产品:润滑油

北京起重运输机械设计研究院

地　址:北京市东城区雍和宫大街52号

邮　编:100007

电　话:010-64052589

传　真:010-64032337

网　址:http://www.bmhri.com

约翰迪尔(中国)投资有限公司

地　址:北京市朝阳区东三环北路霞光里18号佳程广场A座5层

邮　编:100027

电　话:010-59246666

传　真:010-59246600

网　址:http://www.JohnDeere.com.cn

斗山(中国)投资有限公司

地　址:北京市朝阳区东三环北路霞光里18号佳程广场B座19层

邮　编:100027

电　话:010-84547000

特雷克斯集团起重机事业部

地　址:北京市朝阳区东三环北路霞光里18号佳程广场B座8层

邮　编:100027

电　话:010-59079000

传　真:010-84400728

网　址:http://www.terex.com/cranes/zh

主要产品:起重机、高空作业平台、建筑机械、物料处理设备、物料搬运设备等

科蒂斯仪器(中国)有限公司

地　址:北京市朝阳区工体北路甲6号中宇大厦1105室

邮　编:100027

电　话:010-65260683、65260684

传　真:010-65260682

网　址:http://www.curtisinstruments.com.cn

主要产品:牵引控制器、转向控制器等

北京首钢重型汽车制造股份有限公司

地　址:北京市石景山区阜石路

邮　编:100043

手　机:18600056081

网　址:http://www.sghdt.com.cn

E-mail:zcxs@sghdt.com.cn

主要产品:矿用汽车

北京二七轨道交通装备有限责任公司

地　址:北京市丰台区长辛店街道杨公庄1号

邮　编:100072

电　话:010-83307678、83308108

传　真:010-83307620

网　址:http://www.27rail.com

E-mail:zyd@27rail.com

主要产品:电力机车、内燃机车

北京华德液压工业集团有限责任公司

地　址:北京市东城区沙子口东革新里 5 号

邮　编:100077

电　话:010-67881998、67872598-82

传　真:010-67882009

网　址:http://www.huade-hyd.com.cn

主要产品:液压元件、液压成套设备

北京思创佳德桩工机械制造有限公司

地　址:北京市朝阳区望京阜通东大街 6 号方恒国际大厦 C 座 205 室

邮　编:100100

电　话:010-84783316

传　真:010-84783977

网　址:http://www.ssppile.com

E-mail:info@ssppile.com

主要产品:螺旋叶片、螺旋轴、螺旋桩

中国国机重工集团有限公司

地　址:北京市朝阳区广顺北大街 16 号华彩大厦

邮　编:100102

电　话:010-57387999

传　真:010-57387977

网　址:http://www.sinomach-hi.com

主要产品:装载机、挖掘装载机、平地机、压路机、工程起重机、垃圾压实机、摊铺机、铣刨机、液压挖掘机、推土机、旋挖钻机、工程机械零部件等

卡特彼勒(中国)投资有限公司

地　址:北京市朝阳区望京街 8 号卡特彼勒大厦 1601 室

邮　编:100102

电　话:400-818-0030

北京现代京城工程机械有限公司

地　址:北京市丰台区卢沟桥南里 2 号

邮　编:100165

电　话:010-83213377、83213731

传　真:010-51438505

网　址:http://www.hyundai-bj.com

主要产品:叉车、挖掘机

北京京城长野工程机械有限公司

地　址:北京市大兴区经济技术开发区荣昌东街 6 号

邮　编:100176

电　话:010-67803201

传　真:010-67803203

网　址:http://www.nkk-bj.com

北京德源工程机械有限公司

地　址:北京市朝阳区小红门东马路经开万佳国际机械城 C508

邮　编:100176

电　话:010-87825155、87825165

传　真:010-87825100

网　址:http://www.bjisuzu.cn

E-mail:redbeer@139.com

主要产品:五十铃发动机件、共轨电喷系列、发动机大修系列、中缸小总成、油品滤清器、传感器、缸体曲轴、美国唐纳森滤芯等

中环动力(北京)重型汽车有限公司

地　址:北京市通州区中关村科技园通州园光机电一体化产业基地兴光五街 15 号

邮　编:101102

电　话:010-81503501

传　真:010-81503507

主要产品:矿用自卸汽车

中航别拉斯矿山机械有限公司

地　址:北京市顺义区双河大街 66 号中航国际工贸园 101 办公楼 3 层

邮　编:101300

电　话:010-61499039

北起多田野(北京)起重机有限公司

地　址:北京市顺义区林河工业开发区林河大街 36 号

邮　编:101300

电　话:010-89498713、89498717、89498788

传　真:010-89498715、89498726

网　址:http://www.bq-tadano.com

E-mail:sales@ bq-tadano.com

主要产品:液压汽车起重机

北汽福田汽车股份有限公司北京雷萨重机分公司

地　址:北京市怀柔区府前东街乙10号

邮　编:101400

电　话:010-60667088

传　真:010-60667099

网　址:http://crane.fotonloca.com

主要产品:起重机

中铁隧道集团隧道设备制造有限公司

地　址:北京市燕郊经济开发区京哈路北2号

邮　编:101601

电　话:010-58412527

传　真:010-58412526

网　址:http://www.crtg-zz.com

主要产品:盾构后配套设备、盾构泥水处理设备、盾构后配套钢、衬砌模板台车、箱梁模板、桥梁模板、整体道床铺设装置、其他非标设备、挂篮

国家工程机械质量监督检验中心

地　址:北京市延庆县东外大街55号

邮　编:102100

电　话:010-69101140

传　真:010-69101140

网　址:http://www.syc.org.cn

E-mail:syczjzx@ sohu.com

北京九虹中工工程机械有限公司

地　址:北京市昌平区北七家镇白庙工业园区

邮　编:102209

电　话:010-81769545

传　真:010-81769546

网　址:http://www.bjfth.com

E-mail:trade@ bjfth.com

主要产品:物料提升机、塔式起重机、高空作业升降平台等

北京南车时代机车车辆机械有限公司

地　址:北京市昌平区火车站西500米

邮　编:102249

电　话:010-60752729

传　真:010-60755879

网　址:http://www.bjmc.csrzic.com

主要产品:桩工机械、履带式起重机械、制动系列产品

天津市柏益风动工具有限公司

地　址:天津市红桥区咸阳路2号(商业大学院内)

邮　编:300122

电　话:022-26370522

传　真:022-26370205

网　址:http://www.tjbyfdgj.com

E-mail:zhoujing750217@ 163.com

主要产品:角磨机、直柄砂轮机、气动搅拌器、其他类风动工具

天津津裕电业股份有限公司

地　址:天津市河北区南口路12号

邮　编:300232

电　话:022-26265794、26351555

传　真:022-26272055

网　址:http://www.tj-jy.com

E-mail:yw@ tj-jy.com

主要产品:工程机械电线束

天津建筑机械厂

地　址:天津市河北区南口路28号

邮　编:300232

电　话:022-86663018

传　真:022-86663928

网　址:http://shop.cnsb.cn

E-mail:sell@ cnyishan.com

主要产品:履带式推土机

鼎盛重工机械有限公司

地　址:天津市新技术产业园区华苑产业区海泰南北大街 5 号

邮　编:300384

电　话:022-58396212

传　真:022-58396096、58396083

网　址:http://www.dstg.com.cn

E-mail:mkt@ sinodstg.com

主要产品:平地机、摊铺机、压路机、挖掘机、推土机、装载机、液力机械,卷扬机、通用机械以及机械产品配件等

天津岛津液压有限公司

地　址:天津市西青经济开发区兴华四支路 15 号

邮　编:300385

电　话:022-83963757

传　真:022-83963759

网　址:http://www.tjshimadzu.com

E-mail:zhangweijun@ tjshimadzu.cn

主要产品:齿轮泵、多路阀等

石家庄煤矿机械有限责任公司随车起重机分公司

地　址:河北省石家庄市裕华区裕翔街 167 号

邮　编:050000

电　话:0311-85538018、85538768

传　真:0311-85538028、85538769

网　址:http://www.zg-smj.com

E-mail:zgsm1979@ 126.com

主要产品:随车起重机

河北冀工胶管有限公司

地　址:河北省冀州市高新技术开发区信都东路 699 号

邮　编:053299

电　话:0318-7972288

传　真:0318-7972280

网　址:http://www.jgjiaoguan.com

E-mail:info@ jigonghose.com

主要产品:工程机械用高温低压输油胶管

卡斯卡特(河北)货车有限公司

地　址:河北省衡水市景县龙华镇工业园区

邮　编:053511

电　话:0318-4335600

传　真:0318-4335601

网　址:http://www.cascadehebei.com.cn

河北汇工机械设备有限公司

地　址:河北省邢台市巨鹿县工业园区西平街

邮　编:055250

电　话:0319-4362116

传　真:0319-4362112

网　址:http://www.hebeihuigong.com

E-mail:hui_gong@ 163.com

主要产品:电动轮自卸车、机械自卸车、变速器 PTO 总成、差速器总成、轮边减速器总成、底盘零部件等

河北新钻钻机有限公司

地　址:河北省邢台市新河县新华路 19 号

邮　编:055650

电　话:4006085369

传　真:0319-4752585

网　址:http://www.hbxinzuan.cn

主要产品:桩机、潜水工程钻机、液压步履式长螺旋钻机、多功能钻机、地下连续墙成槽机、回转斗式钻机等

住友建机(唐山)有限公司

地　址:河北省唐山市开平区现代装备制造工业区园区道33号

邮　编:063000

电　话:0315-3391000

网　址:http://www.sumitomokenki.com.cn

主要产品:建设机械

维特根(中国)机械有限公司

地　址:河北省廊坊经济技术开发区创业路395号

邮　编:065001

电　话:0316-2250100

传　真:0316-2250190

网　址:http://www.wirtgen-china.com.cn

E-mail:nfo@wirtgen-china.com.cn

主要产品:筑养路机械

新宏昌重工集团

地　址:河北省三河市燕郊经济开发区留山大街11号

邮　编:065201

电　话:0316-3087669

传　真:0316-3087665

网　址:http;//www.hctm.com

E-mail:sunhunk@hctm.com.cn

主要产品:自卸车、半挂车、混凝土搅拌车等

廊坊德基机械科技有限公司

地　址:河北省廊坊市永清工业园区樱花路12号

邮　编:065600

电　话:0316-6657077

传　真:0316-6691060

网　址:http://www.dgmachinery.com

E-mail:info@dgmachinery.com

主要产品:沥青混合料搅拌设备

秦皇岛天业通联重工有限公司

地　址:河北省秦皇岛市经济技术开发区天山北路3号

邮　编:066004

电　话:0335-5302593

传　真:0335-5302516

网　址:http://www.tianyetolian.com

E-mail:xszx@tianyetolian.com

主要产品:桥梁施工装备、特种运输装备、隧道装备、矿山装备

秦皇岛市思嘉特专用汽车制造有限公司

地　址:河北省秦皇岛市卢龙县迎宾路168号

邮　编:066400

电　话:0335-7171999

传　真:0335-7111189

网　址:http://www.sijiate.com

E-mail:sijiate@126.com

主要产品:路面机械、沥青封层车等

宣化宏大钻孔机械有限公司

地　址:河北省张家口市宣化区开发区平安路28号

邮　编:075100

电　话:0313-3883488、3886488

传　真:0313-3884488

网　址:http://www.xhhongdazk.com

E-mail:hongda-li@126.com

河北宣钻重型机械有限公司

地　址:河北省张家口市宣化区宣府大街198号

邮　编:075100

电　话:0313-3881333

传　真:0313-3882333

网　址:http://www.sundrill.com.cn

河北钢铁集团宣工公司(河北宣化工程机械股份有限公司)

地　址:河北省张家口市宣化区东升路21号

邮　编:075105

电　话:0313-3186097、3186098

传　真:0313-3186025、3186191

网　址:http://www.hbxg.com

主要产品:推土机、装载机、压路机、吊管机、挖掘机等

太重集团榆次液压工业有限公司

地　址:山西省晋中市榆次区工业园区

邮　编:030600

电　话:0354-2426111

传　真:0354-2426111

网　址:http://www.tzyy.com.cn

主要产品:高端液压元件(高压柱塞泵/马达、高压多路阀、比例伺服阀、高压叶片泵)

榆次液压有限公司

地　址:山西省晋中市榆次县经纬路 256 号

邮　编:030600

电　话:0354-2425114、2439999

传　真:0354-2421234

网　址:http://www.yuciyeya.com.cn

E-mail:yuciyuken@ yuciyuken.com

主要产品:高性能液压元件(叶片泵、齿轮泵、液压阀、液压缸、蓄能器等)、各类液压系统和复杂内腔的液压铸件

恒岳重工有限责任公司

地　址:山西省大同市开发区东 1 公里处

邮　编:037010

电　话:0352-8131333、8019222

传　真:0352-8131222、8131158

网　址:http://www.sxdthy.com

主要产品:旋转起重机、塔机、履带起重机,矿用载货汽车等

长治清华机械厂

地　址:山西省长治市清华街

邮　编:046000

电　话:0355-3028007

传　真:0355-3028007

网　址:http://www.qhm.cn

主要产品:环卫机械、自卸车、随车起重运输车、液压产品

阿特拉斯工程机械有限公司

地　址:内蒙古自治区包头市国家稀土高新技术产业开发区校园路 3 号

邮　编:014000

电　话:0472-2207888、2805999、2810666

传　真:0472-2805100

网　址:http://www.cnatlas.com

E-mail:mail@ cnatlas.com

主要产品:大型挖掘机

内蒙古北方重型汽车股份有限公司

地　址:内蒙古自治区包头市稀土高新技术产业开发区

邮　编:014030

电　话:0472-2642010

传　真:0472-2207538

网　址:http://www.chinanhl.cn

主要产品:非公路矿用车

内蒙古一机集团大地工程机械有限公司

地　址:内蒙古自治区包头市 2 号信箱

邮　编:014032

电　话:0472-3117006

传　真:0472-3118562

网　址:http://www.nmgyj.com

E-mail:glb@ ddgcjx.com

主要产品:工程机械、推土机

沈阳华浦建筑工程机械有限公司

地　址:辽宁省沈阳市沈北新区沈北街道五五社区

邮　编:110000

电　话:024-89619900、89619955

传　真:024-89619933

网　址:http://www.syhuapu.com

E-mail:shenyanghuapu@126.com

主要产品:升降机机械、升降机减速机、升降机电动机、升降机电器、塔吊配件

沈阳风动工具厂有限公司

地　址:辽宁省沈阳市经济技术开发区昆明湖街12号

邮　编:110027

电　话:024-88616518

主要产品:气动凿岩机、液压凿岩机、凿岩钻车、气动工具、凿岩钎具等

沈阳三洋建筑机械有限公司(原沈阳建筑机械厂)

地　址:辽宁省沈阳市大东区沈北路142号

邮　编:110122

电　话:024-28909800、88091979

传　真:024-88093057

网　址:http://www.sys-china.cn

E-mail:sys@sys-china.cn

主要产品:混凝土工程机械、履带式起重机、施工升降机、塔式起重机、筑路机械

北方重工集团有限公司

地　址:辽宁省沈阳市经济技术开发区开发大路16号

邮　编:110141

电　话:024-25802222

网　址:http://www.china-sz.com

E-mail:sales@nhi.com.cn

主要产品:盾构机、岩石掘进机、煤矿掘进机、多斗挖掘机

山推工程机械股份有限公司山推抚起有限公司

地　址:辽宁省抚顺市经济开发区沈抚新城沈东七路北

邮　编:113122

电　话:024-56615777、57601695

传　真:024-57646792

网　址:http://www.shantui.com

E-mail:stfq@shantui.com

主要产品:消防车、随车起重运输车

辽宁抚挖重工机械股份有限公司

地　址:辽宁省抚顺市顺城区双阳路2号

邮　编:113126

电　话:024-57644001

传　真:024-57643951

网　址:http://www.cnfuwa.com

E-mail:sale@cnfuwa.com

主要产品:液压履带式起重机、汽车起重机、挖掘机、深基础施工机械、液压履带式强夯机、液压伸缩臂式起重机

抚顺永茂建筑机械有限公司

地　址:辽宁省抚顺市顺城区前岭二路2号永茂工业园

邮　编:113126

电　话:024-57648899、57649988

传　真:024-57649999

网　址:http://www.yongmao.com.cn

E-mail:sun@yongmao.com.cn

主要产品:塔头系列(ST)、平头系列(STT)和动臂系列(STL)、便携系列(QD)塔式起重机,履带式起重机

辽宁海龙科技股份有限公司

地　址:辽宁省鞍山市立山区铁塔路150号

邮　编：114042

电　话：0412-6487700、6487711

辽宁海诺建设机械集团有限公司

地　址：辽宁省鞍山市国家高新区千山路 201 号

邮　编：114044

电　话：0412-5216111

传　真：0412-5216000

网　址：http：//www.hainuo.cn

E-mail：hainuo@ hainuo、cn

大连叉车有限责任公司

地　址：辽宁省大连市甘井子区营祥街 18 号

邮　编：116036

电　话：0411-39576808、39576818

传　真：0411-39576858

网　址：http：//www.dalianforklift.com

E-mail：trade@ dalianforklift.com

主要产品：叉车、搬运车、牵引车

本溪北方机械重汽有限责任公司

地　址：辽宁省本溪市溪湖区重型路 2 号

邮　编：117019

电　话：0414-5885082

主要产品：自卸汽车、半挂车、拖车、洒水车、加油车等

辽宁青山重工机械股份有限公司

地　址：辽宁省锦州市太和区锦义街 150 号

邮　编：121000

电　话：4000416555

传　真：0416-3093930

网　址：http：//www.lnqszg.com

主要产品：随车起重运输车、各类型专用车、液压元件等

朝阳凌云建筑机械有限公司

地　址：辽宁省朝阳市经济开发区龙泉大街一段 8 号

邮　编：122005

电　话：0421-3810666

传　真：0421-3817999

网　址：http：//www.china-lingyun.com

E-mail：chaoyanglingyun@ 163.com

主要产品：塔式起重机

长春市神骏专用车制造有限公司

地　址：吉林省长春市绿园经济开发区先进制造业园区沅呈路

邮　编：130000

电　话：0431-82625555

网　址：http：//www.chinaccsj.com

E-mail：ccsjyrx@ 163.com

主要产品：随车起重运输车、汽车起重机、压缩式垃圾车和移动式垃圾站

吉林省公路机械有限公司

地　址：吉林省吉林市船营区太平街村副 4 号

邮　编：132011

电　话：0432-62127439

传　真：0432-62127439

网　址：http：//www.jlsgl.com

E-mail：syxs@ assyrb.com

哈尔滨东建机械制造有限公司

地　址：黑龙江省哈尔滨市香坊区向阳乡工业园区

邮　编：150039

电　话：0451-87840090

传　真：0451-87840090

哈尔滨工程机械制造有限责任公司

地　址:黑龙江省哈尔滨市平房区月华路 1 号

邮　编:150066

电　话:0451-82681845、82682867

传　真:0451-82682867

网　址:http://www.hgcjx.com

主要产品:全液压轮胎起重机、混合动力轮胎起重机、抓料机、正面吊、下舱吊、牵引车等

川崎精密机械商贸(上海)有限公司

地　址:上海市黄浦区西藏中路 168 号都市总部大楼 17 层 1701 室

邮　编:200001

电　话:021-33663800

传　真:021-33663808

网　址:http://www.kpmcs.cn

丰田产业车辆(上海)有限公司

地　址:上海市长宁区娄山关路 555 号长房国际广场 17 层

邮　编:200051

电　话:021-62287722

传　真:021-62285070

网　址:http://www.toyota-forklift.cn

主要产品:叉车

上海约纳森工具制造有限公司

地　址:上海市天目中路 258 号南幢

邮　编:200070

电　话:021-63179180、63170023

传　真:021-63170176

网　址:http://www.jonathan-tool.com

E-mail:jonathan@ jonathan-tool.com

主要产品:气动工具、手动工具、起重工具、液压工具

上海工程机械厂有限公司

地　址:上海市闸北区汶水路 400 号

邮　编:200072

电　话:021-56651055、56776562、56656718

传　真:021-56039876

网　址:http://www.semw.com

主要产品:筒式柴油打桩锤、TRD-D 工法机

上海工程机械厂有限公司

地　址:上海市闸北区汶水路 400 号

邮　编:200072

电　话:021-56651055-2212

传　真:021-56039876

网　址:http://www.semw.com

E-mail:sales@ semw.com

主要产品:全液压履带式、步履式打桩架,地下连续墙施工机械,柴油打桩锤,电驱振动桩锤,液压打桩锤,高台钻机等

上海彭浦机器厂有限公司

地　址:上海市闸北区共和新路 3201 号

邮　编:200072

电　话:021-56654667

传　真:021-51281356

网　址:http://www.sppmbp.com

E-mail:ppjqc@ sppmbp.com

主要产品:履带式推土机、挖掘机

久保田建机(上海)有限公司

地　址:上海市浦东新区银城中路 488 号太平金融大厦 12 楼

邮　编:200120

电　话:021-58794630、58794631

传　真:021-58794632

小松(中国)投资有限公司

地　址:上海市浦东新区陆家嘴环路 1000 号恒生银行大厦 33 层

邮　编:200120

电　话:021-68414567

传　真:021-68410250、68410251
网　址:http://www.komatsu.com.cn
主要产品:掘进机械、挖掘机械、叉车等

日立建机(上海)有限公司
地　址:上海市浦东新区外高桥保税区泰谷路65号
邮　编:200131
电　话:021-58668686
传　真:021-58668325
网　址:http://www.hitachicm.com.cn
主要产品:液压挖掘机及特种工作装置

凯斯工程机械(上海)有限公司
地　址:上海市浦东新区外高桥保税区德堡路376号29号厂房
邮　编:200131
电　话:021-50481352
传　真:021-50482400

利勃海尔机械服务(上海)有限公司
地　址:上海市浦东新区外高桥保税区马吉路88号1号楼
邮　编:200131
电　话:021-50461988
传　真:021-50461989

上海隧道工程股份有限公司机械制造分公司
地　址:上海市浦东新区海徐路957号
邮　编:200137
电　话:021-58483907
传　真:021-58483905
网　址:http://shield.stec.net
E-mail:jingyingke@stecmc.com
主要产品:掘进机械、顶管、钢模、管模等地下工程机械

上海华东建筑机械厂有限公司
地　址:上海市浦东新区衡安路1058号(浦东北路高行经济开发园区内)
邮　编:200137
电　话:021-50675858
传　真:062-50416100
网　址:http://www.huajian.com.cn
E-mail:huajian@huajian.com.cn
主要产品:混凝土搅拌和运输机械

上海捷力星液压传动设备有限公司
地　址:上海市徐汇区古美路1515号19号楼1103室
邮　编:200233
电　话:021-54189060、54189070
传　真:021-54189007
网　址:http://www.jellix.com.cn
E-mail:liubo@jellix.com.cn
主要产品:路面机械,船舶辅机,港口机械,矿山机械,建筑机械,空港设备等

上海电气液压气动有限公司
地　址:上海市徐汇区莘朱路2188号
邮　编:200237
电　话:021-54302886
传　真:021-54302887
网　址:http://www.sehp.cn
E-mail:service@sehp.cn
主要产品:液压泵、液压马达、液压系统、减速机

永恒力叉车(上海)有限公司
地　址:上海市普陀区绥德路2号12号楼
邮　编:200331
电　话:021-26020300
传　真:021-26020301
网　址:http://www.jungheinrich.cn
主要产品:仓储搬运设备

博世力士乐中国
地　址:上海市长宁区福泉北路333号
邮　编:200335
电　话:021-22181111
传　真:021-22186111
网　址:http://www.boschrexroth.com.cn

E-mail:info@ boschrexroth.com.cn
主要产品:液压、电子传动与控制装置,气动装置,齿轮,线性传动及组装技术

上海船舶重工集团公司第七一一研究所
地　址:上海市闵行区华宁路3111号
邮　编:201108
电　话:021-51711711
传　真:021-31310888
网　址:http://www.csic-711.com
E-mail:711@ csic-711.com
主要产品:柴油机,热气机,动力集成系统,船舶自动化、节能环保装备,能源服务

力至优叉车(上海)有限公司
地　址:上海市闵行区新春路188号
邮　编:201109
电　话:021-33508007
网　址:http://www.nichiyu.com.cn
主要产品:蓄电池叉车等

上海力行工程技术发展有限公司
地　址:上海市浦东新区金桥路1088号联创国际大厦A栋5楼508室
邮　编:201206
电　话:021-61639990
传　真:021-61639965
网　址:http://www.shlxce.com
E-mail:mail@ shlxce.com
主要产品:盾构机

沃尔沃建筑设备(中国)有限公司
地　址:上海市浦东新区金京路2095号
邮　编:201206
电　话:021-31319888
传　真:021-31319666

上海海斯特叉车制造有限公司
地　址:上海市浦东新区榕桥路588号
邮　编:201206
电　话:021-61605188
传　真:021-58349222
网　址:http://www.hyster.com.cn
主要产品:叉车

上海巴鲁图工程机械科技有限公司
地　址:上海市浦东新区民冬路166号10-2幢3层
邮　编:201209
电　话:021-60341947
传　真:021-61060171
网　址:http://www.barutu.com
E-mail:51545252@ qq.com
主要产品:控制器、人机界面、主令手柄、KVASER、传感器、工作灯、编码器、遥控器、车辆控制线束

上海摩泰搅拌机械制造有限公司
地　址:上海市浦东新区三宣公路800号
邮　编:201311
电　话:021-58233022
网　址:http://www.mortarchina.com
E-mail:yunling.jiang@ mortarchina.com
主要产品:混凝土搅拌与砂浆搅拌相关机械产品及配件

上海欧乐传动与控制技术有限公司
地　址:上海市浦东新区新场镇古丹路15弄21号
邮　编:201314
电　话:021-51028451
传　真:021-58918038
网　址:http://www.europtc.com
E-mail:info@ europtc.com
主要产品:工业传动、液压传动、自动化及运动控制等

杰西博工程机械(上海)有限公司
地　址:上海市浦东新区康桥工业区秀沿路3698号
邮　编:201319

电　话:021-38113000
传　真:021-38113001

上海捷舟工程机械有限公司
地　址:上海市奉贤区工业综合开发区公谊路89号
邮　编:201401
电　话:021-67107762
传　真:021-67104933
网　址:http://www.dynamic-eq.com.cn
E-mail:sales@dynamic-eq.com
主要产品:地坪处理、压实、切割设备以及其他相关辅助设备

上海日野发动机有限公司
地　址:上海市奉贤区环城东路179号
邮　编:201401
电　话:021-67108800
传　真:021-67108496
网　址:http://www.shanghaihino.com
E-mail:fuwu@shanghaihino.com

上海建设路桥机械设备有限公司
地　址:上海市奉贤区金汇镇工业路188号
邮　编:201404
电　话:021-51393828
传　真:021-51393800
网　址:http://www.shanbao.com.cn
E-mail:sales@shanbao.com
主要产品:颚式破碎机、圆锥破碎机、反击式破碎机、制砂机、筛分给料机以及成套设备和各类备件等

庄泰搅拌设备(上海)有限公司
地　址:上海市奉贤区四团镇种籽场路268号
邮　编:201413
电　话:021-57533963
传　真:021-57538161
网　址:http://www.powdertec-china.com
E-mail:Andy.hou@powdertec.asia
主要产品:粉体搅拌、输送及除尘设备

龙工(上海)挖掘机制造有限公司
地　址:上海市松江区新桥镇新润路196号
邮　编:201612
电　话:021-37602000
传　真:021-57687966-6616
网　址:http://www.lonking.cn
主要产品:挖掘机械

龙工(上海)叉车有限公司
地　址:上海市松江区新桥镇新润路196号
邮　编:201612
电　话:021-67649999
传　真:021-61303339-8110
网　址:http://www.lonking.cc
主要产品:内燃叉车、蓄电池叉车、仓储叉车、港口叉车等

龙工(上海)路面机械制造有限公司
地　址:上海市松江区新桥镇民益路26号
邮　编:201612
电　话:021-37602000
传　真:021-37602000-5913
网　址:http://www.lonking.cn
主要产品:轮胎压路机、振动压路机、光轮静碾压路机

中国龙工控股有限公司
地　址:上海市松江区新桥镇工业区民益路26号
邮　编:201612
电　话:021-37602000
传　真:021-57687966
网　址:http://www.lonking.cn
E-mail:postmaster@lonking.cn
主要产品:装载机、挖掘机、叉车、路面机械

上海纳博特斯克液压有限公司
地　址:上海市松江工业区荣乐东路905号
邮　编:201613
电　话:021-57741831

传　真:021-57741347

网　址:http://www.snhc.com.cn

E-mail:webmaster@snhc.com.cn

上海杰工建筑机械有限公司

地　址:上海市嘉定区科福路1000号

邮　编:201801

电　话:021-69156436

传　真:021-69156439

网　址:http://www.dragontrowel.com

E-mail:info@dragontrowel.com

主要产品:混凝土地坪施工机械

上海明山路桥机械工程有限公司

地　址:上海市嘉定区嘉美路1259号(南翔高科技园区)

邮　编:201802

电　话:021-69171478、13795396288、13482081589

传　真:021-69171489

网　址:http://www.mingshanluqiao.com

E-mail:mingshanluqiao@yahoo.cn

主要产品:破碎机

上海金泰工程机械有限公司

地　址:上海市嘉定区安亭洛浦路45号

邮　编:201805

电　话:021-59577280

传　真:021-59577391、59577434、59578234

网　址:http://www.jintai-sh.com

主要产品:SD、SH系列多功能钻机,SG系列地下连续墙液压抓斗,GPS系列工程钻机,SPJ系列水文水井钻机,GD系列全液压大口径工程钻机,SMW工法的多轴钻机,BZ液压桩架,FC气动潜孔锤

上海宝达工程机械有限公司

地　址:上海市宝山区友谊路1050号

邮　编:201900

电　话:021-36216798

传　真:021-36212462

网　址:http://www.shbaoda.com

E-mail:baoda@shbaoda.com

主要产品:齿轮齿条式施工升降机

上海气动工具厂

地　址:上海市宝杨路3020号

邮　编:201901

电　话:021-54407787

传　真:021-64979439

网　址:http://www.shqdgj.com

E-mail:shqd001@163.com

主要产品:直柄式气砂轮机、角式气砂轮机、气扳机、气螺刀、气动马达、气钻、气动搅拌机、气剪刀、气镐、气铲、气动捣固机、气动拉铆机、石面修凿机、气动振动器、气动铆钉机、抛光机、捆扎机、高压注油器等

上海振力工程机械设备有限公司

地　址:上海市宝山区顾村工业区富桥路233号

邮　编:201906

电　话:021-56771221

传　真:021-36040553

网　址:http://www.apevibro.cn

E-mail:davidw@apevibro.com

主要产品:液压振动锤

江苏汇鸿国际集团中锦控股有限公司

地　址:江苏省南京市白下路91号江苏汇鸿大厦15层1505室

邮　编:210001

电　话:025-84691112、84691165

传　真:025-84572333

网　址:http://www.hhchampion.com

E-mail:yjwang@ hhchanmpion.com

主要产品:斜盘式轴向柱塞泵、斜盘式轴向柱塞电动机、多路控制阀等液压元件

江苏华通动力重工有限公司

地　址:江苏省镇江市矿机路 6 号

邮　编:212003

电　话:0511-84423116、84422517、84416765

传　真:0511-84436518、84416765、85596036

网　址:http://www.jhkinetics.com

主要产品:摊铺机、平地机、沥青搅拌站、再生搅拌设备、稳定土厂拌设备等

常州奥旋回转支承有限公司

地　址:江苏省常州市新北区龙虎塘新苑三路 158 号

邮　编:213001

电　话:0519-68880190

传　真:0519-68880199

网　址:http://www.slewing-ring.cn

E-mail:sale@ slewing-ring.cn

现代(江苏)工程机械有限公司

地　址:江苏省常州市新北区中巷村

邮　编:213100

电　话:0519-85199888、85199666

网　址:http://www.hyundai-cn.com

主要产品:挖掘机、特殊装备

常林股份有限公司

地　址:江苏省常州市新北区黄河西路 898 号

邮　编:213136

电　话:0519-86751888

传　真:0519-86750025

网　址:http://www.changlin.com.cn

E-mail:susuolin@ changling.com.cn

主要产品:装载机、挖掘机、压路机、平地机等

江苏恒立高压油缸股份有限公司

地　址:江苏省常州市武进高新区龙潜路 99 号

邮　编:213167

电　话:0519-81689858

传　真:0519-86159988

网　址:http://www.hengli-js.com

E-mail:hengli@ hengli-mail.cn

主要产品:高压液压缸、高精密液压铸件、高压泵阀、液压系统集成

久保田建机(无锡)有限公司

地　址:江苏省无锡市滨湖区新友南路 1 号

邮　编:214028

电　话:0510-85210500

传　真:0510-81169510

网　址:http://www.kubota.com.cn

E-mail:kcw_hr@ kubota.com.cn

主要产品:小型挖掘机

无锡小天鹅建筑机械有限公司

地　址:江苏省无锡市北塘区惠钱路 55 号

邮　编:214035

电　话:0510-83708365、83730920

传　真:0510-83705102

网　址:http://www.lsjzjx.net

E-mail:ls@ lsjzjx.net

主要产品:路面施工与养护机械

江苏博宇工程机械科技有限公司

地　址:江苏省无锡市锡山区安镇东盛路 888 号

邮　编:214105

电　话:0510-88709282

传　真:0510-88703872

网　址:http://www.byw-china.com

E-mail:sale@ china-boyu.com

主要产品:塔式起重机、施工升降机、施工升降平台、高空作业平台等

无锡泰特筑路机械有限公司

地　址:江苏省无锡市滨湖区硕放工业园杨家湾二路 8 号

邮　编:214142

电　话:0510-85606678

传　真:0510-85606778

网　址:http://www.ttzljx.cn

E-mail:sales@ttzljx.com

主要产品:沥青混凝土搅拌设备、导热油加热沥青设备、沥青再生料搅拌设备、稳定土搅拌设备、乳化沥青设备

无锡市大鸿液压气动成套有限公司

地　址:江苏省无锡市滨湖区胡埭镇鸿翔中心路7号

邮　编:214161

电　话:0510-85596798

传　真:0510-85597355

网　址:http://www.wxdahong.com

E-mail:wxdahong@126.com

无锡液力机械有限公司

地　址:江苏省无锡市惠山经济开发区洛社配套区盛中路

邮　编:214187

电　话:0510-83830108

传　真:0510-83830116

网　址:http://www.wx-yeli.com

E-mail:sales@wx-yeli.com

申锡机械有限公司

地　址:江苏省无锡市锡山区芙蓉中一路121号

邮　编:214192

电　话:0510-88700487、88215261

传　真:0510-88700937

网　址:http://www.shenxi.com

E-mail:shenxi@shenxi.com

主要产品:常规吊篮、非标吊篮、吊篮部件、施工升降机、施工升降平台、擦窗机

无锡大隆电工机械厂

地　址:江苏省无锡市锡山区东港镇里国工业园区

邮　编:214199

电　话:0510-88761093、88761693

传　真:0510-88353913

网　址:http://www.e-dalong.com

E-mail:dalong@e-dalong.com

主要产品:全电动堆垛车、电动牵引车、电动搬运车等

江阴市振冲机械制造有限公司

地　址:江苏省江阴市通江北路43号

邮　编:214433

电　话:0510-86113086

网　址:http://www.zcqchina.com

主要产品:振冲器、深层搅拌机、袋装砂井插板机、履带式多用途桩架等

江苏林泰阁工程设备有限公司

地　址:江苏省江阴市临港街道利康东路10号(美加工业园)

邮　编:214444

电　话:0510-86051550

传　真:0510-86051853

网　址:http://www.lintec-asphalt.cn

E-mail:info@jslintec.com

主要产品:混凝土搅拌站、双筛网滚筒型沥青搅拌站

江苏意玛筑路机械科技有限公司

地　址:江苏省江阴市璜土镇澄常开发区镇澄路3405号

邮　编:214445

电　话:0510-86659860

传　真:0510-86652803

网　址:http://www.jsyima.com

E-mail:mailto:info@jsyima.com

主要产品:沥青搅拌设备、沥青洒布车、改性沥青设备

江苏靖江叉车有限公司

地　址:江苏省靖江市车站路77号

邮　编:214500

电　话:0523-84865810、84868870、84863135、84865511

传　真:0523-84865435、84868870、84865783

网　址:http://www.jjforklift.com

E-mail:jjcc@jjcc.cn

主要产品:叉车、行李牵引车

凯傲宝骊(江苏)叉车有限公司

地　址:江苏省靖江市靖城街道新洲路8号

邮　编:214527

电　话:0523-80161860

传　真:0523-84618578

江苏骏马压路机械有限公司

地　址:江苏省靖江市骥江西路288号

邮　编:214599

电　话:0523-84508238、84508239

传　真:0523-84508353

网　址:http://www.rollerco.com.cn

E-mail:info@rollerco.com.cn

主要产品:JMS05H、JMS08H、YZ1、YZC2等振动压路机

苏州大方特种车股份有限公司

地　址:江苏省苏州市高新区浒关工业园浒杨路71号

邮　编:215151

电　话:0512-65918119

传　真:0512-69203178

网　址:http://www.szdf.com

主要产品:液压动力平板车、SPMT液压模块车、冶金框架车、液压挂车、集装箱跨运车/RTG、架桥机、运梁车、提梁机、公铁两用车

苏州龙威泰格工程机械有限公司

地　址:江苏省昆山市锦溪镇锦商路241号

邮　编:215324

电　话:0512-36863031

传　真:0512-36863033

网　址:http://www.longweartiger.com

E-mail:longweartiger@163.com

主要产品:工程机械耐磨件

昆山建德工程机械制造有限公司

地　址:江苏省昆山市昆嘉路988号

邮　编:215333

电　话:0512-57909396

传　真:0512-57909366

网　址:http://www.kanto-buhin.com

主要产品:驱动轮、引导轮等

江苏东迈重工机械有限公司

地　址:江苏省昆山市经济开发区前进东路科技广场9层

邮　编:215334

电　话:0512-36829668

传　真:0512-36829669

网　址:http://www.eastmanhm.com

E-mail:info@EastmanHM.com

主要产品:剪叉式、直臂式、折臂式、拖车式高空作业平台,起重机及特制升降机械

常熟市凯力工具有限公司

地　址:江苏省常熟市尚湖镇练塘练虞村

邮　编:215551

电　话:0512-52448981

传　真:0512-52441348

网　址:http://keenlytools.cn.alibaba.com

E-mail:webmaster@keenlytools

主要产品:洗刨机等

中交天和机械设备制造有限公司

地　址:江苏省常熟市高新技术产业园义虞路75号

邮　编:215557

电　话:0512-52035288

传　真:0512-52035299

网　址:http://www.ccccth.com

主要产品:掘进机械

徐州徐工挖掘机有限公司

地　址:江苏省徐州市经济技术开发区高新区39号

邮　编:221000

电　话:0516-83111800

传　真:0516-83111888

徐州徐工特种工程机械有限公司

地　址:江苏省徐州市金山桥经济技术开发区鲲鹏北路99号

邮　编:221000

电　话:0516-87938888、87938111、87938769

传　真:0516-87938930

徐州市贝莱工程机械有限公司

地　址:江苏省徐州市铜山新区第三工业园欣达路1号

邮　编:221000

电　话:0516-85658671

传　真:0516-85851577

网　址:http://www.xzbeilai.com

E-mail:info@xzbljx.cn

徐州海伦哲专用车辆股份有限公司

地　址:江苏省徐州经济技术开发区宝莲寺路19号

邮　编:221004

电　话:0516-68782888、68782999

传　真:0516-68782299

网　址:http://www.xzhlz.com

E-mail:jdd@xzhlz.com

主要产品:高空作业车

徐工集团徐州重型机械有限公司

地　址:江苏省徐州市铜山路165号

邮　编:221004

电　话:0516-83462242、83462350

传　真:0516-83461669

网　址:http://www.xzzx.com.cn

E-mail:service@xcmg.com

主要产品:起重机、装载机、消防车

徐州徐工基础工程机械有限公司

地　址:江苏省徐州市经济开发区驮蓝山路36号

邮　编:221004

电　话:0516-87738167、87738169

传　真:0516-87738167

网　址:http://www.xcmgjc.com

E-mail:xcmgjc@xcmg.com

徐州徐工液压件有限公司

地　址:江苏省徐州市经济开发区桃山路18号

邮　编:221004

电　话:0516-87739888、83462220

传　真:0516-87739897

网　址:http://yyj.xcmg.com

E-mail:xysalfe@xcmg.com

徐工道路机械事业部

地　址:江苏省徐州市经济技术开发区桃山路1号

邮　编:221004

电　话:0516-87928888、87938000、87738126

传　真:0516-87938756

网　址:http://www.xcmg.com

E-mail:sales@xcmg.com

徐州建机工程机械有限公司

地　址:江苏省徐州市经济技术开发区徐海路80号

邮　编:221007

电　话:0516-87762992

传　真:0516-83052561

网　址:http://www.xcmgjj.com

E-mail:sales@xcmgjj.com

主要产品:塔式起重机

徐州正菱徐挖工程机械有限公司

地　址:江苏省徐州市铜山经济开发区徐挖工业园

邮　编:221116

电　话:0516-80266616、80266617、80266618

传　真:0516-80266615

网　址:http://www.zlxcg.com

江苏八达重工机械股份有限公司

地　址:江苏省新沂市经济开发区北京西路
邮　编:221400
电　话:0516-88923179
网　址:http://www.badatg.com
E-mail:xsb@badatg.com
主要产品:"双动力"全液压轮胎式、履带式抓斗起重机和抓料机,以及大型装卸、拆除、抢险机器人等

中国船舶重工集团公司第七一六研究所

地　址:江苏省连云港市海连东路 42 号
邮　编:222006
电　话:0518-85821445
传　真:0518-85821445

中船重工第七一六研究所

地　址:江苏省连云港市圣湖路 18 号
邮　编:222061
电　话:0518-85981598
传　真:0518-85981909
网　址:http://www.jari.cn

江苏腾宇机械制造有限公司

地　址:江苏省宿迁市支口街 188 号
邮　编:223812
电　话:0527-84593338
传　真:0527-84593038
网　址:http://www.tymachine.com
E-mail:tym@tymachine.cn
主要产品:混凝土砌块成型机、加气混凝土切割机

江苏腾发建筑机械有限公司

地　址:江苏省泰州市海陵区工业园区
邮　编:225314
电　话:0523-86083688
传　真:0523-86083590
网　址:http://www.tztengfa.com
E-mail:zfdtengfa@sina.com
主要产品:塔式起重机

扬州台励福机器设备有限公司

地　址:江苏省高邮市城南经济新区外环路
邮　编:225600
电　话:0514-84602766
传　真:0514-84602766
网　址:http://www.yztlf.com
主要产品:内燃叉车、电动叉车、仓储叉车

美通重工有限公司

地　址:江苏省启东市滨海工业园滨海大道 62 号
邮　编:226236
电　话:0513-83905158
传　真:0513-83905178
网　址:http://www.mantall.com
E-mail:sales@mantall.com
主要产品:升降机、高空作业平台

浙江省建设机械集团有限公司

地　址:浙江省杭州市朝晖路 175 号联锦大厦 A 座
邮　编:310014
电　话:0571-28972201
网　址:http://www.zjjj.com.cn
E-mail:zhejiangjianji@126.com
主要产品:塔式起重机、电力高塔抱杆、施工升降机、混凝土机械、安全保护装置、桩工机械、环保机械、港口机械

杭州神钢建设机械有限公司

地　址:浙江省杭州市经济技术开发区 22 号大街 1 号
邮　编:310018
电　话:0571-28896588
传　真:0571-28896566

网　址:http://www.kobelco.co.jp

主要产品:挖掘机

杭州爱知工程车辆有限公司

地　址:浙江省杭州市经济技术开发区域5号大街17号

邮　编:310018

电　话:4008268338

网　址:http://www.hzaichi.com

E-mail:shangwu@hzaichi.com

主要产品:高空作业车

杭州前进齿轮箱集团股份有限公司

地　址:浙江省杭州市萧山区萧金路45号

邮　编:311203

电　话:0571-82673888

传　真:0571-82675966

网　址:http://www.chinaadvance.com

E-mail:office@chinaadvance.com

主要产品:齿轮传动装置和粉末冶金制品

中国重汽集团杭州发动机销售有限公司

地　址:浙江省杭州市萧山经济技术开发区高新六路128号

邮　编:311231

电　话:0571-85839112、88059856

传　真:0571-88845519

网　址:http://www.sinotruk.com

E-mail:fdjxsb@cnhtc.cn

杭叉集团股份有限公司

地　址:浙江省临安市经济开发区东环路88号

邮　编:311305

电　话:0571-88131983

网　址:http://www.zjhc.cn

主要产品:港口专用车辆、内燃叉车、电动叉车、特殊行业专用车辆、电动仓储式叉车、电动平板搬运车、内燃牵引车、电动牵引车、防爆叉车

浙江美科斯叉车有限公司

地　址:浙江省杭州市富阳区鹿山街道金鑫路1号

邮　编:311407

电　话:0571-63160118

网　址:http://www.maxforklift.cn

主要产品:叉车

浙江诺力机械股份有限公司

地　址:浙江省湖州市长兴县太湖街道长州路528号

邮　编:313100

电　话:0572-6210806、6210798、6210800

网　址:http://www.noblelift.cn

E-mail:info@noblelift.com

主要产品:手动搬运车、手动/电动平台车、手动/半电动堆高车、全电动搬运车、全电动堆高车、平衡重叉车、高空平台、工业设备

浙江鼎力机械股份有限公司

地　址:浙江省湖州市德清县雷甸镇白云南路1255号

邮　编:313219

电　话:0572-8681685、8681686

传　真:0572-8681687

网　址:http://www.cndingli.com

E-mail:sales@cndingli.com

主要产品:高空作业平台

浙江虎霸建设机械有限公司

地　址:浙江省海宁市连杭经济区新兴路3号

邮　编:314400

电　话:0573-87968888

传　真:0573-87966295

网　址:http://www.zjhuba.com

E-mail:sale@zjhuba.com

主要产品:履带式起重机

宁波广天赛克思液压有限公司

(宁波赛克思液压泵厂)

地　址:浙江省宁波市江北区华业街 195 号

邮　编:315021

电　话:0574-87629255、87629266、87629277

传　真:0574-87629278

网　址:http://www.saikesi.com

E-mail:nbsks@saikesi.com

主要产品:液压柱塞泵、马达总成及零配件

宁波中意液压马达有限公司

地　址:浙江省宁波市镇海经济开发区中意路 88 号

邮　编:315200

电　话:0574-86261172

传　真:0574-86288064

网　址:http://www.zihyd.com

E-mail:sales@zihyd.com

宁波新宏液压有限公司

地　址:浙江省宁波市镇海区澥浦镇沿山路 6 号

邮　编:315200

电　话:0574-86665656、86665858

传　真:0574-86665657

网　址:http://www.nbxhyy.com

E-mail:xh@nbxhyy.com

主要产品:液压马达、液压传动装置、减速机、液压回转装置、履带行走减速机

宁波杰士特液压有限公司

地　址:浙江省宁波市镇海经济开发区中官路 1188 号 9 幢

邮　编:315200

电　话:0574-86682656

传　真:0574-86682657

网　址:http://www.nbjst.com.cn

E-mail:jst_nb@163.com

宁波甬源(旋球)液压马达有限公司

地　址:浙江省宁波市镇海经济技术开发区金宝路

邮　编:315200

电　话:0574-86303943、86303971、86303940

传　真:0574-86303971

网　址:http://www.xuanqiu.com

E-mail:nbhm@mail.nbptt.zj.cn

宁波如意股份有限公司

地　址:浙江省宁波市宁海县桃源北路 656 号

邮　编:315699

电　话:0574-65552001

传　真:0574-65583733

网　址:http://www.xilinchina.com

E-mail:ruyi@xilin.com

主要产品:叉车、电动车、堆垛车、防爆车、手动液压搬运车及拉紧器等

意宁液压股份有限公司

地　址:浙江省宁波市北仑区坝头西路 288 号

邮　编:315806

电　话:0574-86300164、86115080

传　真:0574-86115082、86115071

网　址:http://www.china-ini.com

E-mail:ini@china-ini.com

浙江高宇液压机电有限公司

地　址:浙江省临海市大洋街道柘溪路 358 号

邮　编:317000

电　话:0576-89367878

传　真:0576-85128292

网　址:http://www.zjgaoyu.com

E-mail:yingxiao@zjgaoyu.com

主要产品:高端液压件及液压系统

浙江临海机械有限公司

地　址:浙江省临海市协城路 468 号

邮　编:317000

电　话:0576-85389000、85135974

传　真:0576-85135865、85135408

网　址:http://www.lhmc.cn

E-mail:lhmc@vip.163.com

浙江海宏液压科技股份有限公司

地　址:浙江省临海市江南街道金岭路 199 号

邮　编:317000

电　话:0576-85182037

传　真:0576-85182843

网　址:http://www.cn-hydraulic.com

E-mail:haihong@ cn-hydraulic.com

主要产品:多路换向阀、变速操纵阀、流量放大阀、转向控制阀、制动阀等液压元件

浙江台州先顶液压有限公司

地　址:浙江省台州市仙居县城北西路 31 号

邮　编:317300

电　话:0576-87795020、87779191

传　真:0576-87773632

网　址:http://www.xianding.com

E-mail:sales@ xianding.com

浙江苏强格液压股份有限公司

地　址:浙江省台州市玉环县大麦屿经济开发区

邮　编:317604

电　话:0576-87378288 87378283

传　真:0576-87379938

网　址:http://www.chinastronger.com

E-mail:info@ chinastronger.com

主要产品:液压软管总成、软管接头和过渡接头

浙江吉鑫祥叉车制造有限公司

地　址:浙江省台州市经济开发区滨海工业区海昌路 1188 号

邮　编:318014

电　话:0576-82698896

传　真:0576-82698897

网　址:http://www.goodsenseforklift.com

E-mail:sales@ goodsenseforklift.com

主要产品:内燃叉车、电动叉车等

开山集团

地　址:浙江省衢州市经济开发区凯旋西路 9 号开山工业园

邮　编:324002

电　话:0570-3864133、3863453

传　真:0570-3863220

网　址:http://www.kaishan.com.cn

E-mail:kaishan@ kaishangroup.com

主要产品:凿岩机组、空气压缩机、潜孔钻车、开凿装载机等

浙江红五环掘进机械股份有限公司

地　址:浙江省衢州市世纪大道 903 号

邮　编:324002

电　话:0570-3660668

传　真:0570-3660667

网　址:http://www.hongwuhuan.com

E-mail:sales@ hongwuhuan.com

主要产品:凿岩机、潜孔钻机

浙江开山工程机械有限公司

地　址:浙江省衢州市经济开发区凯旋南路 10 号

邮　编:324002

电　话:0570-3863453

传　真:0570-3863220

网　址:http://www.ksgcjx.com

主要产品:露天潜孔钻车、锚固钻机、潜孔钻机、挖掘装载机、切削钻车

浙江衢州煤矿机械总厂股份有限公司

地　址:浙江省衢州市东港工业园区(闹桥)五一路 26 号

邮　编:324022

电　话:0570-3830866、3830886

传　真:0570-3830808

网　址:http://www.zjqmj.com

主要产品:液压支柱、空气压缩机、气动凿岩机

海特克液压有限公司

地　址:浙江省温州市鹿城区炬光园月乐西街 156 号

邮　编:325014

电　话:0577-88608338

传　真:0577-89615900

网　址:http://www.high-tech.com.cn、www.hytek.cn

E-mail:sale@hytek.cn

主要产品:柱塞泵、叶片泵、液压阀、多路阀

浙江振中工程机械有限公司

地　址:浙江省瑞安市安阳街道罗阳大道 585 号

邮　编:325200

电　话:0577-65178839

网　址:http://www.zhenzhong.com

主要产品:振动锤、步履桩架、三轴钻机、长螺旋钻机、旋挖钻机、液压锤等

安徽叉车集团有限责任公司

地　址:安徽省合肥市蜀山区望江西路 15 号

邮　编:230000

电　话:0551-63648005、63632133

网　址:http://www.heliforklift.com

主要产品:内燃及电动叉车、侧面叉车、特种车辆等

合肥市华阳工程机械有限公司

地　址:安徽省合肥市包河区大连路 25 号

邮　编:230000

电　话:0551-64480908、13856067202

传　真:0551-64490998

网　址:http://www.hfhyjx.com

E-mail:hfhy2009@163.com

主要产品:公路养护设备

合肥长源液压股份有限公司

地　址:安徽省合肥市当涂北路瑶海工业园珍珠路

邮　编:230011

电　话:0551-64391100、64391122

传　真:0551-64396950

网　址:http://www.hchc.cn

E-mail:esale@hchc.cn

主要产品:齿轮泵、齿轮电动机、液压阀和液压缸

安徽合力股份有限公司

地　址:安徽省合肥市蜀山区经济开发区方兴大道 668 号

邮　编:230022

电　话:0551-63648005、63689111、63689365

传　真:0551-63633431、63689365

网　址:http://www.helichina.com

E-mail:market@helichina.com

主要产品:叉车、装载机、工程机械、矿山起重运输机械

安徽江淮银联重型工程机械有限公司

地　址:安徽省合肥市包河区上海路 2 号重工基地

邮　编:230051

电　话:0551-62297991

传　真:0551-62297996

网　址:http://www.jaczg.com

E-mail:jaczg@jaczg.cn

主要产品:内燃叉车、电动叉车、仓储叉车、非标叉车

安徽安鑫货叉有限公司

地　址:安徽省合肥市经济技术开发区卧云路 3195 号

邮　编:230601

电　话:0551-62799981

传　真:0551-62799982

E-mail:axfork@163.com

主要产品:货叉、防爆货叉、环卫叉、倾翻叉、折叠货叉等

熔盛机械有限公司

地　址:安徽省合肥市经济技术开发区宿松路 9166 号

邮　编:230601

电　话:0551-63675888

传　真:0551-63675888

安徽合力股份有限公司装载机分公司

地　址:安徽省合肥市蜀山区经济技术开发区卧云路3136号

邮　编:230601

电　话:0551-63689226

传　真:0551-63689631

蚌埠市行星工程机械有限公司

地　址:安徽省蚌埠市禹会区中粮大道1206号

邮　编:233010

电　话:0552-4950555、4950155

传　真:0552-4950900

网　址:http://www.bbxxcm.com

E-mail:yam661129@263.net

主要产品:工程机械类齿轮减速机和液压缸

蚌埠液力机械有限公司

地　址:安徽省蚌埠市蚌山区胜利东路35号

邮　编:233040

电　话:0552-3151218、3153298

传　真:0552-3151242

网　址:http://www.bbyljx.com

E-mail:315600342@qq.com

主要产品:液压缸、液力变矩器

安徽全柴动力股份有限公司

地　址:安徽省滁州市全椒县吴敬梓路788号

邮　编:239500

电　话:0550-5012699

传　真:0550-5015988、5015888

网　址:http://www.quanchai.com.cn

主要产品:小缸柴油机

芜湖盛力科技股份有限公司

地　址:安徽省芜湖市高新技术产业开发区西山路17号

邮　编:241002

电　话:0553-3026188、3026186

传　真:0553-3026111

网　址:http://www.slzd.com

E-mail:wuhu@slzd.com

主要产品:工程机械配套件

安徽惊天液压智控股份有限公司

地　址:安徽省马鞍山市经济技术开发区红旗南路5号

邮　编:243041

电　话:0555-2109685、2109682、2110610

传　真:555-2229240

网　址:http://www.giantchina.com

E-mail:giant@giantchina.com、sales@giantchina.com

主要产品:液压锤、固定式液压碎石机、拆除机器人

马鞍山统力回转支承有限公司

地　址:安徽省马鞍山市经济技术开发区朱然南路446号

邮　编:243041

电　话:0555-3255555、8323817

传　真:0555-3276666、8323607

网　址:http://www.mastli.com

E-mail:sales1@mastli.com、sales2@mastli.com

主要产品:回转支承、回转机构、回转立轴

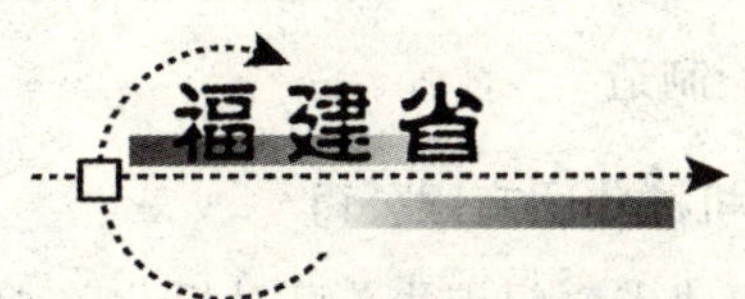

厦门厦工机械股份有限公司

地　址:福建省厦门市厦禾路668号

邮　编:361004

电　话:0592-2102788

传　真:0592-2102788

网　址:http://www.xiagong.com

林德(中国)叉车有限公司

地　址:福建省厦门市思明区金尚路89号

邮　编:361009
电　话:0592-5533200、5533888
传　真:0592-5533242
网　址:http://www.linde-china.com
E-mail:marketing@linde-china.com
主要产品:内燃平衡重叉车、电动平衡重叉车、仓储叉车、重型叉车、防爆叉车等

住重中骏(厦门)建机有限公司

地　址:福建省厦门市湖里区高崎南五路210号中骏集团大厦第二座7F
邮　编:361012
电　话:0592-5207968
传　真:0592-5207916
网　址:http://www.sscm-cn.com
E-mail:sales@sscm-cn.com
主要产品:液压挖掘机等建筑机械及其零部件

厦门思尔特机器人系统有限公司

地　址:福建省厦门市集美区灌口镇金龙路893号
邮　编:361023
电　话:0592-3159966、3159988
传　真:0592-3159921、3159955
网　址:http://www.siert.net
主要产品:机器人应用系统集成及智能高端装备制造

厦门康柏机械集团有限公司

地　址:福建省厦门市集美区孙坂北路568号
邮　编:361024
电　话:0592-5501999
传　真:0592-5501222
网　址:http://www.xmkangbo.com
E-mail:xm@xmkangbo.com
主要产品:施工升降机、塔式起重机

卡斯卡特(厦门)叉车属具有限公司

地　址:福建省厦门市海沧区阳光路668号
邮　编:361028
电　话:0592-6512570
传　真:0592-6512571
网　址:http://www.cascorp.com.cn
E-mail:cascade@cascorp.com.cn
主要产品:叉车属具

泉州市长江工程机械有限公司

地　址:福建省泉州市洛江区双阳经济开发区
邮　编:362000
电　话:0595-22030089
传　真:0595-22065399
网　址:http://www.cjmachine.cn
E-mail:sales@cjmachine.cn
主要产品:支重轮、托链轮、驱动轮、齿块、引导轮、链条、液压缸、其他配件

泉州市红山工程机械有限公司

地　址:福建省泉州市鲤城区江南街道树兜社区
邮　编:362005
电　话:0595-28050088、22526977
传　真:0595-28050068
网　址:http://www.red-hill.cn
E-mail:sales@red-hill.cn
主要产品:支重轮、托链轮、引导轮、驱动轮、链轨等

福建南方路面机械有限公司

地　址:福建省泉州市丰泽区高新产业园区
邮　编:362021
电　话:0595-22903333
传　真:0595-22901888
网　址:http://www.nflg.com
E-mail:info@nflg.net
主要产品:水泥混凝土搅拌站、商品混凝土搅拌设备、模块式稳定土厂拌设备等

福建华南重工机械制造有限公司

地　址:福建省泉州市台商投资区
邮　编:362123
电　话:0595-27393198

传　真:0595-27393200

网　址:http://www.socma.net

E-mail:office@socmachinery.com

主要产品:挖掘机、内燃平衡重式叉车、伸缩臂叉车

福建晋工机械有限公司

地　址:福建省晋江市安海镇前埔工业区

邮　编:362261

电　话:0595-85786339、85792166、85751583

传　真:0595-85798258

网　址:http://www.china-jingong.com

E-mail:jingong@china-jingong.com

主要产品:JGM 轮胎式装载机、叉装机、履带式液压挖掘机及其零部件

龙工(福建)机械有限公司

地　址:福建省龙岩市经济开发区龙工路 1 号

邮　编:364028

电　话:0597-2522188

传　真:0597-2520988

网　址:http://www.lonking.cn

主要产品:装载机、挖掘机、叉车、路面机械

福建龙岩龙工机械配件有限公司

地　址:福建省龙岩市经济开发区龙工路 1 号

邮　编:364028

电　话:0597-2530366

传　真:0597-2525036

江西南特工程机械股份有限公司

地　址:江西省高安市新世纪工业城高安大道东路 6 号

邮　编:330600

电　话:0795-5266668 5266666

传　真:0795-5266286

网　址:http://www.nante-1980.com

E-mail:nante@263.net

宜春风动工具有限公司

地　址:江西省宜春市珠泉路 26 号

邮　编:336000

电　话:0795-3251518

传　真:0795-3251518

主要产品:凿岩机械与气动工具

江西四星工程机械有限公司

地　址:江西省宜春市上高县工业园区黄金堆长水路

邮　编:336400

电　话:0795-2593599

传　真:0795-2593591

网　址:http://www.jxfourstar.com

E-mail:jxsixing@163.com

主要产品:挖掘机四轮一带支重轮、托链轮、驱动轮、引导轮、链轨总成、斗齿及推土机齿块等

赣州五环机器有限责任公司

地　址:江西省赣州区金岭路南侧、工业二路西侧

邮　编:341001

电　话:0797-8371690

传　真:0797-8371691

网　址:http://www.gzwh-machine.com

E-mail:webmaster@gzwh-machine.com

主要产品:叉车变速器、电动叉车转向桥、压路机减速器等

山东重工集团有限公司

地　址:山东省济南市燕子山西路 40-1 号

邮　编:250013

电　话:0531-82623823

传　真:0531-82623829

网　址:http://www.shig.com.cn

主要产品:推土机、挖掘机、装载机、推耙机、叉车、混凝土机械、消防车

山推建友机械股份有限公司

地　址:山东省济南市段店南路 268 号

邮　编:250022

电　话:0531-89815377

传　真:0531-89815068

网　址:http://www.janeoo.com

E-mail:janeooscb@126.com

主要产品:混凝土搅拌站、干混砂浆搅拌设备、路面设备等

济南液压泵有限责任公司

地　址:山东省济南市市中区文庄路 22 号

邮　编:250022

电　话:0531-87169807、87169802

网　址:http://www.jnyyb.cn

E-mail:xiaoshouzx@jnyyb.cn

山东同力达智能机械有限公司

地　址:山东省济南市槐荫区槐村街 73 号

邮　编:250022

电　话:0531-87956291、88305277

网　址:http://www.cnrtld.com

E-mail:tld-link@cnrtld.com

主要产品:起重机械、气动工具

山东大山路桥工程有限公司

地　址:山东省济南市华阳路 69 号留学人员创业园南楼 238 室

邮　编:250100

电　话:0531-88113668、88113669

传　真:0531-88113667

网　址:http://www.dashanco.com

主要产品:乳化改性沥青设备、SBS/胶粉/橡塑复合改性沥青设备、发泡沥青设备及灌缝胶生产设备,厂拌冷、热再生混合料设备

山东米科思机械设备有限公司

地　址:山东省济南市市中区大庙屯工业园

邮　编:250116

电　话:0531-87808088

传　真:0531-87562082

网　址:http://www.sdmix.cn

E-mail:office@sdmix.cn

山东明龙建筑机械有限公司

地　址:山东省章丘市城东工业园

邮　编:250200

电　话:0531-83312935、83789666

传　真:0531-837898888

网　址:http://www.sdmljj.com

E-mail:mqz0789@163.com

主要产品:塔式起重机、施工升降机、混凝土输送泵、混凝土搅拌机、混凝土搅拌站

济南汇友建工机械有限公司

地　址:山东省济南市明水赭山工业园

邮　编:250299

电　话:0531-83251877、83259888

传　真:0531-86388589、86388598

网　址:http://www.jnhytj.com

E-mail:huiyou@jnhytj.com

主要产品:塔式起重机、建筑塔式起重机、施工升降机

山东明威起重设备有限公司

地　址:山东省章丘市明水街道赭山工业园

邮　编:250299

电　话:0531-83268800

传　真:0531-83269498

网　址:http://www.sdmwtj.com

E-mail:sdmwtj@163.com

主要产品:塔式起重机

山东天工岩土工程设备有限公司

地　址:山东省聊城市东昌府区凤凰工业园

邮　编:252024

电　话:0635-2121655

传　真:0635-2929008

网　址:http://www.techgong.com.cn

主要产品:盾构刀具、矿用截齿、桩基刀具、铣刨齿等

山东犀牛工程机械有限公司

地　址:山东省聊城市西18公里定远寨工业园

邮　编:252512

电　话:0635-5663999

传　真:0635-5663777

山东公路机械厂

地　址:山东省德州市东风西路1501号

邮　编:253001

电　话:0534-2468540

传　真:0534-2468788

网　址:http://www.sdgljxc.com

E-mail:info@sdgljx.com

主要产品:多锤头水泥路面破碎机、夯实机、冷再生机等

烟台赛地重工有限公悮

地　址:山东省烟台市福山高新产业区永达街西首金山路99号

邮　编:255000

电　话:0535-3805051、6385368

传　真:0535-3805052

E-mail:ytsaidy@163.com

山东卓洋机电科技有限公司

地　址:山东省淄博市张店区华夏国际大厦

邮　编:255022

电　话:0533-6723990

传　真:0533-6723990

网　址:http://www.zhuoyangjidian.com

主要产品:乳化沥青设备、沥青洒布车等

潍柴动力股份有限公司

地　址:山东省潍坊市高新技术产业开发区福寿东街197号甲

邮　编:261001

电　话:0536-8197777

传　真:0536-8231074

网　址:http://www.weichai.com

E-mail:weichai@weichai.com

山东中瑞工程机械有限公司(原潍坊中瑞工程机械有限公司)

地　址:山东省潍坊市奎文经济开发区庄检路3701号

邮　编:261041

电　话:0536-2288189

传　真:0536-8802715

网　址:http://www.zrjx.cn

E-mail:zhongruixiaoshoubu@163.com

主要产品:凿岩机械

潍坊天瑞重工凿岩机械有限公司

地　址:山东省潍坊市高新区银通街6699号

邮　编:261061

电　话:0536-7519269

传　真:0536-8803865

网　址:http://www.tianrui99.com

E-mail:tr9909@126.com

福田雷沃国际重工股份有限公司

地　址:山东省潍坊市坊子区北海南路192号

邮　编:261206

电　话:0532-86907751、86907010

传　真:0532-86907020-10、86907020-12

莱州市莱索制品有限公司

地　址:山东省莱州市金城

邮　编:261441

电　话:0535-2630618、2722707

传　真:0535-2638801、2722722

网　址:http://www.lzlaisuo.com

E-mail:laisuo@sohu.com

主要产品:工程机械配套件

山东雷鸣重工股份有限公司

地　址:山东省安丘市兴安街道工业园

邮　编:262102

电　话:0536-4310366

传　真:0536-4310366

网　址:http://www.leimingzhonggong.com

E-mail:leimingcczshp168@163.com

主要产品:内燃平衡重式叉车、蓄电池叉车、收割机、拖拉机

山东隆源液压科技有限公司

地　址:山东省诸城市东环路98号

邮　编:262200

电　话:0536-6046615

传　真:0536-6329987

网　址:http://www.sdlongyuan.com

E-mail:sdlongyuan@126.com

主要产品:高压液压缸

英轩重工有限公司

地　址:山东省潍坊市昌乐经济开发区英轩街1567号

邮　编:262499

电　话:0536-6298881、6298678

传　真:0536-6298885、6298886

网　址:http://www.ensignhi.com

E-mail:sales@ensignhi.com

主要产品:装载机

青州市山装机械有限公司

地　址:山东省青州市海岱北路银泰街1号

邮　编:262500

电　话:0536-6131728、6526015

传　真:0536-6131728

山东山工机械有限公司

地　址:山东省青州市云门山路8号

邮　编:262500

电　话:0536-3818666、3818289

传　真:0536-3818654

E-mail:sem_sales_helpdesk@cat.com

主要产品:平地机、压路机等

烟台富野机械集团有限公司

地　址:山东省烟台市芝罘区珠玑路12号

邮　编:264002

电　话:0535-6531614、6531613

传　真:0535-6831911

网　址:http://www.fuye.cn

E-mail:xs@fuye.cn

主要产品:履带式工程机械行走系统“四轮一带”、履带式液压挖掘机、轮式装载机、挖掘装载机等

烟台艾迪精密机械股份有限公司

地　址:山东省烟台市经济技术开发区秦淮河路189号

邮　编:264006

电　话:0535-6392926、6377262

传　真:0535-6399419

网　址:http://www.cceddie.com

E-mail:edt@cceddie.com

主要产品:液压破碎锤、快速连接器、高频震动破碎锤、抓石器、抓木器、震动夯等

烟台市石油机械有限公司(原烟台市石油机械厂)

地　址:山东省烟台市芝罘区上夼西路201号

邮　编:264009

电　话:4000535779

传　真:0535-6083272

网　址:http://www.powerpetro.cn

E-mail:sales@powerpetro.cn

主要产品:气动马达、气动绞车、上扣器、减速器等

山东卓力桩机有限公司

地　址:山东省威海市文登区世纪大道北首四产路

邮　编:264400

电　话:0631-8086819、8352138、8177181

传　真:0631-8352138

网　址:http://www.zhuolizhuangji.com

E-mail:helizhuangji@alibaba.com.cn

主要产品:旋挤式螺杆(螺纹)桩机、长螺旋桩机、短螺旋双向挤扩桩机等

方圆集团有限公司

地　址:山东省海阳市方圆工业园

邮　编:265100

电　话:0535-3221111、3222111

传　真:0535-3221660

网　址:http://www.china-fangyuan.com

E-mail:info@china-fangyuan.com

主要产品:混凝土机械、起重机械、桩工机械、筑路机械、锻压设备等及配件

山东鸿达建工集团有限公司

地　址:山东省莱阳市龙门东路26号

邮　编:265200

电　话:0535-7287521、7287597

传　真:0535-7990736

网　址:http://www.sdhd.com.cn

E-mail:web@sdhd.com.cn

主要产品:起重机械、混凝土机械、筑路机械、挖掘机械、桩工机械、环保机械

烟台艾迪液压科技有限公司

地　址:山东省烟台市福山区福新路75号

邮　编:265500

电　话:0535-6311098

传　真:0535-6311086

网　址:http://www.fceddie.com

E-mail:marketing@fceddie.com

主要产品:工程机械和船舶用液压主泵、电动机和多路控制阀

吉星建筑机械(烟台)有限公司

地　址:山东省烟台市经济技术开发区广州路2号

邮　编:265502

电　话:0535-2169871、2169872

传　真:0535-2169870

网　址:http://www.ytjixing.com

E-mail:tjx@jisungbreaker.com

山东蓬翔汽车有限公司车桥厂

地　址:山东省蓬莱市南环路5号

邮　编:265607

电　话:0535-5637085

传　真:0535-5646034

网　址:http://www.sdpxqc.com

E-mail:cq@sdpxqc.com

青岛前哨精密机械有限责任公司

地　址:山东省青岛市洛阳路11号

邮　编:266045

电　话:0532-84962607

传　真:0532-84852028

网　址:http://www.qianshao.com

E-mail:avicqsbgs@qianshao.com

主要产品:风动工具、全液压钻机、精密仪器

青岛力克川液压机械有限公司

地　址:山东省青岛市国家级高新技术产业开发区思源路36号

邮　编:266061

电　话:0532-55676159

网　址:http://www.likechuan.com

E-mail:bgs@likechuan.com

青岛新型建设机械有限公司

地　址:山东省青岛市城阳区玉皇岭工业园

邮　编:266107

电　话:0532-87791518

传　真:0532-87791918

网　址:http://www.china-xin.com

E-mail:sales@china-xin.com

主要产品:混凝土搅拌机、混凝土搅拌站、混凝土泵、配料机系列以及干粉砂浆搅拌站等

台励福机器设备(青岛)有限公司

地　址:山东省青岛市胶州市营海街道工业园

邮　编:266318

电　话:0532-85263666

传　真:0532-85263730

主要产品:窄道叉车、其他叉车

竹内工程机械(青岛)有限公司

地　址:山东省青岛市黄岛区昆仑山南路 2238 号

邮　编:266510

电　话:0532-86837266、86820511

传　真:0532-86817166、86816598

网　址:http://www.takeuchi-china.com

E-mail:market@ takeuchi-china.com

主要产品:小型挖掘机

泰安岳首筑路机械有限公司

地　址:山东省泰安市泰山东部新区

邮　编:271000

电　话:0538-8629687、8629688、8629689

传　真:0538-8629686

网　址:http://www.tays.cn

E-mail:xsgs@ yueshougroup.com

主要产品:加气混凝土砌块生产线设备、干砂混浆生产线设备等

泰安泰美克进出口有限公司

地　址:山东省泰安市巨菱路 1 号

邮　编:271000

电　话:0538-8258577

传　真:0538-8258578

山东龙业机械有限公司

地　址:山东省泰安市岱岳区青春创业园容大路

邮　编:271000

电　话:0538-5363888、5051888

传　真:0538-5051896

网　址:http://www.tslyjx.com

E-mail:gl9689163.com

泰安古河随车起重机有限公司

地　址:山东省泰安市高新技术产业开发区中天门大街 1118 号

邮　编:271000

电　话:0538-8933679

网　址:http://www.unic.com.cn

主要产品:车载起重机、船用起重机、履带式起重机

泰安航天特种车有限公司

地　址:山东省泰安市高新技术开发区

邮　编:271000

电　话:0538-8502311

传　真:0538-8502300

网　址:http://www.tasv.cn

E-mail:tasv@ tasv.cn

主要产品:自卸车、油田车、消防车、运煤列车、特种改装车、专用车

山东一能重工有限公司

地　址:山东省泰安市岱岳区青春创业开发区晶华路

邮　编:271000

电　话:0538-8365666、8365669

传　真:0538-8365979、8365668

网　址:http://www.yinengchina.com

E-mail:yineng@ yinengchina.com

主要产品:轮胎式装载机

厦工(泰安)汽车起重机有限公司

地　址:山东省泰安市泰山区迎暄大街 178 号

邮　编:271001

电　话:0538-5088980

网　址:http://www.chinahr.com

主要产品:汽车起重机

山东云宇机械集团(原肥城车桥厂)

地　址:山东省肥城市高新区康汇大街西 257 号(云宇工业园)

邮　编:271600

电　话:0538-3302651、3302973、3302663、3302660

传　真:0538-3302973

网　址:http://www.yunyujx.com

E-mail:yunyu@yunyujx.com、yunyujx@163.com

主要产品:工程机械系列驱动桥、叉车系列桥、农机系列桥、钳盘式制动器、工程机械系列轮辋

泰安金城重工科技有限公司

地　址:山东省肥城市高新技术开发区

邮　编:271600

电　话:0538-3301153、3307919

传　真:0538-3301153、3307919

网　址:http://www.tajczg.com

E-mail:fcjc001@126.com

主要产品:驱动车桥、变速箱、变矩器等

泰安九洲金城机械有限公司

地　址:山东省肥城市湖屯工业园

邮　编:271613

电　话:0538-3610858、3610988

传　真:0538-3610866、3610876

济宁市五创机械有限公司

地　址:山东省济宁市任城区南张工业园内

邮　编:272000

电　话:0537-2795109

传　真:0537-2995108

网　址:http://www.fcm.net.cn

E-mail:fcm0808@163.com

济宁亚东工程机械有限公司

地　址:山东省济宁市经济开发区汇祥路2号

邮　编:272000

电　话:0537-2608078、2608077、2608079、2607076

传　真:0537-2608089

网　址:http://www.yadongjx.cn

主要产品:挖掘机配件、推土机配件、发动机配件

济宁山特·松正工程机械有限公司

地　址:山东省济宁市高新区万丽富德广场22层

邮　编:272000

电　话:0537-3365660

传　真:0537-3281230

网　址:http://www.stszcm.com

E-mail:shante0537@163.com

山东东岳专用汽车制造有限公司

地　址:山东省济宁市高新技术产业开发区同济路126号

邮　编:272000

电　话:4000390169

传　真:0537-2318126

网　址:http://www.dyhylqjx.com

E-mail:dyhylqjx@yeah.net

主要产品:沥青路面综合修补车、公路专用扫地车、沥青路面裂纹跟踪灌封车、沥青碎石封层车、稀浆封层车、垃圾压缩车、洒水车等

山东路得威工程机械制造有限公司

地　址:山东省济宁市高新技术开发区黄金大道

邮　编:272049

电　话:0537-2225258、2335258

传　真:0537-2335258

网　址:http://www.roadwaygoup.com

E-mail:roadway@163.com

山推工程机械股份有限公司

地　址:山东省济宁市327国道58号山推国际事业园

邮　编:272073

电　话:0537-2909188、2313188

传　真:0537-2364216、2325183

网　址:http://www.shantui.com

E-mail:sales@shantui.com

济宁永生重工机械制造有限公司

地　址:山东省济宁市任城区嘉达路8号

邮　编:272073

电　话:0537-2606509

传　真:0537-2606519

网　址:http://www.ys-group.com.cn

主要产品:推土机、挖掘机、履带式起重机

济宁智能工程机械有限公司(济宁永青智能工程机械有限公司)

地　址:山东省济宁市任城高新技术开发区智能路1号

邮　编:272073

电　话:0537-2083988、2088616

传　真:0537-2086163

网　址:http://www.woaizhineng.com

E-mail:woaizhineng@126.com、jn-zn@163.com

主要产品:推土机、挖掘机、装载机、平地机、压路机、起重机

山东嘉成路面机械有限公司

地　址:山东省济宁市嘉祥县S338线路北公路站西邻(山东济宁嘉祥工业园区)

邮　编:272400

电　话:0537-6686816

传　真:0537-6860555

网　址:http://www.sdjclmjx.com

E-mail:sdjclmjx@163.com

主要产品:电脑控制的智能型全自动沥青洒布车、智能型全自动沥青碎石同步封层车、智能型全自动橡胶沥青碎石同步封层车、稀浆封层车、碎石撒铺机等

临沂美联重工有限公司

地　址:山东省临沂市经济技术开发区厦门路东首

邮　编:276023

电　话:0539-2650188

传　真:0539-2650186

网　址:http://www.mattson.com.cn

山重建机有限公司

地　址:山东省临沂市经济技术开发区滨河东路66号

邮　编:276024

电　话:0539-8162426

传　真:0539-8178039

山东临工工程机械有限公司

地　址:山东省临沂市经济技术开发区临工工业园

邮　编:276024

电　话:0539-8785688、8785523

传　真:0539-8785600

山东华盛中天机械集团股份有限公司

地　址:山东省临沂市沂南县经济开发区迎春路中段1号

邮　编:276300

电　话:0539-3275658

传　真:0539-3275600

网　址:http://www.htgc.cn

E-mail:lyhtgc@126.com

主要产品:小型通用型汽油机、园林机械、植保机械、森林防护机械和小型工程机械

山东华盛中天工程机械有限责任公司

地　址:山东省临沂市沂南县经济开发区迎春路中段1号

邮　编:276300

电　话:0539-3275658

传　真:0539-3275600

网　址:http://www.htgc.cn

E-mail:lyhtgc@126.com

主要产品:四冲程汽油机、小型工程机械、铁路施工及养护机械等

力士德工程机械股份有限公司

地　址:山东省临沂市临沭县常林西大街112号

邮　编:276715

电　话:0539-7191264、7191181

传　真:0539-7191240

网　址:http://www.lishide.com.cn

山东卡特重工机械有限公司

地　址:山东省临沂市临沭经济开发区

邮　编:276715

电　话:0539-7191222

传　真:0539-7196222

网　址:http://www.carter.cn

E-mail:CT001@carter.cn

主要产品:掘进机、挖掘机、钩掘机

愚公工程机械股份有限公司

地　址:山东省滕州市愚公机械产业园

邮　编:277500

电　话:0632-5857777

传　真:0632-5915396

网　址:http://www.yugongjixie.com

山东腾飞建设机械工程有限公司

地　址:山东省滕州市经济开发区腾飞东路866号

邮　编:277599

电　话:0632-5883888、5883608

传　真:0632-5883699、5883888

网　址:http://www.tfjj.cn

E-mail:sd-tf@163.com

主要产品:塔式起重机、施工升降机、桥式起重机

郑州古河建筑机械有限公司

地　址:河南省荥阳市金寨工业园区

邮　编:450000

电　话:4006610516

传　真:0371-64909967

网　址:http://www.xgpuli.com

郑州勘察机械有限公司

地　址:河南省郑州市中原区工人路100号

邮　编:450007

电　话:0371-67933334、67933616

传　真:0371-67438464

网　址:http://www.zhengkanji.com

E-mail:zhengkanji@126.com

主要产品:大口径钻机、长螺旋钻机、水文水井钻机和车载动力头钻机

中铁工程集团有限公司

地　址:河南省郑州市经济开发区第六大街99号

邮　编:450016

电　话:0371-60608808

传　真:0371-60608831

网　址:http://www.crectbm.com

主要产品:隧道掘进机(盾构机和硬岩掘进机)

郑州市昌利机械制造有限公司

地　址:河南省郑州市上街区世纪广场东50米

邮　编:450041

电　话:0371-66985358

传　真:0371-66987958

网　址:http://zzchangli.com

E-mail:zzchangli@gmail.com

郑州宇通重工有限公司

地　址:河南省郑州市经济技术开发区宇工路88号

邮　编:451482

电　话:4006621888

网　址:http://www.yutongzg.com

主要产品:土方机械、基础施工机械用车、环保设备

河南江河起重机有限公司

地　址:河南省新乡市长垣县人民路西段

邮　编:453400

电　话:0373-8889910

传　真:0373-8887168

网　址:http://www.jhqz.com

主要产品:起重机、架桥机、弧型闸门,固定式和移动式闸门启闭机、环式卸煤机、混凝土输送泵、捞渣机等

洛阳风动工具有限公司

地　址:河南省洛阳市中州中路 42 号

邮　编:471000

电　话:0379-63953080、63953079

传　真:0379-63411235

网　址:http://www.lyfd.com.cn

E-mail:fengdong@ lyfd.com.cn

主要产品:凿岩机、岩石电钻、风电配套、破碎机、冲击夯、起拔道器、潜孔钻、基础联接件

洛阳中集凌宇汽车有限公司

地　址:河南省洛阳市洛龙区关林大道 1 号

邮　编:471000

电　话:0379-65937600

传　真:0379-65937693

主要产品:海运集装箱、专用车辆、空港设备

洛阳至圣科技有限公司

地　址:河南省洛阳市国家高新产业开发区

邮　编:471003

电　话:0379-64288966、64288968、64122082

传　真:0379-64121858

网　址:http://www.lyzskj.com

E-mail:zhai-zh@ 163.com

主要产品:混凝土搅拌站

国机重工(洛阳)建筑机械有限公司

地　址:河南省洛阳市建设路 23 号

邮　编:471003

电　话:0379-63416236、63416238

网　址:http://www.lybmc.com

E-mail:ytjggs@ 126.com

主要产品:压路机、推土机、液压挖掘机等

一拖(洛阳)工程机械有限公司

地　址:河南省洛阳市建设路 152 号

邮　编:471004

电　话:0379-64966661、64966666

传　真:0379-64969165

一拖(洛阳)车桥有限公司

地　址:河南省洛阳市汉宫西路 16 号

邮　编:471004

电　话:0379-64969674

传　真:0379-64961818

网　址:http://ytoaxle.com

E-mail:cqyx-2007@ 163.com

河南陆德筑机股份有限公司

地　址:河南省南阳市新能源产业集聚区(纬十路)

邮　编:473000

电　话:0377-66088113

传　真:0377-66088173、66088170

网　址:http://www.roady-china.com

E-mail:IN@ roader-china.com

主要产品:沥青混合料搅拌设备、沥青混合料再生设备、稳定土厂拌设备、混凝土搅拌站

湖北杜德起重机械有限公司

地　址:湖北省十堰市郧阳经济开发区金龙路 87 号

邮　编:420304

电　话:0719-7591111

网　址:http://www.dudeqizhong.com

E-mail:market8@ hubeicrane.com

主要产品:2.5~160t 直臂和折臂系列随车起重机械

湖北首开机械有限公司(原黄石市力风凿岩设备厂)

地　址:湖北省黄石市黄金山工业新区

邮　编:435000

电　话:0714-6399922
传　真:0714-6397788
网　址:http://www.shoukaijixie.com
E-mail:hbshoukai@163.com
主要产品:履带钻车、潜孔钻机、锚固钻机、锚索张拉、钻杆钻具、灌浆设备、液压拔管机、气动马达等

湖北中特工程机械有限公司

地　址:湖北省咸宁市咸安经济开发区兴发西路
邮　编:437000
电　话:0715-8336063
网　址:http://www.hbzhongt.com
主要产品:履带式工程机械底盘和液压件

湖北咸宁金华工程机械有限公司

地　址:湖北省咸宁市咸安区官埠桥镇八斗角139号
邮　编:437035
电　话:0715-8618776
传　真:0715-8618779
网　址:http://www.xnjhjx.com
主要产品:推土机、挖掘机引导轮、驱动轮等四轮及履带

湖北省三胜工程机械有限公司

地　址:湖北省咸宁市经济开发区长江产业园金桂大道11号
邮　编:437100
电　话:0715-8235009
传　真:0715-8235007
网　址:http://www.hbssh.cn
E-mail:hbssh@hbssh.cn
主要产品:履带轨链总成、支重轮总成、托链轮总成、驱动轮、引导轮总成、推土机支重轮总成、涨紧装置

中船重工中南装备有限责任公司

地　址:湖北省宜昌市经济技术开发区青岛路1号
邮　编:443005
电　话:0717-6331973
传　真:0717-6334388
网　址:http://www.zg388.com
E-mail:zwz388@126.com

湖南中一惠龙机械设备有限公司

地　址:湖南省长沙市天心区中意一路1119号湘府机电市场8栋19号2层
邮　编:410000
电　话:0731-82280608
传　真:0731-82280608
网　址:http://www.xgpuli.com

湖南巨力液压传动有限公司

地　址:湖南省长沙市雨花机电市场E区7栋114-115号
邮　编:410000
电　话:0731-85559922、85559901
网　址:http://www.hnjuli.cn
主要产品:液压主泵、液压行走马达、液压主泵散件、液压阀、液压辅件

中联重科股份有限公司

地　址:湖南省长沙市银盆南路361号(中联科技园)
邮　编:410013
电　话:0731-88902018、88923897
传　真:0731-89751825、88807517、88807313
网　址:http://www.zoomlion.com
E-mail:YXZGS@zoomlion.com
主要产品:建筑工程、能源工程、环境工程、交通工程、农业机械等基础设施建设所需重大高新技术装备

恒天九五重工有限公司

地　址：湖南省长沙市经济技术开发区东六线3号

邮　编：410100

电　话：0731-82398651、84071368、82398680

传　真：0731-84931105

网　址：http://www.chtcjove.com

主要产品：挖掘机、静力压桩机、长螺旋钻机、旋挖钻机、多功能钻机、水平定向钻机、混凝土输送泵、建筑起重机等

山河智能装备集团

地　址：湖南省长沙市星沙漓湘中路16号山河智能产业园

邮　编：410100

电　话：0731-83572666

网　址：http://www.sunward.com.cn

主要产品：桩工机械 、凿岩机械、工业车辆、起重机械

中国铁建重工集团有限公司

地　址：湖南省长沙市经济技术开发区东七路88号

邮　编：410100

电　话：0731-84071747

传　真：0731-84071800

网　址：http://www.crchi.com

主要产品：轨道设备、掘进机、特种装备

三一集团股份有限公司(三一重工股份有限公司)

地　址：湖南省长沙市经济技术开发区三一工业城

邮　编：410100

电　话：0731-84031888

传　真：0731-84031999

网　址：http://www.sanygroup.com

主要产品：压路机、铣刨机、摊铺机、平地机、沥青搅拌站、混凝土设备等

湖南省湘工重工有限公司

地　址：湖南省长沙市天心区暮云工业园伊莱克斯大道18号

邮　编：410118

电　话：4000900080

网　址：http://www.xgpuli.com

主要产品：混凝土搅拌拖泵、车载混凝土搅拌泵、混凝土泵、车载混凝土泵

湖南有色重型机器有限责任公司

地　址：湖南省长沙市麓谷高新开发区东方红中路568号

邮　编：410205

电　话：0731-88671291

传　真：0731-88671291

网　址：http://www.hnnhm.com

E-mail：sales@hnnhm.com

主要产品：露天钻孔钻机、露天潜孔钻机、天井钻机、全液压凿岩台车、铲运机

中联重科混凝土机械公司

地　址：湖南省长沙市岳麓区麓谷大道677号中联重科麓谷工业园

邮　编：410205

电　话：0731-88997235

传　真：0731-88919206

网　址：http://www.zoomlion.com

奥盛特重工科技有限公司

地　址：湖南省长沙市国家高新技术产业开发区麓谷东方红中路569号奥盛特工业园

邮　编：410205

电　话：0731-88307999、88307899

传　真：0731-88307818

网　址：http://www.osaint.com.cn

主要产品：桩工机械、凿岩设备、高铁专用设备

长沙盛泓机械有限公司

地　址：湖南省长沙市宁乡县经济技术开发区三环东路

邮　编:410600

电　话:0731-87817436

传　真:0731-87870289

网　址:http://www.sunhon.cn

E-mail:shjx2007@126.com

主要产品:小型搅拌设备、纤维混凝土搅拌站、湿混凝土回收系统、袋装粉料拆包机、搅拌主机、升降式码垛机、输送设备、标准带式输送机、大倾角波状挡边带式输送机、斗式提升机

湖南星邦重工有限公司

地　址:湖南省长沙市宁乡县金洲新区金洲大道东128号星邦工业园

邮　编:410600

电　话:0731-87116111

传　真:0731-87116444

网　址:http://www.sinoboom.com.cn

主要产品:自行直臂式、自行曲臂式、自行剪叉式、蜘蛛式、车载式五大系列高空作业平台

江麓机电集团有限公司

地　址:湖南省湘潭市解放北路

邮　编:411100

电　话:0731-58283476、58295968

传　真:0731-58283335

网　址:http://www.jianglu.com.cn

E-mail:jianglujianji@126.com

主要产品:塔式起重机、施工升降机、汽车变速器、沙漠植被机、垃圾压实机、森林消防车、矿山救援车等

湖南新天和工程设备有限公司

地　址:湖南省湘潭市九华经济区大众西路6号

邮　编:411202

电　话:0731-52825555

传　真:0731-52825888

网　址:http://www.hnxth.com

E-mail:xth@hnxth.com

主要产品:环保型工程机械、矿山机械、路面养护机械等

湘潭风动机械有限公司

地　址:湖南省湘潭市天易示范区天马东路10号

邮　编:411228

电　话:0731-57988777

传　真:0731-57988777

主要产品:凿岩机械

湖南株洲长鸿矿山机械有限公司

地　址:湖南省株洲市向阳广场金山阁612室

邮　编:412000

电　话:0731-28333132、13908496334

网　址:http://www.chdrill.com

E-mail:ch@chdrill.com

主要产品:高、中、低风压潜孔冲击器及钻头,同心及偏心钻具,隧道盾构刀具,各种螺纹钻头,钎尾和联接套,各种联接头、钻管和凿岩机械配件等

湖南新金刚工程机械有限公司

地　址:湖南省岳阳市平江工业园

邮　编:414517

电　话:0730-6808685

网　址:http://www.xjgdrill.com

E-mail:yang.riquan@xjgdrill.com

主要产品:冲击器、潜孔钻头、螺纹钻头

湖南大汉起重科技有限公司

地　址:湖南省常德市德山经济开发区乾明路96号

邮　编:415000

电　话:0736-7312559

传　真:0736-7319559

网　址:http://www.dahancn.com

E-mail:dhqzhr2012@163.com

主要产品:随车起重运输车

湖南德力重工有限公司

地　址:湖南省永州市新田县龙泉科技园

邮　编:425700

电　话:0746-4781980

网　址:http://www.yzdeli.com

E-mail:84267485@qq.com

主要产品:微型挖掘机

广州市特威工程机械有限公司

地　址:广东省广州市白云区江高镇五丰工业大道 318 号

邮　编:510460

电　话:4008550288

传　真:020-36711906

网　址:http://www.gzstw.com

E-mail:27725031@qq.com、gzstw@hotmail.com

主要产品:施工升降机

广州市天凿精机机械有限公司

地　址:广东省广州市天河区柯木塱矿机城一期 25~27 号

邮　编:510520

电　话:020-87265338

传　真:020-87090328

网　址:http://www.gztianzao.com

E-mail:tian-zao@163.com

主要产品:履带式潜孔钻机、潜孔凿孔器

广州市裕丰建筑工程机械制造有限公司

地　址:广东省广州市番禺区东涌镇鱼窝头大道 68 号盛林大厦

邮　编:511475

电　话:020-28671888

传　真:020-28687520

网　址:http://www.yufengmachinery.com

E-mail:yfjx.machinery@gmail.com

韶关市起重机厂有限责任公司

地　址:广东省韶关市曲江区马坝镇转溪叶屋段 106 国道旁

邮　编:512025

电　话:0751-6653028

传　真:0751-6653001

网　址:http://www.sgqzj.com

E-mail:service@sgqzj.com

主要产品:自卸改装车、随车起重机、多种专用车

深圳高立高空作业设备有限公司

地　址:广东省深圳市宝安区光明街道公明办事处楼村社区鑫晖金山产业园 1 栋

邮　编:518107

电　话:0755-27126711

传　真:0755-29871907

网　址:http://www.gaolimc.com

E-mail:info@gaolimc.com

主要产品:全自动自行式升降机

深圳市友利工程机械有限公司

地　址:广东省深圳市宝安区机场出口航站一路 1013 号口岸大楼 3、4 层

邮　编:518128

电　话:0755-27519842、27333393

传　真:0755-27519842、27333393

网　址:http://www.ylgcjx.cn

E-mail:youli@youlijixie.com

珠海仕高玛机械设备有限公司

地　址:广东省珠海市香洲区南屏镇南屏科技工业园屏工西路 7 号

邮　编:519060

电　话:0756-8682100、8699902、8699905

传　真:0756-8682101、8699901

网　址:http://www.sicoma.com.cn

E-mail:sicoma@sicoma.com.cn

主要产品:节能环保型搅拌机，双卧轴、行星式、

涡桨式、连续式等多系列多品种商品混凝土搅拌机

河谷(佛山)汽车润滑系统制造有限公司

地　址:广东省佛山市禅城区高新技术开发区罗格围工业区禅秀路(季华大桥西500m)

邮　编:528061

电　话:0757-82011888

传　真:0757-82817096

网　址:http://www.herg.com.cn

E-mail:info@herg.com.cn

主要产品:干、稀两大系列各种润滑产品

广西建工集团建筑机械制造有限责任公司

地　址:广西壮族自治区南宁市西乡塘区秀安路1号

邮　编:530001

电　话:0771-3139549、3906911

传　真:0771-3906914

网　址:http://www.gxntp.com

主要产品:塔机起重机、施工升降机、液压压桩机、混凝土设备、立体停车设备

广西开元机器制造有限责任公司

地　址:广西壮族自治区玉林市陆川县北部工业区

邮　编:537000

电　话:0775-3165871

传　真:0775-3165972

网　址:http://www.kym-china.com

主要产品:微型水稻收割机、微型耕整机,小型液压挖掘机等

广西悍牛工程设备有限公司

地　址:广西壮族自治区玉林市玉州区城西印刷品工业园

邮　编:537000

电　话:0775-3107056

网　址:http://www.ylhanew.com

广西玉柴机器股份有限公司

地　址:广西壮族自治区玉林市玉柴大道1号

邮　编:537005

电　话:0755-95105432、3288000、3287018

传　真:0775-3229528

网　址:http://www.yuchai.com

E-mail:sales@yuchai.cn

主要产品:发动机、工程机械、农业机械、配件、润滑油

柳州柳工叉车有限公司

地　址:广西壮族自治区柳州市鱼峰区阳和工业新区阳和大道1号

邮　编:545006

电　话:0772-3591703、3591181

传　真:0772-3591557

网　址:http://www.lgforklift.cn

主要产品:叉车

广西柳工程机械股份有限公司

地　址:广西壮族自治区柳州市柳太路1号

邮　编:545007

电　话:0772-3888999

传　真:0772-3691147

网　址:http://www.liugong.cn

E-mail:sales@liugong.com

主要产品:装载机、挖掘机、起重机、推土机、叉车、路面机械、小型工程机械等

重庆勤牛工程机械有限责任公司

地　址:重庆市大渡口区建桥工业园C区石林大道16号

邮　编:401325

电　话:023-68652868、68821069-828

传　真:023-68656928

成都金瑞建工机械有限公司

地　址:四川省成都市金牛区沙西线付家工业区

邮　编:610036

电　话:028-87513998

传　真:028-87512958

网　址:http://www.scjinrui.com

E-mail:www.scjinrui.com

主要产品:搅拌主机、组合搅拌站、标准搅拌站、商品混凝土搅拌站、混凝土输送泵、螺旋输送机

四川建设机械(集团)股份有限公司

地　址:四川省成都市金牛区古柏路54号

邮　编:610081

电　话:028-83115334、86472469、86472488、83115513

网　址:http://www.scm-china.com

E-mail:hjgs@scm-china.com

主要产品:塔式起重机、施工升降机、混凝土机械配件系列

四川锦城建筑机械有限责任公司

地　址:四川省成都市西三环外土龙路淳风桥段

邮　编:610091

电　话:028-87507348、87514548

传　真:028-87507248

网　址:http://www.scjc-china.com

E-mail:jc@scjc-china.com

主要产品:塔式起重机和施工升降机

四川成都成工工程机械股份有限公司

地　址:四川省成都市汽车城大道668号

邮　编:610100

电　话:028-88452363

传　真:028-88452598

网　址:http://www.chinachenggong.com/cg

主要产品:轮式装载机、挖掘装载机、平地机,以及独具成工特色的液力变矩器、电液控制动力换挡变速器、湿式桥等系列配套部件

成都神钢起重机有限公司

地　址:四川省成都市龙泉驿区经济技术开发区南五路666号

邮　编:610100

电　话:028-65085568

传　真:028-65085577

网　址:http://www.kobelco-cranes.com

主要产品:履带式起重机

成都神钢建设机械有限公司

地　址:四川省成都市龙泉驿区经济技术开发区南四路699号

邮　编:610199

电　话:028-88412188

传　真:028-88412166

成都市新筑路桥机械股份有限公司

地　址:四川省成都市新津工业园区

邮　编:611430

电　话:028-82556968

传　真:028-82556968

网　址:http://www.xinzhu.com

主要产品:混凝土机械、筑养路机械、桥隧机械、土方机械、专用车辆、轨道机车

四川长江工程起重机有限责任公司

地　址:四川省泸州市江阳区茜草镇

邮　编:646000

电　话:0830-3581773、3581773

传　真:0830-3581020

网　址:http://www.cj-crane.com

E-mail:cj-crane@mail.luzhou.net

主要产品:液压汽车起重机和全地面起重机

四川邦立重机有限责任公司

地　址:四川省泸州市茜草北路185号

邮　编:646006

电　话:0830-3581967

传　真:0830-3580617

四川长江液压件有限责任公司

地　址:四川省泸州市江阳区茜草镇

邮　编:646006

电　话:0830-3581351

传　真:0830-3580131

网　址:http://www.cj-hydraulic.net

E-mail:cjyyxszx@163.com

贵州中钻机械设备有限公司

地　址:贵州省贵阳市下威清路雄骏国际大厦16层

邮　编:550001

电　话:0851-86821268、86800738、86821628

传　真:0851-86830552

网　址:http://cn.sinodrills.com

E-mail:sales@sinodrills.com

主要产品:顶锤式钻具、潜孔式钻具、自钻式锚固钻具、金刚石取芯钻具和旋回式钻具

贵州詹阳动力重工有限公司

地　址:贵州省贵阳市中曹路97号

邮　编:550006

电　话:0851-3822888、3823888、3825999、3898986

传　真:0851-3843189、3833248

网　址:http://www.jonyang.com

E-mail:export@jonyang.com

主要产品:挖掘机

贵州枫阳液压有限责任公司

地　址:贵州省贵阳市花溪区松花江路2号

邮　编:550009

电　话:0851-8117576

传　真:0851-8117586

网　址:http://www.gzfyyy.c

E-mail:fyyy@vip.163.com

主要产品:液压、燃油、气压、电磁元件及压力信号器,压差信号器、传感器

中航力源液压股份有限公司

地　址:贵州省贵阳市乌当区北衙路501号

邮　编:550018

电　话:0851-86320202、86320303

传　真:0851-86320001

网　址:http://www.zhlyyy.com

主要产品:高压柱塞泵/马达

贵州劲锐机械有限公司

地　址:贵州省遵义市红花岗区深溪工业园

邮　编:563000

电　话:0797-8102882

传　真:0797-8102882

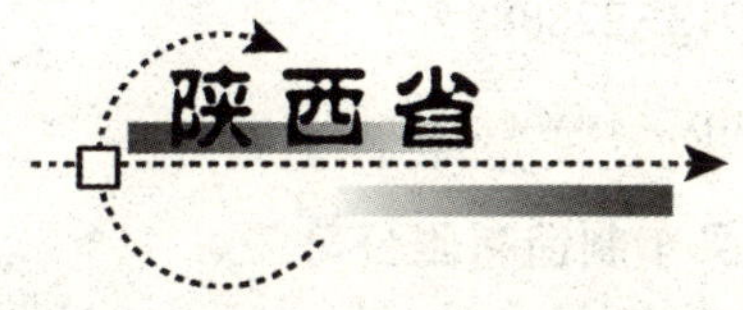

陕西建设机械股份有限公司

地　址:陕西省西安市金花北路418号

邮　编:710032

电　话:029-82592275

传　真:029-82522830

网　址:http://www.scmc-xa.com

E-mail:scmc2250@163.com

主要产品:筑养路机械、桩工机械、金属钢结构产品等

陕西航天动力高科技股份有限公司

地　址：陕西省西安市高新技术产业开发区锦业路 78 号

邮　编：710077

电　话：029-81881836-8923

传　真：029-81881817

网　址：http://www.china-htdl.com

E-mail：power@china-htdl.com

主要产品：泵及液压传动系统、变矩器及液力传动系统、燃气表及流体计量系统等

中交西安筑路机械有限公司

地　址：陕西省西安市经济技术开发区泾渭新城泾高南路西段 8 号

邮　编：710200

电　话：029-86966888、86966889

网　址：http://www.rm.com.cn

主要产品：沥青混合料搅拌设备、沥青混凝土摊铺机、道路养护及再生设备、高铁专用提运架设备

中联重科股份有限公司土方机械分公司

地　址：陕西省渭南市高新区朝阳大街西段 86 号

邮　编：714000

电　话：0913-2288888

传　真：0913-2288855

网　址：http://www.zoomlion.com

宝鸡双力叉车制造有限公司

地　址：陕西省宝鸡市大庆路 10 号

邮　编：721004

电　话：0917-2839595、2839588、3456501

传　真：0917-2839596

网　址：http://www.bjslforklift.com

主要产品：叉车、机械式立体停车设备、起重运输机械、通用机械及零部件

天水风动机械股份有限公司

地　址：甘肃省天水市麦积区社棠路 16 号

邮　编：741020

电　话：0938-2615437、2614959

传　真：0938-2614573、2722422

网　址：http://www.tsfd.com.cn

E-mail：market@tsfd.com.cn

主要产品：凿岩机械与气动工具

天水力动机械有限公司

地　址：甘肃省天水市麦积区陇昌路东工房 18 号

邮　编：741020

电　话：0938-2611265

传　真：0938-2611265

网　址：http://www.yt28.net

E-mail：yt28@yt28.net

市场篇

系统论述及分析国内外工程机械市场总体状况和发展趋势，概述工程机械行业上市公司的发展动向，对2014年工程机械产品进出口贸易情况进行分析

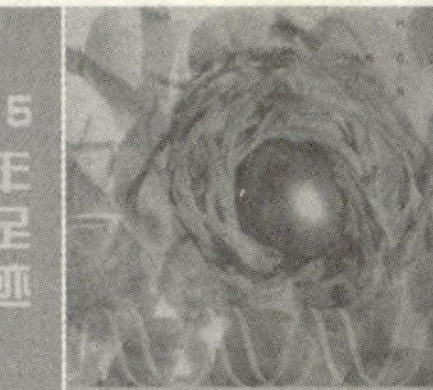

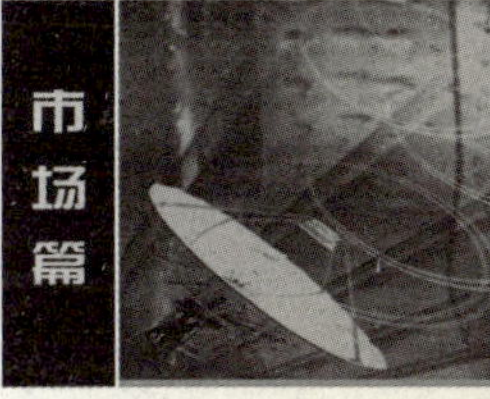

市场篇

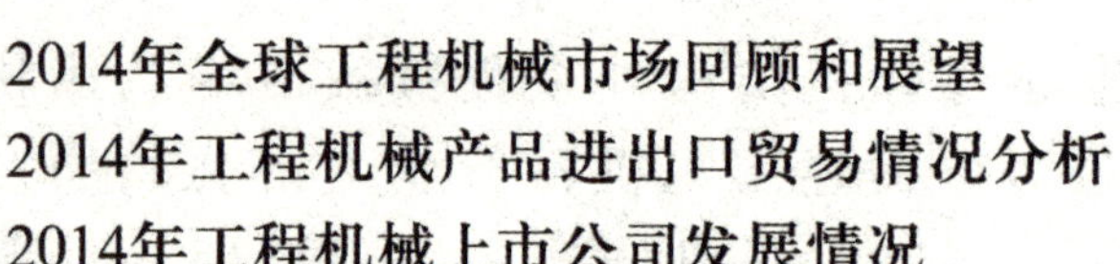

2014 年全球工程机械市场回顾和展望

一、全球工程机械市场形势概观

近三年来，全球工程机械市场处于新世纪以来第二个变化周期的下降通道。在 2011 年全球销售量回升到一个新的高峰之后，由于新兴市场普遍回落，特别是我国市场的下降，世界工程机械的总销售量近三年来已从 2011 年的高峰回落 21%。这种结构性的回落，与不同地区经济周期的轮转变化密切相关。尽管如此，我国仍然是全球最大的单一市场，在 2014 年全球销售量中我国市场的占比为 26%。虽然日本市场在快速增长后出现了一定回落，但以欧美为代表的传统发达市场总体处于回升通道，发达地区占全球市场的比重上升到 47%。其他新兴市场则由于印度、南美、俄罗斯等主要国家和地区的市场下降而表现为总体需求不振，但这些国家和地区占全球市场的比重仍然保持在 28%。我国制造商的出口受到新兴经济体需求下滑的影响，同时美元的走强影响到我国出口产品的竞争力。因此，尽管从全球视野来看中国制造商仍然有很大的发展空间，但目前由于诸多市场不利因素的影响，很多企业的生存和发展面临巨大考验。

从世界范围来看，各国政府针对经济发展需要而实施的建设投资计划是推动工程机械市场增长的主要动力。但是，为稳定经济而采取的刺激政策如果不能对经济结构的改善发挥有效作用则难以长期持续，相反，信贷规模的扩张还带来新的金融风险。着眼于未来，全球经济的复苏形势仍然不明朗，与经济景气密切相关的工程机械市场仍有很大的不确定性。

从销售量变化趋势来看，新兴经济体对全球市场的支撑作用不再，而传统发达市场的回升仍然受地区经济不均衡的影响，全面复苏动力不足且回升的持续性有待观察。考虑到不同区域市场周期性变化的叠加影响，全球市场需求将在当前水平附近徘徊。与上一轮周期相比，本轮下跌的底部要高得多，但回升幅度也不会十分明显，可能会进入一个具有一定持续性的中枢区间，即 80 万台左右。未来五年的平均需求水平会明显低于前五年，但将处于一个相对平稳的阶段。2005—2014 年全球工程机械市场销售量及 2015—2017 年趋势预测见图 1。

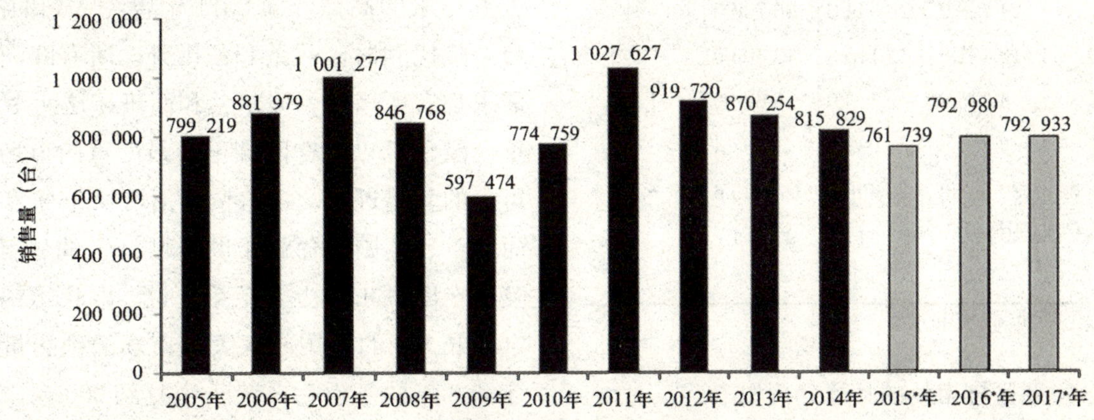

图 1　2005—2014 年全球工程机械市场销售量及 2015—2017 年趋势预测

注：1. 统计范围：装载机、挖掘机、推土机、平地机、沥青混凝土摊铺机、铲运机、越野叉车、滑移－转向装载机、挖掘装载机、非公路自卸车。后同。

2. 数据来源：英国工程机械咨询有限公司。

二、区域市场分析

2014 年全球工程机械市场销售量继续下降，为 81.6 万台。主要区域特征是欧美发达市场总体回升，而以中国为代表的新兴市场总体回落，并导致全球市场的下降。2012—2014 年全球工程机械市场分地区销售量见表 1。2012—2014 年全球工程机械市场分地区销售额见表 2。

表 1　2012—2014 年全球工程机械市场分地区销售量　（单位：台）

	2012 年	2013 年	2014 年	2013—2014 年增长率（%）
中国	292 165	275 489	208 517	−24
北美	145 560	157 321	171 405	9
西欧	118 595	111 577	123 842	11
日本	64 860	90 830	84 225	−7
印度	50 795	42 745	36 805	−14
其他地区	247 745	192 292	191 035	−1
全球合计	919 720	870 254	815 829	−6
增长率（%）	−11	−5	−6	

注：数据来源：英国工程机械咨询有限公司。

表 2　2012—2014 年全球工程机械市场分地区销售额　（单位：亿美元）

	2012 年	2013 年	2014 年	2013—2014 年增长率（%）
中国	24 117.0	21 734.9	18 686.0	−14
北美	24 738.9	26 344.8	28 736.3	9
西欧	12 131.8	12 115.8	12 603.0	4
日本	4 345.8	5 713.0	6 676.0	17
印度	2 361.4	2 032.2	1 883.4	−7
其他地区	32 067.3	25 403.5	24 829.6	−2
全球合计	99 762	93 344	93 414	
增长率（%）	−4	−6		

数据来源：英国工程机械咨询有限公司。

对各主要区域市场的具体分析如下：

中国　2014 年市场持续下滑 24%，与 2011 年的市场高峰相比，在 2012—2014 年的累计降幅已经超过 50%，并且这种下降趋势仍在继续。业内普遍认为市场不可能再回到 2008—2011 年的“黄金时代”。导致市场连续下滑的基本因素是经济增长减速，投资增长力度明显减缓，房地产市场的建设需求萎缩，对原材料尤其是煤炭的需求下降，从而抑制了市场比重较大的两种产品即轮式装载机和液压挖掘机的销售。与 2011 年需求高峰相比，这两种主导产品的国内销售量均已减少一半以上。由于新增需求不足，而市场上现有设备的保有量巨大，导致新机销售受到严重制约。即使供应商采取给予客户优惠的付款条件也仍难以推动销售，相反，他们正在和经销商共同努力回收客户拖欠的货款，以尽可能减少坏账损失。相对来说，一些在国内已经建立起比较完善的业务模式的国际制造商和少数中国本土制造商正处于比较有利的竞争地位，因为他们所重点服务的优质客户仍然有能力开展正常业务。

2015 年国内市场仍处于下滑趋势。鉴于有不少新的基础设施项目投入实施，而房地产市场正在企稳过程中，预计未来两年国内市场可能出现回升，但回升幅度仍远不足以化解目前的产能过剩问题。另一方面，出口形势仍不容乐观。这将导致整个行业的生产回落到较低的水平，业内制造商必须大力提高其产品和服务的价值才能应对市场下滑的压力，特别应提高在售后市场和二手市场的价值和赢利能力。

西欧　工程机械销售量 2014 年增长 11%，接近五年来的高点，即 2011 年曾经达到的 124 000 台。除比利时、芬兰和法国外，所有欧洲市场的需求都有所增加。爱尔兰和西班牙这两个自 2008 年金融危机以来在欧洲下滑最严重的市场显现出可喜的复苏迹象，销售量分别增长 35% 和 31%；而荷兰、英国和葡萄牙也实现 25% 的显著增长。英国在欧洲市场上升至第一位，取代了销售量稳定增长 8% 的德国。意大利市场的销售量在经过连续 6 年的下滑后，终于恢复到 900 台，增幅不大但表明市场趋势已经出现了重要转变。

2014 年几乎所有工程机械产品都实现增长，15 种产品中仅两种出现下滑，即挖掘装载机需求下降7%，平地机下降3%。小型挖掘机销售量增长了近7 000台，相比2013年增长18%；而履带式挖掘机销售量增加2 187台，同比增长11%。谨慎乐观的预期认为，未来5年欧洲市场将继续处于回升态势。

西欧国家 2014年的工程机械产量增长5%。除比利时、西班牙、意大利和芬兰外，欧洲所有国家的产量都有所增加，其中德国、英国和荷兰的增幅尤为显著。但是，挖掘装载机产量降幅较大，同比下降19%。市场规模最大的产品仍然是伸缩臂叉装机，占欧洲总产量的1/4，超过38 000台。

北美 市场在2014年较2013年增长了近8%。美国和加拿大2014年经济形势良好，全年工程机械销售始终保持强劲，这仍然归因于租赁设备行业的引领作用。当前北美工程机械需求水平仅比前一经济周期中的2005年销售高峰低22%。

增长最显著的是小型履带式装载机，销售量同比增长近17%。其他实现强劲增长的产品包括：履带式推土机增长19%，挖掘装载机增长近9%，而小型挖掘机销售量增长约7%，叉装机增长16%。挖掘机、轮式装载机和履带式推土机等较大机型则都受到重型建设项目和采矿业需求低迷的影响，处于平稳或下降状态。预计2015年除了重型施工和矿山领域外，各类需求市场仍继续保持乐观，总体销售量同比增幅可达到6%。

北美地区 2014年产量同比增长约3%，非常接近2013年的增长水平，其中伸缩臂叉装机和小型履带式装载机增幅最大，超过15%。其他多种产品的产量在2014年也实现增长。由于重型工程机械产品需求的停滞，矿山应用设备产量下降，建设领域应用的大型产品的需求也下降或没有增长。

日本 2014年销售量保持在84 000台，相比2013年仅略下降3%。需求主要来自于国内经济复苏的强有力支持，以及东日本大地震灾后持续的重建工程刺激了多数产品的销售。各工程机械产品门类的销售量都保持稳定，但是液压挖掘机市场由于客户赶在实施新的排放法规之前采购设备，导致部分需求提前一年于2013年释放，因此2014年销售量减少。此外，需求从中型挖掘机向小型挖掘机转移，小型挖掘机销售量近两年十分强劲。

在经过两年的需求稳步增长后，2015年销售量将略有下降。尽管预计经济将保持强劲增长，并且公共和民间投资将继续健康增长，但现有设备保有量十分充足，销售量将小幅下降到80 000台以下；从长期趋势来看，需求将保持在71 000～74 000台范围，其中履带式和小型挖掘机需求将有所减少，分别保持在27 000～30 000台。

尽管2014年中国的工程机械需求低迷，但由于北美、西欧和亚洲的其他部分地区的需求增长，日本工程机械出口在2014年增长了6%，加上国内市场良好，使其2014年产量提高了2%，达到193 000台，而2015年有望进一步小幅增加。2014年产量增长尤为显著的是履带式挖掘机、小型挖掘机以及轮式装载机。

印度 由于六大类主要产品中有五类产品的需求下滑，2014年工程机械新机销售量下降了14%。行业面临的主要问题仍然是印度各企业财务状况不佳，而基础设施建设企业更甚；企业财务状况不好也影响到国有银行，减弱了他们的贷款意愿和能力。在印度上一届政府执政期间，由于国有银行贷款增长（主要用于基础设施项目）的推动，其国内对产业界的信贷持续增加。此外，外部商业贷款在此期间也有所增加，这使印度企业受到外部债务影响，外汇债务负担比较沉重。

印度新政府十分重视这一问题，但在险恶的政治环境下又必须小心行事。在印度整个政治体制中能够广泛受到支持的产业决策都是精英式的和反贫困取向的，而基础设施建设的推进并不顺利。新政府无疑能够迅速制定政策与采取行政决策，但它仍然每天要应付各种各样的社会和政治问题，难以进行一致和决断性的行动。总的来看，在各个领域都存在着很多需要开展的工程项目，需要大量设备完成。鉴于印度蕴藏的巨大潜力，印度工程机械市场的未来增长仍然看好，2015 年有可能实现不错的增长。

印度国内的工程机械产量在 2011 年达到 50 831 台的高峰后持续下降，但是随着建设市场减缓，2014 年产量降至 37 993 台。印度工程机械产业的特点是进口和出口都较少，但随着出口的增长印度正逐渐成为一个全球生产基地。尽管 2014 年国内销售量下降 14%，但产量仅下降 11%。

三、中国工程机械行业面临结构调整

自 2012 年以来，中国工程机械市场连续下滑，同时出口增长也遇到瓶颈。市场的连续下滑完全改变了行业原来的乐观预期，并给整个行业带来很大冲击。同时，近期以来中国制造商的出口市场总体也出现增速下降甚至负增长，使化解产能过剩问题更加艰难。在前期产能建设投入巨大的情况下，制造企业面临着生产开工不足、产品库存居高不下、营销投入风险上升、折旧负担沉重的问题。其上游供应商同样面临产能利用不足、资金周转下降的处境。而受到最直接冲击的是大量的一线经销商，在库存压力大、资金周转慢、坏账风险高的形势下，他们需要稳定的资金支持才能保持业务的持续性，而他们所面临的困难正在逐步传导到其供应商。在市场徘徊不前的形势下，整个工程机械产业链都承受着考验。

中国经济当前正处于调整产业结构、转变增长途径的关键时期，经济形势的急速转折使工程机械市场进入了前所未有的下降周期。制造企业必须在市场深度调整的形势下重新做出生存和发展的战略抉择。从整个行业的层面来看，宏观经济结构的调整和经济政策目标的转移正在倒逼工程机械行业的整合和升级。如果不能顺应时势，转变理念和思路，则势必在巨变的过程中落后乃至遭到淘汰。对于中国制造商来说，发展战略的转变莫过于要摆脱主要依靠量的增长实现快速扩张的思路，而必须着眼于长期持续发展。但是目前更为紧迫的问题又似乎是需要赢得寻求转变的时间，在行业整合的过程中，机遇只留给那些具备长远战略和充分实力的企业。显然，一个有限的市场不可能容纳很多企业，即使是少数赢得竞争的企业也必须看到长期发展的艰巨性和曲折性，中国企业应该尽快适应当前形势，在调整升级中快速发展。

〔撰稿人：英国工程机械咨询有限公司北京代表处史杨〕

2014 年工程机械产品进出口贸易情况分析

国家海关进出口税则中工程机械产品原有 81 个税目，2011 年收入非公路货运自卸车的 2 个税目。在 2013 年国家海关税则调整中，分列出混凝土泵车、自推进凿岩机和隧道掘进机及其零部件，现行列入统计的工程机械税目数为 86 个。

据国家海关总署统计，2014 年我国工程机械进出口贸易额为 240.77 亿美元，比 2013 年下降 0.78%。其中进口金额 42.85 亿美元，比 2013 年下降 9.50%；出口金额 197.92 亿美元，比 2013 年增长 1.33%。

一、工程机械产品进出口情况

1. 进口额由升转降，降幅逐月小幅扩大

与 2013 年度相比，2014 年上半年进口情况有明显好转，各月累计降幅扭转了大幅度下降的局面，但进口增幅由增转降，且降幅小幅扩大。1—2 月的进口增幅达到 25.3%，随后 4 个月出现当月

下降态势，导致各月累计增幅逐步下滑，3月累计增长9.8%，4月累计增长4.02%，5月累计增长0.38%，从6月份开始累计出现下降，累计降幅从6月的0.24%扩大到12月的9.50%。其原因：国内市场1—2月出现回暖征兆，市场需求增加，同期国内销售也呈增长态势。在随后的几个月，市场旺销的预期未得到充分确认，导致进口额增幅逐步下滑。2011—2014年我国工程机械各月进口额见图1。

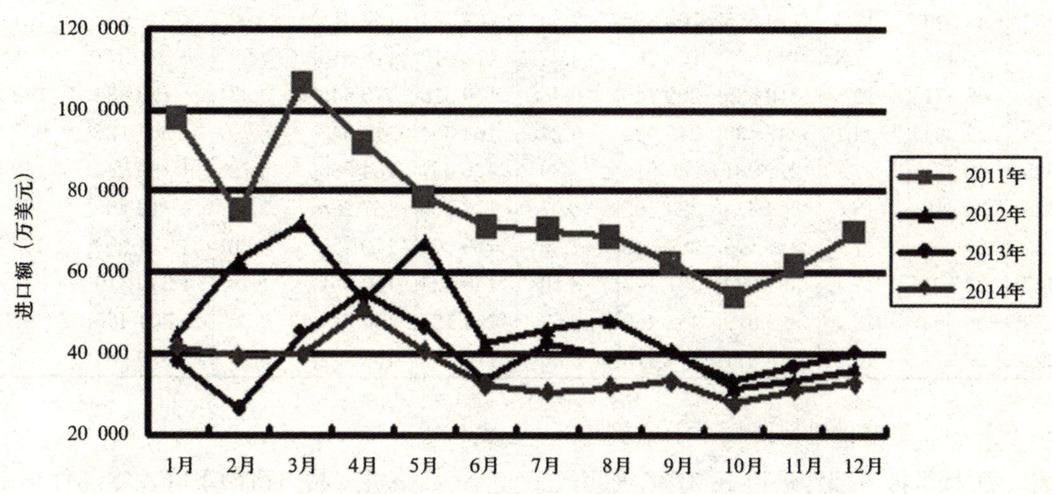

图1　2011—2014年我国工程机械各月进口额

2.出口总体保持微增长态势

2014年延续了2013年以来出口额微增长态势。从月度出口情况看，除1、2月份受节假日影响，同比增幅有所波动，其余各月均呈窄幅波动，一季度增长3.83%，上半年增长0.87%，1—3季度增长0.99%，全年增长1.33%。在前几年出口高速增长之后，从2013年开始进入一个新的平台期。目前出口继续大幅度增长难度较大。今后我国工程机械产品进一步增长需要政策支持和企业进一步加大力度扩大出口，企业将由简单的产品出口转型升级为品牌与服务的走出去。2011—2014年我国工程机械各月出口额见图2。2014年工程机械产品各月进出口情况表1。

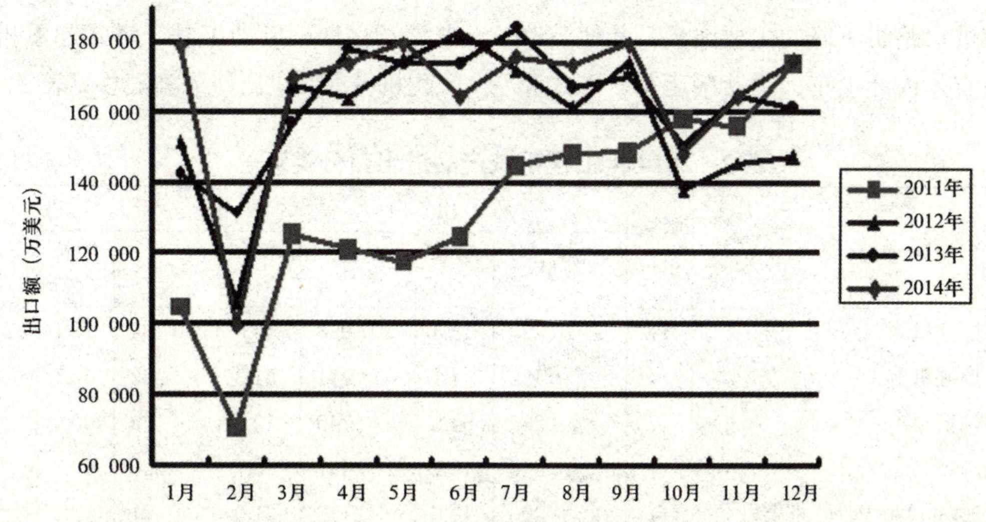

图2　2011—2014年我国工程机械各月出口额

表 1　2014 年工程机械产品各月进出口情况

月份	进口						出口					
	当月			累计			当月			累计		
	2014 年	2013 年	增长(%)	2014 年	2013 年	增长(%)	2014 年	2013 年	增长(%)	2014 年	2013 年	增长(%)
1	41 245	37 768	9.2				178 855	142 813	25.20			
2	39 934	26 134	48.6	80 079	63 902	25.30	99 066	131 343	-24.60	277 921	274 156	1.37
3	39 433	44 990	-12.4	119 565	108 892	9.80	169 774	157 311	7.92	447 992	431 467	3.83
4	50 237	54 487	-7.8	169 855	163 283	4.02	173 610	177 676	-2.29	621 377	608 867	2.05
5	40 645	46 471	-12.5	210 535	209 746	0.38	179 318	173 545	3.33	799 883	782 394	2.24
6	31 929	33 304	-4.1	242 433	243 026	-0.24	164 364	173 542	-5.29	964 185	955 873	0.87
7	30 548	42 281	-27.7	272 981	285 518	-4.39	175 657	184 360	-4.72	1 139 840	1 140 116	-0.02
8	31 428	38 619	-18.6	304 438	324 105	-6.07	173 156	167 285	3.51	1 312 788	1 307 356	0.42
9	33 032	39 953	-17.3	337 475	364 019	-7.29	179 309	170 350	5.26	1 491 993	1 488 359	0.99
10	27 447	33 107	-17.1	394 982	397 143	-8.10	148 324	150 551	-1.48	1 640 310	1 627 842	0.77
11	30 879	36 362	-15.1	395 819	433 490	-8.69	164 127	164 548	-0.26	1 804 460	1 791 745	0.71
12	32 692	39 977	-18.2	428 511	473 473	-9.50	174 706	161 422	8.23	1 979 164	1 953 131	1.33

3. 进口产品中，零部件进口降幅小于整机

2014 年，工程机械零部件进口 18.37 亿美元，同比下降 3.92%，占进口总额的 42.9%。进口整机 24.48 亿美元，同比下降 13.3%，占进口总额的 57.1%。其中：履带挖掘机进口 10 784 台，进口额 8.06 亿美元，同比分别下降 19.1% 和 18.0%，进口额减少 1.77 亿美元；非公路用货运自卸车进口 107 台，进口额 6 448 万美元，同比分别下降 54.3% 和 55.6%，进口额减少 8 059 万美元；隧道掘进机进口 13 台，进口额 5 113 万美元，同比分别下降 56.7% 和 39.4%，进口额减少 3 322 万美元。上述三类为进口整机下降的主要因素。其他下降较多的产品有：内燃叉车、手动搬运车、塔式起重机等。

4. 整机产品出口额下降，零部件出口额上升

2014 年工程机械零部件出口 69.35 亿美元，占出口总额的 35%，同比增长 15.1%。出口整机 128.6 亿美元，同比下降 4.81%，占出口总额的 65%。出口额减少较多的有：履带挖掘机（减少 1.75 亿美元，下降 14%）、凿岩机及隧道掘进机（减少 1.71 亿美元，下降 40.4%）、装载机（减少 1.52 亿美元，下降 8.65%）、其他汽车起重机（减少 7 668 万美元，下降 11.4%）、履带起重机（减少 4 780 万美元，下降 15.2%）。出口增幅较大的整机产品有：叉车、电梯及扶梯、风动工具、塔式起重机等。2014 年工程机械产品进出口分类汇总见表 2。

表 2　2014 年工程机械产品进出口分类汇总　（金额单位：万美元）

序号	货品名称	数量单位	出口				进口			
			数量	增长(%)	金额	增长(%)	数量	增长(%)	金额	增长(%)
1	履带式挖掘机	台	10 727	-15.4	107 998	-14.0	10 784	-19.1	80 565	-18.0
2	轮胎式挖掘机	台	482	1.1	4 441	51.3	262	54.1	2 108	54.4
3	其他挖掘机	台	265	64.6	749	-12.2	5	400.0	889	285.6
4	装载机	台	40 640	-10.7	160 497	-8.7	526	43.7	5 949	18.7
5	＞235.36kW(320 马力)推土机	台	206	-11.6	3 119	-31.0	91	12.3	5 833	35.7
6	其他推土机	台	3 704	-14.5	32 225	-9.7	68	-38.2	1 464	-27.3
7	筑路机及平地机	台	4 119	-10.2	39 728	-2.6	23	64.3	948.8	-24.5

（续）

序号	货品名称	数量单位	出口				进口			
			数量	增长（%）	金额	增长（%）	数量	增长（%）	金额	增长（%）
8	铲运机	台	428	1.7	1 876	-33.5	40	25.0	1 841	4.9
9	非公路用货运自卸车	辆	4 469	-0.4	25 919	5.3	107	-54.3	6 448	-55.6
10	压路机	台	15 867	19.9	39 702	7.3	385	-19.5	1 025	-33.6
11	其他压实机械	台	9 668	-50.9	1 406	-47.8	6	-14.3	1	-94.6
12	摊铺机	台	803	18.1	3 881	-15.2	370	41.8	5 954	51.0
13	沥青搅拌设备	台	991	67.7	11 282	-12.6	56	7.7	739	-27.3
14	起重量＞100t 全路面汽车起重机	辆	26	-50.9	1 986	-59.4	1	-50.0	149	-74.2
15	其他全路面汽车起重机	辆	833	-16.2	10 575	-9.3	0		0	
16	起重量＞100t 的汽车起重机	辆	45	-44.4	2 396	-46.3	0		0	
17	其他汽车起重机	辆	4 094	-7.5	59 465	-11.4	0		0	
18	履带式起重机	台	760	-18.2	26 766	-15.2	12	0.0	3 628	27.5
19	塔式起重机	台	3 928	32.4	46 218	18.0	15	-60.5	1 203	-42.6
20	随车起重机	台	520	94.8	1 245	214.1	454	34.7	892	19.7
21	其他起重机	台	11 799	16.9	28 684	-0.7	1 652	68.9	13 562	42.4
22	堆垛机	台	1 481	29.1	2 161	161.6	668	34.9	5 460	42.5
23	电动叉车	台	64 118	27.9	42 663	30.2	7 929	9.0	14 774	4.31
24	内燃叉车	台	67 315	10.1	113 253	15.0	868	-21.8	6 917	-42.8
25	集装箱叉车	台	294	11.8	4 363	-10.2	4	-42.9	59	-19.7
26	手动搬运车	台	1 575 776	-6.2	31 985	1.8	3 103	-28.4	1 518	-41.3
27	牵引车	台	18 390	-15.6	4 410	-0.4	2 345	11.5	2 881	1.6
28	凿岩机及隧道掘进机	台	27 417	-21.2	25 268	-40.4	108	-37.2	12 499	-49.3
29	风动工具	台	20 018 643	39.9	37 531	26.0	626 144	7.4	8 980	6.5
30	打桩机及工程钻机	台	23 999	8.6	13 393	-9.6	130	13.0	1 996	8.1
31	混凝土泵	台	2 551	24.5	6 494	-7.1	1 117	-73.7	959	-30.1
32	混凝土泵车	辆	567	25.4	12 907	19.6	2		114	
33	混凝土搅拌机械	辆	907 642	0.4	43 804	2.6	3 491	67.4	10 367	19.6
34	混凝土搅拌车	台	5 673	-1.7	31 186	-2.1	1	-50.0	32	-64.7
35	电梯及扶梯	台	68 910	4.5	196 298	8.4	1 821	12.8	19 920	21.5
36	其他工程车辆	台	5 691	21.0	33 392	4.8	255	62.4	10 703	12.3
37	其他	台	1 332 147	11.2	76 351	-39.8	16 205	186.4	14 470	-41.3
38	零部件	t			693 547	15.1			183 665	-3.9
	合　计				1 979 164	1.3			428 511	-9.5

二、工程机械进出口地区分布

各主要区域经济体中，对美国、欧盟、中国香港、日本、韩国出口分别增长22.1%、12.6%、28.8%、18.6%、1.6%，出口比重分别增加1.85个、0.99个、0.34个、0.83个、0.01个百分点。对东盟、俄罗斯联邦、印度、非洲+拉丁美洲出口分别下降6.52%、11.2%、6.26%、7.1%，其对应出口比重分别下降1.37个、0.7个、0.2个、1.98个百分点。2014年工程机械出口全球区域市场分布见表3。

表3 2014年工程机械出口全球区域市场分布

全球区域市场	出口			进口		
	出口额（万美元）	同比增长（%）	占出口额比重（%）	进口额（万美元）	同比增长（%）	占进口额比重（%）
美国	214 942	22.1	10.86	47 422	1.3	11.07
欧盟合计	197 264	12.6	9.97	163 932	3.4	38.26
中国香港	31 632	28.8	1.60	131	-45.0	0.03
日本	112 426	18.6	5.68	108 210	-21.8	25.25
韩国	50 886	1.6	2.57	68 364	-5.9	15.95
东盟合计	322 284	-6.5	16.28	9 403	5.9	2.19
俄罗斯联邦	98 319	-11.2	4.97	62	-91.4	0.01
印度	49 158	-6.3	2.48	2 782	-38.3	0.65
非洲、拉丁美洲	430 658	-7.1	21.76	2 865	10.9	0.67
其他	471 596	2.3	23.83	25 340	-36.8	5.91

在主要进口来源国家（地区）中，日本、德国、韩国、美国、瑞典位次与2013年全年没有变化，意大利、荷兰、芬兰、比利时、法国、英国、西班牙、马来西亚和中国台湾位次比2013年底前移，澳大利亚、印度、奥地利、加拿大、瑞士等位次后移。在主要出口目的国中，日本由2013年的第三位前移一位，俄罗斯则后移一位，巴西由第五位后移到第11位，印度尼西亚前移一位，泰国由第七位后移到第13位，澳大利亚由第11位前移到第六位，韩国由第12位前移到第8位。2014年我国工程机械进出口国别（地区）前20位见表4。

表4 2014年我国工程机械进出口国别（地区）前20位

序号	进口			出口			进出口		
	国家（地区）	进口额（万美元）	同比增长（%）	国家（地区）	出口额（万美元）	同比增长（%）	国家（地区）	进出口额（万美元）	同比增长（%）
1	日本	108 210	-21.8	美国	214 942	22.1	美国	262 364	17.7
2	德国	80 809	0.1	日本	112 426	18.6	日本	220 636	-5.4
3	韩国	68 364	-5.9	俄罗斯联邦	98 319	-11.2	韩国	119 250	-2.8
4	美国	47 422	1.3	沙特阿拉伯	67 957	-5.9	德国	113 077	2.4
5	瑞典	15 042	-12.6	印度尼西亚	66 477	-1.6	俄罗斯联邦	98 381	-11.8
6	意大利	13 097	48.2	澳大利亚	62 232	19.5	沙特阿拉伯	67 958	-5.9
7	奥地利	12 523	-12.2	马来西亚	54 594	-7.1	印度尼西亚	66 706	-2.0
8	荷兰	9 644	55.7	韩国	50 886	1.6	澳大利亚	65 216	8.2
9	法国	8 088	1.6	印度	49 158	-6.3	马来西亚	61 036	-5.0
10	中国台湾	6 750	39.5	越南	45 625	35.5	印度	51 940	-8.8
11	马来西亚	6 442	18.3	巴西	44 348	-38.4	巴西	46 201	-37.7
12	英国	6 340	4.1	新加坡	43 099	-20.0	越南	46 051	35.3
13	芬兰	5 315	3.1	泰国	42 948	-32.7	泰国	44 339	-31.6
14	加拿大	5 166	-23.5	阿尔及利亚	41 863	40.2	新加坡	43 793	-20.8

（续）

序号	进　口			出　口			进出口		
	国家（地区）	进口额（万美元）	同比增长（%）	国家（地区）	出口额（万美元）	同比增长（%）	国家（地区）	进出口额（万美元）	同比增长（%）
15	瑞士	4 507	4.8	南非	37 293	-8.9	阿尔及利亚	41 863	40.2
16	比利时	3 378	66.5	土耳其	33 095	9.8	南非	37 801	-8.3
17	挪威	3 322	49.5	伊朗	32 485	74.0	意大利	34 645	30.9
18	西班牙	3 178	-26.9	德国	32 268	8.6	荷兰	34 299	4.7
19	澳大利亚	2 984	-63.6	中国香港	31 632	28.8	土耳其	33 913	10.9
20	印度	2 782	-38.3	哈萨克斯坦	31 622	-21.3	加拿大	33 222	10.6

在各大洲中，对亚洲出口 91.84 亿美元，同比增长 0.23%，占出口总额的 46.4%；对非洲出口 26.35 亿美元，同比下降 2.14%，占出口总额的 13.3%；对欧洲出口 31.34 亿美元，同比增长 1.47%，占出口总额的 15.8%；对南美洲出口 16.71 亿美元，同比下降 14.0%，占出口总额的 8.44%；对北美洲出口 24.3 亿美元，同比增长 21.9%，占出口总额的 12.3%；对大洋洲出口 7.37 亿美元，同比增长 13.3%，占出口总额的 3.72%。

进口方面，我国进口工程机械产品主要来自于亚洲、欧洲、北美洲，其中自亚洲进口 19.82 亿美元，同比下降 18.1%，占进口总额的 46.3%；自欧洲进口 17.18 亿美元，同比增长 2.91%，占进口总额的 40.1%；自北美洲进口 5.26 亿美元，同比下降 1.84%，占进口总额的 12.3%。

整机产品主要出口到欧、美、日、韩以外的国家和地区，而美国、日本、韩国成为我国工程机械零部件的主要市场，其零部件出口额分别占出口总额的 63.6%、93.0% 和 52.6%。此外，出口到澳大利亚、印度、巴西、泰国的零部件比重也都在 40% 左右。2014 年出口额前 10 位国家出口产品分类汇总见表 5。

表 5　2014 年出口额前 10 位国家出口产品分类汇总　（单位：万美元）

货品名称	美国	日本	俄罗斯	沙特	印度尼西亚	澳大利亚	马来西亚	韩国	印度	越南
履带式挖掘机	2 575.0	77.9	2 803 .0	9 096.0	1 879.0	673 .0	2 872.0	17.7	1 706 .0	524.0
轮胎式挖掘机			89.9	289.9	59.2		23.3	575.7	13.8	8.0
其他挖掘机	7.2		25.1		35.1	0.75	20.4		1.1	2.6
装载机	242 .0	47.3	19 232.0	11 910	4 547 .0	2 683 .0	2 507.0	2 050.0	2 126.0	2 667.0
235.36kW（320 马力）以上推土机			978.1	219.1	29.8		2.0			18.3
其他推土机	51.7		8 712 .0	1 094.0	237.1	76.0	227.3	6.0	396.7	258.7
筑路机及平地机	362.2		1 916 .0	702.9	716.0	117.5	99.9	43.1	1 790.0	44.9
铲运机	0.5		191.5	0.5	5.9	16.6	20.4	5.3	33.4	18.6
非公路用货运自卸车	10.5	186.0	1 810.0	130.3	325.3	157.1	2 119.0	29.6	137.1	3 597.0
压路机	2 331.0	771 .0	1 806.0	1 580.0	2 341.0	1 245 .0	143.8	494.9	31.4	1 140.0
其他压实机械	4.4	253.4	30.5	4.5	130.9	12.5	9.82	9.4	1.3	29.9
摊铺机	166.6	0.30	172.3	154.0	48.4	72.2	11.3	41.1	1.1	101.3
沥青搅拌设备		136 .0	1 456.0	1 019.0	1 126 .0	26.2	278.5	0.2	273.3	213.9
起重量> 100t 全路面汽车起重机				361.4	244.5					135.2

（续）

货品名称	美国	日本	俄罗斯	沙特	印度尼西亚	澳大利亚	马来西亚	韩国	印度	越南
其他全路面汽车起重机			1 616.0	319.9	310.9				23.6	1 144.0
起重量 >100t 的汽车起重机			1.5	561.7	239.7		206.0		209.7	
其他汽车起重机	485.0	4.0	3 888.0	8615.0	2 365.0	144.2	936.9		1 620.0	330.0
履带式起重机	726.9		1 314.0	752.3	5 373 .0	248.8	650.0	952.0	2 847.0	794.8
塔式起重机			4 088 .0	841.3	2 165.0	228.7	5 904.0	2 067.0	1 605.0	328.0
随车起重机	3.7	2.3	116.8	69.8	143.2		41.1	1.54	64.2	7.1
其他起重机	1 009.0	68.4	1 334.0	1 998.0	1 415.0	1 063.0	1 418 .0	1 205.0	1 096.0	709.9
堆垛机	217.4	0.2	28.2	7.3	249.6	77.4	15.0	162.8	22.2	24.8
电动叉车	8 733.0	1 491.0	1 312.0	515.1	1 479.0	3 571.0	865.3	1 775.0	680.2	636.0
内燃叉车	7 938.0	215.0	4 995.0	4 336 .0	4 981.0	6 670.0	2917	387.4	1 497.0	1 124.0
集装箱叉车			2.2	295.0	217.3	172.6	178.2	111.6	3.5	105.7
手动搬运车	7 549.0	659.2	1 442.0	202.9	650.8	1 192 .0	357.6	828.8	699.1	762.9
牵引车	241.8	52.8	75.6	309.5	125.1	166.6	209.6	220.6	139.8	182.2
凿岩机及隧道掘进机	1.0	8.5	818.4	15.8	138.5	4 251 .0	32.2	0.2	2 083 .0	143.0
风动工具	16 786.0	313.0	538.4	173.2	249.1	838.0	316.0	211.0	274.0	5 743.0
打桩机及工程钻机	911.7	150.6	799.6	19.1	1 721.1	44.9	644.0	144.5	694.6	1 016.0
混凝土泵	0.4		563.1	137.2	342.1	146.9	799.5	13.3	54.6	699.1
混凝土泵车			251.3	781.1	310.5		54.1	74.3		653.6
混凝土搅拌机械	2 366.0	252.0	5 399 .0	763.2	2 286.0	797.0	964.9	257.0	1 207 .0	1 703.0
混凝土搅拌车	11.9		812.5	1 000.0	436.8		985.8	100.2	17.3	2 902.0
电梯及扶梯	4 642.0	477.0	12 264.0	6 293 .0	10 086.0	8 818.0	13 547 .0	11 842.0	8 148 .0	3 089.0
其他工程车辆	102.1	37.8	655.1	248.9	553.0	98.1	38.2	51.3	92.0	747.5
其他	18 670.0	2 673 .0	5 584.0	4 057.0	1 681.0	814.0	2 329 .0	419.0	194 .0	271.0
零部件	136 622.0	104 549 .0	11 197.0	9 084.0	17 234.0	27 811 .0	12 848.0	26 790.0	19 376.0	13 748.0
合　计	214 942.0	112 426.0	98 319.0	67 957 .0	66 477.0	62 232 .0	54 594 .0	50 886 .0	49 158.0	45 625.0

注：由于四舍五入，合计数与分项之和有出入。

三、进出口贸易方式

一般贸易占较大比重，部分产品贸易方式多样。

一般贸易出口占总出口额的 72.3%，占据较高比重。进料加工出口占 17.6%，对外承包工程出口占 5.94%，边境小额贸易占 1.95%。

电梯及扶梯一般贸易占该产品出口额的 90% 以上。非公路用货运自卸车、零部件、混凝土机械等产品一般贸易占该类产品出口额的 80% 左右。挖掘机、叉车一般贸易占该类产品出口额的不足 40%。摊铺机、压路机一般贸易占该类产品出口额的不足 50%。

叉车、压路机、挖掘机等产品进料加工贸易占该类产品出口额的比重分别为 65.6%、46.6% 和 44.8%。

摊铺机、随车起重机、履带起重机、推土机等产品对外承包工程出口占该类产品出口额的比重分别为 38.8%、24.7%、14.3% 和 12.2%。2014 年工程机械产品出口额按贸易方式分类见表 6。

表 6　2014 年工程机械产品出口额按贸易方式分类　　（单位：万美元）

产品名称	保税仓库出境	保税区仓储转口	边境小额贸易	对外承包工程出口	援助和赠送	其他	进料加工	来料加工装配	一般贸易	易货贸易	租赁	总计
挖掘机	16.4	5 220.0	2 808.0	12 962.0	952.0	27.9	50 687.0		40 479.0		35.0	113 188
装载机	5.3	25.5	8 081.0	5 653.0	203.0	52.5	35 632.0		110 805.0	26.9	13.0	160 497
推土机	15.7	46.9	3 359.0	4 300.0	186.0	12.9	399.0		27 024.0			35 344
压路机		40.7	918.0	3 362.0	144.0	14.1	18 501.0		16 723.0			39 702
摊铺机	3.7	0.4	184.0	1 507.0	46.7	14.8	325.0		1 799.0			3 881
汽车起重机		227.0	3 861.0	7 890.0	295.0	1.9	12 517.0		49 530.0		99.5	74 422
履带起重机			210.0	3 827.0			3 125.0	1 659.0	17 822.0		123.0	26 766
随车起重机			27.8	307.0	40.4	0.2	14.0		849.0		5.9	1 245
塔式起重机			612.0	2 960.0	66.8	0.1	9 495.0		33 066.0		19.1	46 218
叉车	33.9	413.0	564.0	720.0	37.6	182.0	106 531.0	7.3	53 950.0		1.4	162 440
混凝土机械	26.8	105.0	4 720.0	9 310.0	109.0	230.0	3 977.0	0.3	75 280.0		633.0	94 391
非公路自卸车		33.1	1 627.0	460.0	26.3	6.3	1 327.0		22 439.0			25 919
电梯及扶梯	9.4	2.5	352.0	1 207.0	90.8	49.3	11 778.0		182 809.0			196 298
零部件	4 309.0	13 559.0	3 287.0	35 117.0	32.0	2 172.0	27 645.0	1 241.0	606 164.0		21.2	693 547
其他	125.0	2 412.0	7 998.0	28 000.0	1 131.0	495.0	67 105.0	2 777.0	192 832.0		2 421.0	305 307
合计	4 545.0	22 085.0	38 609.0	117 582.0	3 360.0	3 259.0	349 058.0	5 685.0	1 431 570.0	26.9	3 372.0	1 979 164
各贸易方式占比（%）	0.2	1.1	2.0	5.9	0.2	0.2	18.0	0.3	72.3	0.0	0.2	

注：国家海关进出口统计数据中包括转口和外资品牌的出口，所以只能以此做定性分析。

〔撰稿人：中国工程机械工业协会吕莹〕

2014 年工程机械上市公司发展情况

一、上市公司基本情况

截至 2014 年 12 月 31 日，我国以工程机械整机为主营业务的上市公司有 20 家，其中，A 股市场 18 家，香港市场 2 家（中联重科在内地、香港两地上市）。其中：以土方机械为主的主要有柳工、厦工股份、徐工机械、中国龙工、*ST 常林、山推股份、河北宣工、山河智能；以建筑机械为主的包括三一重工、中联重科和 *ST 建机共 3 家；专业叉车企业安徽合力 1 家；路面机械企业达刚路机、森远股份 2 家；施工起重运输设备企业天业通联 1 家；高空作业车企业海伦哲 1 家；矿山机械企业北方股份 1 家；路桥机械企业新筑股份 1 家；专业油缸生产企业恒立油缸 1 家；回转支承生产企业方圆支承 1 家。2014 年 12 月 31 日，20 家工程机械公司年末总市值 2 475.89 亿元，比年初开盘 1 554.83 亿元增长了 59.24%。

2014 年有 4 家工程机械上市公司有意实施再融资。成功实施 5 例：山河智能成功增发 0.92 亿股，募资 7.63 亿元；天业通联成功增发 1.67 亿股，募集资金 10.00 亿元；新筑股份成功增发 0.85 亿股，募集资金 6.03 亿元。证监会审核通过 1 例：森远股份非公开增发 0.27 亿股。工程机械上市公司主要产品见表 1。

表 1　工程机械上市公司主要产品

股票代码	股票名称	地址	上市时间	主要产品
000157.SZ 1157.HK	中联重科	长沙市	2000.10.12 2010.12.23	混凝土机械（混凝土泵车、拖泵、混凝土搅拌站、搅拌车）、起重机械、环卫机械、路面及桩工机械、土方机械、物料输送机械和系统、融资租赁等
000425.SZ	徐工机械	徐州市	1996.08.28	装载机、起重机械、铲运机械、工程机械备件、混凝土机械、压实机械、路面机械、消防机械
000528.SZ	柳工	柳州市	1993.11.18	轮式装载机、履带式液压挖掘机、压路机、路面机械、工程机械备件
000680.SZ	山推股份	济宁市	1997.01.22	推土机、压路机、挖掘机、平地机、工程机械配套件
000923.SZ	河北宣工	张家口市	1999.07.14	装载机、推土机、挖掘机、松土器等
002097.SZ	山河智能	长沙市	2006.12.22	挖掘机、旋挖钻机、计算机控制凿岩台车、液压静力压桩机、液压破碎锤、一体化液压潜孔钻机、配件及阀门
002147.SZ	方圆支承	马鞍山市	2007.08.08	电液锤、回转支承、空气锤
002459.SZ	天业通联	秦皇岛市	2010.08.10	铁路 / 公路桥梁架运设备、非公路运输设备、起重设备、无砟轨道铺装设备、隧道掘进设备
002480.SZ	新筑股份	成都市	2010.09.21	桥梁支座、预应力锚具、桥梁伸缩装置，多功能道路材料摊铺机、搅拌设备
300103.SZ	达刚路机	西安市	2010.08.12	沥青脱桶设备、沥青运输车、智能型沥青洒布车、同步封层车、稀浆封层车、沥青改性设备、乳化沥青设备
300201.SZ	海伦哲	徐州市	2011.04.07	高空作业车、电源车、工程抢修车、军用抢修车
300210.SZ	森远股份	鞍山市	2011.04.26	路面除雪和清洁设备、沥青路面就地再生设备、预防性养护设备
600031.SH	三一重工	长沙市	2003.07.03	混凝土机械（混凝土泵车、拖泵、混凝土搅拌站、搅拌车）、挖掘机、汽车起重机、履带起重机、旋挖钻、桩工机械、路面机械、融资租赁等
600262.SH	北方股份	包头市	2000.06.30	侧卸式混凝土运输车、铰接式自卸车、矿用洒水车、履带式破碎机、煤斗型自卸车、挖掘装载机、越野货车、岩斗型自卸车、自行式铲运机
600710.SH	*ST 常林	常州市	1996.07.01	平地机、扫路车、随车吊、摊铺机、挖掘机结构件、挖掘装载机、压路机、装载机
600761.SH	安徽合力	合肥市	1996.10.09	蓄电池叉车、内燃叉车、牵引车、托盘叉车、阳极运输车、堆垛车、堆高机、叉车配套件、铸件、装载机等
600815.SH	厦工股份	厦门市	1994.01.28	装载机、叉车、挖掘机、路面机械等
600984.SH	*ST 建机	西安市	2004.07.07	摊铺机、稳拌机、翻斗车、结构件等
601100.SH	恒立油缸	常州市	2011.10.28	叉车油缸、车辆油缸、大型油缸、多级液压缸、工程油缸、工业拉杆油缸、海事油缸、千斤顶油缸、挖掘机油缸、冶金油缸
3339.HK	中国龙工	龙岩市	2005.11.17	轮式装载机、压路机、挖掘机、起重叉车、驱动桥、变速器、齿轮、液压缸、管道

截至 2014 年 12 月 31 日，20 家上市公司总资产和净资产总额分别为 29 242.48 亿元和 1 274.20 亿元，较上年同期分别下降 1.14% 和 2.23%。其中：中联重科、三一重工、徐工机械总资产规模分别为 889.74 亿元、644.61 亿元和 453.59 亿元，分列行业总资产前三名；净资产列前三名的也是中联重科、三一重工和徐工机械，分别为 411.89 亿元、246.13 亿元和 175.23 亿元。工程机械上市公司 2014 年资产规模及变化见表 2。

表 2 工程机械上市公司 2014 年资产规模及变化

证券代码	证券简称	总资产（万元）			净资产（万元）		
		2014 年	2013 年	同比增长（%）	2014 年	2013 年	同比增长（%）
000157.SZ	中联重科	8 897 446.0	8 953 715.8	-0.6	4 118 896.0	4 205 157.0	-2.1
000425.SZ	徐工机械	4 535 893.5	4 909 674.3	-7.6	1 752 301.3	1 971 217.0	-11.1
000528.SZ	柳工	2 258 392.5	2 217 990.0	1.8	932 869.4	936 862.8	-0.4
000680.SZ	山推股份	1 330 569.9	1 258 007.1	5.8	491 091.3	476 394.8	3.1
000923.SZ	河北宣工	144 496.9	152 729.4	-5.4	59 714.7	52 252.6	14.3
002097.SZ	山河智能	530 861.7	562 993.7	-5.7	169 342.2	170 943.0	-0.9
002147.SZ	方圆支承	121 134.4	146 812.6	-17.5	93 353.2	87 926.8	6.2
002459.SZ	天业通联	235 273.5	162 330.6	44.9	96 080.5	51 720.0	85.8
002480.SZ	新筑股份	370 470.5	380 895.6	-2.7	185 901.7	189 124.0	-1.7
300103.SZ	达刚路机	86 581.5	94 066.8	-8.0	72 351.7	77 707.5	-6.9
300201.SZ	海伦哲	90 032.7	100 696.4	-10.6	65 299.7	66 162.1	-1.3
300210.SZ	森远股份	97 338.6	121 332.5	-19.8	67 122.4	76 098.0	-11.8
600031.SH	三一重工	6 446 140.0	6 386 778.3	0.9	2 461 346.4	2 500 883.7	-1.6
600262.SH	北方股份	349 017.8	337 995.7	3.3	103 955.1	109 382.5	-5.0
600710.SH	*ST 常林	308 576.9	280 193.5	10.1	209 370.0	187 710.6	11.5
600761.SH	安徽合力	466 449.0	507 272.2	-8.1	316 526.9	356 988.8	-11.3
600815.SH	厦工股份	1 174 238.6	1 160 527.9	1.2	475 081.5	413 287.0	15.0
600984.SH	*ST 建机	101 154.9	106 336.0	-4.9	29 160.1	71 246.0	-59.1
601100.SH	恒立油缸	381 470.6	385 407.7	-1.0	339 271.2	347 180.0	-2.3
3339.HK	中国龙工	1 316 939.7	1 354 334.9	-2.8	702 928.2	684 540.3	2.7
合计 / 平均		29 242 479.0	29 580 091.0	-1.1	12 741 963.0	13 032 785.0	-2.2

二、工程机械上市公司 2014 年经营情况

1. 上市公司收入普遍减少

对于中国工程机械行业而言，2014 年，依然是困难重重的一年，下游需求不足，行业产品产能过剩，竞争依旧激烈，全行业盈利继续快速下降。受国内宏观经济转型发展、固定资产投资增速回落等因素影响，工程机械市场下行压力仍然存在。中国经济进入中速增长的新常态，对企业来说，保持盈利水平、控制经营风险、提升管理能力是企业面临的新挑战。当前世界经济正处于深度调整之中，复苏动力不足，地缘政治影响加重，大国博弈和全球政治经济的复杂性，对企业国际化发展带来多种不确定性。

而从宏观发展角度来看，2014 年，国际国内经济环境复杂严峻，我国经济发展进入新常态，步入中速增长期。2014 年，国家固定资产投资（不含农户）50.2 万亿元，同比增长 15.7%，增速回落 3.9 个百分点；新开工项目计划总投资 40.6 万亿元，同比增长 13.6%，增速回落 0.6 个百分点；房地产开发投资 9.5 万亿元，同比增长 10.5%，增速回落 9.3 个百分点。工程机械市场持续调整，混凝土机械、挖掘机械、起重机械行业总体销量均有下滑。房地产及基建投资增速主要受货币政策及财政政策的影响，有继续下滑风险，将影响机械设备行业的整体需求。

尽管基建投资增速有所加快，但庞大的市场

保有量限制了新购机需求的增长，市场销售仍未回暖。不过主要产品供需指标同比均呈现一定程度的改善，行业进出口也出现企稳的迹象。初步判断，工程机械行业基本触底，市场销售有望缓慢回温。2014 年，20 家上市公司完成营业收入 1 255.30 亿元，同比减少 21.09%；实现营业利润 21.63 亿元，同比减少 78.22%；实现净利润 30.17 亿元，同比减少 69.59%。

行业整体情况不佳，大部分企业出现收入下滑，竞争趋于激烈，多数上市公司利润增长低于收入增长水平，但路面机械和矿山机械等产品盈利能力有所上升。20 家上市公司中有 10 家公司归属母公司的净利润增长，仅有山推股份、方圆支承、天业通联、海伦哲、厦工股份增长超过 30%，有 6 家公司降幅超过 50%。可以看到，在行业出现调整的时期，工程机械行业分化持续加剧，整体利润大幅下降。工程机械行业上市公司 2014 年业绩增长情况见表 3。

表 3　工程机械行业上市公司 2014 年业绩增长情况

证券代码	证券简称	营业收入（万元）	同比增长（%）	营业利润（万元）	同比增长（%）	归属母公司股东净利润（万元）	同比增长（%）
000157.SZ	中联重科	2 585 119.5	-32.9	66 292.18	-85.38	59 406.82	-84.53
000425.SZ	徐工机械	2 330 628.1	-17.1	45 126.57	-73.86	41 330.19	-74.20
000528.SZ	柳工	1 029 340.6	-18.2	15 263.76	-52.91	19 852.00	-40.20
000680.SZ	山推股份	726 945.4	-28.3	-5 523.20	89.84	4 643.13	111.32
000923.SZ	河北宣工	24 360.1	-34.6	-9 726.05	-1 961.81	-7 206.39	-1 857.35
002097.SZ	山河智能	183 957.2	-12.9	-8 303.15	-161.02	653.55	-76.07
002147.SZ	方圆支承	35 828.7	-2.3	-1 326.95	71.41	208.09	105.97
002459.SZ	天业通联	63 038.3	-5.1	-2 080.50	95.21	2 629.96	106.13
002480.SZ	新筑股份	127 509.1	2.2	-6 512.12	46.64	1 158.90	18.44
300103.SZ	达刚路机	33 068.4	-38.1	5 120.84	-30.14	5 041.41	-21.16
300201.SZ	海伦哲	57 591.3	44.3	512.26	195.66	1 647.71	196.59
300210.SZ	森远股份	48 310.7	6.1	9 417.72	-2.12	10 917.22	5.80
600031.SH	三一重工	3 036 472.1	-18.7	71 742.90	-73.89	70 920.60	-75.57
600262.SH	北方股份	147 974.2	-32.2	6 241.63	-42.53	12 465.45	5.36
600710.SH	*ST 常林	116 493.2	1.3	-28 704.92	-38.54	-18 021.59	16.66
600761.SH	安徽合力	670 095.0	2.3	58 974.63	6.86	56 901.85	13.33
600815.SH	厦工股份	455 952.0	-29.8	-50 804.85	32.79	1 030.18	101.75
600984.SH	*ST 建机	28 320.4	-37.4	-14 710.16	-36.49	-12 784.35	-28.03
601100.SH	恒立油缸	109 328.9	-11.1	5 377.36	-76.73	9 190.72	-58.49
3339.HK	中国龙工	742 720.6	-9.0	59 964.00	5.06	41 706.60	-13.17
合计 / 平均		12 553 054	-21.09	216 342	-78.22	301 692	-69.59

从经营效率来看，2014 年工程机械上市公司整体水平与 2013 年相比下降，平均基本每股收益从 0.34 元下降到 0.11 元，净资产收益率从 7.61% 下降到 2.37%。20 家上市公司 2014 年净资产收益率超过 10% 的公司只有中联重科、徐工机械、森远股份、三一重工、北方股份、安徽合力 6 家公司，较上年增加 3 家，并且只有三一重工超过 20%。可见公司运营效率持续维持在低位。工程机械行业上市公司 2014 年经营效率情况见表 4。

表 4　工程机械行业上市公司 2014 年经营效率情况

股票代码	股票名称	总股本（万股）		基本每股收益（元）		净资产收益率（%）	
		2014 年	2013 年	2014 年	2013 年	2014 年	2013 年
000157.SZ	中联重科	770 595.41	770 595.41	0.08	0.50	9.13	17.80
000425.SZ	徐工机械	206 275.82	206 275.82	0.20	0.73	7.65	13.91
000528.SZ	柳工	112 524.21	112 524.21	0.18	0.30	3.58	2.98
000680.SZ	山推股份	113 874.68	124 078.76	0.04	-0.28	-6.86	0.62
000923.SZ	河北宣工	19 800.00	19 800.00	-0.36	0.02	0.78	0.90
002097.SZ	山河智能	41 145.00	41 145.00	0.01	0.07	1.60	0.54
002147.SZ	方圆支承	25 852.18	25 852.18	0.01	-0.13	-3.96	0.60
002459.SZ	天业通联	22 230.00	22 230.00	0.12	-1.93	-82.98	-68.69
002480.SZ	新筑股份	28 000.00	28 000.00	0.02	0.03	0.52	0.25
300103.SZ	达刚路机	21 173.40	21 173.40	0.24	0.30	8.23	7.37
300201.SZ	海伦哲	17 600.00	35 200.00	0.05	0.02	0.84	3.80
300210.SZ	森远股份	13 473.00	13 473.00	0.45	0.77	13.56	12.75
600031.SH	三一重工	759 370.61	761 650.40	0.09	0.38	11.61	23.10
600262.SH	北方股份	17 000.00	17 000.00	0.73	0.70	10.82	16.23
600710.SH	*ST 常林	64 028.40	64 028.40	-0.28	-0.34	-11.52	0.46
600761.SH	安徽合力	51 401.44	51 401.44	0.92	0.98	14.06	11.04
600815.SH	厦工股份	79 897.00	95 897.00	0.01	-0.62	-14.28	2.68
600984.SH	*ST 建机	14 155.60	24 155.60	-0.53	-0.52	-14.02	2.35
601100.SH	恒立油缸	63 000.00	63 000.00	0.15	0.35	6.38	8.11
3339.HK	中国龙工	428 010.00	428 010.00	0.10	0.11	7.34	2.40
合计 / 平均		2 869 407	2 925 491	0.11	0.34	2.37	7.61

2. 工程机械出口前景稳定

欧美经济将缓慢复苏，工程机械市场相对饱和，增长潜力有限；全球工程机械市场需求增长点主要来自俄罗斯、巴西、印度、越南、泰国等新兴经济国家及非洲市场基础设施的投资增长。国外基地与网络布局完善、技术创新能力强、品牌影响力强的企业将在竞争中脱颖而出。

传统整机产品出口下降明显。2013 年以来出口增幅始终保持个位数，到 2014 年 6 月、7 月出现出口 5% 左右的下降。传统整机出口产品中，履带挖掘机、装载机、履带起重机均下降明显。这种局面预示我国工程机械产品出口将面临严峻的形势，出口进一步增长的可能性不大。

3. 毛利率下降，三项费用比率上升

一方面，产品结构变动（包括高毛利率的混凝土机械收入占比下降、毛利率较低的小型工程机械销售占比提升等）、市场竞争加剧、规模效益大大减弱，盈利能力已降至历史底位，未来行业或面临增收不增利的局面。2014 年 20 家工程机械上市公司的平均毛利率为 1.72%，较 2013 年的 6.24% 降低了 4.52 个百分点。

20 家工程机械上市公司的平均净利率为 2.40%，较上年的 7.90% 下降了 5.50 个百分点；三项费用率 21.64%，较 2013 年 19.25% 的上升了 2.39 个百分点。

在行业景气不佳的背景下，只有 2 家公司毛利率同比有较明显上升，毛利率增长超过 5%。仅有 8 家公司净利率同比上升，除去扭亏的天业通联和方圆支承之外，山推股份增长最快。其中仅有路面机械企业森远股份净利率仍维持在 20% 以上，盈利能力仍然处于高位。工程机械 2014 年利润率与费用比率见表 5。

表 5　工程机械 2014 年利润率与费用比率

股票代码	股票名称	毛利率（%）		净利率（%）		三项费用比率（%）	
		2014 年	2013 年	2014 年	2013 年	2014 年	2013 年
000157.SZ	中联重科	27.89	29.17	2.43	10.25	22.09	14.14
000425.SZ	徐工机械	22.62	21.80	1.75	5.73	17.70	13.72
000528.SZ	柳工	21.94	20.66	1.88	2.64	18.11	14.89
000680.SZ	山推股份	14.80	11.85	-0.38	-3.84	15.67	16.08
000923.SZ	河北宣工	0.22	9.46	-29.58	1.10	37.06	22.81
002097.SZ	山河智能	25.47	25.78	0.22	1.23	28.71	25.40
002147.SZ	方圆支承	25.70	20.89	0.47	-10.57	28.53	27.95
002459.SZ	天业通联	17.23	8.64	1.75	-67.22	26.30	42.14
002480.SZ	新筑股份	25.24	22.15	0.73	0.56	29.68	29.59
300103.SZ	达刚路机	23.42	18.16	15.25	11.98	6.63	2.85
300201.SZ	海伦哲	26.18	29.85	2.83	1.37	24.31	27.62
300210.SZ	森远股份	43.29	41.94	22.60	22.67	18.99	17.14
600031.SH	三一重工	25.77	26.19	2.49	8.29	21.85	16.92
600262.SH	北方股份	22.06	20.14	7.26	4.62	16.26	14.09
600710.SH	*ST 常林	6.71	6.27	-15.48	-18.83	17.34	17.61
600761.SH	安徽合力	20.85	19.59	9.06	8.25	11.62	10.82
600815.SH	厦工股份	10.02	9.81	0.38	-9.17	15.89	15.21
600984.SH	*ST 建机	15.12	10.18	-45.14	-22.07	41.45	27.07
601100.SH	恒立油缸	24.60	34.21	8.16	18.05	19.94	15.60
3339.HK	中国龙工	25.51	23.58	5.62	6.47	14.66	13.37
平均		1.72	6.24	2.40	7.90	21.64	19.25

4. 资产营运效率下降

2014 年，应收账款增幅仍然持续走高，主要原因是部分子行业最终用户经营情况没有改善，导致相应的主机企业回款情况得不到改善，前两年透支市场所导致的不良后果依然对行业造成很大的影响。20 家上市公司应收账款比率由 2013 年的 54.34% 上升至 71.34%，大幅上升了 17.00 个百分点，反映出下游客户付款能力的减弱，回款周期的增加。20 家公司中仅有 3 家公司应收账款比率下降，其中海伦哲下降最快，中联重科上升最快。

20 家上市公司存货比率由 2013 年的 37.56% 下降到 32.47%，整体存货控制比前一年同期有所好转，反映出库存问题已经引起了各公司的重视，存货控制有所改善。20 家公司中仅有 8 家公司存货比例上升，大部分公司出现了下降。其中徐工机械改善超过 50%。

20 家上市公司固定资产比率从 2013 年的 16.11% 上升至 17.08%，上升了 0.97 个百分点，20 家公司中有 8 家公司固定资产比率下降。上市公司资产质量见表 6。

表 6 上市公司资产质量

股票代码	股票名称	应收账款比率(%)		存货比率(%)		固定资产比率(%)	
		2014 年	2013 年	2014 年	2013 年	2014 年	2013 年
000157.SZ	中联重科	117.75	72.15	55.66	101.85	6.82	6.01
000425.SZ	徐工机械	85.96	73.92	42.78	98.50	18.06	12.48
000528.SZ	柳工	33.70	22.15	43.90	27.91	11.44	13.88
000680.SZ	山推股份	30.12	23.33	34.38	26.47	18.04	18.54
000923.SZ	河北宣工	107.11	84.01	170.85	92.79	15.62	9.46
002097.SZ	山河智能	96.01	77.58	84.55	104.52	22.50	19.11
002147.SZ	方圆支承	65.05	58.69	51.38	74.19	49.57	39.66
002459.SZ	天业通联	47.03	46.21	58.39	50.58	16.39	27.76
002480.SZ	新筑股份	79.51	70.89	49.07	91.06	30.99	18.24
300103.SZ	达刚路机	36.84	31.20	38.26	38.13	13.64	12.58
300201.SZ	海伦哲	39.35	56.74	48.02	80.88	23.50	22.30
300210.SZ	森远股份	67.97	60.42	81.85	104.07	15.88	8.37
600031.SH	三一重工	65.38	50.17	32.25	67.97	24.95	25.35
600262.SH	北方股份	44.01	27.61	86.07	34.58	13.00	14.47
600710.SH	*ST 常林	58.60	49.20	31.11	52.49	18.01	20.45
600761.SH	安徽合力	12.25	10.73	19.29	13.35	34.60	33.27
600815.SH	厦工股份	94.81	68.02	63.80	75.42	11.94	12.25
600984.SH	*ST 建机	146.71	106.89	117.71	119.01	16.38	17.41
601100.SH	恒立油缸	18.12	19.33	55.64	29.38	40.30	33.95
3339.HK	中国龙工	31.69	36.03	32.47	37.56	36.94	40.48
平均		71.44	54.34	43.27	70.94	17.08	16.11

注：应收账款比率为应收账款占营业收入的比率；存货比率是存货占当年营销成本的比率；固定资产比率为固定资产占总资产的比率。

和资产质量相关的指标是公司的经营效率指标。从存货周转率、应收账款周转率以及经营活动现金流等指标来看，在行业景气下行，需求萎缩的背景下，2014 年工程机械上市公司较高的应收账款问题仍未得到缓解，20 家公司平均应收账款周转天数 231.04 天，比 2013 年上升了 56.12 天；存货积压问题较严重，20 家公司平均存货周转天数 217.60 天，比 2013 年增加了 32.54 天；20 家公司的每股经营活动现金流从 2013 年的 0.23 元下降至 0.15 元，下降了 0.08 元，体现了现金流状况有所恶化。

20 家公司中，应收账款周转天数大幅上升的有中联重科、河北宣工、厦工股份、*ST 建机，都增加了 100 天以上；应收账款周转天数在 100 天以下的只有安徽合力和恒立油缸。存货周转天数下降的有 5 家，海伦哲下降最多，安徽合力的存货周转天数最短。每股经营活动现金流上升的有 10 家，经营活动现金流为负的则有中联重科、河北宣工、天业通联、海伦哲、森远股份、*ST 常林、厦工股份和 *ST 建机。上市公司经营效率见表 7。

表 7　上市公司经营效率

股票代码	股票名称	应收账款周转天数		存货周转天数		每股经营活动现金流（元）	
		2014 年	2013 年	2014 年	2013 年	2014 年	2013 年
000157.SZ	中联重科	405.54	218.13	184.65	135.03	−1.00	0.10
000425.SZ	徐工机械	315.32	256.92	144.32	113.23	0.33	−0.19
000528.SZ	柳工	109.40	70.76	170.57	157.07	0.49	0.96
000680.SZ	山推股份	112.76	90.33	135.15	101.10	0.47	0.27
000923.SZ	河北宣工	424.13	263.77	599.70	397.57	−0.13	−0.84
002097.SZ	山河智能	333.21	277.71	314.41	298.06	0.36	0.48
002147.SZ	方圆支承	225.24	197.79	187.23	182.94	0.16	0.01
002459.SZ	天业通联	172.30	211.23	284.32	350.13	−0.44	1.02
002480.SZ	新筑股份	267.94	214.77	176.77	202.28	0.35	0.68
300103.SZ	达刚路机	156.98	76.20	117.75	49.34	0.41	0.00
300201.SZ	海伦哲	141.60	175.81	173.28	247.78	0.10	−0.14
300210.SZ	森远股份	224.82	192.28	275.23	217.85	−0.49	−0.27
600031.SH	三一重工	228.69	162.51	133.26	130.19	0.16	0.36
600262.SH	北方股份	152.48	96.25	307.04	227.89	1.01	0.41
600710.SH	*ST 常林	192.90	161.31	128.99	163.30	−0.07	−0.10
600761.SH	安徽合力	40.94	36.93	70.19	70.03	1.07	1.29
600815.SH	厦工股份	345.13	237.20	224.87	154.89	−0.31	0.25
600984.SH	*ST 建机	571.43	360.54	398.36	189.14	−0.32	−0.58
601100.SH	恒立油缸	71.74	68.10	191.22	166.83	0.40	0.40
3339.HK	中国龙工	128.27	129.82	134.62	146.48	0.46	0.38
行业平均		231.04	174.92	217.60	185.06	0.15	0.23

5. 企业偿债能力下降

20 家公司平均资产负债率 44.97%，较 2013 年的 48.18% 下降了 3.21 个百分点。2014 年企业整体负债水平仍然处于较为危险的局面，前期信用销售激进扩张导致资产负债率状况堪忧，短期内难以明显改变这一困局。

20 家上市公司平均流动比率 2.32，较 2013 年 2.21 的水平上升了 0.11。平均速动比率 1.76，较 2013 年水平上升了 0.09。上市公司偿债能力见表 8。

表 8　上市公司偿债能力

股票代码	股票名称	流动比率		速动比率		资产负债率（%）	
		2014 年	2013 年	2014 年	2013 年	2014 年	2013 年
000157.SZ	中联重科	2.93	2.11	2.52	1.84	56.01	53.03
000425.SZ	徐工机械	1.85	1.96	1.46	1.61	58.16	59.85
000528.SZ	柳工	2.00	2.11	1.52	1.52	56.13	57.76
000680.SZ	山推股份	1.52	1.38	1.04	0.95	59.78	62.13
000923.SZ	河北宣工	0.85	0.98	0.43	0.57	69.33	65.79
002097.SZ	山河智能	1.20	1.04	0.88	0.70	62.05	69.64

（续）

股票代码	股票名称	流动比率		速动比率		资产负债率 (%)	
		2014 年	2013 年	2014 年	2013 年	2014 年	2013 年
002147.SZ	方圆支承	0.92	0.96	0.64	0.72	36.04	40.11
002459.SZ	天业通联	6.70	0.91	5.09	0.41	13.47	68.14
002480.SZ	新筑股份	1.86	1.43	1.51	1.10	44.79	50.35
300103.SZ	达刚路机	5.67	4.84	4.98	4.42	14.84	17.39
300201.SZ	海伦哲	1.93	1.99	1.41	1.39	37.20	34.30
300210.SZ	森远股份	1.94	2.22	1.44	1.69	39.98	37.28
600031.SH	三一重工	1.83	2.17	1.48	1.64	60.73	60.84
600262.SH	北方股份	1.33	1.53	0.81	0.96	64.11	67.64
600710.SH	*ST 常林	1.78	1.72	1.36	1.20	33.66	33.01
600761.SH	安徽合力	2.38	2.20	1.65	1.46	27.40	29.63
600815.SH	厦工股份	1.70	1.82	1.18	1.32	62.34	64.39
600984.SH	*ST 建机	1.83	2.38	1.18	1.67	42.50	33.00
22601100.SH	恒立油缸	4.34	7.90	1.17	6.27	14.29	9.92
3339.HK	中国龙工	1.90	2.64	1.49	1.87	46.62	49.46
行业平均		2.32	2.21	1.76	1.67	44.97	48.18

三、市场表现与市场预测

2014 年，上证综合指数从年初开盘 2 112.13 点至年底收盘 3 234.68 点，上涨了 52.87%，深圳成分指数从年初开盘的 8 083.77 点至年底收盘 11 014.62 点，上涨了 35.62%。香港恒生指数从年初开盘 23 452.76 至年底收盘 23 605.40 点，上涨了 1.28%。同期工程机械上市公司表现弱于上证指数和深证成指，20 家工程机械公司年末总市值 2 475.89 亿元，比年初开盘 1 554.83 亿元增加了 59.24%。

2014 年，工程机械上市公司中厦工股份涨幅最大，上涨 170.44%，中国龙工涨幅最小，上涨 9.03%。2014 年工程机械市值变换见表 9。

表 9　2014 年工程机械市值变换

证券简称	总股本（万股）		年初开盘价（前复权）（元）	年末收盘价（前复权）（元）	总市值（亿元）		市值变化 (%)
	2014.1.1	2014.12.31			2014.1.1	2014.12.30	
中联重科	770 595.41	770 595.41	5.25	7.06	404.56	544.04	34.48
徐工机械	206 275.82	206 275.82	7.48	14.97	154.29	308.79	100.13
柳工	112 524.21	112 524.21	6.10	12.58	68.64	141.56	106.23
山推股份	113 874.68	124 078.76	3.18	7.55	36.21	93.68	158.70
河北宣工	19 800.00	19 800.00	5.67	9.36	11.23	18.53	65.08
山河智能	41 145.00	41 145.00	7.17	10.05	29.50	41.35	40.17
方圆支承	25 852.18	25 852.18	5.45	8.12	14.09	20.99	48.99
天业通联	22 230.00	22 230.00	6.98	12.62	15.52	28.05	80.80
新筑股份	28 000.00	28 000.00	8.25	11.30	23.10	31.64	36.97
达刚路机	21 173.40	21 173.40	12.14	16.84	25.70	35.66	38.71

（续）

证券简称	总股本（万股）		年初开盘价（前复权）（元）	年末收盘价（前复权）（元）	总市值（亿元）		市值变化(%)
	2014.1.1	2014.12.31			2014.1.1	2014.12.30	
海伦哲	17 600.00	35 200.00	5.51	6.78	9.70	23.87	146.10
森远股份	13 473.00	13 473.00	11.59	13.81	15.62	18.61	19.15
三一重工	759 370.61	761 650.40	6.28	9.98	476.88	760.13	59.39
北方股份	17 000.00	17 000.00	13.99	20.68	23.78	35.16	47.82
*ST 常林	64 028.40	64 028.40	3.06	5.87	19.59	37.58	91.83
安徽合力	51 401.44	51 401.44	9.78	15.65	50.27	80.44	60.02
厦工股份	79 897.00	95 897.00	3.95	8.90	31.56	85.35	170.44
*ST 建机	14 155.60	24 155.60	5.50	7.96	7.79	19.23	146.97
恒立油缸	63 000.00	63 000.00	11.93	13.34	75.16	84.04	11.82
中国龙工	428 010.00	428 010.00	1.44	1.57	61.63	67.20	9.03
合计 / 平均	2 869 407	2 925 491	–	–	1 554.83	2 475.89	59.24

2014年工程机械上市公司跟随着指数的上涨，年末在“一路一带”政策的刺激下涨幅超过上证指数。按当年业绩计算，20 家上市公司 2014 年年底平均市盈率为 102.14 倍，比 2013 年年底的 68.87 倍上升了 33.2 倍；2014 年年底平均市净率为3.19倍，比2013年年底的1.94倍提高了1.25倍。2014 年上市公司市场表现见表 10。

表 10　2014 年上市公司市场表现

股票代码	股票名称	市盈率（倍）		市净率（倍）	
		2014.1.1	2014.12.31	2014.1.1	2014.12.31
000157.SZ	中联重科	10.94	14.17	1.01	1.31
000425.SZ	徐工机械	10.41	21.94	0.81	1.71
000528.SZ	柳工	21.35	42.23	0.77	1.52
000680.SZ	山推股份	-12.07	-28.65	0.93	2.21
000923.SZ	河北宣工	274.26	451.94	2.15	3.55
002097.SZ	山河智能	109.53	185.31	1.78	3.01
002147.SZ	方圆支承	-40.45	-60.27	1.71	2.54
002459.SZ	天业通联	-3.63	-11.43	3.11	9.79
002480.SZ	新筑股份	463.01	745.31	2.42	3.90
300103.SZ	达刚路机	40.69	55.89	3.35	4.60
300201.SZ	海伦哲	351.65	429.58	3.00	3.66
300210.SZ	森远股份	27.62	32.55	3.74	4.41
600031.SH	三一重工	16.84	26.18	2.05	3.18
600262.SH	北方股份	20.50	29.71	2.20	3.18
600710.SH	*ST 常林	-9.03	-17.38	1.04	2.01
600761.SH	安徽合力	12.38	19.23	1.82	2.83
600815.SH	厦工股份	-6.45	-14.47	0.94	2.10
600984.SH	*ST 建机	-13.35	-19.26	1.87	2.70
601100.SH	恒立油缸	34.40	37.96	2.22	2.45
行业平均		68.87	102.14	1.94	3.19

与2011年的高峰期相比，中国工程机械市场虽然出现了下滑，受国内经济发展转型，产能过剩等因素影响，中国工程机械行业告别10年黄金发展期，进入L型底部的平稳盘整期，但市场容量依旧可观。从全球来看，依然是一个很大、很好的市场。

2015年，我国所处城镇化阶段与区域、城乡经济发展不平衡的现状，决定了未来一定时期内投资特别是基础设施投资仍将保持合理规模，作为投资拉动型的工程机械行业从长期来看仍将保持较稳健的需求。国家将实施稳健的货币政策和积极的财政政策，加快铁路、机场、水利等基础设施建设进程，随着城市中小型工程项目不断增多，小型、微型、一机多用途产品前景广阔，同时国Ⅳ标准的推行将增加节能和环保产品市场需求。此外。“一带一路”政策、京津冀一体化、长江经济带的落实推进也为工程机械行业带来利好。在国外市场方面，工程机械企业将借助“一带一路”国家战略，通过中资外带、援外项目、本地化工厂等多种方式，加强对东亚、东南亚、中亚、非洲、南美等市场需求强劲地区的拓展。提前布局“一带一路”的企业将在竞争中脱颖而出。

然而，尽管未来工程机械行业总体上长期仍将保持较稳健的需求，但是，从短期来看，工程机械行业市场的走势取决于多种因素，一定时期内会出现与整体形势的背离。不论是国际还是国内市场，政策红利的释放在时间和空间上都需要有个逐步落地的过程；行业投资形成的大量产能的释放带来了产品结构性过剩，社会高饱和度的存量设备抑制了短期需求，市场出清尚需时日；加之国内工程机械核心零部件对外依存度较高，制约了行业效益的提升。此外，世界经济复苏的不确定性及地缘政治复杂性，工程机械行业年内仍面临较大的需求压力，市场竞争环境更加激烈。2014年工程机械上市公司（A股）市场表现见图1。

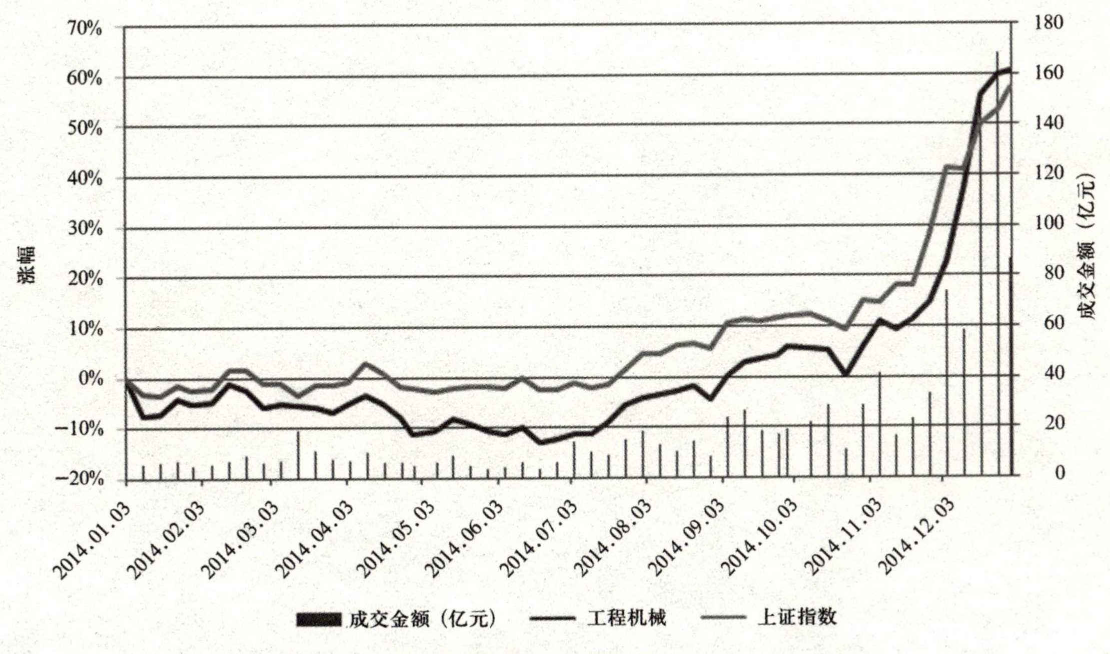

图1　2014年工程机械上市公司（A股）市场表现

注：数据来源：Wind资讯，上市公司年度报告，国金证券研究所。

〔撰稿人：润晖投资咨询有限公司郑贤玲〕

综述篇

行业篇

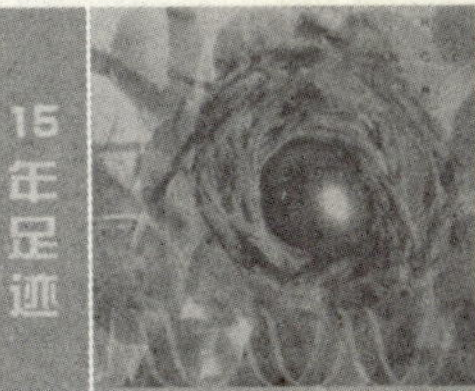
15年足迹

企业篇

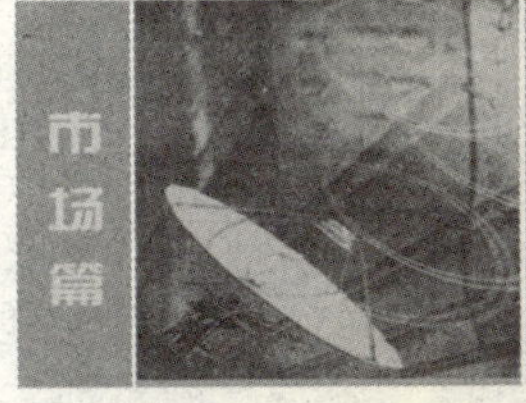
市场篇

调研篇

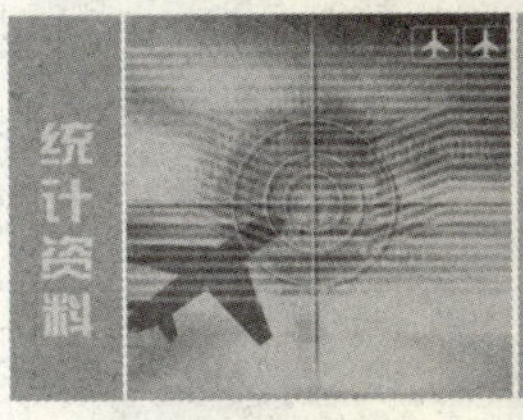
统计资料

标准索引

政策法规

大事记

调研篇

介绍工程机械行业用户需求调查工作情况，公布调查结果

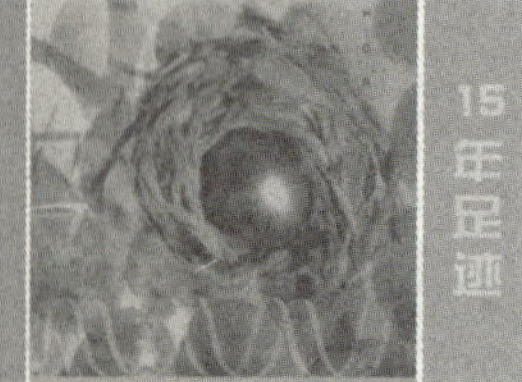

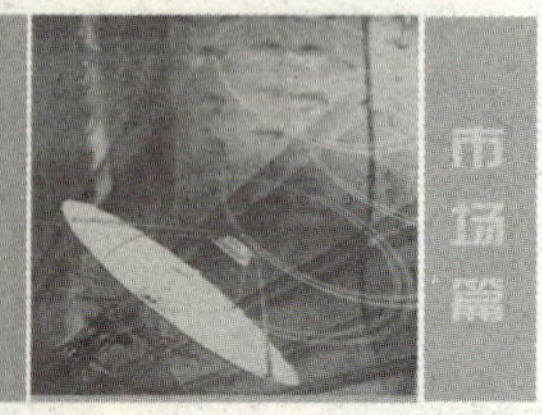

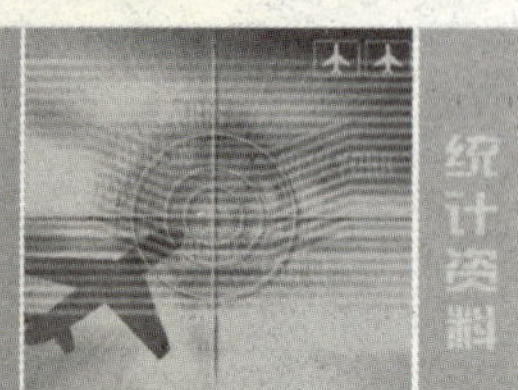

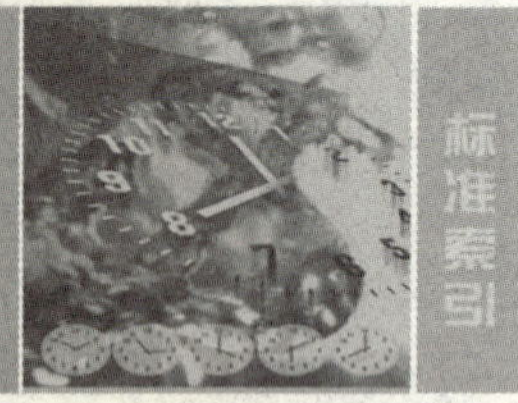

调研篇

2014 年工程机械用户需求调查工作及模型

工程机械市场已经进入到“用户满意经营时代”，工程机械制造企业在竞争中主要是争夺用户，常规工程机械产品已经能够充分供应市场，为从事建设施工的广大用户提供了充足的选择机会，用户已经成为工程机械竞争和服务的焦点。由于用户需求不断变化，工程机械制造企业需要不断进行研发创新、质量改善、服务升级，市场竞争日益加剧。因此，不断研发出用户满意的产品，满足用户不断增长的需求，企业在实施用户满意经营中才能获得持续发展。

中国工程机械工业协会用户工作委员会在中国工程机械工业协会和广大用户的大力支持下，坚持以《质量发展纲要 2011—2020 年》为指导，宣传贯彻“质量是企业生命，用户是企业生存的根本”的市场质量观，坚持以服务用户为宗旨，聚焦提高质量、提升服务、节能减排、安全环保的社会需求方向，坚持以深入推广先进质量方法为抓手，积极发挥用户工作委员会的专业职能，努力促进工程机械企业不断提升用户满意度水平。

我国工程机械 20 大类产品中常规型号产品规格已经很齐全，大型或超大型产品以及小型和小微型产品还需要不断完善。这种产品格局导致市场竞争日益加剧，甚至出现常规化产品走向低端化的局面。然而，无论市场需求如何变化，竞争的焦点永远聚焦在争夺用户上。“实施用户满意经营”是企业发展的战略目标。

测量用户满意度用于观测产品在市场上的表现，在工程机械行业中经过多年实践得知，采用用户满意度指数测量方法所获得的量化评价数据具有较强的可比性，用户满意度指数变化与企业的市场份额变化密切相关，具有正相关性，而且解释率达到 70%，这说明在工程机械产品营销中，用户满意度的权重大于一般消费品的权重。

2013 年通过对典型的工程机械产品（挖掘机、装载机）11 年的连续测评，分析结果表明：用户满意度每提高 1 个百分点，企业产品的市场份额增加 1.2 个百分点；产品的用户满意度变化与产品的市场份额变化具有正相关性。用户满意度变化与市场份额相关性变化见图 1。

2014 年进一步分析还发现，用户满意度指数变化率与产品销售量变化率具有相关性，通过用户满意度指数变化率可以预测未来产品销量变化。未来 12 个月的销量变化，可以用现在的用户满意度结果来预测。用户满意度指数变化率与销售量相关性变化见图 2。因此，工程机械企业通过坚持长期测量用户满意度变化情况，就能够把握用户需求趋势变化，通过观测用户忠诚度变化就能把握用户流失情况，通过对具体质量问题调查就能发现产品需要改善的问题等，这是一项具有很强市场价值的工作，是实施用户满意经营的具体工作方法，是提升品牌竞争力的有效工具。

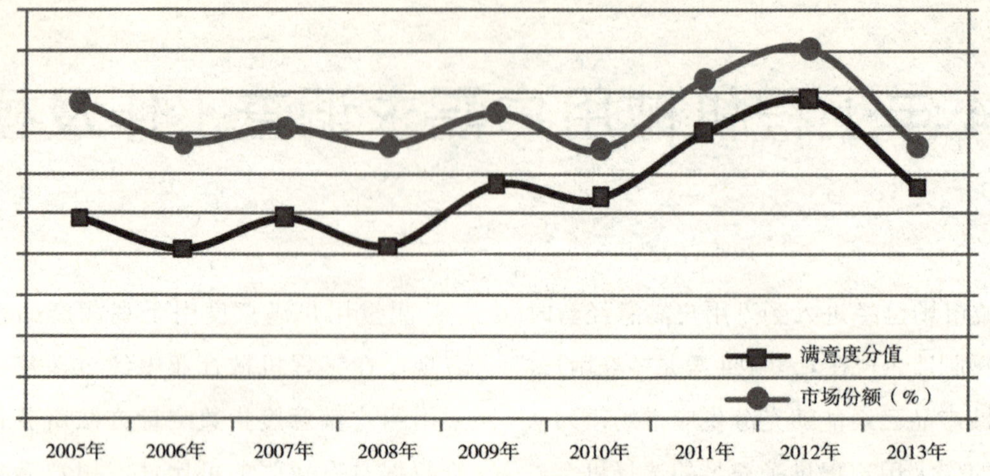

图 1 用户满意度变化与市场份额相关性变化

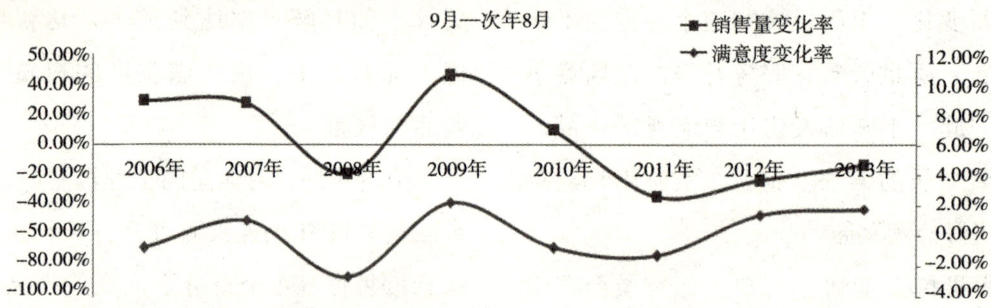

图 2 用户满意度指数变化率与销售量相关性变化

2014 年用户工作委员会开展的第三方用户满意度调查主要工作如下：

1. 用户满意度评价调查活动

用户满意度调查活动始于 1989 年，经过 20 多年的研究探索，逐步走向科学化、合理化。统计分析方法也由原来简单的加权平均法、专家赋值法发展成指数模型分析法；产品测评指标不断完善；测量方法更先进，测评结果客观性更强。

具体操作上，通过针对不同种类产品的特性研究分析，科学设置具体产品质量评价指标和服务质量指标，通过信函、邮件、电话和面访等方式收集广大用户的评价信息，对用户评价信息进行整理、甄别、核实、再调查等，确定真实的用户信息进行数据库录入和相关分析，得出用户满意度评价数值，同时分析出企业产品适应市场的优势亮点、薄弱环节与重要问题，将改进信息反馈给企业，推动企业持续改进，不断提升用户满意度水平。

2014 年用户工作委员会先后开展了土方机械、挖掘机械、工程起重机械、建筑起重机械以及主要配套件产品和服务质量的用户满意度评价调查活动，涉及的主要产品有轮胎式装载机、推土机、平地机、液压挖掘机、轮胎式起重机、塔式起重机、施工升降机 7 大类产品。用户满意度评价调查工作历时半年，受访用户遍布全国 31 个省市，受访对象为使用以上工程机械的单位领导/老板、机械管理人员、操作司机以及维修服务人员，涉及各种产品样本共计 17 473 台，实现了大样本量调查。

2014 年用户调查区域分布见图 3。

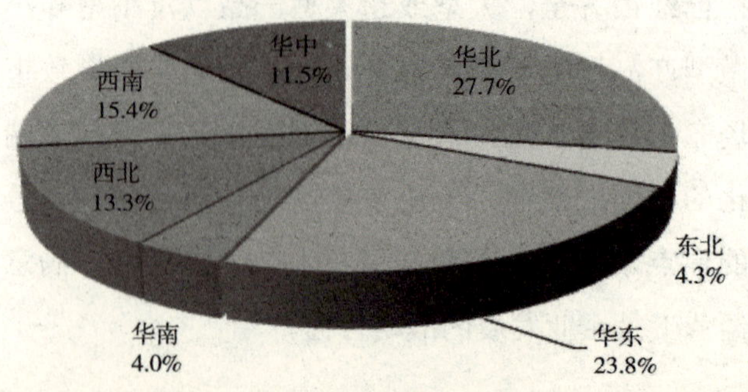

图 3 2014 年用户调查区域分布

年度测评分析计划和方案及问卷经过分会理事长会议研究确定，测评分析结果经过专家评议和分会理事长会议对于用户评价结果予以确认，对产品质量用户满意度评价较高，售后服务用户评价较好的工程机械企业，授予“全国用户满意产品”和“全国用户满意服务”荣誉称号。通过测评，可引导行业企业追求“用户满意经营”，以不断改进产品质量、服务质量和配件质量为驱动力，提高产品适应市场需求的能力和企业的竞争力。

2. 用户满意评价指标体系

用户满意度评价调查采用中国工程机械用户满意度指数（CMCSI）模型的品牌形象、感知产品质量、感知服务质量、感知价值、用户满意度、用户抱怨和用户忠诚度七大核心观测指标进行评价。从用户对各项指标的感知和评价来测量用户的满意度水平，用户根据使用中的实际感受给予具体评价。每项指标的测评采用 1 ～ 10 分的整数评价制，10 分每级寓意为：最差、很差、较差、差、一般、还行、稍好、较好、很好、最好，多级评价更加客观、准确，能反映出用户的真实心理感受，使评价结果更接近客观实际。

用户工作委员会紧密结合工程机械的产品特点、整体质量水平，不断完善针对七大指标的具体问卷问题，经过多年探索实践，设计出适应工程机械行业企业需求的评价指标体系。

观测性指标设置主要有：产品品牌形象、产品总体质量、产品质量可靠性、产品性能价格比、总体服务质量、质量性能价格和服务的综合满意度、用户抱怨率、用户抱怨的主要问题（产品质量、服务质量、产品价格、配件）、用户对在用品牌产品的再选可能性、向他人推荐可能性等。

改善性指标设置主要有：产品的操作便利性、作业效率、燃油经济性、液压系统质量、电气系统质量、安全保护装置、起重臂质量、传动系统质量、外观质量、结构件质量、底盘质量、配件质量、配件供应及时性、服务人员技能、服务及时性等。

需要访问的开放性问题主要有：对产品质量改进、服务质量改进、配件质量的改进意见和建议等。

3. 用户满意度指数模型

中国工程机械用户满意度指数（CMCSI）模型是多年时间的结晶，该模型从用户对产品质量的预期需求出发，经过使用者对产品质量的实际感受、对企业提供的服务质量感受、对所购买产品的价值感的评价，直接和间接地影响到用户对产品的综合满意程度。用户满意度高低有两种截然不同的影响结果，一是用户抱怨高低，二是用户忠诚度高低，通过结构方程模型计算分析，可以量化出用户满意度个性指标评价结果，长期观测具有较强的可比性，用于分析判断企业产品在市场中的表现，发现优势与不足，寻找持续改善空间，使产品更加贴近用户需求。中国工程机械用户满意度测评分析模型（CMCSI）见图 4。

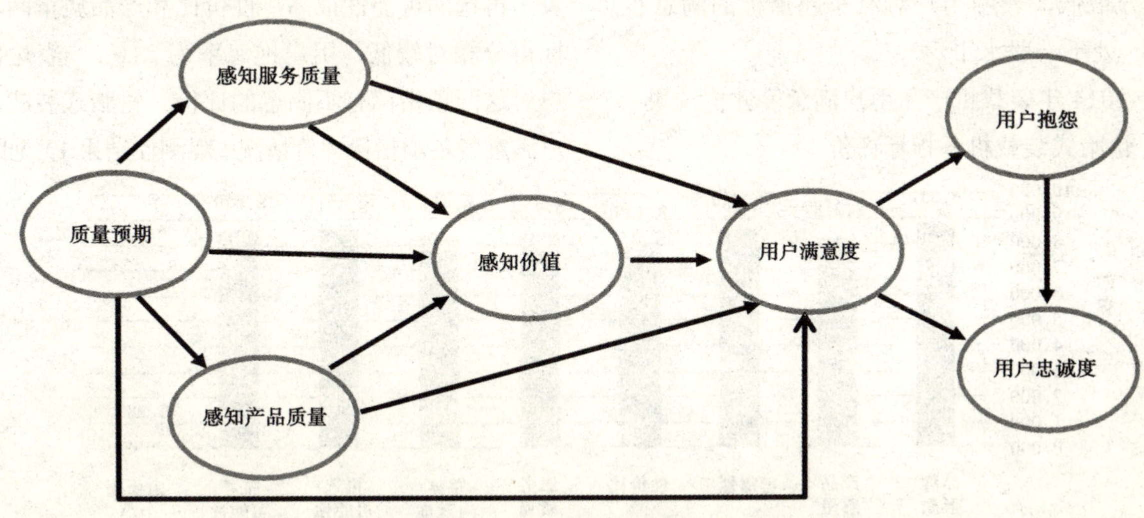

图 4 中国工程机械用户满意度测评分析模型（CMCSI）

注：箭头指向表示各个变量之间的相互影响关系。

满意度得分以百分制表达，用户满意度评价标准：60 分以下为不满意，60~70 分为基本满意，70~80 分为比较满意，80~90 分为优秀，90 分以上为卓越。

〔撰稿人：中国工程机械工业协会用户工作委员会侯宝佳〕

2014 年工程机械用户需求调查报告（摘要）

1.2014 年用户满意度 7 大类产品总体评价结果

2014 年对各类常规工程机械的评价调查，得出不同种类产品的用户满意度水平状态。具有代表性产品的满意度评价结果以百分制表达，2014 年 7 大类产品的满意度比较见图 1。

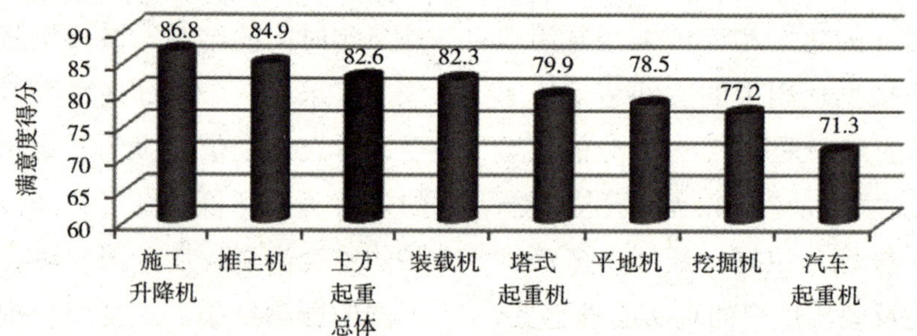

图 1　2014 年 7 大类产品的满意度比较

2014 年对土方机械、起重机械各类产品的总体评价情况，用户满意度得分各不相同，其中，施工升降机满意度得分最高，处于优秀水平，表明用户对施工升降机产品的满意度较高；汽车起重机得分最低，表明用户对汽车起重机的满意程度很低，处于一般水平。

(1)　2014 年装载机产品用户满意度评价结果

①　轮胎式装载机各指标评价

轮胎式装载机行业总体满意度为 82.3 分，处于优秀水平，表明装载机产品总体上用户满意度较高，国产品牌引领市场的作用明显。从数据来分析，轮胎式装载机各项指标中，品牌形象评价最高，用户表示再选的可能性很高，性价比和产品质量两项指标得分相对较低，用户抱怨率为 28.0%，表达出用户对这两项指标有不满意的评价。轮胎式装载机用户满意度各项指标评价情况（观测性结果 1）见图 2。

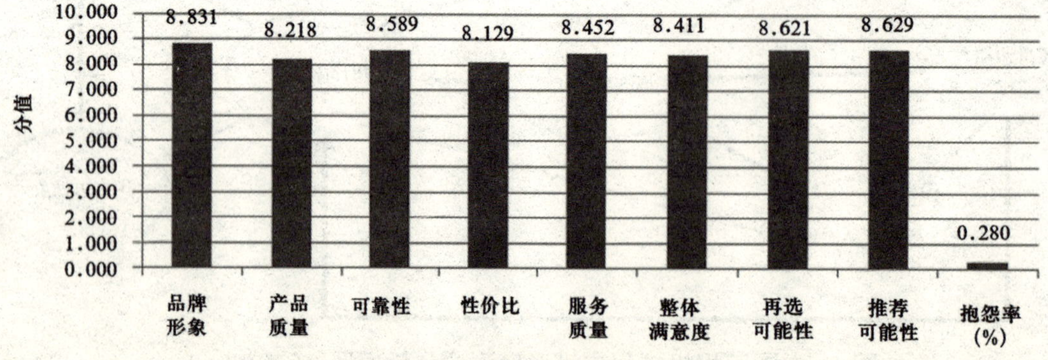

图 2　轮胎式装载机用户满意度各项指标评价情况（观测性结果 1）

2）轮胎式装载机满意度分项指标满意率分析

轮胎式装载机的具体评价指标分项统计分析，非常满意的评价超过半数，占比在56.6%～75.8%之间，比较满意的评价占比在7.3%～33.6%之间，不太满意的评价占比在6.5%～16.1%之间。轮胎式装载机用户满意度分项指标满意率（观测性结果2）见图3。

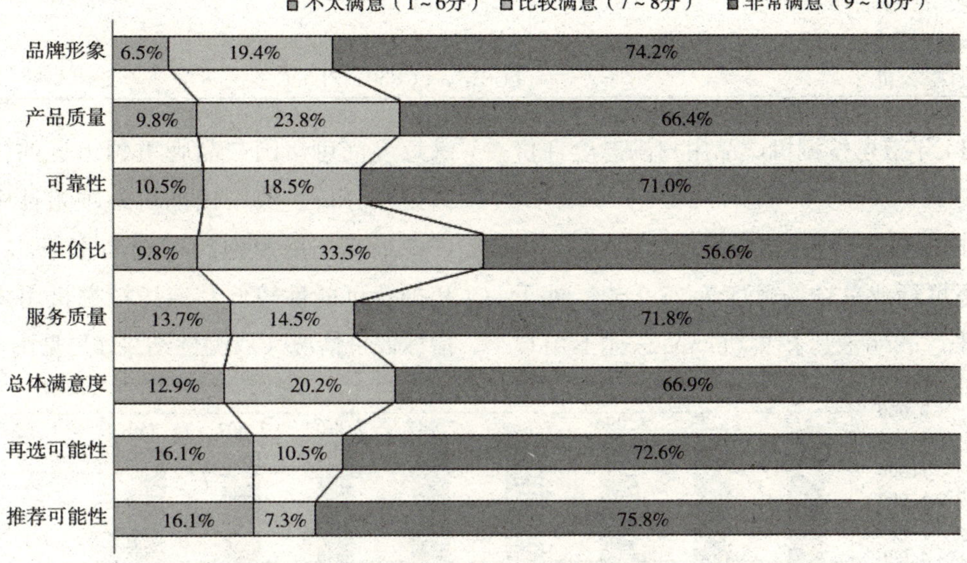

图3　轮胎式装载机用户满意度分项指标满意率（观测性结果2）

3）轮胎式装载机具体指标评价

轮胎式装载机的具体评价指标有：产品质量的外观质量、液压系统质量、电气系统质量和三包外配件质量；产品性能的操作便利性、作业效率和燃油经济性；服务质量的服务人员技能、服务及时性和配件供应及时性。具体指标评价结果：产品质量评价中，“三包外配件质量”评价较低；产品性能评价中，“燃油经济性”评价较低；服务质量评价中，“配件供应及时性”评价较低．轮胎式装载机用户满意度具体指标评价（改善性结果）见图4。

4）轮胎式装载机用户满意度较高的企业

2014年装载机用户满意度评价较高的企业（排名不分先后）见表1。

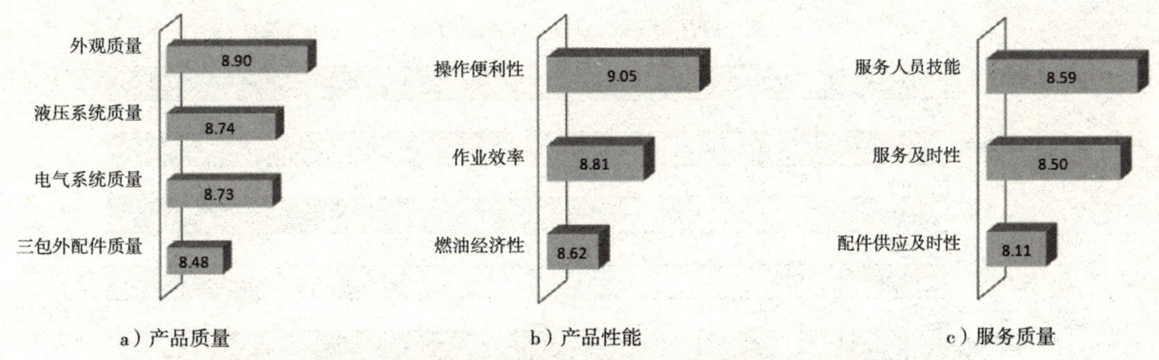

图4　轮胎式装载机用户满意度具体指标评价（改善性结果）

表 1　2014 年装载机用户满意度评价较高的企业（排名不分先后）

企业名称	产品型号
广西柳工机械股份有限公司	ZL50CN、CLG856、CLG820、CLG855、CLG836、CLG816C
山东临工工程机械有限公司	LG953N、LG933L
徐工集团工程机械股份有限公司	LW500KN、LW300KN
厦门厦工机械股份有限公司	XG955-Ⅲ
常林股份有限公司	933、955N
中国龙工控股有限公司	LG818、LG850、ZL50C

（2）2014 年液压挖掘机产品用户满意度评价结果

1）液压挖掘机各指标评价

液压挖掘机行业总体满意度为 77.2 分，处于比较满意水平，表明液压挖掘机产品总体上用户满意度尚可，国产品牌引领市场的作用明显。从数据来分析，液压挖掘机各项指标中，品牌形象评价最高，用户抱怨率较高 47.0%，再选可能性和推荐可能性较低，液压挖掘机用户满意度各项指标评价情况（双测性结果 1）见图 5。

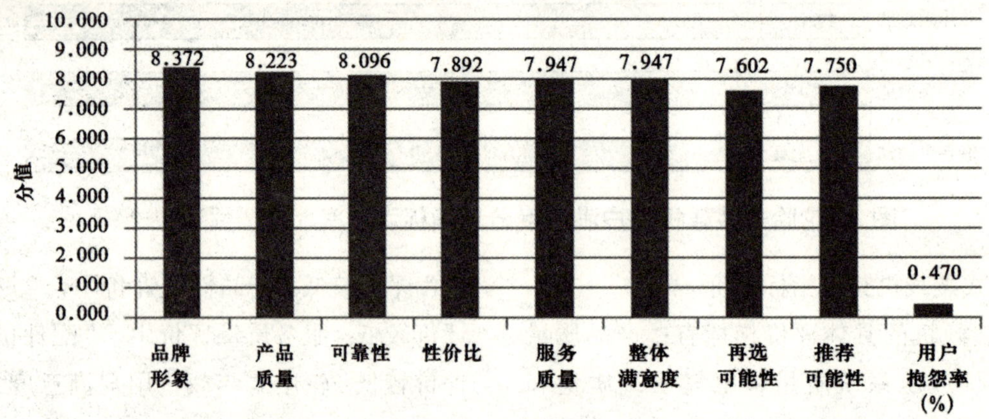

图 5　液压挖掘机用户满意度各项指标评价情况（观测性结果 1）

2）液压挖掘机满意度分项指标满意率分析

液压挖掘机的具体评价指标分项统计分析，非常满意的评价占比在 35.5% ～ 61.4% 之间，比较满意的评价占比在 13.6% ～ 51.6% 之间，不太满意的评价占比在 12.9% ～ 26.1% 之间。液压挖掘机用户满意度分项指标满意率（观测性结果 2）见图 6。

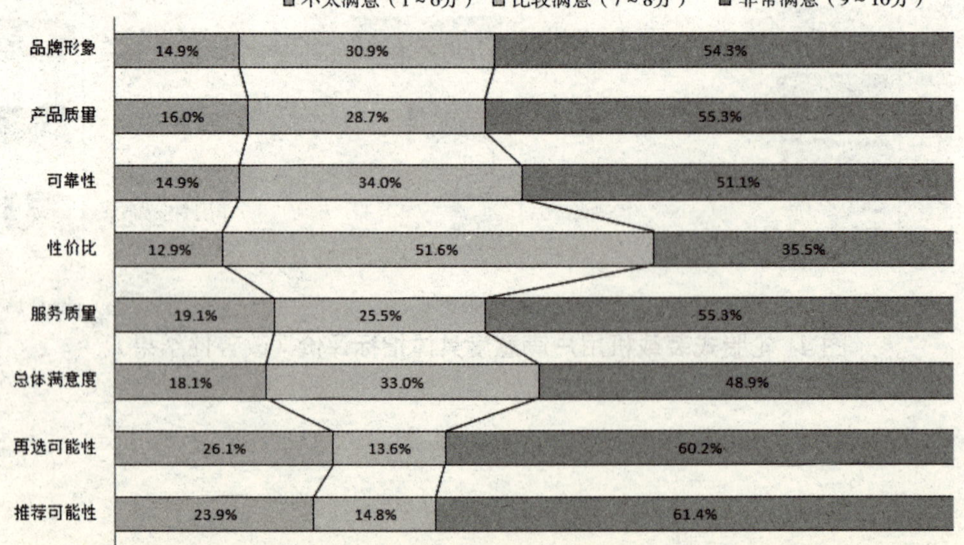

图 6　液压挖掘机用户满意度分项指标满意率（观测性结果 2）

3）液压挖掘机具体指标评价

液压挖掘机的具体评价指标有：产品质量的结构件质量、外观质量、电气系统质量、配件质量、底盘（下车）质量和液压系统质量；产品性能的操作便利性、燃油经济性和作业效率；服务质量的服务人员技能、服务及时性和配件供应及时性。具体指标评价结果：产品质量评价中，“液压系统质量”评价较低；产品性能评价中，“作业效率”评价较低；服务质量评价中，“配件供应及时性”评价较低。液压挖掘机用户满意度具体指标评价（改善性结果）见图7。

4）液压挖掘机用户满意度评价较高的企业

2014年液压挖掘机用户满意度评价较高的企业（排名不分先后）见表2。

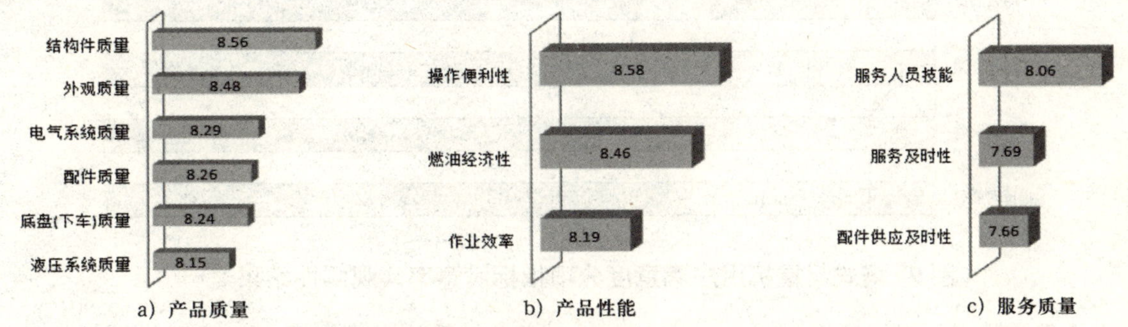

图7 液压挖掘机用户满意度具体指标评价（改善性结果）

表2 2014年液压挖掘机用户满意度评价较高的企业（排名不分先后）

企业名称	产品型号
广西柳工机械股份有限公司	CLG906D、CLG915D、CLG922D、CLG936D、CLG939DH
国机重工（常州）挖掘机有限公司	ZG3065-9B、ZG3085-9、ZG3150-9、ZG3210-9、ZG3210-9C、ZG3225LC-9、ZG3225LC-9C、ZG3335LC-9C、ZG3365LC-9C
山东临工工程机械有限公司	LG6225E
徐州徐工挖掘机械有限公司	XE230、XE215、XE150、XE370、XE260、XE80、XE60、XE40
成都神钢建设机械有限公司	SK250-8、SK260LC-8、SK350LC-8、SK210LC-8、SK200-8

（3）2014年塔式起重机用户满意度评价结果

1）塔式起重机各指标评价

塔式起重机行业总体满意度为79.9分，处于比较满意水平，从数据来分析，品牌形象评价最高，整体满意度评价较低，用户抱怨率为32.8%。塔式起重机用户满意度各项指标评价情况（观测性结果1）见图8。

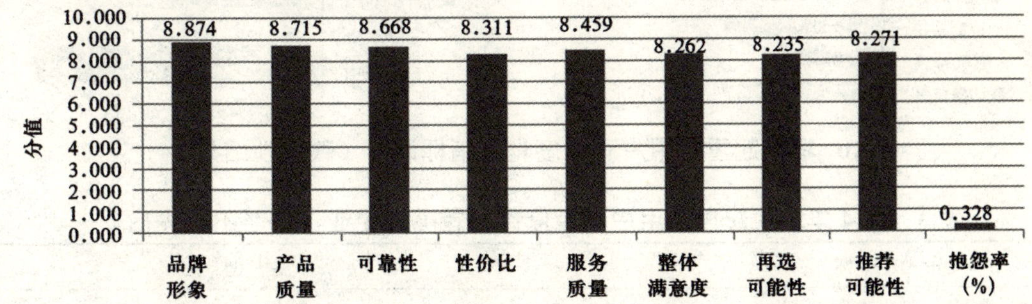

图8 塔式起重机用户满意度各项指标评价情况（观测性结果1）

2）塔式起重机满意度分项指标满意率分析

塔式起重机的具体评价指标分项统计分析，非常满意的评价占比在55.0%～73.8%之间，比较满意的评价占比在23.8%～37.3%之间，不太满意的评价占比在2.4%～8.0%之间。塔式起重机用户满意度分项指标满意率（观测性结果2）见图9。

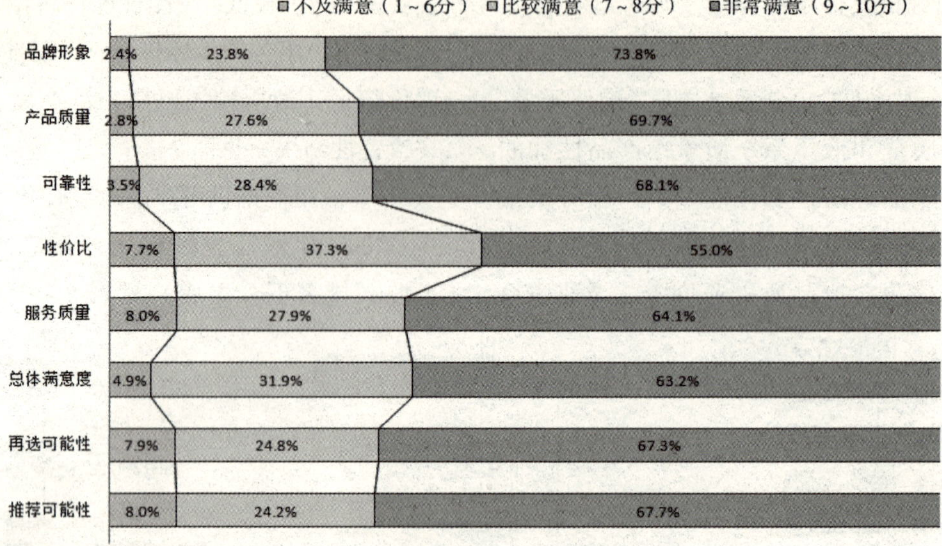

图 9　塔式起重机用户满意度分项指标满意率（观测性结果 2）

3）塔式起重机具体指标评价

塔式起重机的具体评价指标有：产品质量的安全保护装置、结构件质量、起升机构、行走机构、变幅机构、联动操作台、控制系统、回转机构、顶升机构和电气系统质量；服务质量的安装方便性、服务人员技能、服务及时性和配件供应及时性。具体指标评价结果：产品质量评价中，“电气系统质量和顶升机构质量”评价较低；服务质量评价中，“配件供应及时性和服务及时性”评价较低。塔式起重机用户满意度具体指标评价（改善结果）见图 10。

4）塔式起重机用户满意度评价较高的企业

2014 年塔式起重机用户满意度评价较高的企业见（排名不分先后）表 3。

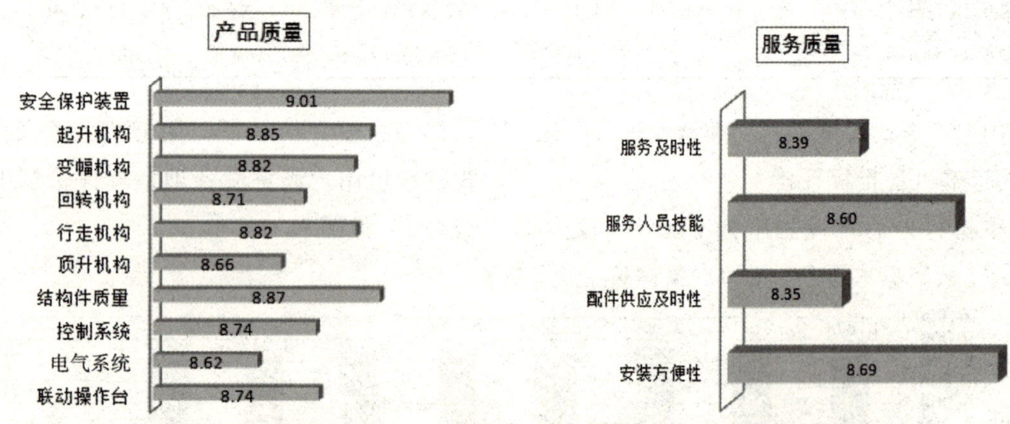

图 10　塔式起重机用户满意度具体指标评价（改善性结果）

表 3　2014 年塔式起重机用户满意度评价较高的企业（排名不分先后）

企 业 名 称	产 品 型 号
四川建设机械（集团）股份有限公司	C5013、C5510、C5513、C6010、C6013、C7030
抚顺永茂建筑机械有限公司	ST55/13、ST60/15、ST70/30、STT153、STT293、STT553
中联重科股份有限公司	TC5010、TC5610、TC5613、TC6010、TC6013、TC6015、TC6016A-8
浙江省建设机械集团有限公司	QTZ60、QTZ80、ZJ6010、ZJT5910
广西建工集团建筑机械制造有限责任公司	QTZ5512 内、QTZ5512 外、TCT5512 内、TCT5512 外、TCT6012

（续）

企业名称	产品型号
徐州建机工程机械有限公司	QTZ63、QTZ80
浙江虎霸建设机械有限公司	H5810、H6010
湖北江汉建筑工程机械有限公司	TC5610、TC6010、TC5713、TC6012
江苏正兴建设机械有限公司	QTZ40、QTZ40B、QTZ63
山东大汉建设机械有限公司	QTZ63、QTZ80
马尼托瓦克起重设备(中国)有限公司	MC110
方圆集团有限公司	TC5010、TC5013、TC5510
江麓机电集团有限公司	JL5613、JL6010、JL6013、QTZ70
北京永茂建工机械制造有限公司	ST55/13、ST60/15、STT153、STT200、TL100、QTZ80
重庆中建机械制造有限公司	QTZ100
上海市吴淞建筑机械厂有限公司	QTZ6010、QTZ80
南通大力神建筑机械有限公司	QTZ63、QTZ80
云南冶金昆明重工有限公司	C5013 、C5610
中国人民解放军第六四零九工厂	QTZ63
青岛海威斯帝尔重钢工程有限公司	TC6012
廊坊中建机械有限公司	QTZ5610、QTZ6018、QTZ7027、QTZ7030、QTZ7030B
重庆建工工业有限公司	QTZ63、QTZ80、S5610
亚泰重工机械有限公司	TC5013B、TC5610

（4）2014年施工升降机产品用户满意度评价结果

1）施工升降机各指标评价

施工升降机行业总体满意度为86.8分，处于优秀水平。从数据来分析，品牌形象评价最高，用户表示再选的可能性和推荐可能性相对较小，用户抱怨率27.4%，升降机产品在国内市场上用户评价普遍较好。施工升降机用户满意度各项指标评价情况（观测性结果1）见图11。

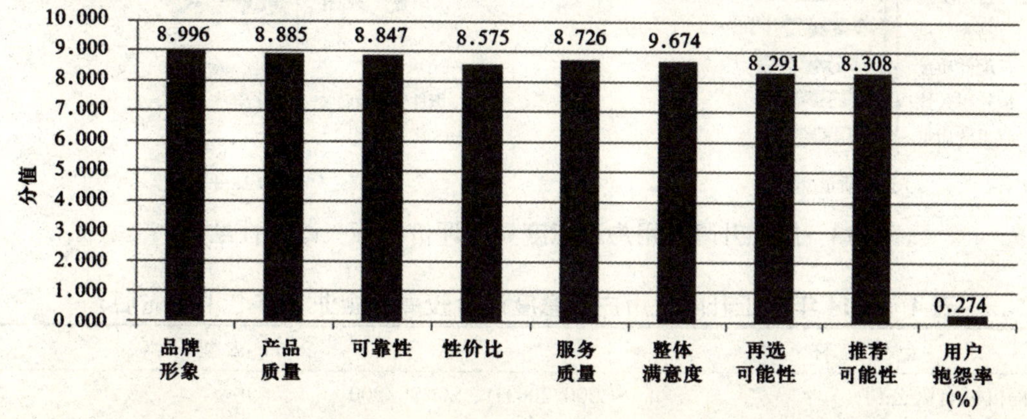

图11 施工升降机用户满意度各项指标评价情况（观测性结果1）

2）施工升降机满意度分项指标满意率分析

施工升降机的具体评价指标分项统计分析，非常满意的评价占比在 60.1% ～ 71.0% 之间，比较满意的评价占比在 22.7% ～ 34.8% 之间，不太满意的评价占比在 1.9% ～ 12.1% 之间。施工升降机用户满意度分项指标满意率（观测性结果 2）见图 12。

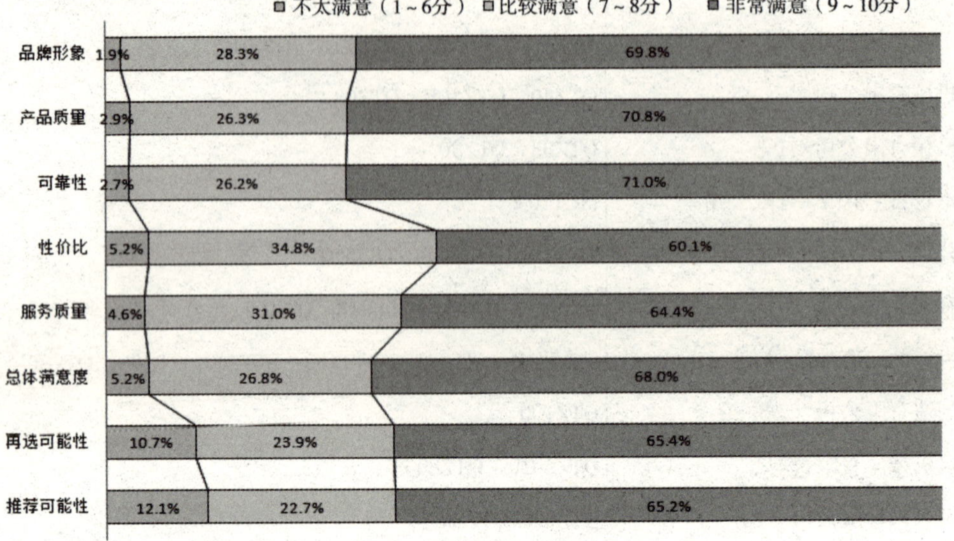

图 12　施工升降机用户满意度分项指标满意率（观测性结果 2）

3）施工升降机具体指标评价

施工升降机的具体评价指标有：产品质量的安全保护装置、结构件质量、控制系统质量、传动系统质量、齿条质量、吊笼质量、配件质量、齿轮耐久性和电气系统质量；服务质量的服务人员技能、服务及时性和配件供应及时性。具体指标评价结果：产品质量评价中，“电气系统质量”评价较低；服务质量评价中，“服务及时性和配件供应及时性”评价较低。施工升降机用户满意度具体评价指标（改善性结果）见图 13。

4）升降机用户满意度评价较高的企业

2014 年施工升降机用户满意度评价较高的企业（排名不分先后）见表 4。

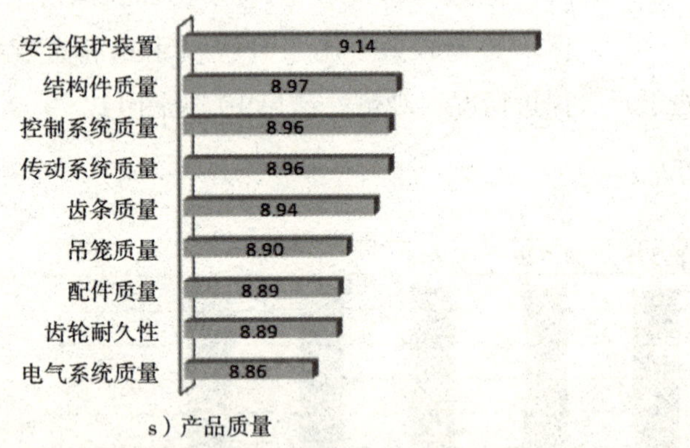

s）产品质量

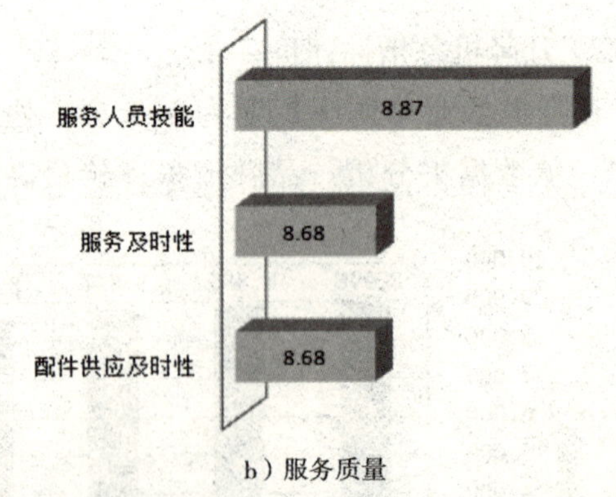

b）服务质量

图 13　施工升降机用户满意度具体评价指标（改善性结果）

表 4　2014 年施工升降机用户满意度评价较高的企业（排名不分先后）

企业名称	产品型号
西安京龙工程机械有限公司	SC200/200TD、SC200/200
广西建工集团建筑机械制造有限责任公司	SC200/200

（续）

企业名称	产品型号
上海宝达工程机械有限公司	SC200/200、SCD200、SCD200/200、SD200/200
中联重科股份有限公司	SC200/200
山东大汉建设机械有限公司	SC200/200
湖北江汉建筑工程机械有限公司	SCD200/200、SC200/200
浙江省建设机械集团有限公司	SCD200/200
廊坊凯博建设机械科技有限公司	SC200/200
厦门康柏机械集团有限公司	SCD200/200

2．第三方调查评价工作

中国工程机械工业协会用户工作委员会先后为柳工股份、柳工集团下属公司（柳州欧维姆机械股份有限公司和上海鸿得利重工股份有限公司）、徐工集团（徐工挖掘机、徐工汽车起重机等）、山东临工、山推股份、中国国机重工集团等10余家企业测评了产品的用户满意度指数，涉及的产品有装载机、挖掘机、推土机、平地机、压路机、汽车起重机、混凝土机械、叉车、摊铺机、预应力技术设备等。用户满意度指数测评分析报告为企业提供了大量的具有可比性的重要参考信息，这些信息可以指导企业不断提升质量和竞争力。

为落实工业和信息化部《关于2014年工业质量品牌建设工作的通知》（工信部科函[2014]78号）等文件精神，中国机械工业联合会组织各专业协会（中国机械工业品牌战略推进委员会）积极推进，品推委发布了《关于开展2014年机械工业品牌培育表彰活动及机械工业质量诚信企业表彰活动的通知》（中机品推[2014]1号），中国工程机械工业协会决定2014年在挖掘机、压路机、汽车起重机分行业开展品牌培育及表彰活动。用户工作委员会承担了此项活动中的第三方用户满意度调查工作，完成了3家挖掘机企业、6家压路机企业、1家汽车起重机企业的用户满意度调查和测评分析报告。此项工作在中国机械工业联合会举办的表彰大会上做了经验交流，并得到了工信部领导肯定。

3．用户满意度评价较高的企业和产品

推动用户满意工程的宗旨是：促使工程机械行业企业积极实践以用户为关注焦点的生产经营活动，推动企业实施用户满意经营战略，关注用户需求变化趋势，及时发现企业经营中不适应市场需求的问题，组织力量进行改进，不断提升用户满意的经营绩效。自2012年以来，用户工作委员会在行业中开展创建“用户满意十强活动”，在行业中树立实施用户满意经营的典型企业，以期提升整体质量水平。

全国塔式起重机产品在完成用户满意度评价调查基础上，结合上次用户满意评价结果，经评审专家评审出2014年度塔式起重机用户满意10强企业。2014年塔式起重机用户满意10强企业（排名不分先后）见表5。

表5 2014年塔式起重机用户满意10强企业

（排名不分先后）

序号	企业名称
1	四川建设机械（集团）股份有限公司
2	抚顺永茂建筑机械有限公司
3	中联重科股份有限公司
4	浙江建设机械集团有限公司
5	广西建工集团建筑机械制造有限责任公司
6	徐州建机工程机械有限公司
7	浙江虎霸建设机械有限公司
8	湖北江汉建筑工程机械有限公司
9	江苏正兴建设机械有限公司
10	山东大汉建设机械有限公司

4．用户满意服务明星活动

为了深入推进用户满意工程，关注广大服务一线人员业绩的提升，在服务人员中树立行业标杆，通过开展创建用户满意服务明星活动，对长期奋战斗在服务一线的服务人员给予行业表彰。

2014 年，经过企业推荐，用户工作委员会组织调查评价，评选出的“用户满意服务明星”有山推工程机械股份有限公司国内营销服务支持部白仲喜，柳州柳工叉车有限公司服务管理部曹礼怀、龙合、杨鸿鹏，广州广日电梯工业有限公司湖南分公司陈希，江南嘉捷电梯股份有限公司华中区马浩、售后服务部黄黎平，河北宣化工程机械股份有限公司内蒙古分公司赵继武，重庆建工工业有限公司售后服务科田涛，河北东方富达机械有限公司产品质量部王帆，山推楚天工程机械有限公司售后服务陆森林、朱红波，康力电梯股份有限公司工程技术部孟庆刚，徐工集团徐州重型机械有限公司杭州代表处蒋文平 14 名同志为用户满意服务明星。

2014 年，评选出的“用户满意服务明星班组”有徐工集团徐州重型机械有限公司沈阳代表处、柳州柳工叉车有限公司服务管理部、山推楚天工程机械有限公司搅拌站（楼）服务组、山推工程机械股份有限公司国内营销事业部土方业务室、重庆建工工业有限公司建机事业部售后服务科等 10 个企业基层服务单位。

2014 年，评选出的“用户满意杰出管理者”有广西柳工机械股份有限公司副总裁兼柳州柳工叉车有限公司总经理王太平、浙江省建设机械集团有限公司董事长许惠铭、上海宝达工程机械有限公司总经理吴国华等 8 名企业高层管理者。

5．绿色施工机械评价标准研究

开展了国家“十二五”科技支撑计划项目“建筑工程主要绿色施工机械评价技术及数据库”子课题（2012BAJ03B01-01）的建筑施工机械绿色性能评价技术研究，并在中国工程机械工业协会立项《绿色施工机械评价标准》，完成了 GXB/TY0025—2014《轮胎式装载机燃油消耗试验方法》和 GXB/TY0026—2014《液压挖掘机燃油消耗试验方法》编制，并由中国工程机械工业协会发布实施。标准规定了试验工况、试验方法，试验结果关注于工作时间、作业量、油耗量，以单位燃油量与作业生产率比值为能效评价指标，成为工程机械行业中首次发布油耗试验方法，为推动行业实施节能减排起到了积极的推动作用。

〔撰稿人：中国工程机械工业协会用户工作委员会侯宝佳〕

统计资料

公布2014年工程机械行业主要统计数据，准确、系统、全面地反映工程机械行业的主要经济指标

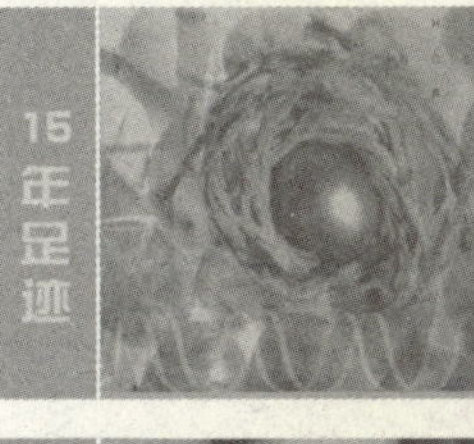

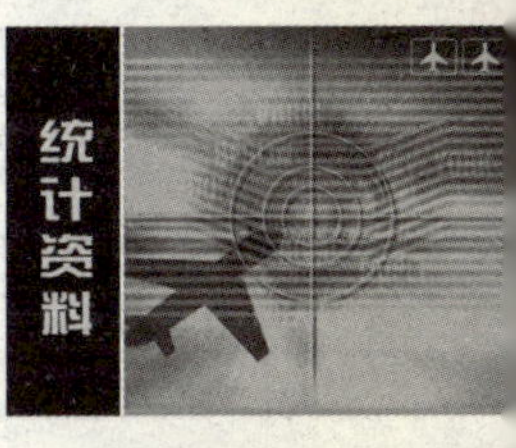

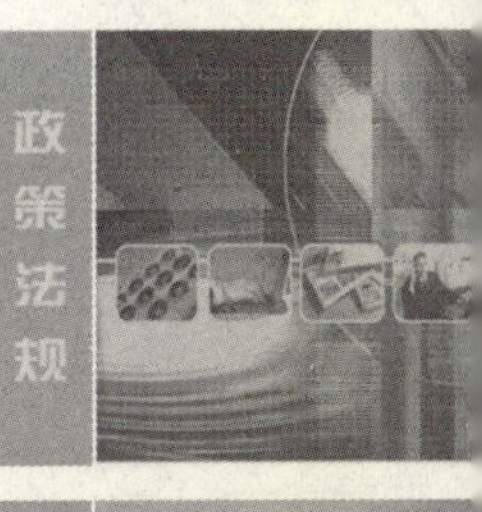

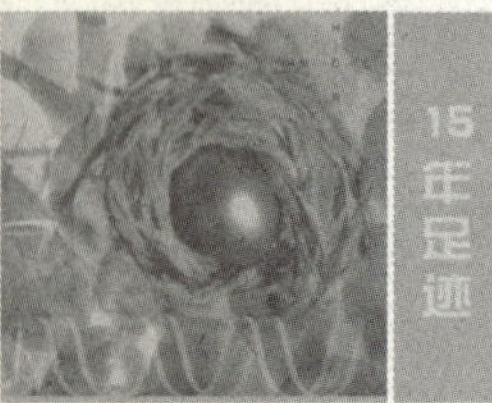

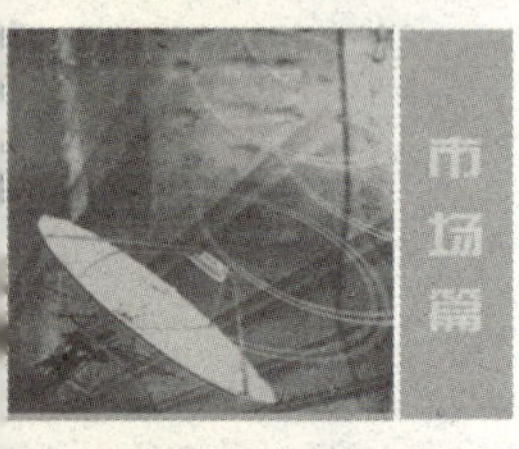

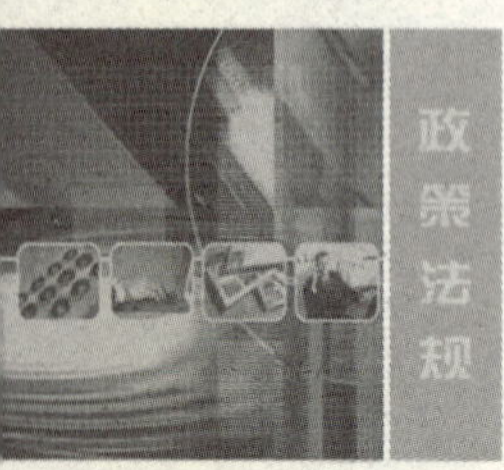

统计资料

2014年工程机械行业主要企业产品产销存统计

1. 挖掘机械

企业名称	产品类别	单位	产量	销量	库存
江麓机电集团有限公司	履带式液压挖掘机	台	17	104	90
三一集团有限公司	履带式液压挖掘机	台	11 641	11 679	582
常林股份有限公司	履带式液压挖掘机	台	46	44	3
广西柳工机械股份有限公司	履带式液压挖掘机	台	3 559	4 102	0
小松（中国）投资有限公司	履带式液压挖掘机	台	7 797	7 797	0
利勃海尔机械(大连)有限公司	履带式液压挖掘机	台	315	273	81
临沂临工机械集团	履带式液压挖掘机	台	3 403	3 484	442
内蒙古北方重型汽车股份有限公司	履带式液压挖掘机	台	2	4	200
山重建机有限公司	履带式液压挖掘机	台	1 620	2 767	542
成都神钢建设机械有限公司	履带式液压挖掘机	台	3 750	3 871	944
贵州詹阳动力重工有限公司	履带式液压挖掘机	台	346	352	336
河北宣化工程机械股份有限公司	履带式液压挖掘机	台	2	1	1
中国龙工控股有限公司	履带式液压挖掘机	台	2 019	2 049	705
厦门厦工机械股份有限公司	履带式液压挖掘机	台	0	1 892	1 111
福田雷沃国际重工股份有限公司	履带式液压挖掘机	台	2 162	2 825	960
常林工程机械集团	履带式液压挖掘机	台	5 168	4 999	1 580
卡特彼勒(中国)投资有限公司	履带式液压挖掘机	台	9 752	9 752	0
日立建机(中国)有限公司	履带式液压挖掘机	台	7 027	7 027	0
中联重科股份有限公司	履带式液压挖掘机	台	1 177	1 777	1 941
斗山工程机械(中国)有限公司	履带式液压挖掘机	台	6 357	6 357	0
沃尔沃建筑设备(中国)有限公司	履带式液压挖掘机	台	4 197	4 197	0
山河智能装备股份有限公司	履带式液压挖掘机	台	2 924	2 924	0
广西玉柴重工有限公司	履带式液压挖掘机	台	2 786	2 786	0
四川邦立重机有限责任公司	履带式液压挖掘机	台	116	123	20
力士德工程机械股份有限公司	履带式液压挖掘机	台	1 750	1 843	178
卡特彼勒(中国)投资有限公司	轮胎式挖掘机	台	74	74	0
日立建机(中国)有限公司	轮胎式挖掘机	台	10	10	0
斗山工程机械(中国)有限公司	轮胎式挖掘机	台	548	548	0
沃尔沃建筑设备(中国)有限公司	轮胎式挖掘机	台	171	171	0
贵州詹阳动力重工有限公司	轮胎式挖掘机	台	117	119	110
常林股份有限公司	挖掘装载机	台	94	93	16
广西柳工机械股份有限公司	挖掘装载机	台	354	369	0

2. 铲土运输机械

企业名称	产品类别	单位	产量	销量	库存
三一集团有限公司	履带式推土机	台	11	11	1
厦工(三明)重型机器有限公司	履带式推土机	台	149	145	10
广西柳工机械股份有限公司	履带式推土机	台	430	468	0
小松（中国）投资有限公司	履带式推土机	台	11	11	0
内蒙古一机集团大地工程机械有限公司	履带式推土机	台	126	93	134
天津建筑机械厂	履带式推土机	台	422	287	447
河北宣化工程机械股份有限公司	履带式推土机	台	695	652	82
山推工程机械股份有限公司	履带式推土机	台	4 579	4 696	669
郑州宇通重工有限公司	轮胎式装载机	台	906	779	127
三一集团有限公司	轮胎式装载机	台	68	67	3
常林股份有限公司	轮胎式装载机	台	4 128	4 481	768
广西柳工机械股份有限公司	轮胎式装载机	台	26 361	26 318	0
小松（中国）投资有限公司	轮胎式装载机	台	148	148	0
安徽合力股份有限公司装载机分公司	轮胎式装载机	台	848	883	157
利勃海尔机械(大连)有限公司	轮胎式装载机	台	235	205	46
临沂临工机械集团	轮胎式装载机	台	25 522	24 424	1 246
山东一能重工有限公司	轮胎式装载机	台	2 316	2 215	101
四川成都成工工程机械股份有限公司	轮胎式装载机	台	3 419	4 424	1 480
中国龙工控股有限公司	轮胎式装载机	台	20 480	22 212	5 661
厦门厦工机械股份有限公司	轮胎式装载机	台	25 381	21 811	3 570
福田雷沃国际重工股份有限公司	轮胎式装载机	台	3 548	5 154	999
力士德工程机械股份有限公司	轮胎式装载机	台	1 350	1 510	78
常林股份有限公司	滑移装载机	台	12	8	4
广西柳工机械股份有限公司	滑移转向装载机	台	192	213	0
三一集团有限公司	平地机	台	299	298	34
厦工(三明)重型机器有限公司	平地机	台	350	354	12
常林股份有限公司	平地机	台	372	357	77
广西柳工机械股份有限公司	平地机	台	438	453	0
徐州徐工筑路机械有限公司	平地机	台	1 207	1 207	0
四川成都成工工程机械股份有限公司	平地机	台	0	23	7
山推工程机械股份有限公司	平地机	台	259	257	45
郑州宇通重工有限公司	非公路自卸车	台	313	300	13
湘电集团有限公司	非公路自卸车	台	4	0	11
小松（中国）投资有限公司	非公路自卸车	台	5	5	0
东风重工（十堰）有限公司	非公路自卸车	台	5	0	5
三一矿机有限公司	非公路自卸车	台	106	67	39
泰安航天特种车有限公司	非公路宽体自卸车	台	34	34	0
国机重工（洛阳）有限公司	非公路自卸车	台	42	47	12

（续）

企业名称	产品类别	单位	产量	销量	库存
北京首钢重型汽车制造股份有限公司	矿用自卸车	台	21	22	4
内蒙古北方重型汽车股份有限公司	矿用自卸车	台	322	325	87
山推工程机械股份有限公司	吊管机	台	24	30	6
三一集团有限公司	其他铲土运输机械	台	5 417	5 434	270
四川成都成工工程机械股份有限公司	其他铲土运输机械	台	28	43	22
内蒙古北方重型汽车股份有限公司	井下防爆车	台	0	26	0

3. 工程起重机械

企业名称	产品类别	单位	产量	销量	库存
安徽柳工起重机有限公司	汽车起重机	台	499	465	131
广东力士通机械股份有限公司	汽车起重机	台	0	0	2
北起多田野（北京）起重机有限公司	汽车起重机	台	92	84	70
北汽福田汽车股份有限公司北京福田雷萨泵送机械分公司	汽车起重机	台	135	153	20
北京京城重工机械有限责任公司	汽车起重机	台	23	32	15
韶关市起重机厂有限责任公司	汽车起重机	台	17	15	5
四川长江工程起重机有限责任公司	汽车起重机	台	327	348	112
辽宁抚挖锦重机械有限公司	汽车起重机	台	67	87	30
泰安东岳重工有限公司	汽车起重机	台	325	240	130
长春市神骏专用车制造有限公司	汽车起重机	台	0	6	0
三一汽车起重机械有限公司	汽车起重机	台	2 278	2 208	91
沈阳北方交通重工集团有限公司	汽车起重机	台	86	82	16
徐工集团徐州重型机械有限公司	汽车起重机	台	6 905	7 146	248
中联重科股份有限公司	汽车起重机	台	3 084	3 096	212
徐工集团徐州重型机械有限公司	全地面起重机	台	62	68	0
中联重科股份有限公司	全地面起重机	台	9	9	0
北京京城重工机械有限责任公司	全地面起重机	台	0	0	3
三一汽车起重机械有限公司	全地面起重机	台	60	56	15
广东力士通机械股份有限公司	轮胎起重机	台	10	1	25
哈尔滨工程机械制造有限责任公司	轮胎起重机	台	107	105	9
江苏八达重工机械股份有限公司	轮胎起重机	台	88	88	7
北京京城重工机械有限责任公司	轮胎起重机	台	9	9	3
山推抚起机械有限公司	轮胎起重机	台	1	0	1
郑州宇通重工有限公司	履带式起重机	台	11	12	2
安徽柳工起重机有限公司	履带式起重机	台	6	8	0
北京南车时代机车车辆机械有限公司	履带式起重机	台	13	13	5
成都神钢起重机有限公司	履带式起重机	台	20	16	11

（续）

企业名称	产品类别	单位	产量	销量	库存
北汽福田汽车股份有限公司北京福田雷萨泵送机械分公司	履带式起重机	台	3	5	0
江苏八达重工机械股份有限公司	履带式起重机	台	55	55	7
辽宁抚挖重工机械股份有限公司	履带式起重机	台	260	267	19
浙江三一装备有限公司	履带式起重机	台	284	292	15
特雷克斯拓能（山东）重机制造有限公司	履带式起重机	台	11	6	6
中联重科股份有限公司	履带式起重机	台	138	154	22
徐工集团徐州重型机械有限公司	履带式起重机	台	297	309	1
日立建机（中国）有限公司	履带式起重机	台	74	65	10
郑州宇通重工有限公司	随车起重机	台	47	49	2
安徽柳工起重机有限公司	随车起重机	台	2	2	2
海沃机械（扬州）有限公司	随车起重机	台	43	43	0
常林股份有限公司	随车起重机	台	58	68	1
湖南大汉起重科技有限公司	随车起重机	台	770	699	145
韶关市起重机厂有限责任公司	随车起重机	台	103	65	42
徐州徐工随车起重机有限公司	随车起重机	台	6 048	5 995	391
长春市神骏专用车制造有限公司	随车起重机	台	182	256	115
长治清华机械厂	随车起重机	台	104	127	125
湖北帕菲特工程机械有限公司	随车起重机	台	34	36	7
辽宁青山重工机械股份有限公司	随车起重机	台	91	85	6
牡丹江专用汽车制造有限公司	随车起重机	台	227	235	56
三一帕尔菲格特种车辆装备有限公司	随车起重机	台	876	886	16
石家庄煤矿机械有限责任公司随车起重机分公司	随车起重机	台	1 878	2 074	460
泰安古河随车起重机有限公司	随车起重机	台	436	350	333
愚公机械股份有限公司	随车起重机	台	63	64	2
徐州徐工随车起重机有限公司	清障车	台	18	18	0
石家庄煤矿机械有限责任公司随车起重机分公司	清障车	台	32	22	14
郑州宇通重工有限公司	强夯机	台	21	50	12
辽宁抚挖重工机械股份有限公司	强夯机	台	0	0	4
浙江三一装备有限公司	强夯机	台	18	20	2
广西柳工机械股份有限公司	强夯机	台	1	0	0
中联重科股份有限公司	强夯机	台	24	23	0
徐工集团徐州重型机械有限公司	强夯机	台	10	10	0
北京南车时代机车车辆机械有限公司	强夯机	台	27	25	4

4. 建筑起重机械

企业名称	产品类别	单位	产量	销量	库存
江麓机电集团有限公司	塔式起重机	台	265	274	78
广西建工集团建筑机械制造有限责任公司	塔式起重机	台	1 290	1 278	12
张家港市天运建筑机械有限公司	塔式起重机	台	200	157	43
方圆集团有限公司	塔式起重机	台	612	609	15
哈尔滨东建机械制造有限公司	塔式起重机	台	135	132	25
浙江省建设机械集团有限公司	塔式起重机	台	3 978	3 978	0
山东明龙建筑机械有限公司	塔式起重机	台	800	800	0
山东腾飞建设机械工程有限公司	塔式起重机	台	130	104	23
朝阳凌云建筑机械有限公司	塔式起重机	台	250	229	26
济南汇友建工机械有限公司	塔式起重机	台	420	387	33
济南建筑机械厂有限公司	塔式起重机	台	150	151	29
江苏腾发建筑机械有限公司	塔式起重机	台	1 106	1 098	29
重庆大江本大工程机械有限责任公司	塔式起重机	台	406	383	23
广东省建筑机械厂有限公司	塔式起重机	台	32	32	0
山东天元建设机械有限公司	塔式起重机	台	135	135	0
山东明威起重设备有限公司	塔式起重机	台	610	567	43
重庆中建机械制造有限公司	塔式起重机	台	109	90	19
上海宝达工程机械有限公司	塔式起重机	台	62	50	12
东莞市毅新庆江机械制造有限公司	塔式起重机	台	298	278	20
四川锦城建筑机械有限公司	塔式起重机	台	86	108	0
章丘市工程机械厂	塔式起重机	台	396	385	11
四川强力建筑机械有限公司	塔式起重机	台	585	613	118
山东大汉建设机械有限公司	塔式起重机	台	2 910	3 103	71
广州五羊建设机械有限公司	塔式起重机	台	53	53	0
哈尔滨华拓金属结构有限公司	塔式起重机	台	53	46	7
抚顺永茂建筑机械有限公司	塔式起重机	台	661	661	0
山东省威海市海泰起重机械有限公司	塔式起重机	台	55	35	26
山东鸿达建工集团有限公司	塔式起重机	台	994	800	194
山东华夏集团有限公司	塔式起重机	台	1 343	1 343	0
江麓机电集团有限公司	施工升降机	台	292	291	55
广西建工集团建筑机械制造有限责任公司	施工升降机	台	1 222	1 202	20
方圆集团有限公司	施工升降机	台	528	530	24
哈尔滨东建机械制造有限公司	施工升降机	台	39	43	13
浙江省建设机械集团有限公司	施工升降机	台	1 115	1 115	0
山东明龙建筑机械有限公司	施工升降机	台	500	500	0
山东腾飞建设机械工程有限公司	施工升降机	台	100	80	20
济南北斗建筑工程机械有限公司	施工升降机	台	330	300	30
济南汇友建工机械有限公司	施工升降机	台	151	141	9

（续）

企业名称	产品类别	单位	产量	销量	库存
济南建筑机械厂有限公司	施工升降机	台	19	20	1
江苏腾发建筑机械有限公司	施工升降机	台	106	106	0
厦门康柏机械集团有限公司	施工升降机	台	799	757	42
重庆大江本大工程机械有限责任公司	施工升降机	台	75	68	7
广东省建筑机械厂有限公司	施工升降机	台	20	20	0
天津安达顺起重设备有限公司	施工升降机	台	700	635	65
山东天元建设机械有限公司	施工升降机	台	150	150	0
山东明威起重设备有限公司	施工升降机	台	220	183	37
上海市吴淞建筑机械厂有限公司	施工升降机	台	60	41	19
重庆中建机械制造有限公司	施工升降机	台	31	27	4
上海宝达工程机械有限公司	施工升降机	台	1 120	1 073	47
东莞市毅新庆江机械制造有限公司	施工升降机	台	96	88	8
四川锦城建筑机械有限公司	施工升降机	台	33	49	0
章丘市工程机械厂	施工升降机	台	163	161	2
徐州万都机械科技有限公司	施工升降机	台	365	363	47
山东大汉建设机械有限公司	施工升降机	台	1 950	2 003	39
申锡机械有限公司	施工升降机	台	10	10	0
山东鸿达建工集团有限公司	施工升降机	台	395	290	105
山东华夏集团有限公司	施工升降机	台	292	292	0
潍坊新奇机电工程有限公司	建筑卷扬机	台	1 499	1 250	249

5. 工业车辆

企业名称	产品类别	单位	产量	销量	库存
广西柳工机械股份有限公司	电动平衡重乘驾式叉车	台	446	482	0
安徽叉车集团有限责任公司	电动平衡重乘驾式叉车	台	6 986	6 890	435
杭叉集团股份有限公司	电动平衡重乘驾式叉车	台	7 656	7 499	403
北京现代京城工程机械有限公司	电动平衡重乘驾式叉车	台	281	281	0
江苏靖江叉车有限公司	电动平衡重乘驾式叉车	台	96	97	3
龙工（上海）叉车有限公司	电动平衡重乘驾式叉车	台	1 003	951	144
山东雷鸣重工股份有限公司	电动平衡重乘驾式叉车	台	417	335	82
台励福机器设备（青岛）有限公司	电动平衡重乘驾式叉车	台	2 168	2 168	0
浙江美科斯叉车有限公司	电动平衡重乘驾式叉车	台	789	777	33
浙江诺力机械股份有限公司	电动平衡重乘驾式叉车	台	355	355	0
上海力至优叉车制造有限公司	电动平衡重乘驾式叉车	台	1 412	1 412	0
大连叉车有限责任公司	电动平衡重乘驾式叉车	台	308	341	34
厦门厦工机械股份有限公司	电动平衡重乘驾式叉车	台	19	19	5
安徽叉车集团有限责任公司	电动乘驾式仓储叉车	台	739	729	112
杭叉集团股份有限公司	电动乘驾式仓储叉车	台	332	325	13

（续）

企业名称	产品类别	单位	产量	销量	库存
浙江美科斯叉车有限公司	电动乘驾式仓储叉车	台	155	166	3
浙江诺力机械股份有限公司	电动乘驾式仓储叉车	台	29	29	0
上海力至优叉车制造有限公司	电动乘驾式仓储叉车	台	906	906	0
安徽叉车集团有限责任公司	电动乘驾式仓储叉车	台	9 248	9 120	511
杭叉集团股份有限公司	电动乘驾式仓储叉车	台	7 088	7 112	245
宁波如意股份有限公司	电动乘驾式仓储叉车	台	7 933	7 933	0
浙江美科斯叉车有限公司	电动乘驾式仓储叉车	台	70	46	33
浙江诺力机械股份有限公司	电动乘驾式仓储叉车	台	12 941	12 941	0
广西柳工机械股份有限公司	内燃叉车（其他轮胎）	台	8 333	8 108	0
安徽叉车集团有限责任公司	内燃叉车（其他轮胎）	台	66 279	66 044	3 666
杭叉集团股份有限公司	内燃平衡重式叉车	台	62 744	62 427	2 162
江苏靖江叉车有限公司	内燃平衡重式叉车	台	1 335	1 336	68
龙工（上海）叉车有限公司	内燃平衡重式叉车	台	20 432	20 366	3 514
宁波如意股份有限公司	内燃平衡重式叉车	台	211	211	0
山东雷鸣重工股份有限公司	内燃叉车（其他轮胎）	台	4 755	4 240	515
台励福机器设备（青岛）有限公司	内燃叉车（充气轮胎）	台	10 006	10 006	0
浙江美科斯叉车有限公司	内燃叉车（其他轮胎）	台	5 923	5 895	235
浙江诺力机械股份有限公司	内燃平衡重式叉车	台	14	14	0
大连叉车有限责任公司	内燃叉车（其他轮胎）	台	2 475	2 576	426
厦门厦工机械股份有限公司	内燃平衡重式叉车	台	3 118	3 118	1 000
山东重工集团有限公司（工程机械板块）	内燃平衡重式叉车	台	2 039	2 018	335
江苏靖江叉车有限公司	牵引车	台	591	587	18
大连叉车有限责任公司	牵引车	台	126	132	25
杭叉集团股份有限公司	越野叉车	台	7	7	0
浙江美科斯叉车有限公司	越野叉车	台	278	294	10
浙江诺力机械股份有限公司	越野叉车	台	52	52	0
宁波如意股份有限公司	手动和半电动车辆	台	579 115	579 115	0
浙江诺力机械股份有限公司	手动和半动力车辆	台	655 532	655 532	0
广西柳工机械股份有限公司	托盘车	台	488	454	0
杭叉集团股份有限公司	其他车辆	台	194	197	5
龙工（上海）叉车有限公司	其他车辆	台	102	122	10
杭州爱知工程车辆有限公司	其他车辆	台	5	4	1

6. 路面与压实机械

企业名称	产品类别	单位	产量	销量	库存
常林股份有限公司	静碾压路机	台	47	56	3
广西柳工机械股份有限公司	静碾压路机	台	127	128	0
中国龙工控股有限公司	静碾压路机	台	15	18	6

（续）

企业名称	产品类别	单位	产量	销量	库存
山推工程机械股份有限公司	静碾压路机	台	121	135	20
徐州工程机械集团有限公司	静碾压路机	台	160	198	35
江苏骏马压路机械有限公司	静碾压路机	台	180	182	12
三一集团有限公司	轮胎压路机	台	174	173	20
厦工(三明)重型机器有限公司	轮胎压路机	台	45	52	8
常林股份有限公司	轮胎压路机	台	4	7	2
广西柳工机械股份有限公司	轮胎压路机	台	78	80	0
徐州工程机械集团有限公司	轮胎压路机	台	512	560	3
山推工程机械股份有限公司	轮胎压路机	台	33	38	2
青岛科泰重工机械有限公司	轮胎压路机	台	160	160	0
厦工(三明)重型机器有限公司	机械式单钢轮压路机	台	358	385	36
常林股份有限公司	机械式压路机	台	407	404	49
广西柳工机械股份有限公司	机械式单钢轮压路机	台	870	894	0
力士德工程机械股份有限公司	压路机	台	55	80	35
徐州工程机械集团有限公司	机械式单钢轮压路机	台	1 464	1 464	0
山推工程机械股份有限公司	机械式单钢轮压路机	台	778	778	0
中国龙工控股有限公司	机械式单钢轮压路机	台	324	324	0
临沂临工机械集团	机械式单钢轮压路机	台	371	371	0
国机重工（洛建）有限公司	机械式单钢轮压路机	台	354	354	0
三一集团有限公司	液压单钢轮压路机	台	181	180	21
厦工(三明)重型机器有限公司	液压单钢轮压路机	台	431	490	221
常林股份有限公司	液压式压路机小型机	台	67	88	21
广西柳工机械股份有限公司	液压单钢轮压路机	台	157	165	0
徐州工程机械集团有限公司	液压单钢轮压路机	台	437	437	0
洛阳路通重工机械有限公司	液压单钢轮压路机	台	460	460	0
青岛科泰重工机械有限公司	液压单钢轮压路机	台	255	255	0
山推工程机械股份有限公司	液压单钢轮压路机	台	71	71	0
三一集团有限公司	双钢轮压路机	台	195	194	22
厦工(三明)重型机器有限公司	双钢轮压路机	台	65	67	11
广西柳工机械股份有限公司	双钢轮压路机	台	15	20	0
徐州工程机械集团有限公司	双钢轮压路机	台	302	302	0
洛阳路通重工机械有限公司	双钢轮压路机	台	172	172	0
江苏骏马压路机械有限公司	双钢轮压路机	台	100	100	0
国机重工（洛建）有限公司	双钢轮压路机	台	61	61	0
厦工(三明)重型机器有限公司	轻型压路机	台	248	254	15
广西柳工机械股份有限公司	轻型压路机	台	160	152	0
徐州工程机械集团有限公司	轻型压路机	台	479	479	0
江苏骏马压路机械有限公司	轻型压路机	台	425	425	0

（续）

企业名称	产品类别	单位	产量	销量	库存
国机重工（洛建）有限公司	轻型压路机	台	411	411	0
洛阳路通重工机械有限公司	轻型压路机	台	128	128	0
厦工(三明)重型机器有限公司	垃圾压实机	台	8	12	23
广西柳工机械股份有限公司	垃圾压实机	台	2	2	0
山推工程机械股份有限公司	垃圾压实机	台	13	13	0
国机重工（洛建）有限公司	垃圾压实机	台	16	16	0
三一集团有限公司	沥青摊铺机	台	336	335	38
陕西建设机械股份有限公司	沥青摊铺机	台	86	89	51
中交西安筑路机械有限公司	沥青摊铺机	台	43	40	3
徐州工程机械集团有限公司	沥青摊铺机	台	379	379	0
江苏华通动力重工有限公司	沥青摊铺机	台	171	171	0
中联重科股份有限公司	沥青摊铺机	台	93	138	37
广西柳工集团有限公司	多功能摊铺机	台	14	18	0
中交西安筑路机械有限公司	沥青混合料搅拌设备	套	42	41	1
廊坊德基机械科技股份有限公司	沥青搅拌设备	台	59	58	5
方圆集团有限公司	稳定土厂拌站	台	88	88	0
三一集团有限公司	路面铣刨机	台	19	19	2
徐州徐工筑路机械有限公司	路面铣刨机	台	140	140	0
中联重科股份有限公司	路面铣刨机	台	17	17	0
江苏华通动力重工有限公司	路面铣刨机	台	18	18	0
卡特彼勒(中国)投资有限公司	路面铣刨机	台	17	17	0
广西柳工集团有限公司	路面铣刨机	台	0	5	0
中交西安筑路机械有限公司	路面养护设备	台	25	24	1
三一集团有限公司	其他路面机械	台	380	379	43
广西柳工集团有限公司	其他路面机械	台	4	131	0

7. 高空作业机械

企业名称	产品类别	单位	产量	销量	库存
徐州徐工随车起重机有限公司	高空作业车	辆	407	393	15
山推抚起机械有限公司	高空作业车	辆	0	4	2
石家庄煤矿机械有限责任公司随车起重机分公司	高空作业车	辆	10	8	6
杭州爱知工程车辆有限公司	高空作业车	辆	416	438	25
徐州海伦哲专用车辆股份有限公司	高空作业车	辆	640	601	39
沈阳学龙金属装饰装修工程有限公司	高空作业平台	台	0	62	78
申锡机械有限公司	施工升降平台	台	350	350	0
湖南星邦重工有限公司	自行式剪叉式高空作业平台	台	1 403	1 327	76
上海达克泰机械设备技术有限责任公司	高空作业升降平台	台	3	1	2
山推工程机械股份有限公司	消防车	辆	100	115	45

（续）

企业名称	产品类别	单位	产量	销量	库存
沈阳学龙金属装饰装修工程有限公司	高空作业吊篮	套	3 600	3 000	600
无锡小天鹅建筑机械有限公司	高空作业吊篮	台	5 170	4 892	278
申锡机械有限公司	高空作业吊篮	台	19 340	17 040	2 300
上海达克泰机械设备技术有限责任公司	高空作业吊篮	台	4	1	3
常州市凯德机械有限公司	高空作业吊篮	台	180	136	44
山推抚起机械有限公司	军车	台	6	6	0
无锡小天鹅建筑机械有限公司	提升机	只	20 900	19 850	1 050
申锡机械有限公司	液压爬模爬架	台	112	112	0
上海达克泰机械设备技术有限责任公司	其他高空作业机械	台	25 323	24 165	1 158

8. 桩工机械

企业名称	产品类别	单位	产量	销量	库存
上海工程机械厂有限公司	柴油锤	台	51	51	0
徐州海格力斯机械制造有限公司	柴油打桩锤	台	39	38	1
山东卓力桩机有限公司	履带式桩机架	台	59	59	0
湖南有色重机工程机械有限公司	筒式柴油锤	台	30	21	13
方圆集团有限公司	液压静力压桩机	台	44	44	2
徐州海格力斯机械制造有限公司	液压打桩锤	台	44	44	0
徐州海格力斯机械制造有限公司	振动桩锤	台	37	36	1
上海工程机械厂有限公司	桩架	台	56	56	0
上海金泰工程机械有限公司	桩架	台	42	42	0
山东省威海市海泰起重机械有限公司	打桩架	台	114	75	57
湖南有色重机工程机械有限公司	步履式桩机架	台	28	22	11
湖南有色重机工程机械有限公司	液压静力压桩机	台	12	12	4
山河智能装备股份有限公司	液压静力压桩机	台	300	200	30
上海中联重科桩工机械有限公司	旋挖钻机	台	341	335	63
徐州徐工基础工程机械有限公司	旋挖钻机	台	442	491	97
北京南车时代机车车辆机械有限公司	旋挖钻机	台	167	167	0
福田雷沃国际重工股份有限公司重型装备工厂	旋挖钻机	台	87	87	0
上海金泰工程机械有限公司	旋挖钻机	台	131	131	0
恒天九五重工有限公司	旋挖钻机	台	44	43	1
湖南奥盛特重工科技有限公司	旋挖钻机	台	14	14	0
内蒙古北方重型汽车股份有限公司	旋挖钻机	台	0	3	8
山河智能装备股份有限公司	旋挖钻机	台	200	200	40
徐州徐工基础工程机械有限公司	长螺旋钻机	台	2	0	3
上海工程机械厂有限公司	多轴钻机	台	44	44	0
河北新钻钻机有限公司	工程钻机	台	53	53	5
郑州勘察机械有限公司	步履式螺旋钻机	台	14	21	4

（续）

企业名称	产品类别	单位	产量	销量	库存
徐州海格力斯机械制造有限公司	其他钻机	台	13	12	1
湖南有色重机工程机械有限公司	长螺旋钻机	台	3	0	3
广西柳工集团有限公司	其他钻机	台	174	171	0
上海中联重科桩工机械有限公司	地连墙	台	4	3	2
徐州徐工基础工程机械有限公司	地连墙	台	12	10	12
上海金泰工程机械有限公司	液压抓斗	台	38	38	0
上海工程机械厂有限公司	TRD 工法	台	2	2	0
徐州海格力斯机械制造有限公司	其他桩工机械	台	5	4	1
重庆奇佳机械设备制造有限公司	三环动力头	台	628	628	0
郑州勘察机械有限公司	其他桩工机械	台	22	22	5

9. 混凝土机械

企业名称	产品类别	单位	产量	销量	库存
方圆集团有限公司	混凝土搅拌机	台	2 710	2 182	49
中国铁建重工集团有限公司	混凝土搅拌站	台	101	82	19
方圆集团有限公司	混凝土搅拌站	台	570	570	0
广西柳工集团有限公司	混凝土搅拌站	台	61	68	0
方圆集团有限公司	混凝土搅拌输送车	台	142	142	0
山推工程机械股份有限公司	混凝土搅拌输送车	台	722	788	181
广西柳工集团有限公司	混凝土搅拌输送车	台	181	149	0
方圆集团有限公司	混凝土泵	台	80	83	0
广西柳工集团有限公司	混凝土泵	台	53	26	0
广西柳工集团有限公司	混凝土泵车	台	51	61	0
广西柳工集团有限公司	车载混凝土泵	台	46	38	0
中国铁建重工集团有限公司	混凝土喷射台车	台	13	72	11
长沙盛泓机械有限公司	混凝土配料站	套	1 658	1 653	5
三一集团有限公司	混凝土机械	台	25 921	25 952	1 031
中联重科股份有限公司	混凝土机械	台	11 607	11 326	3 803

10. 掘进机械

企业名称	产品类别	单位	产量	销量	库存
中交天和机械设备制造有限公司	盾构机	台	13	13	0
中国铁建重工集团有限公司	盾构机	台	32	30	2
徐工集团凯宫重工南京有限公司	盾构机	台	6	6	0
秦皇岛天业通联重工股份有限公司	盾构机	台	3	3	0
海瑞克(广州)隧道设备有限公司	盾构机	台	8	8	0
广州海瑞克隧道机械有限公司	盾构机	台	23	23	0
小松（中国）投资有限公司	盾构机	台	7	7	0
上海隧道工程股份有限公司机械制造分公司	盾构机	台	5	5	0

（续）

企业名称	产品类别	单位	产量	销量	库存
北方重工集团有限公司盾构机分公司	盾构机	台	3	3	0
辽宁三三工业有限公司	盾构机	台	5	5	0
中铁工程装备集团有限公司	盾构机	台	55	55	0
秦皇岛天业通联重工股份有限公司	泥水平衡掘进机	台	1	1	0
中国铁建重工集团有限公司	斜井掘进机	台	11	10	1
秦皇岛天业通联重工股份有限公司	全断面硬岩掘进机	台	2	2	0
北方重工集团有限公司盾构机分公司	硬岩掘进机	台	5	5	0
徐州徐工基础工程机械有限公司	悬臂式岩巷掘进机	台	41	41	0
中铁工程装备集团有限公司	复合式掘进机	台	2	2	0
徐州徐工基础工程机械有限公司	水平定向钻	台	462	462	0
江苏谷登工程机械装备有限公司	水平定向钻	台	325	325	0
海瑞克(广州)隧道设备有限公司	顶管机	台	1	1	0
中铁工程装备集团有限公司	顶管机	台	2	2	0

11. 凿岩机械与气动工具

企业名称	产品类别	单位	产量	销量	库存
天水风动机械股份有限公司	手持式气动凿岩机	台	2 543	2 347	985
浙江衢州煤矿机械总厂股份有限公司	手持式气动凿岩机	台	1 700	1 780	720
天水风动机械股份有限公司	气腿式气动凿岩机	台	57 169	53 256	6 089
浙江衢州煤矿机械总厂股份有限公司	气腿式气动凿岩机	台	3 150	2 195	1 741
天水风动机械股份有限公司	向上式气动凿岩机	台	920	791	352
天水风动机械股份有限公司	导轨式气动凿岩机	台	1 150	952	465
洛阳风动工具有限公司	内燃凿岩机	台	7 288	10 708	1 909
洛阳风动工具有限公司	电动凿岩机	台	1 442	1 605	192
天水风动机械股份有限公司	凿岩钻车、钻架	台	260	247	109
湖北首开机械有限公司	锚固钻机	台	530	480	50
天水风动机械股份有限公司	冲击器	台	200	150	180
南京工程机械厂有限公司	凿岩机械	台	294	197	98
沈阳风动工具厂有限公司	采矿专用	台	1 080	1 066	804
天水风动机械配件有限公司	弹簧（凿岩机）	t/万件	8/64	9/70	6/45
天水风动机械配件有限公司	弹簧（气动工具）	t/万件	1/9	1/9	0
天水风动机械配件有限公司	水针（凿岩机）	t/万件	25/27	24/25	11/11
天水风动机械配件有限公司	胶件（凿岩机）	t/万件	0.5/191	0.4/130	0.3/115
天水风动机械股份有限公司	气腿	台	36 689	35 163	2 564
浙江衢州煤矿机械总厂股份有限公司	气腿	台	5 028	5 074	3 023
南京工程机械厂有限公司	台架	台	109	111	4
浙江衢州煤矿机械总厂股份有限公司	单体液压支柱	台	263 411	232 975	72 231
浙江衢州煤矿机械总厂股份有限公司	三用阀	台	186 700	181 613	25 809

（续）

企业名称	产品类别	单位	产量	销量	库存
天水风动机械股份有限公司	气钻	台	4 259	3 895	2 015
青岛前哨精密机械有限责任公司	气钻	台	12 196	12 416	3 057
天水风动机械配件有限公司	叶片（气动工具）	t/万件	3/31	2.6/26	3.2/33
湖北首开机械有限公司	潜孔钻机	台	5 498	5 250	248
天水风动机械股份有限公司	气砂轮	台	8 812	8 632	4 691
青岛前哨精密机械有限责任公司	气砂轮	台	5 806	5 000	831
徐州三刃风动工具有限公司	气砂轮	台	1 200	1 158	100
上海气动工具厂	气砂轮	台	11 352	12 872	208
镇江丹凤机械有限公司	气砂轮	台	9 722	9 520	3 687
山东同力达智能机械有限公司	气砂轮	台	14 535	13 235	1 300
天津市柏益风动工具有限公司	气砂轮	台	3 513	3 865	1 641
天水风动机械股份有限公司	气扳机	台	2 762	2 245	2 894
青岛前哨精密机械有限责任公司	气扳机	台	25 874	17 101	8 800
上海民生电器有限公司	气扳机	台	1 130	928	381
青岛前哨精密机械有限责任公司	气剪刀	台	353	256	100
青岛前哨精密机械有限责任公司	气螺刀	台	4 136	4 000	2 876
青岛前哨精密机械有限责任公司	铆钉机	台	4 043	3 721	594
天水风动机械股份有限公司	捣固机	台	301	249	90
徐州三刃风动工具有限公司	捣固机	台	800	534	300
上海气动工具厂	捣固机	台	862	942	144
义乌市风动工具有限公司	捣固机	台	1 783	1 788	6
宁波鄞州甬盾风动工具制造有限公司	捣固机	台	1 400	1 678	301
天水风动机械股份有限公司	气镐	台	5 890	5 615	3 015
洛阳风动工具有限公司	气动破碎机	台	45	54	31
徐州三刃风动工具有限公司	风镐	台	600	420	190
义乌市风动工具有限公司	风镐	台	46 063	46 075	26
宁波鄞州甬盾风动工具制造有限公司	风镐	台	31 485	31 872	3 086
通化市风动工具有限责任公司	风镐	台	390	356	80
天水风动机械股份有限公司	气铲	台	456	395	186
浙江衢州煤矿机械总厂股份有限公司	气铲	台	300	276	21
徐州三刃风动工具有限公司	气铲	台	3 300	3 168	150
上海气动工具厂	气铲	台	1 357	1 528	135
义乌市风动工具有限公司	气铲	台	2 323	2 340	4
山东同力达智能机械有限公司	气铲	台	4 155	3 375	780
宁波鄞州甬盾风动工具制造有限公司	气铲	台	2 700	2 618	969
通化市风动工具有限责任公司	风铲	台	570	490	260
烟台市石油机械有限公司	气动绞车	台	306	305	7
天水风动机械股份有限公司	气动马达	台	380	275	146

（续）

企业名称	产品类别	单位	产量	销量	库存
烟台市石油机械有限公司	气动马达	台	11 179	11 289	1 017
天水风动机械股份有限公司	其他	台	1 259	995	663
南京工程机械厂有限公司	风动工具	台	13 908	13 638	2 741
浙江衢州煤矿机械总厂股份有限公司	工矿配件	台	86	0	0
青岛前哨精密机械有限责任公司	吹尘枪	台	9 405	8 067	38 980
洛阳风动工具有限公司	工矿配件	台	151	172	58
上海气动工具厂	除锈器	台	1 059	1 072	161
烟台市石油机械有限公司	上扣器	台	930	745	502
镇江丹凤机械有限公司	气缸	只	14 289	14 289	0
山东同力达智能机械有限公司	风扳机	台	39 434	35 684	3 750
天水风动机械配件有限公司	聚氨酯件	t/ 万件	8/108	5/108	3/75
山东春龙风动机械有限公司	气动工具	台	64 426	60 706	25 454
宁波鄞州甬盾风动工具制造有限公司	镐钎	支	230 620	246 415	17 692
通化市风动工具有限责任公司	配件	件	1 890	1 900	280

12. 工程机械配套件

企业名称	产品类别	单位	产量	销量	库存
淄博火炬能源有限责任公司	电池	只	117 098	117 098	0
淄博永华滤清器制造有限公司	空气滤清器	万只	3 940	3 932	8
蚌埠液力机械有限公司	液力变矩器	台	57 935	57 616	4 193
浙江临海机械有限公司	液力变矩器	台（套）	20 842	21 209	0
泰安金城重工科技有限公司	液力变矩器	台	1 330	1 323	7
山推工程机械股份有限公司	液力变矩器	台	47 125	48 930	4 350
杭州前进齿轮箱集团股份有限公司	工程变速器	台	20 662	20 642	5 170
山东云宇机械集团有限公司	变速器	台	2 866	2 638	228
泰安金城重工科技有限公司	变速器	台	1 347	1 356	0
山东云宇机械集团有限公司	装载机桥、叉车桥、农机桥	套	54 075	54 207	1 710
泰安金城重工科技有限公司	驱动桥	条	8 997	7 957	1 137
泰安金城重工科技有限公司	转向桥	条	82	67	15
山东云宇机械集团有限公司	制动器总成	台	522 532	485 150	8 711
芜湖盛力科技股份有限公司	制动器	只	3 562	3 551	12
黄石赛福摩擦材料有限公司	摩擦片	万（件）	584	545	190
蚌埠液力机械有限公司	油缸	件	541 822	528 403	40 953
山东隆源液压科技有限公司	油缸	件	28 000	27 459	541
徐州徐工液压件有限公司	油缸	件	141 300	173 402	39 872
烟台星辉劳斯堡液压机械有限公司	油缸	件	130 000	120 000	10 000
太重集团榆次液压工业有限公司	油缸	件	5 698	4 981	2 208
济南液压泵有限责任公司	齿轮泵	台	225 652	201 979	51 028

（续）

企业名称	产品类别	单位	产量	销量	库存
宁波广天赛克思液压有限公司	齿轮泵	台	3 191	1 639	1 552
天津岛津液压有限公司	齿轮泵	台（件）	116 600	115 991	7 174
太重集团榆次液压工业有限公司	齿轮泵	件	194 819	199 175	25 508
贵州枫阳液压有限责任公司	液压件	套	23 035	20 670	27 186
太重集团榆次液压工业有限公司	叶片泵	件	166 465	163 292	42 244
北京华德液压工业集团有限责任公司	柱塞泵	台	8 500	8 752	3 450
宁波广天赛克思液压有限公司	柱塞泵	台	8 643	8 280	363
太重集团榆次液压工业有限公司	柱塞泵	件	63	29	39
中航力源液压股份有限公司	柱塞泵	台（套）	43 460	44 663	16 196
北京华德液压工业集团有限责任公司	液压马达	台	13 396	14 184	6 153
济南液压泵有限责任公司	液压马达	台	9 956	9 763	0
宁波广天赛克思液压有限公司	液压马达	台	1 271	1 028	243
圣邦集团有限公司	液压马达	台件	11 303	10 999	304
太重集团榆次液压工业有限公司	液压马达	件	109	109	0
中航力源液压股份有限公司	液压马达	台（套）	11 037	11 961	6 720
意宁液压股份有限公司	液压马达	台	21 454	21 443	4 267
浙江高宇液压机电有限公司	整体式手动多路换向阀	台	52 041	50 494	7 807
北京华德液压工业集团有限责任公司	液压多路换向阀	件	511 961	512 746	91 433
济南液压泵有限责任公司	多路阀	件	5 549	5 621	0
圣邦集团有限公司	液压阀	台（件）	45 737	44 529	1 208
天津岛津液压有限公司	液压多路阀	台（件）	34 574	35 708	2 488
浙江海宏液压科技股份有限公司	液压多路转向阀	件	193 685	185 995	58 033
浙江高宇液压机电有限公司	DJS(DXS) 系列先导阀	台	63 035	59 100	10 008
北京华德液压工业集团有限责任公司	其他液压阀	件	347 161	336 122	59 937
宁波广天赛克思液压有限公司	液压阀	台	57 757	10 508	47 249
圣邦集团有限公司	其他液压阀	台（件）	4 493	4 335	158
浙江苏强格液压股份有限公司	其他液压阀	件	97 279	81 086	39 154
宁波广天赛克思液压有限公司	行走减速机	台	665	574	91
意宁液压股份有限公司	行走减速机	台	22 197	21 644	4 008
济南液压泵有限责任公司	减速机	台	852	763	0
宁波广天赛克思液压有限公司	回转减速机	台	648	420	228
河北冀工胶管有限公司	液压胶管总成	万 m	540	542	10
徐州徐工液压件有限公司	液压胶管总成	万件	84.9	87.9	4.6
浙江苏强格液压股份有限公司	液压胶管总成	万件	68.5	68.6	0.2
徐州徐工液压件有限公司	液压金属连接管总成	万件	32.5	26.9	1.7
海盐管件制造有限公司	液压管接头	万件	1 689.9	1 534.7	1 114.8
徐州徐工液压件有限公司	液压管接头	万件	87.7	91.1	1.3
浙江苏强格液压股份有限公司	液压管接头	万件	2 001.1	2 062.9	9.9

（续）

企业名称	产品类别	单位	产量	销量	库存
山东隆源液压科技有限公司	油箱	件	180 000	179 000	1 000
莱州市莱索制品有限公司	密封件	万件	200.0	199.5	3.5
浙江苏强格液压股份有限公司	密封件	万件	1 608.1	1 608.4	27.0
徐州徐工液压件有限公司	液压系统	万套	1 784.0	2 556.0	109.0
太重集团榆次液压工业有限公司	液压系统	万套	1.6	1.6	0.2
北京华德液压工业集团有限责任公司	液压系统静液压装置	台	157	157	0
烟台富野机械集团有限公司	履带链轨总成	条	15 385	14 810	4 615
山推工程机械股份有限公司	履带链轨总成	条	71 255	69 913	3 624
莱州市莱索制品有限公司	支重轮总成	万件	200.0	201.0	0.5
烟台富野机械集团有限公司	支重轮总成	万件	3.6	3.6	1.1
烟台富野机械集团有限公司	托链轮总成	只	4 701	4 717	1 179
济宁市永生工程机械制造有限公司	支重轮、托轮、引导轮、驱动轮	件	245 436	249 482	147 509
广西柳工集团有限公司	车用暖风机	套	11 817	11 962	0
马鞍山经纬回转支承有限公司	回转支承	套	22 500	20 720	1 780
马鞍山统力回转支承有限公司	回转支承	套	20 502	21 152	3 164
莱州市莱索制品有限公司	斗齿、刀角板等耐磨件	万件	1	1	0.2
宁波广天赛克思液压有限公司	其他	万只	200.1	189.8	10.3
天津津裕电业股份有限公司	电线束	万只	88.0	88.5	2.2
芜湖盛力科技股份有限公司	汽车及工程机械制动元器件	万只	120.0	120.0	13.0
烟台富野机械集团有限公司	其他	万只	5.9	5.8	0.5

13. 观光车

企业名称	产品类别	单位	产量	销量	库存
河南森源鸿马电动汽车有限公司	内燃观光车（6～23座）	辆	120	120	0
广州朗晴电动车有限公司	蓄电池观光车（6～23座）	辆	3 410	2 795	0
河北御捷车业有限公司	蓄电池观光车（6～24座）	辆	885	885	0
湖南株洲南方宇航电动车辆制造有限公司	蓄电池观光车（6～24座）	辆	650	650	0
南京大陆鸽新能源车船有限公司	蓄电池观光车（6～24座）	辆	55	55	0
英格索兰（中国）工业设备制造有限公司	蓄电池观光车（6～24座）	辆	241	241	0
河南森源鸿马电动汽车有限公司	蓄电池观光车（6～24座）	辆	200	200	0
荆州鑫威电动车有限公司	蓄电池观光车（6～24座）	辆	294	294	0
乐山华发科技（集团）股份公司	蓄电池观光车（6～23座）	辆	100	100	0
柳州延龙新能源汽车有限公司	蓄电池观光车（6～23座）	辆	22	22	0
深圳市陆地方舟新能源电动车集团有限公司	蓄电池观光车（6～23座）	辆	524	524	0
扬州五环龙电动车有限公司	蓄电池观光车（6～23座）	辆	277	277	0
珠海东之尼车业有限公司	蓄电池观光车（6～23座）	辆	430	430	0
东风电动车辆股份有限公司	蓄电池观光车（6～23座）	辆	1 456	1 308	49
江苏新日电动车股份有限公司	蓄电池观光车（6～23座）	辆	400	400	0

（续）

企业名称	产品类别	单位	产量	销量	库存
东营蒙德金马机车有限公司	低速电动车（含5座及以下）	辆	6 270	6 270	0
河北御捷车业有限公司	低速电动车（含5座及以下）	辆	34 279	34 279	0
湖南株洲南方宇航电动车辆制造有限公司	低速电动车（含5座及以下）	辆	320	320	0
英格索兰（中国）工业设备制造有限公司	低速电动车（含5座及以下）	辆	1 646	1 646	0
乐山华发科技（集团）股份公司	低速电动车（含5座及以下）	辆	150	150	0
柳州延龙新能源汽车有限公司	低速电动车（含5座及以下）	辆	23	23	0
深圳市陆地方舟新能源电动车集团有限公司	低速电动车（含5座及以下）	辆	178	178	0
扬州五环龙电动车有限公司	低速电动车（含5座及以下）	辆	469	469	0
江苏新日电动车股份有限公司	低速电动车（含5座及以下）	辆	1 300	1 300	0
河南森源鸿马电动汽车有限公司	其他	辆	350	350	0
科蒂斯仪器（中国）有限公司	控制器	万只	22 000	22 000	0
乐山华发科技（集团）股份公司	其他	辆	310	310	0
扬州五环龙电动车有限公司	环卫车	辆	223	223	0
江苏新日电动车股份有限公司	观光列车	辆	1 700	1 700	0

14. 混凝土制品机械

企业名称	产品类别	单位	产量	销量	库存
北京瑞图科技发展有限公司	砖机设备	台	115	58	6
福建泉工股份有限公司	砌块成型机	台	160	118	42
廊坊合力天一机械设备有限公司	砌块设备	套	10	5	5
秦皇岛宏阳机械制造有限公司	砌块成型机	台	1	0	2
西安银马实业发展有限公司	砌块成型机	套	21	14	12
扬州威奥重工机械有限公司	砌块成型机	台	65	58	7
廊坊合力天一机械设备有限公司	轨排	套	3 000	3 000	0
秦皇岛宏阳机械制造有限公司	供料皮带	条	4	0	4
秦皇岛宏阳机械制造有限公司	自行爬升式砌块太阳能养护生产线	条	3	0	3
西安银马实业发展有限公司	机器人码垛机	套	20	14	6
扬州威奥重工机械有限公司	抽板码垛机	台	12	12	0

15. 市政与环卫机械

企业名称	产品类别	单位	产量	销量	库存
石家庄煤矿机械有限责任公司随车起重机分公司	洗扫车	台	20	1	19
长治清华机械厂	垃圾车	台	103	94	96
石家庄煤矿机械有限责任公司随车起重机分公司	垃圾车	台	4	0	4
长沙盛泓机械有限公司	垃圾处理设备	套	52	46	6
广西建工集团建筑机械制造有限责任公司	立体停车设备	台	2 015	1 998	17
徐州徐工随车起重机有限公司	环卫设备	台	1 017	986	31

16 其他专用工程机械

企业名称	产品类别	单位	产量	销量	库存
北京京城重工机械有限责任公司	其他	台	72	64	128
石家庄煤矿机械有限责任公司随车起重机分公司	其他工程机械	台	9	4	15
中联重科股份有限公司	其他专用工程机械	台	12 990	12 486	1 344

〔供稿人：中国工程机械工业协会廖志〕

2013—2014 年工程机械行业主要经济指标完成情况

序号	项目	单位	2014 年	2013 年	同比增长（%）
1	工业总产值(现价)	亿元	3 277.3	3 747.1	-12.50
2	出口交货值	亿元	292.9	336.8	-13.0
3	工业增加值	亿元	579.8	517.2	12.10
4	年末从业人员合计	人	231 663	267 699	-13.50
5	全年从业人员工资总额	亿元	153.6	173.7	-11.60
6	生产中应用工业机器人数量	台	1 697	1 162	46.00
7	固定资产净值	亿元	469.3	502.8	-6.65
8	流动资产平均余额	亿元	3 301.1	2 800.3	17.90
9	应收账款	亿元	1 228.6	997.2	23.20
10	年末负债	亿元	2 992.1	3 320.1	-9.88
11	累计完成固定资产投资	亿元	106.4	143.1	-25.70
12	年末资产总计	亿元	4 931.4	5 252.5	-6.11
13	年末所有者权益合计	亿元	1 915.4	1 853.0	3.37
14	营业收入	亿元	3 651.2	4 328.9	-15.70
15	营业税金及附加	亿元	15.6	19.4	-19.50
16	利息支出	亿元	80.8	55.8	44.80
17	利润总额	亿元	120.9	180.3	-32.90
18	综合指数	%	215.5	141.6	52.30
19	全员劳动生产率	元/人	250 281	193 214	29.50
20	行业年平均工资	元/人	63 446	64 875	-2.20

（续）

序号	项 目	单位	2014 年	2013 年	同比增长（%）
21	统计企业数	家	215	212	1.42

〔供稿人：中国工程机械工业协会吕莹〕

2013—2014 年工程机械十大类主机产品产销存对比情况

序号	产品名称	产、销、存	2014 年（台）	2013 年（台）	同比增长（%）
1	挖掘机（含轮胎式）	产	79 301	106 073	-25.2
		销	84 413	109 720	-23.1
		存	9 842	7 764	26.8
2	装载机	产	89 329	149 396	-40.2
		销	114 631	148 094	-22.6
		存	14 236	16 956	-16.0
3	推土机（含轮式）	产	6 423	8 415	-23.7
		销	6 363	7 988	-20.3
		存	1 343	1 332	0.8
4	平地机	产	2 925	3 265	-10.4
		销	2 949	3 379	-12.7
		存	175	199	-12.1
5	压路机	产	11 496	13 439	-14.5
		销	11 795	13 651	-13.6
		存	565	491	15.1
6	摊铺机	产	1 136	1 584	-28.3
		销	1 188	1 600	-25.8
		存	129	113	14.2
7	工程起重机（汽车起重机、轮胎起重机）	产	14 656	17 940	-18.3
		销	14 759	18 805	-21.5
		存	1 145	1 316	-13.0

（续）

序号	产品名称	产、销、存	2014 年（台）	2013 年（台）	同比增长（%）
8	履带起重机	产	1 172	2 426	-51.7
		销	1 202	2 451	-51.0
		存	98	285	-65.6
9	塔式起重机	产	18 124	24 124	-24.9
		销	17 879	23 293	-23.2
		存	857	1 385	-38.1
10	叉车（内燃及电动）	产	249 041	244 369	1.9
		销	247 273	243 927	1.4
		存	13 977	12 238	14.2

〔供稿人：中国工程机械工业协会吕莹〕

2014 年工程机械行业及主要产品出口价格指数 (GCCK-PPI)

月份	内容	工程机械行业	工程机械整机	工程机械零部件	主要产品							
					塔式起重机	履带起重机	电动叉车	内燃叉车	手动搬运车	装载机	履带挖掘机	混凝土搅拌车
1月	指数	414.07	646.93	171.71	180.19	204.63	103.15	125.78	140.00	111.71	214.21	109.93
	同比增长（%）	19.04	28.61	-7.85	42.97	-35.45	19.31	-1.39	-8.78	-22.80	3.18	-9.99
	环比增长（%）	-1.77	-0.79	-5.44	35.58	0.65	-66.82	7.02	-3.12	-2.87	-1.96	-3.61
2月	指数	416.29	644.75	178.5	129.26	333.19	104.20	131.46	147.16	126.85	212.66	109.42
	同比增长（%）	-22.49	-25.84	-6.62	27.44	59.84	5.41	0.97	0.30	0.44	-11.51	-6.30
	环比增长（%）	0.54	-0.34	3.95	-4.88	5.87	13.18	3.07	-1.69	-3.12	1.62	0.39
3月	指数	470.57	759.37	169.98	124.30	155.63	96.54	125.55	152.24	133.95	214.69	110.98
	同比增长（%）	-3.18	-3.71	-0.68	-0.66	-7.30	2.05	-2.69	7.76	10.14	5.72	4.24
	环比增长（%）	13.04	17.78	-4.77	-3.84	-53.29	-7.36	-4.50	3.46	5.60	0.95	1.43
4月	指数	365.80	559.41	164.28	124.05	205.1	98.63	129.06	162.23	122.60	202.89	106.39
	同比增长（%）	-26.06	-30.42	-4.98	3.02	-13.55	3.15	9.70	27.71	1.42	-13.19	2.15
	环比增长（%）	-22.27	-26.33	-3.35	-0.20	31.79	2.16	2.79	6.56	-8.47	-5.50	-4.13

（续）

月份	内容	工程机械行业	工程机械整机	工程机械零部件	主要产品							
					塔式起重机	履带起重机	电动叉车	内燃叉车	手动搬运车	装载机	履带挖掘机	混凝土搅拌车
5月	指数	404.27	635.39	163.71	114.44	183.99	93.05	128.52	147.46	129.90	215.19	105.90
	同比增长（%）	15.13	−17.43	−4.40	9.01	8.61	−0.31	2.27	12.26	2.69	13.34	0.65
	环比增长（%）	10.52	13.58	−0.35	−7.75	−10.30	−5.65	−0.42	−9.11	5.95	6.06	−0.46
6月	指数	368.09	563.01	165.22	112.36	179.30	101.98	124.52	161.48	130.47	223.90	110.83
	同比增长（%）	−24.95	−29.51	−2.63	−1.40	−17.45	27.51	5.54	13.77	4.73	24.00	1.87
	环比增长（%）	−8.95	−11.39	0.93	−1.81	−2.55	9.60	−3.11	9.51	0.44	4.05	4.65
7月	指数	265.34	360.38	166.43	124.02	261.28	92.20	130.25	150.89	128.42	192.63	107.67
	同比增长（%）	−41.48	−48.79	−13.75	−7.26	−6.41	3.62	4.69	3.22	−1.35	−1.07	−2.55
	环比增长（%）	−27.91	−35.99	0.73	10.37	45.72	−9.59	4.60	−6.55	−1.56	−13.97	−2.85
8月	指数	333.96	493.3	168.12	135.22	218.95	89.27	135.18	145.38	127.57	225.93	102.52
	同比增长（%）	−12.54	−15.44	−2.32	14.79	−22.48	3.25	11.27	2.79	7.09	8.44	−9.76
	环比增长（%）	25.86	36.88	1.02	9.03	−16.20	−3.17	3.79	−3.65	−0.66	17.29	−4.78
9月	指数	339.98	502.90	170.41	56.38	267.21	94.66	134.72	154.97	130.39	224.43	110.94
	同比增长（%）	−17.75	−21.51	−3.56	−54.81	17.89	−4.67	4.98	−0.33	0.68	4.94	1.07
	环比增长（%）	1.80	1.95	1.36	−58.30	22.04	6.04	−0.34	6.60	2.21	−0.67	8.21
10月	指数	329.19	490.49	161.31	113.67	234.36	96.03	121.48	156.39	117.67	195.75	106.42
	同比增长（%）	−30.03	−35.38	−5.17	−8.63	−6.27	0.08	−4.57	1.43	−4.67	−1.85	−9.94
	环比增长（%）	−3.17	−2.47	−5.34	101.62	−12.29	1.44	−9.83	0.92	−9.76	−12.78	−4.07
11月	指数	306.50	436.04	171.68	73.46	276.44	100.56	125.93	162.12	132.82	176.00	117.21
	同比增长（%）	−6.89	−41.06	−2.10	−48.50	13.31	8.20	2.82	6.18	−3.66	−4.80	0.00
	环比增长（%）	−33.84	−11.10	6.43	−35.38	17.96	4.72	3.66	3.66	12.88	−10.09	10.14
12月	指数	294.56	417.16	166.96	123.30	210.71	92.01	135.83	164.87	125.07	200.10	117.89
	同比增长（%）	−30.12	−36.02	−8.06	5.47	13.72	−3.91	15.87	9.86	−3.90	3.00	5.20
	环比增长（%）	−3.90	−4.33	−2.75	67.84	−23.78	−8.51	7.86	1.70	−5.84	13.70	0.58

〔供稿人：中国工程机械工业协会吕莹〕

2014 年工程机械

序号	税号	货品名称	数量单位	1月进口		2月进口		3月进口		4月进口		5月进口	
				数量	金额	数量	金额	数量	金额	数量	金额	数量	金额
1	84134000	混凝土泵	台	13	69	12	39	26	67	22	101	15	15
2	84262000	塔式起重机	台	2	453	1	17	0	0	6	493	1	17
3	84264110	轮胎式自推进起重机	台	0	0	0	0	0	0	0	0	0	0
4	84264190	带胶轮的其他自推进起重机械	台	0	0	2	37	2	55	0	0	0	0
5	84264910	履带式起重机	台	2	504	4	3 035	0	0	1	1	0	0
6	84264990	不带胶轮的其他自推进起重机械	台	0	0	0	0	0	0	0	0	5	5
7	84269100	供装于公路车辆的其他起重机	台	11	15	61	119	29	49	22	11	74	170
8	84269900	未列名起重机	台	37	347	115	831	49	241	37	860	44	188
9	84271010	电动机推进的有轨巷道堆垛机	台	16	319	14	142	30	350	40	1 078	18	428
10	84271020	电动机推进的无轨巷道堆垛机	台	43	30	27	30	13	92	18	21	46	67
11	84271090	其他电动叉车及装有升降或搬运装置工作车	台	697	1 134	544	714	611	783	816	1 481	695	1 846
12	84272010	集装箱叉车	台	0	0	1	3	3	56	0	0	0	0
13	84272090	其他机动叉车、其他装有升降或搬运装置工作车	台	56	1 656	86	469	61	295	93	688	81	1 059
14	84279000	未列名叉车等装有升降或搬运装置的工作车	台	140	114	80	399	482	103	89	76	64	82
15	84281010	载客电梯	台	95	1 166	146	1 700	141	3 024	127	1 439	177	1 079
16	84281090	其他升降机及倒卸式起重机	台	22	300	13	90	39	166	72	219	50	331
17	84284000	自动梯及自动人行道	台	2	119	2	27	2	117	2	117	5	136
18	84291110	履带式推土机，$P>$ 235.36kW（320 马力）	台	8	662	9	420	4	213	14	682	5	272
19	84291190	其他履带式推土机	台	12	161	3	50	7	112	6	78	3	25
20	84291910	其他推土机，$P>$ 235.36kW（320 马力）	台	2	126	0	0	0	0	1	48	0	0
21	84291990	未列名推土机	台	0	0	0	0	0	0	0	0	0	0
22	84292010	筑路机及平地机，$P>$ 235.36kW（320 马力）	台	0	0	1	137	1	137	0	0	0	0
23	84292090	其他筑路机及平地机	台	1	56	0	0	1	70	2	45	4	76
24	84293010	斗容积＞ $10m^3$ 的铲运机	台	0	0	0	0	0	0	0	0	0	0

产品进口月报

（单位：万美元）

6月进口		7月进口		8月进口		9月进口		10月进口		11月进口		12月进口	
数量	金额	数量	金额	数量	金额	数量	金额	数量	金额	数量	金额	数量	金额
844	112	48	137	34	145	16	60	42	99	11	18	34	96
1	5	0	0	2	11	1	110	0	0	0	0	1	96
0	0	0	0	0	0	0	0	0	0	0	0	0	0
0	0	4	75	6	39	0	0	0	0	0	0	0	0
0	0	2	20	0	0	0	0	2	64	0	0	1	4
0	0	0	0	0	0	0	0	0	0	0	0	549	481
1	1	86	123	15	52	7	11	72	29	24	191	52	120
43	1 087	26	700	44	915	30	766	33	882	19	537	42	722
13	220	22	208	17	187	18	325	21	255	38	803	21	436
27	25	32	38	35	35	36	106	0	0	48	127	75	138
657	1 217	650	1 814	752	1 112	609	1 216	638	892	535	1 212	746	1 341
0	0	0	0	0	0	0	0	0	0	0	0	0	0
95	641	107	591	69	417	28	153	64	450	63	198	78	267
337	187	116	163	101	88	105	89	471	79	780	30	332	71
99	859	170	2 280	220	1 792	184	2 300	123	1 290	163	1 177	159	1 258
82	193	38	101	155	1 599	41	358	54	617	37	182	49	641
0	0	0	0	0	0	0	0	0	0	2	14	2	26
5	320	5	273	5	273	10	1 058	2	122	6	398	5	301
0	0	5	91	11	261	3	126	11	451	1	19	6	90
0	0	0	0	0	0	8	532	0	0	2	133	0	0
0	0	0	0	0	0	0	0	0	0	0	0	0	0
0	0	0	0	0	0	2	6	4	293	0	0	0	0
3	54	3	54	0	0	0	0	0	0	0	0	1	20
0	0	0	0	0	0	0	0	0	0	0	0	0	0

序号	税号	货品名称	数量单位	1月进口		2月进口		3月进口		4月进口		5月进口	
				数量	金额	数量	金额	数量	金额	数量	金额	数量	金额
25	84293090	其他铲运机	台	3	136	3	87	4	151	12	656	3	133
26	84294011	机重18t及以上的振动压路机	台	0	0	0	0	3	32	7	68	1	8
27	84294019	其他机动压路机	台	9	15	7	29	58	115	22	48	32	102
28	84294090	未列名捣固机械及压路机	台	0	0	0	0	0	0	0	0	0	0
29	84295100	前铲装载机	台	53	598	37	386	27	264	62	595	27	457
30	84295211	轮胎式挖掘机	台	22	164	23	208	39	363	33	218	41	274
31	84295212	履带式挖掘机	台	1 149	8 788	836	6 812	1 382	10 900	1 499	12 760	1 255	10 733
32	84295219	其他挖掘机	台	0	0	0	0	0	0	0	0	0	0
33	84295290	其他上部结构可转360°的挖掘机、装载机	台	0	0	0	0	2	421	1	437	0	0
34	84295900	其他机械铲、挖掘机及装载机	台	2	11	9	119	13	64	7	42	11	61
35	84301000	打桩机及拔桩机	台	4	67	6	463	1	0	4	128	2	19
36	84302000	扫雪机及吹雪机	台	318	367	36	31	135	194	38	175	186	179
37	84303120	自推进的凿岩机	台	2	89	0	0	3	188	2	70	7	298
38	84303130	自推进的隧道掘进机	台	4	1 799	2	552	0	0	3	1 379	0	0
39	84303900	非自推进的截煤机、凿岩机及隧道掘进机	台	1	4	2	1 069	4	316	7	1 281	3	664
40	84305020	矿用电铲	台	0	0	1	702	0	0	0	0	0	0
41	84306100	非自推进的捣固或压实机械	台	147	33	15	3	109	24	52	254	398	234
42	84306911	钻筒直径在3m以上的非自推进工程钻机	台	0	0	0	0	0	0	36	4	0	0
43	84306919	其他非自推进工程钻机	台	4	27	2	205	0	0	6	7	4	1
44	84306920	非自推进的铲运机	台	0	0	0	0	0	0	0	0	0	0
45	84306990	未列名非自推进泥土、矿等运送、平整等机械	台	1	24	82	250	3	61	10	17	3	85
46	84312010	8427所列机械用装有差速器的驱动桥等	t	116	158	55	57	71	79	128	159	121	158
47	84312090	8427所列机械的其他零件	t	1 387	1 223	874	881	1 247	1 212	1 417	1 464	1 387	1 565
48	84313100	升降机、倒卸式起重机或自动梯的零件	t	759	946	583	884	961	1 130	941	1 262	1 268	1 245
49	84313900	其他8428所列机械的零件	t	1 071	2 250	2 323	2 494	908	2 119	1 337	3 564	900	2 793
50	84314100	戽斗、铲斗、抓斗及夹斗	个	304 792	275	164 931	194	159 829	166	189 014	219	317 627	277
51	84314200	推土机或侧铲推土机用铲	个	2 450	5	486	0	7 422	6	10 181	12	1 159	1
52	84314390	凿井机械的零件	t	70	67	53	94	14	32	1	20	27	80
53	84314991	矿用电铲用零件	t	36	98	22	47	11	52	33	110	25	97
54	84314999	8426、8429及8430所列机械的未列名零件	t	13 043	9 754	12 812	9 911	14 368	10 003	14 270	10 987	9 096	7 856
55	84671100	旋转式（包括旋转冲击式的）手提风动工具	台	28 483	444	21 156	289	37 588	463	24 303	445	35 452	415
56	84671900	其他手提式风动工具	台	20 361	396	14 097	253	31 927	340	22 845	342	20 245	284

（续）

6月进口		7月进口		8月进口		9月进口		10月进口		11月进口		12月进口	
数量	金额	数量	金额	数量	金额	数量	金额	数量	金额	数量	金额	数量	金额
2	117	6	151	2	139	3	192	0	0	0	0	2	78
6	50	2	18	0	0	5	44	0	0	1	15	1	10
35	75	32	77	53	120	65	117	28	57	4	3	14	22
0	0	0	0	0	0	1	0	0	0	0	0	5	1
14	300	23	410	48	739	35	335	66	420	24	289	19	539
24	189	20	171	31	175	15	141	1	4	4	145	7	48
874	5 695	748	4 005	561	3 378	573	4 359	516	3 793	660	4 532	715	4 747
0	0	0	0	0	0	0	0	0	0	0	0	0	0
1	18	1	13	0	0	0	0	0	0	0	0	0	0
2	11	17	86	13	142	8	46	0	0	3	7	6	30
2	9	5	21	7	90	7	50	4	12	0	0	3	357
58	103	57	79	142	183	526	183	655	238	158	270	54	263
2	78	2	0	4	381	2	66	0	0	2	62	0	0
0	0	0	0	1	408	0	0	1	167	2	807	0	0
5	420	6	16	4	1 256	4	229	23	535	2	7	8	357
0	0	0	0	0	0	0	0	0	0	0	0	0	0
59	199	183	116	64	392	568	89	109	10	86	48	123	120
0	0	0	0	0	0	0	0	0	0	0	0	0	0
8	76	2	6	3	26	2	3	13	414	4	10	1	0
0	0	0	0	0	0	0	0	0	0	0	0	0	0
7	266	2	0	7	527	11	135	6	133	26	7	35	646
154	188	203	206	131	143	118	112	117	124	117	120	177	175
1 602	1 625	1 474	1 290	1 313	1 168	1 350	1 341	1 493	1 447	1 371	1 258	1 471	1 383
1 124	1 831	1 151	1 234	1331	1 781	1 161	1 253	1 002	1 044	1 240	1 580	1 011	1 154
776	3 124	713	2 583	818	2 185	1 176	3 115	969	2 000	674	2 347	923	1 913
346 209	331	271 854	254	289 352	215	224 832	208	193 032	224	208 293	116	390 085	303
1 094	1	3 055	2	11 280	14	3 364	2	7 802	7	8 304	9	2 671	2
7	44	22	57	11	52	15	62	198	151	3	9	19	27
67	112	17	61	17	49	3	25	84	276	44	103	28	68
9 106	7 674	7 762	7 546	6 695	5 468	7 717	6 916	7 385	7 020	6 929	7 103	10 005	8 338
21 307	356	39 587	539	21 727	386	32 752	463	32 521	421	41 207	424	39 144	459
18 467	285	23 604	344	18 777	280	25 759	356	18 089	281	18 139	343	18 732	373

序号	税号	货品名称	数量单位	1月进口		2月进口		3月进口		4月进口		5月进口	
				数量	金额	数量	金额	数量	金额	数量	金额	数量	金额
57	84679200	手提式风动工具用的零件	t	48	210	25	155	37 538	204	39	235	43	218
58	84743100	混凝土或砂浆混合机器	台	50	99	74	136	36	95	45	168	349	337
59	84743200	矿物与沥青的混合机器	台	5	197	7	140	8	58	2	80	1	11
60	84743900	固体矿物质的其他混合或搅拌机器	台	425	1 237	138	635	113	442	125	518	213	352
61	84749000	8474 所列机器的零件	t	1 124	1 218	810	905	794	1 032	1 080	1 298	1 010	1 335
62	84791021	沥青混凝土摊铺机	台	18	301	21	519	36	655	49	919	31	494
63	84791022	稳定土摊铺机	台	0	0	1	18	10	135	11	149	9	122
64	84791029	其他摊铺机	台	4	38	0	0	0	0	2	119	1	7
65	84791090	其他公共工程用机器	台	174	555	52	206	129	1 014	91	487	109	484
66	87041030	电动轮非公路用货运自卸车	辆	0	0	0	0	0	0	1	157	5	1 056
67	87041090	其他非公路用货运机动自卸车	辆	18	1 131	14	525	6	450	15	617	21	1 123
68	87051021	起重量≤ 50t 全路面起重车	辆	0	0	0	0	0	0	0	0	0	0
69	87051022	50t ＜起重量≤ 100t 全路面起重车	辆	0	0	0	0	0	0	0	0	0	0
70	87051023	起重量＞ 100t 全路面起重车	辆	0	0	0	0	0	0	1	149	0	0
71	87051091	起重量≤ 50t 其他起重车	辆	0	0	0	0	0	0	0	0	0	0
72	87051092	50t ＜起重量≤ 100t 其他起重车	辆	0	0	0	0	0	0	0	0	0	0
73	87051093	起重量＞ 100t 其他起重车	辆	0	0	0	0	0	0	0	0	0	0
74	87053010	装有云梯的救火车	辆	0	0	1	119	0	0	0	0	0	0
75	87053090	其他机动救火车	辆	0	0	1	78	0	0	1	159	2	139
76	87054000	机动混凝土搅拌车	辆	0	0	0	0	0	0	0	0	0	0
77	87059060	飞机加油车、调温车、除冰车	辆	1	25	3	85	2	69	2	134	6	410
78	87059070	道路（包括跑道）扫雪车	辆	3	118	2	101	2	156	2	156	2	105
79	87059091	混凝土泵车	辆	0	0	0	0	0	0	0	0	0	0
80	87059099	未列名特殊用途的机动车辆	辆	7	686	6	369	18	260	19	484	9	393
81	87091110	电动牵引车	辆	67	153	30	41	134	132	114	125	110	115
82	87091190	其他电动的短距离运货车辆	辆	5	8	3	2	5	2	4	2	19	49
83	87091910	其他机动牵引车	辆	36	135	32	15	2	6	28	79	1	23
84	87091990	其他短距离运货机动车辆	辆	16	11	17	73	4	3	36	0	33	24
85	87099000	短距离运货的机动车辆及站台牵引车的零件	t	20	152	37	65	56	94	22	43	10	25
86	89051000	挖泥船	艘	0	0	1	368			0	0	1	6
		合计			41 245		38 834		39 433		50 237		40 645

〔供稿人：中国工程机械工业协会吕莹〕

（续）

6月进口		7月进口		8月进口		9月进口		10月进口		11月进口		12月进口	
数量	金额	数量	金额	数量	金额	数量	金额	数量	金额	数量	金额	数量	金额
45	206	44	226	42	207	53	238	45	198	42	207	46	249
47	125	53	176	68	90	78	240	80	225	113	242	50	157
4	24	3	24	2	12	1	7	5	13	10	93	8	78
181	793	173	633	227	675	224	896	128	491	244	726	254	855
593	761	814	1 229	1 583	2 184	1 198	1 414	519	592	642	973	669	879
25	319	16	229	40	486	15	221	23	364	7	165	13	114
14	187	3	40	7	92	0	0	0	0	0	0	1	2
3	76	4	65	0	0	1	18	1	17	4	83	0	0
126	589	178	458	247	227	251	591	226	393	211	438	95	198
0	0	1	85	0	0	1	85	0	0	0	0	0	0
1	48	3	54	1	1	17	947	3	167	0	0	0	0
0	0	0	0	0	0	0	0	0	0	0	0	0	0
0	0	0	0	0	0	0	0	0	0	0	0	0	0
0	0	0	0	0	0	0	0	0	0	0	0	0	0
0	0	0	0	0	0	0	0	0	0	0	0	0	0
0	0	0	0	0	0	0	0	0	0	0	0	0	0
0	0	0	0	0	0	0	0	0	0	0	0	0	0
0	0	1	80	0	0	0	0	0	0	0	0	0	0
0	0	2	61	1	140	4	291	1	57	1	21	7	473
0	0	0	0	1	32	0	0	0	0	0	0	0	0
0	0	1	16	6	171	8	221	0	0	8	300	16	760
0	0	5	245	2	102	7	343	0	0	10	478	28	956
0	0	0	0	0	0	0	0	0	0	0	0	2	114
8	372	11	516	6	80	1	52	7	127	21	763	4	61
59	45	189	159	170	145	223	187	176	211	133	131	71	69
55	191	44	141	1	7	6	4	16	59	7	7	4	1
6	17	5	12	9	28	8	76	11	25	2	5	18	44
31	40	62	67	77	57	57	58	71	50	15	17	123	29
13	36	48	78	43	68	44	82	33	59	18	39	25	39
0	0		0			1	4	1	98	1	1 537	1	93
	31 929		30 548		31 428		33 032		27 447		30 879		32 692

2014 年工程机械

序号	税号	货品名称	数量单位	1月出口		2月出口		3月出口		4月出口		5月出口	
				数量	金额	数量	金额	数量	金额	数量	金额	数量	金额
1	84134000	混凝土泵	台	177	480	29	108	136	595	508	608	138	506
2	84262000	塔式起重机	台	320	4 728	132	1 855	285	3 851	298	4 019	333	4 143
3	84264110	轮胎式自推进起重机	台	146	1 307	7	153	8	218	21	435	14	305
4	84264190	带胶轮的其他自推进起重机械	台	27	738	21	591	21	696	34	1 126	27	742
5	84264910	履带式起重机	台	87	4 203	29	1 483	83	1 983	76	2 393	83	2 344
6	84264990	不带胶轮的其他自推进起重机械	台	0	0	12	252	0	0	6	156	0	0
7	84269100	供装于公路车辆的其他起重机	台	25	88	12	81	15	17	59	24	71	197
8	84269900	未列名起重机	台	339	405	490	478	171	241	138	257	1 066	448
9	84271010	电动机推进的有轨巷道堆垛机	台	3	0	3	221	2	2	1	1	4	266
10	84271020	电动机推进的无轨巷道堆垛机	台	79	49	108	42	102	62	196	100	239	176
11	84271090	其他电动叉车及装有升降或搬运装置工作车	台	5 082	3 261	2 943	2 137	5 572	3 749	5 922	4 070	5 907	3 830
12	84272010	集装箱叉车	台	21	345	8	148	23	417	27	305	23	337
13	84272090	其他机动叉车及其他装有升降或搬运装置工作车	台	5 774	9 598	2 859	4 899	5 469	8 949	5 457	9 179	7 170	12 009
14	84279000	未列名叉车等装有升降或搬运装置的工作车	台	136 415	2 676	80 842	1 559	120 439	2 403	136 906	2 910	142 254	2 749
15	84281010	载客电梯	台	4 431	11 922	2 059	5 232	4 241	11 059	4 225	10 988	4 626	12 006
16	84281090	其他升降机及倒卸式起重机	台	176	411	232	222	409	587	306	605	750	682
17	84284000	自动梯及自动人行道	台	1 749	5 969	838	3 069	1 555	5 611	1 482	5 052	1 593	5 379
18	84291110	履带式推土机，P＞235.36kW（320 马力）	台	28	428	7	128	19	332	20	348	12	222
19	84291190	其他履带式推土机	台	552	4 440	211	1 980	300	2 900	313	3 247	299	3 093
20	84291910	其他推土机，P＞235.36kW（320 马力）	台	0	0	3	1	0	0	8	2	14	5
21	84291990	未列名推土机	台	190	79	49	48	19	101	14	4	18	6
22	84292010	筑路机及平地机，P＞235.36kW（320 马力）	台	0	0	2	75	3	112	1	36	4	154
23	84292090	其他筑路机及平地机	台	360	3 509	201	2 015	369	3 488	427	3 878	402	3 890
24	84293010	斗容积＞$10m^3$的铲运机	台	0	0	0	0	0	0	0	0	0	0

产品出口月报

（单位：万美元）

6月出口		7月出口		8月出口		9月出口		10月出口		11月出口		12月出口	
数量	金额	数量	金额	数量	金额	数量	金额	数量	金额	数量	金额	数量	金额
365	828	211	707	221	662	193	402	149	609	288	457	136	529
327	3 994	275	3 708	363	5 336	495	3 034	272	3 361	525	4 193	297	3 981
22	474	8	175	29	756	26	1 337	22	474	18	1 038	21	618
36	1 120	26	747	31	1 175	34	992	30	833	20	541	26	786
50	1 376	54	2 166	58	1 949	62	2 543	82	2 950	42	1 782	56	1 811
0	0	0	0	0	0	0	0	1	1	0	0	6	3
19	30	60	145	16	141	66	103	62	210	56	109	109	100
124	249	206	318	1 201	288	896	207	910	309	167	248	3 779	458
1	9	6	48	5	390	3	2	8	218	5	86	7	78
130	62	133	94	108	65	18	11	105	52	60	55	155	73
5 361	3 810	6 296	4 028	5 723	3 560	5 391	3 556	4 534	3 034	5 284	3 703	6 150	3 943
33	516	30	550	31	504	23	368	19	235	28	175	28	463
5 506	8 935	6 000	10 185	5 818	10 251	5 979	10 498	5 633	8 919	6 201	10 178	5 527	9 748
128 951	2 729	140 491	2 778	137 937	2 628	135 486	2 751	125 365	2 569	150 243	3 192	141 313	3 053
4 275	11 240	4 648	11 941	4 768	12 031	4 007	10 384	3 825	10 161	4 543	11 520	5 009	13 727
356	591	1 323	628	555	735	464	696	404	555	292	662	303	638
1 350	4 445	1 689	5 598	1 677	5 740	1 791	6 373	1 467	5 334	1 686	5 748	1 677	5 793
15	392	16	314	14	227	12	150	15	222	11	156	5	143
245	2 656	298	2 695	247	2 507	268	2 435	211	1 982	160	1 533	215	2 149
0	0	2	0	0	0	2	0	2	27	0	0	0	0
1	2	10	18	28	344	16	30	42	4	11	6	5	3
3	113	11	98	3	22	2	19	0	0	0	0	0	0
353	3 628	375	3 460	294	2 450	379	3 080	270	2 481	376	3 446	328	3 768
0	0	0	0	0	0	0	0	0	0	0	0		

序号	税号	货品名称	数量单位	1月出口		2月出口		3月出口		4月出口		5月出口	
				数量	金额	数量	金额	数量	金额	数量	金额	数量	金额
25	84293090	其他铲运机	台	87	137	3	6	61	85	14	134	49	150
26	84294011	机重 18t 及以上的振动压路机	台	92	686	54	413	98	668	118	677	128	854
27	84294019	其他机动压路机	台	1 123	3 010	662	1 612	1 308	2 762	1 409	2 753	1 734	3 214
28	84294090	未列名捣固机械及压路机	台	1 425	153	821	73	1 105	102	1 500	169	1 088	140
29	84295100	前铲装载机	台	3 239	13 697	1 719	7 042	3 741	16 183	3 613	14 305	3 453	14 485
30	84295211	轮胎式挖掘机	台	56	527	12	133	55	449	27	160	30	230
31	84295212	履带式挖掘机	台	988	9 991	630	6 474	990	10 270	869	8 520	1 097	11 407
32	84295219	其他挖掘机	台	20	87	23	86	9	20	25	89	37	103
33	84295290	其他上部结构可转 360° 的挖掘机、装载机	台	0	0	0	0	6	30	1	82	3	3
34	84295900	其他机械铲、挖掘机及装载机	台	238	514	237	303	314	505	241	595	383	766
35	84301000	打桩机及拔桩机	台	86	597	87	390	132	1 028	157	512	194	806
36	84302000	扫雪机及吹雪机	台	6 212	210	1 568	43	1 183	51	1 014	22	1 701	44
37	84303120	自推进的凿岩机	台	330	44	17	16	57	87	181	58	273	47
38	84303130	自推进的隧道掘进机	台	6	1 750	5	3 212	9	3 764	6	2 813	6	1 697
39	84303900	非自推进的截煤机、凿岩机及隧道掘进机	台	3 704	188	1 296	40	2 480	126	1 851	943	2 616	94
40	84305020	矿用电铲	台	2	1	0	0	0	0	0	0	0	0
41	84306100	非自推进的捣固或压实机械	台	45 170	815	17 657	355	28 840	633	45 585	677	46 894	776
42	84306911	钻筒直径在 3m 以上的非自推进工程钻机	台	1	4	0	0	2	1	0	0	4	26
43	84306919	其他非自推进工程钻机	台	1 687	419	246	169	691	315	3 721	335	2 098	374
44	84306920	非自推进的铲运机	台	23	6	18	7	68	21	26	8	66	15
45	84306990	未列名非自推进泥土、矿等运送、平整等机械	台	6 449	1 907	2 048	1 227	2 620	1 900	4 492	1 028	3 790	1 782
46	84312010	8427 所列机械用装有差速器的驱动桥等	t	193	145	56	46	106	105	113	107	129	109
47	84312090	8427 所列机械的其他零件	t	35 717	4 781	17 859	2 559	33 559	4 629	34 904	5 201	38 423	5 132
48	84313100	升降机、倒卸式起重机或自动梯的零件	t	40 094	7 742	15 312	3 633	37 699	6 960	35 881	6 994	37 545	7 269
49	84313900	其他 8428 所列机械的零件	t	17 493	5 515	13 122	4 363	14 629	4 145	17 985	5 133	20 690	5 535
50	84314100	戽斗、铲斗、抓斗及夹斗	个	4 716 625	1 055	2731243	703	4 206 777	1 007	4545984	1 090	5 229 132	1 179
51	84314200	推土机或侧铲推土机用铲	个	447 706	102	207 962	54	312 909	76	332 177	80	324 184	77
52	84314390	凿井机械的零件	t	681	265	347	161	549	283	583	290	726	334
53	84314991	矿用电铲用零件	t	2 573	1 079	789	272	910	303	1 145	368	1 237	431
54	84314999	8426、8429 及 8430 所列机械的未列名零件	t	128 607	29 846	73 975	17 971	113 536	28 807	141 601	32 361	133 329	31 519
55	84671100	旋转式（包括旋转冲击式的）手提风动工具	台	498 487	1 009	258 210	722	333 067	805	425 448	893	457 920	1 053
56	84671900	其他手提式风动工具	台	913 804	1 849	506 477	1 183	847 965	1 790	1 180 752	2 157	1 021 312	2 279

（续）

6月出口		7月出口		8月出口		9月出口		10月出口		11月出口		12月出口	
数量	金额	数量	金额	数量	金额	数量	金额	数量	金额	数量	金额	数量	金额
87	162	39	330	21	265	54	237	32	162	18	98	24	118
94	882	95	651	77	565	73	446	56	389	97	690	121	754
1 452	2 640	929	2 408	1 450	3 218	1 174	2 356	910	2 238	1 246	2 583	1 551	3 243
643	174	776	218	348	52	1 257	133	317	68	631	50	957	117
3 050	12 850	3 465	14 371	3 563	14 679	2 940	12 380	3 008	11 430	2 716	11 650	2 575	10 400
25	189	35	469	30	247	70	688	49	497	51	477	42	375
796	8 612	1 048	9 755	758	8 275	1 135	12 309	662	6 262	802	6 821	954	9 225
14	10	20	90	2	4	13	20	4	8	70	83	17	30
0	0	0	0	1	3	0	0	0	0	0	0	0	0
171	497	609	760	360	589	352	624	236	683	232	399	199	747
115	990	114	401	156	857	162	950	134	874	131	689	123	846
25 073	258	120 114	1 631	146 479	2 146	176 313	3 214	128 972	2 225	58 608	1 200	23 573	371
332	113	308	67	98	41	538	92	72	152	341	46	191	90
9	2 264	6	1 835	2	2 003	3	1 348	3	785	2	450	2	22
1 983	146	1 686	173	2 016	123	2 383	230	1 675	102	842	95	2 447	214
0	0	0	0	2	949	0	0	0	0	1	702	0	0
51 197	1 432	43 539	692	28 172	668	31 623	623	23 203	483	27 884	773	35 931	861
6	37	0	0	0	0	0	0	0	0	2	485	14	14
1 394	365	2 151	284	2 631	424	1 527	385	1 533	506	2 369	164	2 420	344
38	11	78	14	50	15	85	21	70	75	54	17	106	60
4 179	1 363	6 689	1 785	4 073	2 240	5 981	1 806	6 497	1 537	3 751	1 149	3 878	2 706
100	119	145	145	93	88	178	142	69	53	182	152	88	72
34 670	4 808	36 864	5 093	33 316	4 697	36 049	5 347	30 881	4 424	29 895	4 376	36 109	4 976
32 261	6 642	38 998	7 564	36 073	7 045	33 007	6 599	36 948	6 392	35 307	6 985	40 111	7 610
14 809	4 457	22 990	6 499	18 177	5 838	18 615	5 508	16 819	5 169	26 611	7 466	20 902	6 720
4 342 328	935	5 086 690	1 113	5 082 589	1 159	5 159 644	1 230	4 836 456	1 114	4 465 894	1 218	5 061 059	1 114
235 324	61	184 344	47	279 420	64	270 354	62	245 158	84	337 586	79	188 726	39
557	233	650	344	572	407	1 064	484	592	309	820	271	1 009	786
697	247	1 157	381	1 813	754	1 816	632	1 146	371	631	344	787	335
133 049	30 785	140 036	33 184	138 351	32 471	142 791	33 976	129 447	29 900	138 679	33 831	132 412	30 486
733 437	1 194	1 651 939	1 057	493 097	1 123	398 242	927	362 455	981	446 152	1 039	452 072	979
764 637	1 556	991 655	2 022	1 315 068	2 220	1 444 322	2 359	1 142 541	2 186	1 506 866	2 820	1 873 197	3 329

序号	税号	货品名称	数量单位	1月出口		2月出口		3月出口		4月出口		5月出口	
				数量	金额	数量	金额	数量	金额	数量	金额	数量	金额
57	84679200	手提式风动工具用的零件	t	502	555	227	238	395	392	449	494	668	572
58	84743100	混凝土或砂浆混合机器	台	103 402	3 147	77 912	1 647	105 200	2 912	128 356	3 666	106 223	3 173
59	84743200	矿物与沥青的混合机器	台	49	951	19	634	39	778	55	922	65	1 713
60	84743900	固体矿物质的其他混合或搅拌机器	台	3 855	954	1 302	985	1 394	849	2 501	707	3 988	1 030
61	84749000	8474 所列机器的零件	t	30 363	10 909	15 890	4 746	24 661	7 486	28 180	8 282	25 817	7 610
62	84791021	沥青混凝土摊铺机	台	39	424	15	265	22	207	41	380	75	363
63	84791022	稳定土摊铺机	台	6	58	0	0	2	21	5	44	0	0
64	84791029	其他摊铺机	台	80	38	7	6	17	34	65	91	15	52
65	84791090	其他公共工程用机器	台	15 047	919	11 073	586	14 331	948	15 093	1 056	14 252	947
66	87041030	电动轮非公路用货运自卸车	辆	147	71	24	10	76	44	122	49	107	58
67	87041090	其他非公路用货运机动自卸车	辆	507	2 359	149	839	210	3 364	278	2 652	233	965
68	87051021	起重量≤50t 全路面起重车	辆	132	1 129	30	267	60	613	78	813	85	823
69	87051022	50t＜起重量≤100t 全路面起重车	辆	12	294	7	313	2	69	12	295	10	209
70	87051023	起重量＞100t 全路面起重车	辆	1	103	6	682	0	0	3	239	6	573
71	87051091	起重量≤50t 其他起重车	辆	283	3 360	141	1 360	304	3 804	397	4 771	346	3 904
72	87051092	50t＜起重量≤100t 其他起重车	辆	80	2 292	31	765	57	1 595	72	1 893	99	2 373
73	87051093	起重量＞100t 其他起重车	辆	4	161	1	48	1	56	6	282	8	521
74	87053010	装有云梯的救火车	辆	0	0	0	0	0	0	0	0	1	36
75	87053090	其他机动救火车	辆	82	181	26	88	77	1 500	13	87	19	121
76	87054000	机动混凝土搅拌车	辆	367	1 994	190	1 036	579	3 203	607	3 220	728	3 843
77	87059060	飞机加油车、调温车、除冰车	辆	0	0	0	0	1	3	0	0	1	4
78	87059070	道路（包括跑道）扫雪车	辆	0	0	0	0	0	0	1	36	0	0
79	87059091	混凝土泵车	辆	38	921	36	586	26	721	64	1 251	48	1 368
80	87059099	未列名特殊用途的机动车辆	辆	482	2 920	187	1 242	357	2 026	487	2 299	382	2 128
81	87091110	电动牵引车	辆	76	25	33	11	42	11	180	22	60	28
82	87091190	其他电动的短距离运货车辆	辆	1 088	113	610	31	471	112	1 204	133	1 056	124
83	87091910	其他机动牵引车	辆	35	96	37	98	29	48	39	125	59	181
84	87091990	其他短距离运货机动车辆	辆	397	180	447	75	240	41	454	236	397	41
85	87099000	短距离运货的机动车辆及站台牵引车的零件	t	405	104	295	44	303	100	361	114	541	150
86	89051000	挖泥船	艘	11	1 832	10	2 423	7	3 555	9	1 158	15	987
		合计			178 855		99 066		169 774		173 610		179 318

〔供稿人：中国工程机械工业协会吕莹〕

（续）

6月出口		7月出口		8月出口		9月出口		10月出口		11月出口		12月出口	
数量	金额	数量	金额	数量	金额	数量	金额	数量	金额	数量	金额	数量	金额
487	484	538	555	555	578	565	520	443	435	423	412	456	441
105 510	4 163	52 205	2 315	45 420	2 319	29 037	3 172	23 461	1 863	30 114	1 981	65 287	2 170
86	1 003	97	1 905	58	730	40	543	51	764	47	706	386	638
3 104	1 042	1 426	1 086	5 230	1 260	2 157	899	3 937	946	7 724	593	14 708	960
29 801	8 532	26 259	7 799	27 670	7 787	24 676	7 798	24 714	6 703	25 502	7 490	27 038	8 347
32	442	34	229	17	99	31	284	19	81	13	241	42	89
1	19	4	37	8	19	4	20	2	0	2	35	71	0
17	29	14	36	22	116	20	42	22	62	18	7	21	11
10 988	837	15 628	1 326	13 714	977	14 954	1 076	13 200	872	10 810	783	14 087	1 135
80	42	95	46	81	39	64	24	80	32	92	46	145	55
201	2 001	225	1 095	306	2 034	328	2 108	196	1 337	292	3 052	431	3 592
70	901	64	634	35	482	42	841	38	463	52	452	42	420
16	272	7	255	5	81	3	74	7	229	13	294	11	352
2	97	0	0	1	106	0	0	4	110	1	5	2	71
320	3 731	287	3 742	272	3 561	288	3 833	179	2 164	211	2 442	304	3 415
74	1 914	84	2 052	73	1 875	43	1 000	35	795	51	1 326	64	1 495
1	68	1	54	3	163	3	76	0	0	4	320	13	648
0	0	0	0	1	4	25	51	15	30	15	30	15	30
6	53	14	246	20	53	44	855	47	134	114	353	146	433
429	2 370	474	2 544	334	1 707	337	1 864	514	2 870	398	2 326	716	4 208
0	0	1	1	1	14	1	1	0	0	3	54	6	132
0	0	0	0	1	1	0	0	0	0	0	0	1	4
49	1 209	47	1 014	65	1 446	32	750	53	1 131	57	1 211	52	1 296
345	2 468	334	1 638	479	2 304	353	1 870	331	1 957	494	3 098	764	4 906
32	17	53	31	101	36	58	27	60	18	44	27	95	47
967	90	992	90	458	75	1 153	123	650	83	743	157	709	131
77	185	84	269	31	121	33	72	31	62	28	93	63	178
277	31	866	86	527	60	1 010	144	448	93	916	74	797	256
289	66	626	177	294	69	559	104	548	142	616	86	613	149
14	1 065	47	2 611	21	53	21	7 038	17	947	10	402	11	250
	164 364		175 657		173 156		179 309		148 324		164 127		174 706

2014年工程机械产品进出口量值

（单位：万美元）

序号	税号	货品名称	单位	出口				进口			
				数量	增长(%)	金额(万美元)	增长(%)	数量	增长(%)	金额(万美元)	增长(%)
1	84134000	混凝土泵	台	2 551	24.50	6 493.69	-7.10	1 117.00	-73.71	959.16	-30.12
2	84262000	塔式起重机	台	3 928	32.39	46 218.48	17.96	15.00	-60.53	1 203.25	-42.65
3	84264110	轮胎式自推进起重机	台	241	-39.29	7 289.64	26.31	0.00		0.00	
4	84264190	带胶轮的其他自推进起重机械	台	333	-2.06	10 087.55	-6.63	14.00	55.56	205.71	58.90
5	84264910	履带式起重机	台	760	-18.19	26 765.50	-15.15	12.00	0.00	3 628.44	27.49
6	84264990	不带胶轮的其他自推进起重机械	台	25	-35.90	412.28	76.42	554.00	55 300.00	485.87	45 308.41
7	84269100	供装于公路车辆的其他起重机	台	520	94.76	1 244.73	214.06	454.00	34.72	892.36	19.74
8	84269900	未列名起重机	台	5 706	40.96	3 882.53	-36.70	432.00	-14.46	8 073.44	52.12
9	84271010	电动机推进的有轨巷道堆垛机	台	48		1 320.65		268.00	56.73	4 750.57	51.86
10	84271020	电动机推进的无轨巷道堆垛机	台	1 433	24.93	839.95	1.69	400.00	23.46	709.66	0.87
11	84271090	其他电动叉车及装有升降或搬运装置工作车	台	64 118	27.88	42 662.97	30.20	7 929.00	8.99	14 773.63	4.31
12	84272010	集装箱叉车	台	294	11.79	4 363.49	-10.21	4.00	-42.86	58.87	-19.70
13	84272090	其他机动叉车、其他装有升降或搬运装置工作车	台	67 315	10.07	113 253.00	14.98	868.00	-21.80	6 916.79	-42.78
14	84279000	未列名叉车等装有升降或搬运装置的工作车	台	1 575 776	-6.18	31 984.61	1.80	3 103.00	-28.37	1 518.18	-41.26
15	84281010	载客电梯	台	50 459	7.08	132 156.25	14.11	1 804.00	12.68	19 363.30	20.38
16	84281090	其他升降机及倒卸式起重机	台	5 494	4.27	7 011.98	18.07	652.00	44.25	4 796.96	33.51
17	84284000	自动梯及自动人行道	台	18 451	-2.09	64 142.00	-1.83	17.00	30.77	556.41	82.62
18	84291110	履带式推土机，$P>$ 235.36kW（320马力）	台	175	-18.60	3 083.04	-31.19	78.00	5.41	4 994.31	29.72
19	84291190	其他履带式推土机	台	3 318	-11.99	31 590.87	-9.80	68.00	-38.18	1 464.07	-27.29
20	84291910	其他推土机，$P>$ 235.36kW（320马力）	台	31	72.22	35.84	-10.53	13.00	85.71	838.59	87.46
21	84291990	未列名推土机	台	386	-31.32	633.84	-3.26	0.00		0.00	

（续）

序号	税号	货品名称	单位	出口				进口			
				数量	增长(%)	金额（万美元）	增长(%)	数量	增长(%)	金额（万美元）	增长(%)
22	84292010	筑路机及平地机，$P>235.36$kW（320马力）	台	29	3.57	630.40	-26.41	8.00	0.00	573.22	-42.63
23	84292090	其他筑路机及平地机	台	4 090	-10.33	39 097.75	-2.10	15.00	150.00	375.60	46.11
24	84293010	斗容积＞$10m^3$的铲运机	台	0		0.00		0.00		0.00	
25	84293090	其他铲运机	台	428	1.66	1 875.91	-33.52	40.00	25.00	1 840.77	4.92
26	84294011	机重18t及以上的振动压路机	台	1 100	9.56	7 671.95	13.63	26.00	-43.48	244.76	-48.70
27	84294019	其他机动压路机	台	14 767	20.72	32 029.80	5.91	359.00	-16.90	779.97	-26.76
28	84294090	未列名捣固机械及压路机	台	9 668	-50.88	1 406.43	-47.81	6.00	-14.29	0.60	-94.60
29	84295100	前铲装载机	台	37 076	-11.34	153 508.17	-9.23	435.00	40.32	5 328.96	13.88
30	84295211	轮胎式挖掘机	台	482	1.05	4 441.10	51.28	262.00	54.12	2 107.75	54.42
31	84295212	履带式挖掘机	台	10 727	-15.36	107 997.51	-13.95	10 784.00	-19.06	80 564.90	-18.05
32	84295219	其他挖掘机	台	254	80.14	630.58	12.52	0.00		0.00	
33	84295290	其他上部结构可转360°的挖掘机、装载机	台	11	-45.00	118.91	-59.43	5.00	400.00	889.09	285.56
34	84295900	其他机械铲、挖掘机及装载机	台	3 564	-3.07	6 988.53	6.12	91.00	62.50	619.95	87.60
35	84301000	打桩机及拔桩机	台	1 517	7.21	8 742.73	-1.69	45.00	55.17	1 216.59	-9.76
36	84302000	扫雪机及吹雪机	台	690 810	27.92	11 414.01	13.15	2 363.00	47.14	2 265.46	-0.81
37	84303120	自推进的凿岩机	台	2 360	60.33	849.89	-18.25	26.00	-55.17	1 231.65	-40.13
38	84303130	自推进的隧道掘进机	台	59	-33.71	21 942.32	-42.75	13.00	-56.67	5 113.18	-39.39
39	84303900	非自推进的截煤机、凿岩机及隧道掘进机	台	24 998	-24.78	2 476.27	-17.44	69.00	-17.86	6 153.65	-56.57
40	84305020	矿用电铲	台	5	-28.57	1 651.74	-61.46	1.00	-66.67	701.50	-12.02
41	84306100	非自推进的捣固或压实机械	台	422 672	1.17	8 780.36	1.67	1 913.00	-15.13	1 520.21	-17.00
42	84306911	钻筒直径在3m以上的非自推进工程钻机	台	29	-42.00	567.35	1 505.86	36.00		4.32	
43	84306919	其他非自推进工程钻机	台	22 453	8.79	4 082.54	-30.63	49.00	-43.02	774.71	55.70
44	84306920	非自推进的铲运机	台	682	-89.21	269.91	-67.94	0.00		0.00	
45	84306990	未列名非自推进泥土、矿等运送、平整等机械	台	54 688	-39.38	20 438.56	-36.87	204.00	-38.37	2 222.12	-23.86
46	84312010	84.27所列机械用装有差速器的驱动桥等	t	1 452	-5.26	1 282.30	12.62	1 507.40	79.30	1 676.66	63.49
47	84312090	8427所列机械的其他零件	t	398 878	24.15	55 688.21	21.63	16 398.59	11.81	15 913.85	24.59
48	84313100	升降机、倒卸式起重机或自动梯的零件	t	419 619	8.32	81 440.70	7.59	12 532.36	25.15	15 341.60	26.06

（续）

序号	税号	货品名称	单位	出口				进口			
				数量	增长(%)	金额(万美元)	增长(%)	数量	增长(%)	金额(万美元)	增长(%)
49	84313900	其他 8428 所列机械的零件	t	222 538	20.91	66 327.05	15.57	12 578.57	-0.94	30 497.17	-2.36
50	84314100	戽斗、铲斗、抓斗及夹斗	个	55 461 257	7.83	12 912.46	7.93	3 059 802.00	36.23	2 782.42	18.39
51	84314200	推土机或侧铲推土机用铲	个	3 365 850	36.12	822.05	31.63	59 268.00	9.76	60.57	13.47
52	84314390	凿井机械的零件	t	8 145	16.83	4 157.91	5.75	450.37	37.86	694.55	-9.96
53	84314991	矿用电铲用零件	t	14 698	-3.09	5 524.14	-15.00	388.22	-37.60	1 097.10	-20.55
54	84314999	8426、8429 及 8430 所列机械的未列名零件	t	1 546 102	24.20	365 009.89	19.98	119 151.14	-19.90	98 511.60	-10.28
55	84671100	旋转式（包括旋转冲击式的）手提风动工具	台	6 509 586	34.99	11 781.21	9.57	375 207.00	18.13	5 102.25	8.59
56	84671900	其他手提式风动工具	台	13 509 057	42.41	25 749.52	35.20	250 937.00	-5.41	3 877.67	3.87
57	84679200	手提式风动工具用的零件	t	5 708	3.32	5 675.18	2.31	508.72	-6.24	2 547.47	2.22
58	84743100	混凝土或砂浆混合机器	台	856 320	-0.52	32 491.42	9.36	1 043.00	62.71	2 091.19	1.04
59	84743200	矿物与沥青的混合机器	台	991	67.68	11 282.26	-12.61	56.00	7.69	738.54	-27.27
60	84743900	固体矿物质的其他混合或搅拌机器	台	51 322	19.22	11 312.54	-12.97	2 448.00	69.41	8 275.78	25.38
61	84749000	8474 所列机器的零件	t	310 567	6.29	93 403.51	5.19	10 828.28	-19.23	13 762.68	-14.47
62	84791021	沥青混凝土摊铺机	台	381	21.73	3 125.37	-10.68	294.00	23.01	4 785.59	33.01
63	84791022	稳定土摊铺机	台	105	10.53	251.44	-24.48	56.00	5 500.00	745.85	3 993.58
64	84791029	其他摊铺机	台	317	16.54	503.79	-32.22	20.00	-4.76	422.98	29.47
65	84791090	其他公共工程用机器	台	163 097	13.42	11 475.39	17.61	11 718.00	702.60	5 654.19	0.25
66	87041030	电动轮非公路用货运自卸车	辆	1 113	11.19	516.43	-9.69	8.00	-55.56	1 383.48	-58.24
67	87041090	其他非公路用货运机动自卸车	辆	3 356	-3.70	25 402.86	5.64	99.00	-54.17	5 064.71	-54.76
68	87051021	起重量≤50t 全路面起重车	辆	728	-19.82	7 836.93	-18.49	0.00		0.00	
69	87051022	50t＜起重量≤100t 全路面起重车	辆	105	22.09	2 738.36	34.30	0.00		0.00	
70	87051023	起重量＞100t 全路面起重车	辆	26	-50.94	1 986.20	-59.39	1.00	-50.00	148.99	-74.25
71	87051091	起重量≤50t 其他起重车	辆	3 331	-0.48	40 088.56	3.55	0.00		0.00	
72	87051092	50t＜起重量≤100t 其他起重车	辆	763	-29.29	19 375.96	-31.82	0.00		0.00	
73	87051093	起重量＞100t 其他起重车	辆	45	-44.44	2 396.18	-46.26	0.00		0.00	
74	87053010	装有云梯的救火车	辆	72	928.57	181.12	-54.53	2.00	-60.00	198.74	-48.04

（续）

序号	税号	货品名称	单位	出口				进口			
				数量	增长(%)	金额（万美元）	增长(%)	数量	增长(%)	金额（万美元）	增长(%)
75	87053090	其他机动救火车	辆	608	147.15	4 105.29	61.34	20.00	-4.76	1 418.84	-6.89
76	87054000	机动混凝土搅拌车	辆	5 673	-1.70	31 186.01	-2.06	1.00	-50.00	31.53	-64.68
77	87059060	飞机加油车、调温车、除冰车	辆	14	-26.32	210.00	-29.78	53.00	130.43	2 190.10	122.34
78	87059070	道路（包括跑道）扫雪车	辆	3	-88.46	41.37	-84.95	63.00	250.00	2 759.92	184.00
79	87059091	混凝土泵车	辆	567	25.44	12 907.32	19.63	2.00	100.00	113.80	184.50
80	87059099	未列名特殊用途的机动车辆	辆	4 994	13.37	28 854.67	1.80	117.00	30.00	4 135.59	-27.03
81	87091110	电动牵引车	辆	834	-24.11	299.30	-24.73	1 476.00	42.06	1 511.22	41.95
82	87091190	其他电动的短距离运货车辆	辆	10 237	-28.29	1 266.19	3.94	169.00	69.00	474.02	76.71
83	87091910	其他机动牵引车	辆	546	-6.98	1 528.58	-6.16	158.00	-62.11	465.93	-37.81
84	87091990	其他短距离运货机动车辆	辆	6 773	16.10	1 316.38	11.38	542.00	-1.09	429.82	-42.93
85	87099000	短距离运货的机动车辆及站台牵引车的零件	t	5 448	77.75	1 303.42	43.27	368.81	-22.77	779.75	-23.21
86	89051000	挖泥船	艘	193	-10.65	22 320.80	-63.28	6.00	100.00	2 106.43	-81.17
		合计				1 979 163.88	1.33			428 511.11	-9.50

〔供稿人：中国工程机械工业协会吕莹〕

2014 年工程机械进口按国家（地区）统计

（单位：万美元）

国别代码	国家（地区）名称	进口额	比上年增长（%）	占进口总额比重（%）
100	**亚洲**	**198 191.34**	**-18.11**	**46.25**
102	巴林	0.08	100.00	0.00
110	中国香港	130.52	-44.96	0.03
111	印度	2 782.45	-38.33	0.65
112	印度尼西亚	229.27	-57.95	0.05
113	伊朗	0.05	-16.67	0.00
114	伊拉克	0.28		0.00
115	以色列	19.90	7.16	0.00

（续）

国别代码	国家(地区)名称	进口额	比上年增长(%)	占进口总额比重(%)
116	日本	108 210.29	-21.83	25.25
120	黎巴嫩	0.06	20.00	0.00
122	马来西亚	6 442.37	18.26	1.50
127	巴基斯坦	0.22		0.00
129	菲律宾	221.13	92.27	0.05
131	沙特阿拉伯	0.42	-30.00	0.00
132	新加坡	694.01	-51.13	0.16
133	韩国	68 363.93	-5.86	15.95
134	斯里兰卡	56.26	758.93	0.01
136	泰国	1 390.65	42.48	0.32
137	土耳其	818.28	89.86	0.19
138	阿拉伯联合酋长国	36.24	1 180.57	0.01
141	越南	425.73	12.94	0.10
142	中华人民共和国	1 619.05	-86.55	0.38
143	中国台湾	6 750.12	39.55	1.58
145	哈萨克斯坦	0.03	0.00	0.00
200	**非洲**	**508.77**	**100.01**	**0.12**
215	埃及	0.16		0.00
242	塞拉利昂	0.43		0.00
244	南非	508.17	100.90	0.12
257	斯威士兰	0.01		0.00
300	**欧洲**	**171 840.95**	**2.91**	**40.10**
301	比利时	3 378.34	66.46	0.79
302	丹麦	1 135.08	-12.73	0.26
303	英国	6 340.03	4.06	1.48
304	德国	80 808.53	0.08	18.86
305	法国	8 087.98	1.61	1.89
306	爱尔兰	149.99	-24.62	0.04
307	意大利	13 096.96	48.15	3.06
308	卢森堡	19.96	-89.64	0.00
309	荷兰	9 643.86	55.72	2.25
310	希腊	25.20	477.98	0.01
311	葡萄牙	69.41	-69.02	0.02
312	西班牙	3 178.39	-26.87	0.74
315	奥地利	12 523.14	-12.21	2.92
316	保加利亚	25.87	-45.89	0.01
318	芬兰	5 314.80	3.05	1.24
321	匈牙利	1 020.90	137.52	0.24
326	挪威	3 322.24	49.45	0.78

（续）

国别代码	国家（地区）名称	进口额	比上年增长（%）	占进口总额比重（%）
327	波兰	1 439.54	-13.03	0.34
328	罗马尼亚	357.55	40.47	0.08
329	圣马力诺	0.22		0.00
330	瑞典	15 042.20	-12.61	3.51
331	瑞士	4 507.06	4.78	1.05
334	爱沙尼亚	146.23	1 384.57	0.03
335	拉脱维亚	17.97	43.88	0.00
336	立陶宛	0.01	-85.71	0.00
339	阿塞拜疆	0.19		0.00
340	白俄罗斯	1.41	-99.87	0.00
344	俄罗斯联邦	61.97	-91.38	0.01
347	乌克兰	0.95	-93.00	0.00
350	斯洛文尼亚	365.90	46.97	0.09
351	克罗地亚	1.91	127.38	0.00
352	捷克	1 429.86	73.72	0.33
353	斯洛伐克	312.20	-12.70	0.07
354	前南斯拉夫马其顿	0.38		0.00
358	塞尔维亚	14.72	-21.58	0.00
400	**南美洲**	**2 366.46**	**1.45**	**0.55**
402	阿根廷	3.81		0.00
410	巴西	1 852.38	-12.26	0.43
412	智利	14.17	2.02	0.00
413	哥伦比亚	0.03	-88.46	0.00
415	哥斯达黎加	0.09		0.00
418	多米尼加共和国	0.03		0.00
419	厄瓜多尔	14.96	174.50	0.00
429	墨西哥	470.54	138.49	0.11
432	巴拿马	0.12		0.00
434	秘鲁	10.08	148.28	0.00
444	乌拉圭	0.15	114.29	0.00
445	委内瑞拉	0.10		0.00
500	**北美洲**	**52 587.09**	**-1.84**	**12.27**
501	加拿大	5 165.51	-23.54	1.21
502	美国	47 421.58	1.30	11.07
600	**大洋洲**	**3 016.50**	**-63.70**	**0.70**
601	澳大利亚	2 984.49	-63.60	0.70
609	新西兰	32.01	-71.36	0.01

注：由于四舍五入，表中合计数有微小出入。

〔供稿人：中国工程机械工业协会吕莹〕

2014 年工程机械出口按国家（地区）统计

（单位：万美元）

国别代码	国家(地区)名称	出口额	比上年增长(%)	占出口总额比重(%)
100	**亚洲**	**918 357.95**	**0.23**	**46.40**
101	阿富汗	204.40	77.09	0.01
102	巴林	1 531.88	4.24	0.08
103	孟加拉国	7 295.17	-13.66	0.37
104	不丹	5.38	-14.87	0.00
105	文莱	1 053.88	-80.76	0.05
106	缅甸	23 488.30	-1.22	1.19
107	柬埔寨	5 247.29	29.02	0.27
108	塞浦路斯	189.54	-41.11	0.01
109	朝鲜	5 767.92	-5.23	0.29
110	中国香港	31 631.85	28.80	1.60
111	印度	49 157.62	-6.26	2.48
112	印度尼西亚	66 476.80	-1.59	3.36
113	伊朗	32 484.91	74.02	1.64
114	伊拉克	9 790.52	-48.09	0.49
115	以色列	4 566.51	50.57	0.23
116	日本	112 425.57	18.64	5.68
117	约旦	2 008.38	-2.32	0.10
118	科威特	8 709.73	59.28	0.44
119	老挝	8 433.99	33.16	0.43
120	黎巴嫩	2 026.30	50.68	0.10
121	中国澳门	4 500.29	-25.67	0.23
122	马来西亚	54 593.65	-7.12	2.76
123	马尔代夫	931.21	388.47	0.05
124	蒙古	10 565.41	-22.75	0.53
125	尼泊尔	560.81	-4.08	0.03
126	阿曼	7 913.70	-5.82	0.40
127	巴基斯坦	7 047.50	-43.28	0.36
128	巴勒斯坦	337.81	25.52	0.02
129	菲律宾	31 318.35	14.15	1.58
130	卡塔尔	15 923.78	80.83	0.80

（续）

国别代码	国家（地区）名称	出口额	比上年增长（%）	占出口总额比重（%）
131	沙特阿拉伯	67 957.31	-5.91	3.43
132	新加坡	43 098.74	-19.98	2.18
133	韩国	50 886.05	1.60	2.57
134	斯里兰卡	9 476.97	57.96	0.48
135	叙利亚	291.66	39.82	0.01
136	泰国	42 947.90	-32.72	2.17
137	土耳其	33 094.53	9.81	1.67
138	阿拉伯联合酋长国	31 514.87	-9.30	1.59
139	也门共和国	3 006.21	101.98	0.15
141	越南	45 625.06	35.55	2.31
143	中国台湾	13 535.10	10.00	0.68
144	东帝汶	576.78	60.76	0.03
145	哈萨克斯坦	31 621.93	-21.26	1.60
146	吉尔吉斯斯坦	6 298.99	-6.10	0.32
147	塔吉克斯坦	7 524.24	30.17	0.38
148	土库曼斯坦	8 942.78	17.93	0.45
149	乌兹别克斯坦	15 770.38	1.03	0.80
200	**非洲**	**263 524.81**	**-2.14**	**13.31**
201	阿尔及利亚	41 863.12	40.25	2.12
202	安哥拉	17 294.92	17.91	0.87
203	贝宁	1 371.79	-2.84	0.07
204	博茨瓦那	223.70	-31.63	0.01
205	布隆迪	266.13	237.43	0.01
206	喀麦隆	5 939.04	2.40	0.30
208	佛得角	7.58	2.57	0.00
211	乍得	1 597.97	-42.91	0.08
212	科摩罗	73.74	1 141.41	0.00
213	刚果	6 155.22	-23.97	0.31
214	吉布提	5 078.27	-51.42	0.26
215	埃及	4 419.78	36.20	0.22
216	赤道几内亚	3 776.88	53.05	0.19
217	埃塞俄比亚	13 622.92	6.20	0.69
218	加蓬	3 278.99	-8.71	0.17
219	冈比亚	26.92	37.14	0.00
220	加纳	5 122.91	-76.50	0.26
221	几内亚	1 299.89	-5.95	0.07
222	几内亚（比绍）	4.60	108.14	0.00
223	科特迪瓦共和国	1 577.11	-42.96	0.08

（续）

国别代码	国家(地区)名称	出口额	比上年增长(%)	占出口总额比重(%)
224	肯尼亚	23 842.11	206.05	1.20
225	利比里亚	1 237.72	-40.89	0.06
226	利比亚	5 052.98	-42.80	0.26
227	马达加斯加	959.58	149.93	0.05
228	马拉维	105.24	-46.35	0.01
229	马里	798.29	80.68	0.04
230	毛里塔尼亚	718.52	-7.35	0.04
231	毛里求斯	546.63	-8.61	0.03
232	摩洛哥	3 027.19	32.28	0.15
233	莫桑比克	5 109.46	-26.69	0.26
234	纳米比亚	4 039.16	111.33	0.20
235	尼日尔	1 410.12	125.37	0.07
236	尼日利亚	23 340.10	2.98	1.18
237	留尼汪	95.56	-42.53	0.00
238	卢旺达	568.49	-40.71	0.03
239	圣多美和普林西比	0.70		0.00
240	塞内加尔	785.03	-45.92	0.04
241	塞舌尔	41.25	33.06	0.00
242	塞拉利昂	887.57	-36.36	0.04
243	索马里	216.30	209.18	0.01
244	南非	37 293.15	-8.94	1.88
246	苏丹	4 973.99	-20.53	0.25
247	坦桑尼亚	7 926.62	-4.33	0.40
248	多哥	1 823.51	64.44	0.09
249	突尼斯	4 072.68	10.83	0.21
250	乌干达	4 136.51	53.71	0.21
251	布基纳法索	222.98	-56.24	0.01
252	民主刚果	6 889.61	19.18	0.35
253	赞比亚	6 154.06	-41.79	0.31
254	津巴布韦	1 432.47	-49.88	0.07
255	莱索托	77.59	-75.87	0.00
257	斯威士兰	9.65	55.39	0.00
258	厄立特里亚	742.73	-76.90	0.04
259	马约特岛	2.98	-38.43	0.00
260	南苏丹共和国	1 936.20	7.15	0.10
299	非洲其他国家(地区)	46.60		0.00
300	**欧洲**	**313 427.18**	**1.47**	**15.84**
301	比利时	25 262.40	51.40	1.28

（续）

国别代码	国家（地区）名称	出口额	比上年增长（%）	占出口总额比重（%）
302	丹麦	4 621.05	8.94	0.23
303	英国	25 109.81	10.07	1.27
304	德国	32 268.37	8.57	1.63
305	法国	13 257.72	19.03	0.67
306	爱尔兰	2 830.00	38.97	0.14
307	意大利	21 548.50	22.26	1.09
308	卢森堡	7.73	-34.88	0.00
309	荷兰	24 655.32	-7.22	1.25
310	希腊	1 691.37	37.36	0.09
311	葡萄牙	618.69	50.48	0.03
312	西班牙	8 074.44	11.25	0.41
313	阿尔巴尼亚	381.95	23.05	0.02
315	奥地利	2 701.28	33.74	0.14
316	保加利亚	617.80	-11.14	0.03
318	芬兰	6 180.24	-2.70	0.31
321	匈牙利	800.15	29.38	0.04
322	冰岛	38.35	150.49	0.00
323	列支敦士登	0.05	-98.53	0.00
324	马耳他	138.80	20.59	0.01
326	挪威	2 300.54	-5.87	0.12
327	波兰	6 076.48	15.87	0.31
328	罗马尼亚	1 692.20	53.23	0.09
330	瑞典	11 733.21	16.10	0.59
331	瑞士	1 507.81	5.30	0.08
334	爱沙尼亚	806.77	-43.49	0.04
335	拉脱维亚	1 031.62	-28.39	0.05
336	立陶宛	1 675.00	-1.38	0.08
337	格鲁吉亚	2 046.10	-3.35	0.10
338	亚美尼亚	321.25	8.27	0.02
339	阿塞拜疆	4 068.72	-4.56	0.21
340	白俄罗斯	1 725.98	-61.55	0.09
343	摩尔多瓦	176.02	-30.99	0.01
344	俄罗斯联邦	98 319.28	-11.24	4.97
347	乌克兰	4 045.32	-38.13	0.20
350	斯洛文尼亚	945.56	80.60	0.05
351	克罗地亚	388.97	-83.03	0.02
352	捷克	2 635.25	42.73	0.13
353	斯洛伐克	467.10	54.83	0.02

（续）

国别代码	国家（地区）名称	出口额	比上年增长（%）	占出口总额比重（%）
354	前南斯拉夫马其顿	260.31	1 975.84	0.01
355	波斯尼亚—黑塞哥维那	139.20	187.07	0.01
358	塞尔维亚	255.96	-22.06	0.01
359	黑山	4.51	-69.36	0.00
400	**南美洲**	**167 133.97**	**-14.00**	**8.44**
401	安提瓜和巴布达	0.68	-96.53	0.00
402	阿根廷	14 134.32	-19.39	0.71
403	阿鲁巴岛	30.31	-5.43	0.00
404	巴哈马	136.94	78.33	0.01
405	巴巴多斯	49.59	74.18	0.00
406	伯利兹	31.97	1 215.64	0.00
408	玻利维亚	3 911.60	135.37	0.20
410	巴西	44 348.12	-38.43	2.24
411	开曼群岛	0.13		0.00
412	智利	13 443.04	-23.47	0.68
413	哥伦比亚	13 416.18	36.59	0.68
414	多米尼加	9.56	-81.97	0.00
415	哥斯达黎加	1 233.95	2.58	0.06
416	古巴	3 897.90	5.70	0.20
417	库腊索岛	7.86	144.10	0.00
418	多米尼加共和国	776.64	1.19	0.04
419	厄瓜多尔	8 608.83	6.59	0.43
420	法属圭亚那	1.96	-20.97	0.00
421	格林纳达	16.67	66.53	0.00
422	瓜德罗普岛	39.33	182.34	0.00
423	危地马拉	1 564.86	-2.23	0.08
424	圭亚那	810.98	-14.37	0.04
425	海地	140.95	-24.93	0.01
426	洪都拉斯	534.73	41.20	0.03
427	牙买加	741.45	-54.93	0.04
428	马提尼克岛	0.59	-96.96	0.00
429	墨西哥	17 975.39	31.89	0.91
430	蒙特塞拉特	4.04		0.00
431	尼加拉瓜	940.00	8.41	0.05
432	巴拿马	6 283.66	5.04	0.32
433	巴拉圭	1 744.24	6.85	0.09
434	秘鲁	10 198.88	-16.52	0.52
435	波多黎各	86.84	23.56	0.00

（续）

国别代码	国家（地区）名称	出口额	比上年增长（%）	占出口总额比重（%）
437	圣卢西亚	19.75	-23.66	0.00
438	圣马丁岛	18.60	873.82	0.00
439	圣文森特和格林纳丁斯	8.55	30.53	0.00
440	萨尔瓦多	222.28	-2.70	0.01
441	苏里南	275.84	-41.15	0.01
442	特立尼达和多巴哥	586.71	50.53	0.03
443	特克斯和凯科斯群岛	9.71	32 266.67	0.00
444	乌拉圭	7 599.96	60.09	0.38
445	委内瑞拉	13 174.07	-21.19	0.67
446	英属维尔京群岛	93.72	604.66	0.00
447	圣其茨－尼维斯	1.81	5 933.33	0.00
449	荷属安地列斯群岛	0.38	-93.58	0.00
499	拉丁美洲其他国家（地区）	0.40		0.00
500	**北美洲**	**242 998.19**	**21.90**	**12.28**
501	加拿大	28 056.19	20.49	1.42
502	美国	214 942.00	22.11	10.86
600	**大洋洲**	**73 721.78**	**13.30**	**3.72**
601	澳大利亚	62 231.93	19.53	3.14
602	库克群岛	409.52	11 600.57	0.02
603	斐济	1 001.08	22.11	0.05
606	瑙鲁	103.65	315.43	0.01
607	新喀里多尼亚	173.00	72.53	0.01
608	瓦努阿图	188.19	372.72	0.01
609	新西兰	5 155.56	-24.55	0.26
611	巴布亚新几内亚	3 416.75	-28.67	0.17
612	社会群岛	0.02		0.00
613	所罗门群岛	696.60	157.27	0.04
614	汤加	10.69	98.70	0.00
617	萨摩亚	35.53	-6.77	0.00
618	基里巴斯	21.04	856.36	0.00
620	密克罗尼西亚联邦	145.87	3 292.33	0.01
621	马绍尔群岛共和国	5.09	0.59	0.00
622	帕劳共和国	19.97	1 550.41	0.00
623	法属波利尼西亚	105.85	47.55	0.01
625	瓦利斯和浮图纳	0.01		0.00
699	大洋洲其他国家（地区）	1.43	-62.66	0.00

〔供稿人：中国工程机械工业协会吕莹〕

2014 年工程机械产品进出口分类统计

（单位：万美元）

序号	货品名称	数量单位	出口				进口			
			数量	比上年增长（%）	金额	比上年增长（%）	数量	比上年增长（%）	金额	比上年增长（%）
1	履带式挖掘机	台	10 727	−15.36	107 998	−13.95	10 784	−19.06	80 564.90	−18.05
2	轮胎式挖掘机	台	482	1.05	4 441	51.28	262	54.12	2 107.75	54.42
3	其他挖掘机	台	265	64.60	749	−12.19	5	400.00	889.09	285.56
4	装载机	台	40 640	−10.68	160 497	−8.65	526	43.72	5 948.91	18.74
5	P＞235.36kW(320 马力）推土机	台	206	−11.59	3 119	−31.01	91	12.35	5 832.90	35.73
6	其他推土机	台	3 704	−14.50	32 225	−9.68	68	−38.18	1 464.07	−27.29
7	筑路机及平地机	台	4 119	−10.24	39 728	−2.61	23	64.29	948.82	−24.47
8	铲运机	台	428	1.66	1 876	−33.52	40	25.00	1 840.77	4.92
9	非公路用货运自卸车	辆	4 469	−0.38	25 919	5.28	107	−54.27	6 448.19	−55.55
10	压路机	台	15 867	19.88	39 702	7.32	385	−19.46	1 024.73	−33.55
11	其他压实机械	台	9 668	−50.88	1 406	−47.81	6	−14.29	0.60	−94.60
12	摊铺机	台	803	18.09	3 881	−15.18	370	41.76	5 954.42	51.01
13	沥青搅拌设备	台	991	67.68	11 282	−12.61	56	7.69	738.54	−27.27
14	起重量＞100t 全路面汽车起重机	辆	26	−50.94	1 986	−59.39	1	−50.00	148.99	−74.25
15	其他全路面汽车起重机	辆	833	−16.20	10 575	−9.26	0		0.00	
16	起重量＞100t 的汽车起重机	辆	45	−44.44	2 396	−46.26	0		0.00	
17	其他汽车起重机	辆	4 094	−7.50	59 465	−11.42	0		0.00	
18	履带式起重机	台	760	−18.19	26 766	−15.15	12	0.00	3 628.44	27.49
19	塔式起重机	台	3 928	32.39	46 218	17.96	15	−60.53	1 203.25	−42.65
20	随车起重机	台	520	94.76	1 245	214.06	454	34.72	892.36	19.74
21	其他起重机	台	11 799	16.90	28 684	−0.68	1 652	68.92	13 561.98	42.36
22	堆垛机	台	1 481	29.12	2 161	161.56	668	34.95	5 460.23	42.50
23	电动叉车	台	64 118	27.88	42 663	30.20	7 929	8.99	14 773.63	4.31
24	内燃叉车	台	67 315	10.07	113 253	14.98	868	−21.80	6 916.79	−42.78
25	集装箱叉车	台	294	11.79	4 363	−10.21	4	−42.86	58.87	−19.70
26	手动搬运车	台	1 575 776	−6.18	31 985	1.80	3 103	−28.37	1 518.18	−41.26
27	牵引车	台	18 390	−15.62	4 410	−0.36	2 345	11.45	2 880.99	1.61
28	凿岩机及隧道掘进机	台	27 417	−21.21	25 268	−40.36	108	−37.21	12 498.48	−49.32
29	风动工具	台	20 018 643	39.91	37 531	25.95	626 144	7.42	8 979.92	6.50

（续）

序号	货品名称	数量单位	出口				进口			
			数量	比上年增长（%）	金额	比上年增长（%）	数量	比上年增长（%）	金额	比上年增长（%）
30	打桩机及工程钻机	台	23 999	8.57	13 393	-9.59	130	13.04	1 995.62	8.12
31	混凝土泵	台	2 551	24.50	6 494	-7.10	1 117	-73.71	959.16	-30.12
32	混凝土泵车	辆	567	25.44	12 907	19.63	2	100.00	113.80	
33	混凝土搅拌机械	台	907 642	0.42	43 804	2.56	3 491	67.35	10 366.97	19.57
34	混凝土搅拌车	台	5 673	-1.70	31 186	-2.06	1	-50.00	31.53	-64.68
35	电梯及扶梯	台	68 910	4.46	196 298	8.36	1 821	12.83	19 919.71	21.53
36	其他工程车辆	台	5 691	21.01	33 392	4.80	255	62.42	10 703.19	12.30
37	其他	台	1 332 147	11.16	76 351	-39.77	16 205	186.41	14 469.91	-41.32
38	零部件	t			693 547	15.11			183 665.42	-3.92
	合 计				1 979 164	1.33			428 511.11	-9.50

〔供稿人：中国工程机械工业协会吕莹〕

2014 年工程机械产品进出口贸易额前 50 位国家（地区）

（单位：万美元）

序号	出口			进口			进出口		
	国家（地区）	金额	比上年增长（%）	国家（地区）	金额	比上年增长（%）	国家（地区）	金额	比上年增长（%）
1	美国	214 942	22.11	日本	108 210	-21.83	美国	262 364	17.74
2	日本	112 426	18.64	德国	80 809	0.08	日本	220 636	-5.38
3	俄罗斯联邦	98 319	-11.24	韩国	68 364	-5.86	韩国	119 250	-2.81
4	沙特阿拉伯	67 957	-5.91	美国	47 422	1.30	德国	113 077	2.37
5	印度尼西亚	66 477	-1.59	瑞典	15 042	-12.61	俄罗斯联邦	98 381	-11.76
6	澳大利亚	62 232	19.53	意大利	13 097	48.15	沙特阿拉伯	67 958	-5.91
7	马来西亚	54 594	-7.12	奥地利	12 523	-12.21	印度尼西亚	66 706	-2.04
8	韩国	50 886	1.60	荷兰	9 644	55.72	澳大利亚	65 216	8.22
9	印度	49 158	-6.26	法国	8 088	1.61	马来西亚	61 036	-4.96
10	越南	45 625	35.55	中国台湾	6 750	39.55	印度	51 940	-8.80
11	巴西	44 348	-38.43	马来西亚	6 442	18.26	巴西	46 201	-37.68
12	新加坡	43 099	-19.98	英国	6 340	4.06	越南	46 051	35.30
13	泰国	42 948	-32.72	芬兰	5 315	3.05	泰国	44 339	-31.59

（续）

序号	出口			进口			进出口		
	国家（地区）	金额	比上年增长（%）	国家（地区）	金额	比上年增长（%）	国家（地区）	金额	比上年增长（%）
14	阿尔及利亚	41 863	40.25	加拿大	5 166	-23.54	新加坡	43 793	-20.78
15	南非	37 293	-8.94	瑞士	4 507	4.78	阿尔及利亚	41 863	40.25
16	土耳其	33 095	9.81	比利时	3 378	66.46	南非	37 801	-8.26
17	伊朗	32 485	74.02	挪威	3 322	49.45	意大利	34 645	30.91
18	德国	32 268	8.57	西班牙	3 178	-26.87	荷兰	34 299	4.68
19	中国香港	31 632	28.80	澳大利亚	2 984	-63.60	土耳其	33 913	10.94
20	哈萨克斯坦	31 622	-21.26	印度	2 782	-38.33	加拿大	33 222	10.59
21	阿拉伯联合酋长国	31 515	-9.30	巴西	1 852	-12.26	伊朗	32 485	74.02
22	菲律宾	31 318	14.15	中华人民共和国	1 619	-86.55	中国香港	31 762	28.10
23	加拿大	28 056	20.49	波兰	1 440	-13.03	哈萨克斯坦	31 622	-21.26
24	比利时	25 262	51.40	捷克	1 430	73.72	阿拉伯联合酋长国	31 551	-9.21
25	英国	25 110	10.07	泰国	1 391	42.48	菲律宾	31 539	14.47
26	荷兰	24 655	-7.22	丹麦	1 135	-12.73	英国	31 450	8.80
27	肯尼亚	23 842	206.05	匈牙利	1 021	137.52	比利时	28 641	53.03
28	缅甸	23 488	-1.22	土耳其	818	89.86	瑞典	26 775	-1.99
29	尼日利亚	23 340	2.98	新加坡	694	-51.13	肯尼亚	23 842	206.05
30	意大利	21 549	22.26	南非	508	100.89	缅甸	23 488	-1.22
31	墨西哥	17 975	31.89	墨西哥	471	138.49	尼日利亚	23 340	2.98
32	安哥拉	17 295	17.91	越南	426	12.94	法国	21 346	11.77
33	卡塔尔	15 924	80.83	斯洛文尼亚	366	46.97	中国台湾	20 285	18.34
34	乌兹别克斯坦	15 770	1.03	罗马尼亚	358	40.47	墨西哥	18 446	33.41
35	阿根廷	14 134	-19.39	斯洛伐克	312	-12.70	安哥拉	17 295	17.91
36	埃塞俄比亚	13 623	6.20	印度尼西亚	229	-57.95	卡塔尔	15 924	80.83
37	中国台湾	13 535	10.00	菲律宾	221	92.27	乌兹别克斯坦	15 770	1.03
38	智利	13 443	-23.47	爱尔兰	150	-24.62	奥地利	15 224	-6.52
39	哥伦比亚	13 416	36.59	爱沙尼亚	146	1384.57	阿根廷	14 138	-19.37
40	法国	13 258	19.03	中国香港	131	-44.96	埃塞俄比亚	13 623	6.20
41	委内瑞拉	13 174	-21.19	葡萄牙	69	-69.02	智利	13 457	-23.45
42	瑞典	11 733	16.10	俄罗斯联邦	62	-91.38	哥伦比亚	13 416	36.59
43	蒙古	10 565	-22.75	斯里兰卡	56	758.93	委内瑞拉	13 174	-21.19
44	秘鲁	10 199	-16.52	阿拉伯联合酋长国	36	1180.57	芬兰	11 495	-0.13
45	伊拉克	9 791	-48.09	新西兰	32	-71.36	西班牙	11 253	-3.02
46	斯里兰卡	9 477	57.96	保加利亚	26	-45.89	蒙古	10 565	-22.75
47	土库曼斯坦	8 943	17.93	希腊	25	477.98	秘鲁	10 209	-16.47
48	科威特	8 710	59.28	卢森堡	20	-89.64	伊拉克	9 791	-48.09
49	厄瓜多尔	8 609	6.59	以色列	20	7.16	斯里兰卡	9 533	58.72
50	老挝	8 434	33.16	拉脱维亚	18	43.88	土库曼斯坦	8 943	17.93

〔供稿人：中国工程机械工业协会吕莹〕

2015 年工程机械产品关税税率汇总

序号	税则号列	货品名称	最惠国税率（%）	协定税率（%）												
				东盟	亚太5国	智利	巴基斯坦	新加坡	新西兰	秘鲁	哥斯达黎加	中国香港	中国澳门	中国台湾	瑞士	冰岛
1	84134000	混凝土泵	8	0		0	5		0	0	0				4.8	0
2	84262000	塔式起重机	10	0		0	5		0	0	0				6	0
3	84264110	轮胎式起重机	5	0		0	0		0	0	0				0	0
4	84264190	其他带胶轮的自推进起重机	5	0		0	0		0	0	0				0	0
5	84264910	履带式起重机	8	0		0	5		0	0	0	0			4.8	0
6	84264990	其他不带胶轮的自推进起重机	13	0		0	6.5	0	0	5.2	0	0			10.4	0
7	84269100	供装于公路车辆的起重机	10	0		0	5		0	0	0				6	0
8	84269900	其他起重机械	6	0		0	5		0	0	0				3.6	0
9	84271010	有轨巷道堆垛机	9	0		0	5		0	0	0				5.4	0
10	84271020	无轨巷道堆垛机	9	0		0	5		0	0	0				5.4	0
11	84271090	其他电动机推进的叉车及可升降工作车	9	0		0	5		0	0	0				5.4	0
12	84272010	集装箱叉车	9	0	8.6	0	5		0	0	0				5.4	0
13	84272090	其他机动叉车及有类似装置工作车	9	0	8.6	0	5		0	0	0				5.4	0
14	84279000	其他叉车及可升降的工作车	9	0		0	5		0	0	0				5.4	0
15	84281010暂01	无障碍升降机	4													
16	84281010 90	载客电梯	8	0	5.6	0	5	0	0	0	0	0	0		6.4	0
17	84281090	其他升降机及倒卸式起重机	6	0	4.2	0	0		0	0	0	0	0	0	3.6	0
18	84284000	自动梯及自动人行道	5	0		0	0		0	0	0				0	0
19	84291110	履带式推土机，$P>$235.36kW(320 马力)	7	0		0	5		0	0	0				4.2	0
20	84291190	其他履带式推土机	7	0		0	5		0	0	0				4.2	0
21	84291910	其他推土机，$P>$235.36kW(320 马力)	7	0		0	5		0	0	0				4.2	0
22	84291990	未列名推土机	7	0		0	5		0	0	0				4.2	0

（续）

序号	税则号列	货品名称	最惠国税率（%）	协定税率（%）												
				东盟	亚太5国	智利	巴基斯坦	新加坡	新西兰	秘鲁	哥斯达黎加	中国香港	中国澳门	中国台湾	瑞士	冰岛
23	84292010	筑路机及平地机，$P>235.36$kW(320马力)	5	0		0	0		0	0	0				0	0
24	84292090	其他筑路机及平地机	5	0		0	0		0	0	0				0	0
25	84293010	斗容积＞10m^{3}的铲运机	3	0		0	0		0	0	0				0	0
26	84293090	斗容积≤10m^{3}的铲运机	5	0		0	0		0	0	0				0	0
27	84294011	机重≥18t振动压路机	7	0		0	5		0	0	0				4.2	0
28	84294019	其他机动压路机	8	0		0	5		0	0	0				4.8	0
29	84294090	未列名捣固机械及压路机	6	0		0	5		0	0	0				3.6	0
30	84295100	前铲装载机	5	0		0	0		0	0	0				0	0
31	84295211	轮胎式挖掘机	8	0	7.2	0	5		0	0	0				4.8	0
32	84295212	履带式挖掘机	8	0		0	5		0	0	0	0			4.8	0
33	84295219	其他挖掘机	8	0	7.2	0	5		0	0	0				4.8	0
34	84295290	其他上部结构可转360°的挖掘机类似机械	8	0	7.2	0	5		0	0	0				4.8	0
35	84295900	其他机械铲、挖掘机及装载机	8	0		0	5		0	0	0				4.8	0
36	84301000	打桩机及拔桩机	10	0		0	5		0	0	0				6	0
37	84302000	扫雪机及吹雪机	10	0		0	5		0	0	0				6	0
38	84303120	自推进的凿岩机	10	0		0	5	0	0	4	0				6	0
39	84303130	自推进的隧道掘进机	10	0		0	5	0	0	4	0				6	0
40	84303900	其他非自推进的截煤机、凿岩机及掘进机	6	0		0	5		0	0	0				3.6	0
41	84305020	矿用电铲	7	0		0	5		0	0	0				4.2	0
42	84306100	非自推进的捣固或压实机械	6	0		0	5		0	0	0				3.6	0
43	84306911	钻筒直径＞3m的工程钻机	6	0		0	5		0	0	0				3.6	0
44	84306919	其他工程钻机	6	0		0	5		0	0	0				3.6	0
45	84306920	非自推进的铲运机	6	0		0	5		0	0	0				3.6	0
46	84306990	未列名非自推进泥土、矿物等运送、平整等机械	6	0		0	5		0	0	0				3.6	0
47	84312010	8427所列机械装有差速器的驱动桥及其零件	6	0	5.4	0	0		0	0	0				3.6	0

（续）

序号	税则号列	货品名称	最惠国税率（%）	协定税率（%）												
				东盟	亚太5国	智利	巴基斯坦	新加坡	新西兰	秘鲁	哥斯达黎加	中国香港	中国澳门	中国台湾	瑞士	冰岛
48	84312090[暂]	其他8427所列机械的零件	3	0	5.4	0	0		0	0	0				3.6	0
49	84313100[暂]01	无障碍升降机零件	1													
50	8431310090	其他升降机、倒卸式起重机或自动梯的零件	3	0		0	0		0	0	0				0	0
51	84313900	其他8428所列机械的零件	5	0	2.5	0	0		0	0	0	0			3	0
52	84314100	戽斗、铲斗、抓斗及夹斗	6	0	5.4	0	0		0	0	0				3.6	0
53	84314200	推土机或侧铲推土机用铲	6	0		0	5		0	0	0				3.6	0
54	84314390	凿井机械零件	5	0	3.5	0	0		0	0	0	0			0	0
55	84314920	8426、8429及8430所列机械装有差速器的驱动桥及其零件	5	0	3.5	0	0		0	0	0	0			3	0
56	84314991	矿用电铲用零件	5	0	4.5	0	0		0	0	0	0			0	0
57	84314999	8426、8429及8430所列机械的其他零件	5	0	4.5	0	0		0	0	0	0			3	0
58	84671100	旋转式手提风动工具	8	0		0	5		0	0	0				4.8	0
59	84671900	其他手提式风动工具	8	0		0	5		0	0	0				4.8	0
60	84679200	手提式风动工具的零件	6	0		0	5		0	0	0				3.6	
61	84743100	混凝土或砂浆混合机器	7	0		0	5		0	0	0				4.2	0
62	84743200	矿物与沥青的混合机器	7	0		0	5		0	0	0					0
63	84743900	其他混合或搅拌机器	5	0		0	0		0	0	0				3.9	0
64	84749000	8474所列机器的零件	5	0		0	0		0	0	0				4	0
65	84791021	沥青混凝土摊铺机	8	0	5.6	0	5		0	0	0				4.8	0
66	84791022	稳定土摊铺机	8	0	5.6	0	5		0	0	0				4.8	0
67	84791029	其他摊铺机	8	0	5.6	0	5		0	0	0				4.8	0
68	84791090	其他公共工程用机器	8	0	5.6	0	5		0	0	0				4.8	0
69	87041030	非公路电动轮货运自卸车	6	0		0	5		0	0	0				3.6	0
70	87041090	其他非公路货运自卸车	6	0		0	5		0	0	0				3.6	0
71	87042300[暂]02	起重≥55t汽车起重机用底盘	8													
72	87042300[暂]03	车重≥31t清障车专用底盘	10													

（续）

序号	税则号列	货品名称	最惠国税率（%）	协定税率（%）												
				东盟	亚太5国	智利	巴基斯坦	新加坡	新西兰	秘鲁	哥斯达黎加	中国香港	中国澳门	中国台湾	瑞士	冰岛
73	87051021	起重量≤50t的全路面起重车	15	0		0	12	0	0	6	0				12	0
74	87051022	50t＜起重量≤100t全路面起重车	10	0		0	5	0	0	0	0				6	0
75	87051023	起重量＞100t全路面起重车	10	0		0	5	0	0	0	0				6	0
76	87051091	起重量≤50t的其他起重车	15	0		0	12	0	0	6	0				12	0
77	87051092	50t＜起重量≤100t的其他起重车	10	0		0	5	0	0	0	0				6	0
78	87051093	起重量＞100t的其他起重车	10	0		0	5	0	0	0	0				6	0
79	87053010	装有云梯的救火车	3	0		0	0		0	0	0				0	0
80	87053090	其他机动救火车	3	0		0	0		0	0	0				0	0
81	87054000	机动混凝土搅拌车	15	0	13.5	0	7.5	0	0	6	0				12	0
82	87059060	飞机加油车、调温车、除冰车	12	0	10.8	0	5	0	0	0	0				9.6	0
83	87059070	道路（包括跑道）扫雪车	12	0	10.8	0	5	0	0	0	0				9.6	0
84	87059091	混凝土泵车	12	0	10.8	0	5	0	0	0	0				9.6	0
85	87059099暂01	跑道除冰车	10													
86	8705909990	未列名特殊用途的机动车辆	12	0	10.8	0	5	0	0	0	0				9.6	0
87	87060010	非公路货运自卸车底盘	8	0		0	5		0	0	0				4.8	0
88	87060040	汽车起重机底盘	20	0		0		0	0	8	0				16	0
89	87060090	8705用其他机动车辆底盘	10	0		0		0	0	0	0				6	0
90	87091110	电动牵引车	10	0		0	5	0	0	0	0				6	0
91	87091190	其他电动短距离运货车辆	10	0		0	5	0	0	0	0				6	0
92	87091910	其他牵引车	10.5	0		0	5	0	0	0	0				8.4	0
93	87091990	其他短距离运货机动车辆	10.5	0		0	5	0	0	0	0				8.4	0
94	87099000	短距离运货车、站台牵引车用零件	8.4	0		0	5		0	0	0				5	0
95	89051000	挖泥船	3	0		0	0		0	0	0				0	0

注：数据来源于《中华人民共和国海关进出口税则（2015）》。

〔供稿人：中国工程机械工业协会吕莹〕

公布工程机械产品行业标准

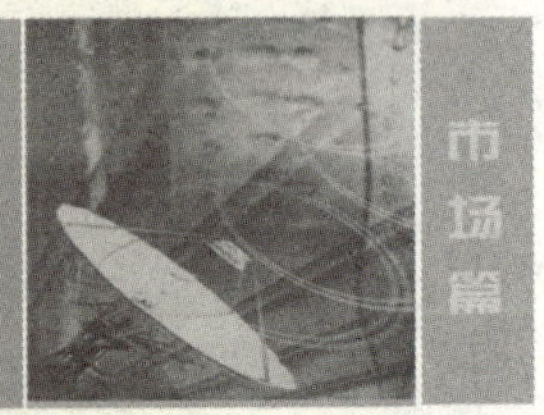

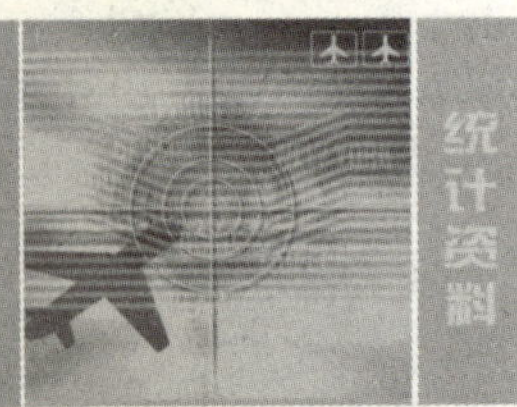

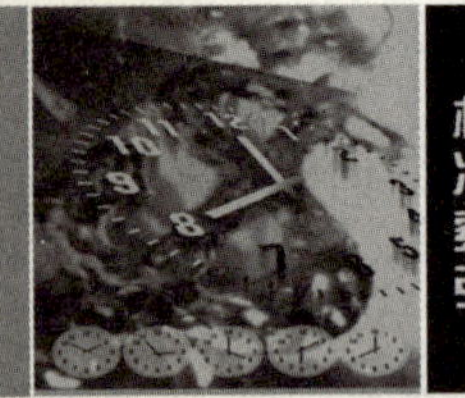

标准索引

标准索引

标 准 索 引

序号	标准号	标准名称
1	GB 5082-1985	起重吊运指挥信号
2	GB/T 6974.7-1986	起重机械名词术语 铁路起重机
3	GB/T 6974.8-1986	起重机械名词术语 浮式起重机
4	GB/T 6974.10-1986	起重机械名词术语 门座起重机
5	GB/T 6974.11-1986	起重机械名词术语 桅杆起重机
6	GB/T 6974.12-1986	起重机械名词术语 桥式起重机
7	GB/T 6974.13-1986	起重机械名词术语 门式起重机
8	GB/T 6974.14-1986	起重机械名词术语 缆索起重机
9	GB/T 6974.15-1986	起重机械名词术语 悬挂单轨系统
10	GB/T 6974.16-1986	起重机械名词术语 冶金起重机
11	GB/T 6974.17-1986	起重机械名词术语 堆垛起重机
12	GB/T 6974.18-1986	起重机械名词术语 港口起重机
13	GB/T 6974.19-1986	起重机械名词术语 集装箱起重机
14	GB/T 8499-1987	土方机械 测定重心位置的方法
15	GB 3883.13-1992	手持式电动工具的安全 第二部分:不易燃液体电喷枪的专用要求
16	GB/T 13752-1992	塔式起重机 设计规范
17	GB/T 14289-1993	土方机械 检测孔
18	GB/T 790-1995	电动桥式起重机跨度和起升高度系列
19	GB/T 7025.3-1997	电梯主参数及轿厢、井道、机房的形式与尺寸 第3部分:V类电梯
20	GB 12265.3-1997	机械安全 避免人体各部位挤压的最小间距
21	GB/T 17299-1998	土方机械 最小入口尺寸
22	GB/T 17301-1998	土方机械 操作和维修空间棱角倒钝
23	GB/T 17772-1999	土方机械 保护结构的实验室鉴定 挠曲极限量的规定
24	GB/T 17908-1999	起重机和起重机械 技术性能和验收文件
25	GB/T 17909.1-1999	起重机 起重机操作手册 第1部分:总则
26	GB/T 17910-1999	工业车辆 叉车货叉在使用中的检查和修复
27	GB/T 17920-1999	土方机械 提升臂支承装置
28	GB/T 8591-2000	土方机械 司机座椅标定点
29	GB/T 9142-2000	混凝土搅拌机
30	GB/T 18148-2000	压实机械 压实性能试验方法
31	GB/T 8592-2001	土方机械 轮胎式机器转向尺寸的测定
32	GB/T 18453-2001	起重机 维护手册 第1部分:总则

（续）

序号	标准号	标 准 名 称
33	GB/T 18576-2001	建筑施工机械与设备 术语和定义
34	GB/T 2883-2002	工程机械轮辋规格系列
35	GB 5226.2-2002	机械安全 机械电气设备 第 32 部分：起重机械技术条件
36	GB/T 18717.1-2002	用于机械安全的人类工效学设计 第 1 部分：全身进入机械的开口尺寸确定原则
37	GB/T 18717.2-2002	用于机械安全的人类工效学设计 第 2 部分：人体局部进入机械的开口尺寸确定原则
38	GB/T 18874.1-2002	起重机 供需双方应提供的资料 第 1 部分：总则
39	GB/T 18874.5-2002	起重机 供需双方应提供的资料 第 5 部分：桥式和门式起重机
40	GB/T 18875-2002	起重机 备件手册
41	GB 7588-2003	电梯制造与安装安全规范
42	GB/T 7920.5-2003	土方机械 压路机和回填压实机 术语和商业规格
43	GB/T 7920.8-2003	土方机械 铲运机 术语和商业规格
44	GB/T 7920.9-2003	土方机械 平地机 术语和商业规格
45	GB/T 7920.15-2003	沥青贮存、熔化和加热装置 术语
46	GB/T 8196-2003	机械安全 防护装置 固定式和活动式防护装置设计与制造一般要求
47	GB/T 13749-2003	柴油打桩机 安全操作规程
48	GB/T 16273.6-2003	设备用图形符号 第 6 部分：运输、车辆检测及装载机械通用符号
49	GB/T 19154-2003	擦窗机
50	GB/T 19155-2003	高处作业吊篮
51	GB/T 7920.14-2004	道路施工与养护设备沥青洒布车 / 喷洒机 术语和商业规格
52	GB/T 7920.16-2004	道路施工与养护设备 石屑撒布机 术语和商业规格
53	GB/T 8910.1-2004	手持便携式动力工具 手柄振动测量方法 第 1 部分：总则
54	GB/T 8910.2-2004	手持便携式动力工具 手柄振动测量方法 第 2 部分：铲和铆钉机
55	GB/T 8910.3-2004	手持便携式动力工具 手柄振动测量方法 第 3 部分：凿岩机和回转锤
56	GB/T 13333-2004	混凝土泵
57	GB/T 13750-2004	振动沉拔桩机 安全操作规程
58	GB 3883.17-2005	手持式电动工具的安全 第二部分：木铣和修边机的专用要求
59	GB/T 4307-2005	起重吊钩 术语
60	GB/T 5140-2005	叉车 挂钩型货叉 术语
61	GB/T 5141-2005	平衡重式叉车 稳定性试验
62	GB/T 5142-2005	前移式和插腿式叉车 稳定性试验
63	GB/T 5183-2005	叉车 货叉 尺寸
64	GB/T 7920.4-2005	混凝土机械 术语
65	GB/T 7920.6-2005	建筑施工机械与设备 打桩设备 术语和商业规格
66	GB/T 8511-2005	振动压路机
67	GB 8903-2005	电梯用钢丝绳
68	GB/T 10054-2005	施工升降机
69	GB/T 10171-2005	混凝土搅拌站（楼）
70	GB/T 10913-2005	土方机械 行驶速度测定

（续）

序号	标准号	标 准 名 称
71	GB/T 13328-2005	压路机 通用要求
72	GB/T 19924-2005	流动式起重机 稳定性的确定
73	GB/T 19928-2005	土方机械 吊管机和安装侧臂的轮胎式推土机或装载机的起重量
74	GB/T 19930-2005	土方机械 小型挖掘机倾翻保护结构的试验室试验和性能要求
75	GB/T 19931-2005	土方机械 挖沟机术语和商业规范
76	GB/T 19932-2005	土方机械 液压挖掘机司机防护装置的试验室试验和性能要求
77	GB/T 3787-2006	手持式电动工具的管理、使用、检查和维修安全技术规程
78	GB/T 5144-2006	塔式起重机安全规程
79	GB/T 5973-2006	钢丝绳用楔形接头
80	GB/T 5974.1-2006	钢丝绳用普通套环
81	GB/T 5974.2-2006	钢丝绳用重型套环
82	GB/T 5975-2006	钢丝绳用压板
83	GB/T 5976-2006	钢丝绳夹
84	GB/T 7920.10-2006	道路施工与养护设备 稳定土拌和机 术语和商业规格
85	GB/T 7920.11-2006	道路施工与养护设备 沥青混合料搅拌设备 术语和商业规格
86	GB/T 7920.13-2006	混凝土路面铺筑机械与设备 术语
87	GB/T 8706-2006	钢丝绳 术语、标记和分类
88	GB 8918-2006	重要用途钢丝绳
89	GB/T 8910.6-2006	手持便携式动力工具 手柄振动测量方法 第6部分：冲击钻
90	GB 20062-2006	流动式起重机作业噪声限值及测量方法
91	GB/T 20118-2006	一般用途钢丝绳
92	GB/T 20119-2006	平衡用扁钢丝绳
93	GB/T 20303.1-2006	起重机 司机室 第1部分：总则
94	GB/T 20303.2-2006	起重机 司机室 第2部分：流动式起重机
95	GB/T 20303.3-2006	起重机 司机室 第3部分：塔式起重机
96	GB/T 20303.4-2006	起重机 司机室 第4部分：臂架起重机
97	GB/T 20303.5-2006	起重机 司机室 第5部分：桥式和门式起重机
98	GB/T 20304-2006	塔式起重机 稳定性要求
99	GB/T 20305-2006	起重用钢制圆环校准链 正确使用和维护导则
100	GB/T 20315-2006	道路施工与养护设备 路面铣刨机 术语和商业规格
101	GB/T 20652-2006	M(4)、S(6)和T(8)级焊接吊链
102	GB/T 20776-2006	起重机械分类
103	GB 3883.3-2007	手持式电动工具的安全 第二部分：砂轮机、抛光机和盘式砂光机的专用要求
104	GB 3883.5-2007	手持式电动工具的安全 第二部分：圆锯的专用要求
105	GB 3883.10-2007	手持式电动工具的安全 第二部分：电刨的专用要求
106	GB 3883.14-2007	手持式电动工具的安全 第二部分：链锯的专用要求
107	GB 3883.15-2007	手持式电动工具的安全 第二部分：修枝剪的专用要求
108	GB/T 8419-2007	土方机械 司机座椅振动的试验室评价

（续）

序号	标准号	标准名称
109	GB/T 10055-2007	施工升降机 安全规程
110	GB/T 16936-2007	土方机械 发动机净功率试验规范
111	GB/T 20863.1-2007	起重机械 分级 第 1 部分：总则
112	GB/T 20863.2-2007	起重机械 分级 第 2 部分：流动式起重机
113	GB/T 20863.3-2007	起重机械 分级 第 3 部分：塔式起重机
114	GB/T 20863.4-2007	起重机械 分级 第 4 部分：臂架起重机
115	GB/T 20863.5-2007	起重机械 分级 第 5 部分：桥式和门式起重机
116	GB 20891-2007	非道路移动机械用柴油机排气污染物排放限值及测量方法（中国Ⅰ、Ⅱ阶段）
117	GB/T 20900-2007	电梯、自动扶梯和自动人行道 风险评价和降低的方法
118	GB/T 20904-2007	水平定向钻机 安全操作规程
119	GB/T 20946-2007	起重用短环链 验收总则
120	GB/T 20947-2007	起重用短环链 T 级 (T、DAT 和 DT 型) 高精度葫芦链
121	GB/T 20969.1-2007	特殊环境条件 高原机械 第 1 部分：高原对内燃动力机械的要求
122	GB/T 20969.2-2007	特殊环境条件 高原机械 第 2 部分：高原对工程机械的要求
123	GB/T 20969.3-2007	特殊环境条件 高原机械 第 3 部分：高原型工程机械选型、验收规范
124	GB/T 21014-2007	土方机械 计时表
125	GB/T 21152-2007	土方机械 轮胎式机器 制动系统的性能要求和试验方法
126	GB/T 21153-2007	土方机械 尺寸、性能和参数的单位与测量准确度
127	GB/T 21155-2007	土方机械 前进和倒退音响报警 声响试验方法
128	GB/T 21156.1-2007	特殊环境条件 沙漠机械 第 1 部分：干热沙漠内燃动力机械
129	GB/T 21156.2-2007	特殊环境条件 沙漠机械 第 2 部分：干热沙漠工程机械
130	GB 21240-2007	液压电梯制造与安装安全规范
131	GB/T 1955-2008	建筑卷扬机
132	GB 2893-2008	安全色
133	GB/T 2893.2-2008	图形符号 安全色和安全标志 第 2 部分：产品安全标签的设计原则
134	GB 2894-2008	安全标志及其使用导则
135	GB/T 3811-2008	起重机 设计规范
136	GB 3883.1-2008	手持式电动工具的安全 第一部分 : 通用要求
137	GB 3883.16-2008	手持式电动工具的安全 第二部分 : 钉钉机的专用要求
138	GB 3883.22-2008	手持式电动工具的安全 第二部分 : 开槽机的专用要求
139	GB/T 5013.5-2008	额定电压 450V/750V 及以下橡皮绝缘电缆 第 5 部分：电梯电缆
140	GB/T 5031-2008	塔式起重机
141	GB/T 5143-2008	工业车辆 护顶架 技术要求和试验方法
142	GB/T 5182-2008	叉车 货叉 技术要求和试验方法
143	GB/T 5184-2008	叉车 挂钩型货叉和货叉架 安装尺寸
144	GB 5226.1-2008	机械电气安全 机械电气设备 第 1 部分：通用技术条件
145	GB/T 5465.2-2008	电气设备用图形符号 第 2 部分：图形符号
146	GB/T 5898-2008	手持式非电类动力工具 噪声测量方法 工程法 (2 级)

（续）

序号	标准号	标准名称
147	GB/T 6068-2008	汽车起重机和轮胎起重机试验规范
148	GB/T 6375-2008	土方机械 牵引力测试方法
149	GB/T 6946-2008	钢丝绳铝合金压制接头
150	GB/T 6974.1-2008	起重机 术语 第1部分：通用术语
151	GB/T 6974.3-2008	起重机 术语 第3部分：塔式起重机
152	GB/T 6974.5-2008	起重机 术语 第5部分：桥式和门式起重机
153	GB/T 7024-2008	电梯、自动扶梯、自动人行道术语
154	GB/T 7025.2-2008	电梯主参数及轿厢、井道、机房的型式与尺寸 第2部分：Ⅳ类电梯
155	GB/T 7025.1-2008	电梯主参数及轿厢、井道、机房的型式与尺寸 第1部分：Ⅰ、Ⅱ、Ⅲ、Ⅵ类电梯
156	GB/T 7586-2008	液压挖掘机 试验方法
157	GB/T 8498-2008	土方机械 基本类型 识别、术语和定义
158	GB/T 8506-2008	平地机 试验方法
159	GB/T 8533-2008	小型砌块成型机
160	GB/T 8595-2008	土方机械 司机的操纵装置
161	GB/T 8910.4-2008	手持便携式动力工具 手柄振动测量方法 第4部分：砂轮机
162	GB/T 8910.5-2008	手持便携式动力工具 手柄振动测量方法 第5部分：建筑工程用路面破碎机和镐
163	GB/T 9139-2008	液压挖掘机 技术条件
164	GB/T 9465-2008	高空作业车
165	GB/T 10168-2008	土方机械 挖掘装载机 术语和商业规格
166	GB/T 10175.1-2008	土方机械 装载机和挖掘装载机 第1部分：额定工作载荷的计算和验证倾翻载荷计算值的测试方法
167	GB/T 10175.2-2008	土方机械 装载机和挖掘装载机 第2部分：掘起力和最大提升高度提升能力的测试方法
168	GB/T 13332-2008	土方机械 液压挖掘机和挖掘装载机 挖掘力的测定方法
169	GB/T 13751-2008	挖掘装载机 试验方法
170	GB/T 14917-2008	土方机械 维修服务用仪器
171	GB/T 16277-2008	沥青混凝土摊铺机
172	GB/T 16273.1-2008	设备用图形符号 第1部分：通用符号
173	GB 16754-2008	机械安全 急停 设计原则
174	GB/T 16755-2008	机械安全 安全标准的起草与表述规则
175	GB/T 16855.1-2008	机械安全 控制系统有关安全部件 第1部分：设计通则
176	GB/T 16856.2-2008	机械安全 风险评价 第2部分：实施指南和方法举例
177	GB/T 17047-2008	混凝土制品机械 术语
178	GB/T 18224-2008	桥式抓斗卸船机 安全规程
179	GB/T 18577.1-2008	土方机械 尺寸与符号的定义 第1部分：主机
180	GB/T 18577.2-2008	土方机械 尺寸与符号的定义 第2部分：工作装置和附属装置
181	GB/T 20969.4-2008	特殊环境条件 高原机械 第4部分：高原自然环境试验导则 内燃动力机械
182	GB/T 20969.5-2008	特殊环境条件 高原机械 第5部分：高原自然环境试验导则 工程机械
183	GB/T 21457-2008	起重机和相关设备 试验中参数的测量精度要求

（续）

序号	标准号	标准名称
184	GB/T 21458-2008	流动式起重机 额定起重量图表
185	GB/T 21467-2008	工业车辆在门架前倾的特定条件下堆垛作业 附加稳定性试验
186	GB/T 21468-2008	托盘堆垛车和高起升平台堆垛车 稳定性试验
187	GB/T 21682-2008	旋挖钻机
188	GB/T 21739-2008	家用电梯制造与安装规范
189	GB/T 21934-2008	土方机械 沉头方颈螺栓
190	GB/T 21935-2008	土方机械 操纵的舒适区域与可及范围
191	GB/T 21936-2008	土方机械 安装在机器上的拖曳装置 性能要求
192	GB/T 21937-2008	土方机械 履带式和轮胎式推土机的推土铲 容量标定
193	GB/T 21938-2008	土方机械 液压挖掘机和挖掘装载机动臂下降控制装置 要求和试验
194	GB/T 21939-2008	土方机械 低速机器报警装置 超声波及其他系统
195	GB/T 21940-2008	土方机械 推土机、平地机和铲运机用刀片 主要形状和基本尺寸
196	GB/T 21941-2008	土方机械 液压挖掘机和挖掘装载机的反铲斗和抓铲斗 容量标定
197	GB/T 21942-2008	土方机械 装载机和正铲挖掘机的铲斗 容量标定
198	GB/T 22166-2008	非校准起重圆环链和吊链 使用和维护
199	GB/T 22242-2008	装修机械 术语
200	GB/T 22352-2008	土方机械 吊管机 术语和商业规格
201	GB/T 22353-2008	土方机械 电线和电缆 识别和标记通则
202	GB/T 22354-2008	土方机械 机器生产率 术语、符号和单位
203	GB/T 22355-2008	土方机械 铰接机架锁紧装置 性能要求
204	GB/T 22356-2008	土方机械 钥匙锁起动系统
205	GB/T 22357-2008	土方机械 机械挖掘机 术语
206	GB/T 22358-2008	土方机械 防护与贮存
207	GB/T 22359-2008	土方机械 电磁兼容性
208	GB 22361-2008	打桩设备安全规范
209	GB/T 22414-2008	起重机 速度和时间参数的测量
210	GB/T 22415-2008	起重机 对试验载荷的要求
211	GB/T 22416.1-2008	起重机 维护 第 1 部分：总则
212	GB/T 22417-2008	叉车 货叉叉套和伸缩式货叉 技术性能和强度要求
213	GB/T 22418-2008	工业车辆 车辆自动功能的附加要求
214	GB/T 22419-2008	工业车辆 集装箱吊具和抓臂操作用指示灯技术要求
215	GB/T 22420-2008	两向和多向运行叉车 稳定性试验
216	GB/T 22437.1-2008	起重机 载荷与载荷组合的设计原则 第 1 部分：总则
217	GB/T 22437.3-2008	起重机 载荷与载荷组合的设计原则 第 3 部分：塔式起重机
218	GB/T 22437.5-2008	起重机 载荷与载荷组合的设计原则 第 5 部分：桥式和门式起重机
219	GB/T 22562-2008	电梯 T 型导轨
220	GB/T 22664-2008	手持式电动工具 石材切割机
221	GB/T 22665.1-2008	手持式电动工具手柄的振动测量方法 第 1 部分：电钻和冲击钻

（续）

序号	标准号	标 准 名 称
222	GB/T 22665.2-2008	手持式电动工具手柄的振动测量方法 第2部分：螺丝刀和冲击扳手
223	GB/T 22665.3-2008	手持式电动工具手柄的振动测量方法 第3部分：砂轮机、抛光机和盘式砂光机
224	GB/T 22665.4-2008	手持式电动工具手柄的振动测量方法 第4部分：非盘式砂光机和抛光机
225	GB/T 22665.5-2008	手持式电动工具手柄的振动测量方法 第5部分：圆锯
226	GB/T 22665.6-2008	手持式电动工具手柄的振动测量方法 第6部分：锤类工具
227	GB 3883.18-2009	手持式电动工具的安全 第二部分：石材切割机的专用要求
228	GB 4053.1-2009	固定式钢梯及平台安全要求 第1部分：钢直梯
229	GB 4053.2-2009	固定式钢梯及平台安全要求 第2部分：钢斜梯
230	GB 4053.3-2009	固定式钢梯及平台安全要求 第3部分：工业防护栏杆及钢平台
231	GB/T 5465.1-2009	电气设备用图形符号 第1部分：概述与分类
232	GB/T 5972-2009	起重机 钢丝绳 保养、维护、安装、检验和报废
233	GB/T 10058-2009	电梯 技术条件
234	GB/T 10059-2009	电梯 试验方法
235	GB 12602-2009	起重机械超载保护装置
236	GB/T 18775-2009	电梯、自动扶梯和自动人行道维修规范
237	GB/T 18874.3-2009	起重机 供需双方应提供的资料 第3部分：塔式起重机
238	GB/T 18874.4-2009	起重机 供需双方应提供的资料 第4部分：臂架起重机
239	GB/T 23577-2009	道路施工与养护机械设备 基本类型 识别与描述
240	GB/T 23578-2009	道路施工与养护机械设备 滑模摊铺机 术语和商业规格
241	GB/T 23579-2009	道路施工与养护机械设备 粉料撒布机 术语和商业规格
242	GB/T 23580-2009	连续搬运设备 安全规范 专用规则
243	GB/T 23720.1-2009	起重机 司机培训 第1部分：总则
244	GB/T 23721-2009	起重机 吊装工和指挥人员的培训
245	GB/T 23722-2009	起重机 司机（操作员）、吊装工、指挥人员和评审员的资格要求
246	GB/T 23723.1-2009	起重机 安全使用 第1部分：总则
247	GB/T 23724.1-2009	起重机 检查 第1部分：总则
248	GB/T 23725.1-2009	起重机 信息标牌 第1部分：总则
249	GB/T 24474-2009	电梯乘运质量测量
250	GB/T 24475-2009	电梯远程报警系统
251	GB/T 24476-2009	电梯、自动扶梯和自动人行道数据监视和记录规范
252	GB/T 24477-2009	适用于残障人员的电梯附加要求
253	GB/T 24478-2009	电梯曳引机
254	GB/T 24479-2009	火灾情况下的电梯特性
255	GB/T 24480-2009	电梯层门耐火试验
256	GB 24803.1-2009	电梯安全要求 第1部分：电梯基本安全要求
257	GB 24804-2009	提高在用电梯安全性的规范
258	GB/T 24807-2009	电磁兼容 电梯、自动扶梯和自动人行道的产品系列标准 发射
259	GB/T 24808-2009	电磁兼容 电梯、自动扶梯和自动人行道的产品系列标准 抗扰度

（续）

序号	标准号	标准名称
260	GB/T 24809.1-2009	起重机 对机构的要求 第 1 部分：总则
261	GB/T 24809.3-2009	起重机 对机构的要求 第 3 部分：塔式起重机
262	GB/T 24809.4-2009	起重机 对机构的要求 第 4 部分：臂架起重机
263	GB/T 24809.5-2009	起重机 对机构的要求 第 5 部分：桥式和门式起重机
264	GB/T 24810.1-2009	起重机 限制器和指示器 第 1 部分：总则
265	GB/T 24810.2-2009	起重机 限制器和指示器 第 2 部分：流动式起重机
266	GB/T 24810.3-2009	起重机 限制器和指示器 第 3 部分：塔式起重机
267	GB/T 24810.4-2009	起重机 限制器和指示器 第 4 部分：臂架起重机
268	GB/T 24810.5-2009	起重机 限制器和指示器 第 5 部分：桥式和门式起重机
269	GB/T 24811.1-2009	起重机和起重机械 钢丝绳选择 第 1 部分：总则
270	GB/T 24811.2-2009	起重机和起重机械 钢丝绳选择 第 2 部分：流动式起重机 利用系数
271	GB/T 24812-2009	4 级链条用锻造环眼吊钩
272	GB/T 24813-2009	8 级链条用锻造环眼吊钩
273	GB/T 24814-2009	起重用短环链 吊链等用 4 级普通精度链
274	GB/T 24815-2009	起重用短环链 吊链等用 6 级普通精度链
275	GB/T 24816-2009	起重用短环链 吊链等用 8 级普通精度链
276	GB/T 24817.1-2009	起重机械 控制装置布置形式和特性 第 1 部分：总则
277	GB/T 24817.3-2009	起重机械 控制装置布置形式和特性 第 3 部分：塔式起重机
278	GB/T 24817.4-2009	起重机械 控制装置布置形式和特性 第 4 部分：臂架起重机
279	GB/T 24817.5-2009	起重机械 控制装置布置形式和特性 第 5 部分：桥式和门
280	GB/T 24818.1-2009	起重机 通道及安全防护设施 第 1 部分：总则
281	GB/T 24818.3-2009	起重机 通道及安全防护设施 第 3 部分：塔式起重机
282	GB/T 24818.5-2009	起重机 通道及安全防护设施 第 5 部分：桥式和门式起重机
283	GB/T 2893.3-2010	图形符号 安全色和安全标志 第 3 部分：安全标志用图形符号设计原则
284	GB 6067.1-2010	起重机械安全规程 第 1 部分：总则
285	GB/T 6974.2-2010	起重机 术语 第 2 部分：流动式起重机
286	GB/T 8593.1-2010	土方机械 司机操纵装置和其他显示装置用符号 第 1 部分：通用符号
287	GB/T 8593.2-2010	土方机械 司机操纵装置和其他显示装置用符号 第 2 部分：机器、工作装置和附件的特殊符号
288	GB/T 10051.1-2010	起重吊钩 第 1 部分：力学性能、起重量、应力及材料
289	GB/T 10051.2-2010	起重吊钩 第 2 部分：锻造吊钩技术条件
290	GB/T 10051.3-2010	起重吊钩 第 3 部分：锻造吊钩使用检查
291	GB/T 10051.4-2010	起重吊钩 第 4 部分：直柄单钩毛坯件
292	GB/T 10051.5-2010	起重吊钩 第 5 部分：直柄单钩
293	GB/T 10051.6-2010	起重吊钩 第 6 部分：直柄双钩毛坯件
294	GB/T 10051.7-2010	起重吊钩 第 7 部分：直柄双钩
295	GB/T 10051.8-2010	起重吊钩 第 8 部分：吊钩横梁毛坯件
296	GB/T 10051.9-2010	起重吊钩 第 9 部分：吊钩横梁

（续）

序号	标准号	标 准 名 称
297	GB/T 10051.10-2010	起重吊钩 第 10 部分：吊钩螺母
298	GB/T 10051.11-2010	起重吊钩 第 11 部分：吊钩螺母防松板
299	GB/T 10051.12-2010	起重吊钩 第 12 部分：吊钩闭锁装置
300	GB/T 10051.13-2010	起重吊钩 第 13 部分：叠片式吊钩技术条件
301	GB/T 10051.14-2010	起重吊钩 第 14 部分：叠片式吊钩使用检查
302	GB/T 10051.15-2010	起重吊钩 第 15 部分：叠片式单钩
303	GB/T 10170-2010	挖掘装载机 技术条件
304	GB/T 10183.1-2010	起重机 车轮及大车和小车轨道公差 第 1 部分：总则
305	GB/T 10183.4-2010	起重机 车轮及大车和小车轨道公差 第 4 部分：臂架起重机
306	GB/T 14780-2010	土方机械 排液、加液和液位螺塞
307	GB/T 14782-2010	平地机 技术条件
308	GB 15052-2010	起重机 安全标志和危险图形符号 总则
309	GB 16710-2010	土方机械 噪声限值
310	GB/T 16937-2010	土方机械 司机视野 试验方法和性能准则
311	GB/T 17300-2010	土方机械 通道装置
312	GB/T 17771-2010	土方机械 落物保护结构 试验室试验和性能要求
313	GB/T 17808-2010	道路施工与养护机械设备 沥青混合料搅拌设备
314	GB/T 17909.2-2010	起重机 起重机操作手册 第 2 部分：流动式起重机
315	GB/T 17921-2010	土方机械 座椅安全带及其固定器 性能要求和试验
316	GB/T 22437.2-2010	起重机 载荷与载荷组合的设计原则 第 2 部分：流动式起重机
317	GB/T 22437.4-2010	起重机 载荷与载荷组合的设计原则 第 4 部分：臂架起重机
318	GB/T 23720.3-2010	起重机 司机培训 第 3 部分：塔式起重机
319	GB/T 23723.3-2010	起重机 安全使用 第 3 部分：塔式起重机
320	GB/T 23723.4-2010	起重机 安全使用 第 4 部分：臂架起重机
321	GB/T 23724.3-2010	起重机 检查 第 3 部分：塔式起重机
322	GB/T 23725.3-2010	起重机 信息标牌 第 3 部分：塔式起重机
323	GB/T 24817.2-2010	起重机械 控制装置布置形式和特性 第 2 部分：流动式起重机
324	GB/T 24818.2-2010	起重机 通道及安全防护设施 第 2 部分：流动式起重机
325	GB/T 25028-2010	轮胎式装载机 制动系统用加力器 技术条件
326	GB 25194-2010	杂物电梯制造与安装安全规范
327	GB/T 25195.1-2010	起重机 图形符号 第 1 部分：总则
328	GB/T 25195.2-2010	起重机 图形符号 第 2 部分：流动式起重机
329	GB/T 25195.3-2010	起重机 图形符号 第 3 部分：塔式起重机
330	GB/T 25196.1-2010	起重机 状态监控 第 1 部分：总则
331	GB/T 25602-2010	土方机械 机器可用性 术语
332	GB/T 25603-2010	土方机械 水平定向钻机 术语
333	GB/T 25604-2010	土方机械 装载机 术语和商业规格
334	GB/T 25605-2010	土方机械 自卸车 术语和商业规格

（续）

序号	标准号	标 准 名 称
335	GB/T 25606-2010	土方机械 产品识别代码系统
336	GB/T 25607-2010	土方机械 防护装置 定义和要求
337	GB/T 25608-2010	土方机械 非金属燃油箱的性能要求
338	GB/T 25609-2010	土方机械 步行操纵式机器的制动系统 性能要求和试验方法
339	GB/T 25610-2010	土方机械 自卸车车厢支承装置和司机室倾斜支承装置
340	GB/T 25611-2010	土方机械 机器液体系统作业的坡道极限值测定 静态法
341	GB/T 25612-2010	土方机械 声功率级的测定 定置试验条件
342	GB/T 25613-2010	土方机械 司机位置发射声压级的测定 定置试验条件
343	GB/T 25614-2010	土方机械 声功率级的测定 动态试验条件
344	GB/T 25615-2010	土方机械 司机位置发射声压级的测定 动态试验条件
345	GB/T 25616-2010	土方机械 辅助起动装置的电连接件
346	GB/T 25617-2010	土方机械 机器操作的可视显示装置
347	GB/T 25618.1-2010	土方机械 润滑油杯 第 1 部分：螺纹接头式
348	GB/T 25618.2-2010	土方机械 润滑油杯 第 2 部分：油枪注油嘴
349	GB/T 25619-2010	土方机械 滑移转向装载机附属装置的联接
350	GB/T 25620-2010	土方机械 操作和维修 可维修性指南
351	GB/T 25621-2010	土方机械 操作和维修 技工培训
352	GB/T 25622-2010	土方机械 司机手册 内容和格式
353	GB/T 25623-2010	土方机械 司机培训方法指南
354	GB/T 25624-2010	土方机械 司机座椅 尺寸和要求
355	GB/T 25625-2010	土方机械 自卸车 教练员座椅 / 环境空间
356	GB/T 25626-2010	冲击压路机
357	GB/T 25627-2010	工程机械 动力换挡变速器
358	GB/T 25628-2010	土方机械 斗齿
359	GB/T 25629-2010	液压挖掘机 中央回转接头
360	GB/T 25637.1-2010	建筑施工机械与设备 混凝土搅拌机 第 1 部分：术语与商业规格
361	GB/T 25638.1-2010	建筑施工机械与设备 混凝土泵 第 1 部分：术语与商业规格
362	GB/T 25639-2010	道路施工与养护机械设备 沥青混凝土路面摊铺作业机群智能化 术语
363	GB/T 25640-2010	道路施工与养护机械设备 沥青混凝土路面摊铺作业机群智能化 信息交换
364	GB/T 25641-2010	道路施工与养护机械设备 沥青混合料厂拌热再生设备
365	GB/T 25642-2010	道路施工与养护机械设备 沥青混合料转运机
366	GB/T 25643-2010	道路施工与养护机械设备 路面铣刨机
367	GB/T 25648-2010	道路施工与养护机械设备 稳定土拌和机
368	GB/T 25649-2010	道路施工与养护机械设备 稀浆封层机
369	GB/T 25650-2010	混凝土振动台
370	GB 25684.1-2010	土方机械 安全 第 1 部分：通用要求
371	GB 25684.2-2010	土方机械 安全 第 2 部分：推土机的要求
372	GB 25684.3-2010	土方机械 安全 第 3 部分：装载机的要求

（续）

序号	标准号	标 准 名 称
373	GB 25684.4-2010	土方机械 安全 第 4 部分：挖掘装载机的要求
374	GB 25684.5-2010	土方机械 安全 第 5 部分：液压挖掘机的要求
375	GB 25684.6-2010	土方机械 安全 第 6 部分：自卸车的要求
376	GB 25684.7-2010	土方机械 安全 第 7 部分：铲运机的要求
377	GB 25684.8-2010	土方机械 安全 第 8 部分：平地机的要求
378	GB 25684.9-2010	土方机械 安全 第 9 部分：吊管机的要求
379	GB 25684.10-2010	土方机械 安全 第 10 部分：挖沟机的要求
380	GB 25684.11-2010	土方机械 安全 第 11 部分：土方回填压实机的要求
381	GB 25684.12-2010	土方机械 安全 第 12 部分：机械挖掘机的要求
382	GB 25684.13-2010	土方机械 安全 第 13 部分：压路机的要求
383	GB/T 25685.1-2010	土方机械 监视镜和后视镜的视野 第 1 部分：试验方法
384	GB/T 25685.2-2010	土方机械 监视镜和后视镜的视野 第 2 部分：性能准则
385	GB/T 25686-2010	土方机械 司机遥控的安全要求
386	GB/T 25687.1-2010	土方机械 同义术语的多语种列表 第 1 部分：综合
387	GB/T 25687.2-2010	土方机械 同义术语的多语种列表 第 2 部分：性能和尺寸
388	GB/T 25688.1-2010	土方机械 维修工具 第 1 部分：通用维修和调整工具
389	GB/T 25688.2-2010	土方机械 维修工具 第 2 部分：机械式拉拔器和推拔器
390	GB/T 25689-2010	土方机械 自卸车车厢 容量标定
391	GB/T 25690-2010	土方机械 升运式铲运机 容量标定
392	GB/T 25691-2010	土方机械 开斗式铲运机 容量标定
393	GB/T 25692-2010	土方机械 自卸车和自行式铲运机用限速器 性能试验
394	GB/T 25693-2010	土方机械 遥控拆除机
395	GB/T 25694-2010	土方机械 滑移转向装载机
396	GB/T 25695-2010	建筑施工机械与设备 旋挖钻机成孔施工通用规程
397	GB/T 25696-2010	道路施工与养护机械设备 沥青路面加热机 术语和商业规格
398	GB 25849-2010	移动式升降工作平台 设计计算、安全要求和测试方法
399	GB/T 25850-2010	起重机 指派人员的培训
400	GB/T 25851.1-2010	流动式起重机 起重机性能的试验测定 第 1 部分：倾翻载荷和幅度
401	GB/T 25852-2010	8 级链条用锻造起重部件
402	GB/T 25853-2010	8 级非焊接吊链
403	GB/T 25854-2010	一般起重用 D 形和弓形锻造卸扣
404	GB/T 25855-2010	索具用 8 级连接环
405	GB 25856-2010	仅载货电梯制造与安装安全规范
406	GB/T 25896.1-2010	设备用图形符号 起重机 第 1 部分：通用符号
407	GB/T 25896.2-2010	设备用图形符号 起重机 第 2 部分：流动式起重机符号
408	GB/T 25896.3-2010	设备用图形符号 起重机 第 3 部分：塔式起重机符号
409	GB/T 25977-2010	除雪车
410	GB/T 25981-2010	护栏清洗车

（续）

序号	标准号	标准名称
411	GB/T 26080-2010	塔机用冷弯矩形管
412	GB 26133-2010	非道路移动机械用小型点燃式发动机排气污染物排放限值与测量方法（中国第一、二阶段）
413	GB/Z 26139-2010	土方机械 驾乘式机器暴露于全身振动的评价指南 国际协会、组织和制造商所测定协调数据的应用
414	GB/T 5905-2011	起重机 试验规范和程序
415	GB/T 8420-2011	土方机械 司机的身材尺寸与司机的最小活动空间
416	GB/T 10060-2011	电梯安装验收规范
417	GB/T 10597-2011	卷扬式启闭机
418	GB/T 14406-2011	通用门式起重机
419	GB/T 14405-2011	通用桥式起重机
420	GB/T 14560-2011	履带起重机
421	GB/T 14627-2011	液压式启闭机
422	GB/T 14687-2011	工业脚轮和车轮
423	GB/T 14695-2011	臂式斗轮堆取料机 型式和基本参数
424	GB/T 16178-2011	场（厂）内机动车辆安全检验技术要求
425	GB 16899-2011	自动扶梯和自动人行道的制造与安装安全规范
426	GB/T 20418-2011	土方机械 照明、信号和标志灯以及反射器
427	GB/T 26408-2011	混凝土搅拌运输车
428	GB/T 26409-2011	流动式混凝土泵
429	GB 26465-2011	消防电梯制造与安装安全规范
430	GB 26469-2011	架桥机 安全规程
431	GB/T 26470-2011	架桥机 通用技术条件
432	GB/T 26471-2011	塔式起重机 安装与拆卸规则
433	GB/T 26472-2011	流动式起重机 卷筒和滑轮尺寸
434	GB/T 26473-2011	起重机 随车起重机安全要求
435	GB/T 26474-2011	集装箱正面吊运起重机 技术条件
436	GB/T 26475-2011	桥式抓斗卸船机
437	GB/T 26476-2011	机械式停车设备 术语
438	GB/T 26477.1-2011	起重机 车轮和相关小车承轨结构的设计计算 第 1 部分：总则
439	GB 26504-2011	移动式道路施工机械 通用安全要求
440	GB 26505-2011	移动式道路施工机械 摊铺机安全要求
441	GB 26545-2011	建筑施工机械与设备 钻孔设备安全规范
442	GB/T26546-2011	工程机械减轻环境负担的技术指南
443	GB 26557-2011	吊笼有垂直导向的人货两用施工升降机
444	GB/T 26558-2011	桅杆起重机
445	GB/T 26559-2011	机械式停车设备 分类
446	GB/T 26560-2011	机动工业车辆 安全标志和危险图示 通则
447	GB/T 26561-2011	搬运 6m 及其以上长度货运集装箱的平衡重式叉车 附加稳定性试验

（续）

序号	标准号	标 准 名 称
448	GB/T 26665-2011	制动器 术语
449	GB/T 26945-2011	集装箱空箱堆高机
450	GB/T 26946.1-2011	侧面式叉车 第 1 部分：稳定性试验
451	GB/T 26946.2-2011	侧面式叉车 第 2 部分：搬运 6m 及其以上长度货运集装箱叉车的附加稳定性试验
452	GB/T 26947-2011	手动托盘搬运车
453	GB/T 26948.1-2011	工业车辆驾驶员约束系统技术要求及试验方法 第 1 部分：腰部安全带
454	GB/T 26949.10-2011	工业车辆 稳定性验证 第 10 部分：在由动力装置侧移载荷条件下堆垛作业的附加稳定性试验
455	GB/T 26950.1-2011	防爆工业车辆 第 1 部分：蓄电池工业车辆
456	GB/T 27542-2011	蓄电池托盘搬运车
457	GB/T 27543-2011	手推升降平台搬运车
458	GB/T 27544-2011	工业车辆 电气要求
459	GB/T 27545-2011	水平循环类机械式停车设备
460	GB/T 27546-2011	起重机械 滑轮
461	GB/T 27547-2011	升降工作平台 导架爬升式工作平台
462	GB/T 27548-2011	移动式升降工作平台 安全规则、检查、维护和操作
463	GB/T 27549-2011	移动式升降工作平台 操作人员培训
464	GB/T 27613-2011	液压传动 液体污染 采用称重法测定颗粒污染度
465	GB/T 27693-2011	工业车辆安全 噪声辐射的测量方法
466	GB/T 27694-2011	工业车辆安全 振动的测量方法
467	GB 27695-2011	汽车举升机 安全规程
468	GB/T 27696-2011	一般起重用 4 级锻造吊环螺栓
469	GB/T 27697-2011	立式油压千斤顶
470	GB/T 27903-2011	电梯层门耐火试验 完整性、隔热性和热通量测定法
471	GB/T 27996-2011	全地面起重机
472	GB/T 27997-2011	造船门式起重机
473	GB/T 27998-2011	平衡式起重机
474	GB 3883.2-2012	手持式电动工具的安全 第二部分：螺丝刀和冲击扳手的专用要求
475	GB 3883.4-2012	手持式电动工具的安全 第二部分：非盘式砂光机和抛光机的专用要求
476	GB 3883.6-2012	手持式电动工具的安全 第二部分：电钻和冲击电钻的专用要求
477	GB 3883.7-2012	手持式电动工具的安全 第二部分：锤类工具的专用要求
478	GB 3883.8-2012	手持式电动工具的安全 第二部分：电剪刀和电冲剪的专用要求
479	GB 3883.9-2012	手持式电动工具的安全 第二部分：攻丝机的专用要求
480	GB 3883.11-2012	手持式电动工具的安全 第二部分：往复锯(曲线锯、刀锯)的专用要求
481	GB 3883.12-2012	手持式电动工具的安全 第二部分：混凝土振动器的专用要求
482	GB 3883.19-2012	手持式电动工具的安全 第二部分：管道疏通机的专用要求
483	GB 3883.20-2012	手持式电动工具的安全 第二部分：捆扎机的专用要求
484	GB 3883.21-2012	手持式电动工具的安全 第二部分：带锯的专用要求

（续）

序号	标准号	标准名称
485	GB/T 12974-2012	交流电梯电动机通用技术条件
486	GB/T 15706-2012	机械安全 设计通则 风险评估与风险减小
487	GB/T 19876-2012	机械安全 与人体部位接近速度相关的安全防护装置的定位
488	GB/T 26949.1-2012	工业车辆 稳定性验证 第1部分：总则
489	GB/T 28264-2012	起重机械 安全监控管理系统
490	GB/T 28391-2012	建筑施工机械与设备 人力移动式液压动力站
491	GB/T 28392-2012	道路施工与养护机械设备 热风式沥青混合料再生修补机
492	GB/T 28393-2012	道路施工与养护机械设备 沥青碎石同步封层车
493	GB/T 28394-2012	道路施工与养护机械设备 沥青路面微波加热装置
494	GB 28395-2012	混凝土及灰浆输送、喷射、浇注机械 安全要求
495	GB/Z 28597-2012	地震情况下的电梯和自动扶梯要求 汇编报告
496	GB/Z 28598-2012	电梯用于紧急疏散的研究
497	GB 28621-2012	安装于现有建筑物中的新电梯制造与安装安全规范
498	GB 28755-2012	简易升降机安全规程
499	GB/T 28756-2012	缆索起重机
500	GB/T 28757-2012	除流动式、塔式和浮式起重机以外的起重机 稳定性基本要求
501	GB/T 28758-2012	起重机 检查人员的资格要求
502	GB/T 29009-2012	建筑施工机械与设备 移动式破碎机 术语和商业规格
503	GB/T 29010-2012	建筑施工机械与设备 履带式建设废弃物处理机械 术语和商业规格
504	GB/T 29011-2012	建筑施工机械与设备 液压式钢板桩压拔桩机 术语和商业规格
505	GB/T 29012-2012	道路施工与养护机械设备 道路灌缝机
506	GB/T 29013-2012	道路施工与养护机械设备 滑模式水泥混凝土摊铺机
507	GB/T 29086-2012	钢丝绳 安全 使用和维护
508	GB/T 29009-2012	建筑施工机械与设备 移动式破碎机 术语和商业规格
509	GB/T 29010-2012	建筑施工机械与设备 履带式建设废弃物处理机械 术语和商业规格
510	GB/T 783-2013	起重机械 基本型的最大起重量系列
511	GB/T 2893.1-2013	图形符号 安全色和安全标志 第1部分：安全标志和安全标记的设计原则
512	GB/T 2893.4-2013	图形符号 安全色和安全标志 第4部分：安全标志材料的色度属性和光度属性
513	GB/T 6247.1-2013	凿岩机械与便携式动力工具 术语 第1部分：凿岩机械、气动工具和气动机械
514	GB/T 6247.2-2013	凿岩机械与便携式动力工具 术语 第2部分：液压工具
515	GB/T 6247.3-2013	凿岩机械与便携式动力工具 术语 第3部分：零部件与机构
516	GB/T 6247.4-2013	凿岩机械与便携式动力工具 术语 第4部分：性能试验
517	GB/T 7920.12-2013	道路施工与养护机械设备 沥青混凝土摊铺机 术语和商业规格
518	GB 10827.5-2013	工业车辆 安全要求和验证 第5部分：步行式车辆
519	GB 14711-2013	中小型旋转电机 通用安全要求
520	GB 14784-2013	带式输送机 安全规范
521	GB/T 24803.2-2013	电梯安全要求 第2部分：满足电梯基本安全要求的安全参数
522	GB/T 24803.3-2013	电梯安全要求 第3部分：电梯、电梯部件和电梯功能符合性评价的前提条件

（续）

序号	标准号	标 准 名 称
523	GB/T 24803.4-2013	电梯安全要求 第 4 部分：评价要求
524	GB/T 25697-2013	道路施工与养护机械设备 沥青路面就地热再生复拌机
525	GB/T 29561-2013	港口固定式起重机
526	GB/T 29560-2013	门座起重机
527	GB/T 29562.1-2013	起重机械用电动机能效测试方法 第 1 部分：YZP 系列变频调速三相异步电动机
528	GB/T 29562.2-2013	起重机械用电动机能效测试方法 第 2 部分：YZR/YZ 系列三相异步电动机
529	GB/T 29562.3-2013	起重机械用电动机能效测试方法 第 3 部分：锥形转子三相异步电动机
530	GB/T 26949.2-2013	工业车辆 稳定性验证 第 2 部分：平衡重式叉车
531	GB/T 26949.3-2013	工业车辆 稳定性验证 第 3 部分：前移式和插腿式叉车
532	GB/T 30023-2013	起重机 可用性 术语
533	GB/T 30024-2013	起重机 金属结构能力验证
534	GB/T 30025-2013	起重机 起重机及其部件质量的测量
535	GB/T 30026-2013	起重用短环链 TH 级手动链式葫芦用高精度链
536	GB/T 30027-2013	起重用短环链 VH 级手动链式葫芦用高精度链
537	GB/T 30028-2013	电动葫芦 能效测试方法
538	GB/T 30031-2013	工业车辆 电磁兼容性
539	GB/T 30032.2-2013	移动式升降工作平台 带有特殊部件的设计、计算、安全要求和试验方法 第 2 部分：装有非导电（绝缘）部件的移动式升降工作平台
540	GB/T 30193-2013	工程机械轮胎耐久性试验方法
541	GB/T 30197-2013	工程机械轮胎作业能力测试方法 转鼓法
542	GB/T 30221-2013	工业制动器能效测试方法
543	GB/T 30222-2013	起重机械用电力驱动起升机构能效测试方法
544	GB/T 30223-2013	起重机械用电力驱动运行机构能效测试方法
545	GB/T 30462-2013	再制造非道路用内燃机 通用技术条件
546	GB/T 2981-2014	工业车辆充气轮胎技术条件
547	GB/T 2982-2014	工业车辆充气轮胎规格、尺寸、气压与负荷
548	GB 5226.6-2014	机械电气安全 机械电气设备 第 6 部分：建设机械技术条件
549	GB 6067.5-2014	起重机械安全规程 第 5 部分：桥式和门式起重机
550	GB/T 6572-2014	土方机械 液压挖掘机 术语和商业规格
551	GB 10054.1-2014	货用施工升降机 第 1 部分：运载装置可进人的升降机
552	GB 10054.2-2014	货用施工升降机 第 2 部分：运载装置不可进人的倾斜式升降机
553	GB 10827.1-2014	工业车辆 安全要求和验证 第 1 部分：自行式工业车辆（除无人驾驶车辆、伸缩臂式叉车和载运车）
554	GB/T 13331-2014	土方机械 液压挖掘机 起重量
555	GB/T 14781-2014	土方机械 轮胎式机器 转向要求
556	GB/T 17922-2014	土方机械 滚翻保护结构 实验室试验和性能要求
557	GB/T 19929-2014	土方机械 履带式机器 制动系统的性能要求和试验方法
558	GB/T 19930.2-2014	土方机械 挖掘机保护结构的实验室试验和性能要求 第 2 部分：6t 以上挖掘机的滚翻保护结构 (ROPS)

（续）

序号	标准号	标 准 名 称
559	GB/T 19933.1-2014	土方机械 司机室环境 第 1 部分：术语和定义
560	GB/T 19933.2-2014	土方机械 司机室环境 第 2 部分：空气滤清器试验方法
561	GB/T 19933.3-2014	土方机械 司机室环境 第 3 部分：增压试验方法
562	GB/T 19933.4-2014	土方机械 司机室环境 第 4 部分：采暖、换气和空调（HVAC）的试验方法和性能
563	GB/T 19933.5-2014	土方机械 司机室环境 第 5 部分：风窗玻璃除霜系统的试验方法
564	GB/T 19933.6-2014	土方机械 司机室环境 第 6 部分：太阳光热效应的测定
565	GB 20178-2014	土方机械 机器安全标签 通则
566	GB/T 20850-2014	机械安全 机械安全标准的理解和使用指南
567	GB 20891-2014	非道路移动机械用柴油机排气污染物排放限值及测量方法（中国第三、四阶段）
568	GB/T 21154-2014	土方机械 整机及其工作装置和部件的质量测量方法
569	GB/T 30559.1-2014	电梯、自动扶梯和自动人行道的能量性能 第 1 部分：能量测量与验证
570	GB/T 30560-2014	电梯操作装置、信号及附件
571	GB/T 30561-2014	起重机 刚性 桥式和门式起重机
572	GB/T 30574-2014	机械安全 安全防护的实施准则
573	GB/T 30575-2014	机械振动与冲击 人体暴露 生物动力学坐标系
574	GB 30584-2014	起重机臂架用无缝钢管
575	GB/T 30587-2014	钢丝绳吊索 环索
576	GB/T 30588-2014	钢丝绳绳端 合金熔铸套接
577	GB/T 30589-2014	钢丝绳绳端 套管压制索具
578	GB/T 30750-2014	道路施工与养护机械设备 路面处理机械 安全要求
579	GB/T 30751-2014	建筑施工机械与设备 移动式破碎机 安全要求
580	GB/T 30752-2014	道路施工与养护机械设备 沥青混合料搅拌设备 安全要求
581	GB/T 30753-2014	移动式道路施工机械 路面铣刨机安全要求
582	GB/T 30754-2014	移动式道路施工机械 稳定土拌和机和冷再生机安全要求
583	GB/T 30964-2014	土方机械 可再利用性和可回收利用性 术语和计算方法
584	GB/T 30965-2014	土方机械 履带式机器平均接地比压的确定
585	GB/T 30977-2014	电梯对重和平衡重用空心导轨
586	GB/T 31037.1-2014	工业起升车辆用燃料电池发电系统 第 1 部分：安全
587	GB/T 31037.2-2014	工业起升车辆用燃料电池发电系统 第 2 部分：技术条件
588	GB/T 31050-2014	冶金起重机能效测试方法
589	GB/T 31051.1-2014	起重机 工作和非工作状态下的锚定装置 第 1 部分：总则
590	GB/T 31052.1-2014	起重机械 检查与维护规程 第 1 部分：总则
591	GB 31094-2014	防爆电梯制造与安装安全规范
592	GB/T 31200-2014	电梯、自动扶梯和自动人行道乘用图形标志及其使用导则
593	GB/T 31254-2014	机械安全 固定式直梯的安全设计规范
594	GB/T 31255-2014	机械安全 工业楼梯、工作平台和通道的安全设计规范

〔供稿人：中国工程机械工业协会标准化工作委员会李静〕

政策法规

记载对工程机械行业产生重要影响的政策法规

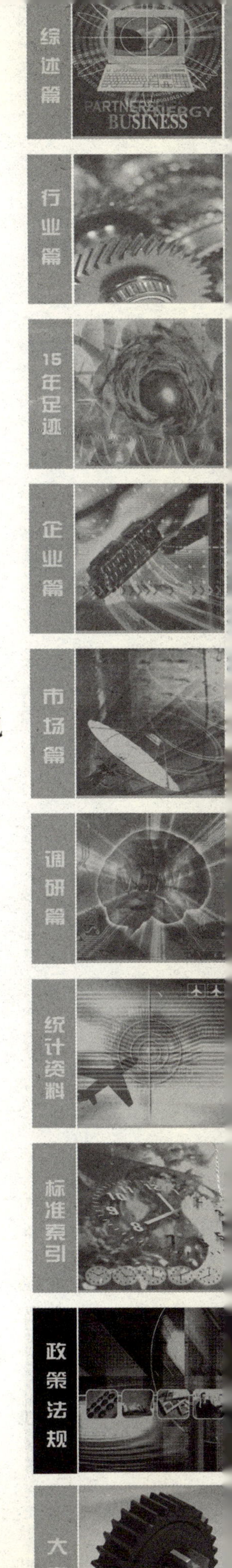

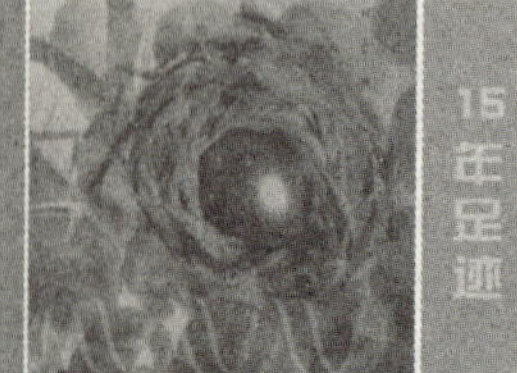

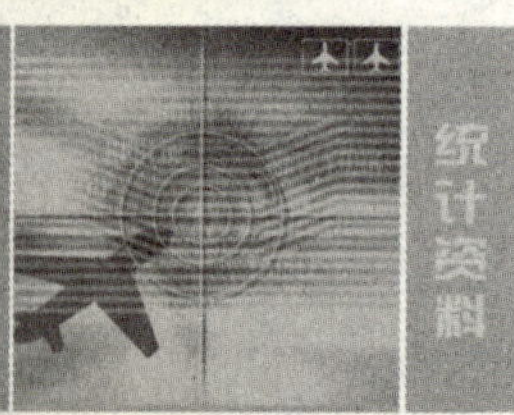

政策法规

中华人民共和国国家安全法

（中华人民共和国主席令 第29号）

《中华人民共和国国家安全法》已由中华人民共和国第十二届全国人民代表大会常务委员会第十五次会议于2015年7月1日通过，现予公布，自公布之日起施行。

中华人民共和国主席 习近平

2015年7月1日

中华人民共和国国家安全法

（2015年7月1日第十二届全国人民代表大会常务委员会第十五次会议通过）

第一章 总 则

第一条 为了维护国家安全，保卫人民民主专政的政权和中国特色社会主义制度，保护人民的根本利益，保障改革开放和社会主义现代化建设的顺利进行，实现中华民族伟大复兴，根据宪法，制定本法。

第二条 国家安全是指国家政权、主权、统一和领土完整、人民福祉、经济社会可持续发展和国家其他重大利益相对处于没有危险和不受内外威胁的状态，以及保障持续安全状态的能力。

第三条 国家安全工作应当坚持总体国家安全观，以人民安全为宗旨，以政治安全为根本，以经济安全为基础，以军事、文化、社会安全为保障，以促进国际安全为依托，维护各领域国家安全，构建国家安全体系，走中国特色国家安全道路。

第四条 坚持中国共产党对国家安全工作的领导，建立集中统一、高效权威的国家安全领导体制。

第五条 中央国家安全领导机构负责国家安全工作的决策和议事协调，研究制定、指导实施国家安全战略和有关重大方针政策，统筹协调国家安全重大事项和重要工作，推动国家安全法治建设。

第六条 国家制定并不断完善国家安全战略，全面评估国际、国内安全形势，明确国家安全战略的指导方针、中长期目标、重点领域的国家安全政策、工作任务和措施。

第七条 维护国家安全，应当遵守宪法和法律，坚持社会主义法治原则，尊重和保障人权，依法保护公民的权利和自由。

第八条 维护国家安全，应当与经济社会发展相协调。

国家安全工作应当统筹内部安全和外部安全、国土安全和国民安全、传统安全和非传统安全、自身安全和共同安全。

第九条 维护国家安全，应当坚持预防为主、标本兼治，专门工作与群众路线相结合，充分发挥专门机关和其他有关机关维护国家安全的职能作用，广泛动员公民和组织，防范、制止和依法惩治危害国家安全的行为。

第十条 维护国家安全，应当坚持互信、互利、平等、协作，积极同外国政府和国际组织开展安全交流合作，履行国际安全义务，促进共同安全，维护世界和平。

第十一条 中华人民共和国公民、一切国家机关和武装力量、各政党和各人民团体、企业事业组织和其他社会组织，都有维护国家安全的责任和义务。

中国的主权和领土完整不容侵犯和分割。维护国家主权、统一和领土完整是包括港澳同胞和台湾同胞在内的全中国人民的共同义务。

第十二条 国家对在维护国家安全工作中作出突出贡献的个人和组织给予表彰和奖励。

第十三条 国家机关工作人员在国家安全工作和涉及国家安全活动中，滥用职权、玩忽职守、徇私舞弊的，依法追究法律责任。

任何个人和组织违反本法和有关法律，不履行维护国家安全义务或者从事危害国家安全活动的，依法追究法律责任。

第十四条 每年 4 月 15 日为全民国家安全教育日。

第二章 维护国家安全的任务

第十五条 国家坚持中国共产党的领导，维护中国特色社会主义制度，发展社会主义民主政治，健全社会主义法治，强化权力运行制约和监督机制，保障人民当家作主的各项权利。

国家防范、制止和依法惩治任何叛国、分裂国家、煽动叛乱、颠覆或者煽动颠覆人民民主专政政权的行为；防范、制止和依法惩治窃取、泄露国家秘密等危害国家安全的行为；防范、制止和依法惩治境外势力的渗透、破坏、颠覆、分裂活动。

第十六条 国家维护和发展最广大人民的根本利益，保卫人民安全，创造良好生存发展条件和安定工作生活环境，保障公民的生命财产安全和其他合法权益。

第十七条 国家加强边防、海防和空防建设，采取一切必要的防卫和管控措施，保卫领陆、内水、领海和领空安全，维护国家领土主权和海洋权益。

第十八条 国家加强武装力量革命化、现代化、正规化建设，建设与保卫国家安全和发展利益需要相适应的武装力量；实施积极防御军事战略方针，防备和抵御侵略，制止武装颠覆和分裂；开展国际军事安全合作，实施联合国维和、国际救援、海上护航和维护国家海外利益的军事行动，维护国家主权、安全、领土完整、发展利益和世界和平。

第十九条 国家维护国家基本经济制度和社会主义市场经济秩序，健全预防和化解经济安全风险的制度机制，保障关系国民经济命脉的重要行业和关键领域、重点产业、重大基础设施和重大建设项目以及其他重大经济利益安全。

第二十条 国家健全金融宏观审慎管理和金融风险防范、处置机制，加强金融基础设施和基础能力建设，防范和化解系统性、区域性金融风险，防范和抵御外部金融风险的冲击。

第二十一条 国家合理利用和保护资源能源，有效管控战略资源能源的开发，加强战略资源能源储备，完善资源能源运输战略通道建设和安全保护措施，加强国际资源能源合作，全面提升应急保障能力，保障经济社会发展所需的资源能源持续、可靠和有效供给。

第二十二条 国家健全粮食安全保障体系，保护和提高粮食综合生产能力，完善粮食储备制度、流通体系和市场调控机制，健全粮食安全预警制度，保障粮食供给和质量安全。

第二十三条 国家坚持社会主义先进文化前进方向，继承和弘扬中华民族优秀传统文化，培育和践行社会主义核心价值观，防范和抵制不良文化的影响，掌握意识形态领域主导权，增强文化整体实力和竞争力。

第二十四条 国家加强自主创新能力建设，加快发展自主可控的战略高新技术和重要领域核心关键技术，加强知识产权的运用、保护和科技保密能力建设，保障重大技术和工程的安全。

第二十五条 国家建设网络与信息安全保障体系，提升网络与信息安全保护能力，加强网络和信息技术的创新研究和开发应用，实现网络和信息核心技术、关键基础设施和重要领域信息系统及数据的安全可控；加强网络管理，防范、制止和依法惩治网络攻击、网络入侵、网络窃密、散布违法有害信息等网络违法犯罪行为，维护国家网络空间主权、安全和发展利益。

第二十六条 国家坚持和完善民族区域自治制度，巩固和发展平等团结互助和谐的社会主义民族关系。坚持各民族一律平等，加强民族交往、交流、交融，防范、制止和依法惩治民族分裂活动，维护国家统一、民族团结和社会和谐，实现各民族共同团结奋斗、共同繁荣发展。

第二十七条 国家依法保护公民宗教信仰自由和正常宗教活动，坚持宗教独立自主自办的原则，防范、制止和依法惩治利用宗教名义进行危害国家安全的违法犯罪活动，反对境外势力干涉境内宗教事务，维护正常宗教活动秩序。

国家依法取缔邪教组织，防范、制止和依法惩治邪教违法犯罪活动。

第二十八条 国家反对一切形式的恐怖主义和极端主义，加强防范和处置恐怖主义的能力建设，依法开展情报、调查、防范、处置以及资金监管等工作，依法取缔恐怖活动组织和严厉惩治暴力恐怖活动。

第二十九条 国家健全有效预防和化解社会矛盾的体制机制，健全公共安全体系，积极预防、减少和化解社会矛盾，妥善处置公共卫生、社会安全等影响国家安全和社会稳定的突发事件，促进社会和谐，维护公共安全和社会安定。

第三十条 国家完善生态环境保护制度体系，加大生态建设和环境保护力度，划定生态保护红线，强化生态风险的预警和防控，妥善处置突发环境事件，保障人民赖以生存发展的大气、水、土壤等自然环境和条件不受威胁和破坏，促进人与自然和谐发展。

第三十一条 国家坚持和平利用核能和核技术，加强国际合作，防止核扩散，完善防扩散机制，加强对核设施、核材料、核活动和核废料处置的安全管理、监管和保护，加强核事故应急体系和应急能力建设，防止、控制和消除核事故对公民生命健康和生态环境的危害，不断增强有效应对和防范核威胁、核攻击的能力。

第三十二条 国家坚持和平探索和利用外层空间、国际海底区域和极地，增强安全进出、科学考察、开发利用的能力，加强国际合作，维护我国在外层空间、国际海底区域和极地的活动、资产和其他利益的安全。

第三十三条 国家依法采取必要措施，保护海外中国公民、组织和机构的安全和正当权益，保护国家的海外利益不受威胁和侵害。

第三十四条 国家根据经济社会发展和国家发展利益的需要，不断完善维护国家安全的任务。

第三章 维护国家安全的职责

第三十五条 全国人民代表大会依照宪法规定，决定战争和和平的问题，行使宪法规定的涉及国家安全的其他职权。

全国人民代表大会常务委员会依照宪法规定，决定战争状态的宣布，决定全国总动员或者局部动员，决定全国或者个别省、自治区、直辖市进入紧急状态，行使宪法规定的和全国人民代表大会授予的涉及国家安全的其他职权。

第三十六条 中华人民共和国主席根据全国人民代表大会的决定和全国人民代表大会常务委员会的决定，宣布进入紧急状态，宣布战争状态，发布动员令，行使宪法规定的涉及国家安全的其他职权。

第三十七条 国务院根据宪法和法律，制定涉及国家安全的行政法规，规定有关行政措施，发布有关决定和命令；实施国家安全法律法规和政策；依照法律规定决定省、自治区、直辖市的范围内部分地区进入紧急状态；行使宪法法律规定的和全国人民代表大会及其常务委员会授予的涉及国家安全的其他职权。

第三十八条 中央军事委员会领导全国武装力量，决定军事战略和武装力量的作战方针，统一指挥维护国家安全的军事行动，制定涉及国家安全的军事法规，发布有关决定和命令。

第三十九条 中央国家机关各部门按照职责分

工，贯彻执行国家安全方针政策和法律法规，管理指导本系统、本领域国家安全工作。

第四十条 地方各级人民代表大会和县级以上地方各级人民代表大会常务委员会在本行政区域内，保证国家安全法律法规的遵守和执行。

地方各级人民政府依照法律法规规定管理本行政区域内的国家安全工作。

香港特别行政区、澳门特别行政区应当履行维护国家安全的责任。

第四十一条 人民法院依照法律规定行使审判权，人民检察院依照法律规定行使检察权，惩治危害国家安全的犯罪。

第四十二条 国家安全机关、公安机关依法搜集涉及国家安全的情报信息，在国家安全工作中依法行使侦查、拘留、预审和执行逮捕以及法律规定的其他职权。

有关军事机关在国家安全工作中依法行使相关职权。

第四十三条 国家机关及其工作人员在履行职责时，应当贯彻维护国家安全的原则。

国家机关及其工作人员在国家安全工作和涉及国家安全活动中，应当严格依法履行职责，不得超越职权、滥用职权，不得侵犯个人和组织的合法权益。

第四章　国家安全制度

第一节　一般规定

第四十四条 中央国家安全领导机构实行统分结合、协调高效的国家安全制度与工作机制。

第四十五条 国家建立国家安全重点领域工作协调机制，统筹协调中央有关职能部门推进相关工作。

第四十六条 国家建立国家安全工作督促检查和责任追究机制，确保国家安全战略和重大部署贯彻落实。

第四十七条 各部门、各地区应当采取有效措施，贯彻实施国家安全战略。

第四十八条 国家根据维护国家安全工作需要，建立跨部门会商工作机制，就维护国家安全工作的重大事项进行会商研判，提出意见和建议。

第四十九条 国家建立中央与地方之间、部门之间、军地之间以及地区之间关于国家安全的协同联动机制。

第五十条 国家建立国家安全决策咨询机制，组织专家和有关方面开展对国家安全形势的分析研判，推进国家安全的科学决策。

第二节　情报信息

第五十一条 国家健全统一归口、反应灵敏、准确高效、运转顺畅的情报信息收集、研判和使用制度，建立情报信息工作协调机制，实现情报信息的及时收集、准确研判、有效使用和共享。

第五十二条 国家安全机关、公安机关、有关军事机关根据职责分工，依法搜集涉及国家安全的情报信息。

国家机关各部门在履行职责过程中，对于获取的涉及国家安全的有关信息应当及时上报。

第五十三条 开展情报信息工作，应当充分运用现代科学技术手段，加强对情报信息的鉴别、筛选、综合和研判分析。

第五十四条 情报信息的报送应当及时、准确、客观，不得迟报、漏报、瞒报和谎报。

第三节　风险预防、评估和预警

第五十五条 国家制定完善应对各领域国家安全风险预案。

第五十六条 国家建立国家安全风险评估机制，定期开展各领域国家安全风险调查评估。

有关部门应当定期向中央国家安全领导机构提交国家安全风险评估报告。

第五十七条 国家健全国家安全风险监测预警制度，根据国家安全风险程度，及时发布相应风险预警。

第五十八条 对可能即将发生或者已经发生的危害国家安全的事件，县级以上地方人民政府及其有关主管部门应当立即按照规定向上一级人民政府及其有关主管部门报告，必要时可以越级上报。

第四节 审查监管

第五十九条 国家建立国家安全审查和监管的制度和机制，对影响或者可能影响国家安全的外商投资、特定物项和关键技术、网络信息技术产品和服务、涉及国家安全事项的建设项目，以及其他重大事项和活动，进行国家安全审查，有效预防和化解国家安全风险。

第六十条 中央国家机关各部门依照法律、行政法规行使国家安全审查职责，依法作出国家安全审查决定或者提出安全审查意见并监督执行。

第六十一条 省、自治区、直辖市依法负责本行政区域内有关国家安全审查和监管工作。

第五节 危机管控

第六十二条 国家建立统一领导、协同联动、有序高效的国家安全危机管控制度。

第六十三条 发生危及国家安全的重大事件，中央有关部门和有关地方根据中央国家安全领导机构的统一部署，依法启动应急预案，采取管控处置措施。

第六十四条 发生危及国家安全的特别重大事件，需要进入紧急状态、战争状态或者进行全国总动员、局部动员的，由全国人民代表大会、全国人民代表大会常务委员会或者国务院依照宪法和有关法律规定的权限和程序决定。

第六十五条 国家决定进入紧急状态、战争状态或者实施国防动员后，履行国家安全危机管控职责的有关机关依照法律规定或者全国人民代表大会常务委员会规定，有权采取限制公民和组织权利、增加公民和组织义务的特别措施。

第六十六条 履行国家安全危机管控职责的有关机关依法采取处置国家安全危机的管控措施，应当与国家安全危机可能造成的危害的性质、程度和范围相适应；有多种措施可供选择的，应当选择有利于最大程度保护公民、组织权益的措施。

第六十七条 国家健全国家安全危机的信息报告和发布机制。

国家安全危机事件发生后，履行国家安全危机管控职责的有关机关，应当按照规定准确、及时报告，并依法将有关国家安全危机事件发生、发展、管控处置及善后情况统一向社会发布。

第六十八条 国家安全威胁和危害得到控制或者消除后，应当及时解除管控处置措施，做好善后工作。

第五章 国家安全保障

第六十九条 国家健全国家安全保障体系，增强维护国家安全的能力。

第七十条 国家健全国家安全法律制度体系，推动国家安全法治建设。

第七十一条 国家加大对国家安全各项建设的投入，保障国家安全工作所需经费和装备。

第七十二条 承担国家安全战略物资储备任务的单位，应当按照国家有关规定和标准对国家安全物资进行收储、保管和维护，定期调整更换，保证储备物资的使用效能和安全。

第七十三条 鼓励国家安全领域科技创新，发挥科技在维护国家安全中的作用。

第七十四条 国家采取必要措施，招录、培养和管理国家安全工作专门人才和特殊人才。

根据维护国家安全工作的需要，国家依法保护有关机关专门从事国家安全工作人员的身份和合法权益，加大人身保护和安置保障力度。

第七十五条 国家安全机关、公安机关、有关军事机关开展国家安全专门工作，可以依法采取必要手段和方式，有关部门和地方应当在职责范围内提供支持和配合。

第七十六条 国家加强国家安全新闻宣传和舆论引导，通过多种形式开展国家安全宣传教育活动，将国家安全教育纳入国民教育体系和公务员教育培训体系，增强全民国家安全意识。

第六章 公民、组织的义务和权利

第七十七条 公民和组织应当履行下列维护国

家安全的义务：

（一）遵守宪法、法律法规关于国家安全的有关规定；

（二）及时报告危害国家安全活动的线索；

（三）如实提供所知悉的涉及危害国家安全活动的证据；

（四）为国家安全工作提供便利条件或者其他协助；

（五）向国家安全机关、公安机关和有关军事机关提供必要的支持和协助；

（六）保守所知悉的国家秘密；

（七）法律、行政法规规定的其他义务。

任何个人和组织不得有危害国家安全的行为，不得向危害国家安全的个人或者组织提供任何资助或者协助。

第七十八条 机关、人民团体、企业事业组织和其他社会组织应当对本单位的人员进行维护国家安全的教育，动员、组织本单位的人员防范、制止危害国家安全的行为。

第七十九条 企业事业组织根据国家安全工作的要求，应当配合有关部门采取相关安全措施。

第八十条 公民和组织支持、协助国家安全工作的行为受法律保护。

因支持、协助国家安全工作，本人或者其近亲属的人身安全面临危险的，可以向公安机关、国家安全机关请求予以保护。公安机关、国家安全机关应当会同有关部门依法采取保护措施。

第八十一条 公民和组织因支持、协助国家安全工作导致财产损失的，按照国家有关规定给予补偿；造成人身伤害或者死亡的，按照国家有关规定给予抚恤优待。

第八十二条 公民和组织对国家安全工作有向国家机关提出批评建议的权利，对国家机关及其工作人员在国家安全工作中的违法失职行为有提出申诉、控告和检举的权利。

第八十三条 在国家安全工作中，需要采取限制公民权利和自由的特别措施时，应当依法进行，并以维护国家安全的实际需要为限度。

第七章　附　则

第八十四条 本法自公布之日起施行。

中华人民共和国政府采购法实施条例

（中华人民共和国国务院令　第658号）

《中华人民共和国政府采购法实施条例》已经2014年12月31日国务院第75次常务会议通过，现予公布，自2015年3月1日起施行。

中华人民共和国政府采购法实施条例

第一章　总　则

第一条 根据《中华人民共和国政府采购法》（以下简称政府采购法），制定本条例。

第二条 政府采购法第二条所称财政性资金是指纳入预算管理的资金。

以财政性资金作为还款来源的借贷资金，视同财政性资金。

国家机关、事业单位和团体组织的采购项目

既使用财政性资金又使用非财政性资金的，使用财政性资金采购的部分，适用政府采购法及本条例；财政性资金与非财政性资金无法分割采购的，统一适用政府采购法及本条例。

政府采购法第二条所称服务，包括政府自身需要的服务和政府向社会公众提供的公共服务。

第三条 集中采购目录包括集中采购机构采购项目和部门集中采购项目。

技术、服务等标准统一，采购人普遍使用的项目，列为集中采购机构采购项目；采购人本部门、本系统基于业务需要有特殊要求，可以统一采购的项目，列为部门集中采购项目。

第四条 政府采购法所称集中采购，是指采购人将列入集中采购目录的项目委托集中采购机构代理采购或者进行部门集中采购的行为；所称分散采购，是指采购人将采购限额标准以上的未列入集中采购目录的项目自行采购或者委托采购代理机构代理采购的行为。

第五条 省、自治区、直辖市人民政府或者其授权的机构根据实际情况，可以确定分别适用于本行政区域省级、设区的市级、县级的集中采购目录和采购限额标准。

第六条 国务院财政部门应当根据国家的经济和社会发展政策，会同国务院有关部门制定政府采购政策，通过制定采购需求标准、预留采购份额、价格评审优惠、优先采购等措施，实现节约能源、保护环境、扶持不发达地区和少数民族地区、促进中小企业发展等目标。

第七条 政府采购工程以及与工程建设有关的货物、服务，采用招标方式采购的，适用《中华人民共和国招标投标法》及其实施条例；采用其他方式采购的，适用政府采购法及本条例。

前款所称工程，是指建设工程，包括建筑物和构筑物的新建、改建、扩建及其相关的装修、拆除、修缮等；所称与工程建设有关的货物，是指构成工程不可分割的组成部分，且为实现工程基本功能所必需的设备、材料等；所称与工程建设有关的服务，是指为完成工程所需的勘察、设计、监理等服务。

政府采购工程以及与工程建设有关的货物、服务，应当执行政府采购政策。

第八条 政府采购项目信息应当在省级以上人民政府财政部门指定的媒体上发布。采购项目预算金额达到国务院财政部门规定标准的，政府采购项目信息应当在国务院财政部门指定的媒体上发布。

第九条 在政府采购活动中，采购人员及相关人员与供应商有下列利害关系之一的，应当回避：

（一）参加采购活动前 3 年内与供应商存在劳动关系；

（二）参加采购活动前 3 年内担任供应商的董事、监事；

（三）参加采购活动前 3 年内是供应商的控股股东或者实际控制人；

（四）与供应商的法定代表人或者负责人有夫妻、直系血亲、三代以内旁系血亲或者近姻亲关系；

（五）与供应商有其他可能影响政府采购活动公平、公正进行的关系。

供应商认为采购人员及相关人员与其他供应商有利害关系的，可以向采购人或者采购代理机构书面提出回避申请，并说明理由。采购人或者采购代理机构应当及时询问被申请回避人员，有利害关系的被申请回避人员应当回避。

第十条 国家实行统一的政府采购电子交易平台建设标准，推动利用信息网络进行电子化政府采购活动。

第二章 政府采购当事人

第十一条 采购人在政府采购活动中应当维护国家利益和社会公共利益，公正廉洁，诚实守信，执行政府采购政策，建立政府采购内部管理制度，厉行节约，科学合理确定采购需求。

采购人不得向供应商索要或者接受其给予的

赠品、回扣或者与采购无关的其他商品、服务。

第十二条 政府采购法所称采购代理机构，是指集中采购机构和集中采购机构以外的采购代理机构。

集中采购机构是设区的市级以上人民政府依法设立的非营利事业法人，是代理集中采购项目的执行机构。集中采购机构应当根据采购人委托制定集中采购项目的实施方案，明确采购规程，组织政府采购活动，不得将集中采购项目转委托。集中采购机构以外的采购代理机构，是从事采购代理业务的社会中介机构。

第十三条 采购代理机构应当建立完善的政府采购内部监督管理制度，具备开展政府采购业务所需的评审条件和设施。

采购代理机构应当提高确定采购需求，编制招标文件、谈判文件、询价通知书，拟订合同文本和优化采购程序的专业化服务水平，根据采购人委托在规定的时间内及时组织采购人与中标或者成交供应商签订政府采购合同，及时协助采购人对采购项目进行验收。

第十四条 采购代理机构不得以不正当手段获取政府采购代理业务，不得与采购人、供应商恶意串通操纵政府采购活动。

采购代理机构工作人员不得接受采购人或者供应商组织的宴请、旅游、娱乐，不得收受礼品、现金、有价证券等，不得向采购人或者供应商报销应当由个人承担的费用。

第十五条 采购人、采购代理机构应当根据政府采购政策、采购预算、采购需求编制采购文件。

采购需求应当符合法律法规以及政府采购政策规定的技术、服务、安全等要求。政府向社会公众提供的公共服务项目，应当就确定采购需求征求社会公众的意见。除因技术复杂或者性质特殊，不能确定详细规格或者具体要求外，采购需求应当完整、明确。必要时，应当就确定采购需求征求相关供应商、专家的意见。

第十六条 政府采购法第二十条规定的委托代理协议，应当明确代理采购的范围、权限和期限等具体事项。

采购人和采购代理机构应当按照委托代理协议履行各自义务，采购代理机构不得超越代理权限。

第十七条 参加政府采购活动的供应商应当具备政府采购法第二十二条第一款规定的条件，提供下列材料：

（一）法人或者其他组织的营业执照等证明文件，自然人的身份证明；

（二）财务状况报告，依法缴纳税收和社会保障资金的相关材料；

（三）具备履行合同所必需的设备和专业技术能力的证明材料；

（四）参加政府采购活动前 3 年内在经营活动中没有重大违法记录的书面声明；

（五）具备法律、行政法规规定的其他条件的证明材料。

采购项目有特殊要求的，供应商还应当提供其符合特殊要求的证明材料或者情况说明。

第十八条 单位负责人为同一人或者存在直接控股、管理关系的不同供应商，不得参加同一合同项下的政府采购活动。

除单一来源采购项目外，为采购项目提供整体设计、规范编制或者项目管理、监理、检测等服务的供应商，不得再参加该采购项目的其他采购活动。

第十九条 政府采购法第二十二条第一款第五项所称重大违法记录，是指供应商因违法经营受到刑事处罚或者责令停产停业、吊销许可证或者执照、较大数额罚款等行政处罚。

供应商在参加政府采购活动前 3 年内因违法经营被禁止在一定期限内参加政府采购活动，期限届满的，可以参加政府采购活动。

第二十条 采购人或者采购代理机构有下列情形之一的，属于以不合理的条件对供应商实行差别待遇或者歧视待遇：

（一）就同一采购项目向供应商提供有差别的项目信息；

（二）设定的资格、技术、商务条件与采购项目的具体特点和实际需要不相适应或者与合同履行无关；

（三）采购需求中的技术、服务等要求指向特定供应商、特定产品；

（四）以特定行政区域或者特定行业的业绩、奖项作为加分条件或者中标、成交条件；

（五）对供应商采取不同的资格审查或者评审标准；

（六）限定或者指定特定的专利、商标、品牌或者供应商；

（七）非法限定供应商的所有制形式、组织形式或者所在地；

（八）以其他不合理条件限制或者排斥潜在供应商。

第二十一条 采购人或者采购代理机构对供应商进行资格预审的，资格预审公告应当在省级以上人民政府财政部门指定的媒体上发布。已进行资格预审的，评审阶段可以不再对供应商资格进行审查。资格预审合格的供应商在评审阶段资格发生变化的，应当通知采购人和采购代理机构。

资格预审公告应当包括采购人和采购项目名称、采购需求、对供应商的资格要求以及供应商提交资格预审申请文件的时间和地点。提交资格预审申请文件的时间自公告发布之日起不得少于5个工作日。

第二十二条 联合体中有同类资质的供应商按照联合体分工承担相同工作的，应当按照资质等级较低的供应商确定资质等级。

以联合体形式参加政府采购活动的，联合体各方不得再单独参加或者与其他供应商另外组成联合体参加同一合同项下的政府采购活动。

第三章　政府采购方式

第二十三条 采购人采购公开招标数额标准以上的货物或者服务，符合政府采购法第二十九条、第三十条、第三十一条、第三十二条规定情形或者有需要执行政府采购政策等特殊情况的，经设区的市级以上人民政府财政部门批准，可以依法采用公开招标以外的采购方式。

第二十四条 列入集中采购目录的项目，适合实行批量集中采购的，应当实行批量集中采购，但紧急的小额零星货物项目和有特殊要求的服务、工程项目除外。

第二十五条 政府采购工程依法不进行招标的，应当依照政府采购法和本条例规定的竞争性谈判或者单一来源采购方式采购。

第二十六条 政府采购法第三十条第三项规定的情形，应当是采购人不可预见的或者非因采购人拖延导致的；第四项规定的情形，是指因采购艺术品或者因专利、专有技术或者因服务的时间、数量事先不能确定等导致不能事先计算出价格总额。

第二十七条 政府采购法第三十一条第一项规定的情形，是指因货物或者服务使用不可替代的专利、专有技术，或者公共服务项目具有特殊要求，导致只能从某一特定供应商处采购。

第二十八条 在一个财政年度内，采购人将一个预算项目下的同一品目或者类别的货物、服务采用公开招标以外的方式多次采购，累计资金数额超过公开招标数额标准的，属于以化整为零方式规避公开招标，但项目预算调整或者经批准采用公开招标以外方式采购除外。

第四章　政府采购程序

第二十九条 采购人应当根据集中采购目录、采购限额标准和已批复的部门预算编制政府采购实施计划，报本级人民政府财政部门备案。

第三十条 采购人或者采购代理机构应当在招标文件、谈判文件、询价通知书中公开采购项目预算金额。

第三十一条 招标文件的提供期限自招标文件开始发出之日起不得少于5个工作日。

采购人或者采购代理机构可以对已发出的招

标文件进行必要的澄清或者修改。澄清或者修改的内容可能影响投标文件编制的，采购人或者采购代理机构应当在投标截止时间至少15日前，以书面形式通知所有获取招标文件的潜在投标人；不足15日的，采购人或者采购代理机构应当顺延提交投标文件的截止时间。

第三十二条 采购人或者采购代理机构应当按照国务院财政部门制定的招标文件标准文本编制招标文件。

招标文件应当包括采购项目的商务条件、采购需求、投标人的资格条件、投标报价要求、评标方法、评标标准以及拟签订的合同文本等。

第三十三条 招标文件要求投标人提交投标保证金的，投标保证金不得超过采购项目预算金额的2%。投标保证金应当以支票、汇票、本票或者金融机构、担保机构出具的保函等非现金形式提交。投标人未按照招标文件要求提交投标保证金的，投标无效。

采购人或者采购代理机构应当自中标通知书发出之日起5个工作日内退还未中标供应商的投标保证金，自政府采购合同签订之日起5个工作日内退还中标供应商的投标保证金。

竞争性谈判或者询价采购中要求参加谈判或者询价的供应商提交保证金的，参照前两款的规定执行。

第三十四条 政府采购招标评标方法分为最低评标价法和综合评分法。

最低评标价法，是指投标文件满足招标文件全部实质性要求且投标报价最低的供应商为中标候选人的评标方法。综合评分法，是指投标文件满足招标文件全部实质性要求且按照评审因素的量化指标评审得分最高的供应商为中标候选人的评标方法。

技术、服务等标准统一的货物和服务项目，应当采用最低评标价法。

采用综合评分法的，评审标准中的分值设置应当与评审因素的量化指标相对应。

招标文件中没有规定的评标标准不得作为评审的依据。

第三十五条 谈判文件不能完整、明确列明采购需求，需要由供应商提供最终设计方案或者解决方案的，在谈判结束后，谈判小组应当按照少数服从多数的原则投票推荐3家以上供应商的设计方案或者解决方案，并要求其在规定时间内提交最后报价。

第三十六条 询价通知书应当根据采购需求确定政府采购合同条款。在询价过程中，询价小组不得改变询价通知书所确定的政府采购合同条款。

第三十七条 政府采购法第三十八条第五项、第四十条第四项所称质量和服务相等，是指供应商提供的产品质量和服务均能满足采购文件规定的实质性要求。

第三十八条 达到公开招标数额标准，符合政府采购法第三十一条第一项规定情形，只能从唯一供应商处采购的，采购人应当将采购项目信息和唯一供应商名称在省级以上人民政府财政部门指定的媒体上公示，公示期不得少于5个工作日。

第三十九条 除国务院财政部门规定的情形外，采购人或者采购代理机构应当从政府采购评审专家库中随机抽取评审专家。

第四十条 政府采购评审专家应当遵守评审工作纪律，不得泄露评审文件、评审情况和评审中获悉的商业秘密。

评标委员会、竞争性谈判小组或者询价小组在评审过程中发现供应商有行贿、提供虚假材料或者串通等违法行为的，应当及时向财政部门报告。

政府采购评审专家在评审过程中受到非法干预的，应当及时向财政、监察等部门举报。

第四十一条 评标委员会、竞争性谈判小组或者询价小组成员应当按照客观、公正、审慎的原则，根据采购文件规定的评审程序、评审方法和评审标准进行独立评审。采购文件内容违反国家有关强制性规定的，评标委员会、竞争性谈判小组或者询价小组应当停止评审并向采购人或者采购代理机构说明情况。

评标委员会、竞争性谈判小组或者询价小组成员应当在评审报告上签字，对自己的评审意见承担法律责任。对评审报告有异议的，应当在评审报告上签署不同意见，并说明理由，否则视为同意评审报告。

第四十二条 采购人、采购代理机构不得向评标委员会、竞争性谈判小组或者询价小组的评审专家作倾向性、误导性的解释或者说明。

第四十三条 采购代理机构应当自评审结束之日起2个工作日内将评审报告送交采购人。采购人应当自收到评审报告之日起5个工作日内在评审报告推荐的中标或者成交候选人中按顺序确定中标或者成交供应商。

采购人或者采购代理机构应当自中标、成交供应商确定之日起2个工作日内，发出中标、成交通知书，并在省级以上人民政府财政部门指定的媒体上公告中标、成交结果，招标文件、竞争性谈判文件、询价通知书随中标、成交结果同时公告。

中标、成交结果公告内容应当包括采购人和采购代理机构的名称、地址、联系方式，项目名称和项目编号，中标或者成交供应商名称、地址和中标或者成交金额，主要中标或者成交标的的名称、规格型号、数量、单价、服务要求以及评审专家名单。

第四十四条 除国务院财政部门规定的情形外，采购人、采购代理机构不得以任何理由组织重新评审。采购人、采购代理机构按照国务院财政部门的规定组织重新评审的，应当书面报告本级人民政府财政部门。

采购人或者采购代理机构不得通过对样品进行检测、对供应商进行考察等方式改变评审结果。

第四十五条 采购人或者采购代理机构应当按照政府采购合同规定的技术、服务、安全标准组织对供应商履约情况进行验收，并出具验收书。验收书应当包括每一项技术、服务、安全标准的履约情况。

政府向社会公众提供的公共服务项目，验收时应当邀请服务对象参与并出具意见，验收结果应当向社会公告。

第四十六条 政府采购法第四十二条规定的采购文件，可以用电子档案方式保存。

第五章 政府采购合同

第四十七条 国务院财政部门应当会同国务院有关部门制定政府采购合同标准文本。

第四十八条 采购文件要求中标或者成交供应商提交履约保证金的，供应商应当以支票、汇票、本票或者金融机构、担保机构出具的保函等非现金形式提交。履约保证金的数额不得超过政府采购合同金额的10%。

第四十九条 中标或者成交供应商拒绝与采购人签订合同的，采购人可以按照评审报告推荐的中标或者成交候选人名单排序，确定下一候选人为中标或者成交供应商，也可以重新开展政府采购活动。

第五十条 采购人应当自政府采购合同签订之日起2个工作日内，将政府采购合同在省级以上人民政府财政部门指定的媒体上公告，但政府采购合同中涉及国家秘密、商业秘密的内容除外。

第五十一条 采购人应当按照政府采购合同规定，及时向中标或者成交供应商支付采购资金。

政府采购项目资金支付程序，按照国家有关财政资金支付管理的规定执行。

第六章 质疑与投诉

第五十二条 采购人或者采购代理机构应当在3个工作日内对供应商依法提出的询问作出答复。

供应商提出的询问或者质疑超出采购人对采购代理机构委托授权范围的，采购代理机构应当告知供应商向采购人提出。

政府采购评审专家应当配合采购人或者采购代理机构答复供应商的询问和质疑。

第五十三条 政府采购法第五十二条规定的供应商应知其权益受到损害之日，是指：

（一）对可以质疑的采购文件提出质疑的，为收到采购文件之日或者采购文件公告期限届满之日；

（二）对采购过程提出质疑的，为各采购程序环节结束之日；

（三）对中标或者成交结果提出质疑的，为中标或者成交结果公告期限届满之日。

第五十四条 询问或者质疑事项可能影响中标、成交结果的，采购人应当暂停签订合同，已经签订合同的，应当中止履行合同。

第五十五条 供应商质疑、投诉应当有明确的请求和必要的证明材料。供应商投诉的事项不得超出已质疑事项的范围。

第五十六条 财政部门处理投诉事项采用书面审查的方式，必要时可以进行调查取证或者组织质证。

对财政部门依法进行的调查取证，投诉人和与投诉事项有关的当事人应当如实反映情况，并提供相关材料。

第五十七条 投诉人捏造事实、提供虚假材料或者以非法手段取得证明材料进行投诉的，财政部门应当予以驳回。

财政部门受理投诉后，投诉人书面申请撤回投诉的，财政部门应当终止投诉处理程序。

第五十八条 财政部门处理投诉事项，需要检验、检测、鉴定、专家评审以及需要投诉人补正材料的，所需时间不计算在投诉处理期限内。

财政部门对投诉事项作出的处理决定，应当在省级以上人民政府财政部门指定的媒体上公告。

第七章 监督检查

第五十九条 政府采购法第六十三条所称政府采购项目的采购标准，是指项目采购所依据的经费预算标准、资产配置标准和技术、服务标准等。

第六十条 除政府采购法第六十六条规定的考核事项外，财政部门对集中采购机构的考核事项还包括：

（一）政府采购政策的执行情况；

（二）采购文件编制水平；

（三）采购方式和采购程序的执行情况；

（四）询问、质疑答复情况；

（五）内部监督管理制度建设及执行情况；

（六）省级以上人民政府财政部门规定的其他事项。

财政部门应当制定考核计划，定期对集中采购机构进行考核，考核结果有重要情况的，应当向本级人民政府报告。

第六十一条 采购人发现采购代理机构有违法行为的，应当要求其改正。采购代理机构拒不改正的，采购人应当向本级人民政府财政部门报告，财政部门应当依法处理。

采购代理机构发现采购人的采购需求存在以不合理条件对供应商实行差别待遇、歧视待遇或者其他不符合法律、法规和政府采购政策规定内容，或者发现采购人有其他违法行为的，应当建议其改正。采购人拒不改正的，采购代理机构应当向采购人的本级人民政府财政部门报告，财政部门应当依法处理。

第六十二条 省级以上人民政府财政部门应当对政府采购评审专家库实行动态管理，具体管理办法由国务院财政部门制定。

采购人或者采购代理机构应当对评审专家在政府采购活动中的职责履行情况予以记录，并及时向财政部门报告。

第六十三条 各级人民政府财政部门和其他有关部门应当加强对参加政府采购活动的供应商、采购代理机构、评审专家的监督管理，对其不良行为予以记录，并纳入统一的信用信息平台。

第六十四条 各级人民政府财政部门对政府采购活动进行监督检查，有权查阅、复制有关文件、资料，相关单位和人员应当予以配合。

第六十五条 审计机关、监察机关以及其他有关部门依法对政府采购活动实施监督，发现采购当事人有违法行为的，应当及时通报财政部门。

第八章 法律责任

第六十六条 政府采购法第七十一条规定的罚款，数额为10万元以下。

政府采购法第七十二条规定的罚款，数额为5万元以上25万元以下。

第六十七条 采购人有下列情形之一的，由财政部门责令限期改正，给予警告，对直接负责的主管人员和其他直接责任人员依法给予处分，并予以通报：

（一）未按照规定编制政府采购实施计划或者未按照规定将政府采购实施计划报本级人民政府财政部门备案；

（二）将应当进行公开招标的项目化整为零或者以其他任何方式规避公开招标；

（三）未按照规定在评标委员会、竞争性谈判小组或者询价小组推荐的中标或者成交候选人中确定中标或者成交供应商；

（四）未按照采购文件确定的事项签订政府采购合同；

（五）政府采购合同履行中追加与合同标的相同的货物、工程或者服务的采购金额超过原合同采购金额10%；

（六）擅自变更、中止或者终止政府采购合同；

（七）未按照规定公告政府采购合同；

（八）未按照规定时间将政府采购合同副本报本级人民政府财政部门和有关部门备案。

第六十八条 采购人、采购代理机构有下列情形之一的，依照政府采购法第七十一条、第七十八条的规定追究法律责任：

（一）未依照政府采购法和本条例规定的方式实施采购；

（二）未依法在指定的媒体上发布政府采购项目信息；

（三）未按照规定执行政府采购政策；

（四）违反本条例第十五条的规定导致无法组织对供应商履约情况进行验收或者国家财产遭受损失；

（五）未依法从政府采购评审专家库中抽取评审专家；

（六）非法干预采购评审活动；

（七）采用综合评分法时评审标准中的分值设置未与评审因素的量化指标相对应；

（八）对供应商的询问、质疑逾期未作处理；

（九）通过对样品进行检测、对供应商进行考察等方式改变评审结果；

（十）未按照规定组织对供应商履约情况进行验收。

第六十九条 集中采购机构有下列情形之一的，由财政部门责令限期改正，给予警告，有违法所得的，并处没收违法所得，对直接负责的主管人员和其他直接责任人员依法给予处分，并予以通报：

（一）内部监督管理制度不健全，对依法应当分设、分离的岗位、人员未分设、分离；

（二）将集中采购项目委托其他采购代理机构采购；

（三）从事营利活动。

第七十条 采购人员与供应商有利害关系而不依法回避的，由财政部门给予警告，并处2 000元以上2万元以下的罚款。

第七十一条 有政府采购法第七十一条、第七十二条规定的违法行为之一，影响或者可能影响中标、成交结果的，依照下列规定处理：

（一）未确定中标或者成交供应商的，终止本次政府采购活动，重新开展政府采购活动。

（二）已确定中标或者成交供应商但尚未签订政府采购合同的，中标或者成交结果无效，从合格的中标或者成交候选人中另行确定中标或者成交供应商；没有合格的中标或者成交候选人的，重新开展政府采购活动。

（三）政府采购合同已签订但尚未履行的，撤销合同，从合格的中标或者成交候选人中另行确定中标或者成交供应商；没有合格的中标或者成交候选人的，重新开展政府采购活动。

（四）政府采购合同已经履行，给采购人、供应商造成损失的，由责任人承担赔偿责任。

政府采购当事人有其他违反政府采购法或者本条例规定的行为，经改正后仍然影响或者可能影响中标、成交结果或者依法被认定为中标、成交无效的，依照前款规定处理。

第七十二条 供应商有下列情形之一的，依照政府采购法第七十七条第一款的规定追究法律责任：

（一）向评标委员会、竞争性谈判小组或者询价小组成员行贿或者提供其他不正当利益；

（二）中标或者成交后无正当理由拒不与采购人签订政府采购合同；

（三）未按照采购文件确定的事项签订政府采购合同；

（四）将政府采购合同转包；

（五）提供假冒伪劣产品；

（六）擅自变更、中止或者终止政府采购合同。

供应商有前款第一项规定情形的，中标、成交无效。评审阶段资格发生变化，供应商未依照本条例第二十一条的规定通知采购人和采购代理机构的，处以采购金额5‰的罚款，列入不良行为记录名单，中标、成交无效。

第七十三条 供应商捏造事实、提供虚假材料或者以非法手段取得证明材料进行投诉的，由财政部门列入不良行为记录名单，禁止其1至3年内参加政府采购活动。

第七十四条 有下列情形之一的，属于恶意串通，对供应商依照政府采购法第七十七条第一款的规定追究法律责任，对采购人、采购代理机构及其工作人员依照政府采购法第七十二条的规定追究法律责任：

（一）供应商直接或者间接从采购人或者采购代理机构处获得其他供应商的相关情况并修改其投标文件或者响应文件；

（二）供应商按照采购人或者采购代理机构的授意撤换、修改投标文件或者响应文件；

（三）供应商之间协商报价、技术方案等投标文件或者响应文件的实质性内容；

（四）属于同一集团、协会、商会等组织成员的供应商按照该组织要求协同参加政府采购活动；

（五）供应商之间事先约定由某一特定供应商中标、成交；

（六）供应商之间商定部分供应商放弃参加政府采购活动或者放弃中标、成交；

（七）供应商与采购人或者采购代理机构之间、供应商相互之间，为谋求特定供应商中标、成交或者排斥其他供应商的其他串通行为。

第七十五条 政府采购评审专家未按照采购文件规定的评审程序、评审方法和评审标准进行独立评审或者泄露评审文件、评审情况的，由财政部门给予警告，并处2 000元以上2万元以下的罚款；影响中标、成交结果的，处2万元以上5万元以下的罚款，禁止其参加政府采购评审活动。

政府采购评审专家与供应商存在利害关系未回避的，处2万元以上5万元以下的罚款，禁止其参加政府采购评审活动。

政府采购评审专家收受采购人、采购代理机构、供应商贿赂或者获取其他不正当利益，构成犯罪的，依法追究刑事责任；尚不构成犯罪的，处2万元以上5万元以下的罚款，禁止其参加政府采购评审活动。

政府采购评审专家有上述违法行为的，其评审意见无效，不得获取评审费；有违法所得的，没收违法所得；给他人造成损失的，依法承担民事责任。

第七十六条 政府采购当事人违反政府采购法和本条例规定，给他人造成损失的，依法承担民事责任。

第七十七条 财政部门在履行政府采购监督管理职责中违反政府采购法和本条例规定，滥用职权、玩忽职守、徇私舞弊的，对直接负责的主管人员和其他直接责任人员依法给予处分；直接负责的主管人员和其他直接责任人员构成犯罪的，依法追究刑事责任。

第九章　附　则

第七十八条　财政管理实行省直接管理的县级人民政府可以根据需要并报经省级人民政府批准，行使政府采购法和本条例规定的设区的市级人民政府批准变更采购方式的职权。

第七十九条　本条例自2015年3月1日起施行。

国务院关于积极推进“互联网+”行动的指导意见

国发[2015]40号

各省、自治区、直辖市人民政府，国务院各部委、各直属机构：

“互联网+”是把互联网的创新成果与经济社会各领域深度融合，推动技术进步、效率提升和组织变革，提升实体经济创新力和生产力，形成更广泛的以互联网为基础设施和创新要素的经济社会发展新形态。在全球新一轮科技革命和产业变革中，互联网与各领域的融合发展具有广阔前景和无限潜力，已成为不可阻挡的时代潮流，正对各国经济社会发展产生着战略性和全局性的影响。积极发挥我国互联网已经形成的比较优势，把握机遇，增强信心，加快推进“互联网+”发展，有利于重塑创新体系、激发创新活力、培育新兴业态和创新公共服务模式，对打造大众创业、万众创新和增加公共产品、公共服务“双引擎”，主动适应和引领经济发展新常态，形成经济发展新动能，实现中国经济提质增效升级具有重要意义。

近年来，我国在互联网技术、产业、应用以及跨界融合等方面取得了积极进展，已具备加快推进“互联网+”发展的坚实基础，但也存在传统企业运用互联网的意识和能力不足、互联网企业对传统产业理解不够深入、新业态发展面临体制机制障碍、跨界融合型人才严重匮乏等问题，亟待加以解决。为加快推动互联网与各领域深入融合和创新发展，充分发挥“互联网+”对稳增长、促改革、调结构、惠民生、防风险的重要作用，现就积极推进“互联网+”行动提出以下意见。

一、行动要求

（一）总体思路。

顺应世界“互联网+”发展趋势，充分发挥我国互联网的规模优势和应用优势，推动互联网由消费领域向生产领域拓展，加速提升产业发展水平，增强各行业创新能力，构筑经济社会发展新优势和新动能。坚持改革创新和市场需求导向，突出企业的主体作用，大力拓展互联网与经济社会各领域融合的广度和深度。着力深化体制机制改革，释放发展潜力和活力；着力做优存量，推动经济提质增效和转型升级；着力做大增量，培育新兴业态，打造新的增长点；着力创新政府服务模式，夯实网络发展基础，营造安全网络环境，提升公共服务水平。

（二）基本原则。

坚持开放共享。营造开放包容的发展环境，将互联网作为生产生活要素共享的重要平台，最大限度优化资源配置，加快形成以开放、共享为特征的经济社会运行新模式。

坚持融合创新。鼓励传统产业树立互联网思维，积极与“互联网+”相结合。推动互联网向经济社会各领域加速渗透，以融合促创新，最大程度汇聚各类市场要素的创新力量，推动融合性新兴产业成为经济发展新动力和新支柱。

坚持变革转型。充分发挥互联网在促进产业升级以及信息化和工业化深度融合中的平台作用，引导要素资源向实体经济集聚，推动生产方式和发展模式变革。创新网络化公共服务模式，大幅提升公共服务能力。

坚持引领跨越。巩固提升我国互联网发展优势，加强重点领域前瞻性布局，以互联网融合创新为突破口，培育壮大新兴产业，引领新一轮科技革命和产业变革，实现跨越式发展。

坚持安全有序。完善互联网融合标准规范和法律法规，增强安全意识，强化安全管理和防护，保障网络安全。建立科学有效的市场监管方式，促进市场有序发展，保护公平竞争，防止形成行业垄断和市场壁垒。

（三）发展目标。

到 2018 年，互联网与经济社会各领域的融合发展进一步深化，基于互联网的新业态成为新的经济增长动力，互联网支撑大众创业、万众创新的作用进一步增强，互联网成为提供公共服务的重要手段，网络经济与实体经济协同互动的发展格局基本形成。

——经济发展进一步提质增效。互联网在促进制造业、农业、能源、环保等产业转型升级方面取得积极成效，劳动生产率进一步提高。基于互联网的新兴业态不断涌现，电子商务、互联网金融快速发展，对经济提质增效的促进作用更加凸显。

——社会服务进一步便捷普惠。健康医疗、教育、交通等民生领域互联网应用更加丰富，公共服务更加多元，线上线下结合更加紧密。社会服务资源配置不断优化，公众享受到更加公平、高效、优质、便捷的服务。

——基础支撑进一步夯实提升。网络设施和产业基础得到有效巩固加强，应用支撑和安全保障能力明显增强。固定宽带网络、新一代移动通信网和下一代互联网加快发展，物联网、云计算等新型基础设施更加完备。人工智能等技术及其产业化能力显著增强。

——发展环境进一步开放包容。全社会对互联网融合创新的认识不断深入，互联网融合发展面临的体制机制障碍有效破除，公共数据资源开放取得实质性进展，相关标准规范、信用体系和法律法规逐步完善。

到 2025 年，网络化、智能化、服务化、协同化的“互联网 +”产业生态体系基本完善，“互联网 +”新经济形态初步形成，“互联网 +”成为经济社会创新发展的重要驱动力量。

二、重点行动

（一）“互联网 +”创业创新。

充分发挥互联网的创新驱动作用，以促进创业创新为重点，推动各类要素资源聚集、开放和共享，大力发展众创空间、开放式创新等，引导和推动全社会形成大众创业、万众创新的浓厚氛围，打造经济发展新引擎。（发展改革委、科技部、工业和信息化部、人力资源社会保障部、商务部等负责，列第一位者为牵头部门，下同）

1. 强化创业创新支撑。鼓励大型互联网企业和基础电信企业利用技术优势和产业整合能力，向小微企业和创业团队开放平台入口、数据信息、计算能力等资源，提供研发工具、经营管理和市场营销等方面的支持和服务，提高小微企业信息化应用水平，培育和孵化具有良好商业模式的创业企业。充分利用互联网基础条件，完善小微企业公共服务平台网络，集聚创业创新资源，为小微企业提供找得着、用得起、有保障的服务。

2. 积极发展众创空间。充分发挥互联网开放创新优势，调动全社会力量，支持创新工场、创客空间、社会实验室、智慧小企业创业基地等新型众创空间发展。充分利用国家自主创新示范区、科技企业孵化器、大学科技园、商贸企业集聚区、小微企业创业示范基地等现有条件，通过市场化方式构建一批创新与创业相结合、线上与线下相结合、孵化与投资相结合的众创空间，为创业者提供低成本、便利化、全要素的工作空间、网络空间、社交空间和资源共享空间。实施新兴产业“双创”行动，建立一批新兴产业“双创”示范基地，加快发展“互联网 +”创业网络体系。

3. 发展开放式创新。鼓励各类创新主体充分利用互联网，把握市场需求导向，加强创新资源共享与合作，促进前沿技术和创新成果及时转化，构建开放式创新体系。推动各类创业创新扶持政策与互联网开放平台联动协作，为创业团队和个人开发者提供绿色通道服务。加快发展创业服务业，积极推广众包、用户参与设计、云设计等新型研发组织模式，引导建立社会各界交流合作的平台，推动跨区域、跨领域的技术成果转移和协同创新。

（二）“互联网 +”协同制造。

推动互联网与制造业融合，提升制造业数字化、网络化、智能化水平，加强产业链协作，发展基于互联网的协同制造新模式。在重点领域推进智能制造、大规模个性化定制、网络化协同制造和服务型制造，打造一批网络化协同制造公共服务平台，加快形成制造业网络化产业生态体系。（工业和信息化部、发展改革委、科技部共同牵头）

1. 大力发展智能制造。以智能工厂为发展方向，开展智能制造试点示范，加快推动云计算、物联网、智能工业机器人、增材制造等技术在生产过程中的应用，推进生产装备智能化升级、工艺流程改造和基础数据共享。着力在工控系统、智能感知元器件、工业云平台、操作系统和工业软件等核心环节取得突破，加强工业大数据的开发与利用，有效支撑制造业智能化转型，构建开放、共享、协作的智能制造产业生态。

2. 发展大规模个性化定制。支持企业利用互联网采集并对接用户个性化需求，推进设计研发、生产制造和供应链管理等关键环节的柔性化改造，开展基于个性化产品的服务模式和商业模式创新。鼓励互联网企业整合市场信息，挖掘细分市场需求与发展趋势，为制造企业开展个性化定制提供决策支撑。

3. 提升网络化协同制造水平。鼓励制造业骨干企业通过互联网与产业链各环节紧密协同，促进生产、质量控制和运营管理系统全面互联，推行众包设计研发和网络化制造等新模式。鼓励有实力的互联网企业构建网络化协同制造公共服务平台，面向细分行业提供云制造服务，促进创新资源、生产能力、市场需求的集聚与对接，提升服务中小微企业能力，加快全社会多元化制造资源的有效协同，提高产业链资源整合能力。

4. 加速制造业服务化转型。鼓励制造企业利用物联网、云计算、大数据等技术，整合产品全生命周期数据，形成面向生产组织全过程的决策服务信息，为产品优化升级提供数据支撑。鼓励企业基于互联网开展故障预警、远程维护、质量诊断、远程过程优化等在线增值服务，拓展产品价值空间，实现从制造向“制造 + 服务”的转型升级。

（三）“互联网 +”现代农业。

利用互联网提升农业生产、经营、管理和服务水平，培育一批网络化、智能化、精细化的现代“种养加”生态农业新模式，形成示范带动效应，加快完善新型农业生产经营体系，培育多样化农业互联网管理服务模式，逐步建立农副产品、农资质量安全追溯体系，促进农业现代化水平明显提升。（农业部、发展改革委、科技部、商务部、质检总局、食品药品监管总局、林业局等负责）

1. 构建新型农业生产经营体系。鼓励互联网企业建立农业服务平台，支撑专业大户、家庭农场、农民合作社、农业产业化龙头企业等新型农业生产经营主体，加强产销衔接，实现农业生产由生产导向向消费导向转变。提高农业生产经营的科技化、组织化和精细化水平，推进农业生产流通销售方式变革和农业发展方式转变，提升农业生产效率和增值空间。规范用好农村土地流转公共服务平台，提升土地流转透明度，保障农民权益。

2. 发展精准化生产方式。推广成熟可复制的农业物联网应用模式。在基础较好的领域和地区，普及基于环境感知、实时监测、自动控制的网络化农业环境监测系统。在大宗农产品规模生产区域，构建天地一体的农业物联网测控体系，实施智能节水灌溉、测土配方施肥、农机定位耕种等精准化作业。在畜禽标准化规模养殖基地和水产健康养殖示范基地，推动饲料精准投放、疾病自动诊断、废弃物自动回收等智能设备的应用普及和互联互通。

3. 提升网络化服务水平。深入推进信息进村入户试点，鼓励通过移动互联网为农民提供政策、市场、科技、保险等生产生活信息服务。支持互联网企业与农业生产经营主体合作，综合利用大数据、云计算等技术，建立农业信息监测体系，为灾害预警、耕地质量监测、重大动植物疫情防控、市场波动预测、经营科学决策等提供服务。

4. 完善农副产品质量安全追溯体系。充分利用现有互联网资源，构建农副产品质量安全追溯公共服务平台，推进制度标准建设，建立产地准出与市场准入衔接机制。支持新型农业生产经营主体利用互联网技术，对生产经营过程进行精细化信息化管理，加快推动移动互联网、物联网、二维码、无线射频识别等信息技术在生产加工和流通销售各环节的推广应用，强化上下游追溯体系对接和信息互通共享，不断扩大追溯体系覆盖面，实现农副产品“从农田到餐桌”全过程可追溯，保障“舌尖上的安全”。

（四）“互联网+”智慧能源。

通过互联网促进能源系统扁平化，推进能源生产与消费模式革命，提高能源利用效率，推动节能减排。加强分布式能源网络建设，提高可再生能源占比，促进能源利用结构优化。加快发电设施、用电设施和电网智能化改造，提高电力系统的安全性、稳定性和可靠性。（能源局、发展改革委、工业和信息化部等负责）

1. 推进能源生产智能化。建立能源生产运行的监测、管理和调度信息公共服务网络，加强能源产业链上下游企业的信息对接和生产消费智能化，支撑电厂和电网协调运行，促进非化石能源与化石能源协同发电。鼓励能源企业运用大数据技术对设备状态、电能负载等数据进行分析挖掘与预测，开展精准调度、故障判断和预测性维护，提高能源利用效率和安全稳定运行水平。

2. 建设分布式能源网络。建设以太阳能、风能等可再生能源为主体的多能源协调互补的能源互联网。突破分布式发电、储能、智能微网、主动配电网等关键技术，构建智能化电力运行监测、管理技术平台，使电力设备和用电终端基于互联网进行双向通信和智能调控，实现分布式电源的及时有效接入，逐步建成开放共享的能源网络。

3. 探索能源消费新模式。开展绿色电力交易服务区域试点，推进以智能电网为配送平台，以电子商务为交易平台，融合储能设施、物联网、智能用电设施等硬件以及碳交易、互联网金融等衍生服务于一体的绿色能源网络发展，实现绿色电力的点到点交易及实时配送和补贴结算。进一步加强能源生产和消费协调匹配，推进电动汽车、港口岸电等电能替代技术的应用，推广电力需求侧管理，提高能源利用效率。基于分布式能源网络，发展用户端智能化用能、能源共享经济和能源自由交易，促进能源消费生态体系建设。

4. 发展基于电网的通信设施和新型业务。推进电力光纤到户工程，完善能源互联网信息通信系统。统筹部署电网和通信网深度融合的网络基础设施，实现同缆传输、共建共享，避免重复建设。鼓励依托智能电网发展家庭能效管理等新型业务。

（五）“互联网+”普惠金融。

促进互联网金融健康发展，全面提升互联网金融服务能力和普惠水平，鼓励互联网与银行、证券、保险、基金的融合创新，为大众提供丰富、安全、便捷的金融产品和服务，更好满足不同层次实体经济的投融资需求，培育一批具有行业影响力的互联网金融创新型企业。（人民银行、银监会、证监会、保监会、发展改革委、工业和信息化部、网信办等负责）

1. 探索推进互联网金融云服务平台建设。探索互联网企业构建互联网金融云服务平台。在保证技术成熟和业务安全的基础上，支持金融企业与云计算技术提供商合作开展金融公共云服务，提供多样化、个性化、精准化的金融产品。支持银行、证券、保险企业稳妥实施系统架构转型，鼓励探索利用云服务平台开展金融核心业务，提供基于金融云服务平台的信用、认证、接口等公共服务。

2.鼓励金融机构利用互联网拓宽服务覆盖面。鼓励各金融机构利用云计算、移动互联网、大数据等技术手段，加快金融产品和服务创新，在更广泛地区提供便利的存贷款、支付结算、信用中介平台等金融服务，拓宽普惠金融服务范围，为实体经济发展提供有效支撑。支持金融机构和互联网企业依法合规开展网络借贷、网络证券、网络保险、互联网基金销售等业务。扩大专业互联网保险公司试点，充分发挥保险业在防范互联网金融风险中的作用。推动金融集成电路卡（IC卡）全面应用，提升电子现金的使用率和便捷性。发挥移动金融安全可信公共服务平台（MTPS）的作用，积极推动商业银行开展移动金融创新应用，促进移动金融在电子商务、公共服务等领域的规模应用。支持银行业金融机构借助互联网技术发展消费信贷业务，支持金融租赁公司利用互联网技术开展金融租赁业务。

3.积极拓展互联网金融服务创新的深度和广度。鼓励互联网企业依法合规提供创新金融产品和服务，更好满足中小微企业、创新型企业和个人的投融资需求。规范发展网络借贷和互联网消费信贷业务，探索互联网金融服务创新。积极引导风险投资基金、私募股权投资基金和产业投资基金投资于互联网金融企业。利用大数据发展市场化个人征信业务，加快网络征信和信用评价体系建设。加强互联网金融消费权益保护和投资者保护，建立多元化金融消费纠纷解决机制。改进和完善互联网金融监管，提高金融服务安全性，有效防范互联网金融风险及其外溢效应。

（六）“互联网+”益民服务。

充分发挥互联网的高效、便捷优势，提高资源利用效率，降低服务消费成本。大力发展以互联网为载体、线上线下互动的新兴消费，加快发展基于互联网的医疗、健康、养老、教育、旅游、社会保障等新兴服务，创新政府服务模式，提升政府科学决策能力和管理水平。（发展改革委、教育部、工业和信息化部、民政部、人力资源社会保障部、商务部、卫生计生委、质检总局、食品药品监管总局、林业局、旅游局、网信办、信访局等负责）

1.创新政府网络化管理和服务。加快互联网与政府公共服务体系的深度融合，推动公共数据资源开放，促进公共服务创新供给和服务资源整合，构建面向公众的一体化在线公共服务体系。积极探索公众参与的网络化社会管理服务新模式，充分利用互联网、移动互联网应用平台等，加快推进政务新媒体发展建设，加强政府与公众的沟通交流，提高政府公共管理、公共服务和公共政策制定的响应速度，提升政府科学决策能力和社会治理水平，促进政府职能转变和简政放权。深入推进网上信访，提高信访工作质量、效率和公信力。鼓励政府和互联网企业合作建立信用信息共享平台，探索开展一批社会治理互联网应用试点，打通政府部门、企事业单位之间的数据壁垒，利用大数据分析手段，提升各级政府的社会治理能力。加强对“互联网+”行动的宣传，提高公众参与度。

2.发展便民服务新业态。发展体验经济，支持实体零售商综合利用网上商店、移动支付、智能试衣等新技术，打造体验式购物模式。发展社区经济，在餐饮、娱乐、家政等领域培育线上线下结合的社区服务新模式。发展共享经济，规范发展网络约租车，积极推广在线租房等新业态，着力破除准入门槛高、服务规范难、个人征信缺失等瓶颈制约。发展基于互联网的文化、媒体和旅游等服务，培育形式多样的新型业态。积极推广基于移动互联网入口的城市服务，开展网上社保办理、个人社保权益查询、跨地区医保结算等互联网应用，让老百姓足不出户享受便捷高效的服务。

3.推广在线医疗卫生新模式。发展基于互联网的医疗卫生服务，支持第三方机构构建医学影像、健康档案、检验报告、电子病历等医疗信息共享服务平台，逐步建立跨医院的医疗数据共享交换标准体系。积极利用移动互联网提供在线预约诊疗、候诊提醒、划价缴费、诊疗报告查询、药品配送等便捷服务。引导医疗机构面向中小城市和农村地区开展基层检查、上级诊断等远程医疗服务。鼓励互联网企业与医疗机构合作建立医疗网络信息平台，加强区域医疗卫生服务资源整合，充分利用互联网、大数据等手段，提高重大疾病和突发公共卫生事件防控能力。积极探索互联网延伸医嘱、电子处方等网络医疗健康服务应用。鼓励有资质的医学检验机构、医疗服务机构联合互联网企业，发展基因检测、疾病预防等健康服务模式。

4. 促进智慧健康养老产业发展。支持智能健康产品创新和应用，推广全面量化健康生活新方式。鼓励健康服务机构利用云计算、大数据等技术搭建公共信息平台，提供长期跟踪、预测预警的个性化健康管理服务。发展第三方在线健康市场调查、咨询评价、预防管理等应用服务，提升规范化和专业化运营水平。依托现有互联网资源和社会力量，以社区为基础，搭建养老信息服务网络平台，提供护理看护、健康管理、康复照料等居家养老服务。鼓励养老服务机构应用基于移动互联网的便携式体检、紧急呼叫监控等设备，提高养老服务水平。

5. 探索新型教育服务供给方式。鼓励互联网企业与社会教育机构根据市场需求开发数字教育资源，提供网络化教育服务。鼓励学校利用数字教育资源及教育服务平台，逐步探索网络化教育新模式，扩大优质教育资源覆盖面，促进教育公平。鼓励学校通过与互联网企业合作等方式，对接线上线下教育资源，探索基础教育、职业教育等教育公共服务提供新方式。推动开展学历教育在线课程资源共享，推广大规模在线开放课程等网络学习模式，探索建立网络学习学分认定与学分转换等制度，加快推动高等教育服务模式变革。

（七）“互联网 +”高效物流。

加快建设跨行业、跨区域的物流信息服务平台，提高物流供需信息对接和使用效率。鼓励大数据、云计算在物流领域的应用，建设智能仓储体系，优化物流运作流程，提升物流仓储的自动化、智能化水平和运转效率，降低物流成本。（发展改革委、商务部、交通运输部、网信办等负责）

1. 构建物流信息共享互通体系。发挥互联网信息集聚优势，聚合各类物流信息资源，鼓励骨干物流企业和第三方机构搭建面向社会的物流信息服务平台，整合仓储、运输和配送信息，开展物流全程监测、预警，提高物流安全、环保和诚信水平，统筹优化社会物流资源配置。构建互通省际、下达市县、兼顾乡村的物流信息互联网络，建立各类可开放数据的对接机制，加快完善物流信息交换开放标准体系，在更广范围促进物流信息充分共享与互联互通。

2. 建设深度感知智能仓储系统。在各级仓储单元积极推广应用二维码、无线射频识别等物联网感知技术和大数据技术，实现仓储设施与货物的实时跟踪、网络化管理以及库存信息的高度共享，提高货物调度效率。鼓励应用智能化物流装备提升仓储、运输、分拣、包装等作业效率，提高各类复杂订单的出货处理能力，缓解货物囤积停滞瓶颈制约，提升仓储运管水平和效率。

3. 完善智能物流配送调配体系。加快推进货运车联网与物流园区、仓储设施、配送网点等信息互联，促进人员、货源、车源等信息高效匹配，有效降低货车空驶率，提高配送效率。鼓励发展社区自提柜、冷链储藏柜、代收服务点等新型社区化配送模式，结合构建物流信息互联网络，加快推进县到村的物流配送网络和村级配送网点建设，解决物流配送“最后一公里”问题。

（八）“互联网 +”电子商务。

巩固和增强我国电子商务发展领先优势，大力发展农村电商、行业电商和跨境电商，进一步扩大电子商务发展空间。电子商务与其他产业的融合不断深化，网络化生产、流通、消费更加普及，标准规范、公共服务等支撑环境基本完善。（发展改革委、商务部、工业和信息化部、交通运输部、

农业部、海关总署、税务总局、质检总局、网信办等负责）

1. 积极发展农村电子商务。开展电子商务进农村综合示范，支持新型农业经营主体和农产品、农资批发市场对接电商平台，积极发展以销定产模式。完善农村电子商务配送及综合服务网络，着力解决农副产品标准化、物流标准化、冷链仓储建设等关键问题，发展农产品个性化定制服务。开展生鲜农产品和农业生产资料电子商务试点，促进农业大宗商品电子商务发展。

2. 大力发展行业电子商务。鼓励能源、化工、钢铁、电子、轻纺、医药等行业企业，积极利用电子商务平台优化采购、分销体系，提升企业经营效率。推动各类专业市场线上转型，引导传统商贸流通企业与电子商务企业整合资源，积极向供应链协同平台转型。鼓励生产制造企业面向个性化、定制化消费需求深化电子商务应用，支持设备制造企业利用电子商务平台开展融资租赁服务，鼓励中小微企业扩大电子商务应用。按照市场化、专业化方向，大力推广电子招标投标。

3. 推动电子商务应用创新。鼓励企业利用电子商务平台的大数据资源，提升企业精准营销能力，激发市场消费需求。建立电子商务产品质量追溯机制，建设电子商务售后服务质量检测云平台，完善互联网质量信息公共服务体系，解决消费者维权难、退货难、产品责任追溯难等问题。加强互联网食品药品市场监测监管体系建设，积极探索处方药电子商务销售和监管模式创新。鼓励企业利用移动社交、新媒体等新渠道，发展社交电商、“粉丝”经济等网络营销新模式。

4. 加强电子商务国际合作。鼓励各类跨境电子商务服务商发展，完善跨境物流体系，拓展全球经贸合作。推进跨境电子商务通关、检验检疫、结汇等关键环节单一窗口综合服务体系建设。创新跨境权益保障机制，利用合格评定手段，推进国际互认。创新跨境电子商务管理，促进信息网络畅通、跨境物流便捷、支付及结汇无障碍、税收规范便利、市场及贸易规则互认互通。

（九）“互联网+”便捷交通。

加快互联网与交通运输领域的深度融合，通过基础设施、运输工具、运行信息等互联网化，推进基于互联网平台的便捷化交通运输服务发展，显著提高交通运输资源利用效率和管理精细化水平，全面提升交通运输行业服务品质和科学治理能力。（发展改革委、交通运输部共同牵头）

1. 提升交通运输服务品质。推动交通运输主管部门和企业将服务性数据资源向社会开放，鼓励互联网平台为社会公众提供实时交通运行状态查询、出行路线规划、网上购票、智能停车等服务，推进基于互联网平台的多种出行方式信息服务对接和一站式服务。加快完善汽车健康档案、维修诊断和服务质量信息服务平台建设。

2. 推进交通运输资源在线集成。利用物联网、移动互联网等技术，进一步加强对公路、铁路、民航、港口等交通运输网络关键设施运行状态与通行信息的采集。推动跨地域、跨类型交通运输信息互联互通，推广船联网、车联网等智能化技术应用，形成更加完善的交通运输感知体系，提高基础设施、运输工具、运行信息等要素资源的在线化水平，全面支撑故障预警、运行维护以及调度智能化。

3. 增强交通运输科学治理能力。强化交通运输信息共享，利用大数据平台挖掘分析人口迁徙规律、公众出行需求、枢纽客流规模、车辆船舶行驶特征等，为优化交通运输设施规划与建设、安全运行控制、交通运输管理决策提供支撑。利用互联网加强对交通运输违章违规行为的智能化监管，不断提高交通运输治理能力。

（十）“互联网+”绿色生态。

推动互联网与生态文明建设深度融合，完善污染物监测及信息发布系统，形成覆盖主要生态要素的资源环境承载能力动态监测网络，实现生态环境数据互联互通和开放共享。充分发挥互联网在逆向物流回收体系中的平台作用，促进再生资源交易利用便捷化、互动化、透明化，促进生产生活方式绿色化（发展改革委、环境保护部、

商务部、林业局等负责）

1.加强资源环境动态监测。针对能源、矿产资源、水、大气、森林、草原、湿地、海洋等各类生态要素，充分利用多维地理信息系统、智慧地图等技术，结合互联网大数据分析，优化监测站点布局，扩大动态监控范围，构建资源环境承载能力立体监控系统。依托现有互联网、云计算平台，逐步实现各级政府资源环境动态监测信息互联共享。加强重点用能单位能耗在线监测和大数据分析。

2.大力发展智慧环保。利用智能监测设备和移动互联网，完善污染物排放在线监测系统，增加监测污染物种类，扩大监测范围，形成全天候、多层次的智能多源感知体系。建立环境信息数据共享机制，统一数据交换标准，推进区域污染物排放、空气环境质量、水环境质量等信息公开，通过互联网实现面向公众的在线查询和定制推送。加强对企业环保信用数据的采集整理，将企业环保信用记录纳入全国统一的信用信息共享交换平台。完善环境预警和风险监测信息网络，提升重金属、危险废物、危险化学品等重点风险防范水平和应急处理能力。

3.完善废旧资源回收利用体系。利用物联网、大数据开展信息采集、数据分析、流向监测，优化逆向物流网点布局。支持利用电子标签、二维码等物联网技术跟踪电子废物流向，鼓励互联网企业参与搭建城市废弃物回收平台，创新再生资源回收模式。加快推进汽车保险信息系统、“以旧换再”管理系统和报废车管理系统的标准化、规范化和互联互通，加强废旧汽车及零部件的回收利用信息管理，为互联网企业开展业务创新和便民服务提供数据支撑。

4.建立废弃物在线交易系统。鼓励互联网企业积极参与各类产业园区废弃物信息平台建设，推动现有骨干再生资源交易市场向线上线下结合转型升级，逐步形成行业性、区域性、全国性的产业废弃物和再生资源在线交易系统，完善线上信用评价和供应链融资体系，开展在线竞价，发布价格交易指数，提高稳定供给能力，增强主要再生资源品种的定价权。

（十一）“互联网+”人工智能。

依托互联网平台提供人工智能公共创新服务，加快人工智能核心技术突破，促进人工智能在智能家居、智能终端、智能汽车、机器人等领域的推广应用，培育若干引领全球人工智能发展的骨干企业和创新团队，形成创新活跃、开放合作、协同发展的产业生态。（发展改革委、科技部、工业和信息化部、网信办等负责）

1.培育发展人工智能新兴产业。建设支撑超大规模深度学习的新型计算集群，构建包括语音、图像、视频、地图等数据的海量训练资源库，加强人工智能基础资源和公共服务等创新平台建设。进一步推进计算机视觉、智能语音处理、生物特征识别、自然语言理解、智能决策控制以及新型人机交互等关键技术的研发和产业化，推动人工智能在智能产品、工业制造等领域规模商用，为产业智能化升级夯实基础。

2.推进重点领域智能产品创新。鼓励传统家居企业与互联网企业开展集成创新，不断提升家居产品的智能化水平和服务能力，创造新的消费市场空间。推动汽车企业与互联网企业设立跨界交叉的创新平台，加快智能辅助驾驶、复杂环境感知、车载智能设备等技术产品的研发与应用。支持安防企业与互联网企业开展合作，发展和推广图像精准识别等大数据分析技术，提升安防产品的智能化服务水平。

3.提升终端产品智能化水平。着力做大高端移动智能终端产品和服务的市场规模，提高移动智能终端核心技术研发及产业化能力。鼓励企业积极开展差异化细分市场需求分析，大力丰富可穿戴设备的应用服务，提升用户体验。推动互联网技术以及智能感知、模式识别、智能分析、智能控制等智能技术在机器人领域的深入应用，大力提升机器人产品在传感、交互、控制等方面的性能和智能化水平，提高核心竞争力。

三、保障支撑

（一）夯实发展基础。

1. 巩固网络基础。加快实施“宽带中国”战略，组织实施国家新一代信息基础设施建设工程，推进宽带网络光纤化改造，加快提升移动通信网络服务能力，促进网间互联互通，大幅提高网络访问速率，有效降低网络资费，完善电信普遍服务补偿机制，支持农村及偏远地区宽带建设和运行维护，使互联网下沉为各行业、各领域、各区域都能使用，人、机、物泛在互联的基础设施。增强北斗卫星全球服务能力，构建天地一体化互联网络。加快下一代互联网商用部署，加强互联网协议第6版（IPv6）地址管理、标识管理与解析，构建未来网络创新试验平台。研究工业互联网网络架构体系，构建开放式国家创新试验验证平台。（发展改革委、工业和信息化部、财政部、国资委、网信办等负责）

2. 强化应用基础。适应重点行业融合创新发展需求，完善无线传感网、行业云及大数据平台等新型应用基础设施。实施云计算工程，大力提升公共云服务能力，引导行业信息化应用向云计算平台迁移，加快内容分发网络建设，优化数据中心布局。加强物联网网络架构研究，组织开展国家物联网重大应用示范，鼓励具备条件的企业建设跨行业物联网运营和支撑平台。（发展改革委、工业和信息化部等负责）

3. 做实产业基础。着力突破核心芯片、高端服务器、高端存储设备、数据库和中间件等产业薄弱环节的技术瓶颈，加快推进云操作系统、工业控制实时操作系统、智能终端操作系统的研发和应用。大力发展云计算、大数据等解决方案以及高端传感器、工控系统、人机交互等软硬件基础产品。运用互联网理念，构建以骨干企业为核心、产学研用高效整合的技术产业集群，打造国际先进、自主可控的产业体系。（工业和信息化部、发展改革委、科技部、网信办等负责）

4. 保障安全基础。制定国家信息领域核心技术设备发展时间表和路线图，提升互联网安全管理、态势感知和风险防范能力，加强信息网络基础设施安全防护和用户个人信息保护。实施国家信息安全专项，开展网络安全应用示范，提高“互联网＋”安全核心技术和产品水平。按照信息安全等级保护等制度和网络安全国家标准的要求，加强“互联网＋”关键领域重要信息系统的安全保障。建设完善网络安全监测评估、监督管理、标准认证和创新能力体系。重视融合带来的安全风险，完善网络数据共享、利用等的安全管理和技术措施，探索建立以行政评议和第三方评估为基础的数据安全流动认证体系，完善数据跨境流动管理制度，确保数据安全。（网信办、发展改革委、科技部、工业和信息化部、公安部、安全部、质检总局等负责）

（二）强化创新驱动。

1. 加强创新能力建设。鼓励构建以企业为主导，产学研用合作的“互联网＋”产业创新网络或产业技术创新联盟。支持以龙头企业为主体，建设跨界交叉领域的创新平台，并逐步形成创新网络。鼓励国家创新平台向企业特别是中小企业在线开放，加大国家重大科研基础设施和大型科研仪器等网络化开放力度。（发展改革委、科技部、工业和信息化部、网信办等负责）

2. 加快制定融合标准。按照共性先立、急用先行的原则，引导工业互联网、智能电网、智慧城市等领域基础共性标准、关键技术标准的研制及推广。加快与互联网融合应用的工控系统、智能专用装备、智能仪表、智能家居、车联网等细分领域的标准化工作。不断完善“互联网＋”融合标准体系，同步推进国际国内标准化工作，增强在国际标准化组织（ISO）、国际电工委员会（IEC）和国际电信联盟（ITU）等国际组织中的话语权。（质检总局、工业和信息化部、网信办、能源局等负责）

3. 强化知识产权战略。加强融合领域关键环节专利导航，引导企业加强知识产权战略储备与布局。加快推进专利基础信息资源开放共享，支持在线知识产权服务平台建设，鼓励服务模式创新，提升知识产权服务附加值，支持中小微企业知识产权创造和运用。加强网络知识产权和专利执法维权工作，严厉打击各种网络侵权假冒行为。增强全社会对网络知识产权的保护意识，推动建立"互联网+"知识产权保护联盟，加大对新业态、新模式等创新成果的保护力度。（知识产权局牵头）

4. 大力发展开源社区。鼓励企业自主研发和国家科技计划（专项、基金等）支持形成的软件成果通过互联网向社会开源。引导教育机构、社会团体、企业或个人发起开源项目，积极参加国际开源项目，支持组建开源社区和开源基金会。鼓励企业依托互联网开源模式构建新型生态，促进互联网开源社区与标准规范、知识产权等机构的对接与合作。（科技部、工业和信息化部、质检总局、知识产权局等负责）

（三）营造宽松环境。

1. 构建开放包容环境。贯彻落实《中共中央国务院关于深化体制机制改革加快实施创新驱动发展战略的若干意见》，放宽融合性产品和服务的市场准入限制，制定实施各行业互联网准入负面清单，允许各类主体依法平等进入未纳入负面清单管理的领域。破除行业壁垒，推动各行业、各领域在技术、标准、监管等方面充分对接，最大限度减少事前准入限制，加强事中事后监管。继续深化电信体制改革，有序开放电信市场，加快民营资本进入基础电信业务。加快深化商事制度改革，推进投资贸易便利化。（发展改革委、网信办、教育部、科技部、工业和信息化部、民政部、商务部、卫生计生委、工商总局、质检总局等负责）

2. 完善信用支撑体系。加快社会征信体系建设，推进各类信用信息平台无缝对接，打破信息孤岛。加强信用记录、风险预警、违法失信行为等信息资源在线披露和共享，为经营者提供信用信息查询、企业网上身份认证等服务。充分利用互联网积累的信用数据，对现有征信体系和评测体系进行补充和完善，为经济调节、市场监管、社会管理和公共服务提供有力支撑。（发展改革委、人民银行、工商总局、质检总局、网信办等负责）

3. 推动数据资源开放。研究出台国家大数据战略，显著提升国家大数据掌控能力。建立国家政府信息开放统一平台和基础数据资源库，开展公共数据开放利用改革试点，出台政府机构数据开放管理规定。按照重要性和敏感程度分级分类，推进政府和公共信息资源开放共享，支持公众和小微企业充分挖掘信息资源的商业价值，促进互联网应用创新。（发展改革委、工业和信息化部、国务院办公厅、网信办等负责）

4. 加强法律法规建设。针对互联网与各行业融合发展的新特点，加快"互联网+"相关立法工作，研究调整完善不适应"互联网+"发展和管理的现行法规及政策规定。落实加强网络信息保护和信息公开有关规定，加快推动制定网络安全、电子商务、个人信息保护、互联网信息服务管理等法律法规。完善反垄断法配套规则，进一步加大反垄断法执行力度，严格查处信息领域企业垄断行为，营造互联网公平竞争环境。（法制办、网信办、发展改革委、工业和信息化部、公安部、安全部、商务部、工商总局等负责）

（四）拓展海外合作。

1. 鼓励企业抱团出海。结合"一带一路"等国家重大战略，支持和鼓励具有竞争优势的互联网企业联合制造、金融、信息通信等领域企业率先走出去，通过海外并购、联合经营、设立分支机构等方式，相互借力，共同开拓国际市场，推进国际产能合作，构建跨境产业链体系，增强全球竞争力。（发展改革委、外交部、工业和信息化部、商务部、网信办等负责）

2. 发展全球市场应用。鼓励"互联网+"企业整合国内外资源，面向全球提供工业云、供应链管理、大数据分析等网络服务，培育具有全球影响力的"互联网+"应用平台。鼓励互联网企业积极拓展海外用户，推出适合不同市场文化的产品和服务。（商务部、发展改革委、工业和信息化部、网信办等负责）

3. 增强走出去服务能力。充分发挥政府、产业联盟、行业协会及相关中介机构作用，形成支持“互联网+”企业走出去的合力。鼓励中介机构为企业拓展海外市场提供信息咨询、法律援助、税务中介等服务。支持行业协会、产业联盟与企业共同推广中国技术和中国标准，以技术标准走出去带动产品和服务在海外推广应用。（商务部、外交部、发展改革委、工业和信息化部、税务总局、质检总局、网信办等负责）

（五）加强智力建设。

1. 加强应用能力培训。鼓励地方各级政府采用购买服务的方式，向社会提供互联网知识技能培训，支持相关研究机构和专家开展“互联网+”基础知识和应用培训。鼓励传统企业与互联网企业建立信息咨询、人才交流等合作机制，促进双方深入交流合作。加强制造业、农业等领域人才特别是企业高层管理人员的互联网技能培训，鼓励互联网人才与传统行业人才双向流动。（科技部、工业和信息化部、人力资源社会保障部、网信办等负责）

2. 加快复合型人才培养。面向“互联网+”融合发展需求，鼓励高校根据发展需要和学校办学能力设置相关专业，注重将国内外前沿研究成果尽快引入相关专业教学中。鼓励各类学校聘请互联网领域高级人才作为兼职教师，加强“互联网+”领域实验教学。（教育部、发展改革委、科技部、工业和信息化部、人力资源社会保障部、网信办等负责）

3. 鼓励联合培养培训。实施产学合作专业综合改革项目，鼓励校企、院企合作办学，推进“互联网+”专业技术人才培训。深化互联网领域产教融合，依托高校、科研机构、企业的智力资源和研究平台，建立一批联合实训基地。建立企业技术中心和院校对接机制，鼓励企业在院校建立“互联网+”研发机构和实验中心。（教育部、发展改革委、科技部、工业和信息化部、人力资源社会保障部、网信办等负责）

4. 利用全球智力资源。充分利用现有人才引进计划和鼓励企业设立海外研发中心等多种方式，引进和培养一批“互联网+”领域高端人才。完善移民、签证等制度，形成有利于吸引人才的分配、激励和保障机制，为引进海外人才提供有利条件。支持通过任务外包、产业合作、学术交流等方式，充分利用全球互联网人才资源。吸引互联网领域领军人才、特殊人才、紧缺人才在我国创业创新和从事教学科研等活动。（人力资源社会保障部、发展改革委、教育部、科技部、网信办等负责）

（六）加强引导支持。

1. 实施重大工程包。选择重点领域，加大中央预算内资金投入力度，引导更多社会资本进入，分步骤组织实施“互联网+”重大工程，重点促进以移动互联网、云计算、大数据、物联网为代表的新一代信息技术与制造、能源、服务、农业等领域的融合创新，发展壮大新兴业态，打造新的产业增长点。（发展改革委牵头）

2. 加大财税支持。充分发挥国家科技计划作用，积极投向符合条件的“互联网+”融合创新关键技术研发及应用示范。统筹利用现有财政专项资金，支持“互联网+”相关平台建设和应用示范等。加大政府部门采购云计算服务的力度，探索基于云计算的政务信息化建设运营新机制。鼓励地方政府创新风险补偿机制，探索“互联网+”发展的新模式。（财政部、税务总局、发展改革委、科技部、网信办等负责）

3. 完善融资服务。积极发挥天使投资、风险投资基金等对“互联网+”的投资引领作用。开展股权众筹等互联网金融创新试点，支持小微企业发展。支持国家出资设立的有关基金投向“互联网+”，鼓励社会资本加大对相关创新型企业的投资。积极发展知识产权质押融资、信用保险保单融资增信等服务，鼓励通过债券融资方式支持“互联网+”发展，支持符合条件的“互联网+”企业发行公司债券。开展产融结合创新试点，探索股权和债权相结合的融资服务。降低创新型、成长型互联网企业的上市准入门槛，结合证券法修订和股票发行注册制改革，支持处于特定成长阶段、发展前景好但尚未盈利的互联网企业在创业板上市。推动银行业金融机构创新信贷产品与金融服务，加大贷款投放力度。鼓励开发性金融机构为“互联网+”重点项目建设提供有效融资支持。（人民银行、发展改革委、银监会、证监会、保监会、网信办、开发银行等负责）

（七）做好组织实施。

1.加强组织领导。建立“互联网+”行动实施部际联席会议制度，统筹协调解决重大问题，切实推动行动的贯彻落实。联席会议设办公室，负责具体工作的组织推进。建立跨领域、跨行业的“互联网+”行动专家咨询委员会，为政府决策提供重要支撑。（发展改革委牵头）

2.开展试点示范。鼓励开展“互联网+”试点示范，推进“互联网+”区域化、链条化发展。支持全面创新改革试验区、中关村等国家自主创新示范区、国家现代农业示范区先行先试，积极开展“互联网+”创新政策试点，破除新兴产业行业准入、数据开放、市场监管等方面政策障碍，研究适应新兴业态特点的税收、保险政策，打造“互联网+”生态体系。（各部门、各地方政府负责）

3.有序推进实施。各地区、各部门要主动作为，完善服务，加强引导，以动态发展的眼光看待“互联网+”，在实践中大胆探索拓展，相互借鉴“互联网+”融合应用成功经验，促进“互联网+”新业态、新经济发展。有关部门要加强统筹规划，提高服务和管理能力。各地区要结合实际，研究制定适合本地的“互联网+”行动落实方案，因地制宜，合理定位，科学组织实施，杜绝盲目建设和重复投资，务实有序推进“互联网+”行动。（各部门、各地方政府负责）

国务院

2015年7月1日

大事记

记载2014年度发生的工程机械行业的重大事件

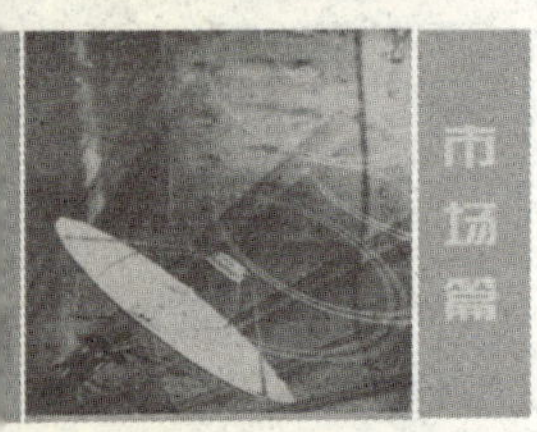

大事记

中国工程机械行业大事记（2014 年）

1 月

6 日 中国工程机械工业协会举行“工程机械身份识别”申报工作启动新闻发布会，宣布从 2014 年 1 月起，行业将从量大面广的挖掘机、推土机、装载机、压路机、叉车五类工程机械着手，试点推行身份识别申报工作，之后逐步推广到各工程机械产品种类。“工程机械身份识别”要求产品生产厂家对所生产的设备按照一定的规范编制包含诸如品牌、机种、型号、原产地、生产日期等信息的设备识别序列号，并通过建立一个以“中国工程机械工业协会二手设备专家委员会”为基础的公平、公正设备身份识别第三方网络信息查询平台，使得二手工程机械交易中所需相关产品信息得以真实披露，以此规范评估、定价、检测、税收等环节，促进公平交易，保护交易双方及有关各方利益，确保二手设备市场规范、健康发展。

10 日 2013 年度国家科学技术奖励大会在北京举行。中联重科的“超大型塔式起重机关键技术及应用”项目获国家科技进步奖二等奖。该项目突破了多项超大型塔机技术瓶颈，提升了我国桥梁的建设水平，拥有成套技术的自主知识产权，实现了超大型塔机的规模化生产，打破了国外品牌的垄断，对国家经济建设具有重要意义。

17 日 山东临工赞助亚足联俱乐部赛事签约仪式在北京隆重举行。此次赞助“亚冠”，是山东临工自 2011 年连续三年成为中超联赛主赞助商后，第二次发力足球赛事。山东临工希望借助亚冠联赛的影响力，在全亚洲范围内开展一系列品牌活动，促进临工产品品牌升级。能成为首家赞助亚足联的中国企业，充分体现了我国工程机械行业的发展实力。

2 月

26 日 日本叉车制造厂 UC 公司与安徽合叉叉车有限公司签署合作协议，在合肥投资 20 亿元，打造全球最大的工业叉车制造基地。此次签约标志着两大叉车制造商合作正式达成。以合资协议签约为契机，双方必将通力合作，携手朝着打造叉车行业的“世界第一”而努力奋进。

同日 第二届山东临工“中国好司机”公益活动暨工程机械行业“好司机”俱乐部成立仪式在山东济南隆重举行。“中国好司机”涵盖了客户关爱、行业规范、公益行动、社会价值等多个维度，开创了业界公益活动的先河，打造了一条履行企业社会责任的全新路线。此外，“中国好司机”为行业输送了大量优秀人才，推动了行业的规范发展，对处在转型升级期的工程机械行业来说，无疑是一场及时雨，一股正能量。

3 月

4 日 2014 美国工程机械博览会（Conexpo-Con/Agg2014）在美国拉斯维加斯隆重开幕。本届展会各国参展商共 2 400 家，参展总面积达到 38.7 万 m^2，吸引了来自 150 多个国家的专业观众 125 000 多名。展会期间，中国工程机械企业以更加完整的阵容和技术含量更高的产品纷纷精彩亮相，展现了中国制造的品牌力量。使本届展会成为业内展示最新技术、设备和产品的重要平台。

4月

2日 中联重科举行新闻发布会，宣告正式完成对德国 M-TEC 公司并购的股权交割。M-TEC 公司是全球唯一同时具备研发生产干混砂浆站类设备及干混砂浆施工设备的公司，是全球干混砂浆设备领域的第一品牌企业。中联重科借助与 M-TEC 的并购整合优势，有望在亚洲及全球干混砂浆设备领域占据市场第一的份额。

18日 全球首条 150t/h 的干法楼式机制砂生产线由中联重科研发成功并在湖南吉首投产运营。该生产线申请了 20 余项国家专利，拥有多项自主知识产权，是我国砂石装备行业的一项重大技术创新项目，在全球砂石装备领域处于顶尖水平。

26～28日 由中国工程机械工业协会混凝土制品机械分会组织的“全国建筑预制品装备技术专题研讨会”在西安召开。会议结合混凝土制品机械行业发展现状，就预制建筑 (PC) 装备技术、固体废弃物再利用、加气混凝土制品机械、泡沫混凝土制品机械等热点新技术、传统制品机械技术等进行了深入的探讨和交流。

29日 我国首台 360t 核电环行起重机由太原重工股份有限公司自主研发制造并正式试车成功。该起重机兼具一般核电站环行起重机和乏燃料容器起重机的双重功能，能够承担新燃料吊篮的吊装和乏燃料的吊运，可提供可靠的核安全保障。该起重机各项指标及性能均达到了当今国际先进水平，是目前国际上运行小车起重量最大、功能最多、安全措施最齐全的环行起重机。在该设备领域首次实现了进口替代，同时也标志着我国民族工业已向高端方向发展。

5月

10日 中共中央总书记、国家主席、中央军委主席习近平在河南考察，深入中铁工程装备集团有限公司指导工作。他指出，国家大力推进的新型工业化、信息化、城镇化、农业现代化建设，需要装备制造业支撑，掘进机正逢其时。 在视察中，习近平指出，中国是装备制造业大国，但同发达国家相比还有差距，实现中国梦，装备制造业这个基础必须打牢。装备制造业的核心是技术创新，一个国家综合实力的核心还是技术创新，不掌握科技创新最灵魂、最根本的东西，就掌握不了国家科技事业发展的命运。他还做出了“推动中国制造向中国创造转变、中国速度向中国质量转变和中国产品向中国品牌转变”的重要指示。习近平视察中铁装备，极大地鼓舞了工程机械行业的士气，同时也体现出国家对于包括工程机械行业在内的机械行业的高度重视。目前，工程机械行业实施的科技支撑计划、工程机械重大装备产业化专项、工程机械强国战略以及工业强基工程等必将对工程机械行业长期健康发展、全面实现工程机械产业强国战略起到巨大推动作用。

15日 全球工程机械行业内第一条连续装配自动化流水线在中联重科进入正式生产阶段。流水线以底盘装配为主体，充分结合中联重科多年的汽车起重机制造技术，可满足 12～80t 多品种汽车起重机柔性装配需求。该项目的实施，对提升中联重科装配线硬件水平，提升产品品质的一致性，实现精益生产起到积极的推动作用。意味着中联重科工程起重机的制造水平将迎来大幅提升，达到行业内最高制造水平。

同日 由中联重科开发的全国首套专业砂浆机械化组合施工设备在重庆大业进行施工试验并取得圆满成功。该设备的研发成功，填补了行业空白，颠覆了传统的人工施工模式，极大地缩短了砂浆施工时间，且能极大地提高砂浆质量，大幅度降低施工成本，必将极大地促进我国砂浆行业的发展。同时，进一步拓展了中联干混砂浆设备的产品线，为公司抢占干混砂浆站类设备市场提供了强有力的支持。

16日 环境保护部以及国家质量监督检验检疫总局联合发布《非道路移动机械用柴油机排气污染物排放限值及测量方法(中国第三、四阶段)》标准（GB 20891—2014）。该标准规定了第三阶段非道路移动机械用柴油机排气污染物排放限值和测量方法，并提出了第四阶段的预告性要求。标准要求，自2014年10月1日起，凡进行排气污染物排放型式核准的非道路移动机械用柴油机都必须符合本标准第三阶段要求。并且要求自2015年10月1日起，停止制造和销售第二阶段非道路移动机械用柴油机，所有制造和销售的非道路移动机械用柴油机，其排气污染物排放必须符合本标准第三阶段要求。

日益严苛排放标准的实施，对中国工程机械企业在消化吸收原标准底盘、发动机库存的同时，加快推进新标准设备的上市，研制、试验及推广使用清洁能源的新一代工程机械产品提出了更高要求。

同日 由中国工程机械工业协会挖掘机械分会组织召开的“2014中国挖掘机械行业高层座谈会”在上海隆重召开。会议就2014年中国挖掘机械市场整体形势、行业存在的风险，以及如何营造良性市场竞争环境等问题进行了广泛深入的探讨。

17日 “第三届中国工业大奖”表彰大会在北京隆重举行。工程机械行业企业除徐工集团荣膺本届大奖最高奖项外，三一重工股份有限公司的参选项目荣获了表彰奖，中联重科股份有限公司参选项目荣获了提名奖。“中国工业大奖”是经国务院批准设立的我国工业领域的最高奖项。其宗旨是深入贯彻落实科学发展观，大力表彰坚持科学发展观、走中国特色新型工业化道路、代表我国工业化方向、道路和精神，代表工业发展最高水平，对增强综合国力、推动国民经济发展做出重大贡献的工业企业和项目。

18日 中国工程机械工业协会2014年统计信息工作会议在湖北省宜昌市召开。会议对协会继续规范和完善统计信息工作，提高行业发展分析预测水平等有关工作作出了安排。

同日 中国工程机械工业协会工程起重机分会在湖北宜昌召开了行业统计工作会议。会议以“加强行业信息交流，规范行业统计工作——共同探讨行业统计工作的改进方向”为主题，从统计工作的开展阶段、已实现销售产品系列、汽车起重机销售区域特点、行业国内外企业的发展变革四大方面对分会统计工作的发展历程和工作开展情况进行了回顾、总结；并从各类产品统计报表涉及的企业、行业统计报表形式、企业统计报表改变情况、分会统计报表改进方向等方面对分会相关统计工作进行了介绍、说明。

28日 由中国机械工业联合会、中国汽车工业协会主办评选的“2013年度中国机械工业百强企业”名单正式揭晓，共有11家工程机械行业企业入榜。其中，国机集团以2 362亿元主营业务收入位居第一，徐工集团以930亿元主营业务收入列第三，中联重科与三一重工分列第五、第六位等。该名单反映出机械工业大型龙头企业上年的发展成果，激励行业企业加快推进结构调整和转型升级。

30日 全球最高113m DG113登高平台消防车由中联重科自主研发成功并通过了项

目评审验收。该设备的成功研发标志着中国长臂架高空消防救助及作业装备技术水平上升到了一个前所未有的高度。打破了目前我国 90m 以上消防车全部依赖进口的局面。是我国消防救援设备发展史上的又一里程碑。

6月

3日 “第 15 届俄罗斯国际建筑及工程机械展（CTT）”在莫斯科克洛库斯国际展览中心隆重开幕。CTT 展是俄罗斯以及远东地区最大的工程机械专业展会。已有 15 年的历史，越来越受到中国展商和用户的重视。本届展会展出面积相比上年增长 15%，有来自 35 个国家的 1 100 家参展单位出席盛会，参观观众达 40 000 多人。中国工程机械工业协会是俄罗斯展的中国独家代理机构。本届展会期间共组织了 153 家中国企业参展。据统计，我国企业共接待国际客户 9 000 人，洽谈意向采购金额超过 1 亿美元，取得了令人满意的参展效果。

6日 徐工集团首个国外全资生产基地——徐工巴西制造基地竣工投产暨产品下线仪式在巴西米纳斯州包索市隆重举行。该基地一期项目总投资 2 亿美元，于 2012 年 12 月奠基，建设、竣工投产并完成首批产品下线历时 18 个月。基地占地面积 80 万 m^2，建设了面积为 14 万 m^2 的 4 座主要生产厂房。新落成的制造基地第一阶段生产包括起重机、挖掘机、装载机、压路机、平地机等主营工程机械产品，形成 7 000 台工程机械的年生产能力。同时，为了更好地服务当地市场，徐工在巴西基地成立了研发中心。徐工巴西制造基地的投产，表明徐工集团的国际化战略向前迈出了重要一步。

同日 由中国工程机械工业协会路面与压实机械分会主办的“2014 压路机行业高层碰面会”在山东济宁举办。会议分析研究了当前路面与压实机械行业的发展形势及存在的问题，交流探讨了未来行业市场走势。

11日 由《今日工程机械》杂志社举办的“2014 年第十二届工程机械市场高层沙龙”在北京成功召开。本次会议为与会嘉宾打开了新媒体及大数据形势下的数字营销新思维，并通过实操性的培训，协助企业开拓数字营销及新媒体业务领域。

12日 玉柴 YC6L-60 发动机顺利通过了欧盟 E/e-mark 认证试验，玉柴因此成为国内率先通过欧Ⅵ认证的企业，认证成功不仅为玉柴发动机产品走向国际市场奠定了坚实基础，还标志着玉柴在产品研发和技术管理上步入了国际先进行列。

14日 南阳国宇正式宣布完成对欧洲最大动臂塔机制造商威尔伯特集团的整体并购，成为中国第三起成功并购德国整机企业的案例。此次并购将南阳国宇的制造业产品线由汽车零部件延伸至重型起重机的整机产品领域，使公司进入国际高端装备制造业供应链体系。为南阳国宇“走出去”抢占了欧洲桥头堡，同时又为以后“转回来”搭建了国际平台。

15日 在中国第一高楼上海中心，三一重工超高压混凝土拖泵成功将混凝土泵送至 620m 高度，创造超高层混凝土泵送新的世界纪录，再次向全世界展示了“世界泵王”在超高层混凝土泵送领域无与伦比的领导地位。标志着三一的超高性能混凝土的配比及泵送水平已达到世界顶尖水平。

16日 中国重汽青岛重工研发的可根据视野需要调整驾驶室高度的 HW240-8B 型特种液压挖掘机顺利下线，产品各项技术指标通过了国家质量检验监督中心验证，填补了国内空白。该产品可大幅降低用户的购置、维护成本，并可推广应用到以“专、精、细”为特点的港口的矿石及原木装卸、钢铁厂的废钢装载、铁路大宗散装物流中转站等需要提升视野范围的特殊需求的细分市场。

25日 世界最大履带移动筛分站发货仪式在黎明重工上街工业园隆重举行。履带移动站上加载的筛分装置宽2.56m，长6m，该设备的成功研制充分体现了黎明重工“规范化、价值化、系列化、差异化”的“四化”服务理念和产品创新及服务创新的能力。

26日 第三届“林德杯”叉车职业技能大赛启动仪式在北京隆重举行。为了将“不断追求、不断超越”的体育精神融入物流行业发展之中，进一步推进叉车行业职业操作技能培训工作的开展，本次大赛首次为优秀选手颁发《叉车操作工职业资格证书》，以此提高叉车工作人员的设备操作能力与工作效率，真正为中国物流行业的发展贡献力量。

同日 中国兵器工业集团旗下阿特拉斯工程机械有限公司研发的首台70吨级大型液压挖掘机成功下线。该挖掘机投入市场后将改变我国大型矿用挖掘机没有自主知识产权的被动局面，填补该领域空白。

27日 “2014年度中国工程机械精英代理商热点论坛暨代理商工作委员会第三届第六次常务理事会议”在贵阳举行。会议以“新时期，新定位，共话锦绣‘黔程’”为主题，针对中国工程机械市场发展情况进行了详细研讨和解读。

同月 三一重工宣布2013年公司南非大区销售额突破12亿元，主打产品起重机和港口机械设备分别以24%和28%的市场占有率位居当地第一。三一重工依靠优异的产品性能，无与伦比的售后服务支持和配件供应支持，使得本地客户对“中国制造”从陌生变为熟悉，从观望变为信赖。

同月 中国兵器工业集团东北工业集团山东蓬翔汽车有限公司设计开发的60吨级油气悬挂矿用车试制成功，通过评审，填补了国内大吨位矿用车配置油气悬挂技术的空白。

同月 徐工集团自主研发的国内首台XTR260悬臂式隧道掘进机成功下线，该机的成功研制将有效提升隧道施工质量和效益，促进国内隧道施工模式的转变，同时填补国内悬臂式隧道掘进机的空白。

7月

3日 “中国首届高空作业平台租赁峰会”在江苏省苏州市召开。会议指出，随着未来10年中国经济发展的放缓，设备租赁将成为不少企业控制内部成本、提高作业效益的首选，伴随国内设备用户消费习惯的改变与日趋严格的施工安全标准，我国高空作业平台的租赁市场无疑拥有最为巨大的市场潜力。

15日 “中国机械工业科学技术奖”评审在北京举行。中国工程机械工业协会、工程机械企业和专业院校、研究院所的18位行业专家参加了项目的初审工作。共有30多家工程机械行业企业通过网络申报系统独立或联合报送了数十项评审项目，涉及起重机械、掘进机械、环卫机械、土方机械、路面机械、混凝土机械、高空作业机械、工业车辆、配套件等多类产品及制造关键技术，申报项目呈现出创新点多、技术含量高、社会效益和经济效益显著等特点。经评委们严谨细致的评审，初审共推荐特等奖项目2项，一等奖项目2个，二等奖项目9个，三等奖项目13个。

同日 美国哥伦比亚特区联邦上诉法院就三一集团有限公司在美关联公司罗尔斯（Ralls）因俄勒冈州风电项目被禁止诉美国外资委员会（CFIUS）和美国总统奥巴马案，推翻地方分区法院批准美国政府相关动议的判决，做出如下判决：三一集团有限公司在美关联公司罗尔斯在该项目中具有受宪法程序正义保护的财产权；奥巴马下达的禁止该项目的总统令违反程序正义，侵犯了Ralls的财产权；CFIUS 就该项目所下达的命令，不因奥巴马总统令而自动规避法院的审查。随着“走出去”步伐加快及进一步融入国外市场，中国工程机械企业不可避免地遭遇权益被损害所导致的法律纠纷问题。近年来，中国企业积极应对国外维权问题，以法律手段维护了企业在国际市场的合法权益。

同日 由玉柴集团承建的“高效节能环保内燃机国家工程实验室建设”项目顺利通过验收。至此，中国内燃机行业最高规格的研发平台在玉柴诞生。该实验室是国内内燃机行业唯一得到国家认可并授牌的国家级工程实验室，是根据内燃机产业向高效、低排放方向发展的迫切需求，针对提高内燃机燃烧效率、降低排放水平等问题，建成的面向内燃机行业的先进研发基地及成果转化和工程化应用平台。

同日 由江苏锐成机械有限公司自主研发和制造的我国首台泥浓式推进盾构机在宜兴成功下线，打破了国外对我国高档、大型、成套搅拌摩擦焊装备的市场垄断地位，填补了国内空白，技术性能全面达到国际先进水平，也标志着企业高端机械装备制造能力跃上新的台阶。

16日 中巴两国元首在巴西利亚举行会谈，共同见证了三一重工投资巴西备忘录的签订。三一重工计划在巴西投资约 3 亿美元，在圣保罗州札卡里伊市建厂，开展工程机械设备的研发制造与销售。目前，三一重工位于札卡里伊市的新工厂一期工程基本完成，并于 2015 年投入运营。项目的成功签约，体现了三一集团新的国外发展战略，三一集团通过自主型技术创新、服务与制造所形成的核心竞争力，争取了自己的市场份额，赢得了世界对“中国制造”的信赖。

19日 冀东装备股份有限公司制造的我国首台 RCI140.160 履带式移动破碎机正式下线，并在冀东发展集团水泥矿山投入使用。履带式移动破碎机的成功制造填补了国内水泥矿山移动破碎机国产化生产空白，同时也体现了企业技术能力的提升。

26日 全球最大平头塔机 T3000 定制交付仪式在中联重科常德工业园隆重举行。该项纪录的诞生标志着中联重科塔机技术站在了世界塔机设计和制造领域的最前沿，充分彰显了中联重科在全球起重机行业的领先地位和主导作用。

同月 广西玉柴机器股份有限公司同卡特彼勒（中国）投资有限公司达成协议，买断后者所持合资公司——玉柴再制造工业（苏州）有限公司中 49% 的股份，实现完全控股。协议的达成对广西玉柴再制造能力的提升将起到很大的推动作用。

同月 作为“十二五”国家科技支撑计划项目，由新沂八达重工等 8 家单位联合研发的 3 台世界最大吨位的“双动力智能型双臂手系列化救援机器人”顺利通过国家验收。该产品在武警、部队特殊用途，以及应急处置、消防、大型厂房、建筑物、机械拆解等领域有广阔的发展前景。

同月 中联重科首台 2M 概率分选筛成功下线，实现了 2M 概率分选筛的自主研发和生产制造，标志着中联重科成功打破了国外企业在高端筛分设备领域的垄断地位。

29～31日 由中国工程机械工业协会主办的首届“全国工程机械行业标准化工作会议”在国家工程机械质量监督检验中心东花园培训中心成功举办。会议指出，国家培育发展社会团体标准是为了建立以市场为导向、发挥市场在标准化资源配置中的决定作用，提高标准的有效供给和解决相关问题。协会及各分支机构应在政府部门的指导下，以社会团体标准为抓手，依靠行业各重点企业的力量，充分调动各标委会、检测机构、研究院所和大专院校标准化工作的积极性，发挥好用户在标准化方面的作用，利用好现有资源，积极做好相关工作。同时，加强强制性标准，完善推荐性标准，培育和发展社会团体标准，改革企业标准备案制度，使强标更强，推标更优，团标更活，企标更高，对我国工程机械行业的发展具有重大意义。

8月

3日 云南省昭通市鲁甸县发生6.5级地震，给灾区同胞造成了巨大的精神伤痛和物质损失。面对无情的自然灾害，在历次抢险救灾中表现突出的工程机械行业再次表现出行业人应有的社会责任感和火热的爱心，地震发生后第一时间，工程机械行业企业积极响应政府号召，纷纷加入到震后救援行列当中，带着抢险救灾的设备及灾区急需的各类物资驰援灾区，用实际行动增强灾区人民战胜地震灾害的信心，为抗震救灾、重建家园贡献自己的一分力量。

6日 以“质精致新，筑梦中国”为主题的BICES2015新闻发布会在北京隆重召开，标志着BICES2015筹展工作的全面启动。同时，在新闻发布会上“中国国际应急抢险救援装备展”第三次筹展工作和以“创新、智能、绿色、领先”为主题的“BICES中国—第三届创意设计大赛”筹备工作也正式启动。本届展会预计招募超过1 000家各国展商参展，展览面积将突破200 000m^2。在为期4天的展会期间，将邀请到更多的国内专业观众以及全球更多新兴市场的专业观众观展。展品范围涵盖工程机械、建材机械、矿山机械、商用车辆、应急抢险等领域。

同日 经过中国工程机械工业协会初审、第三方综合评价、协会信用评价专家委员会审定等程序， 2014年全行业有6家企业获得AAA级信用等级，3家企业获得AA级信用等级。本次评比活动于2014年1月启动，是中国工程机械工业协会启动的第二次评审。该项工作的开展是为了整顿和规范工程机械行业信用秩序和竞争环境，在中国工程机械行业中形成以行业信用信息平台为基础、以行业自律为灵魂、以企业守信为表率、以加强市场监管为重点、以培育信用意识和能力为支撑，营造“守信光荣、失信可耻”的信用环境，树立中国工程机械行业的良好形象，增强企业在国际和国内的竞争力。中国工程机械工业协会自2012年1月起，申请参与“行业信用评价”工作。

8日 中联重科并购荷兰Raxtar公司在上海金茂大厦正式签约。中联重科宣布收购荷兰Raxtar公司35%的股权，这标志着中联重科致力打造全球施工升降机领域领导者迈出了实质性一步。

20日 中联重科、弘毅投资与奇瑞重工共同宣布，中联重科以20.88亿元收购奇瑞重工占总股本60%的18亿股股份，弘毅投资则以6.96亿元取得奇瑞重工6亿股股份，占总股本的20%。此次并购标志着中联重科拓展农业机械业务板块的战略正式落地。此次股权转让是中国机械装备行业通过体制、机制创新，实现跨越式发展的开始。

同月 由《中国工程机械》杂志制作的最新一届“2014全球工程机械制造商50强排行榜”正式发布。来自中国、日本、美国、德国等13个国家的企业入榜，其中中国企业11家（包括徐工集团、中联重科、三一重工、柳工集团、龙工、山推股份、厦工机械、国机重工、福田雷沃重工、北方股份、山河智能），入榜企业数量与日本并列第一。在全球经济、产业至今没有实质性好转，我国经济依然波动的背景下，我国工程机械制造商应该加快转型升级，简化机构与流程，严控成本，实现经营模式创新，推动渠道完善与供应链整合，强化品牌建设，提升危机意识、竞争意识、创新意识，使自身综合竞争力和盈利能力全面升级，进一步做实中国企业在全球产业阵营的地位，强化中国品牌在世界的存在感与影响力。

27 日 由中国工程机械工业协会主办的“中国工程机械再制造产业发展路线图”研讨暨工程机械再制造产业联盟筹备会议在北京召开。会议旨在从再制造产业以及工程机械行业发展诉求出发，制定工程机械再制造产业发展路线规划方案，为工程机械再制造产业发展提供参考，也为国家政府部门制定行业政策提供依据。

27～29 日 中国工程机械工业协会工业车辆分会统计工作会议在山东泰安召开。会议就外资订单分享，分行业流向表、租赁统计、行业预测等问题进行了讨论。会上推动外国企业按季度上报分行业流向表，推动叉车租赁业务继续开展统计工作。

9月

16 日 由中国工程机械工业协会混凝土机械分会主办的“2014 中国混凝土机械行业年会”在青岛召开。本届年会就混凝土机械行业发展热点与难点以及未来前景走势展开研讨，取得了积极而丰硕的成果。

18～19 日 中国工程机械工业协会钢筋及预应力机械分会在北京隆重召开了分会成立 30 周年庆祝大会和 2014 年年会暨钢筋及预应力技术在我国建筑工业化中的应用研讨会。本次会议对推动我国钢筋机械连接、钢筋集中加工配送和应力机械技术发展起到积极作用。

20 日 第十七届世界工业车辆联盟会议在英国约克召开。中国工程机械工业协会工业车辆分会参加了本次会议。会议对参加联盟的各个国家和地区的经济情况、工业车辆行业发展情况和未来行业发展趋势进行了分析，安徽叉车集团有限责任公司董事长张德进代表中方做了报告。世界工业车辆联盟是一个代表世界工业车辆制造商的组织，其目的是促进讨论行业内共同关心的非竞争性的议题。联盟成立 16 年以来，有效地传播了全球叉车市场的信息，而中国在联盟中的作用也日渐突出。

10月

13～14 日 中国工程机械工业协会工业车辆分会六届二次会员代表大会暨 2014 年年会在北京召开。会上举办了《中国工业车辆行业发展史》出版发行仪式。本届年会对工业车辆行业市场的发展进行了深度分析，获得参会代表的高度评价，收到了预期效果。

17 日 “追梦南极　直通极限——第二届全国土方机械操作技能大赛”决赛胜利举行。该项大赛在“2013 年直通极限”赛事上进行了升级翻新，是目前全国最具影响力的土方机械操作大赛。大赛每年举办一次，操作手可以通过此项赛事提升操作技能，同时取得国家承认的操作资格证书，更重要的是为国家南北极科考及我国经济进入更高发展阶段提供高技能机械操作人才。

23 日 第六届全国交通运输行业“厦工杯”筑路机械操作工技能竞赛全国总决赛在河南焦作落下帷幕。来自 22 个省的 120 名选手参加比赛，30 人获得竞赛一、二、三等奖，60 人获得“全国交通技术能手”称号。该项竞赛为国家级一类竞赛，由于竞技水平高、参与人员广等因素被誉为“筑养路机械操作手的奥林匹克盛会”。竞赛旨在提高全国交通运输行业筑养路机械操作人员的综合素质，展示筑养路机械操作手的高超技艺和爱岗敬业的精神风貌，促进交通运输基础设施建设领域高技能人才快速成长，为人才选拔提供渠道。

30 日 “2014 年中国工程

机械工业协会配套件行业年会”在天津隆重召开。本届年会以“理性发展探索破冰之道”为主题，旨在引导工程机械配套件企业把握大势，应时而变，适应中国经济新形势，把投资驱动转变为战略创新驱动，通过理性发展和改革创新，打造破冰之旅中的神兵利器。

11月

5日 由中国工程机械工业协会主办的四届四次会员代表大会暨第十三届中国工程机械发展高层论坛在安徽省合肥市隆重召开。本届年会的召开使行业企业有信心将压力转化为自身提质增效、转型升级的动力，积极适应从高速发展到平稳发展的新常态，共同探索工程机械强国发展路线，落实行动方案，推动行业在2020年率先突破，实现由工程机械制造大国向强国转变的战略目标。

19～21日 由中国工程机械工业协会市政与环卫机械分会主办的“2014年中国市政与环卫机械行业年会暨发展研讨会”在长沙召开。会议指出，应该认真研究新的社会发展形势下如何实现环卫机械的发展，同时认为市政与环卫机械是工程机械行业中很有发展前景的一个子行业。

20～22日 由中国工程机械工业协会挖掘机械分会主办的“2014年度中国挖掘机械行业第十八届年会”在江苏昆山隆重召开。年会围绕“调整战略适应新常态 重塑信心迎接新挑战”为主题，就对挖掘机械行业“新常态”的认识、企业所面临的挑战以及所采取的应对策略和积极措施，进行了具有战略高度、战略思维、战略意义的分析和探讨。

25日 “2014年第七届中国国际工程机械、建材机械、工程车辆及设备博览会（Bauma2014）”在上海新国际博览中心盛大开幕。本届展会，吸引了来自149个国家和地区的191 000名观众，汇集了来自41个国家和地区的3 104家展商，其中中国参展企业数量达到2 097家，他们向全球展示了各自的拳头产品和高水平的技术。上海Bauma展是本年度全球工程机械领域规模和影响力最大的展会之一，它充分展现中国工程机械产业和各相关企业应对三年多的市场调整，在调结构、转方式上所取得的新成果，在夯基础、攻高端、强管理、转型升级方面所取得的新业绩，同时也从多个角度集中展示世界工程机械产业发展的新风貌。

27日 第四届沃尔沃“掘战达人”冠军争霸赛在上海举行。本届“掘战达人”以“节油、创新、关爱”为主题，首次将目标受众从挖掘机操作手扩大到工程机械行业从业者，通过多种全新活动参与模式，为参与者带来定制化的节油和关爱体验。“掘战达人”通过持续创新，积极推动行业提升质量效益和人才队伍建设，为全行业积极应对挑战与机遇树立了典范。

12月

11日 中国工程机械工业协会掘进机械分会在安徽蚌埠召开2014年年会。会议指出，我国掘进机械行业经过近几年的快速发展，迎来了发展的最好时期，全行业要抓住机遇，团结奋斗，继续提高产品技术水平，稳定产品质量，提高服务能力，努力开拓国际市场，加大关键配套件和硬岩掘进机的攻关力度，重视资源节约和再制造问题，尽快把我国打造成世界一流的掘进机械强国。

15日 “第三届印度国际工程机械、建材机械、矿山机械及工程车辆展（bCIndia2014）”在印度新德里大诺伊达印度展览中心隆重开幕。本届展会的总面积达到120 000m^2，共有7个国家组团参展，其中中国展团组织的参展企业达到116

家。展会的成功举办，对于促进国内行业企业的国际技术合作与交流，推动更多中国的工程机械产品进入印度等新兴经济体市场，为新常态下行业企业的国际化发展起到了积极作用。

15～17日 由中国工程机械工业协会铲土运输机械分会主办的“2014年中国铲土运输机械行业年会暨第五届理事会换届会议”在江苏徐州隆重召开。本届年会以“变革与突破，直面改革的力量”为主题，共同探讨分析铲土运输机械行业发展的瓶颈问题，同时认为打破长期以来制约行业良性发展的枷锁是铲土运输机械行业发展的当务之急。

27日 国产首台大直径全断面硬岩隧道掘进机（敞开式TBM）在湖南长沙顺利下线。该设备由中国铁建重工集团联合浙江大学、中南大学、天津大学、中铁十八局等共同研发，拥有自主知识产权。大直径TBM的成功研制，推动了隧道掘进装备产业升级，代表了隧道施工发展方向，提升了我国装备制造业水平和重大装备核心竞争力，标志着我国现代化隧道施工装备已经达到世界领先水平，对我国高端装备制造业的创新发展具有里程碑的意义。

31日 由中国工程机械工业协会主办的年度“中国工程机械十大新闻”评选活动在北京举行。经过中国工程机械工业协会的专家领导以及行业主流媒体主编们的热烈讨论和投票，“2014中国工程机械十大新闻”正式出炉。该评选活动起始于1996年，至今已成功举办19届。经过多年的坚持不懈，该活动已经成为工程机械产业和市场最为重要的年度事件之一，回顾历年“中国工程机械十大新闻”，仿佛一幅画卷，勾勒出了中国工程机械产业和市场发展、前进的脉络，成为记录行业发展的重要史料。

〔撰稿人：中国工程机械工业协会尹晓荔〕

CCCI
国家认可注册号：SC17
通过CE认证
高新技术企业
广东省工程中心
集中润滑系统先驱
HERG®
河谷
SANY
起重臂下严禁站人
NO STANDING UNDER THE BOOM
STC1250
回转半径内注意安全
BE CAUTIOUS WITHIN WORKING RADIUS
SANY
SANY
STC1250
ZJ-3602M
为三一，徐工等知名大型企业
提供润滑系统产品及解决方案。
全球润滑系统供应商。

浙江海宏液压科技股份有限公司是生产工程机械液压件的专业企业，始建于 1970 年，在国内工程机械行业享有很高的知名度。公司占地面积 10 万㎡，建筑面积 9 万㎡，是国家高新技术企业和中国机械工业核心竞争力优秀企业。

公司产品覆盖工程、起重、运输等各类机械及汽车配套的液压阀、液压泵、方向机以及齿轮泵等，共 40 多个系列、500 多个品种规格。产品主要配套三一重工、中联重科、柳工、徐工、安徽合力、杭叉、约翰迪尔、龙工、厦工、临工、山工、成工、福田重工、山推、大连叉车、杭齿、中南传动、斗山工程机械、江淮重工、北京现代、山东现代、沃得重工、山河智能、常林股份、宇通重工等国内各大工程机械主机厂家，部分产品随主机出口或直接销往国外市场。

公司一直以科技创新为战略，用户至上为宗旨，具有雄厚的科技实力和研发能力。大专及以上文化程度人员占职工总数的 36%，从事高新技术产品研究、开发的科技人员占职工总数的 16%。公司拥有浙江省企业技术中心，台州市高新技术企业研发中心。通过不断加大研发投入，研发中心自主研发出一系列具有国内领先、国际水平的核心技术，目前拥有有效专利 40 项，其中发明专利 4 项，列入国家火炬计划 2 项，公司被评为台州市专利示范企业。公司还参与了 GB/T15623.32012、JB/T10371-2013 等多项国家、行业标准的制定，是“国家(行业)标准制定单位”，并通过了 ISO9001 质量管理体系认证，公司品牌“临宏”牌工程机械液压阀被评为“浙江省名牌产品”。

2013 年，公司高压液压阀系列产品项目开工。项目投资 2.1 亿元，新建叉车阀、挖掘机阀、平地机阀及推土机阀生产线，加快对高端液压件产品的开发，对填补国内技术空白，替代进口，实现企业转型升级具有重要意义。

我们期待您的光临，与您携手共创美好未来！

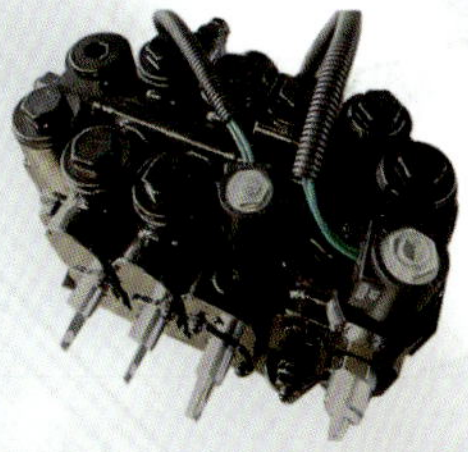

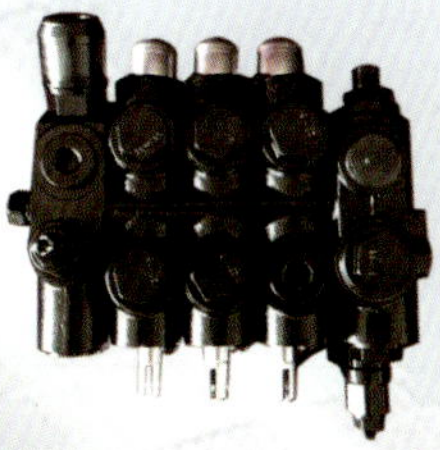

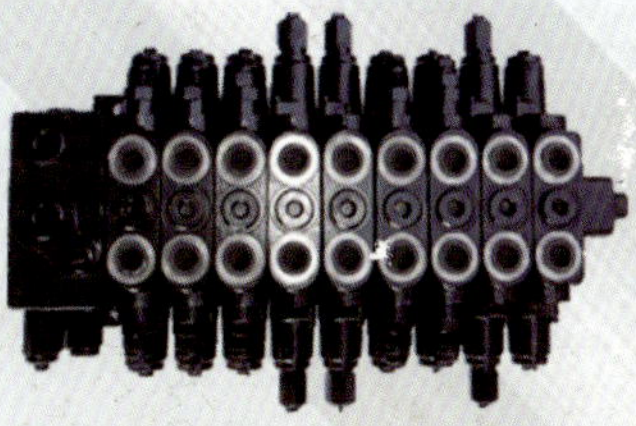

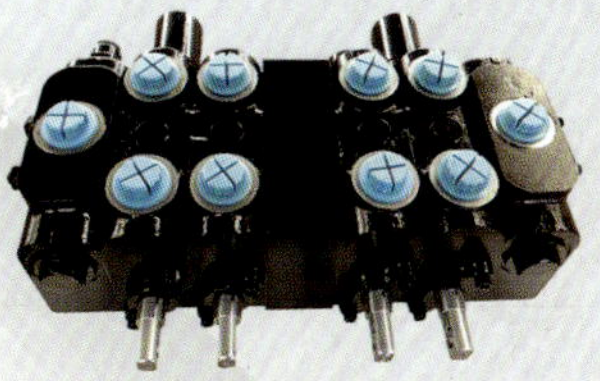